鹿 鸣 至 远　叙 言 未 尽

思想會

MIND TALK

Originally published in Great Britain as:
In Pursuit of Civility: Manners and Civilization in Early Modern England

Originally published by Yale University Press

IN PURSUIT OF CIVILITY

戴雷——译

〔英〕基思·托马斯 著
Keith Thomas

文明的追求

现代英国的礼仪与文化探源

MANNERS AND
CIVILIZATION IN
EARLY MODERN ENGLAND

社会科学文献出版社
SOCIAL SCIENCES ACADEMIC PRESS (CHINA)

这幅画作展示了中世纪的餐桌礼仪。有节制的人用餐时举止沉稳、不紧不慢，而社会地位较低之人则是狼吞虎咽。15世纪弗拉芒派艺术家对此进行了对比。

画中这位趾高气昂的贵族是伊丽莎白时代的莱斯特伯爵——罗伯特·达德利，他深受女王宠幸。画作出自一位名不见经传的盎格鲁－尼德兰画派艺术家，创作时间约为1575年。

城镇也有适合上流社会的休闲步道，比如约克的步道，
它建于18世纪30年代的乌斯河畔。

从讽刺政治画作《午夜现代对话》可以看出，
圣约翰咖啡屋的礼貌社交已经堕落为醉酒狂欢。

从这幅画可以看到，一位傲慢的贵妇乘坐的马车横在了路中间，马车夫与一个满身污渍的混混起了争执，不愿让路。于是，这个混混无视贵妇的抗议，直接踩踏马车轿厢。

该作品展现了英国内战期间出现的残忍行为。

Language
Art of
Building
Hamilton delin
Goldar sculp
lius Agricola a Roman Governor in Britain under the Emperor Domitian
troducing the Roman Arts & Sciences into ENGLAND, the Inhabitants of wh
astonished & soon become fond of the Arts & manners of their cruel

威廉·汉密尔顿在18世纪晚期指出，1世纪不列颠总督朱利叶·阿格里科拉把罗马的艺术和科学引入了英格兰。

在英国国王查理二世时期，圣詹姆斯公园的林荫道被设计为一个盛大的游行路线，后来成为一个时尚的休闲胜地。

献给约翰、理查德和玛德琳

序 言

2003年11月，我受邀参加了在耶路撒冷举办的梅纳海姆·斯特恩系列讲座，做了3次讲座。本书内容就是在这几次讲座的基础上修订和扩展而成的。我非常感谢以色列历史学会的盛情邀请，以及主办方的精心安排和友好款待。我尤其要感谢迈克尔·海德（已故）、埃利奥特·霍罗威茨（已故）和约瑟夫·卡普兰。我也很感谢那些关注我讲座的听众，他们才思敏锐、富有批判精神，在讲座结束后的互动环节中，提出了诸多宝贵意见和建议。我还要特别感谢马扬·阿维尼里·雷布恩，虽然我一再推迟交稿，但她仍不厌其烦，耐心等待我交稿。

对于两位出版人——新英格兰大学出版社的理查德·普尔特和耶鲁大学出版社的希瑟·麦卡勒姆——我也感激不尽，由衷感谢他们的雷厉风行和慷慨鼓励。我能在耶鲁大学出版社出书，得益于艾维·阿斯奎思和理查德·费舍尔的大力引荐。我也很感谢耶鲁大学出版社的雷切尔·朗斯代尔，她是一位乐于助人的编辑。她和同事一起，把我从写书时碰到的诸多困难中解救出来，比如史蒂夫·肯特帮我排好了书中的插图。正是他们的帮助，使我在耶鲁大学出版

xii 社出书深感愉快。

接受讲座邀请后，有人建议我可以谈谈英国近代早期的礼仪。我很高兴能讲这方面的内容，因为我之前在英国、日本、澳大利亚以及北美地区的大学讲座研讨的主题就是这个。然而，礼仪是一个棘手的话题，因为这个词有几种不同的含义。今天，它最常作为礼貌社交行为的术语，也就是老年人在谈到年轻人的礼貌时会用到的词语。有些人很有礼貌，有些人德行差，有些人压根没有教养。从这个意义上讲，礼仪史一度被认为是一个相当琐碎的研究课题。但近年来，人们逐渐认识到礼仪史在社交和道德方面的重要性；了解它，对于了解人们如何看待自己与彼此间的关系至关重要。法国社会学家皮埃尔·布尔迪厄甚至声称，通过像“昂首挺胸”或“别用左手拿刀”[1]这类日常琐碎的劝诫，人们可以见微知著，进而推断出“完整的宇宙观、伦理、形而上学和政治哲学”。

德国社会学家诺贝特·埃利亚斯（1897—1990）对礼仪史这一主题的研究厥功至伟。他的巨著《文明的进程》（*On the Process of Civilization*）1939 年首次在瑞士出版，但直到 1969 年再版后，才引发了人们的广泛关注。随后，该书又被翻译成法语（1973～1975 年）和英语（1978～1982 年）。这部著作运用较大篇幅阐述了日常的举止仪态和社交行为。从宏观层面看，举止仪态和社交行为是人们实现和谐相处、相互顺应的要求。虽然埃利亚斯对礼仪史的阐释有一些众所周知的局限性，但他在这方面的研究出类拔萃，所以只要我们提及这个课题，就绕不过他的前期研究。不过有件事，我现在一想起来还有些无地自容。在我唯一一次与这位餐桌礼仪史方面的泰斗共进午餐时，我却一不留神把桌上的一壶水打翻了，成功地
xiii 令自己颜面扫地、狼狈不堪。

自埃利亚斯的著作问世以来，关于礼仪和礼貌史的研究作品在

世界各地不断问世，其中一些还出自我以前教过的本科生和研究生之手。近年来，在围绕英国近代早期礼仪的著述中，非常出类拔萃的一部著作是我的学生安娜·布赖森的学术专著《从礼仪到文明：近代早期英国行为准则的变化》（*From Courtesy to Civility*：*Changing Codes of Conduct in Early Modern England*，牛津大学出版社，1998 年出版）。这部著作细致入微，足以让这一领域的后来者望而却步。另外，从费内拉·蔡尔兹 1984 年未发表的牛津大学博士学位论文《英国礼节文学中的礼仪规约，1690～1760 年》（“Formulations for Patterness in English Bentlement Literature”，1690－1760）中，我们也能找到不少宝贵的资料。还有彼得·伯克、布莱恩·哈里森和保罗·斯莱克所编著的《文明史》（*Civil Histories*，牛津大学出版社，2000 年出版）。这部论文集中有很多很不错的论文，我读后受益匪浅。数百位学者围绕英国近代早期礼仪这一主题的各个方面进行了卓有成效的探索。

法语区分了社交行为（*manières*）与道德习俗（*moeurs*），但在英语中，直到 19 世纪，这两个意思还是用同一个词来表达。进入 16 世纪，“礼仪”（manners）一词逐渐用来表示礼貌交往的规范，但此前，它长时间被广泛地用于指代风俗习惯、道德规约和生活方式。在 14 世纪的温彻斯特，主教威廉·威克姆为他主管的学校题写校训：“礼仪造就人”[2]，这里用的就是“礼仪”的广义。对他来说，“礼仪”意味着一个男孩完整的道德修养的形成，而不仅仅是指礼貌社交行为。1487 年出版并经常重印的《礼仪之书》（*The Book of Good Manners*）是由威廉·卡克斯顿译自法国僧侣雅克·罗格朗的一部专著。该书是一部关于端正品行的指南，概述了符合个人社会地位的职责，告诫读者要远离七宗罪，教导他们如何为死亡和最后的审判做好准备。

18 世纪的哲学家大卫 · 休谟在《民族性格》（“Of National Characters”）一文中指出，每个民族都有一套自己独特的礼仪，这里指的就是“礼仪”这个词的广义。与休谟同时代的年轻历史学
xiv 家爱德华 · 吉本也是如此。他在《罗马帝国衰亡史》（*The Decline and Fall of the Roman Empire*）的一章中用了一些篇幅来论述“游牧民族的礼仪”。我们以这种包罗万象的方式使用“礼仪”一词，使它与维多利亚时代晚期的人类学家 E. B. 泰勒所说的“文化或文明”的概念极为接近。泰勒指出，文化或文明是“包括知识、信仰、艺术、道德、法律、习俗以及人类作为社会成员所习得的任何其他能力和习惯的复杂整体”。

“礼仪”一词与“文明”（civility）一词在意思上也密切相关，容易产生歧义。“文明”既可以表达日常礼貌，也可以代表组织有序的人类社会的理想状态，而这个意思后来用另一个词（civilization）来表达。* “文明”一词与“野蛮”（barbarism）一词相对。塞缪尔 · 约翰逊编撰的《词典》（*Dictionary*，1755 年出版）给出了解释：“文明”意味着“礼貌”和“文明的状态”；而“文明化进程”这个新名词引入英语的速度较慢，因为原先的 civility 一词似乎已经很好地达意了。

在探究“礼仪”和“文明”的广义和狭义的过程中，我尽量明确近代早期英国人所自认为别具一格、高人一等的生活方式，特别是将其与所谓“野蛮人”的生活方式进行对比。换言之，我想弄清楚当时的英国人如何看待“文明”。我还试图说明这些看法如何影响他们与其他民族的交往，以及英国早期殖民和帝国活动在多大

---

* civility 和 civilization 都可译为“文明”，但在本书后面的章节中，作者认为前者表达的是“文明的状态”，而后者强调的是“文明化进程”。——译者注

程度上受到古代“文明”与“野蛮”二元对立的影响。

在过去大约70年的时间里，围绕礼仪史的研究性著述可谓汗牛充栋，它们阐述了欧洲与新世界（美洲）、亚洲、非洲和太平洋地区其他民族的交往，极大地促进了礼仪史研究的发展。国门之内，围绕英格兰人与其所谓“不太文明的”邻居威尔士人、苏格兰人，尤其是爱尔兰人的关系，也有很多优秀的研究成果。自2003年梅纳海姆·斯特恩系列讲座举办以来，关于礼仪与文明这类主题的学术研究不断涌现。我之所以能完成这本书，是因为我站在历史 xv
学家们的肩膀上，因此我用了海量的尾注来凸显他们的贡献，他们的成果给我的思想以极大的启迪。这里我尤其要感谢的是大卫·阿米蒂奇、罗伯特·巴特利特、尼古拉斯·坎尼、里斯·戴维斯爵士、约翰·埃利奥特爵士、约翰·吉林厄姆、玛格丽特·T. 霍金、安东尼·帕格登、J. G. A. 波克、昆廷·斯金纳和理查德·塔克。前期历史学家们的工作，令我炳若观火。然而，为了勾勒出我的研究主题的大致轮廓，激发广大读者的兴趣，我不得不大略地探讨许多复杂的问题，这些问题原本应得到更细致的探究。自始至终，我的写作方法主要是说明和阐释，而非无所不包。

与以往一样，我非常感谢牛津大学博德利图书馆各个分馆管理员的热情相助，尤其是在前身为亨弗雷公爵图书馆，现为韦斯顿图书馆*的上层阅览室，我得到了很多帮助，在此由衷感谢。我同样要感谢科德林顿图书馆**的诺玛·奥伯丁·波特和盖伊·摩根。我还要感谢在某些关键时刻为我雪中送炭的好友、同事：托马斯·查尔斯-爱德华兹、杰里米·库特、塞西尔·法布、帕特里克·芬格

* 韦斯顿图书馆及其前身隶属于牛津大学博德利图书馆。——译者注

** 科德林顿图书馆是牛津大学万灵学院的图书馆。——译者注

拉斯、詹姆斯·汉金斯、尼尔·肯尼、吉尔斯·曼德尔布罗特、吉姆·夏普和帕克·希普顿。在牛津大学万灵学院，相继担任院士秘书的胡迈拉·埃尔凡·艾哈迈德和雷切尔·斯蒂芬森是我可以充分依赖的人，他们精通专业，乐于助人。我为能在这样一个氛围宜人的环境中工作深感荣幸，感谢牛津大学万灵学院为我提供的一切。最后，我要感谢我的孩子埃米莉·高尔斯和埃德蒙·托马斯给我的帮助、建议和启发，尤其感谢我的爱妻瓦莱丽对我的不断鼓励、睿
xvi 智批评和无私支持。

基思·托马斯

于牛津大学万灵学院

2017 年 7 月

目　录

绪 论

“野蛮”和“文明”这两个修饰语，在各类谈话与书籍中屡见不鲜，以至于无论是谁，只要开动脑筋思考人类的礼仪与历史，就有机会仔细斟酌这些词通常要表达的含义，以及思考在哪种意义层面上，它们应该被历史学家和道德哲学家所应用。

——詹姆斯·邓巴，

《蛮荒与开化时代的人类历史杂文》

（*Essays on the History of Mankind in Rude and Cultivated Ages*，

1780年出版）

在17世纪后期的英格兰，人们常会不经意地提及他们心中的“文明世界”、“人类中文明的那部分”、“文明的国家”或“开化的世界”。[1]然而，他们并不总会明确指出它们是哪些文明国家。1690年，哲学家约翰·洛克问道：“世界上最文明的国家有多少？具体是哪些国家？”他自己没有给出答案，但他不认可“最文明的”国家必然是基督教国家的观点，并举例说明，中华民族就是“一个非 1
常文明和伟大的民族”。查理二世执政时期的一位主教认为，“文明世界”包括巴比伦、阿勒颇和日本。[2]

到了18世纪后期，东方学专家威廉·马斯登成功地将人类划分为一个由5个阶级组成的等级体系，这些阶级或多或少是“文明的”。“欧洲的礼貌、优雅的民族”排在首位，紧随其后的是中国人，排在最后的是加勒比人、拉普兰人和霍屯督人。与之相反，与马斯登同时代的埃德蒙·伯克指出：“野蛮没有固定形态和级别，同样，文明优雅的单一模式也不存在。欧洲与中国的文明形态截然不同，我们不清楚波斯人和阿比西尼亚人谁更凶蛮。”[3]在随后很长的时间里，学术界都存在类似的概念划分。正如 E. B. 泰勒在 1871 年指出的：“欧洲和北美洲受过教育的社会阶层实际上确立了一个标准，即简单地把自己的国家放在社会阶层的一端，把野蛮部落放在另一端，并且根据其他民族更倾向于野蛮还是文明的生活方式，相应地把它们排在这两端之间。”[4]这是与约翰·洛克同时代的人都会认同的世界观。在他们看来，“开化之人”是那些“文明、优雅”与时尚的人，而“未开化之人”则“缺乏管教”、“野蛮”，甚至“凶残”。[5]

这种划分人类的方式由来已久。在公元前 5 世纪的雅典，所有不会说希腊语的外国人都被贴上“野蛮人”（*barbaroi*）的标签，仅仅是因为这些人的语言无法被理解。起初，这个词只用于客观中性的描述，但随着不断使用，这个词越来越具有贬义色彩。“野蛮人”不仅在语言上有缺陷，在政治、道德和文化上也有不足。至于这些缺陷究竟是什么，人们尚未达成一致，但经常会形容这些人放纵、残忍和屈从于专制统治。古希腊人对身份的认同感取决于古希腊人
2 与野蛮人价值观之间的对比。然而，不同的作家会强调外国人的不同习性，缺少一个放之四海皆准的有关“野蛮”的概念。[6]所以，包括柏拉图在内的一些人认为，不管外国人是愚昧无知的斯基泰牧民，还是颇有教养的波斯人和埃及人，将所有非古希腊人笼统概括为一类人实属荒谬。

在希腊化时代（公元前 336～前 31 年），古希腊人和野蛮人在

意义上的差别逐渐缩小。斯多葛学派的哲学家强调人类的统一性。科学作家埃拉托斯特尼斯（约公元前 285 年至前 194 年）拒绝将人划分为古希腊人和野蛮人。在他看来，许多古希腊人寡廉鲜耻，而许多野蛮人则相当文明有礼。[7] 实际上，相比“不是古希腊人，就是野蛮人”的简单两分法，古希腊人对其他民族的态度往往更为微妙。[8]

对古罗马人来说，帝国边界之外的民族就是野蛮人。虽然这不是绝对的，但这些人往往以残暴不仁、缺乏人道而闻名。这里的人道指的是温和的习性、文化和思想修养。这些野蛮人的种种恶习，尤其是残暴（*feritas*），交织在一起，构成了野蛮（*barbaria*）的概念。即使是文明开化之人，也可能会屈从于这种反社会冲动行为的混合体。实际上，帝国的边界是可渗透的，且“野蛮”的局外人很容易被吸收进来。但这种刻板印象已然确立，就连 4~6 世纪，日耳曼民族对西罗马帝国的反复入侵也未能消除它，尽管这些所谓的“野蛮人”中有许多实际上是高度罗马化的。[9]

随着基督教的传播和旧罗马世界的解体，“野蛮人”的概念变得越来越无关紧要。从 7 世纪中叶开始，阿拉伯征服北非和伊比利亚半岛所构成的威胁，使这一概念更无足轻重，因为伊斯兰文化在思想体系上比西欧文化更为复杂，不可能是“野蛮的”。维京人的情况却并非如此。9~11 世纪，他们多次袭击不列颠群岛和北欧地 3
区，因此有时被称为“野蛮人”。[10] 然而，17 世纪之前，基督徒与非基督徒之间的分歧才是关键所在。正如 14 世纪的诗人杰弗雷·乔叟所称的“基督教世界（christendom）和异教世界（hethennesse）”。“基督教世界”作为一个地理区域的概念，自 9 世纪末开始流传，并在 1095~1270 年的十字军东征中得到强化。十字军东征是为了反抗穆斯林对耶路撒冷圣地的控制。[11] 在乔叟所处的时代，奥斯曼土耳其人的崛起激化了西欧基督教与伊斯兰教的冲突。奥斯曼土耳其人大军压境、所向披靡，相继征服了巴尔干，占领了君士坦丁堡，摧毁了拜占庭帝国，并威胁要占领中欧和地中海。

然而，基督教与异教的分庭抗礼虽旷日持久，但是原先“文明”和“野蛮”的两极化并没有被完全遗忘。这两种划分人类的方式有时会被混为一谈，基督徒被视为文明人，异教徒则被视为野蛮人（拉丁语 *paganus* 一词的意思是“异教徒”和“乡下人”）。12 世纪和 13 世纪，西欧城市化和经济发展的步伐加快，欧洲人可以拿自身的物质繁荣同欠发达社会的经济状况进行对比。同时，古典学术作品被欧洲人重新挖掘，尤其是之前长期为阿拉伯学者所关注的亚里士多德的作品。这就意味着古希腊和古罗马时代“野蛮与文明”观念的复兴。野蛮人以其异族语言为标志，再次与蛮不讲理、无法无天、凶残狂暴和低水平的物质、精神文化联系在一起。当时，欧亚草原上的游牧民族成了野蛮人的典型，但这个标签也贴在了一些信奉基督教的民族身上：12 世纪不列颠群岛的凯尔特地区被英格兰人视为“基本上野蛮的地区”。[12]

基督徒与穆斯林之间的军事冲突一直被视为具有竞争关系的宗教之间的冲突。但到了 15 世纪，文艺复兴时期的人文主义者借鉴
4 经典的刻板印象，用更世俗的术语来表现这场战争，把它描绘成西欧国家和伊斯兰国家之间的角逐。文明逐渐地取代宗教成为衡量一个国家外交接受程度的重要指标。[13]

16 世纪，大多数欧洲人仍然认为区分基督徒和非基督徒至关重要。然而，尽管旅行家和原始民族志研究者在美洲和亚洲新发现了许多不信奉基督教的民族，但还是多用野蛮和文明这类非宗教术语来描述当地居民。[14]面对丰富多样的美洲原住民文化，西班牙作家巴托洛姆·德拉斯·卡萨斯和何塞·德·阿科斯塔创造了一种围

绕“野蛮”的类型学，用以构建欧洲以外民族的文明等级分类。包括中国人在内的位于这个分类顶层的人是统治者，建立城市，制定法律，并使用文字。而位于底层的人主要是所谓的“野蛮”民族，这些民族没有任何形式的民间组织，也缺乏与其他民族交流的手段。[15]几个世纪以来，确定野蛮的标准发生了变化，使用的术语也随之发生了变化。[16]事实上，学者、旅行家和有其他大陆生活经验的人，并不把野蛮视为绝对情况，而只把它视作一个程度问题。他们认为文化的等级制度是渐进的，而不存在“文明”和“野蛮”之间单一、二元的区别。但对许多人来说，文明和野蛮基本的两极性依然存在，人们使用这两个词也较为随意，不会去参考民族志研究者和哲学家提供的更精细的划分标准。

在 17 世纪的英国，“文明人”（civil people）逐渐被称为“文明开化之人”。这是一个更为复杂的术语，因为它既意味着一种条件，即变得文明的条件，也意味着一种过程，即通过摆脱野蛮而进入文明状态的过程。“开化”就是从一种状态过渡到另一种状态。
这可能发生在一个民族身上，就像最初的不列颠人（the Britons， 5
不列颠的原住民）一样，据说他们被古罗马人开化。这也可能发生在野生植物身上，这些植物经过培育和改良，被 17 世纪的园丁称为“栽培作物”。[17]17 世纪后期，文明教化的过程开始被称为“文明”（用的是 civilization 一词）。例如，1698 年，一位作家在说“欧洲人第一次开始全面关注古希腊的文学和文明”时，就用了这个词。1706 年，剑桥大学国王学院的研究员、后来成为院长的安德鲁·斯内普将人类聚集到“社会和政治团体”中描述为“人类文明”。[18]法学家还用“文明”一词来表示将刑事案件转为民事案件的过程。[19]起初，“文明”（civilization）一词用于描述文明化进程或行动，后来也用来表示文明化进程的最终产物，即文明的状态

（此时与 civility 一词的用法相同）。人们很难说这个词究竟是什么时候获得这种新意义的。文明的最初意思渐渐地变成了另一个意思。例如，在 18 世纪 40 年代的布道中，肯特郡贝克斯利的教区牧师亨利·皮尔斯在谈到“文明、礼貌行为、外在礼仪和得体文明”时，几乎将文明视为一种条件而非一种过程。[20]但是，18 世纪 60 年代以后，英国作家才明确地将那些被教化之人的状态描述为“文明”状态。[21]直到 1772 年，塞缪尔·约翰逊还拒绝将这个新词（civilization）编入他的《词典》。为了指代文明的状态，即“从野蛮中解放出来”，他坚持使用“文明”（civility）这个更古老的术语。[22]

它过去是（现在也是）一个意思令人捉摸不透且不稳定的词。然而在近代早期，尽管人们用它来表达各种意义，但所有意义都以某种方式与一个有公序良俗的政治共同体相关，也与公民应有的得体素质和行为有关。16 世纪早期，英语中的 civility 一词，就如同它的意大利语和法语前身一样（分别是 *civiltà* 和 *civilité*），更广义地指代非野蛮的生活方式，也就是人们后来了解的 civilization。[23]
6 “文明”（civility）意味着一种静态，人们并没有将文明化视作一种过程。16 世纪，civility 一词还用来表示礼仪、礼节和礼貌行为的狭义概念。正如“用普通礼貌待人”中的“礼貌”一词用的就是 civility。[24]正是因为 civility 和 civilization 这两个词在意思上不是那么泾渭分明，詹姆斯·博斯韦尔才力劝约翰逊将其《词典》中 civility 的定义限定为“礼貌”（politeness）或“言行得体”（decency），然后用新术语 civilization 来表示文明化进程，但他的劝说没有成功。[25]

尽管约翰逊在这方面固执己见，但是 civility 一词在 18 世纪后期重新回归它的狭义：良好的礼仪和公民素质。而 civilization 则成为英语中一个通用的词，既可以指文明化进程，也可以用来描述开化之人在文化、道德和物质等各方面的状态。这个词被广泛使用，带着无可置疑的种族优越感，暗示“文明”国家是人类社会最完美的典范。与之相比，其他生活方式或多或少都是低劣的，是贫穷、无知、管理不善或完全丧失社会功能的产物。之后，这一臆断对塑造西欧国家同其他国家之间的关系至关重要。

欧洲以外的其他国家如果想加入国际社会，必须满足相应的条件。19 世纪，当欧洲各国试图确立这些条件时，它们援引了一种“文明标准”。而亚洲和非洲各国政府如果希望被承认为主权机构，就必须遵循这一标准。这是近代早期法学家援引的国际法（*ius gentium*）的最新版本。顺理成章地，这也是体现西欧法律和政治规范的一个标准。它没有考虑其他文化传统。如果其他国家未能达到这一正式标准，国际法就拒绝承认它们为主权国家，并允许外部势力干涉它们的内政。[26]

在欧洲列强看来，这与其说是为了维护自己的优势，不如说是
为了实现国家间必要程度的互惠。一个“文明”政府应该能够签订 7
有约束力的协定，坦率务实地治理国家，保护身处国外的本国公民，并遵守国际法准则。欧洲人认为，这些是“不文明”的民族通常无法满足的要求，这点无可厚非。然而，国际法本身就是欧洲首先制定的，它代表了发达商业国家的利益。那些缺乏代议制政府、私有财产、自由贸易和正式法律法规的民族被视为“落后”民族，它们没有自己独特的文明形式，等待被西方重塑。以欧洲为中心的单一文明标准，表现出对其他文化行为准则的“蔑视”。炒作西方优越感的概念，并在“文明化传教”的名义下，西欧诸国对其所认为的“野蛮”民族展开强行殖民和商业剥削，从而向全球落后地区输出欧洲的法律标准和治理标准。

第一次世界大战后成立的国际联盟声称只由“文明”国家组成，并坚持以将文明传播到世界其他地区为己任。① 但直至 1945 年，国际联盟发展成联合国之后，“文明”与“不文明”国家之间的官方划分才最终被废弃。用当时的一位首席法学家的话说，“现代国际法不会划分文明国家和不文明国家，也不认为在国际社会内的就是文明国家，在其之外的就不是”。[27]

在近代早期的英国，“文明”和“野蛮”之间亘古通今的对立经常被引用，来表达当时的一些基本价值观。当时关于文明理想的
8 论述，是在花言巧语的自我描述中进行的。当探险家和殖民者痛批他们在欧洲以外世界所遭遇的“野蛮、残忍”对待时，含蓄地表达了对欧洲生活方式的向往，通过阐述自己不是怎样的人来定义自己。与英国宗教改革后的其他令人谈之色变的事物一样，“教皇”、“巫术”和“野蛮”的概念体现了许多同时代人所深恶痛绝的东西，同时隐约揭示了他们所向往的东西。正如神学家探究罪孽的意义以揭示什么是真善美一样，[28] “文明人”也需要有“野蛮人”这么一个概念，最好是这样的一群人实际存在，来展现他们自身的卓尔不群。文明概念本质上是相对的：它需要一个与之对立的概念，才方便人们理解。20 世纪 30 年代，哲学家兼历史学家 R. G. 科林伍德写道：“我们创造了一个野蛮人的神话形象，它并不是什么真正的历史人物，而是我们所厌恶和恐惧的一切事物的寓言象征，集我们所唾弃的邪恶欲望和所鄙视的丑陋思想于一身。”或以如今的学术用语来说，“身份是由创造出的对立形象构建的”[29]。问近代早期的英国人，什么是“文明”，以及什么是“野蛮”，就是要探究他们对社会组织形式和生活方式的基本臆断。这为我们重新思考

① 这并没有阻止国际联盟承认苏联、纳粹德国和法西斯意大利的合法性。

这个主题提供了一种视角。

本书试图证明，从 16 世纪初的英国宗教改革到 18 世纪末的法
国大革命期间，文明和文明化进程思想在英国所起到的重要作用。
本书揭示了这两种思想在多大程度上影响了那个时代的思潮，描述
了它们的用途，并探讨了它们受到挑战甚至遭到拒绝的一些情况。
本书虽尽可能地广开言路，但主要还是引用当时能言善辩之士的观
点。因此，本书有大量的直接引用内容，有些人可能会觉得这种做 9
法笨拙。正如自然哲学家罗伯特·博伊尔在 1665 年所说：“如果我
在引用时不那么一板一眼、咬文嚼字，我相信大多数读者会更容易
接受（我的观点）；较少引用、稍提一下原作者的名字，或是用自
己的话去概括原话而不是全文照搬，在很多人看来可能是一种更为
娴熟、文雅的写作方式。”[30] 尽管有这条劝诫，我还是站在罗伯
特·博伊尔一边，因为我们都认为，最好还是引用具体某个时代某
个人的原话，而不是用自己的话去解释（别人的话），因为这不可
避免地会造成对原话的曲解。

当然，重要的是要记住，关于文明和野蛮的所有观点，如同围绕其他议题的观点一样，都是在某种特定的背景下提出的，而且通常会涉及一个特定的议题。关于本书所研究的议题，有许多近代早期的观点，多半是在跨文化接触的过程中产生的，也经常带有褒贬时弊的目的。古罗马时期的历史学家塔西佗著有《日耳曼尼亚志》（*Germania*），旨在通过描写野蛮人的美德来揭露文明人的恶习。在其之后，对异族生活方式的讨论通常都是别有用心的。在近代早期的英国，许多详述爱尔兰原住民或美洲原住民野蛮行为的人是为了掠夺当地人的土地资源。与之相反，那些强调这些民族文明的人，则是想对欧洲征服者施加约束。无论哪种情形，对“文明—野蛮、礼貌—失礼”进行定义的方式，都微妙地服务于特定的利益。这些

词语的含义根据上下文、使用者以及文献出处的文学形式的不同而有所不同。同时，我们还必须考虑观点所处的特定“语言”或“话语”所施加的局限性。[31]清教徒神学家、自然法法学家、古典共和党人、推测历史学家和政治经济学家，都在某一特定的知识传统中写作，并以不同的方式探讨他们的主题。如果对引文来源的上下文和形式没有给予足够的重视，那么将来源大不相同的引文并
10 列，会产生误导。正如一位学术评论家所说，应避免对文本中所引用观点的断章取义，也不要脱离语境，将引用的观点与其他文本中类似的观点进行盲目比较。[32]

然而，我相信，在近代早期，围绕什么是文明、什么是野蛮，有许多共同的观点和看法，我们只要注重人们的言行，无论上下文如何变化，都可以重建这些观点和看法。毋庸置疑，近代早期是一个在经济、政治、宗教和文化上发生巨变的时期。但就文明礼仪的观念而言，也有很大的连续性。我曾试图对时间顺序的变化保持敏感，但只要讲得通，我就会毫不犹豫地将不同世纪的证据“组合”在一起。

许多关于礼仪和文明生活的公认观念，也是其他西欧国家所共有的。英国的文明观念尤其得益于意大利和法国的文学和实践。英国人一方面通过翻译引进国外书籍，另一方面通过到欧洲大陆游历，对外国文学作品和风土人情越来越熟悉。效仿西班牙对中南美洲的造访和殖民，英国也试图“教化”世界其他地区。当时英国人对我们现在所说的国际法的看法，也受欧洲大陆思想家的影响，比如西班牙神学家弗朗西斯科·德·维多利亚（约 1483—1546）、荷兰法学家胡果·格劳秀斯（1583—1645）和德国自然法法学家塞缪尔·普芬道夫男爵（1632—1694）。

然而，我的写作重点一是放在 1707 年与苏格兰合并之前的英格兰；二是放在 1707 年之后的英国，也就是大不列颠王国。尽管在 16

世纪早期，威尔士与英格兰合并，但如同 1707 年后的苏格兰，在许多方面这两地的文化与英格兰还是很不一样的，因此在这里我基本忽略了威尔士。话虽如此，18 世纪苏格兰哲学家和历史学家对文明和文明化进程进行过高度自觉的反思，我在本书撰写过程中也考虑了这 11
一点。

在“跨国”和“全球”历史风靡一时之际，以这种方式专注于一个特定国家的历史是非常小众的。在美国，英国近代早期的历史曾被广泛研究，因为美国的第一批移民来自英国。英国的新教、普通法和代议制政府对美国的早期发展起了很大作用。然而，今天多元文化的美国与英国已不再有特殊的联系。当英国像美国一样，意欲脱离世界的时候，英国历史被视为非常狭窄的专业，也不是历史课中的重要内容，这完全可以理解。

然而，对近代早期的英国进行研究，仍然具有指导意义，它提供了一个在近代早期欧洲独一无二的、高度一体化社会的例子。在这里，人们讲同一种语言，被安排在同一个社会等级框架内（阶级流动相对自由）。而且强大的政治和法律机构使英国社会保持统一状态。近代早期是一个拥抱经济转型、知识创新和杰出文学成就的时代。18 世纪，英国成为世界最发达的经济体，并将其帝国扩展到了世界各个地方。

这些都是继续研究英国近代早期历史的充分理由。但是，我关注的是 1530~1789 年的几个世纪，这主要是因为我想通过探究礼仪和文明，努力构建近代早期英国历史民族志的一部分。很多年来，这一念头在我脑海中挥之不去。我是个威尔士人，所以对于英格兰来说，我算是一个旁观者。因此，我试图以人类学家接近异域社会原住民的方式，来探究英格兰人（包括后来的英国人），弄清他们的思维方式、行为方式以及生活原则。我的目标是在一个特定的环

12 境中，展现历史的独特性和复杂性。

第一章和第二章着重探讨近代早期的礼仪概念，包括审视礼仪在统治阶层精英确立其自身地位中所起的作用、礼仪概念对社会其他阶层的影响，以及在多大程度上固化了主流的社会结构。第三章探究了同处于近代早期的人们对“文明”认识的变化。第四章围绕英国如何成为文明国家，比较了人们的不同看法。第五章考察了英国人对其优越文明的信仰，是如何影响他们与“不文明”民族的关系，尤其在国际贸易、殖民征服和奴隶制合法化的视角下。在第六章和第七章中，我阐释了有关近代早期文明和文明化进程的观念远远没有被普遍接受，反而受到了当代批评家的持续批判。最后，我思考了时至今日，这些文明理想的重要性，并试问如果没有它们，
13 社会能否团结，人类能否幸福。

第一章
文明行为

尽管科学家认为那些细微的礼貌和细腻的礼仪微不足道，并且难以细数其所要表达的敬意，但礼仪能促进人际交往，调和整个世界。

——塞缪尔·约翰逊，
《漫步者》杂志（*The Rambler*），第 98 期（1751 年 2 月 23 日）

礼仪年表

自伊丽莎白时代起，“礼仪”这个词经常被用来表示礼貌行为。埃德蒙·斯宾塞在《仙后》（*The Faerie Queene*，1596 年）中写道：

粗鲁的门卫，没有礼貌，
就当着他的面，把门关上了。

同样，17 世纪 90 年代，约翰·洛克强调孩子需要学习“人们
所说的礼仪”。[1] 同时，从更古老和更宽泛的意义上说，在谈到任何 14
特定社会普遍存在的习俗、道德和生活方式时，人们都可以继续沿

用“礼仪”一词。例如，1651 年，哲学家托马斯·霍布斯解释说，他所说的“礼仪”并不是指“行为得体，比如一个人应该如何向另一个人致敬，或者一个人应该如何在他人面前漱口、剔牙”。相反，他所关注的是“那些关系到人们是否能和睦相处、精诚团结的品质”。[2]这就是当代道德家所指的“礼仪”，而且他们反复呼吁对其进行“改革”。他们希望政府采取行动，打击骂人、酗酒、卖淫、赌博和违反安息日规定等行为。[3]相比之下，约瑟夫·艾迪生则从微观上看待“礼仪”。1711 年，他在《旁观者》（*The Spectator*）中写道：“我所说的礼仪，不是指道德，而是指行为和良好的教养。”[4]艾迪生狭义的“礼仪观”，也就是托马斯·霍布斯所说的“行为得体”，是与个人交往规范相关的礼仪。本章将围绕这一主题展开。

中世纪晚期，礼仪的概念是通过诸如“礼节”（courtesy）、“教养”（nurture）和“美德”（virtue）等术语来表达的。自 16 世纪中叶起，人们开始用“文明”（civility）一词来替代这些术语。大主教克兰默在 1548 年的教义问答中提到了“礼貌的教养和文明”。此后，“文明的”（civil）和“文明”（civility）这两个词逐渐流传开来。莎士比亚的《仲夏夜之梦》（*A Midsummer Night's Dream*，1595～1596 年完成创作）中的人物海伦娜说道：“如果你懂得文明、彬彬有礼，你就不会对我造成如此大的伤害。”17 世纪，“文明”比“礼节”使用频率更高。18 世纪，“文明”仍然是最常用来表达得体礼仪的术语，比越来越流行的“礼貌”一词用得更多，比“礼节”和“良好教养”的使用更加频繁。[5]至少在 18 世纪 70 年代之前，“文明”（civility）还保留了更广泛的含义，它后来也被称为“文明”（civilization）一词的同义词。

15 从英文构词法上看，“礼节”一词最初是指与宫廷相关的行为，无论涉及君主还是封建领主。“礼节”是朝臣的基本特质。[6]与之形成对比，“文明”是公民的美德。[7]“文明”这个术语源自一个有组织的政治共同体或市民社会（*civitas*）的古典概念。在亚里士多德和西塞罗看来，这是唯一可以过上美好生活的地方。一位伊丽莎白时代的翻译家解释道，希腊语中的*ρολιτεια*（政体）一词“在我们的语言中，可以被称为‘文明’”。[8]中世纪晚期意大利语中的*civiltà*（文明）一词表达了独立城邦的价值观。正如人们所说，文明生活（the civil life）是一种“文明的（civilized）、平民的（civilian）、城镇的（civic）生活”。[9]在1538年编撰的《词典》中，托马斯·埃利奥特爵士将“文明”等同于“政治治理”，并解释说，“文明”就是指“擅长管理与公共利益相关的事务”。[10]

随着被越来越多人使用，“文明”一词逐渐用来指代好公民的生活方式。在都铎时代，文明涉及效忠执政者。16世纪早期的人文主义者托马斯·斯塔基宣称，“服从”一直是“所有美德和礼貌的重要纽带”。[11]托马斯·埃利奥特爵士还将文明与“礼节”“说起话来温文尔雅”联系起来，[12]包括举止得体、压抑对他人发火和羞辱他人的冲动，以及坚决减少社交中的好斗行为。在这方面，文明的待人接物方式与睦邻友好以及基督教所强调的仁爱有重叠之处。伊丽莎白时代的一位校长理查德·穆卡斯特认为，文明的“主要标志”是“安静、和谐、一致、团结与友谊”。公民应该宽容、互敬和自制，通过约束自己的一言一行，来实现与他人的和谐相处。对于英国国王詹姆斯钦定版《圣经》的译者们而言，正是“文明”将人类与“肉欲驱使的野兽”区分开来。1612年，埃克塞特郡的一位法官对他儿子说，正是“出于礼貌和人性”，“人类社会得到了维护”。他解释道：“社会是人们相互表达温柔、善意、友好、亲切和礼节的地方。”约翰·洛克对此非常赞同，他认为，文明要求 16
“对所有人表现出善意和尊重，这使得每个人要注重自己的言行举止，不要流露出对他人的蔑视、无礼或怠慢”。[13]

通俗地讲，“文明”就是以守法、得体的方式行事。文明包括考虑和顺应他人的需求，与亲善友好的观念密切相关，教会人们对待陌生人热情友好的重要性。“礼金”是人们支付给狱卒和法警的钱，希望能获得对方的好感和优待。[14]“共同文明”包括对自己身体的关注，以避免让周围的人由于看到自己的某些身体部位或闻到某种体味而不悦。推而广之，文明要求人们的“外表、声音、言语以及所有外在行为的得体和优雅”。如果这些都能做到，就意味着能和他人轻松愉快地相处。[15]因为“对话”是各种社会交往的同义词，所以这些行为模式都被视为所谓“文明对话”的必要组成部分。“文明对话”这一概念既与语言相关，也与行为相关。1707 年，一位词典编纂者认为“文明”和“礼节”是可以互换的术语，两者都意味着“一种和蔼可亲的行为和对自我的管理”。[16]随着“文明”（civility）越来越成为日常礼貌用语，其政治和政府含义逐渐消失。18 世纪后期，这些含义被转移到新词——“文明”（civilization）。

大量的规范性文献制定并提出了文明的规则，其中大部分来自欧洲大陆的原始文献。因为围绕文明进行论述是欧洲文艺复兴时期的一种现象，所以英国人清楚地意识到，自己进入这一主题的著述时间相对较晚。关于文明的著述呈现出多种形式。有教小孩礼仪的育儿书，其中最具影响力的是伟大的荷兰人文主义者德西德里乌斯·伊拉斯谟的书。1532 年，他于 1530 年出版的书《论儿童的教养》（*De Civilitate Morum Puerilium*）被翻译成英文，书名改为《端正儿童教养的小书》（*A Lytell Booke of Good Maners for Chyldren*）。整个 16 世纪，这本书再版了 6 次。还有规范宫廷举止的指导书，其
17 中最著名的是意大利人巴尔达萨尔·卡斯蒂廖内的《廷臣论》

(*Il Cortegiano*, 1528 出版, 1561 年第一版英译本出版)。另外, 一些来自意大利的著作更笼统地介绍日常生活中文明得体的言行举止。比如乔瓦尼·德拉·卡萨的《加拉泰奥》(*Galateo*, 1558 年出版, 1576 年第一版英译本出版) 和史蒂芬诺·瓜佐的《文明对话》(*La civil conversazione*, 1574 出版, 1581~1586 年第一版英译本出版)。17 世纪, 法国模式占了主导地位。比较著名的是尼古拉斯·法雷特的《有教养的人》(*L'Honnête homme*, 1630 出版, 1631 年第一版英译本出版), 这本书以"取悦王室的技艺"著称。同样出众的是安托万·德·考廷的《新文明条约》(*Nouveau traité de la civilité*, 1671 年出版并于同年被翻译成英文, 该书为各种社会场景下人们如何做到举止得体提供了详尽的指导)。

这些书和其他类似的书被频繁地再版、改写、改编、模仿、抄袭和广泛阅读。[17] 还有许多关于儿童教育、贵族和绅士培养, 以及谈话、写信和其他社交技能的英文专著。无数父母给自己的孩子写有关礼仪的建议信, 既有发表的, 也有未发表的。其中最知名的是 1738~1768 年英国外交官和政治家切斯特菲尔德勋爵写给他私生子的信。这些信件集在勋爵去世后被出版 (1774 年), 此后被多次印发或摘录。据最保守的估计, 仅在 1690~1760 年, 英国就出版了至少 500 种不同版本的关于礼仪的著作。[18] 18 世纪, 小说逐渐成为另一种颇具影响力的行为指南。塞缪尔·理查森原先出版了一套多卷式的叙事体小说《帕梅拉、克拉丽莎和查尔斯·格兰迪森爵士》(*Pamela*, *Clarissa and Sir Charles Grandison*)。但这本小说可能太过冗长艰涩, 为了便于读者阅读, 1775 年塞缪尔·理查森又单独出版了一本书《道德情操、格言、劝诫和反思指导集》(*Collection of the Moral and Instructive Sentiments*, *Maxims*, *Cautions and Reflexions*), 用以扼要说明那本小说中所蕴含的处世哲理。

蕴含举止建议的文学作品层出不穷，受到现代历史学家的极大关注。[19]但我们需要注意的是，文明是一种社会现象，而非文学现
18 象；文明行为先于关于文明的文献。尽管许多人认真遵守行为手册中的戒律，但这些戒律其实是对前期社交实践和态度的归纳和理论阐释。尽管这类书的发行量很大，但它们难以充分体现早期的父母、教师和其他人花了多少时间和精力来规范年轻人的举止和文明行为。

在20世纪30年代著书立说的过程中，诺伯特·埃利亚斯把上述活动视为他所谓的“文明的进程”的一部分。他认为，文明的进程是指人们对生理反应和情感冲动的自我调节能力不断增强的过程。[20]诺伯特·埃利亚斯认为中世纪是一个冲动不受控制的时代，人们缺乏自制力，任由孩子般的情绪波动，很难控制自己的行为和暴力冲动倾向。[21]他认为，只有在近代早期，西欧的君主们才基本实现了对暴力的垄断，① 安抚他们手下好战的贵族，并强迫他们摒弃旧的诉诸武力的价值观，学习文明的行为方式，督促他们以宫廷为榜样追求进步，并依法解决争端。诺伯特·埃利亚斯认为，中世纪晚期，社会地位高的人更严格地管束他们的下属，包括情感和身体上的冲动。比如说，当着国王或某位大人的面打饱嗝或用袖子擦鼻子都会被视为无礼行为。之后，整个社会劳动分工不断扩大，在宫廷之外的世界，社会经济层面相互依存的链条不断延伸，与之相伴的是人们必须自我克制的压力增大，暴力情绪的爆发次数减少，压抑情绪成为一种内化的能力。同时，对于在公共场合随意大小便的做法，人们愈发感到羞耻和厌恶，以至于对

① 当然，君主们不可能完全垄断暴力，因为主人继续打佣人，丈夫打妻子，父母打孩子，学校老师也体罚学生。

生理排泄的遮掩最终成为大多数人的第二天性。诺伯特·埃利亚斯认为，这样一来，原本作为对统治阶级和上流社会出于尊敬而
产生的礼貌举止，逐渐影响到整个社会，同时人们也更加擅长对 19
他人换位思考。[22]

诺伯特·埃利亚斯夸大和误解了中世纪人的暴力和不受约束的行为倾向。中世纪国王和贵族公开表达愤怒并不一定表明他们无法控制自己的情绪。这是一种适合他们身份和地位的行为风格，也是一种政治惯例，而非心理状态。[23]这表明，在近代早期，改变的不是个人自控力的程度，而是关于如何和何时公开表达情感的普遍惯例。[24]

相比诺伯特·埃利亚斯，后续研究英国文明最出色的一位研究者对中世纪人的看法更加全面和深入。但即便如此，她也认为16世纪是礼仪史上一个新的转折时期。她认为，在中世纪，大多数礼貌行为准则只与王室和贵族家庭的就餐仪式，以及在社会上层人士面前如何表现相关。它们往往只是禁止令和强制令，在哲学论证方面没有太多支持。她强调，进入16世纪和17世纪，文明法被放入更宽泛的道德和学术背景中。在这个时期，人们开始强调将文明视为自我推介的一种形式，认为礼仪对于社会和谐是不可或缺的。[25]

近代早期有关礼仪的著述确实有中世纪相关著述无法比拟的复杂思想和深度。由于印刷术的发明，这一时期的著述也有了更广泛的读者群。但是，将对礼仪的关注视作16世纪才出现的现象是错误的。历史上，从来没有哪个社会没有任何关于得体举止和社交的惯例。所有等级社会都有礼仪和自我控制的惯例。这些惯例在被写下来之前就已存在很久，而近代早期肯定也不是第一个对其进行整
理和编纂的时期。诺伯特·埃利亚斯的观点无论在时间还是空间上 20

都存在局限性。他没有考虑古典时代的社交行为，也很少谈及欧洲以外的人，比如以“礼节和仪式”著称的中国人，或者在社交聚会中精心制定行为准则的奥斯曼人。[26]历史向我们展示的不是一个稳步发展的“文明的进程”，而是不同的传统约束模式此消彼长的过程。[27]诺伯特·埃利亚斯强调，这些模式在内容上各不相同，有些模式相比其他的能表达更多的激情，这一观点无可厚非。但是，没有人能够在没有社交规约或含蓄的行为准则的情况下行事。正如诺伯特·埃利亚斯观点的一位批评者所说，如果“控制情感”是文明进程的本质，那么所谓的原始人的文明程度将非常高。18 世纪的一篇关于美洲原住民的报道指出，“没有人比他们更能控制自己的愤怒情绪，或者至少不流露出这种情绪……这是原住民自身教育的一个主要目标”。苏格兰哲学家和政治经济学家亚当·斯密同样指出，“相比野蛮民族，文明国家的礼仪规则容许更为活泛的言行举止”；野蛮人“不得不压抑并隐藏每一种激情，使之不外露”，而“文雅礼貌”的民族则为人坦率、思想开放。[28]

晚年的诺伯特·埃利亚斯承认：“据我们所见，人类已经内化了一些约束行为的规范。”然而，在他看来，早期社会的特点往往是人们在极端束缚和极端自由之间波动。相比之下，他认为文明进程“向稳定、统一和适度的约束水平迈进”。[29]

在整个欧洲中世纪，宫廷、贵族家庭、天主教学校、修道院和
修女院都给人们灌输详尽的礼仪和行为准则。它们是公认的培养年
21 轻人教养和社交风范的场所。[30]关于礼仪，尤其是餐桌礼仪的说教
性文章层出不穷，主要针对富裕阶层的孩子。12 世纪的专著《有教养之人》（*Urbanus Magnus*）由贝克尔斯的丹尼尔撰写，涵盖了各种社交情境中的行为准则。这部著作对礼仪和身体约束甚为关注，这使其可与意大利大主教乔瓦尼·德拉·卡萨在 350 多年前完

成的极具影响力的《加拉泰奥》相提并论。[31]从古罗马传承下来的理想，如自控、文雅、有修养的言谈以及和蔼可亲，在12~13世纪的拉丁语和盎格鲁-诺曼文学中十分突出；这些理想在14~15世纪的英格兰诗歌和散文中也反复出现。中世纪作家援引的不仅有文明概念，还有一些相关概念，如举止文雅、言语诙谐、彬彬有礼、中庸适度、温和平静、谦虚低调和平易近人。他们还用“粗俗”、“肮脏”和“不羁”等词来表示这些良好习性的对立面。[32]

这部礼仪著作的前提是存在社交公共领域。最近的一项研究得出结论，面对面礼貌“在盎格鲁-撒克逊时代的英国可能没有发挥主要作用”。[33]然而，盎格鲁-撒克逊时代君王的大殿之上有一些礼节。在某种程度上，这些礼节可能与查理二世的宫廷礼节一样具有固定的形式。[34]中世纪的朝臣想要赢得王室的青睐，就必须具备适当的社交技能。同样，为与周围群体和谐相处，无论是修道士还是修女，都得考虑他人的感受，保持自身体面，尤其要处理好自己的各种排泄物。[35]1517年，理查德·福克斯主教创建了牛津学院，并在学院章程中规定：学院成员应避免一切形式的侮辱行为，并努力友好地生活在一起，因为在这所学院里，没有什么比得体的礼仪更为必要的了。[36]在中世纪后期的英国，以手工艺、行会和宗教组织为重点的民间交往活动丰富多彩。为了杜绝争吵，确保社会和谐， 22
强调礼貌、自我约束和彼此尊重，文明交往的惯例随之产生。[37]近代早期，在伦敦以外的郡县和城镇，自由人（非佃农）也有自己的一套文明准则，这套准则要求他们尽责履行公民义务，庄重召开会议，避免“谩骂”和侮辱性的言论，确保秩序井然，一片祥和。[38]无论什么时候，当人们以某种形式聚集在公共场所，他们都需要展现和谐、有效的社交技巧。[39]近代早期的文明手册从古典著述中汲取了极多的养分，如亚里士多德的伦理学著作以及西塞罗和斯多葛学派关于控制激情、为人谦虚、讲求人道、捍卫荣誉和注重礼仪的著述。正如伊丽莎白时代的诗人乔治·盖斯科因所写的：

> 亚里士多德教会我
> 用美丽来引导举止，
> 塔利教会我如何辨别
> 甜言蜜语和野蛮行为。[40]

但文艺复兴时期关于礼貌的著述，如德西德里乌斯·伊拉斯谟有关儿童礼貌的颇具影响的著作，也遵循了中世纪有关不礼貌行为禁令的悠久传统。[41] 得益于印刷术的发明，拉丁语被地方语言取代；文艺复兴时期的人文主义者极力漠视或轻视中世纪先辈，在社会中产生了一种错觉：认为现代礼仪起源于文艺复兴时期。

当然，良好举止的思想历经了几个世纪的演变，出现了古罗马人的“城市主义”、中世纪骑士精神的“礼节”、文艺复兴时期的“文明”、17 世纪法国贵族贤达的“荣誉”[42]、18 世纪的“礼貌”
23 和 19 世纪的“礼仪”。它们存在着一定的差异。中世纪有关礼貌的讨论主要涉及王室成员与贵族的行为举止，或宗教团体的生活。讨论的主要目的是教导人们尊重他们的领主，避免冒犯那些必须与他们生活在一起的人。这些思想在宫廷和修道院之外广为流传，尤其是在学习拉丁语的小学生中（以男生为主）。但是，12 世纪，这些高雅举止往往是上流社会以及为其服务的人的行为典范，而其他人则似乎不需要参考这些行为典范。同样，对那些地位低微的人的关心和同情也没有被纳入讨论范围。

相比之下，关于近代早期的礼仪的论著讨论了更为广泛的社交情境，充分考虑社会关系的整体性。它们认为，举止文明不仅是对社会精英及其佣人提出的要求，也是每个人应该做到的。它们愈发强调不仅要禁止冒犯上级，也要鼓励人们与周围的人愉快相处。在17世纪的神学家亨利·莫尔看来，“文明”是一种美德，“它提醒我们在人类的共同纽带中要处理好与周围人的关系；要用令人欢愉的样貌和得当的体态同遇见的人打招呼，因为礼貌的问候会令人感觉更好”。约翰·洛克也认为，文明行为是表达“内心文明”的一种方式。第三代沙夫茨伯里伯爵（1671—1713）也赞成“这种文明起源于人类共同权利的公正意识，以及同一物种之间的自然平等”。17世纪中叶的一位法官马修·黑尔爵士认为，没有自然正义、仁慈宽厚等基础，人类社会是无法存在的。[43]

因此，礼仪被视为道德的一个重要组成部分，人们有一种宗教义务去“诚实而文明地”生活。[44]人们普遍认为，举止端正和情感克制是灵魂内在气质的外在表现。孩子被教导一方面要保持双手清 24
洁、头发整齐，另一方面要履行宗教义务。[45]一位伊丽莎白时代的哲学家说，一个虔诚地侍奉上帝、正直地对待每个人的人可以当之无愧地被称为“文明人”。另一位哲学家将“文明”定义为“基于美德和智者戒律的礼仪”。[46]许多近代早期的礼仪指南是由虔诚的宗教人士撰写的。托马斯·霍比爵士翻译了卡斯蒂廖内的《廷臣论》。他在玛丽一世统治期间，因为自身的宗教信仰而流亡海外。[47]18世纪，卫理公会的创始人约翰·韦斯利重新发行了乔瓦尼·德拉·卡萨的《加拉泰奥》的大部分英译本。[48]伊丽莎白时代的神学家罗伯特·谢尔福德坚信，父母应该教导孩子“礼仪和文明行为”，这是上帝的旨意。詹姆斯一世时期的传教士威廉·古奇也同意并说道：“举止文明是一件非常漂亮和恰如其分的事，圣灵已制定了许多良好的礼仪规则，并敦促人们遵守。”这不“仅仅是一件恭维的事，也是天职”。基督不是宣扬了“己所不欲，勿施于人”这条金科玉律吗？（马太福音 7：12）圣彼得在他的新约圣经（1：8）中不也敦促读者要“彬彬有礼”吗？虔敬的吉尔福德夫人总结道：“最终，宗教能让我们拥有世界上最好的礼仪。”[49]就这样，传统宗教的教义被重新调整，以适应当时社会的优先事项。

就连宗教主张不那么明显的思想家也认为礼仪和道德是密切相关的。对托马斯·霍布斯来说，道德哲学是“人类对话和社会中关于善与恶的科学”。它体现在自然法则中，规定了公民适应“文明社会”*（civil society）的行为准则；同样，道德哲学也规范了人们
25 “彼此间的言谈举止”。这些规则禁止报复、仇恨、蔑视、侮辱和傲慢，并要求公民以“谦逊温顺”的方式行事，与“所有我们在生活中需要交流的人，保持文明和睦的关系”。[50]托马斯·霍布斯读过意大利有关文明礼貌的著作，感觉受益匪浅。他和诺伯特·埃利亚斯都认为，不仅君主的强制力是和平的重要原因，而且自制与宽容也是和平的重要原因。[51]托马斯·霍布斯还将平易近人的习惯描述为“较低级的道德”。他的崇拜者威廉·佩蒂用这个词来形容“文明的艺术与帮手”。后来成为主教的塞缪尔·帕克在谈及“言谈举止的艺术”时，也使用了这个说法。[52]就 1711 年发行的《旁观者》而言，“公民美德的伟大基础”是“克己”。[53]演奏家罗杰·诺斯将“良好的教养”视为“道德的一部分”。大卫·休谟赞同这一观点，他将礼仪规定描述为“一种较低级的道德，旨在方便交际和交谈”。半个世纪后，实用主义改革家杰里米·边沁认为礼仪

* 由于 civil 一词本身有“文明的”和“市民的”这两种译法，因此根据上下文，civil society 在译作中也主要对应两种译法：“文明社会”和“市民社会”。当上下文较为明显与“野蛮”和“不文明”等现象对比时，civil society 多译为“文明社会”；而当上下文讨论“社会结构”和“公共秩序”等情况时，该词则多译为“市民社会”。另有少量仅凭语境难以判断之处，翻译在译法上倾向选用“文明社会”，以顺应原著主题。——译者注

是“道德的一部分”，与琐碎的事情相关。他说：“每个人的大部分时间被这些琐碎的事情占据，而且要与他人一起做这些事情。”[54]

18 世纪，人们认为“良好的教养包括尽力使自己周围的人心满意足；通过外在的表现，向他人表达内心的敬意”。[55]正如之后成为查塔姆伯爵的老威廉·皮特所解释的那样，“这意味着我们在日常生活每分每秒发生的小事上，对他人和善，关爱他人胜过自己。可以是给对方一个更好的座位，或是让对方先进门或先用餐”。大卫·休谟和切斯特菲尔德勋爵都强调，文明意味着做出让步和牺牲，多爱别人一些。切斯特菲尔德勋爵补充说，“良好的教养”教会人们如何“轻松、得体而优雅地”做到这一点。重点是要表现得和蔼可亲、令人愉悦。[56]为此，讲求策略是必不可少的。在这方面，没有人能比得上演员托马斯·贝特顿。据说，“他批评别人时很有艺术，以至于对方都看不出他是在挑毛病”。[57] 26

切斯特菲尔德勋爵更关心外在表现，而非内在情感。但有人认为，文明行为应自发地产生于仁善的“甜蜜心灵”，这正是约翰·洛克所描述的“对所有人的博爱与尊重”。[58]博学的诺维奇医生托马斯·布朗就是这种文明的早期典范。他因其“非凡的人性”和“极具感染力的天性”，受到日记作家约翰·伊夫林的盛赞。托马斯·布朗把自己的儿子小托马斯也培养成了“对所有人都有耐心、礼貌、温文尔雅的人”。[59]

相比之下，19 世纪的礼仪规定，比如怎样给信件落款或餐桌上是否应摆放鱼刀等，纯粹是些随意的规定。它们是某个社会环境所特有的，缺乏道德或精神基础。但对于那些很想跃入上流社会的人而言，他们会迫切地学习上流社会的规矩。[60]

“良好的教养”，就像与之密切相关的“礼貌”概念一样，通常被定义为“与人相处时，取悦他人的艺术”，但这些术语所指的东西远不止是良好的礼仪。18 世纪，它们不仅意味着有礼貌的举止和体贴的行为，而且更普遍地意味着品位、老练的话语和精神修养。“礼貌”一词源于拉丁语 *politus*，意思是“经过修饰的”。任何表面光滑或有光泽的物体，如珍珠或首饰，最初都可用“经过修饰的”来形容。甚至在 1685 年，解剖学家塞缪尔·柯林斯用“可爱的色泽”来形容人类的皮肤。[61]以此类推，从 16 世纪初开始，“礼貌”一词就被用来指语言，无论是书面语还是口头语，只要使用的语言字斟句酌且流畅文雅，没有任何“粗俗”的痕迹就行。最好的英语口语“干净”、“发音清晰”和“礼貌”，以及最好的英语书面
27 语则因其“精致的文雅”而受到赞扬。[62]

直到 1691 年，有人声称：“大多数人只用‘文雅’（politeness）一词来修饰语言。”[63]然而，自 17 世纪四五十年代以来，英格兰人主要通过对法国作品的翻译，熟悉了这个词更广泛的内涵，它不仅仅指代语言技巧。[64]文雅与教育、博学、艺术、科学知识联系在一起。比如，当时的人们会用“文雅”这个词来称赞“古希腊和希伯来文明”。1687 年，一位作家祝贺他的出版资助人，因为他的“文雅”享誉“整个科学界”。[65]然而，更常见的一种看法是认为“文雅”的学识和文学是不同的。因为后者是为了取悦他人而设计的；而前者在内容上突出技术性，表达上也没那么雅致，属于不那么讨喜的知识形式。伊丽莎白时代的文学史学家弗朗西斯·米尔斯说，那些“文雅”的崇拜者被中世纪学生“复杂”、“粗暴”和“晦涩”的诡辩所冒犯；而与他同时代的法律作家威廉·富尔贝克则将“更文雅的学识”与“更温和的科学”联系在一起。查理二世复辟时期的伊利座堂主任牧师是爱德华·马丁。相比之下，他研究的是“精准的科学、逻辑和数学，本质上更倾向于务实而非文雅”。[66]

礼貌是体现社会等级差异和展示自我的一种形式。法国政治哲学家孟德斯鸠指出：“正是自豪感使我们变得有礼貌。有人关注和赞誉我们的行为，这表明我们不是可鄙之人，也表明我们和那些终生是败类的人所受的教育不同。”[67]礼貌包括与大众的文化保持距离且紧跟欧洲精英的最流行的文化。礼貌之人要有高雅的品位和一定程度的艺术修养。1656年，人们在巴黎圣日耳曼郊区正如火如荼地建造法国王太后的新宫殿，一位造访的英格兰游客对其“建筑的优雅与精致”赞叹不已。[68]第三代沙夫茨伯里伯爵指出，良好的教养要求人们学会得体地与人交往，而且交往过程要体现艺术的美感。画家乔纳森·理查森认为，礼貌进步速度很快，以至于“要不 28
了多久，绅士们如果不懂鉴赏，就会自惭形秽。就好比现在，不懂外语或欣赏不了优秀作品的美感就会令绅士们汗颜一样”。[69]

尽管早在1654年就有一位作家提到了“礼貌”，[70]但直到17世纪末，人们才普遍将文明得体的行为描述为“礼貌”。一部法英词典解释道，当用于日常交流而非书面语时，“politesse”一词的意思是“粗鲁”的反义词，指“殷勤”和“潇洒的举止”。1694年，另一部词典将“礼貌”定义为综合“文明、正派、谨慎和顺从之义的词，以温和愉快的氛围，影响着我们所有的言行”。[71]

这种彬彬有礼的社交道德完全是法国式的。按照约翰·伊夫林的说法，这在一定程度上受查理二世的影响，他“带来了一种更礼貌的生活方式”。“礼貌”在17世纪后期的英格兰越来越流行。[72]在安妮女王统治时期，《旁观者》和《尚流》(*Tatler*)这两本颇具影响力的杂志加大舆论宣传力度，增强了“礼貌”的吸引力。虽然“礼貌”一词没有取代“文明”一词成为更常见的得体行为术语，但它已成为18世纪上流社会和有抱负的中产阶级文化的核心价值观。[73]

顾名思义，“礼貌”有谦虚恭敬和文雅之意，有利于社会和谐和支持既定秩序。这个词暗示，相比实用和高经济价值，高雅和愉悦更具优越性①；相比艰深枯燥的学术论著，内容优美的纯文学作品更具优越性；相比愤世嫉俗的激情，端庄稳重的宗教服从精神更具优越性。“礼貌”禁止一切形式的异议和偏激行为。这是一种确立上层社会优越感的方式，不仅使上层社会人士远离庸俗，而且使
29 他们远离商业、地方主义和非主流思想。[74]它蕴含着一种非常细腻的情感，以至于不文明或没有教养所带来的痛苦将是让人难以承受的。[75]文明是每个人都应尽的社会责任，但礼貌是精英阶层的显著标志。后者被描绘成一种文雅的状态，相当于广义上的“文明”，也就是“文明化进程”。[76]

不断变化的时尚影响着文明行为的惯例。1665 年，牛津大学一位学者去世，他的碑文展示了他那“令人愉快却有些老式的礼节”。1667 年，当安东尼·伍德拜访同为古文物研究者的威廉·普林时，受到了“詹姆斯一世统治时期的老式的恭维”。[77]然而，过去的几个世纪有许多潜在的连续性，这解释了为什么 16 世纪的礼仪书籍在 200 年后仍被重印和阅读。[78]1683 年，一位作家指出，尽管礼貌的仪式“几乎年年都变”，但“真正的文明规则”是不变的。[79]18 世纪晚期的艺术品收藏家理查德·佩恩·奈特也认为，良好教养或礼貌原则“在各个时代和各个国家都是一样的，无论它们的表现形式有多么迥异”。[80]许多现代社会语言学家接受这样一个结论：礼貌的概念是普遍的；不同文化、不同时期的礼貌的区别仅在于它们的具体表现形式。[81]

---

① 不过，乔纳森·理查森声称，礼貌的英国绅士可以用他们收藏的艺术品来吸引外国游客，从而（在经济上）造福英国。[*Two Discourses*（1719）,vol. 2,49.]

18 世纪，厉行节俭的新古典主义人士反对“奢侈”，这给靠收地租致富的寡头带来了挑战。然而，礼貌作为一种意识形态，证明了这些寡头过着富足高雅生活的合理性，也维护了他们的休闲消费与社会特权。[82]礼貌还帮助越来越富有的商人和金融家巩固了他们的社会地位。但礼貌并不像人们有时所说的那样，是“一个显而易见、改良社会的创新概念”，而是发展了的中世纪和文艺复兴时期的礼节和绅士教育观念。[83]正如一位 18 世纪的历史学家所说，正是在中世纪，“礼貌成为骑士的美德”。他这么说时，肯定想到了杰 30
弗雷·乔叟笔下那位尽善尽美之人：

> 他举止温顺，像个女仆，
> 从来没有讲过粗鲁的话。
> 他一生中对谁都是如此，
> 是一个真正完美、高贵的骑士。[84]

举止与风度

从盎格鲁-撒克逊时代起，社会精英就开始关注如何通过自己的举止、仪态和文化造诣来脱颖而出，而这绝不是 18 世纪才有的新鲜事。[85]尽管贵族权力最初的基础是军事实力，但其实从很早开始，那些寻求王室青睐或想往上谋求公职的人，还需要具备其他品质。中世纪的浪漫主义文学表明，口才、个人魅力、谈话技巧和高情商是备受重视的品质。[86]中世纪晚期，年轻的绅士如果会弹竖琴、唱歌、跳舞、善于学习多种语言、阅读“辩论书籍”，并在“英国的礼仪学校”接受教育，就会被认为“举止高雅、风度翩翩”。[87]在都铎王朝时期，渴望在宫廷中得到王室青睐的绅士们不仅擅长骑马、打猎和格斗，而且擅长文学、音乐、舞蹈、谈话和各种形式的“宫廷礼仪”。[88]礼仪、礼节、文明、礼貌等词语在不断演变，但提出的要求在很多方面保持不变。

在近代早期，真正发生变化的是贵族绅士越来越易于接受文明伦理以及之后的礼貌伦理。早期的贵族文化中占主导地位的是自信满满的荣誉感、军事力量和宗族优越感等。英国绅士用更多
31 时间待在伦敦，融入大都市的社会生活，不过会定期到外郡的首府参与处理司法事务。意大利北部的一些礼节作家阐述了“社交能力和城市气息”的价值观，对这些英国绅士很有吸引力。他们的社交能力不断提升，也使得文明教养变得越来越重要。同样，宫廷的中心地位也越来越凸显，它是赐予恩惠、促成联姻和谋求事业高升的地方。

过去，分散在各地的地主，在等级分明、结构清晰的大家族中过着相对孤立的生活。他们管理着一些半封建、租自己土地的佃农。这些地主不太愿意采用新的社交行为方式，也不愿去掌握大都市礼貌标准所要求的“文化技能”。他们的主要礼节就是款待客人和大厅中的餐桌礼仪。但随着新潮的公共互动形式的推广，掌握其他社交技能的需求越来越迫切。正如礼节作家们所反复强调的，古代世系不足以维持贵族的权威，绅士们还需要表明他们与生俱来就有掌权的能力。因此，给他人留下深刻印象的个人举止和有教养的生活方式越来越令人向往。精英的领主们逐渐意识到自己是一个统一的阶级，而不是竞争联盟和亲缘关系的混合体。军事功能不再像以往那样重要了。一套独特的礼仪规范能令绅士、贵族自诩为统治精英。这样，这些精英既能与下级平民和谐共处，也能受他们的尊敬。这种尊敬不仅因为血统，也因其优秀。[89]

近代早期是贵族文明化的过渡时期。虽然贵族和绅士仍会一言不合就使用武力，但敌对家族之间的世仇和争斗（16 世纪英格兰和苏格兰边界的一个特点），在王室联合之后逐渐减少了。[90]尽管在 17 世纪的英格兰，贵族参与的斗殴和暴袭并没有消失，但这种情况比以前少了。[91]同样的情况在西欧上层阶级更为普遍。[92]但正如诺伯特·埃利亚斯所说，这并不是自控力日益增强的迹象。诚 32
然，中世纪有一些暴行是冲动的结果，但大多数还是有意而为之的行动。[93]凶杀案发生率下降的原因，并不是贵族阶层自控力的增强，而是他们的价值观随着都铎王朝权力和合法性的增强而发生了变化。贵族和绅士越来越多地接触到人文主义的文明美德观，因而相比操纵随从来了断私人恩怨，他们更愿意通过效忠国王来寻求荣誉。[94]

然而，尽管上流阶层在使用武力方面没以前那么凶残了，但捍卫个人荣誉的需要依然存在。16 世纪，正式决斗出现，它被公认为一种的雪耻手段。在随后的几个世纪里，尽管法律明文禁止决斗，贵族、绅士和军官还是展开了成千上万场较量，这种习俗一直延续到维多利亚女王统治时期。相比之前失控的世代恩怨和暴力仇杀，人们通常将这种程式化和有既定规则的狭路相逢视为一种进步。决斗的礼节在制止一时冲动方面发挥了作用。尽管受到侮辱时必须应战，但人们必须以“完全冷静和镇定”的态度发出和接受挑战，任何刻薄或谩骂的举动都被视为“没有男子气概的软弱表现”。[95]甚至有人认为，文明观念积极地鼓励了决斗。据说，决斗的伦理是引自意大利的文明行为理论的一部分。受人挑衅而应战是有风险的，有风险却刻意为之，是因为当事人很想给予对手足够的尊重。因此，决斗的准则可以被视作鼓励良好行为的一种手段。18 世纪早期，同为内科医生和哲学家的伯纳德·曼德维尔声称，如果

没有决斗，欧洲成千上万名“彬彬有礼”的绅士早就成了“傲慢无礼、胡搅蛮缠的花花公子”。他认为，对于一年有六七个男人在
33 决斗中丧命，国家不应过于惋惜，因为这样才能形成“举止礼貌、言谈愉快、相处融洽”的宝贵局面。大卫·休谟认为没有什么比决斗更“荒谬和野蛮”的了，但他也承认“那些为决斗辩护的人，声称决斗会带来文明和礼貌”。[96] 20 世纪的哲学家 R. G. 科林伍德说：“我所见过最漂亮的举止是在那些刀客横行的国家，如果有人胆敢出言不逊或表现得凶神恶煞，就有人把刀插在那人身上。”[97]

1606 年，旅行作家托马斯·帕尔默爵士感叹道：决斗伦理是“意大利文明”带来的诸多“麻烦”之一。1614 年，一份王室公告宣布“这种英勇精神，先是在国外孕育和发展，随后传遍了英伦岛”。[98]其实，意大利一些研究文明的权威人士已经对决斗行为表现出反感，包括《加拉泰奥》的作者乔瓦尼·德拉·卡萨。同时在英格兰国内，许多意大利式文明的倡导者也拒绝纵容决斗行为。在他们看来，决斗是“放荡和野蛮的习俗”。[99]伊丽莎白时代的一位绅士写了《宫廷中的文明礼仪》(*The Courte of Civill Courtesie*，1577 年)。他承认，在某些情况下，决斗是不可避免的，但他认为决斗的结局是一场“悲剧”，并就如何避免决斗给出了详细的建议。[100]

在《文明生活的论述》(*Discourse of Civil Life*，1606 年出版，创作于 1580 年）一书中，行政长官洛多威克·布里斯基特谴责决斗是中世纪的遗风陋俗，指出这种野蛮行为在中世纪之前不存在，它“违背了所有的公平、文明和诚实的对话，破坏了‘文明社会’”。这几乎是一字不差地翻译了吉拉尔迪·钦齐奥的《文明生活》(*la vita civilè*，1565 年）中的一节对话。在这本书中，意大利剧作家吉拉尔迪·钦齐奥以文明的名义强烈抨击了决斗行为。[101]作为强化礼貌的一种手段，决斗伦理具有明显的局限性。沃尔特·罗利爵士对决斗行为

提出抗议。他说："不应该以死亡为代价使一切粗鲁的行为变得文明。"而托马斯·霍布斯则认为，荣誉准则"对那些不愿意忍受伤害的人来说是文明；对那些愿意忍受伤害的人来说则是伤害"。哲学家 34
乔治·贝克莱在1732年指出，有些人不敢惹张牙舞爪的决斗者，却毫不犹豫地羞辱牧师。[102]决斗的反对者特意解释说，决斗与"真正的文明"不相容，并一再谴责它是"邪恶野蛮的"。1678年，一位有经验的旅行家声称：决斗"现在已被所有的文明国家禁止"。[103]在英国，决斗现象延续至19世纪初，这表明英国统治阶级向新文明伦理的转变还不够彻底。荣誉、名声仍是值得珍惜的，必要时可以通过暴力来维护。然而，17世纪后期，尽管贵族参与酒后斗殴、强奸甚至谋杀的情况并不少见，但此后围绕荣誉和优先权的争执似乎变得不再那么频繁了。1773年，塞缪尔·约翰逊讲述了在17世纪末，当他母亲住在伦敦时，"有两种人：一种是让路的人，另一种则是占路的人，分别指和平之人和好斗之人"。但"现在局面已经稳定，每个人都是倾向妥协的'右派'；或者说如果有人占路，另一边个人就会让路，双方压根就吵不起来"。[104]

大多数礼仪作家认为，执政精英应该培养优雅的举止，以区别于比他们社会层级低的人，并彰显他们的统治权。自公元前4世纪以来，体现优越感的举止仪态一直备受重视。当时古希腊的上层阶级昂首挺胸、步态从容，认为严格控制情绪对捍卫他们的权威至关重要。[105]在19世纪的英国，人们仍然秉持这种观念。正如一位同时代的人所说："一位绅士与一名苦力表现出的状态是不同的，绅士的相貌传达出的是一种完全不同的情感和阅历。"[106]在近代早期，那些想要统治他人的人需具备一种恰当的"风度"或"神态"。同时代的人将这种风度描述为"高贵""庄严""优雅"。正如伊顿公学校长威廉·霍尔曼对学生们所说："得体的行为举止能增加你的 35

威信。”[107]

这一建议有一个伦理层面，因为近代早期的评论家赞同中世纪人的观点，即举止是衡量道德的一个指标。伊拉斯谟所说的“外露的身体诚实”（*externum corporis decorum*），是灵魂内在性情的指南。西蒙·罗布森认为，“人在走路时，展现出某种庄严”，是骄傲自信的一个明显标志。诗人理查德·布拉特维特在1630年写道，他“从（一些人的）步态中，看到了一颗骄傲之心；如果这些人是通透的，那这种自信状态就再清楚不过了”。[108]

训练行为举止的主要目的是进行社会分化。用史蒂芬诺·瓜佐《文明对话》一书的英文译者的话来说：“上流社会的文明与庸俗之辈的本性和时尚区别越大，我们就越受尊敬。”[109]与下层民众相比，贵族不仅在穿着上更考究、华丽，还住在更加豪华气派的大宅子里，拥有更多的佣人和财产。他们的言谈举止也不同。言语、礼仪、姿态和手势瞬间便能划分社会阶层，它们是统治精英确立威信的基本要素，也是受过优越教养的可靠证据。正如一位作家在1649年所评论的那样，“在第一次见面时，我们通过致意、行礼、仪态、手势和言谈，就很容易判断一个青年人是否在文明方面受过完美的绅士教育”。[110]

正如伊拉斯谟一再敦促他的读者不要表现得像乡巴佬（*rustici*）或庄稼汉（*agricolae*，1532年该词翻译成“马车夫”和“农夫”）一样，在英国与他观点相同的人也强调要与“粗鲁、目不识丁之人”划清界限。[111]17世纪的诗人托马斯·特拉赫恩认为，通过举止，人们就可以判断出“谁是小丑，谁是朝臣”。18世纪的唯美主义者阿奇博尔德·艾利森解释说，仅从面部神情，人们就可以区分大商人和小店主，以及地主和佃农。[112]真正的绅士懂得得体的举止，知道如何进入房间、脱帽致意、存放帽子，以及如何与周围的人道

别。接近众人时，“如果一个人没讲一些礼貌和善的话”，便会给他 36
人留下“粗鲁”的印象；而离开众人时，“如果没有道别致意”，则意味着“失礼和蔑视”。克拉伦登勋爵感叹道：“没人能优雅自信地走进一个满是人的房间；尤其在众目睽睽之下，进来的人难免神色慌张、步伐凌乱，会做出20来个局促的小动作。”[113]苏格兰法官蒙博多勋爵认为：“言行举止比我所知道的任何标准，都更能在人群中区分绅士和淑女。”[114]据说，即使是笔迹，也应该能体现“绅士身上所令人欣赏的品质：仪态自如、平易近人。绅士经常与礼貌、有教养之人交谈，所以受到了潜移默化的影响”。[115]就理想中的绅士和淑女而言，他们的举止、神情、手势已被塑造成一件件以优雅和自制为特征的“艺术作品”。

礼貌的身体姿态会随着时间的推移而改变。[116]18世纪早期，绅士让别人给自己画站立肖像时，比较时髦的姿态是右手塞进礼服的背心里，左手放在口袋里或剑柄上，双脚向外张开。另一种由来已久的站姿是交叉双腿，展现出一种贵族式的随心所欲的感觉。如今，古典芭蕾舞保留了许多现已过时的举止仪态：双脚张开站立或为他人引路。18世纪60年代，在社会上层人士看来，这些礼仪已经变得粗俗。因为它们已被舞蹈教师传向社会，尤其是中产阶级在画肖像时，也会采用这类姿态。乔舒亚·雷诺兹爵士拒绝了所有正经的姿态，交叉双腿站立也被他否定为“一个无足轻重的姿势”。[117]

然而，某些仪态特征是不变的。人们一致认为，有教养的人应
该挺胸站直。他不应该抓耳挠腮，来回晃荡，当众掏耳朵，佝偻着 37
背或把头歪向一边；他不应该在公共场合唱歌或吹口哨；他不应该表现出过分的好奇心，比如偷看别人的信。最重要的是，他应该总是表现得从容、放松。人们绝不会看到绅士在街上狂奔。[118]一位詹

姆斯一世时期的权威人士提醒人们，“许多人看到你从他们身边经过，很快就会对你产生好的或坏的看法。所以你要非常留意自己的步调，想一想应以怎样的优雅姿态和神情走路”。另一位权威人士赞同道：“脚步太匆忙，显得人不够稳重。”有教养的人应避免给他人留下匆忙或焦躁的印象。一本 19 世纪关于举止的书提醒人们，“匆忙的举止可能对机械师或商人来说很寻常。但它与绅士或社会名流的品性不搭”。[119]20 世纪的作家、社交名媛南希·米特福德的一句话强化了这一观念：“其实，任何慌慌张张的样子都容易不被上流社会所接受。所以我甚至宁愿——除了重要的商业信件——一概不用航空邮件寄送其他东西。”[120]

紧身胸衣、（捆紧四肢的）绷带、假肢等用品，可用于隐藏或矫正身体缺陷。对身体“仪态”的重视，为这些用品开辟了市场，[121]也使舞蹈成为礼貌教育的一个重要部分。至少从都铎时代开始，贵族就为家中的孩子聘请舞蹈老师。[122]他们这么做不仅因为舞蹈是一种必要的社交活动，为求爱提供重要的帮助，而且因为他们相信舞蹈能使自己的后代风度翩翩。1660 年，一位权威人士写道：“年轻人学习跳舞，与其说是为了跟随演奏的曲调踏出相应的步子，不如说是为了在任何时间、地点都能保持良好的体态。我们只要看一个人是否仪表脱俗、气宇轩昂，就可以很容易判断他是否学过这门艺术。”舞蹈教师教授“手势、行走姿态和屈膝礼”；他们抹去了孩子们习性中平庸的东西，这些东西被社会名流称作“小丑模样”。[123]切斯特菲尔德勋爵敦促他的儿子要特别注意“手臂的优雅
38 动作”，以及“戴帽、伸手之类的仪态……这些会让你养成彬彬有礼、风度翩翩的习惯，尤其在向别人介绍自己的时候”。他声称，跳舞连同骑马和击剑，使人变得“文明时尚”。[124]1772 年，兰开夏郡的亚麻商人托马斯·兰顿也敦促自己的儿子学习舞蹈，相信这会

让年轻人“变得非常容易相处并且令人愉悦”。[125]然而，重要的是，年轻人要避免专业人士跳舞时表现出的那种矫揉造作。一位权威人士指出，舞跳得太精致是不礼貌的。最好的策略是“以一种巧妙、不经意的方式跳舞，展现出一种很自然的动作，而不是让人看了以后觉得动作奇怪，舞跳得很痛苦”。[126]

如果一个人想有优雅的举止，那么他应该在适宜的社交圈里走动。彭布罗克伯爵是威尔士及边区戍守议会（Council in the Marches，后文简译为“戍守议会”）的主席。1596 年，他在“卢德洛城堡举办了一场精彩的圣诞节活动”。据说，威尔士的年轻绅士们通过参加这场体面的聚会，学到了“他们一生中应该掌握的良好举止和礼貌用语”。[127]直到 16 世纪末，名门世家都在提供举止仪态的培训，儿童可以在那里寄宿做佣人，主要目的是学习良好的礼仪。[128]约翰·史密斯是格洛斯特郡伯克利家族的管家。但在 16 世纪 80 年代，他还是第一任伯克利勋爵的妻子凯瑟琳夫人的仆人。有一次，他给凯瑟琳夫人的儿子送早餐，敷衍地向凯瑟琳夫人行了个屈膝礼，就匆匆忙忙地从她身边走过。凯瑟琳夫人叫住他，让他做了 100 次屈膝礼。史密斯在回忆录中写道：“凯瑟琳夫人高贵典雅，为了更好地向我展示如何在屈膝礼中缩脚和弯曲膝盖，她将自己的衣服卷到了小腿上。”[129]无独有偶，在托马斯·海伍德的一部伊丽莎白时代的戏剧中，女主人亚瑟教导她的佣人：

> 再行个屈膝礼，让我瞧瞧。
> 嗯，做得不错。[130] 39

1599 年，赫特福德郡阿姆维尔的教区牧师需要一个佃农来打理他的庄园和田地。他找到了一个“思想传统、为人老实的男人，他的妻子淑雅洁净”。他们夫妻俩年轻时，都曾在绅士家庭做工，受过“良好行为方式”的熏陶，因而“给人以文质彬彬的感觉”。[131]想入名门世家做工，讲礼貌、有教养成了前提条件。通过模仿和出于尊重，佣人常常表现出优雅的外表并采用绅士的行为标准，有时甚至比他们的主人还要优雅。人们在近代牛津大学的一些高级公共休息室里可以看到，身着黑色礼服的管家们喜怒不形于色，静静地等待指示；而穿着套头衫和牛仔裤的校董们则打着手势。[132]

在有教养的家庭里，尽责的家长非常重视孩子早期的举止训练，把孩子交给导师和当地管理者，希望这样能帮助孩子“改掉天生的粗鄙举止，具备礼貌行为”。[133]16 世纪 60 年代初，诺维奇的医生托马斯·布朗很希望他的儿子小托马斯能“改头换面”，反复提醒他“展现出一种令人钦佩的勇气，改掉乡巴佬式的局促忸怩”。20 年后，威廉·佩蒂爵士同样很希望他 10 岁的儿子亨利在见到人时，懂得如何行“屈膝礼”。他还建议另一个儿子查尔斯“寄宿到 10 个不错的家庭，以此来培养礼貌举止和谈吐”。[134]18 世纪，切斯特菲尔德勋爵强调“近朱者赤”：一个人只有和最好的人相处，才能获得最好的教养。与他同时代的花卉艺术家德拉尼夫人也认为，“要获得优雅的风度”，7～14 岁的女孩子应该去巴斯或伦敦，与“各式各样优秀的人相处”。[135]

在文法学校，文明、礼貌的培养是教学大纲的一个固定部分，甚至在某种程度上比学习知识更重要。文法学校也相当强调姿态和
40 举止。一位教育作家建议，学校老师应该实际示范站立、行走、进门和传递信息的正确方式。[136]学校的戏剧和其他形式的口头作业，不仅是为了培养口才，还是为了帮助学生克服忸怩的仪态，形成优雅的姿态。1635 年，在伊顿公学举办的一场戏剧演出中，年少的罗

伯特·博伊尔只扮演了一个没有台词的角色。但他的父亲心满意足地说：“看孩子的姿态和步调，就知道他表现得很勇敢!”[137]有些信奉天主教的贵族，将自己的儿子送到佛兰德斯的圣奥马尔耶稣会学院接受教育。1693 年，有家长提议，希望学院能改一改校服。因为当时男孩子穿的都是长罩衣或长袍，这无意中让他们养成了“一种邋遢的走路习惯，很像乡下人，这可不是上流社会所希望看到的”。[138]男孩子被父母送到这类学校，“学习如何走路、拖腿跳舞、脱帽致意、扭动身体鞠躬告辞，以及怎样握手、抬头挺胸、退后中行礼等，不一而足”。[139]对于这种社会现象，贵格会教徒本杰明·弗利嗤之以鼻。

18 世纪，得体举止的本质已发生变化：人们需要高度控制自己的身体，也需要严格抑制不恰当情绪的流露。正如一位权威人士所说，文明在于“全方位控制自我”。[140]这背离了早先的观念：在特定情况下，人们可以体面地表露感情。1589 年，文学评论家乔治·帕特纳姆认为，人们在所有情感中都能发现“美”。他说：“愤怒、嫉妒、仇恨、怜悯、羞耻……只要这种情感是体面的，就是合乎情理的。”[141]相比之下，1762 年，亚当·斯密则认为，礼貌是“沉着、冷静和镇定的行为”。与他同时代的演员托马斯·谢里登也赞同道：良好的教养包括“压抑所有可见的自然情感”。[142]

然而，即使是那些像帕特纳姆一样允许“体面地”表露情感的人，也对情感的表达设限。早在 12 世纪，礼节作家贝克尔斯的丹 41
尼尔就谴责过喧闹的笑声。而到了 16 世纪，伊拉斯谟也教导说，笑的时候，身子因为激动而发颤，这可不体面；另外，笑的时候千万别张嘴。都铎王朝早期的学校校长威廉·霍尔曼告诫学生，“不洁和淫秽的笑声使你失去尊严”；而一个平时很老实的人，如果在盛宴上“轻浮地笑”，就会遭受“指责”。17 世纪末，一本忠告书的作者也表达了类似的观点："说一段幽默的话，让别人笑，自己却不笑，这才是礼貌。"随后的一个世纪里，切斯特菲尔德勋爵认为大声笑"低级、不得体"，"更不用说它发出的讨厌的噪声和笑到扭曲的脸"。老威廉·皮特也同样认为"微笑比大声笑好"，而记者理查德·斯蒂尔则把话说得最绝："聪明人"允许自己的笑"只是一种淡淡的、压抑的半笑不笑"。[143]当然，在现实中，即便是最正襟危坐的绅士也会放松下来，与自己的亲朋好友一道开怀大笑。[144]

笑不能随意，同样，男人流泪也会遭到质疑。在一种仍然高度崇尚武力的文化中，男性表达愤怒或骄傲的情绪是可以接受的，但眼泪通常被视为软弱无能的标志。男人"像女人一样梨花带雨"或"像孩子一样号啕大哭"，都是不体面的。[145]面对不幸时，男人要逆来顺受。新斯多葛学派的这一学说更加支持"男儿有泪不轻弹"的观点。在本·琼森的古罗马悲剧《塞贾努斯》（*Sejanus*，1603年）中，一位戏剧人物呼吁：

> 一种无声的哀悼，被坚定的男人
> （他们不知何为眼泪，因为只有战俘才流泪）
> 用以表达如此巨大的悲恸。[146]

更有甚者，詹姆斯一世的长子亨利王子，因小时候摔倒受伤时
42 哭得比同龄的孩子少得多而受到称赞。[147]几个世纪以来，鞭打一直是上流社会教育的一个组成部分，其目的是使教会学生忍受痛苦而不抱怨。无论是对于北美印第安人，还是英国绅士阶层，这都是他们受教育的主要目的之一。[148]

然而，在庄严肃穆的公共场合，如伟大的公众人物去世或蒙

羞之时，人们可以流泪。比如，1547 年，议会得到国王亨利八世驾崩的噩耗；再比如，沃尔西红衣主教（1530 年）、托马斯·莫尔爵士（1534 年）、托马斯·克伦威尔（1539 年）和第二代埃塞克斯伯爵（1601 年）的功败垂成。眼泪也可以出现在政治高度紧张的时刻。比如 1628 年，“下议院的大部分人都哭了”；1629 年，议会的演讲者“涕泗滂沱”；1657 年，查尔斯·弗利特伍德将军强烈反对将王位让给奥利弗·克伦威尔之时，也泣不成声；1710 年，在对高等教会狂热的传教士亨利·萨谢弗雷尔进行的审判中，萨谢弗雷尔为自己慷慨辩护，他那“哀婉动人、荡气回肠”的讲话，令在场支持他的男男女女热泪盈眶。[149] 悲剧上演时，剧院里常有人流泪。在葬礼上，哀悼者也允许流泪，但需要适度。因为虽然天主教认为号啕大哭有助于加快死者通过炼狱的速度，[150] 但英国新教反对这种说法。在莎士比亚《亨利六世》的第二部（*Henry VI*, *Part 2*）中，善良的沃里克为祖国蒙羞而落泪；而在《哈姆雷特》（*Hamlet*）中，邪恶的篡位者克劳狄斯痛批他的继子对其亡父的哀伤显得他“没有男子气概”。[151]

对于忏悔的罪人，无论男女，哭泣早已被视为一种可接受的悔罪形式。中世纪的修女们受到督促，“她们声泪俱下，或至少用忧伤、抽泣和悲痛来悔悟自己的罪孽”。[152] 宗教改革后的一个世纪里，包括清教徒在内的一些神职人员，采取了一种煽情的布道方式，意在使传教士和会众都潸然泪下。清教徒牧师塞缪尔·托谢尔宣称，
“在上帝眼中，没有哪一双眼，比噙满泪水的双眼更可爱的了”。劳 43
德教士托马斯·卢辛顿则将哭泣视为一种“祷告”。[153] 18 世纪，卫理公会教徒和福音派教徒延续了这一传统。《尚流》杂志在 1709 年宣称，“易于挥泪所展现的精神，既可以是卑微的，也可以是伟大的”。[154] 见他人落难而洒泪，是一种高尚心智的体现，而这一观念

的根源可追溯至 17 世纪。例如，詹姆斯一世时期的伟大法官爱德华·科克爵士每次宣判死刑，都会潸然泪下。[155]“有情有义之人”的眼泪自由流淌。但直到 18 世纪中叶，这才被大众接受。[156] 1748 年，亨利·菲尔丁告诉同为小说家的塞缪尔·理查森，克拉丽莎的困境深深触动了他，他的心因同情而“融化”，只能寻求“所谓娘娘腔式的解脱”。这正是他所处时代的人们的特点。[157]然而，这种文学上的触景生情为时不长，因为到了 18 世纪末，人们依然普遍认为，哭泣是“没有男子气概”的行为。[158]话虽如此，18 世纪执行绞刑的法官在宣判死刑时，常常泪流满面。[159]

总体来看，16~18 世纪，男性礼貌文化中的举止姿态朝着更克制的方向发展。正如最早一批人类学家之一约翰·布勒在 1645 年所指出的那样，每个国家都有自己的“民族礼仪”。在身体语言的浮夸方面，英国比法国和意大利更为保守。[160]除了哭与笑被抑制，打手势也被禁止，因为人们觉得这是一种令人不悦的外国习惯。[161] 17 世纪后期，见面时亲吻和其他形式的亲密接触似乎已过时，转而被鞠躬或握手所取代。[162]

17 世纪初，以到法国和意大利游历一段时间的方式来完美结束礼貌教育，已经成为一种普遍做法。旅行者最好有一位导师或“校董”陪同，这些人曾在欧洲上流社交圈里活动，举止相当“文明高雅”。通过游历，名门望族希望其公子们能学会“令人愉悦的
44 举止”，将“优良家风表现得淋漓尽致，使自身修养完善”。[163]据说，意大利和法国将“使我们变得风度翩翩、才思敏锐、谦虚稳重、文明有礼”。[164] 1619 年启程前往佛兰德斯的约翰·迪格比爵士，据说与许多人一样，“通过认真学习异国的优雅举止，精心打磨自己的一举一动，并且从旅行中受益匪浅”。在切斯特菲尔德勋爵看来，出国游历的“真正目的”是学习“每个国家的最佳礼

仪”，[165]因为西欧社会精英传达了礼貌和文明的基本理念。后来，在文明礼仪方面，法国人渐渐定下了基调，而英国人则长期保留一种挥之不去的文化自卑感。在 17 世纪中期的一次对话中，一位嘉宾声称，到外国旅行已经“消除了我们行为举止中经常出现的粗暴。相比我们以前习惯的做法，现在我们对外国人和同胞都更为文明和礼貌”。但在 1689 年，约翰·伊夫林认为他的英格兰同胞在“文明交谈、辩解、道歉和举手投足上仍然有极大的缺陷”。他认为，意大利人和西班牙人在这一点上的良好教养“远远超过了我们”。[166]

17 世纪后期，壮游（Grand Tour）的日益普及反映了绅士阶层对将大学作为礼貌学校的信心正在逐渐减弱。在整个 15 世纪，牛津大学和剑桥大学越来越重视学生的道德和文化修养，学生被培养成有教养的神职人员或是能说会道的公职人员。[167]宗教改革后，大学成了地主阶级子弟向往的地方。伊丽莎白时代和斯图亚特时代早期的贵族逐渐因自身的学识而备受尊重，他们也经常从事严肃的法律和古文物研究。尽管如此，斯图亚特时代后期的上流社会倾向于将拉丁式的博学之士和人文主义学者斥为“学究”。他们更喜欢特定日常语言的纯文学作品，因为它们更讨喜，读这 45
些作品的人显得“彬彬有礼”。学者越来越被视为“小丑”，缺乏“城市文雅气息”。正是因为这些人自身的“教养较差、一事无成”，才迫使“讲求素养的绅士”把儿子送到国外学习如何做人。有人说，大学学者的治学“只是一种迂腐的咬文嚼字和反唇相讥，所以他们遇到的有教养的人都摆出一副不屑的样子”。学者的举止如此“粗俗”，以至于当学生从大学毕业后，“人们很难从其举止中看出他们有过与绅士一起求学的经历。充其量，在和名门闺秀相处时，这些男士会脸红心跳，样子甚为可笑”。[168]

当然，名门闺秀不怎么参与壮游，正如她们也不怎么去文法学校或大学求学一样。与之相反，上流社会的女孩一般在自己家中或在另一户名门世家里接受专属于女性的举止训练，偶尔也会在女子精修学校受训。[169]在宗教改革之前，西昂修道院的修女们就受到仪态规则的约束。正如伊拉斯谟后来为教导年轻人而制定的那些规则一样，她们需要学习如何站、坐、走路、吃饭、微笑，甚至在合适的地方吐痰。无论哪种体态，修女们都绝不能“超越诚实的界限”。[170]正如卡斯蒂廖内《廷臣论》中的一位演讲者所解释的那样，女性“在时尚、举止、言谈和手势方面”应该“与男性大不相同”。[171]

对女性行为的种种规定反映了当代人的一种观念，即女性有自己固有的软肋，而且无法控制自己的情绪。因此，尽管人们通常认为，除很特殊的场合以外，男性在公共场合哭泣是不雅的，但女性“每到伤心处就落泪并非有伤大雅之事，而是一种善良天性和温顺心态的表现，反而体现她们最得体的品质”。同情他人与温柔的性情被视为女性的天性，她们被允许有更多的自由来表达自己的情感。然而，男性有时怀疑，女性可能将她们“爱哭的天性”，用来操纵别人。[172]这一时期的生理学理论认为，女性身体更为湿冷，因
46 此她们动辄哭哭啼啼。正如谚语所说，哭泣的女子就像光脚走路的鹅一样，楚楚可怜。[173]

名门闺秀应该举止优雅、端庄、讨喜、柔顺，人们将这些视为“迷人的气质和愉悦的风范”。安妮·博林第一次吸引亨利八世的注意，是由于“她极富魅力的一颦一笑”。苏珊娜·佩里奇于1661年去世，虽然享年24岁，但因“她在演奏中落落大方的坐姿”而深受赞誉：

没有哗众取宠的动作，没有盛气凌人的表情，
也没有忸怩作态，使自己难为情。
演奏时，她没有左顾右盼。
兴起之时，没有昂首或唏嘘，
全神贯注于她那稀世的音律。
虚荣自负、矫揉造作令其憎厌。
她没有歪着身子坐，
或像其他人一样歪着嘴。
她看似漫不经心，好像她的思绪
在其他地方；但我们因她那出神入化的表演，
而获得无与伦比的喜悦。[174]

人们最为关切的还是维护女性的贞操，因为血统的保持以及家
产的继承都取决于此。审慎贤淑是被不断灌输的品质。正如一本极
富影响力的礼仪指南所说，对女性而言，“礼貌”不过是“让她们
显得贤淑谦逊”。女性的主要特征就是“温柔顺从”。[175]已婚妇女
需要对丈夫表现出“应有的礼貌和尊重”，所有女性都应该低眉顺 47
眼、羞羞答答，举手投足尽显谦逊稳重。人们希望女人比男人吃得
少，从而防止任何贪得无厌的冲动。① 骑马时，女性应横鞍骑乘，
而不是叉开腿，免得被误解为卖弄风情。[176]1585 年，西蒙·罗布
森认为，应该允许女性在宴会上讲话，但要柔和一些。[177]1664 年，

① 18 世纪 60 年代，一位丧偶的内科医生通过遗留的书信告诫他的女儿们：“饕口馋舌”是“男性的一种自私可鄙的恶习；但如果女性如此，她们就会显得极其不雅和恶心”。他去世后，这些书信被结集出版，成为一本广为转载、极具影响力的女性教育指南。［John Gregory, *A Father's Legacy to His Daughters*（1774;1828 edn）,31-32.］

纽卡斯尔公爵夫人玛格丽特·卡文迪什抱怨说，让名门闺秀学会的“只不过是跳舞、唱歌、拉小提琴、写赞美信、读浪漫小说，讲一些外语”。这些教育针对的是身体，而非心灵。[178] 17 世纪后期，在上流社会的宴会上，女士到时间就退席，这已成为一种习惯，方便男士继续饮酒和畅所欲言。[179]

作为回报，女性被允许在穿着上更讲究，更自由地使用香水和化妆品。在社交场合，她们也会受到更高的礼遇和尊重，比如可以“先行入座”、先进门并且有优先行路权。[180] 在詹姆斯一世时期，有人认为，相比其他国家，英国男性给予“女性更高的地位和更多的尊重，但英国女性的地位比男性的低一些。他们这样做，是出于一种高尚的情操，为了给处于弱势的女性以尊敬和支持”。长于讽刺的法学家约翰·塞尔登更为贴切地评论道：如果女人“连男人的礼貌恭维、屈膝吻手都得不到，那么她们就成了世上最可怜的动物”。[181]

17 世纪后期，女性越来越被认为对男性的举止起着软化和教
48 化的作用。法国就是一个例子。在法国的沙龙文化中，不言自明的一点是，一个男人如果不习惯与异性交往，就不可能“很文明”。当时有人说，女性天生就更加优雅，“受过高贵教育、素质卓越的女性”是“最好的文明学校”，因为她们的行为完全不同于“各种粗鲁的行为”。女性引导男性有“风度、礼貌，这是男性从任何劝告、训诫中都学不到的”。[182] 在农村地区，据说“优雅的女士”因其“文明、礼貌和慷慨”而受到“尊敬和爱戴”。政客和政治作家哈利法克斯侯爵认为，年轻男性需要“在女性的陪伴下保持文明和优雅”。大卫·休谟问道：“有什么礼仪学校，能比得过贤淑女子相伴？”到了切斯特菲尔德勋爵所处的时代，人们普遍认为，对于想要获得礼貌举止的男性而言，与女性交往必不可少。[183] 依据法规，

富裕家庭的女子不参与政治和公共事务，这样她们能潜心专注于社交生活的细节。19 世纪，正是这些女性确立了拜访和宴会中的礼节。

当然，无数女性无视或蔑视对她们行为的传统限制，积极参与当时的社会经济生活，摒弃一切女性必须温柔、羞怯和顺从的观念。大量的现代史研究表明，礼节作家的规约与现实生活不匹配。[184]公认的女性礼仪准则是基于这样一种明确的信念：性别应是社会分化的决定性原则。但在社会的各个层面，女性都找到了逃避这些限制的方法。

精致优雅

对于任何有社会抱负的男男女女而言，了解上流社会的礼仪是
必不可少的，包括掌握优雅的餐桌礼仪。人们普遍认为，嘴里塞满 49
食物、吃饭时吧唧嘴、舔盘子或在路边吃东西，都是粗俗之人的行为。12 世纪，贝克尔斯的丹尼尔规定，和别人一起吃饭时，吐痰、咳嗽、擤鼻涕、舔手指或对着热汤吹气都是错误的行为。14 世纪晚期，乔叟笔下的女修道院院长是一个讲求精致餐桌礼仪的典范。她从不让食物从手中滑落，也从不把手深深浸入酱汁；她时常擦拭嘴唇，这样她的杯子上就不会沾上食物的油脂。[185]为每位食客提供单独的刀、叉、勺子和玻璃杯的现代习惯直到 17 世纪中期才开始被英格兰上流社会接受。之后又过了至少 100 年，这种习惯才在整个社会普及。一位作家在 1673 年感叹道：“外国人……指责我们用餐时……不用叉子而用手指。”[186]在 18 世纪 30 年代以前，叉子十分少见，而且大多只在富裕家庭使用。直到 18 世纪中叶，人们还会把自己的刀带上餐桌。一本 18 世纪流行的笑话书讲述了在一次

宴会上，一位莱斯特郡的农民从未见过叉子，别人让他用叉子，他也谢绝，问是否可以要一个没有任何槽口的勺子。[187] 1816 年，一位埃塞克斯郡的农民用刀从烤鸡上取食一块肉，“不料却切到了同桌一位绅士的中指”。这起意外似乎是“因为一同就餐的人们急不可待，都同时将手伸进了烤盘”。[188]

人们的社会等级虽有不同，但从餐桌礼仪上，我们看不出社会等级差别。17 世纪末，一位在英国生活了十来年的胡格诺派难民注意到，英国人在餐桌上随时都可能打嗝，就像他们咳嗽和打喷嚏一样，不会在意别人的感受。一次，当因此受到指责时，一名英格兰男子要求知道，为什么在餐桌上除了吐痰和擤鼻涕之外，还要避免打嗝。[189] 在伊丽莎白时期，意大利人乔达诺·布鲁诺造访英格兰。他发现，尽管礼仪手册反对众人共用同一个酒器，但这种被反
50 对的做法在英格兰仍长期存在，着实令他作呕。[190] 直到 17 世纪后期，富裕阶层才开始增加餐具的数量，禁止直接用手把食物放入口中，并且对任何别人嘴巴碰过的东西，也越来越厌恶。1671 年，人们发现“有些人现在相当有洁癖”，只要看到别人用过的勺子没有擦，然后又直接夹菜，这些菜他们就不碰了。[191] 古文物研究者威廉·科尔曾在剑桥伊顿公学和剑桥大学国王学院接受教育。1765 年访问巴黎时，他发现“法国人的一个做法值得借鉴”，就是给桌上每个人单独配平底玻璃杯或高脚酒杯。“这样就非常卫生，用餐者完全避免了使用别人用过的杯子的那种不好的感觉。”1784 年，一名法国游客来到英国，发现桌上 20 个人都在用同一个大酒杯喝啤酒，这让他很反感。要知道早在两个多世纪前，乔瓦尼·德拉·卡萨的《加拉泰奥》就宣布禁止共享酒器，除非一同喝酒的人是相当要好的朋友。[192]

18 世纪初，不同社会阶层在餐桌礼仪上的差异越来越明显。

一本配有插图的礼仪手册介绍道：一个人的社会地位越高，在端起酒杯时，手指放在酒杯柄上的位置就越低，端杯子的手指也越少。这本手册还对比了农民和贵妇使用勺子时的不同握法：前者是大拇指和其他手指一起上，后者则“用 3 个指尖……以一种赏心悦目的样子拿勺子”。[193] 餐具的使用习惯成了划分社会阶层的一个标志。1741 年，切斯特菲尔德勋爵认为，“举止笨拙的家伙”有一个特点：他拿刀、叉和勺子的方式与其他人的不同。[194] 一位权威人士在 1778 年指出：“没有什么比吃相更能区分一位年轻绅士和一个粗俗小子了。”[195]

切肉可体现重要的绅士风范，有其独特的规矩。1661 年，一本烹饪书规定，在切肉时，一个人不能在肉的连接处放超过两个手指和一个拇指。1670 年，据说“最讲究的切肉者”除了使用刀叉外，手根本不用碰肉。[196] 1716 年，利奇菲尔德主教约翰·霍夫被人们描述为一位“相当出色的切肉者”。他以“和蔼可亲、平易近人”而著称。据说在前一年（1715 年），他还被邀请做坎特伯雷大主 51
教。[197] 切斯特菲尔德勋爵非常重视“娴熟优雅的切肉方式，既不会围着块骨头削上半个小时，也不会将肉汁溅到周围人身上”。[198] 约翰·威尔克斯支持美国独立，因而在英国人看来是变节者。在 1776 年的一次宴会上，他展示自己精致的切肉技术，从而巴结当天的一些宾客。塞缪尔·约翰逊博士便在其中，但他觉得这种款待有些让人煎熬。威尔克斯边切肉边说道：“先生，请允许我过去为您切一下肉……这块更好，色泽焦黄……先生，再来一块油脂更丰富的肉……接下来，来一些烤肉馅和肉汁……我很荣幸给您一些黄油……请允许我向您推荐一款鲜榨橙汁……或鲜榨柠檬汁，搭配烤肉也许更具风味。”[199]

19 世纪早期的礼仪书揭示了餐桌礼仪中错综复杂的细微差别，

这些差别会引起最大程度的社交尴尬，从如何吃豌豆（使用甜点勺）等微妙的问题，到配汤餐包的大小。根据 1836 年的一部礼仪书的规定，餐包厚度不应小于 1.5 英寸*。“没有什么比晚餐时供应的薄薄的餐包更让人掉价的了。”[200] 多年后，历史学家乔治·麦考利·特里维廉（1876—1962）也向他的孙子和孙女传达了这条规矩。关于礼仪的规矩发展的结果是，在餐桌礼仪方面，社会精英与平民百姓的差距越来越大。

整洁、干净是另一个衡量绅士风范的标准。原则上，这是每个人都该有的美德，因为它表示你尊重他人的感受。同时，这也是一种宗教义务，因为人体是上帝的创造物，应该受到相应的尊敬。正如虔敬的伊丽莎白·沃克在 1689 年告诉她孙子的那样，不是所有整洁、干净的人都是好人，但邋里邋遢的人当中好人不多。[201] 保持店面整洁、干净，对贸易也有好处。布料商人威廉·斯科特评论道，走进一家店，看见店主“站在痰液里，都快要被‘淹死’了”，这是多么令人作呕的一幕！[202]

在现实生活中，整洁、干净被视为优越社会身份的标志。一位
52 都铎王朝时期的权威人士建议，绅士应该在个人卫生方面“超越其他人”。而对切斯特菲尔德勋爵而言，没有什么比脏手和难看、参差不齐的指甲更粗俗不雅的了。于是他规定，绅士的指甲应保持“光滑和干净，而不是像平民百姓的指甲那样，总带着黑泥”。保持身体的清洁已成为一种社会标志。一位统计学家在 1690 年发现，社会等级越高的人，使用肥皂的次数就越多，换干净衣服的频率也越高。100 年后，有人说“把自己打扮得干净精致……相比其他的外在修饰，更能彰显贵妇及其家族的社会地位”。[203]

---

* 1 英寸约合 2.5 厘米。——译者注

同样，社会差异也体现在了更私密的事情上。在某种程度上，隐藏身体的某些生理功能（主要指大小便）和私处是人们普遍希望的。长期以来，来自社会各阶层的人都认为大小便时旁若无人是一种冒犯的行为。公元前1世纪，看到人们对自己的生理功能存在羞耻感，一些犬儒主义哲学家嗤之以鼻，西塞罗却对这些哲学家的态度感到遗憾。他自己也理所当然地认为，身体的私处应该隐藏起来，本能的呼唤应该私下回应，公开谈论这些事情是不合适的。诺伯特·埃利亚斯认为，中世纪人对于“这些生理功能和暴露自己的私处，只是略有羞耻感或厌恶感”，因此“它们只受到轻微的排斥和约束”，这一观点肯定是错误的。事实上，这些身体器官和相应的活动被大量的委婉语所包围，解决生理需求也通常在私下进行。正如“茅厕”（privy）一词的字面意思是“私密”，在修道院里，相关规则也很清楚。裸露是可耻的，据说就连“卑鄙的小丑”也会小心地遮掩自己的私处。[204]

起初，人们强调下级在上级面前不得放肆，否则就是不够尊重上级或是不正当地利用与上级之间的信任关系。12世纪末，贝克尔斯的丹尼尔据此规定，名门的一家之长有权在正堂的洗手间里如厕，而其他人则得自己找个秘密的地方如厕，而且务必不暴露自己 53
的私处。16世纪，乔瓦尼·德拉·卡萨的《加拉泰奥》虽然强调不要向友人暗示自己要如厕，但也指出，如果只有佣人和下级在场，主人不必遮掩自己的私处。一个世纪后，安托万·德·考廷也说过同样的话。[205]然而，伊拉斯谟教导说，男孩应避免这种行为，因为即使没有其他人在场，天使总会在场。伊丽莎白时代的军事指挥官和贵族蒙特乔伊勋爵，在解决内急时表现得相当低调稳重，因此受到好评：“即使身处自己的私人房间，当着好友的面，他也从不会去解决内急。也许唯一的例外发生在他征战爱尔兰时，因为他实在找不到洗手间。”虔敬的尼古拉斯·费拉尔认为，一个人“在如厕时应该非常低调稳重”。他对“我们所处时代的这个民族在如厕行为上的厚颜无耻”感到震惊，认为与其他国家的做法相比，简直不法忍受。[206]

他这么说是因为尽管英国上流社会人士会找隐蔽的地方解决内急，但对于那个地方究竟适不适合如厕，他们远远不够慎重。詹姆斯一世打猎时整天坐在马鞍上（也就在马鞍上解决内急）。塞缪尔·佩皮斯有一次在烟囱里大便。1665~1666 年，当英国议会在牛津召开会议时，查理二世的朝臣们将粪便留在了“烟囱、书房、煤库、地窖里的每个角落”。[207]说起“有些不拘小节的神学家”乔赛亚·普伦（1631—1714），还有一段趣闻。普伦是牛津大学莫德林学院的副院长，一天，他带领一众贵妇参观牛津大学，并牵着其中最显赫的一位女士的手。突然，他想如厕，就做了一个手势。然后，“他转身对着墙，就开始小便了，而牵着女士的手还攥得紧紧的，这让对方好生难堪”。[208]直到 1751 年，一位作家才声称：“女性无论多么着急和不适，都不会不知羞耻地随地大小便。因此对于男性来说，站在街上，面对
54 墙壁，甚至当着女人的面就解决内急，实属不雅。”[209]

16 世纪 90 年代，一位旅行家指出，“我们的（英格兰）女人就连上厕所都不愿让别人察觉，而荷兰莱顿市的‘年轻女子’竟然不知羞耻地当街大小便”。17 世纪中叶，医学作家开始担心，有些人觉得跟同伴说自己要如厕是一件非常难为情的事，所以他们就憋着，甚至危及了自己的健康。据说，一些人因此丧命，还有一些人，尤其当着女性的面“不好意思去上厕所，结果落下了无法治愈的病。憋尿真的很危险”。[210]一位 18 世纪的旅行家说，英国的女士即使被人看到去上厕所，也会羞怯难当。“然而据我所知，荷兰有一位老妇人，就在一位男士旁边的一个坑上如厕（男女同厕）。完

事后，她用青口贝的贝壳擦拭干净，再用一个铲子，礼貌地将用过的这个贝壳递给旁边的男士使用。”[211]

即使男人当街小便，也分体面和不雅两种方式。路人应假装没看见这种行为，同伴们应脱下帽子，站在其身后为那个男人挡着。对有些人来说，这些措施还不够。正如诗人约翰·盖伊在1716年所敦促的：

> 讲点文明，找个秘密的角落行事，
> 别让路过的少女面红耳赤。[212]

18世纪的哲学家大卫·哈特利认为，“由于受到教育、习俗以及父母和学校训诫的影响，人们对于‘露天如厕’的羞耻感大大增加了”。[213]从1669年起，在宫廷里，“国王坐便器的擦洗者”（服侍国王排便的内官），被越来越委婉地称为“衣带官”。而到了汉诺威时代，在这类隐秘的场合，这一职位不再出现。[214]1732年， 55
马尔伯勒公爵夫人莎拉·丘吉尔到斯卡伯勒泡温泉做水疗，在谈到此次经历时，她指出其他人与贵族在生活习惯上存在差距。品尝温泉、泡温泉之后，女人们开始有了便意，于是被领进一个房间。有人说：“房里有20多个洞，一旁有人提供干净裤衩。所有人就这么聚在一起，大眼瞪小眼地用一种舒适的姿势解决内急。众人离开后，在房间门口，堆积了一大堆她们用来擦拭的树叶……我快马加鞭回到家里，生怕被逼进那个群体。”18世纪的餐具柜还放着尿壶。当着其他食客和自己同僚的面，绅士可以安然地使用这些器皿。然而，注重面子的诺福克牧师詹姆斯·伍德福德是他那个阶层和年龄段人士的典型。他叫人在花园中竖起一块挡板，防止厨房里的佣人“看到谁又去如厕了”。[215]

诺伯特·埃利亚斯发现在近代早期，“人们在公共场合，越来越注意去除或遮掩一些可能引发他人不适的生理行为”。[216] 他的这一观察很敏锐。1703 年，一位重新翻译乔瓦尼·德拉·卡萨的《加拉泰奥》一书的译者心满意足地指出，他所处时代的人已经认识到某些行为是不雅的，尽管在近 150 年前，在当时“世界上最有礼貌的国家”，这些行为早已被认为不雅。1774 年，该书的另一位译者指出：现在看来，《加拉泰奥》中的许多告诫是“荒谬的”，因为它们告诫人们不要有“在这个时代，任何一个受过教育的人都不可能有的不道德行为”。几年后，塞缪尔·约翰逊评论道，如果读卡斯蒂廖内和乔瓦尼·德拉·卡萨作品的人比以前少了，“那只是因为作者所希望的改革已经实现了，书中的告诫现在已不合时宜”。[217]

然而，有些习惯却迟迟无法摒弃。1533 年，在亨利八世的王后安妮·博林的加冕宴会上，“当博林斜侧身子吐痰时”，两位侍女在她面前拉起一块遮布，这也是她加冕为王后的一种待遇。1661 年，有一次塞缪尔·佩皮斯去看戏，一位女士“不小心”朝身后吐了一口痰，正好落在他身上（“但见她如花似玉，我一点也不气恼”）。
56 詹姆斯一世时期的旅行家法因斯·莫里森认为很卓尔不群的一件事是，在奥斯曼土耳其的清真寺里，随地吐痰是一种“不小的罪过”。而在 1678 年，一位作家认为，荷兰人在房间角落里放一壶沙子当痰盂，证明了他们特别讲究卫生。“我的朋友可以在我稀罕的地板上吐痰。”诗人乔治·赫伯特在 17 世纪 30 年代初吟诵道。然而 100 年后，随着地毯的普及，这种行为将是对友谊的严峻考验。[218]

上流社会也因其独特的语言习惯而与众不同。18 世纪的一位修辞学权威人士认为，“在各个时代、各个国家”，都存在两种方言：一种是得体的方言，另一种是低俗的方言。[219] 而事实上，方言有很多种，地区差异和社会等级差异导致了众多各具特色的口音、语法和词语。在亨利八世统治时期，伊顿公学的校长认为“最好、最纯正的英语”在伦敦。伊丽莎白时代的专家乔治·帕特纳姆也将宫廷或“发达城镇”的人们所说的英语与“外国人经过的边陲或港口小镇”的人们说的英语做了对比。与帕特纳姆近乎同一时期的历史学家威廉·卡姆登说：“我们有宫廷和乡村英语、北方和南方英语、常规和粗俗英语。”乡下人的话一再被贬损为“粗鲁、野蛮”。托马斯·霍布斯指出，方言千千万万种，但一成不变的是，“下层民众的方言……总是有别于宫廷语言的”。[220]

在近代早期，人们越来越倾向于把伦敦以外的发音和外地方言视为“不文明”的。帕特纳姆宣称，“在王国的高地村庄（苏格兰）和角落，只有穷人、乡巴佬和不文明的人”。这些人“通过奇怪的口音、畸形的发音方式和错误的拼字法”，亵渎了语言。在他看来，语言标准应由“有礼貌、有教养的人”来制定。无独有偶，1597年，伯里·圣埃德蒙兹学校的校长萨福克告诫学生，远离“乡下人的污言秽语”。[221]维尼家族是17世纪的名门望族，却拒不 57
使用当地白金汉郡的方言。[222]到了18世纪后期，语言向标准发音方向的发展愈演愈烈，而且变得相当规范。一位演讲大师在1762年断言：除了宫廷中流行的语言，其他方言是“狭隘、土气、迂腐、呆板教育的确凿体现”，如果继续说这类方言，就是自取其辱。1783年，另一位自称专家的人宣称：“我……觉得理所当然的是，想让自己的朗读和讲话听起来悦耳，首要前提是不受地方口音的影响。”在那个年代，人们仅凭衣着，不再容易区分不同的社会阶层。因此人们认为，“纯正和礼貌的言语”是划分绅士与贴身男仆、淑女与女裁缝之间仅存的外在区别。人们一直认为，语言使用上的差异是划分社会阶层的标准之一。而且，如果人们想保持自己高高在上的社会地位，就必须非常自律。[223]

优雅的谈话是礼貌的典范。大卫·休谟声称，正是“为了使谈话和思想交流更加轻松愉悦”，“良好的礼仪”才被创造出来。[224]在他所处的时代，“交谈”一词仍然可以指任何形式的社交活动，但是人们早已知道它的狭义，即人与人之间的口头交流。在伊丽莎白时代，众所周知，“话语与交谈”是“朝臣生活的主要目标”。17 世纪，交谈成了“有教养之人最大的乐趣”。[225]正是在谈话中，交谈者展示着他们的“礼貌或文雅”。这个词最初的意思是“言语带来的愉悦”，但很快就成了文明礼貌行为的同义词。到了 18 世纪，丹尼尔·笛福把交谈视为“生命中最光彩照人的部分”。[226]社会上出现了越来越多方便人们交流的场所和形式：咖啡馆、俱乐部、社团协会、集会厅、
58 社交性拜访和晚宴等。18 世纪后期的一位随笔作家指出，“每个人在形影相吊时，出于自怜自爱，会本能地对他人粗鲁无礼、不管不顾。而在平等基础上融入社会不仅是摆脱这种本能的唯一途径，而且能培养温文尔雅的举止，以及对他人的体恤关怀。这些构成了社交生活的最高乐趣，现如今被称为‘礼貌或文雅’”。[227]

彬彬有礼的谈话，究其目的而言，与其说是传递信息，不如说是从和睦相处中得到快乐和分享快乐。要做到这一点，人们得风趣幽默，不随意打断别人讲话，不恶意散布流言蜚语，不自吹自擂、卖弄学问，避开机械呆板或颇具争议的话题。如果谈话者必须反驳他人，要很有礼貌，避免因分歧伤了和气。① 尽管人们交流时应避免阿谀奉承，但也应该抓住每一个机会，向对方表达高度的尊重。[228]为此，正如当时的某个人在 1632 年所说，“一种被称为‘恭维’的

① 詹姆斯·博斯韦尔告诉我们，塞缪尔·约翰逊平时跟人讲话，喜欢争辩。即便如此，当他成为阿盖尔公爵晚餐的座上宾时，“也会礼貌地避免直接反驳公爵本人的观点”。［James Boswell, *The Journal of a Tour to the Hebrides with Samuel Johnson, LL.D.* (1785), 25 October 1773.］

新的语言艺术已经创造出来了”。[229]

“恭维”一词原本指代所有恭敬礼貌的行为，但逐渐演变成专用来赞美和致敬的礼貌表达。17 世纪出版的众多的“谈话技巧”类图书，对交谈中如何引经据典、对答如流给出了建议。同时，这些书也指导人们如何准确地使用恭维语。一位观察家指出，有些人专门学习“如何赞美他人”，而这种做法并没有逃过当代讽刺作家的眼睛。[230]按照现代标准，相关图书所推荐的溢美之词，明显花里胡哨。至于那些指导人们如何写信的手册（书信其实也是一种谈话形式），它们同样建议使用溢美之词，如“您最忠诚、最卑微的仆人”，“最愿意为您效劳的人”，“永远爱您、为您服务的人”。[231]然而，习俗却在不断变化。1609 年，一位法国作家告诉英国读者，再用“上帝保佑您健康”作为写信的开头语，是“愚蠢可笑的”。[232] 59

在礼貌的上流社会，禁止谈论贬低他人社会地位的话题。比如，人们不应谈论生意，因为对于那些假装自己不是商人的人，谈论本行是不可接受的。出于同样的理由，人们也不应谈论天气，因为许多人的生计依赖天气的变幻莫测。有人在 1716 年说，谈论天气是“低贱、卑鄙和没教养的行为”。[233]“有教养的人”永远不谈论自己的妻子，这是一条铁律。[234]同样，妇女也被劝诫，不要谈论彼此的家事、孩子或服饰。所有个人问题都应避免被谈论。1670 年，有位作家建议：“当你动了番脑筋，想好和别人聊什么时，记得只谈事、不谈人。”[235]流言蜚语潜在的破坏性太大。同样，“过激的豪言壮语”也被认为是“有失体统”的言语。良好的教养对交谈的首要要求是“轻松愉悦、不冒犯人”。玛丽·沃特利·蒙塔古夫人与马尔伯勒公爵夫人的关系不怎么好。1725 年，在谈起这件事时，蒙塔古夫人说：“我们仍有来往，即使讨厌对方，也坚决保持礼貌。”[236]

人们很少不折不扣地遵守文明谈话的规则，这是不言自明的事。因为太多时候，人类的虚荣心、利己主义、好斗和不耐烦会掺杂在谈话中。同样，很多时候人们忍不住要去开别人的玩笑，尽管这样做可能会伤害别人，因为人们喜欢“调侃”。[237]即便如此，上流社会在交谈方式上也与普通阶层大相径庭。有教养之人始终坚持，“在任何场合与人交谈时，都要比乡下人、未受过教育的人更文明礼貌”。[238]约瑟夫·艾迪生在1711年抱怨说，有些“城里人，
60 尤其是那些在法国接受过良好教育的人，喜欢用我们语言中最粗俗、最不文明的词语”。他还认为，有教养之人应该使用“谦虚稳重”的表达方式，而把“家常话”留给庸俗之人。[239]

总之，语言变得更加优雅。塞缪尔·约翰逊指出：“随着礼貌程度的提高，对于那些精致而有品位的人而言，有些表达方式显得过于粗俗不雅。”1768年，女学者伊丽莎白·卡特吃惊地发现，在亨利八世和伊丽莎白一世统治时期，就连“最伟大的人物”的信件也包含着“如今社会最底层的人都难以接受的表达方式”。16世纪初，语法学家约翰·斯坦布里奇为小学生编写了拉丁语教科书。然而200年后，切斯特菲尔德勋爵却不会逼自己的儿子读这本书，因为这本书直截了当地将解剖学术语从拉丁语翻译成了英语。就连地方法院出庭的证人都不会出声念这些术语，而是把它们写在纸条上传递，直到最近这种情况才有所改变。[240]亚当·斯密认为，“生活在一个非常文明的社会中，人最应景的一种特征是‘精致敏感’，而这总会推动上流社会人士变得愈发委婉和高贵”。[241]

随着时间的推移，文明礼貌准则在人们的生活中开始独树一帜。它们强化了贵族统治，但也要求贵族遵守社会盛行的习俗。詹姆斯一世时期的一位讽刺作家声称，一个腰缠万贯之人，无论其行为多么不堪，一定会得到应有的“尊敬和礼遇（如脱帽礼和屈膝

礼）”，[242]财富果真能弥补很多不足。① 但在现实生活中，富人通常也需要像其他人一样学会礼貌待人。纽卡斯尔侯爵（后来成为公爵）威廉·卡文迪什抱怨说，查理一世的宫廷对时尚的追求到了吹毛求疵的地步。比如，宫廷人士认为，从巴黎来的舞者随时展现近一个月的法国的时尚礼仪。如果不去跟风学会这些礼仪，就连英国最显赫的贵族都会被嘲笑。[243] 61

在现实生活中，礼仪等级和社会等级从来没有完全重合过。有时，那些位高权重的人是礼仪作家寄予希望的礼仪典范，比如以下诸位。第一位是第一代埃塞克斯伯爵沃尔特·德弗罗（1539—1576）。他用一种特殊的风度待人接物，无论面对上级、平级还是下级，他都文质彬彬、坦诚相待，不愧为贵族的典范。第二位是第二代阿伦德尔伯爵托马斯·霍华德（1586—1646）。他文雅从容、步态稳重，虽然衣着朴素，但他无论去哪里，都会令人觉得他气度不凡。第三位是肯尼尔姆·迪格比爵士（1603—1665）。他“举止优雅、彬彬有礼、能言善辩，总能带给人惊喜”。② 第四位是18世纪的马尔伯勒公爵约翰·丘吉尔（1650—1722）。切斯特菲尔德勋

---

① 试比较19世纪一位诗人的感叹：

> 良好的礼仪肯定教会你一些东西，
> 比如，学会如何微笑和凝视。
> 知书达理固然很重要，但无论你是否受过良好教养，
> 最关键的是，你的家境是不是和别人不一样。
> 　　有钱真是太重要了！
> 　　有钱真是太重要了！

[“Spectator ab extra”, in *The Poems of Arthur Hugh Clough* (2nd edn, ed. F. L. Mulhauser, Oxford, 1974), 700.]

② 约翰·奥布里曾高度评价迪格比爵士：“他英俊潇洒，说话声音洪亮、铿锵有力，出口成章、妙语连珠。他无论身处何处，都会受人爱戴。”[*Brief Lives*, ed. Kate Bennett (Oxford, 2015), vol. 1, 325-326.]

爵写道，丘吉尔体格健硕、气宇轩昂，“无论男女都对他无法抗拒”。正是这种“风度翩翩的举止”，使他能让奥格斯堡同盟（Grand Alliance）最终战胜法王路易十四。作家、政治家和收藏家霍勒斯·沃波尔（1717—1797）是礼貌高雅的典型代表。“他每次走进房间，都带着一股清新优雅的时尚之风——他脱下帽子后，或把帽子合于双手之间，或夹在胳膊之下。他膝盖略弯曲，脚尖触
62 地，生怕地面湿滑一般，尽显谦恭之态。”[244]

然而，尽管通过“优雅的举止、轻松的谈吐和彬彬有礼、乐于助人的风度”来凸显自己的主要是来自上流社会的人士[245]，但不乏一些原本来自社会下层的新贵成功掌握了上流社会的那套举止礼仪。当然也有一些人虽然位高权重，但缺乏教养、言语粗俗、习性龌龊。在英国内战前，格洛斯特主教戈弗雷·古德曼对人类天性中动物的一面深恶痛绝。一次他宣称：“在所有令人厌恶的气味中，没有哪种比人体散发出来的气味更让人难以忍受。”然而在1638年，弗朗西斯·温德班克爵士发现古德曼主教因为其母亲去世而哭泣，却没有用手帕来擦眼泪和鼻涕。“主教大人直接用手擦拭眼泪和鼻涕，然后在他的天鹅绒大衣上擦了擦手……我承认，看到这一幕，我对他失去了不少同情心。”[246]在随后的一个世纪里，小说家理查德·格雷夫斯声称曾目睹各种令人尴尬的情形：一位乡村绅士向别人借了牙签，用了一下还给别人，说了声谢谢；一位受人尊敬的市长，在公共场合大声咳痰，令旁人大吃一惊；一位知名的医生把痰吐到别人家地毯上；一位富商内急，当众找了些废纸，从中间挑了一张最柔软的塞进口袋。[247]

如果你想了解名人有多么频繁地不遵守礼貌举止的最高准则，只需读一读切斯特菲尔德勋爵对他那个时代一些主要政治家的评论：罗伯特·沃波尔爵士“举止不雅”；汤森勋爵“举止粗

鲁、土气，他看似性情乖戾”；纽卡斯尔公爵“整天行色匆匆，从不走路，总在小跑”；贝德福德公爵“既不会也不想取悦他人”；查尔斯·詹姆斯·福克斯“言语不雅，说话迟疑，口才拙劣”。[248]

此外，在上流社会，时不时会出现一批目无法纪、肆无忌惮、 63
崇尚暴力和猥亵行为的小混混。关于他们，有很多称呼：“威吓者”、“自吹自擂者”、“勇闯天涯者”、“招摇过市者”、“咆哮男孩”、“酒后喧闹者”、“敢死队”、“浪子”、“街头暴徒”，以及“目中无人、烂醉如泥的恶魔之子”等。这类人无耻地宣称自己的社会优越感不是通过遵守既定的文明礼仪而获得的；相反，他们通过蓄意藐视和违反社会规约来彰显其社会优越感。查理二世的朝臣们尤其以酗酒、放荡的性行为和崇尚自由享乐主义而臭名昭著。[249]一些大学生因暴力、酗酒、滥交和夜间寻衅滋事而堕落成了反主流文化的群体。[250]良好的行为准则建立得越牢固，他们越轨的快感就越强烈。1667 年，在圣乔治日仪式结束当天，主办方用丰盛的晚宴招待国王和受封嘉德勋章的骑士们。可就在这么隆重庄严的场合，客人们却起了争执，开始“尽情地”相互投掷“宴会用品”，俨然将宴会变成了“竞技场”。约翰·伊夫林“由于担心局面失控”落荒而逃。1696 年，一位到阿姆斯特丹的英格兰游客惊奇地发现，荷兰城市与伦敦在夜间截然不同。这里“没有打架斗殴，也没有头破血流的人；没有巡夜的人，也没有行凶者；没有剑拔弩张的情形，也没有人被扭送到看守所过夜；没有砸窗盗窃行为，也没有扯下广告牌或踢倒理发店广告柱等破坏公物的行为”。[251]

17 世纪后期，英国的礼貌规范与日俱增，同时色情作品开始出现。18 世纪，与良好教养同时出现的是性解放、酗酒、野蛮凶险的体育竞技、淫秽下流的幽默和无耻的流言蜚语。然而英国社会的光明面与黑暗面的交融并非巧合。[252]文明礼貌的价值观在近代早期的英国无处不在，但它们对上流社会行为的影响从未完全体现
64 出来。

第二章
行为与社会秩序

它们教会我们，当面对不同阶层的人，
该以何种身份待之，对下、对上，
对敌、对友，深谙礼数之人称之为文明。

——埃德蒙·斯宾塞，
《仙后》（1590~1596 年出版）

社会等级

近代早期，文明与社会等级存在着千丝万缕的联系，而强化社会等级是文明的任务。法国修辞学家认为良好行为的本质是“仁慈”（*bienséance*），英国人则认为良好行为的本质是“礼仪”（decorum）：做体面而得体的事。托马斯·埃利奥特爵士在 1538 年编撰的拉丁词典中，将“礼仪”定义为“一种恰当性，有之则为人，与其本性、等级、学识、职务或职业相关，无论言行还是举止……有时它显示出一个人是否诚实”。一个多世纪后，颇具影响的法国权威人士安托万·德·考廷也认为，文明“不过是每个人根据自己的情况所应遵守的谦逊之道和礼仪”。[1] 65

礼仪要求行为与时间、地点、场合相适应。工作日的着装与周末的不同，人们在教堂里的行为区别于在酒馆里的行为，人们在婚礼和葬礼上的着装、举止也是不一样的。[2]礼仪意识迫使人们以合乎自身年龄与性别的方式行事。正如大卫·休谟在谈到他所说的“体面”时指出的，男人的娘娘腔和女人的粗鲁举止都是“丑陋的行为，因为这种举止与其性别角色格格不入，也有别于人们所期待的性别特征”。[3]最重要的是，礼仪要求人们按各自社会地位，以不同方式相互交往。乔纳森·斯威夫特解释道：“这门艺术的一个首要目的是使我们的行为适应3种不同等级的人：地位在我们之上的人、与我们平起平坐的人，还有那些不如我们的人。”[4]

这是近代早期礼仪观念中，关于良好修养的一条不变的原则，并在提供忠告的各类书中不断被重申。对上级，人们要表现出敬重；对平辈，人们要开诚布公、慷慨大方；对下级，人们要和蔼可亲、居高临下（当时这个词还没有贬义）。正如伊丽莎白时代的政治家、伯利勋爵威廉·塞西尔给他儿子的忠告所说：“第一条有助于你升迁，第二条让人觉得你很有教养，第三条能使你长期受人尊敬。”17世纪后期，哈利法克斯侯爵言之凿凿：“再没有什么比对每个人都彬彬有礼更不礼貌的了。”[5]

一系列精心设计的称呼，如“爵爷”“阁下”“大人”等，表达了社会优越感的等级，还有一系列同样复杂、用以表达敬畏之情的身体语言：起身、脱帽、鞠躬、下跪、静默待训、与尊勿近、与
66 尊勿视。[6]违背相关规则可能导致大不敬。① 很多此类虔敬的姿势也用在当时的教会中，因为人们以致敬伟大君主的方式来敬拜上

① 1642年6月10日，英格兰下议院认定一幅印有查理一世和赫尔总督约翰·霍瑟姆爵士的印刷品有失体统，因为它显示约翰·霍瑟姆爵士骑马高立城头，而查理一世却没戴王冠，在城下站立。[*Journals of the House of Commons* 2 (1803), 617.]

帝，合乎时宜。因此许多高教会派的教士认为，在教堂里，人们应脱帽，祷告时应跪下，而不是坐着。王政复辟时期，考文垂与利奇菲尔德主教约翰·哈克特不能忍受“在这个恭维的时代，人们对上帝比对同类更粗鲁；他们彼此时常表现得谦卑，但绝不向上帝下跪”。正如一位劳德教士指出的：“举止得体不仅是礼貌的要点，还是宗教的要义；不仅应习得于宫廷之中，而且应习得于庙堂之上。”尼古拉斯·费拉尔是小吉丁虔诚信教团的负责人，他一走进教堂，就“鞠躬行礼，其后四步再行，数步后又行”。这在他看来是对主的“礼数”。[7]

男女老少之间的礼貌行为也有类似的规范。一位伊丽莎白时代的教士建议教导孩子“文明礼仪：见到长辈起身（并）脱帽致敬，对同辈彬彬有礼，对比自己小的人亲切友爱”。他还要求孩子向路人脱帽行礼，主动给他人让路，以示“礼貌”。[8] 许多人认为，无论社会地位如何，长者应受到尊敬。但当时颇具影响力的传教士、剑桥大学国王学院的前教务长本杰明·惠奇科特主张，“年长或受过良好教育的人”应最具发言权。[9] 那些身处较高社会阶层的人总可以打破规则，让他们的下属不受制于这些规范，以此赢得民心。 67
但是否这么做，始终由他们决定。上级可以选择是否要对下属“客气”，但下属总得对上级“礼貌”。一本伊丽莎白时代的拳击手册指导绅士们“左右开弓，三下四下，拳拳上脸”，教训家族内的那些“粗野渣男”和“混世游民”。① 1718 年，白金汉郡的一位绅士爱德华·朗格威尔爵士马身前倾，他试图鞭打一个“冒犯”他的“小丑”时，马失前蹄摔死了，他本打算“教训一下这个人，让他

① 一本维多利亚时代畅销的礼仪手册《上流社会的习惯》（*The Habits of Good Society*，1859 年，第 9 页）敦促绅士们学会拳击，这样他们就可以教训那些侮辱女士的马车夫和驳船船员，就如该书所说，“一拳到位，问题自退”。

知道什么是好的举止”。[10]然而，在秩序井然的社区，这类暴力行为是被禁止的，如牛津大学万灵学院的一位校董在1615年因殴打弱者而受到惩罚。[11]

因此，礼貌规范要求人们的言行和举止应符合其在等级制度中的地位，从而维持社会秩序。正如一本抄袭安托万·德·考廷的手册所言，礼数“不过是每个人根据自己的情况所应遵循的谦逊与体面的礼节”。在给布艺师的建议中，威廉·斯考特强调，像亲吻一位领主的手那样亲吻一个农民的手，以致敬一位女士的方式致敬一个女佣，这都是“不合时宜的”。罗伯特·布鲁克爵士的遗孀伊丽莎白于1683年去世，据说她“很懂”礼貌，“能根据对方的气质和身份施以不同的礼节”，[12]因而人见人爱。“什么是好的教养?”18世纪的哲学家托马斯·里德问道。它包括对上级应有的尊重、对下级的谦恭有礼、对所有与我们交谈之人的礼貌……人们对女性彬彬有礼，并且以外在行为将教养巧妙地展现出来。英国国王乔治三世给了他的儿子（未来的威廉四世）同样的忠告：服从上级，礼遇平级，善待下级。[13]

这种想法在20世纪仍然存在。在《最漫长的旅程》（*The Longest*
68 *Journey*，1907年）中，小说家爱德华·摩根·福斯特是这样描述地产经纪人威尔布里厄姆先生的：他知道自己的地位，也清楚其他人的身份地位，整个社会像一张地图在他面前展开。他对郡和地方的界限以及工人与工匠的界限一清二楚，并且毫不含糊地加以强调。对他而言，万物皆有等级，他将礼数和无礼都精心分层，分别用于不同的上级和下级。因为他考虑周到，所以正如他所宣称的，一人便能笼络八方。[14]

几个世纪以来，这类忠告不断重复出现，而尤其令人印象深刻的是其隐含着这样一个观念，即上级、平级和下级都可以很容易地被识别出来。每个人都知道，或者应该知道，其在社会等级中的位置。人们首先得明确自己的“地位和等级”，才能清楚自己该如何行事。本杰明·惠奇科特认为，“每个人都有责任思考他们的年龄资历、社会地位、人脉关系、职能角色、教育程度，并做出相应的调整”。[15]

根据不同的社会地位，人们应受到不同的礼遇，这一看法长久地存在于礼仪观念中。但它得与一种同样根深蒂固、极可能属于平等主义的观念相调和，那就是一个懂礼貌的人应该向每个人传达那份最初只对上级表达的敬重。正如作家罗伯特·阿什利在 1596 年所提出的那样，“对所有人轻声细语、表达敬意、开怀拥抱、真心取悦，这是文明礼貌和谦逊人性的一部分”。[16]

一位 18 世纪中叶的随笔作家甚至建议对社会地位低下的人要比地位平等或优越的人更为礼貌，“因为地位相对低下的人有一种嫉妒心理；如果不特别关注他们，他们就会认为自己被轻视”。他解释道，迎合他们很重要，因为“没有这些穷人，我们就无法生存。没有他们耕田犁地，我们的农田就会荒废，他们也交不上租金。没有他们，贸易和制造业就无以为继”。[17] 17 世纪，本杰明·惠奇科特也提出了同样的观点：“如果没有这些穷人，就我所知，上层社会人士必须得自己做低贱的苦活、累活，因而没有人会去轻视穷人。”[18] 69

这些交底的话非常现实，提醒我们讲求文明礼貌可能既要审慎，也要为他人着想。在都铎王朝，人们的运势取决于王室的随性恩宠，人们礼貌地装糊涂对生存至关重要。[19] 放眼世界，良好的举止帮助踌躇满志的人获得发展机会。1577 年，一位作家指出，“礼数”能使人们“得到下级的称赞、上级的重视和信任”。罗伯特·阿什利也认为，“没有什么比彬彬有礼的行为更容易赢得别人的好感”，而 18 世纪早期的一位作家则将礼貌定义为“巧妙地管理我们的言行，从而使他人对我们和他们自己都有更不错的感觉”。[20]

正如卡斯蒂廖内所教导的那样，朝臣如果想获得君王的关注，要有礼貌、修养。因此，切斯特菲尔德勋爵认为讲礼貌的目标之一是提升个人的社会地位。他说：“只有礼貌待人，才能取悦他人，继而获得较高的社会地位。”他自诩可以讲出 100 个“有关财富和社会地位的故事。这些故事中的人能平步青云，别无他法，靠的只是会讲话和举止优雅”。詹姆斯·博斯维尔也附和道：“只有少数人能讨每个和他讲话的人的喜欢，但人应该尽量培养这种讨人喜欢的本事，因为它既能令对方愉悦，也让对方对自己产生好感。”詹姆斯·博斯维尔还可以举乔舒亚·雷诺兹爵士的例子，乔舒亚·雷诺兹爵士是汉诺威学会赫赫有名的大画家，他之所以能吸引众多杰出的客户，是因为他不仅有精湛的绘画技艺，而且亲切和蔼、文质彬彬。[21]

社会上层人士早就意识到，如果要让社会下层人士对他们的统
70 治满意，他们的尊贵就得搭配着更和蔼可亲的品质（亲和力）。托马斯·埃利奥特爵士的《统治者之书》(*Boke Named the Gouernour*, 1531 年）中有一章是关于“亲和力及其效用”的。他在书中指出，“傲慢自大”的权贵被“强烈”憎恶着，“就算他们的地位从未如此之高”。相反，“有一张亲切和善面孔”的贵族却能创造奇迹：“所有人都认为这位贵族配得上所获得的荣誉或都希望他获得一切荣誉。”与他同时代的托马斯·莫尔爵士也讲过同样的话：“小小的礼貌”往往比“大大的福利”更能赢得百姓的支持。[22]在詹姆斯一世统治时期，法学家威廉·马丁指出，最成功的统治者是那些和蔼可亲、彬彬有礼、和善文雅之人；而掌玺大臣弗朗西斯·培根则提醒法官们，“文明地行使权力，权力的力量将更强大”。[23]贵族一再被敦促“要和善”。说教型作家理查德·布拉斯维特在 1630 年宣

称，“温和……对于绅士而言，是一种固有的品质。如果别人无法从其他方法了解他，那么亲和力便可展现他的为人”。1651 年，约克郡绅士亨利·斯林斯比爵士告诫他的儿子们“要有亲和力”。他说：“再没有什么能以这么少的代价获得这么多的爱。”同年，托马斯·霍布斯告诉读者：“亲和力能帮助当权者提升权力，因为它能博得人们的敬爱。”[24]

未来的弑君者约翰·库克曾断言，礼貌是“任何当权者都可拥有的最珍贵的‘珍珠’，因为它能收买人心”。第二代卡伯里伯爵（约 1600—1686）告诉他的儿子：“脱帽行礼、面容慈祥、谈吐温和，能为谦谦君子带来金钱无法带来的好处。”无独有偶，17 世纪 50 年代初，纽卡斯尔公爵夫人忠告未来的查理二世，“要礼貌地对待每个人……而且要相信，脱帽行礼和立正鞠躬比赏金和蜜饯更令他人愉悦，没有人不爱这种感觉”。10 年前，一位翻译将乔瓦尼·德拉·卡萨的《加拉泰奥》的译本献给了年轻的查理王子，并向他 71
保证，只要他能遵照书中的礼仪规范行事，就能赢得所有人的敬爱和服从。[25]这确实是查理王子应该认真遵循的忠告。也许他还记得这样一个传统：每当 16 世纪的荷兰起义领袖威廉·奥兰治向西班牙国王脱帽致敬时，他总能得到封赏。[26]小查理也可能意识到自己的父亲查理一世以其专横的态度和拘谨刻板的“治国方式”，疏远了苏格兰民族——这个众所周知缺乏“恭维礼节”的民族，从而引发了英国内战。[27]

对任何级别的当权者而言，对下属礼貌都是明智可取的。例如，如果有一位友善的长官，士兵们更有可能冒着生命危险作战。据说，查理一世的大多数指挥官不熟悉自己带的军队，“这对国王的事业损害极大”。一个例外是查尔斯·卡文迪什上校，“他虽出身高贵，但即使面对最粗鲁的士兵和最贫穷的矿工，他也像对待与自己同等地位的人一般亲切而坦率。由于他把自己的位置放得很低，他在民众心目中的地位反而越来越高，被视作一位了不起的贵族”。[28]有人建议，乡绅早上在召集雇工干活时，要和蔼可亲，“善意地鼓励他们好好工作”。关注农业和农民题材的作家杰维斯·马卡姆也认为，成功的农场主需要用一种“和蔼可亲、彬彬有礼的天性”，来管理农场，从雇工那得到最好的回报，“因为太过严厉的做法往往招致更多的逆反而不是顺从”。[29]一些雇主似乎太看重这条建议，以至于一位詹姆斯一世时期的教士认为有必要提醒他们，以放弃自尊为荣可能带来风险。例如，某些雇主会炫耀自己拒绝“乘高贵的马车、穿华丽的衣服和蔑视下人”，主动让别人称自己“好人”而不是“主人”，或是“主人”而不是“骑士、爵士”。[30]

更常见的是，权贵们担心对下人亲切会招致藐视，所以他们许
72 多人假装出一副“傲慢自大的样子”。古文物研究者约翰·奥布里认为，詹姆斯一世时期的贵族绅士“傲慢自大到令人厌恶”。[31]一位贵族作家坦言，谦虚有时是必要的，但“知道何时应该高高在上”也很重要。正如1604年威廉·温特沃思爵士给他儿子的忠告，一个希望令周围人敬畏的绅士要“黑着脸、摆架子”。[32]第二代阿伦德尔伯爵“在待人接物方面深谙礼数。但他讲礼貌也是有尺度的，绝不允许任何人对他粗鲁无礼”。他不追求人见人爱，而是试图“让平民知道他们与自己的距离和应遵守的规矩”。一位18世纪的作家评论说，头衔“容易使人头脑发热”，认为地位卑微的人和自己不是同一种人，能让他们礼貌对待的人非富即贵。[33]

总有人提醒不要对地位低的人过于亲切，但英国近代早期劝诫文献常推崇的贵族统治做派显然难服人心。《完美的绅士》（*The Compleat Gentlemen*，1678年）的作者反复强调，温和、礼貌、亲切无疑是赢得人心和使人们更加忠诚的最佳手段。1694年，吉尔伯

特·伯内特主教有一次在女王面前实施布道时问道："除了表现得谦逊低调，文明人真正的教养是什么呢？"[34]

到了17世纪，在回忆录中和纪念碑上，人们越来越普遍地赞扬绅士阶层"文质彬彬、文明礼貌、谈吐和悦、亲切和蔼与平易近人"。[35]露西·哈钦森——弑君者约翰·哈钦森上校的遗孀，自豪地说她丈夫对所有人都"和蔼可亲、彬彬有礼"。亨廷顿伯爵的女儿玛丽·乔利夫女士1678年去世，据说她生前"很乐意以一种温柔和蔼、平易近人的方式与人交谈，即使面对最粗鄙的人也是如此"。[36]

18世纪，这些品质已必不可少。"低声说话"是英格兰人特有 73
的良好教养，礼貌要求人们行事低调。[37]此外，一个"真正有礼貌"的人应该更关心下层人士而不是与他同等地位的人。大卫·休谟写道："与其他客人一样，你不必问谁是宴会的主人。那位坐在最不起眼位置的人、那位忙忙碌碌帮助其他人的人，肯定就是宴会的主人。"一个世纪前人们可不是这样。1678年，一位到访英格兰的法国游客注意到，家里的女主人总坐在上座，而在法国，这个上座习惯上被留给客人。[38]

当然，社会差异太大了，不可能每个人都做到礼貌待人。一位谦谦君子无法像对待同僚那般对待他的佣人。当约翰·洛克推崇"对所有人尊重和表达善意时"，他补充道，这意味着"根据对方的地位和境况，表示相应的尊重"。[39]尽管查塔姆伯爵注重日常生活中的小礼节，但他不会为他的男仆开门。1700年出版的天主教作家蒂莫西·诺斯生前的一部作品声称，绅士们试图"用文明"赢得平民的心是一个错误。他认为，下层社会有粗暴野蛮、无视政府、行为乖戾之人。对待老百姓最好的办法是"像套野马一样，驯服他们，用马刺不断鞭策他们"。[40]1779年，一位随笔作家抱怨道，人们并不指望礼貌能发生在社会地位较低的人身上。他说："一个对佣人和依附者十分粗野的人，却有可能被世人认为是最有教养的人。"[41]尽管礼貌受到社会等级制度的严格限制，但毫无疑问，体现博爱的礼貌观念是存在的。

德国哲学家弗里德里希·尼采认为，只要那些掌权者"依靠高贵的举止，不断美化自己高高在上、与生俱来的统治力，平民就会以各种形式被压迫"。相比之下，他认为，有粗鄙个人习惯的实业
74 家怂恿工人相信，只有运气或意外才能使一个人凌驾于另外一个人之上，"社会主义就此诞生"。[42]在近代早期的英国，优越的举止和外表强化了上流社会的权威，给了上流社会人士沉着与自信，让别人在他们面前感到自卑。正如亚当·斯密对某位年轻贵族的描写："他的神态、举止、风度均透露着优雅的优越感，这是那些出身卑微的人所没有的。通过这些神态、举止和风度，他更容易使众人服从他，并按自己的喜好来支配他们的志趣。在这方面，他很少失望。这些神态、举止和风度受显赫的地位支撑，通常足以用来统治世界。"亚当·斯密举了法国国王路易十四的例子，尽管他碌碌无为、德才浅薄，但他被视为完美国王的典范，因为他举止优雅、外表俊美，声音"高贵而动人"，"步调风度"符合其位，而"所有这些换作其他人来表现会显得荒谬可笑"。[43]

许多同时代的人认为，如果没有"礼仪风尚"，"所有的文明秩序"都会被破坏。伊丽莎白时代的一位教士写道："没有良好的教养和礼貌，无论是在主的教堂还是在英联邦，人们都不会有安稳有序的生活。"有人说，良好的礼仪有助于维持家庭、邻里和国家的和谐。[44]17 世纪后期，在英国内战和权力空白所导致的社会动荡之后，作为现存等级制度的支柱，文明似乎更为重要。古典礼貌规范抑制了过分狂热的宗派主义。礼貌规范具有强大的

保守和维稳作用。在政治和宗教中，表达容易引起争议的观点，会被视作一种失礼行为和较低的品位，而政治和宗教上的非正统行为被视为不礼貌、不可接受的行为。文明的指导原则是，人们 75
的行为方式应该使人际关系尽可能和谐和无障碍。人们应该多体谅他人且谦和待人，以免造成不必要的痛苦。在近代早期的英国，这意味着接受社会等级和地位的差异，而非试图挑战既定的秩序。

礼仪的地理因素

这些诸如文明、礼仪、礼貌的温文尔雅的学说对工匠、小农、佣人、苦力等平民的文化又产生了怎样的影响呢？

不言而喻，许多礼貌行为方式完全超出了其适用范围。18 世纪，“礼貌”涉及从房屋、花园到文学、音乐和艺术等方方面面的高雅品位。它还依赖教育、经历和财富。长期以来，消费品只是“文明”社会的一个基础条件。一位都铎王朝时期的作家认为，没有酒、香料、亚麻布和丝绸，人也可以生活，“但这离文明还差得很远”。[45] 据古文物研究者理查德 · 卡鲁 1602 年回忆，康沃尔郡的农民过去的生活非常简朴：他们的房屋是他们用土墙垒砌的，有低矮的茅草屋顶，没有隔间、玻璃窗和烟囱，他们只在屋顶上开一个洞，用来排烟；他们睡在稻草上，盖着毯子，但下面没有床单；他们的卫生厨具充其量就是一个盛水的木盆和几个平底锅。但现在情况已经改变了，“康沃尔郡的农场主喜欢上了英格兰东部的物质文明”。[46] 1615 年的一份王室公告称，为了制造玻璃窗和玻璃器皿，珍贵的树木被砍倒，为玻璃厂提供燃料。但公告同时强调，如果要保持“时代的文明”，国家就不可能退回到用石头容器和格子窗 76

（俗称“遮光透风窗”）的时代。[47]上流社会人士需要得体的衣着、住房和家具，有家仆打扫房间、提热水、洗衣服、采购和做饭。长老会神职人员理查德·巴克斯特感叹道：以“正派得体的名义”辩白，“上流社会人士不必对房间、家具和住宿环境好奇”，因为这一切就是“文明”，他们为“自己的世界别无他求”找到理由。[48]1723年，一位来到莱斯特郡基布沃思附近村庄的传教士遇到了他认为的“最不礼貌的集会之一”，因为方圆几英里的住户家中，“除了一条破围裙，连个茶几都没有”。[49]

人们要想表现得有礼貌，就要尽早了解新潮社会的各种习惯，因此人们有闲暇时间就出来参加社交活动。人们在贵族沙龙里闲聊，并获得谈资，以后可以随时从“文化口袋”里选择可聊的话题。[50]没有在这种“自由的社交场合”历练过的人，是无法通过“简单模仿”来学会得体的举止的。[51]人们要想真正有礼貌，就必须经常出入上流社会的社交圈，尤其是女性社交圈。那些通常只在男性社交圈里活动的人，例如长期在海上生活的海军军官，众所周知是缺少礼貌的。[52]正如一位18世纪的教士在招待一位萨福克农场主吃饭后所反思的：他确实有钱，但“举止粗俗，很明显缺乏教养！只有多接触上流社会，他才能娴熟自如地运用礼貌规范”。[53]

上述这些融入上流社会的方式显而易见，但对当时的绝大部分人而言，还是无法做到有礼貌。一个农场雇工可以学会对比他地位高的人客客气气，但他可能永远不指望自己“有礼貌”。事实上，如果他这样做，只会被人嘲笑。[54]对于那些挣扎着寻求生计的穷人而言，礼貌的修饰毫无意义。

因此，礼貌程度反映了社会地位的不平等。16世纪，一位来
77 自荷兰的旅行家注意到，在所有国家，“普通人的行为举止都是粗俗的”；而绅士阶层由于受到了很好的教养，“行为规矩文明，令人

称赞”。后来，一位作家赞扬了绅士阶层对外地人的友好态度，包括邀请他们去家里做客，出于他们所谓的“礼貌”和“邻里和睦”，让宾客“愉快、尽兴地享受盛宴”。[55]在詹姆斯一世时期的康沃尔郡，地形学家约翰·诺登发现，绅士阶层“以及那些接受过文明教育的人善良友好、和蔼可亲、充满人性、礼貌待人”，但许多“粗鄙的人苛刻寡情，没有这种文明气质”。[56]1641 年，一位作家指出，“由于贫穷，许多人，包括他们的子女，变得没有教养、粗鲁、不文明”。[57]爱德华·张伯伦的年度参考书《英国通讯》（*Angliae Notitia*）恭维贵族绅士、学者、商人和店主的“举止极其文雅”，而给“普通人”贴上了“粗鲁甚至野蛮”的标签，尤其在他们对待陌生人的态度方面。[58]研究礼貌的作家认为，那些不读书、不旅行、不熟悉新潮社会的乡下人在一种与非洲或美洲新大陆居民几近相同的半野蛮状态中生活。[59]而实际上人们认为，美洲原住民有时还没有英国乡下人那么“粗鲁”。[60]

自古以来，“乡土生活”和举止文明一直是截然对立的，因为文明本质上属于城市，是文明社会的伦理。在古希腊品行作家泰奥弗拉斯托斯看来，“乡下人”毫无礼仪感，举止也不雅。[61]在近代早期，人们普遍认为“文明阶层”生活在城镇中。特克斯伯里是伊丽莎白时代的一个小镇，镇上的书记员认为，“一个族群聚集生活在一个镇上，组成了一个特殊的社会，形成了特殊的感情纽带”，这是“一切文明的开端”，也“给‘粗野’的乡下人树立了一个生动的学习榜样”。[62]“乡下人只不过是田间地头的‘刺猬’，他们除了在乡村教堂门口见过有限的文明举止外，再没有见过其他的。”
外交官威廉·坦普尔爵士认为，那些生活在丛林里、田野上、牧群 78
中，很少与人交流的乡下人将注定无知下去，他们更多依赖的是感官而非理性。[63]当时的一个常识是，当你和两位绅士接触，他们一位在乡下长大，一位在宫廷或城市长大，你只要“通过他们的言语、手势和行为”，就能立刻分辨出他们。伊丽莎白时代那些精于世故的人鄙视乡绅，因为“他们的房子和服饰都很粗鄙”，而且“举止不雅”“言语愚蠢”。“例如，他们一开口，就被人嘲笑；他们正要讲述经历，就有人故意咳嗽，还有人张着嘴、瞪着眼或打哈欠。”[64]城镇居民把农场工人看作“露着大门牙的野蛮人”。[65]当年少的乔治·多布森被送到伊丽莎白时代达勒姆的唱诗班学校时，他遭到同学的欺凌，这些人认为他是在乡下长大的，“土里土气，再怎么做也无法掩饰他那愚蠢和执拗的举止”。[66]

17 世纪的传令官兰德莱·霍尔姆仔细区分了不同类型的乡下人：不尊重他人之人、对礼貌行为一无所知的“粗鄙之人”、既不文明也不礼貌的“山野村夫”。当时还有一些称谓将乡下人，尤其是贫农和雇工，与缺少文雅和礼貌联系在一起。[67]

正如社会结构被视为从上至下递减的文明等级，旅行家也普遍按礼貌程度将英格兰划分为不同地区。在离城市和宫廷越远的地区，人越粗鲁。“城市化”源于拉丁语 *urbanus*（城市的），通常是指生活在城市和管理井井有条的地方的人们所表现出的文明、礼貌、温和、谦逊和守法。在都铎王朝时期，伦敦在“言行举止和礼貌时尚”方面已经超过了其他城市。众所周知，它比林肯郡更加文明。[68]1577 年，伦敦主教想把令人头疼的清教徒传教士请出伦敦，打发他们到兰开夏郡、斯塔福德郡、什罗普郡“和其他蛮荒的乡野山村”，去教化当地愚昧无礼的民众。[69]17 世纪 70 年代末，罗杰·诺斯在一次巡回演出中评论道，伦敦附近的郡“没有什么特别值得注意的地方”，但到达多塞特郡时，“我们所称的一切高贵、文雅举止开始消失”。[70]

79

一些制造业城镇也被认为缺乏“城市文明”。1690 年，伯明翰的街道被描述为“肮脏、危险和充满恶习”的地方。当历史学家威廉·赫顿1741年访问伯明翰时，这里的居民似乎“明显具有文明的生活方式”：“我的周围曾是一群空想家，但现在我看到人们觉醒了。”[71]在习惯了伦敦社会的人眼里，即便首都以外的大城市也似乎缺乏城市所固有的文化特性。1739年，亚历山大·蒲柏发现布里斯托“非常令人不悦”，“里面没有文明人”。[72]

然而，自17世纪后期以来，英格兰大多数郡的城镇已逐渐被公认为礼貌和公共社交的中心，尤其是那些位于主干道上、附近有贵族和绅士居住的城镇，比如诺维奇。热爱文学的教士托马斯·富勒称赞诺维奇“具有城市文化特性和文明”。理查德·巴克斯特认为，基德明斯特商人不断与伦敦沟通往来，这“使他们更有礼貌和更虔诚”。[73]作为金斯林镇的议员，霍勒斯·沃波尔对当地居民的排外主义感到厌烦，但他承认“如果公正地去评价当地百姓，其实他们很理智、有思想且懂礼貌……我把这些归因于他们更为频繁地前往世界各地，尤其是首都伦敦。良好的道路和驿站马车发挥了作用。假如英格兰国王的领地再小一点，这些交通工具至少可以帮助他完成对臣民的教化”。许多与霍勒斯·沃波尔同时代的人评论道，得到改善的交通状况使英格兰偏远地区的贸易更加开放，并使这些地区受到大都市礼仪的影响。[74]

其结果是，到18世纪，许多伦敦以外的城镇有受过教育的中产阶级，他们很有气派和格调，能很容易区分“文明”行为和 80
“粗俗”行为。尽管他们自称没有受到都市时尚的侵蚀，但他们频繁地社交，常出入集会室、赛马场、报告厅、剧院和散步场所。[75]这些公共空间是有意创造出来的场所。在这些公共空间，社会秩序井然，礼仪社交有序展开。随着俱乐部、咖啡馆和社团的增多，文明行为习惯也就自然养成了。1776年，塞缪尔·约翰逊说：“我最近带朋友詹姆斯·博斯韦尔，看看伦敦以外城镇真实的文明生活。我让他在我的家乡利奇菲尔德走走看看，给他机会了解一下真正的文明。”[76]

沿海地区也被认为是更高雅的地区，因为它们更容易使外地人接近；古罗马人认为肯特郡是英国最文明的地区。但是，那些远离伦敦①、缺乏教养的资产阶级所在的高地或乡村地区仍被视为愚昧之地。[77]核心村庄的居民被认为比那些独自生活在偏僻农场的人更和蔼可亲，更善于交际。[78]贵族和绅士来来往往，彼此恭维，相互拜访。[79]但是，大多数普通的乡下人似乎缺乏社会美德，因为他们“被无法通行的道路所包围，缺少能使心灵人性化的人际交往，也没有贸易来磨平他们与生俱来的棱角与锋芒”。[80]

最野蛮的是那些生活在农村但不属于正常农村等级制度的人：
81 在沼泽、森林和荒野中占地为王和住在棚户里的人（他们基本上不受乡绅和教士所规定的社会准则的约束），[81]那些居无定所、干苦力活的穷人（被当地政府嫌弃为“混混”“流浪汉”且活得“像野蛮人”），[82]江河和运河上的驳船船员（他们的粗野与混乱众所周知），[83]迪恩森林里“强壮的野蛮人”，[84]罗姆尼沼泽地的“粗鲁、缺乏管教的人”，以及剑桥郡沼泽地的居民（他们“粗鲁、不文明、嫉妒所有人”并被嘲笑为“高地人”）。地理学家纳撒尼尔·卡彭特认为，从沼泽中升起的浓浓的水汽造就了“呆板固执、愚蠢粗鄙、不适合学习、不适合与人交谈的人”。[85]矿工被认为尤其粗

① 相应的，“内地”一词是指靠近首都和人口中心的地区，逐渐有了“高雅”“文明”的意思。在莎士比亚的戏剧《如你所愿》（*As You Like It*）中，奥兰多被指责为“一个粗鲁的、轻视礼貌的人”，但他辩解说，尽管“痛苦的荆棘／赤裸裸的悲伤令我无法表现出温文尔雅的风度，但我是在内地长大的／知道一些教养”（第二幕，第七场）。同样，模仿加尼米德的罗莎琳德解释说，她是从一个叔叔那里学来的，他“年轻时是个内地人”（第三幕，第二场）。

野。在萨默塞特郡，他们被描述为“粗野蛮横之辈”，“野蛮、堕落，天性残忍，举止粗暴”；[86]在德比郡，他们被认为有“野蛮的本性和行为”，以“粗鲁、无礼和不守规矩”[87]而臭名昭著；在诺森伯兰郡，他们“比野蛮人强不了多少”；[88]在康沃尔郡，他们是“英格兰最粗暴、最暴力的人”。[89]有些采矿区确实沦为了罪犯的庇护所，但对这些刻板印象的描述并不总是建立在熟识某个人的基础上。[90]

与城乡反差一样大的是英国南北之间的反差。南方人认为高地地区落后、未开化，生活在那里的“高地人”因粗鲁无礼而出名。[91]1537年，大主教克兰麦将苏格兰边境的居民描述为野蛮的强盗，认为他们不懂农业，靠掠夺为生。他的继任者马修·帕克在1560年表示出同样的担心：“粗鲁”的北方人会变得“太像爱尔兰人和野蛮人”。都铎王朝体现了英格兰平和的农业低地的价值观，而不是动荡的北方乡野的价值观。[92]正如一位伊丽莎白时代的作家所抱怨的那样，“我们主要在这片土地的南部，即伦敦，吹嘘文明和教养，而批评、鄙视北方人的粗鲁和不文明”。他自己的经验使他相信这是一种错误的判断。[93]然而，主管北方事务的大臣温特沃 82
斯子爵，在1629年提到了“野蛮的北方人”，尽管他自己也是北方的约克郡人。约翰·哈克特主教在中部地区的斯塔福德郡和什罗普郡旅行时说，“在北方偏远的地区，村民执拗蛮横，缺少南方城镇，尤其是大都市人的那种礼貌大方的气质”。[94]约克郡、兰开夏郡和坎布里亚郡的北方人因其言语沉闷、不礼貌、举止粗鲁而出名。在泰恩赛德，把煤装到大船上的船员同样因他们的污言秽语、酗酒暴力而臭名昭著：他们喜欢消费的酒吧被称为“罐头屋”，这里专门给这些船员提供的劣质啤酒被称为“野人啤酒”。[95]居住在德比郡山顶区的矿工举止粗鲁，而该郡南部的居民则礼貌文雅，与矿工形成了鲜明对比，他们以农业和制造业为主业。一位 18 世纪的作家认为这是因为“同样是国家，文明在山区没有在平原（平坦开阔之地）传播得快”。但他也认为，矿工缺乏与世界其他地区人们的交流，导致了他们缺少优雅和礼貌举止。“而与邻国（周围地区）进行广泛自由的贸易，往往会带来这种优雅和礼貌。”[96]

中产阶级的文明礼貌

无论生活在伦敦还是其他地方，近代早期在英国从事各种职业和经商的中产阶级都有文明礼貌的行为准则，这些准则往往独立于宫廷和绅士阶层之外，在某些方面甚至有所超越。[97]城市里的商人在经商活动中一向很重视礼貌、诚信和稳妥的行事风格。店主们以
83 “极其礼貌”著称，近乎谄媚。[98]当然情况也不总是这样，在 1552 年，枢密院认为有必要敦促伦敦的屠夫去提醒他们的妻子和佣人也要对顾客使用温和、真诚的语言。[99]然而通常情况下，“热情招待”和“优雅气质”被认为是从事商业活动的重要资格。1638 年有人指出：“为了生意，商人必须表现得和蔼可亲、八面玲珑、彬彬有礼。”站在柜台后面的人必须“文明礼貌、举止优雅”。据说，没有一个失礼的商人能够发家致富；如果没有商人普遍的诚实、礼貌和可信的道德规范，18 世纪英国的经济扩张是不可能的。[100] 1750 年，当旅行者理查德·波科克逛陶器镇时，受到了店主们“极其礼貌和热情的招待，因为他们把所有光临的人都看作顾客”。[101]无独有偶，一位瑞士游客也警告说，巴黎商人正用他们所称的“危险的礼貌”，怂恿人们购买本没打算买的东西。[102]

伯纳德·曼德维尔为我们很好地描述了一个绸缎商人如何以绅士般的风度，取悦并诱导一位年轻漂亮的女士购买他家昂贵的丝

绸。任何想让贵妇人成为顾客的人都必须是“一个非常有礼貌的人，并且精通城市良好教养的点滴……他必须衣冠楚楚，装出一种宫廷气质”。[103] 1774 年，杰迪代亚·斯特拉特——一位当时杰出的袜子制造商，将一本切斯特菲尔德勋爵的《给儿子的信》交给自己的儿子，敦促他养成“绅士的气质，谈吐文雅、行为礼貌”，因为要把生意做大、做好，这些都必不可少。[104]

18 世纪，商业利益的捍卫者则辩称，贸易活动让人的举止变得优雅，因为这种活动推动本地与世界其他地区更广泛的接触。当时的商人、推销员和旅馆老板的行为充分证明了他们的主张。为了销售商品，商人、推销员和旅馆老板需要与他人的需求和欲望产生共鸣，这点很重要，但这种礼貌风尚的一个基本前提是商业竞争。就像塞文河上的渡船船夫一样，当卖方拥有垄断地位时，就缺少 84
“确保文明礼貌的促成因素”，这些船夫便可肆无忌惮地粗鲁行事。[105] 搬运工、货车司机和承运人也是如此，他们是“这个国家最粗鲁、最不文明的一部分人”。海员也“与其所赖以生存的海洋气候一样粗暴、乖戾、性情恶劣”。海关官员是另一个职业群体，表现出文明对他们也没什么好处。[106] 出于很不一样的原因，外科医生以“奇怪的粗鲁举止和心地不善而闻名。这是因为他们节衣缩食，且在手术过程中不得不对病人残忍”。[107]

17 世纪和 18 世纪，英国各地自发兴起的数千个俱乐部和社团发挥了重要的文明作用。[108] 志同道合的朋友在酒馆餐厅聚会、饮酒、吃饭和交谈。其中一些聚会变成了极具攻击性、淫秽、酗酒的男性聚会。詹姆斯一世时期，一些诗人、法学家和政客常与本·琼森及其友人交往，这些集会也自发推动了社交能力的培养。17 世纪 20 年代早期，本·琼森的阿波罗俱乐部明文规定，将其俱乐部成员与当时贵族中爱闹事的人区分开来：

我们唯一要效仿的是
少喝酒，但妙语如珠。
……
打架斗殴（如赫克托），令众人胆寒，
杯碎窗破，墙幔撕裂。[109]

平和的宴饮交际就在家里也可以实现。在亨利八世统治时期，历史学家波利多尔·维吉尔指出，“普通”伦敦市民习惯邀请朋友来家里吃吃饭或喝个小酒，“认为这是一种体现温文尔雅（人性）
85 很重要的方式”。随后两个世纪里，中产阶级的住宅设备更上档次，也更适合接待客人。随着房屋的扩大，房间空间呈现差异化，餐桌、桌布、餐具和器皿的开支不断增加。当时的人们将居家饮食视为“文明”的一个重要方面。[110]这一时期烹饪书籍的作者想当然地认为，他们的读者愿意在家招待“亲戚、朋友、盟友和熟人”吃饭；这种家庭娱乐的频率也被当时的日记所证实。[111]人们认为，轻度醉酒有助于愉快交谈，尽管在18世纪，咖啡、茶等新型非酒精饮料和巧克力也在公众社交中发挥了重要作用。茶话会成了一种无处不在的社交仪式。据说，咖啡馆吸引了极其“聪颖礼貌”的宾客，这些人总能“令我们的举止更得体，增进了解，使我们的语言更精炼，并教会我们自信大度，讲起话来，风度翩翩”。[112]

城市中的各种社交活动都受到礼仪作家们的推崇。当时有人把社交活动规范当作“普通平民阶层”公认的文明准则，尽管不是每个人都遵守它们。[113]1585年，一位敏锐的作家解释说，有三种人，因举止不当应受到谴责：第一种，既不请邻居吃饭，也不接受邻居的邀请；第二种，邀请邻居吃饭，但谢绝邻居的回请；第三种，接受他人邀请，但自己从不发出邀请。[114]

理查德·巴克斯特认为，“土地自由保有者和开店的店主”是“这片土地上捍卫宗教和文明的力量”，他有充分的理由这么认为。[115]因为他们的行为肯定要比许多贵族更文明，这些贵族往往在公共场合肆意喧哗、粗鲁无礼、不顾及他人感受。[116]大多数中产阶级强烈反对贵族的价值观；他们拒绝决斗和相关的绅士荣誉守则；他们更喜欢勤俭节约的生活方式，而不是炫耀性的休闲与挥霍行为。[117]他们在个人卫生和谈吐方面也超过了上流社会的人。其实， 86
他们的主要问题是过于精细化。莎士比亚笔下的霍茨波（诺森伯兰伯爵的儿子）指责他的妻子总爱说“真的不骗你哟”：“你从哪个糖果商妻子那儿学来的口头禅……凯蒂，你一个堂堂的贵妇，就应该有贵妇的样子。发几个响亮痛快的誓，让那些穿着天鹅绒衬衣的人和在星期日出风头的市民去说什么‘真的’或那些胡椒姜糖片似的辣人的言语吧。”[118]政治家乔治·坎宁曾是伊顿公学和牛津大学基督教堂学院的杰出学者。在伦敦市政厅为小威廉·皮特的纪念碑题词时，他写道：“他死时一贫如洗。”当时的一位市里的高级官员则希望把题词改为：“他在穷困中去世。”[119]

对于18世纪的中产阶级而言，“高雅”和“庸俗”区分了生意行当。在一定程度上，这就是钱多钱少的问题。1753年，有人指出，不同于“普通行当”，“高雅行当”需要“大量资本”。[120]但礼仪和品位的差异也牵涉其中。这不可避免地导致“那些隐约感觉自己变得庸俗的商人，由于担心自己在衣着、家居装潢、行为谈吐上落伍，想方设法地‘奔向’矫揉造作、精致虚荣的极端”。[121]因此，原本一直用来修饰绅士阶层生活方式的“高雅”一词，近代以来，却增添了“虚伪做作”的内涵。

普通阶层的礼仪举止

中产阶级以下的人，如小农、技工、劳工，怎样看待礼仪？他们认同上层社会的文明行为标准，还是对盛行的文明礼貌观念漠不关心？这些问题不易回答，但我们也能找到一些提示。

例如，人们可能会认为，公厕缺乏隐私。比如伦敦港皇后大
87 道的集体公厕里，一排排便池之间没有间隔，男女各有 40 个坑位。到了 20 世纪，有的公厕里面仍有 2～3 个坑位。[122]近代早期那些从事从尿液中提取硝石工作的人认为公厕的地面满是尿液和粪便。1628 年，他们想在教堂下面挖坑收集尿液，因为“女人们在便坑上撒尿，这有助于形成极好的硝石”（也许应该考虑 17 世纪教堂布道的时长）。[123]大情圣贾科莫・卡萨诺瓦 1763 年造访英国时，吃惊地看到人们在街上背对着路人排便（同行人解释道，如果对着路人，会暴露他们的身份）。[124]然而，尽管普通人对着教堂墙壁、在公共建筑楼梯上和房间角落里方便，但教会法庭史料显示，广大民众也要遵守标准明确的身体礼仪。暴露人体私处是公认的“不文明”和“野蛮”的行为。[125]18 世纪的民俗史学家弗朗西斯・格罗斯甚至声称，根据一个古老习俗，在公共通道或人行道附近排便的人会被路人要求用牙齿取下自己头上的帽子，“然后在不离开所站位置的情况下，把帽子靠嘴扔到头上。结果是，帽子经常掉到粪便里”。拒绝遵守这个习俗的人可能会被推进自己的那摊屎尿里。[126]

上层阶级普遍认为，在英国各地，下层民众都是“小丑”，行为粗俗，缺乏自制力。他们不会按照文明礼仪手册所倡导的方式让人产生好感，相反他们粗暴而不近人情。他们不习惯任何“礼节性

的仪式”，他们的手势是不优雅的、“粗鄙的”和“不受约束的”。[127]他们既无知又口齿不清，不懂礼貌用语。当遇到高贵优雅的人，他们会对自己的“土里土气感到羞涩不堪”，带着“耻辱或畏惧”逃之夭夭。他们站那儿，身子笨拙，帽子攥在手里，粗壮的胳膊松垂着，脚趾露在外面。[128]绅士被叮嘱，要让他们的孩子远离 88
“没教养的保姆、小丑般的玩伴和所有乡下人”，免得孩子被这些人给带坏。[129]一位礼仪作家警告说：“近墨者黑。”[130]伊丽莎白一世统治时期的企业家曾想将“贫困的草根”都送到美洲去，因为这些人用“各种各样的混乱”祸害“上层社会”。王室也雇用门卫，阻挡那些“不文明、不干净和不礼貌”之人。正如20世纪意大利共产主义知识分子安东尼奥·葛兰西所言，在社会精英眼中，下层民众总显得野蛮而病态。[131]

我们也许有理由怀疑，工匠和劳工是否真像评论家所说的那样笨手笨脚、不善言谈、冷酷粗暴，但必须考虑到上层人士通过教育获得的独特气质和举止，以及饮食、衣着、家具和职业等差异带来的体型体态上的优势。我们很难指望营养不良却从事体力劳动的人符合贵族的体型体态优雅标准。在伊丽莎白时代，人们认为“英国绅士和贫困劳工的身体条件不同”。作家杰维斯·马卡姆曾在爱尔兰参与竞选活动，这段经历使他相信，一位绅士能忍饥受冻，而同样的极端考验会杀死“100个小丑”。[132]到18世纪后期，相比上层人士，社会下层人士平均来说更矮、更瘦弱；军官比士兵更英俊强壮。[133]正如大卫·休谟在1739年所观察到的那样，“白天劳作的工人，从皮肤、毛孔、肌肉到神经都不同于生活得有品质的人……不同的生活方式和状态改变了整个身体结构”。[134]矿工、铁匠和其他产业工人的身体经常因职业原因而发生变形，他们的手很粗糙、长满老茧。在伊丽莎白时代的彭布罗克郡，有人说“辛劳、烈日炙

89 烤、饥寒交迫”是“平民不体面的主要原因”。[135]约翰·洛克认为，“即使一个中年农夫有绅士般匀称的身体和灵活的关节，他也几乎不可能被带上绅士的马车”。[136]

尽管存在这些身体上的差异，但即使最卑微的社会阶层也似乎熟悉文明和不文明的概念。几个世纪以来，人们一直希望下层阶级在上层阶级面前能控制好自己：懂得尊重和服从是他们生活中不可或缺的一部分。[137]依法享有土地保有权的佃农可能被明确要求“诚恳交谈”。17 世纪监管穷人的机构经常把救济的发放条件定为受赠者行为“文明”，不使用“不文明的语言”，不以“不守规矩或不文明”的方式表现自己。[138]17 世纪 60 年代，萨默塞特郡布鲁顿市的教区牧师为申请贫困救济金的穷人开具证明，证明他们“一直过着文明的生活”或“有着文明的生活方式和谈吐”。20 年后在兰开夏郡，一位求职者声称自己是一位“非常懂礼貌、任劳任怨和努力工作的工人”，而另一位求职者则表示，他“在邻居们面前谦卑有礼”。其他人则选择以“正派”、“吃苦耐劳”或“诚实”来表现自己。无论他们是否使用了“文明”一词，他们所声称的诚实、勤勉和持重等品质与同时代人对“文明”这个词的理解极其相似。[139]

对那些靠劳动养活自己的人而言，“诚实”是一种美德。这些人生活平和、有序且不冒犯他人。[140]这也包含了性行为的检点。这是一个基本的要求，不仅仅针对女人，称男人为“嫖客”和给女人贴上“妓女”的标签几乎一样侮辱人。同样，私生子的父母都有可能受到指责。[141]通奸、乱伦和性骚扰都被视为“不文明行为”。一位德文郡的妇女在 1655 年控诉道，一名强奸未遂者“以非常不文明的方式把她的衣服扯开”。[142]

因此，文明的观念引起了广泛的共鸣，包括对上级的遵从、对
90 老人的尊敬，以及对朋友、亲戚和邻居的有序、守法的行为。各城

镇也鼓励有礼貌的社交活动，实施包含优先规则的街道礼仪准则，禁止走路时推、挤、撞。[143]在教堂里，做礼拜者需要穿上最好的衣服，“举止得体、端庄，遵守礼仪规范”。对于那些“以不礼貌方式”扰乱服务行业的人，他们“不文明的”行为和“粗鲁、不合礼仪的”举止，被看作对“所有诚实、文明的人”的冒犯。通常，这些肇事者会连同谣言散布者、寻衅滋事者和性侵犯者，在教会法庭上被起诉。[144]非宗教法庭也同样起诉个人对治安法官和其他当权者发表“侮辱性、不文明”的言论或“违反礼仪规范”。骂街泼妇获得的罪名是“以最野蛮、最不文明的方式”辱骂邻居，而诽谤者则被形容为“不正派和不礼貌”。[145]

对粗俗、辱骂行为的惩戒表明，当时的人们普遍认为，一个人无论多穷，“酗酒”是可耻的，而“寻衅滋事”或“目无秩序”则是“野蛮的”。[146]房东可能会要求房客“举止文明，而不是像酒鬼一样，只会胡闹和吵架”。[147]印刷厂也纷纷立下规矩，确保雇工和访客都“举止文明”。雇工说脏话、打架、酗酒或使用语言暴力会受到处罚；同样，访客如果“冒犯或侮辱”雇工，也会受到处罚。与许多其他行业协会一样，英国出版同业工会强调，会员应“做到举止得体、文明对话”。当东印度公司在英国寻找愿意被派往印度，成为公司雇工妻子的年轻女性时，该工会坚持要求选派的女性应“诚实、文明”。[148]

礼貌还包括客气地接待外地人。托马斯·丘吉亚德是位伊丽莎白时代的作家，他常夸耀什鲁斯伯里和北威尔士的“平民百姓”：他们“善良”“礼貌”“言辞公正”“心怀崇敬”；以“文明的方式”向来访者致意；向地位更高的人行脱帽礼或立正鞠躬，并认为“有责任跟随外地人的马镫（意为‘不挡道’），或将外地人带往他想去的地方”。1578年，萨福克郡和诺福克郡的百姓以“显而易 91

见的礼貌”和“毕恭毕敬的礼仪”接待伊丽莎白一世，丘吉亚德对此也赞赏有加。都铎王朝中期的撰写农业题材作品的作家托马斯·塔瑟同样认为，乡村居民应该“礼貌地”回应外地人，对邻居表现出“礼貌的态度”，这一点很重要。[149]

然而实际上，整个近代早期，外国游客似乎都遭到了不友好的对待。在多佛和格雷夫斯德这样的港口，他们受到粗暴对待和敲诈。而在伦敦街头，他们经常受到“下等的学徒、服务生、车夫之类人”的讥讽侮辱。在伊丽莎白时代，有人感叹道，“现在在英国，没有人再像外国人那样被愚弄、蔑视和嘲笑”，并认为这种行为是“对我们祖国的中伤”。[150]17 世纪 20 年代，詹姆斯一世发布了两份公告，谴责“下等人和不道德的人”对外国游客的“诸多粗鲁野蛮行径”，但似乎收效甚微。[151]直到 18 世纪后期，英国首都民众对外国人的态度才变得更加文明。[152]此前，即使英国本国旅行者也可能受到同样的待遇。1754 年，小说家亨利·菲尔丁因肝硬化而身体臃肿变形，他奄奄一息。当他在罗瑟希思港被抬上一艘前往葡萄牙的轮船时，遭到了船工、水手一连串的侮辱和嘲弄。[153]

1700 年，理查德·高夫写了一篇关于什罗普郡麦德尔村的文章，称赞其中一些居民“有礼貌”“和蔼可亲”，并谴责另一些人“粗鲁”、“好斗”和“不怀好意”。[154]许多谦逊的人因“礼貌行为”或“为人坦诚、文明生活”而受到称赞。[155]针对百姓在教会法庭上出庭作证时所用的语言，一位现代历史学家做出了富有哲理的评论。“这里体现出文明的特殊面貌，与其说它与礼貌行为的细
92 微之处相关，不如说与品行相关。后者被后世认为体面、适度和正派。”[156]

社会中较穷困的成员并不是一个同质的阶级。长期以来，人们一直倾向于将“诚实的穷人”与名声更差的同层次人区分开来。在

18 世纪的伦敦，同样是穷人，没有工作和固定居所的穷人会受到不同对待。[157]在工业时代，“体面”和“粗野”之间的区别成为工人阶级文化的基础。罗伯特·罗伯茨对 20 世纪初的兰开夏郡的贫民窟生活做过经典描述，他强调，人们以受尊敬程度的不同，明确划分最贫穷的阶级。许多工人阶级妇女努力保持家门口和窗户的清洁，同时在衣着和言语上模仿她们心目中优雅的中产阶级。即使是在监狱里，也有人坐在一旁独自就餐，因为担心自己缺乏和别人一同就餐的“礼仪”。[158]

远在那之前，人们便习惯于将那些以“正派的”方式表现自己的下层社会成员与那些不守规矩、不受约束的人区别开来。这其中包括“无所事事、目无法纪”的乞丐，17 世纪的评论家谴责他们“举止非常粗鲁”。此外，18 世纪晚期伦敦的学徒和青年工匠中的许多人因斗殴、盗窃和滥交而臭名昭著。[159]许多工匠团体重视自身文明的展示，这一点通过 18 世纪的各类友好协会可见一斑，这类协会旨在推广“礼貌的言行”。1801 年，一个醉酒的女人在一个男人的帽子里撒尿，再把帽子扣到那个男人的头上。这种行为是诺丁汉郡工人阶级中道德败坏的那帮人的典型行为。而在这名女子体面高尚的邻居眼中，她的行为应受到谴责。[160]

推动文明化的因素

长期以来，当权者一直致力于规范个人行为，并将那些被他们 93
视为“粗鲁”、“野蛮”和对公共秩序构成威胁的人群的举止“文明化”。他们这么做，是为了回应来自体面正派的人的压力。比如在 1604 年的诺维奇，有人说“社会地位高的人因为粗鄙之人桀骜不驯的行为而深感忧虑和不适”。[161]当然，政府“教化”民众，并不意味着它们希望普通百姓也能掌握上层社会时兴的自我展示和礼貌沟通技艺。相反，它们的目的是确保“普通人”恭敬守法，在政治和社会层面服从上层阶级的安排，而最重要的是让“普通人”变得勤奋。正如伯纳德·曼德维尔所说：“我们要的不是他们的赞美，而是他们勤奋工作。”[162]

工作本身被认为对民众的行为有纠正作用，因为勤奋工作的人是“文明人”。詹姆斯一世时期，人们极力主张将皇家森林圈起来，“使之前无利可图的森林居民过上文明、虔诚的生活”。“让这些不幸的居民文明化”是“赞成圈占荒地和公有土地的有力论据”。[163] 18 世纪后期，议会在开阔的土地上圈地，在某种程度上也被视为一项文明工程，旨在根除与公有土地相关的懒惰、堕落和贫穷。[164] 1653 年，共和党的小册子作者约翰·斯特里瑟呼吁重视“发展制造业，使人民富裕，也使他们变得文明”。17 世纪中期的活动家塞缪尔·哈特利布也有类似的目标。他希望改革后的济贫院成为“教化”那些“整天待在街上玩耍、咒骂和说脏话”的儿童的学校。雇用童工被认为从本质上具有“教化”作用。丹尼尔·笛福建议将流浪街头的儿童聚集起来，安置在医院里，为他们提供食物、衣服，管理并教导他们“具备良好的言行”。等他们年满 14 岁时，就可以到国王的海军或商船上当海员。[165]

文法学校被认为是“使野蛮民族变得有礼貌的主要机构”，它使孩子变得温和，使他们习惯于讲纪律的日常生活，并教会他们服
94 从权威。那时人们相信缺乏教育会使人养成“粗野无礼、桀骜不驯的性格”，于是校内校外都大力灌输和教导人们遵守“体面得当的行为规范”。[166] 1629 年，哈斯内特大主教在埃塞克斯郡的奇威尔建了两所学校，并宣称，“相比获得文艺领域的知识”，他更关心的是“这些聪颖勤奋的学生能否通过教育，掌握良好的言行举止”。约

翰·洛克也认为学校应优先教授礼貌规范和良好的习惯：这确实是教育的“重点”。[167]据说，英格兰北部在这方面较为落后，所以在那里建立起的许多新的文法学校遵循这种教育理念。但是，没有人觉得穷人应该接受“礼貌”教育。尽管当时大多数富人愿意为那些有潜力成为神职人员的聪明男孩破例，但他们反对让平民教育超过最低限度，以免这些人产生跨越自己社会阶层的野心。

在人类文明化的进程中，上层社会应起至关重要的作用。传统上，宫廷一直是“培养真正礼仪的地方”，尤其是从 16 世纪的都铎王朝时期开始，人们认为这一时期的宫廷“相比之前更重视礼仪培养，宫廷中的人更彬彬有礼”。[168] 17 世纪 30 年代，第七代德比伯爵极其失败地将一名举止粗鲁的船长任命为马恩岛总督。但他辩称，自己之前与这位船长“相处愉快”，而且“这位船长曾在宫廷接受礼仪教化长达半年，还服侍过白金汉公爵”。未来的詹姆斯二世在 1679~1682 年进驻爱丁堡王宫。据称当时的民众“效仿他的日常行为，摒弃了之前的大部分粗鲁习性”。[169]乔治二世的妻子卡罗琳王后逐渐养成了一种艺术气质，因为她相信，宫廷应对国家的文明化进程产生影响。18 世纪中叶，切斯特菲尔德勋爵更加坚信，宫廷“毫无疑问是良好教养的场所”。但事实上，1688 年光荣革命 95
后，英国宫廷失去了它在上流社会中的中心地位，不再引领当时的时尚。[170]远在那之前，王室成员往往未能树立好的榜样。亨利八世的宫廷混乱，不拘小节；而詹姆斯一世时期的王室成员——在约翰·奥布里看来——“举止粗鲁，行为失态”。在查理一世的统治下，斯图亚特王室成员变得更加高雅，但清教徒不愿意接受宫廷作为良好礼仪的仲裁之地。1660 年后，查理二世离经叛道的行为更是使宫廷曾拥有的道德权威荡然无存。乔纳森·斯威夫特在回顾 16 世纪时总结道，宫廷是“所有教授良好礼仪的学校中最差的”。[171]

礼貌不等同于宫廷中的谦恭，但对于取悦汉诺威王朝的统治者，这一区别影响不大，因为汉诺威王朝的统治者在欧洲大陆的绝对君主制国家中至高无上。

然而，贵族继续影响着平民的举止。传令官们甚至声称，拥有贵族身份的一个重要目的是“将粗鲁之人带入更文明的生活并使其有礼貌”。[172]未来的平等主义者理查德·奥弗顿对贵族并不那么迷恋，但他也相信，地方法官的任务是“使公众保持谦逊、文雅和礼貌。理性之人可能会有一种普遍的优雅举止”。流亡的保皇派玛格丽特·卡文迪什在欧洲大陆之旅中指出，那些亲王不居住、贵族和绅士也不常去的城镇“往往很少讲文明”。[173]因此，英国政府不断向绅士施压，要求他们回到自己的城镇居住，而不是把所有时间都花在伦敦。政府认为，在大都市里，绅士学会了恰当的礼貌行为、衣着和言语礼仪，然后便可以回到地方教导他们的下级。从绅士的榜样中，自耕农将学会“品位良好的时尚”，大贵族庄园便能将城市文明带到农村地区。[174]

1617年，亨利·威德林顿爵士希望治安官能以身作则，改造诺
96 森伯兰郡那些“举止不文明的”谷地山民。而一位林肯郡的绅士在1634年受到赞扬，因为他“每天都能纠正人们的粗鲁行为”。[175]一位詹姆斯一世时期的评论家认为：“通过与绅士交谈，技工和劳工的修养有了很大提高。”他敦促质疑者亲眼见证一下“我们现在普遍践行的文明”。[176]同样，在1780年，据说伦敦沃克斯豪尔花园产生了一种良好的影响，即“通过与上层社会成员在花园里交流，下层社会成员的礼仪几乎在不知不觉中变得更符合人情了”。[177]

诺伯特·埃利亚斯否认有组织的宗教存在礼仪教化作用，理由是相比践行礼仪教化的社会或阶级，宗教的“文明程度”不可同日而语。[178]这忽略了一种可能性，即在任何时候，神职人员的价值观

可能比普通人的价值观更“文明”。当然，在英国，国教积极推进了文明。中世纪后期，神职人员做了很多工作来制止暴力行为和维护教区的和平。[179]都铎王朝时期有位传教士叫伯纳德·吉尔平，他帮助安抚英国北部雷德斯谷和泰恩河谷的民众，使他们的“野蛮行径”停止，并让这些民众变得更为“文明有序”。伯纳德·吉尔平因此声名远扬。[180]神职人员认为礼貌是重要的，而不礼貌是对基督教慈善事业的破坏，敦促信众要遵从上级，尽量克制自己，不要流露出愤怒和蔑视，并践行“己所不欲，勿施于人”的金科玉律。[181]1641 年，伦敦的一位传教士强调了基督教信条的教化含义，对《以赛亚书》（11：6–8）中所预言的和平王国进行了描述：“和平王国要改造凶残暴虐之人，以及天性野蛮残忍、无异于野兽之人，使他们具备亲切、沉稳和友好的言行举止。”[182]1640 年，托马斯·霍尔刚到伍斯特郡的国王诺顿教区赴任时，发现这里有一帮目无法纪、不懂规矩的酒鬼。但他认真改造这些人，如我们所知，“很快他们就变得文明了”。[183]在英联邦和保护国，清教徒神职人员与虔诚的治安官联合起来，共同努力，改变人们的行为方式，从 97
饮酒习惯到性行为，既灌输文明，也鼓励虔敬行为。中世纪以来，世俗机构和基督教会管理当局不断试图规范个人行为。自 17 世纪 90 年代兴起的礼仪改革协会亦是如此。[184]

英国内战前，一位主教替教堂酒会（酒精筹款会）辩护：“这项活动是为了促使民众讲文明，……为了借交友的机会来消除分歧，也为了增进团结友爱。”许多人认为喝麦芽酒是一种“使人们的行为符合文明规范，消除争议和平息争吵”的手段。然而，清教徒却不喜欢这些酒会，因为它们在周日举行，往往人声鼎沸、酒气熏天。王政复辟后，查理二世的飨宴官认为，许可证制度可以减少教堂酒会的乱象，“使人们更加文明”。[185]100 年后，塞克大主教声称，主日敬拜非常有助于“教化”民众，“把邻居们团结起来，形成集会……使人们心无私欲，乐于接受友好的问候”。约瑟夫·艾迪生在《旁观者》中评论道，这种在指定时间的频繁回归，让全村人都能以最安详的面容和最干净整洁的衣着聚在一起，互相谈论一些无关紧要的话题，听取他们应尽的职责，并一起敬拜至高无上的主。如果没有这种活动，这些村民很快会堕落为粗鄙的野蛮人。苏格兰神学家休·布莱尔在1750年宣称，宗教“平复了狂暴的怒气，消除了野蛮的举止，使人变得文明”；而卡莱尔市的座堂主任牧师对塞缪尔·约翰逊说：“我们从人们的举止是文明的还是粗野的，就可以看出某个教区是否有牧师。”[186]

18世纪后20年兴起的主日学校运动体现了“受人尊敬”的工
98 人阶级应有的伦理道德。其目的是通过让穷人接受诚实、守时、整洁、“礼貌”和“文明”等价值观，使穷人的孩子“人性化和文明化”。据说，1789年，主日学校的引入提高了南德比郡居民的修养，使他们“互敬互爱，对外地人彬彬有礼、谦逊得体”。1797年，关注宗教主题的作家汉纳·莫尔来到了以采矿业为主的门迪普斯村，并造访了当地一所主日学校。两名青年矿工正在给孩子们教经文，他们的“文明的举止”和“帅气的主日服装”给她留下了深刻的印象。[187]

卫斯理公会教派的复兴运动也产生了类似影响。据报道，18世纪末，在卫斯理传教士的努力下，格洛斯特郡的金斯伍德森林小镇的矿工们“在规矩、道德、谈吐上都有了很大进步，变得非常文明”。而在四五十年前，这些人还“非常粗鲁、野蛮，令布里斯托城感到恐慌”。[188]在泰恩河谷，卫斯理公会教徒据说“极大地使”煤坑里的“半野蛮人”变得文明了，这些人原先在版画家托马斯·比尤伊克看来，“像北美的切罗基人或莫霍克人”。在威尔士，同样的福音也在传播，如勤劳、节制、节俭、自我教育和宗教知识等，被贴切地称为“礼拜堂文明”。[189]

16 世纪早期至 18 世纪晚期，这些“文明化”机构在一定程度上使普通民众的言行举止变得温和，但更主要的作用是促进城市、贸易、工业发展和沟通方式改进。更高的工资、更固定的工作习惯以及消费品的普及都有助于“教化”下层阶级。回首过去的 60 年，激进的裁缝弗朗西斯·普莱斯在 1823 年总结道：“礼仪道德与艺术、制造业和商业共同进步。”[190] 99

底层民众的文明

底层民众服从他人的权威，这表明他们一直以来都明白自律对于生存的重要作用。然而，这并不意味着要去模仿上层社会成员的举止。相反，他们在身体、行为和社会交往方面有着完全不同的标准。当然，习惯、价值观和风俗因所在区域、具体位置和工作职业的不同而有很大差异。尽管如此，我们还是能够对底层民众特有的文明做出初步的概括。

例如，劳动人民往往对形体有不同的看法。通常，他们看重的不是优雅，而是力量和耐力。他们对身体美的标准与上层社会成员的标准不一样：绅士不喜欢晒黑的女人，而觉得白皙的女人更有韵味。而“老实的乡下人”则喜欢“丰满健硕的女人”和“黝黑的肤色”。[191]社会下层百姓不太注意身体卫生，据说他们有习惯性肠胃胀气，散发体臭也是出了名的。英国都铎王朝中期的医学作家威廉·布伦指出，“乡村百姓，如赶大车的、打谷的、挖沟的、挖矿的和耕田的这类人，很少有时间洗手，看起来脏兮兮的；他们也很少梳头，头发上常粘着绒毛、虱子、油脂、羽毛、稻草之类的东西”。[192]伊丽莎白时代的地形学家约翰·诺登提醒读者，不要让“管家、劳工之类做苦力的人靠近你或餐桌，因为他们的粗鲁举止和体臭会令人十分反感”。[193]

然而，即使在最卑微的层面，称任何人为“肮脏”或“邋遢”也是一种侮辱。穿着脏兮兮或破烂的衣服是件耻辱的事，而据统计，在各种英语方言中，“邋遢”就有一千多种不同的称谓。[194]干净的亚麻织品是自尊的重要来源。底层民众有一种强烈的礼仪意
100 识，很清楚什么穿着是整洁体面的，同时也符合他们的身份。即使穷困潦倒的人，也会在特殊场合极力避免看起来衣衫褴褛。[195]最令人不寒而栗的例子是 1721 年的一个罪犯在接受审判时，有意申诉要选择被重物压死，这样就“没有人会说我是穿着脏衬衫和破外套上了绞刑架”。[196]百姓脏兮兮的外表与其说是选择问题，不如说是贫穷、缺乏业余时间和热水不足的结果。[197]在伊丽莎白时代的农村，妇女也要从事农业劳动。据说，如果一位淑女“过于漂亮精致”，“她就会遭人嫌弃……看起细皮嫩肉，对姑娘家来说，仿佛是一种奇耻大辱”。[198]

污垢甚至可以被视为具有保护性。伊丽莎白时代的一位作家记录了这样一种观点，即“当今许多人，尤其是平头百姓”，认为“洗头不好”。他引用了一句老话，并声称，“这几乎成了每个人的口头禅”：“勤洗手，少洗脚，不洗头。”据说 17 世纪，在萨里的一个村子里，“穷得叮当响的人们”把自己的孩子养得“脏兮兮的，不讲卫生，即便身体结疤或长虱子，或二者都有，也不给孩子换衣服”。18 世纪的医生发现，有一种“只有平民才熟悉的庸俗观念”，即频繁更换床单会使刚出生的孩子失去“营养汁”，而且给孩子洗头是危险的。正如极有影响力的《家庭医学》（*Domestic Medicine*，1769 年出版，经常重印）一书的作者威廉·布肯所宣称

的那样，“大多数国家的农民似乎不重视清洁”。[199]

底层民众也更愿意诉诸武力。像都铎王朝的贵族一样，工人把打架看作地位和男性身份的来源。詹姆斯一世统治时期，罗伯特·多佛上校创立了一年一度的“科茨沃尔德运动会”，他为绅士提供 101
击剑和赛马项目，却为下层百姓提供摔跤、单棍搏击和踢腿搏击项目。神职人员托马斯·富勒认为，“粗鲁的人很少把不喧闹、不暴力的活动算作运动……对于乡村百姓来说，头不被打破，腿不被踢折，四肢不淤青，不满地打滚，就算不上消遣”。即使他们跳舞的时候，人们也认为这些下层百姓更为喧闹，手舞足蹈，欢呼雀跃。[200]

18 世纪末，绅士和中产阶级基本放弃了人与人之间的极端暴力，而崇尚暴力对其 16 世纪的前辈则较为普遍。从那以后，那些被控杀人的人最可能是来自工人阶级的劳工。他们的凶残攻击通常是心血来潮且不受控制的，是突然争吵的致命结果。[201]但是，许多平民的暴力行为受到了严格管制，并像绅士决斗一样受到礼法约束。在中世纪晚期的英格兰，就已经有关于单挑的不成文规定：只要遵守规则，一定程度的暴力是完全可以接受的。[202]在近代早期，即兴拳击和摔跤是公认的解决分歧的好办法。众人叫嚷着：“开打！开打！”打斗有严格的规矩，强调公平竞争和“像男人一样站起来战斗”的重要性。1659 年，由蒙克将军和兰伯特将军指挥的交战双方的士兵说，他们不想交战，而想“画一个大圈，让双方军官在里面打斗”。[203]17 世纪后期，有一种现象很常见：因为车费问题，一个车夫与雇他的绅士同意通过打一架来解决问题（绅士一般总能赢）。一个好斗的人从不缺少崇拜者。这是一种社会下层民众的荣誉准则，在伏尔泰看来，其他国家没有类似的情况。[204]

体面的女人一直认为女性暴力是不正当和不文明的，尽管在 17

世纪，在某些情况下，她们也能这样做。[205]然而，社会地位低下的
102 人不会顾忌那么多。在1680～1720年的威斯敏斯特法院季度会议上，数千名男女被指控犯有人身侵犯罪。[206]然而，18世纪，平民暴力的次数似乎有所减少，尤其是在使用路灯从而使伦敦和其他城市在夜间变得更安全之后。普通民众的体育活动也变得不那么危险，打架斗殴越来越被认为是“粗鄙和野蛮的”。[207]但即使到了19世纪，身体暴力，尤其是男女都有参与的“公平打斗”，仍然被不那么“体面”的穷人视为可以接受的行为，用来报复所受到的冒犯性言语。男性工人阶级没钱通过诉讼解决纠纷，而且，就像如今的青年犯罪团伙的成员一样，他们通常被同龄人怂恿去打架。酗酒和争风吃醋是这些冲突最常见的原因。[208]

丈夫对妻子的言语暴力在所有社会阶层都会发生，但身体暴力是另外一回事。威廉·布莱克斯通在他撰写的《英国法释义》（*Commentaries*，1765～1769年）中指出，“查理二世统治时期人们更讲究礼貌”，殴打妻子的行为开始受到法律质疑。但在他所处的时代，这种行为仍在“社会下层”中存在。伯纳德·曼德维尔认为，夫妻之间长期的和谐在“最低俗和受教育最少的人”当中是相当少见的，因为这些“不文明人”的激情总是转瞬即逝、变化无常。而受过良好教育的人却很清楚，当他们遵守“规则和礼仪”时，生活会变得更轻松。19世纪，殴打妻子的行为（错误地）只与工人阶级中较粗野的一部分人联系在一起，并受到有身份地位的人的反对。1827年，法官约翰·尼科尔爵士宣称：“即使是社会最底层的人，也普遍认为，打女人不是男子汉应有的作为。”[209]

长期以来，对于中产阶级来说，通奸和有私生子被视为与社会名望格格不入。中产阶级对性道德的观念与教会法庭的观念一致。
103 直到内战前，教会法庭一直在起诉性犯罪上的力度很大。之后，教

会法庭的作用日渐减弱，平民治安官对有私生子行为的起诉又不那么积极，这都使得一种另类道德得以公开。它的主要特点正是长期以来被广泛接受的观念：如果涉事情侣打算结婚，那么私通，有时甚至是同居都是被允许的。[210] 18 世纪，奉子成婚和未婚先孕的现象大量增加，就反映出这种观念。18 世纪末，第一胎中可能有 1/4 的婴儿是私生子，还有 1/4 的婴儿是未婚先孕得来的。[211]也很有可能的是，在较低的社会阶层中，未婚先孕现象的增加尤为明显，不过这点还需要更多的证据。[212]如果真是这样的话，那就挺有讽刺意味，因为它说明相比中产阶级，穷人更易接受贵族的性伦理。而对中产阶级而言，婚姻忠诚和家庭生活已经成为文明生活的重要组成部分。[213]

日常行为上，普通民众往往比社会上层人士更心血来潮。富人往往精心安排社交活动，而他们的沟通交往则轻松得多，没那么多繁文缛节。他们不会彬彬有礼地去“拜访”别人，而是随着心情，想去的时候就去，连声招呼也不打。他们在一起的时候，行为也不太受礼貌的束缚。纽卡斯尔公爵夫人玛格丽特·卡文迪什指出，绅士和贵族比农民更经常醉酒，因为他们负担得起饮酒消费。但在重要场合，他们会注意保持清醒；而农民“酒后离开时，多半已酩酊大醉”。[214]社会底层民众在工作时总爱吹口哨，哼小曲儿，喜欢小打小闹，评头论足，说点闲话和触景生情，并且爱开黄腔，说些不入流的话，然后肆无忌惮地哈哈大笑。据说，出于“一种宽容”，人们只允许乞丐在街上唱歌。[215]在伊丽莎白时代，有人感叹道：“在那些最卑劣的农夫和乡下人中，那些满嘴污言秽语之人被认为是最欢乐的。”[216]教会法庭诽谤诉讼中的言论充分证明了这一观点。1649 年，约翰·布尔沃认为那些“最容易发笑”的人是“妇孺和 104
平民”。后来，斯图亚特时期的一位神学家感叹道，“那些来自社会下层、没受过良好教育和缺乏教养青年相聚时，经常开愚蠢的玩笑”。1673 年，牛津教士奥巴迪亚·沃克认为，污言秽语会让一个绅士遭人鄙视，“但在庸俗的小丑眼里，越下流就越受欢迎”。[217] 一位语言学家在 1702 年解释道：“有一些低俗的词语，只能从粗鄙之人的口中听到。而上层社会那些更文质彬彬的人从来不会使用这些词语，无论是在书面语还是口头语中。法国人称这些低俗的词为‘下等词’。”[218]

乡村百姓希望讲起话来不拘小节。作家约翰·厄尔在 1628 年观察到，“一个朴实的乡下人”不会在言谈举止上强装优雅。厄尔说：“他会在邻居后背捶上一拳，以示恭维；直接骂两句，以示敬意。”一位斯图亚特时期的传教士说，乡下人从教堂出来后，“立刻就开始谈论他的牛、土地、玉米的价格等话题”。詹姆斯一世时期的作家亨利·皮查姆附和道：“他（乡下人）平时挂在嘴边的就是上一年的干草，希望能在斯密斯菲尔德卖到 6 英镑，还关心罗姆福德市场上生猪的出栏率。”[219] 另一位同时代的人也说道，当“粗野之人”聚集在酒馆里时，人们可以听到他们“都在同时说话，声音混成一片，压根听不清他们在说什么。这些‘粗野之人’用一种非常淳朴热情的方式，大声叫嚷着彼此的名字或绰号。他们经常这般喧闹，以至于从旁边经过的人会驻足听听他们是不是在吵架”。[220]

18 世纪，亚当·斯密将“最有礼貌的人”（在整个公共娱乐活动中“保持同样的镇定”的人）与“他们周围的乌合之众”进行
105 了对比，后者“通过手势和行为来表达所有的激情”。平民没有受制于良好教养的压力，无法抑制内心情感，于是就允许自己尽情欢笑，而这正是绅士们应该避免的。19 世纪，小说家乔治·艾略特常说：“有教养之人最不可能与庸俗之人有交集的就是他们的诙谐。”[221]

然而，伯纳德·曼德维尔认为，相比社会地位更高的人，“那些淳朴、未受教化的人和那些最低俗、受教育最少的人”实则更诚实、更少去欺骗他人。18 世纪后期的浪漫主义作家也认为，平民话语体现出一种真实感，而这正是英国“讲求礼数”的那部分人所缺失的。苏格兰诗人詹姆斯·比蒂在 1776 年写道：“百姓之间的交流，虽不及上等人那般流畅悦耳，但体现了更多大自然的野性，具有强烈的表现力。他们有想法就直言不讳，有情绪就充分表露。生气时，他们气势汹汹、咄咄逼人；没有感觉时，他们不会强装同情；而被冒犯时，他们绝不会隐藏自己的不满。遇到可笑的事，他们就会哈哈大笑，不会太在意周围人的感受。对于那些需要细想才能体会的幽默，他们不习惯也不感兴趣。百姓喜欢自娱自乐，而他们喜欢的这类幽默在社会上层人士看来，丑陋庸俗，多有冒犯。‘野蛮人’身上的这些激情可能是自然而生的，但在讲礼貌的上层社会里，人们会非常注意压抑这些情绪。”[222]

普通民众的语言与文明社会的语言不同。他们讲的是当地方言，有自己的通俗词汇，而不是高雅词汇。比如，17 世纪后期，威斯特摩兰郡的方言被外人视为“粗俗的”，但当地人认为它是“真正的英语”。[223]下层百姓争吵时用的语言通常是五花八门的，有时还妙趣横生，成为街头戏剧的一种流行形式。[224]指名道姓的
辱骂被伯纳德·曼德维尔称为身体暴力的“半文明”替代品。[225] 106
传统礼仪还禁止那些表情丰富的身体语言。眨单眼、用手指指点点、打哈欠、用肘推搡、模仿他人、吐口水、窃笑、“故意脱光屁股对人”和放屁，这些都是公认的百姓用来自卫和反抗的武器。手指动作能提供一类生动的词汇，用来嘲笑和侮辱他人，比如伸出中指并将其他手指缩回握拳，以及将拇指放在鼻子上，并摇动其他伸出的手指。[226]詹姆斯一世时期，有个村民相当狂躁。邻居

竭力劝阻，希望他能平静下来。他却“抬起一条腿，把手放在臀部，非常鄙视地做着鬼脸”。一位观察家认为，即使是最高尚的人，也会因为这些“手势、眨眼、歪嘴、皱眉、指手画脚、摸脚和其他类似的动作”，耐心受到极大的考验。[227]

在《旁观者》中，理查德·斯蒂尔特别提到不同的社会群体如何以不同的方式来表达蔑视：“傲慢富裕的人以轻蔑的目光、抬高的眼眉和肿胀的鼻孔来表达蔑视。学徒用伸出的手指来表示他的不敬，而搬运工则用吐舌来表示不敬。”[228]即使是那些传统上对上层人物或上级尊重的形式，也可以讽刺地转变为侮辱的形式。1594年，萨默塞特郡的托马斯·克莱门特受到指控，因为他“嘲弄地”对当地的牧师说：“如果它享受你的崇拜，或者你愿意的话，你的贵族身份也可以。”① 1620年，当安妮·利亚穿过南特威奇教堂墓地时，经过被她解雇的佣人安妮·李维斯。安妮·李维斯“充满嘲笑和轻蔑地向安妮·利亚行了屈膝礼”。[229]

穷人也有自己独特的待客之道。人们认为，相比谈话，他们更看重吃喝；相比“难为情”、“告别”和“一些中听不中用的话”，他们更喜欢“红红火火的厨房”和“宾朋满座”。[230]他们相当清楚“邻里间”的义务。即便是最卑微的父母也会邀请“爱说三道四的
107 人”和邻居来见证家中孩子出生的幸福时刻，以及陪同参加安产感谢礼、婚礼、葬礼和乔迁喜宴等红白喜事。这类活动通常伴随着相互送礼。然而，尽管活动通常由客人负担点心酒水，但整个活动办下来，经济负担还是相当大的。[231]詹姆斯一世时期一出戏剧的一段对白中，有个角色说道：“安产感谢礼的晚宴让穷人捉襟见肘。”“她们的丈夫要花三周或一个月的时间才能得到一些高贵的东西

① 这是牧师布道时的常用语。——译者注

（一枚价值 1/3 英镑的硬币），这些钱必须花在一顿饭上，以保持习俗，因为她们会像别人一样做；所以，她们叹息完之后，她们的丈夫也必须叹息。”[232]更高的社会阶层人士喝酒时有其“普遍的礼节”。同样，在普通酒馆里，也有关于谁该给朋友买一轮酒或付“酒钱”的惯例。一位传教士说：“让他们在客栈或酒馆里碰头吧，或为办事，或是出于好意。大家要争执一番的是，谁来买单，谁花钱最多！是什么让他们把钱扔到酒桌上！”[233]

英国各地都非常重视欢宴，所有社会阶层都是如此。格洛斯特郡绅士克里斯托弗·盖斯坦言，他年轻时就过量饮酒，虽然不利健康，但他“认为这是重要的礼节”。[234]清教徒牧师本想控制民众酗酒，但又苦于应付一种“普遍存在的观念”，即“在酒馆客栈饮酒和醉酒表明醉酒人有不错的人际关系和友善的性格，并能保持良好的邻里关系”。在社会上层人士看来，穷人似乎没在努力攒钱，而是在喝酒上挥霍得有些不顾一切。但正是这种觥筹交错加深了亲情和邻里关系，从而为个人可能遭遇的不幸提供一定保障。[235]在 18 世纪的伦敦，大多数有工作并且有一定消费能力的男性习惯在酒馆或客栈过夜。饮酒是男性团结在一起的有力催化剂。[236]

较小的社区有很强的睦邻行为准则，包括不让自家牲畜进入别家的玉米地、出借货物和服务、尊重老人，以及人们在需要时团结起来，形成相互支持的网络。[237]正如一位传教士在 1687 年所说： 108
“那些最没有被我们称为有教养的人，很容易怜悯和同情他人。仅受过简单朴素教育、职业卑微的人很容易产生同情心。只要不是利令智昏，他们常常互相帮助。”[238]与城镇居民不同，乡下人习惯同路人主动打招呼。詹姆斯一世时期，康沃尔郡的一位牧师责备那些“牢骚满腹的人”。他指出：“对待兄弟或邻居，他们没有好脸色，也不会分享愉快的想法或说出友善的话。”[239]

普通人如何安排饮食，我们对此知之甚少。16 世纪的评论家威廉·哈里森在谈到“最穷的人”时说，他们没有固定的进餐时间，但“一般在条件允许时，就吃点东西”。[240] 200 年后，劳动者的住房和家具陈设依旧简陋，他们中的许多人仍食不果腹，就餐时间也不规律。然而发人深省的是，社会调查者弗雷德里克·莫顿·伊登爵士竟断言，“最底层的农民”不仅在餐桌上吃饭，而且他的桌上还“铺了块桌布”。他说：“围坐在一张餐桌也许是文明和文雅最显著的特征之一。”[241] 但在小农场里，女主人很可能没有和男人一起吃饭，而是在他们身后徘徊，以保证他们能吃得安逸。①

上流社会已开始使用刀叉时，社会底层民众还在用手抓东西吃。上流社会讲究进餐时彼此交流，社会底层民众则对此较为抵
109 制。但即使到了中世纪后期，穷人吃饭也开始讲究了。餐桌上可能有把椅子专供一家之主使用。14 世纪晚期，甚至有位农民专门弄了一套脸盆、水壶和毛巾，便于饭前洗手。[242] 18 世纪后期，饮茶文化以其温和、淡雅和礼貌的格调，广受工人阶级欢迎。贫困劳工也获得了更为丰富的家庭用品。[243] 激进的哲学家威廉·戈德温认为，“在一间村舍里就可以发现许多真正的礼貌行为”[244]。19 世纪，一个工人阶级家庭会通过一堆装饰性的小摆设来体现家庭的尊贵。而这种趋势最终发展为，家里专门会有一间精心布置但无人居住的前厅用来接待客人。[245]

因此，尽管下层社会人士往往达不到上流社会文明礼貌的标准，但是他们并非没有自己的一套礼貌行为准则。1655 年，一位观察家准确概述了这个观点：“世上的富人和贵族接受的是所谓‘宫

① 在我年轻时，这是格拉摩根谷的农舍常有的一种情形。一个世纪前，布莱顿的农舍也有这种情形。[Pierre-Jakez Hélias, *Les Autres et les miens* (Paris, 1977), 69.]

廷式教养’，比他们地位低一些的人受到的是‘乡间教养’，而社会底层的劳苦大众则崇尚‘邻里关系’和‘彼此尊重’。”[246]这些不同的礼貌方式之间有明显的差别。温文尔雅并不等同于绅士风度，中产阶级与穷人的礼节也不同。诚如一位作家在1658年所说：“文质彬彬的市民会对乡下人相当好奇（过于关心）；对朝臣恰如其分的赞美如果出自商人之口，则会贻笑大方。”一个世纪之后，切斯特菲尔德勋爵也表达了同样的看法。在圣詹姆斯王室看来是非常好的教养，在一个偏僻的村庄，则会被认为是纨绔习气，而遭受讥讽。而那种村庄朴素的民风在王室看来则是野蛮未开化的。[247]他还区分了朴实的大众礼貌（人人都须具备，否则会遭排斥）；“得体的礼貌”（引自法文 *manières*），指“迷人、含蓄委婉、光鲜的举止；尊贵的礼貌，一种几乎不可抗拒的谈吐；以及举手投足都显现出的超凡优雅”。[248] 110

当然，对切斯特菲尔德勋爵而言，礼貌主要的价值是划分社会阶层，只有绅士才能接触到，旨在强化他们的权威。这种礼貌可能是为了令人心生敬畏，而不是与他人和解。同样，正如哲学家亚伯拉罕·塔克所观察到的那样，许多人举止礼貌是为了展示自身的教养，而不是为了取悦身边的人。相比之下，大众礼貌更为平等，旨在通过人与人之间的互敬，跨越社会等级，实现社会和谐。所以，礼貌一方面被视为划分社会等级的媒介，另一方面被视为和谐生活的来源，这种理解的差异性贯穿于近代早期。1838年，美国小说家詹姆斯·费尼莫尔·库珀很好地对比了这一差异性，他将“举止”分为“教养”和“礼貌”，前者意味着人优雅、有品位，后者虽没有那么精致和优雅，但体现了涵养和尊重。[249]

在近代早期的英国，每个社会群体都需要形成自己的文明礼仪，才能避免陷入无政府状态。这种对人性冲动的必要约束，很多是由政府强加的。国家法律对侵害财产和人身安全的犯罪行为进行惩处，并对民事赔偿提供司法程序，而法院则对危害社会和谐的罪犯进行起诉。17 世纪后期，教会开始从公共事务管理者的角色退出，即便这样，公共管理部门也不可能对个人行为的方方面面进行监管。因此，公共秩序在很大程度上取决于个人自觉遵守现行的文明准则。

为了和皆相处，每个人都会自愿做出一系列让步和调整。这就是为什么托马斯·霍布斯在 1651 年宣称，有利于人类社会生存的一种自然法则的本质是“顺应性，也就是说，每个人都努力使
111 自己适应其他人”。[250] 1713 年，约瑟夫·艾迪生认为，这种“顺应性”是一种基本的社会美德，并且指出：“它有助于激发善良的人性及彼此间的关爱和包容，鼓励胆怯之人，安抚暴虐之人，教化粗鄙之人，将文明社会与野蛮混合体区分开来。”[251] 18 世纪 40 年代，阿伯丁大学道德哲学教授大卫·福代斯认为，正是文明礼貌、邻里关系、亲切和蔼和其他相关的美德弥补了法律的缺陷，维持了“社会交往的和谐与礼仪”。[252] 1749 年，切斯特菲尔德勋爵也指出，“相互满足、彼此关注和甘愿放弃一些小利益，是文明人之间的潜在契约。这种契约关系就如同国王与子民之间保护和服从的关系一般自然”。[253]

当然，顺应他人的形式，以及接受它们所要承受的压力因具体情形而异。中世纪晚期，对个人冲动施加最大限制的法规与王室宫廷、贵族家庭和宗教团体有关。后来，在商业、零售业和职业领域，法规的严厉程度也不相上下。伦敦及其以外的郡和城镇在城市社交和中产阶级礼貌方面，形成了独特的形式。在社会下层，依赖他人就业或领救济的人也必须自律和顺应他人，尽管他们的举止不必优雅。上流社会行为准则的传播在某种程度上要归功于世人的效

法，因为社会中下层人士出了名地喜欢模仿上流人士的衣着和举止。当然，这种模仿动机来自他们的社会处境。

想要找到一个解释文明传播的理论，我们只需要看看法国政治哲学家孟德斯鸠在 1748 年的表述："在一个国家里，需要彼此愉快打交道的人越多，礼貌就越常见。"[254]或者，在读懂诺伯特·埃利亚斯的作品后，我们会发现，他实际上是对孟德斯鸠的上述观点做了精辟阐述。我们可以说，强迫人们克制自己冲动的，并不是礼貌的传播、文学或模仿高贵习性的欲望，而是人类相互依存的加 112
深。[255]地主、雇主、赞助人、邻居和商业伙伴的善意越不可或缺，就越需要迁就行为。市场越大，劳动分工就越发达；沟通网络越复杂，文明礼仪传播得越广泛。在自己的一方水土，人与人的关系借助传统被了解和被约束。而当人们背井离乡，进入开放、非结构化的城镇社会空间时，为了自我发展，他们不得不成为没有差异的个体，因为文明的行为对他们的福祉愈发重要。劝诫类作品，如伊拉斯谟·琼斯的《懂礼之人》（*The Man of Manners*）或是《平民的礼貌》（*Plebeian Polish'd*，1735 年），明确的目的是指导读者向上层发展："出生和教育水平一般的人，却莫名其妙地投身于财富和权力之中。"[256]

中产阶级面临的压力最大，无论是那些不得不取悦客户的专业人士，还是试图讨好顾客的买卖人。因此，18 世纪 90 年代，神学家和自然哲学家约瑟夫·普里斯特利指出，"在中产阶级的生活中，有着最为真实的礼貌"。因为他们花更多的时间和与自己有相同地位的人相处，所以他们更习惯控制自己的情绪，更关心他人的感受，也更倾向于迁就他人。相比之下，"那些处于更高阶层的人的情绪不那么受控制，更容易被影响；他们很难摆脱凌驾于他人之上所带来的优越感。尽管他们习惯于隐藏自己的情绪和掩饰自己的怒气，但并不总是做得那么好”。[257]

人们通常认为，普通人的生活更接近自然，难以控制动物本能
的怒火。诚然，对那些主要从事体力劳动的人来说，压制反社会情
绪的张力最小。然而，西方旅行家在近距离观察中发现，美洲原住
113 民不是野蛮人，而是有“自己的一套文明理念”。[258]因此，历史学
家开始意识到，英国下层社会也有其文明礼仪准则。这其中，有些
是从上流人士的教导和榜样中学来的，有些是那些依靠他人善意维
持生计之人的审慎反应，还有些则源于小群体和社区生活的要求。
其中许多是近代历史学家所说的“基本无分歧的普遍得体标准”，
即自我控制是任何人类社会的一个基本特征。这也就是理查德·奥
弗顿在 1645 年提出的“已被自然界刻画在所有人心中的普遍谦逊
和文明准则”。[259]目前，我们只能以最基本的形式还原这些被遗忘
的文明准则。但如果我们能对留存下来的证据进一步研究，就可能
114 会使未来的历史学家讲出更多不为人知的细节。

第三章
文明的状况

从词源上判断，“文雅”（polished）这个词最初用来描述各国法律和政府的状况。后来，它同样可以指各国在通识教育、手工艺术、文学和商业等方面的熟练程度。

——亚当·弗格森，

《文明社会史论》（*An Essay on the History of Civil Society*，爱丁堡，1767 年）

文明社会

文明的理念不仅仅关乎礼貌的行为和对他人感情的委婉迁就。伊丽莎白一世和詹姆斯一世时期的评论家在谈论爱尔兰原住民或北美原住民时说，希望他们达到“文明”的程度，但这并不意味着他们希望改善这些人的餐桌礼仪（尽管有些人确实希望这样做）。这些评论家考虑的是一个更为宏观的过程：将这些人从野蛮状态中解放出来，过渡到“文明”的生活方式。他们认为，只有到那时，爱尔兰人才 115
会变成顺从的子民，而美洲原住民也才会成为随和的邻居。

文明与野蛮之间的截然对立深深植根于当时的语言之中。在

《对整个世界的简要描述》（*Briefe Description of the Whole World*，1599年出版，并经常重印）一书中，之后成为大主教的乔治·阿博特对他所描述的每个民族的“文明”或“粗鲁”程度进行了评估。地理学家理查德·哈克卢特将国家划分为“文明的”和“不怎么文明的”两类。1606年，托马斯·帕尔默爵士为英格兰人出国旅行出版了一本指南，他在指南中建议无论去哪个国家，首先要提的问题是“那里的人是文明还是野蛮的”。[1]在北美新英格兰，罗得岛州首府普罗维登斯市的创始人罗杰·威廉姆斯坚持认为，人类被分为“两类”：第一类是野蛮人和异教徒，上帝允许他们像野兽一样在世界上四处游荡；第二类是“文明人”，他们“衣冠楚楚、遵纪守法，脱离了野蛮状态”。[2]

但这些术语是什么意思？什么是“野蛮”？而且怎样能识别出一个民族的“文明”状态？近代早期对这类问题的讨论在很大程度上借鉴了从古希腊和古罗马作家那里延续的刻板印象。随着对世界其他地区民族的日益了解，人们的看法也受到影响。大量当代的旅行和探险文献有对不同民族生活方式的描述，但准确度有所差别。正是从这些文献中，像共和党人阿尔杰农·西德尼（1683年去世）这样的读者产生了一种印象：“许多民族，特别是那些非洲、美洲和亚洲的民族，活得像野兽一样（野蛮）。”[3]

古希腊人认为野蛮是一种语言缺陷的状态，这种观念依然存在。文艺复兴时期的人文主义者经常用这个词来表明古希腊语和古典拉丁语的蒙昧。1517年，理查德·福克斯在牛津创办科珀斯·克
116 里斯蒂学院时，还专门安排了一名拉丁语教授（研究人性），这位教授的任务就是根除和驱逐学院里的任何“野蛮”（野蛮人）。在苏格兰，人文主义学者乔治·布坎南（1506—1582）声称，用拉丁语代替古苏格兰语，将使他的同胞从粗鲁和野蛮状态过渡到有教养和文明状态（为了修养和人性）。[4]“野蛮”这个词也可以表示对

方言的不确定理解：一个词“错误地或以口语化的形式书写”是一种“野蛮”。[5] 16 世纪早期的古文物研究者约翰·利兰正是按修辞精美的语言标准，判断宗教作家理查德·罗尔（14 世纪初）的时代是“野蛮的”，诗人约翰·高尔（14 世纪晚期）的时代是“半野蛮”的，而他自己所处的时代则是“繁荣”和“开化”的。[6]但是，“野蛮”一词更广泛的内涵正变得被人通晓。在 1538 年编撰的词典中，托马斯·埃利奥特爵士解释道，“野蛮人”（*barbari*）这个词最初指的是那些“讲话粗俗，不注重一致性，或希腊语或拉丁语发音不完美的人”。但他接着说，这个词也可以指那些“厌恶一切优雅，或目不识丁，且凶狠、残忍的人”。[7]

在英国，形容词“野蛮的”在这种更宽泛的非语言意义上的使用在 16 世纪后期变得更为频繁，并在 17 世纪成为标准。从 16 世纪 70 年代起，名词“野蛮”作为一个术语，用来形容不文明的状况。它与形容词“野蛮的”并行使用的现象延续至今。[8]“野蛮人”这个狭义的语言概念并没有完全消失。18 世纪后期，历史学家威廉·罗伯逊以“缺乏雄辩、力量，甚至缺乏洞察力”为由，将中世纪欧洲的所有白话文都斥为“野蛮的”语言。[9]但近代早期词典越来越多地将“野蛮人”与“粗鲁”联系在一起。这些词典不仅从语言，还从行为上，将“野蛮人”描述为“粗鲁”“不文明”“目不识丁”“学习的敌人”，甚至是“凶狠残暴之人”。[10]野蛮是“生活和礼仪的荒野”。[11]

“野蛮人”的一个近义词是“凶狠残暴之人”（*silvaticus*，来自拉丁语“森林人”）。18 世纪，相比“野蛮人”，“凶狠残暴之人”被认为更加落后，也更缺乏人性。人们视其为群居猎人，缺乏私有 117
财产和任何政治组织性。相较“野蛮人”，他们是由酋长率领的典型游牧牧民。如果说“野蛮人”只是远离文明，“凶狠残暴之人”则对文明构成潜在威胁。“凶狠残暴之人”通常与非洲和美洲的原住民联系在一起，而所谓的未开化民族则被视为“野蛮人”而非“凶狠残暴之人”。[12]但纵观整个近代早期，这两个术语经常混用：同时代的人会谈到“凶狠残暴的野蛮人”和“野蛮的残暴者”。[13]而且，“野蛮”和“文明”之间很难泾渭分明：野蛮有不同程度，有些野蛮人比其他野蛮人更不文明。

虽然非基督徒经常被视为野蛮人，但评价标准不一定是宗教标准。中世纪早期，“野蛮的”通常是“异教的”的同义词。但是，教父著作研究的学者已经接受了非基督徒可以被教化和变得人道的观点。在 12 世纪的英格兰，马姆斯伯里修道院的僧侣兼历史学家威廉去掉野蛮的概念中的宗教含义，并将其重新定义为知识的缺乏和物质文化的贫瘠。[14]并非每个人都能接受这种观点，即文明是一个文化问题，而非宗教问题。16 世纪早期，历史学家波利多尔·维吉尔将文明或他所说的“完美生活方式”与基督教画等号。[15]但是，伴随文艺复兴而来的是古希腊、古罗马文明意识的增强，这使得人们不能仅仅因为古希腊、古罗马存在异教，而将古典文明的世界斥为野蛮的。人们也越来越尊重印度和中国这类古老而非信仰基督教的文明。从 15 世纪起，“基督教世界”的观念开始受到“欧洲”观念的挑战，尽管最初是微弱的。[16]在随后的一个世纪，新教改革对中世纪基督教世界的统一观念造成了致命打击。一些西欧国
118 家甚至有可能与奥斯曼帝国建立外交和商业关系，而不是把该帝国的民众视为异教徒，或再发动另一场十字军东征。

实际上，这两个标准——宗教和文明——时常重合，正如奥斯曼土耳其人既被描述成“野蛮人”，也被描述成“基督教信仰的死敌”。[17]但是，“文明”和“野蛮”这两个世俗术语，越来越多地被人们视为一种极具启发性的、对其他民族的分类术语，而不是简单将来自其他民族的人分为基督徒和非基督徒。在 17 世纪的许多评论家

看来，有些基督徒是“野蛮人”；而有些非基督徒则是“文明人”，比如中国人。1661 年，当一位作家提到“文明的民族”时，他指的可能是“异教徒、奥斯曼土耳其人、犹太人或基督徒”。[18] 约翰·洛克明确区分了“文明社会”和“宗教社会”，而与他同时代的贵格会教徒威廉·佩恩则极力主张政教分离。长期以来，这一直是新教教派的目标，新教徒希望宗教组织是自愿联合的组织，而统治者只需关心公民和世俗事务。[19] 罗杰·威廉姆斯的宗教信仰导致他移民到新英格兰，他坚持认为“基督教不会增加民事公益性质，但也不会因为少了基督教，政府的民事职能就遭到削弱”。[20]

然而，许多同时代的人在面对不信仰基督教的民族时感到不安，难以将异教社会视为完全文明的社会。1615 年，诗人兼旅行家乔治·桑迪斯认为穆罕默德的宗教主张与“文明和自由”有矛盾之处。[21] 奥斯曼土耳其人持续不断的军事威胁意味着统一的基督教世界的旧理想迟迟没有消亡，并且在 18 世纪仍然保持着很大的共鸣。[22] 然而，尽管 1674 年英格兰驻君士坦丁堡使节收到的指示仍然提到“基督徒”和“基督教世界”，但在 1710 年国王给他的继任者的指示中有“欧洲事务”的字眼。 119
《乌得勒支和约》（Treaty of Utrecht）是最后一份提到基督教联合体的欧洲和平文件。[23] 其他国家是否信奉基督教仍然很重要，① 但了解这些国家是否遵守“人类普通法”的原则也变得越来越重要。[24]

严格地说，“人性”的话语与“文明”的话语是不同的，但在实践中二者密切相关，相互制约。对西塞罗和塞涅卡来说，人性源

① 辉格派主教吉尔伯特·伯内特则认为，自先知时代以来，伊斯兰教徒已经大大软化，变得温和。以上表述出自吉尔伯特·伯内特翻译的拉克坦提乌斯的著作《论迫害者之死》[*A Relation of the Death of the Primitive Persecutors* (Amsterdam, 1687)] 译本中的“序言”。

自宽泛文科教育的文化造诣，意味着仁慈、仁爱和人情。对他们而言，这些品质将文明的古罗马人与凶残、没人性的野蛮人区分开来。[25]在近代早期的英国，人们将人道主义与对同胞的关爱联系在一起，与基督教的仁善理念联系在一起。托马斯·埃利奥特爵士在1531年将人类的主要品质定义为仁爱、仁慈和自由。[26]“文明和人道的规则”通常被放在一起，表明它们指向的是同一个方向。[27]东方学者托马斯·史密斯认为，奥斯曼土耳其人被视为“野蛮人”，这一点也不过分。在他看来，由于“天性凶残”，他们使用残忍的刑罚，这没什么好奇怪的，也并不是他们被称为“野蛮人”的主要原因。同样，他们被称为“野蛮人”的主要原因也不是他们缺乏“彼此之间的文明相待”以及对上级或上层社会人士的尊重和服从。他们被称为“野蛮人”的真正的原因是他们缺乏“普遍的人性”，这明显表现在他们对待世界其他地方的那种“令人无法忍受的傲慢与蔑视”。[28]

“有序和平的政治共同体”体现了“文明”的核心理念。对于
120 像托马斯·斯塔基这样的都铎王朝人文主义者来说，“文明”意味着“人们在良好的政治秩序中共同生活”，不像野兽那样“不讲诚信、不遵守法律和规则”。“人们为保持文明生活而制定的完善法律、法规和条例”管理着社会，“维系着公民之间的团结和睦”。[29]这种社会也是与托马斯·斯塔基同时代、担任外交官的理查德·莫里森所认为的“联邦”，以及伊丽莎白时代的神学家理查德·胡克在回应西塞罗时所说的“文明社会”。[30]他认为，它“相比任何个人的独处，更能满足人性”；与“没有文明的时代”相比，它带来了“更多的幸福时光”。[31]

当然，它与20世纪末的“市民社会”的概念很不同，后者有不同于国家的自愿结合的生活形式，如教堂、工会、慈善组织、压力集

团，以及不同定义下的资本主义市场。这一术语在 19 世纪初之前尚未出现，当时德国哲学家 G. W. F. 黑格尔在他的《权利哲学纲要》(*Philosophy of Right*，1821 年）一书中重新定义了“市民社会”，将家庭和国家之间的所有社会生活都包括在内。诚然，托马斯·霍布斯和约翰·洛克都认为人类社会的形成先于国家，社会生活的观念一方面不同于公共事务，另一方面也不同于亲朋好友的私人领域，这在许多关于礼仪和社交的近代早期文献中都有隐晦表达。近代早期的人们有时会将“市民社会”等同于富裕阶层用社交能力保持文明的社会，或等同于有礼貌的社会。[32] 但“市民社会”一词通常意味着有组织的政治团体，指一个国家，有时指更小的单位，如一个城镇，甚至偶尔也可以指一个家庭。[33]

“为维护公共秩序而制定的、具有良好道德影响的法律”被认为是文明社会的基石。[34] 它为社会成员的生命和财产安全提供保 121
障，并为惩治犯罪和解决争端提供正规的司法程序。由执法权和强大的国防手段所支撑的坚实的法律与政治框架，是任何文明社会的根基。法律是乔治·桑迪斯所说的“文明的圣职”，“文明生活”即守法的生活。正如哈利法克斯侯爵在 17 世纪末所言：“文明世界的人们向来愿意服从法律。”[35] 约翰·洛克给出了经典定义：“那些团结成一个整体、拥有共同的既定法律和上诉司法程序、有权决定如何处理争议，并惩治违法者的一个个成员，共同构建了文明社会。”[36]

因此，文明社会的形成被视为文明生活的根基。正如伯纳德·曼德维尔所说：“一旦人们开始接受成文法的治理，其余一切都是水到渠成。”[37] 在沃尔特·斯科特爵士的《两个牧人》（“The Two Drovers”，1827 年）中，一位法官解释道：“文明的首要目标是依法公正地保护整个社会，用法律来约束每个人按照自己剑的长度和手臂的力量确定的野蛮的正义空间。”同样重要的是，刑法应得到公正执行，而非遵循奥斯曼土耳其人的做法。据 1690 年威廉·坦普尔爵士的说法，奥斯曼土耳其人认为，两个无辜的人都死掉比一人有罪、一人活下来要好。[38]

如果政府不能或不愿将“无法无天的罪犯”绳之以法，那么在罗杰·威廉姆斯看来，文明国度将“逐渐从文明走向野蛮”。[39]爱尔兰地区的盖尔人便是如此。爱尔兰没有刑法，受害者或其家属只能寻
122 求某种形式的赔偿。[40]1748 年，南卡罗来纳州州长詹姆斯·格伦宣称，“正是由于能对罪犯采取公开的正义行动，野蛮民族在文明化进程中迈出了一大步”。[41]然而，世界许多地方的情况更糟，那里似乎没有公认的政府，人们像努米底亚人一样，生活在“没有任何文明也不讲法律规定”的环境中。亚当·斯密指出，缺失司法制度，“人类社会的巨大结构……将很快土崩瓦解”。[42]

按这些标准来判断，近代早期的英国无疑是一个文明国家。它不仅是一个被治理得井井有条的国家，而且那时的普通人使用司法程序要比现在更容易。[43]英国长期以来凭借强大的政治和司法体系而得以统一。金雀花王朝的君王没有将凶手交给死者亲属去报仇，也没有将凶杀案当作经济赔偿案来处理，而是在盎格鲁-撒克逊先辈努力的基础上，把杀人罪归为重罪，以国王的名义惩处。[44]盗窃和抢劫同样被认为是公共犯罪而非私人过错。① 报私仇的冲动并不容易消除，因为封建领主在整个中世纪都在对他们的敌人发动战争。但到了 16 世纪中叶，威尔士和苏格兰部分地区仍存在的宗族间的冲突。在所谓的从“宗族社会”向文明社会转变的过程中，对地方领主的忠诚正逐渐被对君主制国家的效忠所取代。[45]中世纪建

① 法国法学家和政治哲学家让·博丹（1530—1596）认为，与过去的残暴和野蛮相比，将盗窃视为死罪而非民事损害，证明了现代习俗（*morum humanitas*）的完善。[Jean Bodin, *Methodus ad Facilem Historiarum Cognitionem* (Amsterdam, 1650), 319.]

立的验尸部门逐渐发展为调查暴力死亡和起诉责任人的部门。[46]针对生命、财产和公共秩序的犯罪，由一个复杂精细的皇家司法体系 123
来处理。这一体系包括从乡村治安官到庄园法院、自治法院、治安法院、地方法院和巡回法院，再到威斯敏斯特国王法庭。处理民事纠纷的法院等级同样复杂。王室与大多数贵族、绅士之间建立了紧密的联盟，这使得近代早期的英国能提供越来越有效的法律手段，来控制混乱的局面。这包括更多地使用担保来维持和平，广泛地诉诸仲裁和准正式的方法来解决争端，民事诉讼案件也大量增加。[47]

然而，直到18世纪70年代，法院才开始严肃对待普通伤害事件。之前，人们普遍容忍适度的暴力行为，认为这些行为可作为对不当挑衅的合理反应。普通伤害有时也被视为民事犯罪，原告可就此寻求损害赔偿，最好是通过庭外和解的方式。[48]18世纪末，对伤害行为的刑事定罪、罚款或监禁的惩处方式反映了对人际暴力的愈发不容忍（尽管不是对殴打妻子、学徒、佣人和学童的不容忍）。通过1803年和1828年颁布的两项法令，人们确保了对轻微伤害的简易处罚和对更恶劣案件的重罚。[49]

整个司法体系的基础是国家对武装力量的垄断。16世纪那些反政府的起义，如1536年的恩典朝圣、1549年的凯特起义和祈祷书起义，以及1569年北方伯爵的崛起，都遭到残暴镇压。政府极其暴力，却对法律程序漠不关心。1685年的蒙茅斯叛乱以及1715年和1745年的两次雅各比起义亦是如此。[50]直至16世纪后期，王室都十分依赖分封地领主从佃户、亲属和朋友那里招募的军队，但随着训练有素的民兵的发展和权贵军事力量的衰落，这种依赖度不断降低。[51]1689年以后，英格兰有了一支永久性的常备军，每年通过议会法令使之合法化。在亚当·斯密看来，只有凭借这种力量， 124
一个国家的文明才能维持很长时间。[52]据说，亚当·斯密还曾断言：“把一个国家从最低级的野蛮状态带入最高程度的富裕状态，只需要和平的局面、宽松的税收环境和良好的司法行政体系，其余一切都会水到渠成。”[53]

然而，完善的法律及其执行手段本身并不足以保证文明行为。文明社会的居民也需要在日常生活中克制自己具有攻击性的冲动，加强自我约束。正如1707年的一部词典所解释的那样，“文明”就是“使人有礼貌和听话”。[54]对于拉丁作家来说，文明人更温和（宽容、谦逊、温柔），更人道（充满人性），他们被鼓励去仿效雅典人。根据修昔底德的说法（出自1629年出版的托马斯·霍布斯的译本），雅典人是古希腊诸民族中第一个“身披盔甲、逐渐文明起来，过上了更加和睦生活”的民族。[55]本杰明·惠奇科特敦促公民“学会退一步海阔天空，秉持一种‘以和为贵’的精神”。一位美国新英格兰地区的牧师赞同这种看法，认为温顺“是为了适应社会而必不可少的美德，使我们变得温文尔雅，愿意听任差遣”。“温顺的灵魂”是团结社会的黏合剂。[56]17世纪治安法官标准手册的作者希望法官们不仅可以惩罚混乱，而且可以通过事先干预来消除其根源，防止可能威胁“友好、安宁和良好政府”的行为。他列举了“讥讽、揶揄、嘲弄”、冒犯性的歌曲和将“带有羞辱性的不雅的东西”挂在邻居门外的做法，比如绞刑架或绿帽子的图画。教会、自治地方和庄园法院经常起诉恶意散布流言者、说长道短者、谩骂者、诅咒者和“挑拨离间者”。[57]

除了国家授权的暴力行为（这类行为不在少数）之外，暴力行
125 为本质上被视为不文明行为。那些参与1549年起义的人被指责与邻居打交道时“不文明”；而那些参与无数场骚乱，反对圈地运动或反对哄抬玉米价格的男男女女常被指责为“不文明”“粗鲁”“野蛮”“凶残”。[58]英王詹姆斯六世及一世决心压制苏格兰贵族间

的私人恩怨，因为他认为这些宿仇散发着“野蛮凶残”的气味，与“一个文明的、治理得井井有条的民族所需要的优雅和体面”格格不入。[59]同样，詹姆斯一世时期的北安普敦伯爵提议，任何提出决斗的人都应该被描述为“野蛮、粗鲁和不文明的人，他们不能从事，也不适合文明交往”。[60]厌恶人际暴力是一个国家的官方伦理，这个国家的内部局势已经平和，这个国家拥有一个有效的司法体系和一个日益非军事化的贵族阶层。这也是城市生活的伦理，因为商业的发展依赖于买卖双方的和平相处。至少从 16 世纪开始，文法学校的创始人和管理者就禁止学生携带剑、匕首或其他武器到学校。[61]17 世纪后期，去英格兰的旅行者不再携带武器，保护中世纪城镇的高墙也开始被拆除。[62]

普通人之前依赖暴力手段解决争端，现在暴力行为减少了，反映在法院审理的谋杀指控案件的数量从 1630 年起稳步下降。无预谋的谋杀案数量也明显下降，表明个人自控力增强的趋势。[63]非致命性暴力事件很可能同时减少，但由于大多数受害者未报案，因此人们无法准确计算。[64]可以说，携带的武器减少使得袭击的致命性降低，而日常暴力越来越被体面阶层视为不光彩的行为。在这方面，女性远远领先于男子：她们被指控暴力犯罪的可能性要小得多，她们参与任何形式的刑事指控的人数在 18 世纪也急剧减少。[65]这一趋势的一个 126
例外是谋杀婴儿罪，未婚先孕的妈妈受到的杀婴诱惑是独一无二的。因而在整个近代早期，相关犯罪率居高不下。[66]

然而，野蛮人被认为是不受法律和道德约束的。据称，他们或多或少纵情于暴力，有的为了掠夺，有的则纯粹为了享受屠戮带来的快感，以最凶残的方式持续发动对内、对外战争。近代早期的作家大量借鉴了古希腊和古罗马对野蛮人生活的描绘，描写失控的愤怒和暴力混乱场景。[67]他们指出，牧羊人和牧民自然而然地喜欢战斗，因为他们的游牧生活很好地适应了战争的节奏。古日耳曼作战军团就是这样，他们有一种强烈的“男子气概（军事勇气）”，造成了“国内的野蛮残暴行为与国外的满目疮痍”。我们不能相信野蛮人会信守承诺，他们诉诸武力而不是诉诸法律来解决争端。他们缺少詹姆斯一世时期的行政长官克莱门特·埃德蒙兹爵士所看重的“至高无上的幸福”——和平与安宁。[68] 1757 年，苏格兰历史学家约翰·达尔林普赞同“所有不文明国家”的一个核心特征是其政府“过于宽松”。[69]

人们普遍认为，文明社会有助于实现自我价值。没有国内的和平与法治，经济与文化生活就不可能繁荣。正如后来成为主教的威廉·沃伯顿在 1736 年所写的那样，“生活艺术的原创性归功于文明社会；政策（政府体制）越完善，人类进步的空间就越大”。[70] 大卫·休谟相信“从法律中产生安全感，从安全感中产生好奇心，从好奇心中产生知识”。对他来说，法律和政府是文明进程的基础。[71] 威廉·罗伯逊也认为，没有稳定的政府和个人安全，人类就不可能在科学上取得进步，也不可能在品位和举止上有所精进。埃
127 德蒙·伯克同样认为，文明社会有可能使人类“达到其本性所能企及的完美”。[72] 正如世上许多地方一样，想要在英国成为“文明人”，就必须融入这个国家。[73]

近代早期，一些评论家将自治的政治单位视为市民社会。[74] 但大多数人声称，文明的政府形式必须符合某些规定。这些规定的性质因法律制定者政治观点的不同而不同。托马斯·斯塔基不喜欢专横的统治，认为权力应该为共同利益而行使，权力也应该在国王、贵族和积极的公民之间共享。[75] 因此他对“完美文明”的反思是基于上述偏好而产生的。伊丽莎白一世派遣到沙皇俄国的特使对沙皇的专制政权感到震惊，并报告说，如果人民是“文明”的，他们将

不再忍受专制。[76]相比之下，英国内战期间的一位保皇派传教士坚信，“如果讲道德、文明，我们就必须服从保护我们的君王”。[77]为回应这类主张，约翰·洛克在1690年断言，君主专制制度“不适合文明社会”。[78] 1688年革命后，议会政府成为常态。然而在1742年，大卫·休谟藐视他的辉格党同僚，认为法国的独裁政府应被视为“一个文明的欧洲君主制政府”，因为它保证了臣民的安全，推动了艺术和科学的发展。几年后，国王乔治二世的首席大臣亨利·佩勒姆在谈到高地苏格兰人时，表达了一种更为传统的观点，即“除非他们与英格兰人以相同的方式被统治，否则不能想当然地认为，他们将彻头彻尾地变成文明人”。[79]

以上关于政府形式与文明社会如何匹配的不同观点表明，“文明”与“野蛮”都属修辞用语，带有很高的情感因素。但这两个词的意思明显太容易变化，人们对它们的认识往往难以达成一致。当要表达对特定观点或行动方案的支持或反对时，人们常用这两个词来激辩，其含义随着时间推移而变化，并根据上下文而变化。自 128
古以来，二者的对立经常被引用，但赋予这种对立的含义取决于说话者的利益与盘算。相互竞争的利益团体利用这些情绪化和高度可塑的术语来服务于他们的特定议程，定期重新定义这些术语，以将其纳入新的价值观，并适应不断变化的环境。

基本上，只要是遭到强烈反对的行为，都可被称为“野蛮的”。詹姆斯一世认为吸烟是一种不文明习惯。旅行家托马斯·科里亚特将詹姆斯一世时期豪侠的过度饮酒描述为“一种陋习……最为野蛮，更适合野蛮的斯基泰人和哥特人，而不是文明的基督徒”。约翰·范布勒爵士认为中世纪在教堂埋葬死者的做法是“一种非常野蛮的习俗……真不知道它究竟是如何在人类文明中盛行起来的”。他的建筑师朋友尼古拉斯·霍克斯莫尔反对“以野蛮的方式”改造牛津大学万灵学院的旧建筑。他同时还联想到哥特人和汪达尔人对旧建筑的没必要的破坏。[80]在所有情况下，被谴责的做法都与“野蛮人”有着模糊的关联，但这种关联是松散的。“野蛮”一词的真正力量在于它表达了仇恨、愤慨或厌恶。与之相对，说话人认可的做法可被称为“文明的”或“有教养的”。例如，塞缪尔·约翰逊就宣称，“对文明的真正考验”是“为穷人提供体面的食物”。[81]今天，人们常常煞有其事地宣称，“文明社会的标志”是看这个社会如何对待动物，或者说，儿童、大学、难民或任何需要捍卫的事业。有时，这类断言反映了一种深思熟虑的观点，即理想的社会形式应该是什么样子。但更多的时候，它们只是用来寻求支持和
129 同情。

尽管为了增强辩论效果，“文明”和“野蛮”这两个术语被广泛引用，但在近代早期，关于“文明的存在”可能的基本要素，人们也达成了诸多共识。17 世纪中期，“英国人生来自由”这一观念已逐渐成为英国宪法的标志性特征。英国人普遍认为文明社会绝不应允许奴隶制或农奴制的存在。正如克莱门特·埃德蒙兹爵士所言，文明社会“最主要的目的”是“使公民能自由安排人生和打理自己的财产”。[82]12 世纪，马姆斯伯里修道院的僧侣兼历史学家威廉曾引用爱尔兰奴隶制的延续来证明凯尔特人是野蛮人。[83]16 世纪，有人断言英国人不像奥斯曼土耳其人，而且英国没有奴隶，这么说是关乎民族声望的。[84]后来，有人声称奴隶制被“全世界文明人”废除了。正如法因斯·莫里森所说，奴隶制起源于“强权是天道，弱者和穷人就该受强者和富人的支配”的时代。“国家越野蛮，奴隶制就越变本加厉；国家越文明，奴隶制就越难以兴风作浪”。[85] 18 世纪，人们普遍认为，如果一个国家内部存在奴隶制，那么它就不可能成为文明国家。[86]殖民地的奴隶制当然另当别论。

关于什么是最文明的政府形式，人们从未达成共识。但人们普遍认为，文明社会与野蛮政权典型的专制统治不相容（尽管野蛮政权也可以与无政府程度的个人自由相关联，“没有国王、总督或联邦”）。[87]从古典时代起，人们就认为所有的亚洲大国都是专制统治的。[88]爱德华六世理事会书记官威廉·托马斯哀叹某些民族的困境：“波斯人过着多么悲惨的生活，他们忍受着怎样的奴役和压迫。”[89]一位17世纪60年代前往沙皇俄国的游客将沙皇的专制比作古代野蛮人或同时代奥斯曼土耳其人的专制统治。[90]1616年，托马斯·罗爵士在印度莫卧儿宫廷汇报称，印度政府“不稳定，没有 130
成文法，缺少政策，风俗习惯里夹杂着野蛮习俗”。共和党人阿尔杰农·西德尼抨击东印度岛屿锡兰的暴政：“锡兰国王除了自己的意志外，不知道其他法律。”至于备受赞誉的中国清朝政府，丹尼尔·笛福认为这是一个“独裁的政府”。[91]克拉伦登伯爵认为，美洲的“野蛮人”完全屈从于“他们那里的几个头领的奴役”。[92]威廉·坦普尔爵士认为，只有那些气候温和的国家才能指望有一个温和的法治政府。极端的温度，无论是沙皇俄国的严寒，还是印度和非洲难以忍受的酷热，都被认为是导致专制的必然原因。[93]

在阿尔杰农·西德尼这样的古典共和党人看来，没有一个“文明国家”会束缚自己，其公民甘愿屈从于暴君。同样，英国哲学家亚当·弗格森将“公民参政”视为文明社会的一个重要指标，而不仅仅是物质进步的表现。他认为斯巴达和罗马共和国虽然缺乏贸易和工业，但无疑是文明社会；而印度，虽然商业发达，但其统治是专制的。他的标准具有严格的政治性，而且排除了“一人独裁”的情况。[94]

人人都同意，文明社会必须保护其成员的私有财产，这是近代早期英国的一个中心问题，但据推测，野蛮人对此漠不关心。群居猎人没有财产，游牧牧民不关心物质财富的积累。据说“野蛮的爱尔兰人”不关心财富，甚至对有没有“锅、盆、壶、床垫、羽毛床等家庭用具”也不在乎；他们的土地所有权制度将所有权归属于氏
131 族而非个人。[95]克拉伦登勋爵并非由于宗教信仰将奥斯曼土耳其人排除在文明世界之外。在他看来，非基督教社会仍然可以是一个文明社会。他之所以这么做，是因为奥斯曼土耳其人的统治者苏丹对其臣民的财产拥有绝对控制权。17 世纪 60 年代，曾在君士坦丁堡和士麦那生活过一段时间的保罗·赖考敦促他的英国读者感谢上帝：“你们生活在一个自由的国度，你们的妻儿和劳动成果都可以称为自己的。”[96]伊丽莎白时代的耶稣会士罗伯特·珀森斯认为，正是有了对自家的一小块土地的保有权，大多数百姓能够“体面地自给自足，在文明的环境中抚养子女”。[97]

对克拉伦登勋爵来说，财产权是文明社会的基础。他指出：“无论是文明和礼貌（包括一切艺术和美），或是世界上看得见、摸得着的真实财富，都是这种欲望的产物……只有对礼仪（财产）充满喜悦，我们才能从……野蛮中脱离；只有对礼仪（财产）充满安全感，我们才不再重回野蛮。”[98]因此有了约翰·洛克的著名格言，“政府建立的目的是保护人民的生命、自由和财产”。对他而言，“人类文明的一部分”是那些制定了积极法律来保护财产的人。[99]然而，财产的概念不同于单纯占有。这是一个复杂概念，超出了野蛮人的理解范围，而且据称超出了 18 世纪英国那些“庸俗之辈”的理解范围。至于遗嘱继承，亚当·斯密认为，人们处置财产的权利是一种“礼貌……我们不能指望一个在文明礼仪方面尚未取得长足进步的民族能做到这一点”。[100]众所周知，野蛮人不尊重他人的财产，他们的道德准则中也根本没有对偷窃和劫掠的明令禁止。大卫·休谟曾将享受财产、心情愉悦、身体愉悦列为人类三大

幸福。但在“粗鲁野蛮”的民族中，财产安全感压根就不存在。[101]

因此，正如亚当·弗格森所说，文明社会的一个重要吸引力在于，它带来了“人身和财产上的某种安全感”，而这种安全感被称 132
为文明。政治经济学家罗伯特·马尔萨斯也同意这一观点：“我们除了要感谢自身明显狭隘的自爱原则，更要感激文明社会对个人财产的既定管理，这使我们得到了一切区分文明和野蛮国家的东西。”历史学家托马斯·巴宾顿·麦考利在 1832 年的一次议会演讲中也积极回应了上述观点。他声称，伟大的财产制度是“所有文明的源泉，使我们彻底区别于太平洋岛屿上那些文身的野蛮人”。[102]

在近代早期的英国，经济以信用为基础，诚实、可靠和随时履约被视为文明的基本方面。相比之下，野蛮人则被认为背信弃义和不可信赖，特别是如果他们缺少一个持续稳定的政府来履行前政府立下的协议。[103] 17 世纪后期，英国皇家非洲公司（Royal African Company）为其奴隶贸易垄断进行辩护：与非洲的贸易必须依靠要塞和军舰来维持。乔治三世的总检察长在 1764 年宣称，一个认为他的人民不受前政府条约约束的统治者，将使其人民退回到“野蛮原始的”状态。[104]因此，19 世纪，一个国家应被国际社会认定为“文明”的一个关键考量内容是其政府有能力订立和遵守具有约束力的合同。[105]

文明行为的理想也逐渐形成，尽管较缓慢，体现为信仰相敌对的公民之间保持礼貌的互动以及对宗教少数群体的容忍度不断增加，当然前提是这些群体要举止“文明”。在伊丽莎白时代，天主教徒周围有一帮诡辩家，这些人建议：在新教家庭用餐时，天主教徒应“出于礼貌”向主人鞠躬致意，不这样做是“不文明”和“粗俗”的。[106]在接下来的一个世纪里，一篇反资本主义檄文的作 133

者承认，尽管天主教徒错误地信奉一个虚假的教会，但他们中的许多人在处理日常事务时是“文明的、有礼貌和爱心、善良、自由和真诚的，人际关系上是值得信任的”。天主教徒在保持宗教独立性的同时，常与邻居交往，承担起维护当地社区秩序的责任。[107] 同样，许多清教神职人员一边敦促信徒尽量避免与亵渎者和恶习不改者厮混，一边强调应该对遇到的所有人彬彬有礼：无论有多少人不赞成这些人的罪孽，“文明社会的人性和交往”义务仍需要履行。[108]

剑桥的传教士理查德·西贝斯认为，“一种自满以及甜蜜的熟悉和友好”也应留给一小部分人，我们从这些人身上可以看到“恩宠的证据和迹象”。他认为仅仅出于礼貌而与有罪孽之人交往是错误的。但他认为“仁爱和恩惠”是每个人应得的，无论人们有多么不思悔改。[109] 罗杰·威廉姆斯同样认为，当我们强烈反对他人的宗教信仰，决心引导他们走上真理之路时，也应同时给予他们起码的尊重。他将宗教迫害视为一种邪恶，“与人性的温情相反”，“它是在所有和平与裁决权的‘心脏’，以及文明本身……插上一刀”。他认为，尽管存在宗教差异，但只要人们“遵守人性和文明的准则”，英联邦便能蓬勃发展。此外，与不虔敬的人和平共处是进行坦率对话的必要先决条件，通过对话，人们可以注意到自己的错误做法。[110]

许多教会领袖也认为，文明义务优先于宗教差异。后来成为爱尔兰主教的威廉·比德尔敦促天主教徒不要疏远新教邻居。有人认为与有对立宗教信仰的人交往是非法的，他断然否定了这种观点。事实上，“在文明社会中，试图脱离那些有虚假宗教信仰或过着罪
134 恶生活的人本身就是一种罪恶。因为正是上帝或人类的法律，将我们与这些人紧密联系在一起”。[111] 林肯郡复辟时期的主教罗伯特·

桑德森虽然劝诫人们不要与教会分裂者走得过近，但也承认必须遵守“邻里关系和共同文明的规则”。《美第奇宗教》（*Religio Medici*）一书的作者托马斯·布朗虽不是天主教徒，但他承认，每个人都有义务对教皇使用“礼貌用语”。17 世纪后期，一些前往罗马的新教游客，甚至愿意亲吻教皇的脚趾，因为这是一种“文明且寻常的恭维”。[112]

罗伯特·桑德森在林肯郡的继任者之一托马斯·巴洛在 1655 年对社会重新接纳犹太人表示欢迎，因为他们“被无情且被非人道和野蛮地利用”。在他看来，英国有义务以“仁慈和文明”来弥补过去对犹太人所造成的伤害。1688 年光荣革命后，他高兴地指出，新教持不同政见者得到了“文明的礼遇和温和的容忍”。[113] 1689 年《宽容法案》（Toleration Act）的制定基本上出于政治动机，但一些人也在原则上支持它。约翰·洛克高度重视礼貌，他认为“礼貌、友谊和轻声细语”能够以武力无法企及的方式影响人们的看法。[114]对他而言，礼貌不仅仅是外在行为。他认为，“内在礼貌”包括真诚地“尊重和善待所有人”以及“注意不要对他人流露出蔑视、不尊重或漠视”。只有为所有持这种态度的人带来平等的宗教自由，一种“彼此仁善的纽带”才能形成。通过这种纽带，人们可以“团结为一体”。[115]然而，那些其原则被认为威胁文明秩序的人，如罗马天主教徒和无神论者，仍被排除在外。

《旁观者》——这个伟大的文明刊物——坚决反对“过分的热情、偏执和迫害”。[116]然而，很少有人认为宗教多元化本身是可取
的，非圣公会教徒的文明缺陷也一直持续到 19 世纪。但在实践中，135
持不同政见者和天主教徒经常在当地社区中相处融洽。18 世纪初，
丹尼尔·笛福访问多塞特郡时，发现英国国教徒和持不同政见的神

职人员“一起喝茶，彬彬有礼地交谈”。[117]16世纪和17世纪人们目睹了不同宗教派别间的血海深仇，但在丹尼尔·笛福所处的时代，实际存在的宗教宽容，至少对基督教教派的宽容，在务实和谨慎的基础上，似乎是权宜之计。作为社会和谐的必要前提，它在上流社会被誉为贸易国家不可或缺的部分，既是文明礼貌的重要组成部分，也是文明行为的标志。[118]

与文明密切相关的一个属性是平和地进行神学和科学辩论。参与辩论者没有坏脾气，也不对他人进行人身攻击，并能随时承认错误。17世纪60年代，一位在英国的法国人对早期伦敦皇家学会的会议程序印象深刻：演讲者从未被打断，“意见分歧不会引起任何形式的怨愤，讲话也没有火药味……在我看来，没有什么比这更文明、礼貌、井然有序的了”。[119]17世纪后期，文明地交流信息和礼貌地讨论有争议的观点成为覆盖面更广的科学界和国际文坛的公认准则。正如《独立辉格党》（*The Independent Whig*）的作者在1721年所说，绅士们围绕有争议的主题进行写作时，已经学会“在很大程度上展现人性，而且总是彬彬有礼”。文人之间的通信应当是“文明礼貌的”。[120]至少人们渴望以此与恶毒的人身攻击形成鲜明的对比。这种人身攻击是宗教改革后神学争论的一个特征。17世纪50年代，围绕英格兰共和国合法性问题，约翰·弥尔顿与克劳德·索梅斯、彼得·杜·穆林等学者展开的唇枪舌剑也具备这个特征。[121]

和平解决分歧的关键是制定正式或非正式的举办会议及政治辩论的公约。
136 在英国盎格鲁-撒克逊时代晚期，国民议会和地方议会就已经制定了这样的公约。[122]16世纪和17世纪以来，下议院就有相关辩论规则：禁止暴力；禁止使用“攻击性”或“不敬”的语言；禁止窃窃私语、打断别人或发嘘声；议员们在离开会议厅时，要像进来时一样，转身行注目礼。类似的会议程序公约也适用于贸易公司和其他地方机构的商业行为。即使是地方政府，也可能有章程，规定文明讨论的程序。[123]

18世纪，文明要求和平解决政治争端；失败的政客可以被免职，而不必面对随后的流放或处决。甚至议会对国王大臣的反对也逐渐被认为是合法的、受人尊敬的，而不属于党派之争，尽管对这种反对态度的偏见挥之不去。① 亚当·弗格森认为，每个“精益求精的商业化国家”都必须学会如何“在不引起混乱的情况下展开每一轮商业角逐”。[124]

文明也有国际化的层面。正如一位伊丽莎白时代的人所说，“国际社会”是文明社会的一部分，由外交使节和交通往来维系这种状态；国际社会亦为外国人伸张正义，公开谴责战争，对被征服民族施以仁慈之举。本着这一精神，菲利普·西德尼爵士援引了他所称的“普遍文明和国际法（全人类作为共同居住者生活在一起须遵守的准则）”。克莱门特·埃德蒙兹爵士也认为，所有民族“通过人类社会恪守规约的联盟联系在一起”。这些都是对西塞罗的斯多葛学派概念的回应，即一个单一的人类社会（社会人）超越了国 137
家边界。[125]

早期的现代法学家认为，人类受一种普遍的自然法约束。这种法则不需要神的启示就可以被人理解，亦被所有更文明的国家所接受，尽管其他一些民族由于过于野蛮或无知而不认可它。流亡的法国法学家让·巴贝拉克评论说，他从经验中得知，“自然法”一词对普通人来说就像隐秘的大陆一样鲜为人知。[126]法学家们从自然法

① 截至2017年6月，英国首相特雷莎·梅和她的一位大臣暗示，反对英国政府脱欧政策是“不爱国的”。[*Daily Mail Online*, 1 June 2017; *Guardian*, 24 June 2017.]

中引申出一系列人类广泛的权利和义务。他们还恢复和发展了古罗马的氏族法权——国际法的概念。许多权威人士认为，这与自然法重叠，是所有民族应共同遵守的。但在其他人看来，这是一套只有“较文明的”国家才遵守的公约，在其他一些国家，要么被忽略，要么不适用。[127]威廉·富尔贝克将他的《国际法总论》（*Pandectes of the Law of Nations*，1602年）建立在“最文明”国家的实践基础上，并声称这是第一本关于国际法主题的书。保皇派主教杰里米·泰勒也认为，“在所有的相互交流中，睿智且文明的国家都格外遵守国际法”。[128]

国际法最初建立在被视为自然正义原则的基础上，但它越来越多地建立在各个国家之间条约的基础上，旨在管理欧洲国家之间的军事、外交和商业关系。18世纪，德国的一些自然法法学家认为氏族法权既非法律，也非道德规范，而仅仅是外交礼节的规则。[129]但英国权威人士威廉·布莱克斯通爵士则宣称，国际法是“一套规则体系，可由自然理性演绎，并经世上的文明居民普遍同意而确立”。[130]野蛮人就是那些故意破坏这些规则或完全无视这些规则的人。例如，奥斯曼土耳其人据说在和平时期会遵守公约，给予他国来使“文明礼貌”的待遇。而一旦战争爆发，他们就会无视国际法，监禁来使并对他们施暴，“这与古罗马人和其他英勇文明民族
138 的习俗背道而驰”。[131]

因此，一位作家比喻，文明社会可以被设想为“凝聚世界的水泥”。[132]对理查德·胡克而言，自然法涉及“礼貌对待外国人和外地人”，以及“一种甚至涵盖整个人类社会的友谊”。[133]自古典时代以来，友好接待外国来访者一直是对文明的基本考验。[134]在近代早期，随着旅游业的发展、宗教难民的迁徙和国际贸易的大幅增长，宗教信仰变得越来越重要。弗朗西斯·培根认为，“如果一个

人对外国人彬彬有礼，那就表明他是世界公民”。流亡的天主教牧师托马斯·赖特在1604年指出，“人们认为友好款待外国人是出于极大的礼貌，也是一种高尚本性的象征；相反，虐待或极不友善地利用外国人则体现极端的野蛮”。同样，约翰·洛克的一位笔友也宣称，对外国人冷漠是“一种不人道的野蛮行为”，在这方面，斯基泰人比“文明人”更为冷漠。[135]

西班牙神学家弗朗西斯科·德·维多利亚是第一个将古老的好客习俗转变为自然法的人。紧随其后的是理查德·胡克，他认为世界各国应该“为了人类的共同利益”而变得好客。伟大的荷兰法学家胡果·格劳秀斯裁定，自然法规定的人类共同义务，应包括允许外地船只出于寻医问药或增添补给的需要，停靠在本国海岸，以及允许被驱逐出境的外国移民定居本国。[136]而事实上，这种对外来人的款待与东道国的利益相冲突，从而遭到越来越多的抵制。1677年，威廉·潘不被允许进入德国城市，被迫睡在田野里。他怒不可遏地给当地统治者写了一封抗议信，信中问道：“这是国际法、自然法、德国法还是基督教法？唉！人性何在？文明何在啊？”[137] 139

文明的战争

现在，“民事”一词与“军事”一词对立。我们把士兵与“平民”作对比，把军事机构与“公共服务机构”作对比。在近代早期，“民事”和“军事”同样被视为对立[138]。尽管1500~1800年，一些国家没有战争，但那个时代的许多人认为，武装冲突，而不是严格防御意义上的冲突，本质上是不文明的。对伊拉斯谟和早期都铎人文主义者约翰·科尔特、理查德·佩斯和托马斯·莫尔来说，战争是非理性的、“兽性的”和“堕落的”。伊丽莎白一世的国务大臣威廉·塞西尔告诫他的儿子罗伯特·塞西尔，战争本身就是不正义的，除非正义的事业使之具备正义。克莱门特·埃德蒙兹爵士在他《对恺撒评论的评述》（*Observations upon Caesar's Commentaries*，17世纪最常再版的图书之一）中指出，文明包括“对战争行为的厌恶”：文明人不喜欢战斗。清教徒诡辩家威廉·埃姆斯在1639年断言，好战是“一个野蛮残忍之人的标志”。1653年，后来成为纽卡斯尔公爵夫人的玛格丽特·卡文迪什将战争视为“文明社会”的敌人。[139] 1680年，经验丰富的活动家穆尔格雷夫伯爵将战争描述为“野蛮的‘卫道士’”，而与他同时代的内科医生汉弗莱·布鲁克则认为，没有人比士兵“更野蛮无情”。[140]

在启蒙运动时代，据说战争只能吸引“不开化的头脑”。[141]亚当·斯密对比了野蛮社会，在那里人人都是战士，而文明社会则把战斗留给了收费的专业雇佣军。[142]随笔作家维切西姆斯·诺克斯在1782年写了一篇有关“战争的愚蠢和邪恶”的文章，宣称“虽然我们是以文明自居的战士，但我们其实是野蛮人”。[143]

17世纪后期，哈利法克斯侯爵认为“后一个时代（启蒙运动时代）文明程度的提高是一个不小的进步，几个国家之间的深仇
140 （甚至是与野蛮国家之间的深仇）大大缓解了。较为文明的国家之间已无硝烟战火”。[144]这种观点虽有些过于乐观，但当战争爆发时，国际法要求尽可能地以人道和文明的方式进行战争。抛开别的不说，这意味着，允许传令官和外交使节安全行事，对战败者仁慈，以及尊重非战斗人员的豁免权。相比之下，远古时期的战争是倾尽全力的，尽管理论上存在一些遏制战争的因素。[145]战败的领袖通常被处死，他们的追随者和家人被奴役。诺曼人征服英格兰之后，英格兰国内奴隶制衰退，英军不再奴役俘虏。城镇、贸易和货币化经济的发展促使人们转而勒索更富有的俘虏以获得赎金。这也激发了

一种关注，即需要限制伴随军事胜利而给敌方造成的额外破坏，以免今后遭到敌方报复。正如爱德华·吉本所指出的，游牧的野蛮牧民不会有这种顾虑，因为他们的财产随他们同行。[146]

罗马法和要求职业士兵遵守的习惯规则混为一体，对中世纪晚期的战争行为起到了限制作用。最有效的制裁措施是要求骑士阶层遵守骑士守则。该守则美化了军事实力，从而促使战争手段被广为接受。但由于荣誉和互惠私利的结合，骑士守则限制了战时和战后行为。之后，皇家法令和在特定场合颁布的正式战争条款补充了该守则。[147]

用克莱门特·埃德蒙兹爵士的话来说，藐视战争规则就是“打破文明对话的纽带”。然而，这些规则常被忽视。正如理查德·胡克所说，军事法“知易行难”。[148]中世纪晚期，禁止攻击非战斗人员的法令并没有阻止亨利八世 1544 年在法国北部推行焦土政策， 141
杀害平民并造成饿殍遍野。[149]这些法令对经常遭到蹂躏的当地居民几乎没有保护作用，对普通士兵也根本没有保护作用，因为他们在被俘时无法提供赎金，所以经常遭到屠杀。

然而，在与法国的百年战争中，将付赎金救人的做法扩大到军事犯罪等级较低的俘虏，已变得越来越普遍。[150]此前，军队由私人承包商募集，进入近代早期，国家对军队有了更大的控制权，因此对战争行为的限制也成倍增加，普通俘虏更经常被勒索或交换。相关公约在荷兰军事法典以及随后的瑞典军事法典中都有体现，这两部法典都是 17 世纪 30 年代在英国发布的。有一些例外情况，比如敌方守军在被要求投降后负隅顽抗，导致战争迁延时日、围攻不下和我方不必要的伤亡；另外，追杀敌方逃兵也不算在内。雇佣兵在没有合法统治者授权的情况下行事，一旦被俘，也不会受到善待。威尔顿的格雷勋爵，同时也是伊丽莎白一世的爱尔兰副总督，1580

年在克里郡斯梅威克对 600 名西班牙人和意大利人进行了冷血屠杀。他就是用的这个理由为自己辩护。[151]

1593 年，神学家马修·萨克利夫在一篇基于“古代及后世大多数经验丰富的勇士的先例”的文章中裁定，“屠杀”那些扔掉武器并承认自己战败的人，是“野蛮残忍”和“违背公平战争性质的”。1598 年，意大利流亡者和法律哲学家阿尔贝里科·真蒂利在其献给埃塞克斯伯爵的专著《战争法》（*De Iure Belli*）中断言，人类的权利和战争法都要求战俘的性命应得到赦免。正如一位传令官在 1602 年所解释的那样，“杀死一个已经投降的人是非法的，因为这种行为是不人道的，所有伟大的军事首领都禁止这样做”。同年，
142 威廉·富尔贝克也同意这一观点：仅因为俘虏捍卫自己的家园而奋战就屠杀他们，是“兽性的”“人性缺失的和野蛮残忍的”。1629 年，传教士理查德·伯纳德宣称，“残忍杀害可怜的俘虏”展现了“野蛮无情的本性”。[152]有人指责苏格兰人不如相邻的英格兰人文明。正是为了反驳这一说法，1605 年一位苏格兰作家指出，苏格兰人在战争获胜后表现出克制，这一点可以通过 1388 年奥特本战役后他们对俘虏的仁慈来印证。[153] 17 世纪后期，劳动力对经济发展更为重要，交换俘虏的做法因而越来越普遍。德国法学家塞缪尔·普芬道夫认为这符合“人性法则”，“大多数自诩的文明人”也乐意执行它。[154]

被当代人视为野蛮人的做法与这些规则形成了反差。比如，奥斯曼土耳其人据称会杀害每一个不适合作为奴隶出售的俘虏[155]。再如美洲原住民会奴役被俘的妇女和儿童。即使在英格兰，从正义战争中俘虏的人也会理所当然地沦为征服者的奴隶，因为他们的性命是征服者留下的。伊丽莎白时代的商业冒险家乔治·佩卡姆爵士认为，国际法允许战俘被判为奴隶。清教徒首席神学家威廉·珀金

斯也认同这一看法。17 世纪早期，胡果・格劳秀斯断言，根据国际法，战胜者完全有权杀掉俘虏，除非他们本国的法律禁止这么做。[156]

17 世纪末，对战俘的奴役仍然被阿尔杰农・西德尼和约翰・洛克这样的自由捍卫者所接受。直到 18 世纪，威廉・布莱克斯通才指出，一旦杀害俘虏的权利被撤销，奴役俘虏的相关权利就失去了道德上的正当性。[157]

16 世纪和 17 世纪早期的英格兰军事法令更关注赎金的分配，
而不是俘虏的生死。除了亨利八世 1513 年远征法国的相关法令之 143
外[158]，其他法令均未规定禁止杀害俘虏，尽管这些法令要求在没有指挥官授权的情况下不许这么做。1589 年，在拉科鲁尼亚，英军割断了约 500 名交不起赎金的西班牙战俘的喉咙。[159] 1639 年，一本军事实践手册的作者建议："如果我方抓了敌方很多俘虏，但顾忌战败的敌方会发起新的攻击，那我方就应该杀掉这些俘虏，以防他们加入反攻者的行列。"[160] 然而值得注意的是，在英国内战中，法令对于议会军与保皇派军队的行为有明确的要求，并且有关于战俘痛苦死亡的条款。在通常情况下，战胜者会给败军俘虏以宽大处理。这个对残杀战俘的约束令，似乎最早是由诺森伯兰伯爵颁布的，当时（1640 年）英格兰军队被派遣北上与苏格兰人作战。[161] 此后，这项约束令经常被重申。

英国内战中的交战双方有着共同的文化，往往通过亲情和友谊联系在一起。交战双方的领导人既对战时的高尚行为做出坚定承诺，也对敌方报复的可能性保持敏锐的警觉。总之，双方一致认为，对战败者表现出"善意和礼貌"极其重要。约翰・弥尔顿称赞新模范军是"世界上最文明、最有秩序的军队"，而议会派传教士休・彼得则声称，在 1645 年 10 月贝星院宅遭破坏时，保皇派的贵妇受到了“有些粗鲁，但还算文明”的对待。1646 年，在围绕伍斯特郡保皇派军队投降问题进行的谈判中，议会派司令官托马斯·雷恩巴勒谨小慎微，生怕“对方认为他的举止不文明”。议会派将军威廉·沃勒爵士也声称，在他任职期间，“不断努力地向对方表达其所能表达的礼貌”。1649 年，由于资金短缺，新联邦的一个兵团还得免费征用当地住户的房屋，尽管这些住户并不乐意。此时，这个兵团的上校尽其所能，确保“士兵的行为表现得文明”。[162]就
144 连保皇派约翰·奥格兰德爵士也承认，议会派“采取了一切可能的办法来教化他们的士兵”。研究新模范军的当代历史学家乔舒亚·斯普里格称赞该兵团的行为井然有序，尽管被拖欠了军饷。他还补充道，“相比金钱，他们有更多的文明行为，否则部队就难以被管理得这么有条理”。[163]同样，查理一世的传教士们敦促保皇派军队不要做任何“不道德、野蛮或不人道的事”。议会派军官埃德蒙·勒德洛承认，在战争中被俘时，他受到了“非常文明”的对待。[164]同样的规则也适用于 1652~1654 年的第一次英荷战争。1653 年，英军下令要严加看管被俘的荷兰海军军官，但同时需要“对他们表示尊重”。[165]

当然，内战双方都遭受了极其残忍的屠杀，死亡人数堪比第一次世界大战。[166]俘虏常受到粗暴对待，惨绝人寰的暴行也时有发生。当然，相比同时期欧洲诸国之间的 30 年混战，这类情况在英国发生得要少很多（与爱尔兰形成反差），而且很少涉及平民。[167]在武装抗争时期，克拉伦登伯爵强调了战争的恐怖性，列举了许多“粗鲁”、“野蛮”和“不人道”的例子。[168]交战双方公认的做法是，失败的守军如果拒绝投降，在城破之日，就没资格获得宽大处理，而这常导致大规模杀戮，尤其当誓死守城者是天主教徒时。发生在 1645 年贝星院宅占领的事件就是佐证。[169]当暴行确实发生时，

受害方总会指责对方“野蛮地”违背了公认的文明交战准则。[170]双方对自己“文明权益”的多次抗争虽并不一定能引导局势的发展，但它们确实表明，战时文明行为的理想是多么受重视，即便同时代的人讥讽“我们的内战不文明”，这一理想也不会改变。[171]

然而，按伊丽莎白时代人们的说法，当与海盗、叛军、逃兵和
叛徒打交道时，“礼貌对待”总是不合时宜的。这些人自己选择退 145
出政治社会，因而丧失受到关照的权利。他们被剥夺了国际法赋予敌方正式战斗人员的特权，违背战争法的人不会得到保护。[172]1642年，保皇派最初本想将其对手当作不配得到任何帮助的叛乱分子对待。然而，当议会派威胁要绞死保皇派的俘虏作为报复时，保皇派的算盘很快落空了。在第二次内战中，保皇派沦为叛乱分子或叛徒，他们中的一些人果然受到了相应的待遇。[173]100年后，战败的詹姆斯二世党人在卡洛登战役后被无情追杀，并被残忍对待。[174]然而，英国民众从来没有目睹过任何能与神圣同盟战争（War of the Holy League，1683～1999年）的恐怖相提并论的东西。当时，奥斯曼土耳其人在围攻维也纳失败后，一路被欧洲联盟追击回巴尔干半岛。在这场殊死较量中，战争法完全不起作用，双方都奴役或杀害俘虏，并对当地居民犯下无数暴行。[175]

大多数18世纪的评论家对当时欧洲战争的文明方式表示庆幸。18世纪60年代，亚当·弗格森评论道，荷马时代的战争座右铭与“美洲丛林里”盛行的战争座右铭如出一辙；而现代欧洲国家则寻求“将和平与文明引入战争实践”，“让礼貌与刀剑相得益彰”。与大卫·休谟一样，亚当·弗格森也认为战争中的人性可以区分“文明时代与野蛮蒙昧时代”。[176]1777年，哲学家亚伯拉罕·塔克指出，现代战争是“不带仇恨的”。他认为：“战争没有怨恨，且不野蛮。战争法则是在敌我双方普遍认可的基础上建立并加以贯彻

的。它规定被征服者的个人财产不会被剥夺，他们的追随者不会沦
146 为奴隶，更不会遭到冷血屠杀或灭族。”[177]爱德华·吉本曾心满意足地说，“现代国家的法律和礼数”保护了“战败士兵的安全与自由”，确保“爱好和平的公民”少“暴露于战争的怒火中”。亚当·斯密同样认为，现代战争法“在节制、适度和尊重人性方面”优于古代战争法。[178]乔治三世的首席法律顾问在1764年宣称，“在讲求人道的时代，战争本身就是文明的”。历史学家威廉·罗伯逊同意这一观点，认为战争已被“解除一半的恐怖”。[179]

讲这些话，忽略了那些时有发生且惨绝人寰的屠杀，如七年战争（Seven Years War，1756~1763年）的厮杀。[180]然而，如果对比一下胡果·格劳秀斯在1625年阐述的战争法和瑞士法学家埃默里赫·德瓦特尔在1758年提出的战争法，我们就会发现欧洲战事的规则在这段时间内确实变得更加人道了，在某些方面已有实际操作：更加尊重平民；更加关心俘虏和伤员；即使被围困的守军负隅顽抗，战胜方也开始考虑在他们被俘后，赋予他们接受宽大处理的权利。[181]

大多数欧洲军队的军官有着相似的贵族背景，并遵循共同的军事礼仪。[182]与法国革命军在18世纪90年代发动的全面战争相比，18世纪的大部分战争在精神层面上更像是中世纪的比武审判。战斗往往受到严格控制；围攻和激战体现形式上的庄重，其结果通常为双方所接受。[183]一旦规则被打破，战争以“野蛮”的方式进行，抗议活动就接踵而至。例如，伏击作为“人类不文明的一种”战争方式，被公认为非法。美洲印第安人因把自我保护放在首位，避免任何有风险的冲突而出名。他们的目标是削弱和消灭敌人，同时尽
147 可能地减少自己的损失。印第安战士的信念是“日复一日地埋伏等待，直到猎物毫无反抗可能的那一刻……再冲向猎物；趁夜深人静

搞偷袭，火攻敌营，屠杀敌军，任由敌兵赤身裸体，毫无防备地在烈火中抱头鼠窜”。[184]

因此，当1775年英军招募印第安人来帮助镇压北美殖民地革命者的起义时，激起了公愤。次年的《美国独立宣言》（The American Declaration of Independence）控诉乔治三世征募了“印第安人”；同时还控诉英军向美国派遣外国雇佣军，“其残暴无情和背信弃义，即使回溯到最野蛮的时代也没有可相提并论者；英国完全不配冠以‘文明国家’的头衔”。英国国内批评乔治三世政府的人也附和了这一控诉。[185]英军时常杀害俘虏，用刺刀冷血地狂刺他们，严重毁坏俘虏的尸体。[186]北美殖民地革命者通过谴责英军在战场上犯下的罪行，为其独立大业获取了进一步的合法性。

文明的同情心

无论是在战争时期还是和平时期，文明都包括避免任何可能被称为“残忍”的行为，也就是说，有这种行为的人对他人的痛苦漠不关心，或对其造成的痛苦幸灾乐祸。在外科手术、正义战争、惩罚罪犯或矫治犯罪儿童等实践中，人们无法回避痛苦。但是，自古典时代起，不必要的残忍被视为野蛮的一个根本特征。一位詹姆斯一世时期的作家问道，如果“残忍和不人道”都不算作野蛮的特征，那么野蛮是什么?[187]然而，中世纪的教会并没有将残忍行径列为七宗罪中的一宗，尽管托马斯·阿奎那认为那些以带给他人痛苦为乐的人是残忍和不人道的。[188]在近代早期的英国，残忍经常被谴 148
责为“不人道的”，因为它与人性格格不入；被谴责为“不自然的”，因为它违背了自然法；被谴责为“娘娘腔的”，因为它象征着对激愤的软弱屈服；[189]被谴责为“非基督教的”，因为它违背了福音的教义；被谴责为“凶残的”、“野蛮的”或“不文明的”，因为它不符合文明社会的规范。这些知识传统各不相同，但它们在实际意义上相互加强，均有助于支持残忍行径在“文明”社会是不可接受的观念。米歇尔·德·蒙田认为这是“所有罪恶中最极端的”。[190]托马斯·霍布斯认为残忍是违反自然法的，将其定义为无视“未来利益地”或“无理由地”造成痛苦的行径。[191]这使得“残忍”成为一个本质上不稳定的概念，因为在区分合理与不合理上，“残忍”的概念明显不同。

原始野蛮人当属斯基泰人，他们最初居住在黑海东北部，但实际上泛指欧亚游牧民族。希罗多德讲述了他们如何弄瞎和奴役俘虏，砍掉敌人的头，将他们的头盖骨做成酒器。[192]其他野蛮人也同样因其所谓的残忍而臭名昭著。皮克特人被认为是“一个凶残的民族，非常好斗”，而且“非常残忍”。阿兹特克人也因其“残忍”和“恐怖”的祭献活动而恶名远扬。[193]英国历史学家讲述了苏格兰人和威尔士人在过去的战争中犯下的可怕暴行。大卫·休谟认为残忍是“不文明时代特有的”一种罪恶行径，是以猎杀野生动物为生的社会所不可避免的特征。[194]美国植物学家卡德瓦莱德·科尔登认为：“据观察，所有野蛮民族都很残忍，复仇心很强。文明带来的愉悦效果是抑制激愤好斗情绪的良药。”塞缪尔·约翰逊同意这
149 一观点，并补充道：“野蛮人总是残忍的。”库克船长在太平洋航行时，据说发现“几乎每个不文明部落”都会以“极度残暴的手段”对待敌人。[195]

在某种程度上，这些看法反映了可接受的战争行为公约在不同文化中存在着差异。例如，近代早期许多美洲原住民拒绝归还俘虏，因为他们要在愤怒和悲伤中折磨俘虏，以此来弥补在战斗中遭受的损失，他们还因剥敌人的头皮而臭名昭著。[196]亚当·斯密认

为，恶劣的生活条件削弱了野蛮人的人性。与之相比，文明人享有“安全和幸福”，因此具有更成熟的情感。[197]这种观点或许有些道理。一位杰出的人类学家曾写道：“一些原始社会往往不存在哪类行为被明确认定是残忍的。被污名化的是暴力而非施加痛苦……部落之外的人类或动物的痛苦往往是一个无关紧要的问题。”我们没有理由认为，人类过去对痛苦的敏感度比今天低，但他们为接受痛苦做好了更充分的准备。[198]

当所谓的文明人犯下暴行时，他们往往会遭到控诉，被指责其残忍程度超越了野蛮人的残忍程度。在玫瑰战争期间，兰卡斯特军队被指控“惨绝人寰”……就连撒拉逊人或奥斯曼土耳其人都从未听说过有如此残忍的行径。[199]在伊丽莎白时代，天主教作家谴责耶稣会传教士所动用的绞刑、车裂“与奥斯曼土耳其人和斯基泰人的行径一样残忍”。这些作家指出：“将活人的身躯扯碎，掏出内脏，将其架在火上烹食，即使是凶残的斯基泰人，也不会如此丧心病狂。”他们还痛斥调查官的“粗鲁”、“无礼”、“低劣”和“不文明”行为。[200]在1645年的菲利普霍赫之战中，300名爱尔兰随军 150
妇孺遭苏格兰盟约派屠杀。据说她们“被惨无人道地碎尸，即使奥斯曼土耳其人和斯基泰人也不会这般残忍”。[201]

然而，对新教徒来说，无论是约翰·福克斯所悼念的玛丽安火刑事件、法国圣巴塞洛缪大屠杀，还是宗教裁判所的其他活动，都证明了天主教徒的“野蛮”。伊丽莎白时代的一位议员说：“福音是仁慈和温柔的，但留给异教徒的‘果实’是冷酷残忍。”[202]人们普遍认为，如果1588年西班牙无敌舰队取得成功，英国平民将惨遭酷刑和杀戮。[203]奇切斯特主教兰斯洛特·安德鲁斯在1605年发生的火药阴谋事件一周年纪念日上讲道时宣称，火药阴谋事件的主谋“不配当人，他们连凶残的野蛮人都不如。这些野蛮人包括赫鲁利人、图尔西林基人（5 世纪意大利的野蛮入侵者）。他们的阴谋堪称野蛮行径”。[204] 1646 年，韦茅斯的一名水手宣称：“他们并不是为了其宗教信仰而与天主教斗争，因为每个人都有良知。他们以血腥之人的身份与天主教斗争。”[205] 一位复辟时期的传教士认为宗教裁判所的酷刑是“任何不文明国家都无法忍受的野蛮刑罚”。[206]

尤其臭名昭著的是西班牙人在美洲的“野蛮残忍行径”。自 1583 年起，多米尼加传教士巴托洛姆·德拉斯·卡萨斯对此所作描述的英文版广泛宣传了西班牙人对美洲原住民的迫害，并在后世的作品中不断被转述，如 1658 年威廉·达韦南特爵士的歌剧《西班牙人在秘鲁的暴行》（*The Cruelty of the Spaniards in Peru*）。[207] 尽管美洲被西班牙统治期间，大多数印第安人死于疾病而非西班牙人施加的暴行，但“黑色传说”仍不绝于耳。1596 年，一位雷丁传教士对台下听众说：“40 年里，西班牙人屠杀了大约 1200 万印第安
151 人。”1680 年，阿尔杰农·西德尼在书中写道，西班牙人总共屠杀了 4000 万印第安人。[208] 18 世纪初，丹尼尔·笛福将西班牙的“野蛮行径”描述为“一种血腥的、违背人性的残忍行为，仅是听到‘西班牙人’这个称呼，就令世人不寒而栗”。然而，他同时认为，近代早期印第安人作为异教徒采用活人祭祀的方式也非常凶残，所以西班牙人该对他们采取暴行。[209]

将其他教派或民族描述为“残忍”，可能是使针对他们的暴行合法化的一种方式。许多有关奥斯曼土耳其人残暴行径的文献，都是在 15 世纪发动新的十字军东征前发表的。[210] 为了证明 17 世纪中叶对荷兰发动战争的合理性，1623 年荷兰人对东印度公司的 10 名英国雇员施以酷刑和处决的事件（安汶岛大屠杀）被大加渲染。[211] 针对那些对他人野蛮残忍之人的进攻，可以被合理地称为人道主义干预。奥利弗·克伦威尔在 1655 年对西印度群岛的西班牙

属地发动了无端的攻击，这是一个早期的、基本没有引发多少关注的事件。奥利弗·克伦威尔将西班牙人对待美洲原住民的“极端野蛮行径”当作为自己行为辩护的一部分理由。他声称，既然所有人都是兄弟，“对特定人群犯下的所有重大和非同寻常的过错，都应被视为是对其他人的冒犯”。[212]这是一个可以追溯到古罗马时期的斯多葛学派的学说，由托马斯·莫尔的乌托邦主义者所信奉，在伊丽莎白时代得到了阿尔贝里科·真蒂利的认可，甚至一直流传到了21世纪。[213]

在爱尔兰，约翰·坦普尔爵士在他的《爱尔兰叛乱史》（*History of the Irish Rebellion*，1646年）一书中以夸张的手法描述了 152
1641年阿尔斯特天主教徒叛乱中的暴行。据说，随后的内战将双方卷入了“即使在摩尔人和阿拉伯人中也不常见的残暴行为”和“在异教徒、奥斯曼土耳其人或野蛮人中都闻所未闻的凶残行径”。[214]1644年，在英格兰的南特维奇战役中，爱尔兰天主教妇女被指控携带“人类从未见过的血腥可怕的杀人工具——一把超过半码（0.5米以上）的长刀，末端有一个钩子和一个锥子，不仅可以用来捅人，还能从骨头上把肉撕下来”。一位伦敦商人在日记中写道，她们有“新式致命武器，一旦插入身体，就再也拔不出来”。[215]

装备高能虐杀工具的敌人逼近的恐怖景象不断在人们脑海中浮现，在许多有关天主教阴谋的报道中也占据了显著位置。可以说，这些阴谋贯穿了英国的宗教改革时期。在1688年革命之前的几个月里，不断有谣言称，一支装备着恐怖酷刑工具的爱尔兰天主教军队正在逼近。[216]吉尔伯特·伯内特主教在谈到罗马天主教会时写道：“尽管教会里有各种各样的学问与文明，但它现在是世界上迄今为止出现的最残酷无情的组织。”[217]在巴拉丁伯爵的领地和其他地方，据说路易十四的军队犯下了“文明国家中闻所未闻的暴行”。至于他对胡格诺派的迫害，令人震惊的是，“在我们这样一个文明时代，一个被认为是有礼貌的国家竟然会走向如此残暴的极端”。[218] 18世纪中叶，一位哲学家认为值得追问的是，为什么罗马天主教徒“比其他受过文明和博学教育的人更残忍，犯下了更可怕的野蛮罪行”。[219]然而据传在1650年的苏格兰，正是那些入侵的英格兰新教军队砍掉了所有6~16岁年轻人的右手，用烙铁烫女人的乳房，甚至将所有16~60岁的人割喉。[220]

在许多观察家看来，文法学校不断实行的身体酷刑是另一种不必要的残忍行为。一些同时代的人希望立法结束这一行为，因为它
153 是“野蛮的”。[221]其他人则用这个词来形容对动物的虐待。清教徒传教士罗伯特·博尔顿对“我们天生的残忍倾向”发出警告，谴责血腥运动的“野蛮不人道”。17世纪40年代，伦敦熊园被反对者指责为“野蛮和兽性的庇护所”，而西班牙斗牛的“非人道行为”则因其“粗鲁和野蛮”而臭名昭著。[222]在接下来的一个世纪里，爱德华·吉本指出，为获取食物而屠宰动物的残忍行为“被欧洲精致的艺术所掩盖”，而它们“以赤裸裸和最令人厌恶的朴素表现出来”。[223]

神学也受到这些情绪的影响。17世纪早期，人们对加尔文主义的预定学说产生了强烈的反应，因为他们坚信上帝永远不可能做出如此“极端残忍”的行为：不是人类自己的过错，却让人类注定在地狱中遭受永恒的折磨。神学家越来越不相信永恒惩罚的现实，这反映了一种新的不愿意接受如此“残忍、野蛮和凶残行为”的观念。非正统的数学家兼神学家威廉·惠斯顿（1667—1752）并不是唯一一个拒绝上帝概念的人。[224]

同样，那些认为残忍本质上是“野蛮”的信念，也存在于反复

但极具争议的自吹自擂背后，即英格兰的司法刑罚并没有其他地方的司法刑罚那么凶残。15 世纪的首席大法官约翰·福蒂斯丘爵士是批评英吉利海峡对岸（欧洲大陆）经常在司法调查中实施酷刑的众多人中的一个。都铎王朝的政治家托马斯·史密斯爵士则声称："英格兰没有其他国家法律所规定的种种酷刑如折磨、砍断胳膊或腿、死亡轮刑、刺穿身体等。"[225]他含蓄地将英格兰刑律与奥斯曼土耳其人的刑律进行了对比，后者因其恐怖的刑罚而臭名昭著，特别是"刺穿刑"（刺穿身体）和"坠钩刑"（从高处将犯人推下，摔到锋利的钩子上）。[226]他还引用沙皇伊万四世（"可怕君王"）实 154
施的酷刑。一位英格兰旅行家目睹了一个被刺穿的人，在"恐怖的痛苦"中煎熬着。[227]

在欧洲大陆，酷刑的使用更为普遍，因为大陆法规定，如果两名证人不能同时出庭作证，疑犯就必须供认自己有罪。而在英格兰，普通法则依赖陪审团制度。然而，实际上，在法国只有少数案件使用酷刑，17 世纪，酷刑的使用率进一步下降。[228]在英格兰，尽管酷刑在普通法中是非法的，但伊丽莎白一世时期和詹姆斯一世时期，枢密院在调查特别严重的罪行，尤其是针对君主的阴谋时，根据王室一再授权则可使用酷刑。用刑通常是为了获取信息，而不是确认有罪。支持使用酷刑的人对"不必要的"残忍指控也很敏感。他们有些虚伪地宣称，所做的一切"都很温和仁慈"，那些管理刑具的人被要求"仁慈地使用刑具"。[229] 1648 年，马萨诸塞州的法律允许拷打那些被判死刑的人，以使他们供出自己的同伙，"但不能采用野蛮或不人道的酷刑"。[230]查理一世统治后，皇家特权下的酷刑完全消失了，但监禁方式仍很残酷，包括给犯人戴上镣铐、不给他们吃喝、剥夺他们的睡眠等，用来强迫被告认罪。据说 1681 年在"纽盖特有一个洞穴，没人能在里面待上两天还不招供"。[231]

英格兰刑罚体系对罪犯身体的伤害实则远比福蒂斯丘和史密斯所声称的要凶残。近代早期的标准刑罚包括绞刑（缓慢勒死）①、
155 烙刑、用颈手架行刑、鞭笞、剁手和割耳、削鼻——更不用提“严厉的刑罚”，即将拒不认罪者碾压致死。叛徒，尤其是那些杀害自己主子的叛徒，会被马在地上或尖锐的刺钩上拖行；或者会上绞刑架，实施绞刑，在没断气前被放下来，继续被阉割、开膛破肚和肢解。因杀害丈夫或雇主而被定罪的女性被视为犯有轻微叛国罪，将被活活烧死。18 世纪，有人建议还应考虑引入永久奴役、阉割、活体解剖、鞭笞致死和轮刑等酷刑。[232]

15 世纪，约翰·福蒂斯丘爵士曾吹嘘说，英格兰一年内因抢劫和过失杀人被绞死的人比法国 7 年内因这些罪行被绞死的人还要多。在玛丽一世统治时期，一位法国游客对英格兰人不分青红皂白地杀害罪犯的做法颇为震惊。他的惊讶属意料之中，因为在法国，犯同等罪行的人只不过被鞭笞而已。[233]据估计，在 1630 年之前的 100 年里，大约有 75000 名重罪犯被处决。1580~1630 年英格兰被绞死的人比 1630~1967 年的还要多。[234]“外国人认为这是一个邪恶残忍的国家，因为在这个国家一年被绞死的人比其他国家 7 年被绞死的还要多。”一位詹姆斯一世时期的人指出。[235] 1767 年，意大利刑罚改革家塞萨尔·贝卡里亚的英文译文宣称，在英国被处死的罪犯人数“远远超过欧洲其他任何地方”。[236]

与我们的看法一样，许多那个时代的人认为英国政权是“残忍的”和“不文明的”。16 世纪 30 年代，托马斯·斯塔基认为，英国要想获得“真正的文明”，许多“野蛮和专制”的法律就必须被

① 许多被处决的人实际没有死在绞刑架上，而是在气息尚存时，被抬到解剖台上，然后由刽子手开膛剖肚和肢解。［Elizabeth T. Hurren, *Dissecting the Civil Corpse* (Basingstoke, 2016).］

废除。亨利八世去世后，“残忍和血腥”的法令（包括将已定罪的投毒杀人者用沸水煮死的刑律）被废除，因为它们“极其残酷、令人痛苦、极端和恐怖”。[237]1535 年，加莱总督的妻子莱尔夫人的一位伦敦笔友得知她将会“可怜”地受刑，因而拒绝向她透露处决的最新细节。1632 年，一名妇女因毒杀了自己的丈夫，在史密斯菲尔 156
德被活活烧死。埃塞克斯郡的贵妇（朱迪思）巴林顿夫人对此评论道，“这种残忍刑罚令人发指”。[238]在伊丽莎白一世时期，一位政府官员警告说，天主教关于处决传教士的说法是“对我们所用酷刑的一种野蛮看法，即我希望在这种情况下，赦免这些宗教犯人，让他们免受车裂和肢解之苦。女王陛下若得知，也会感到欣慰”。[239]1585 年，英国下议院希望对因刺杀失败被俘的刺客威廉·帕里处以“更严厉的刑罚”，而不仅仅是绞刑、车裂和肢解，但女王拒绝了议员们的请求。第二年，当她得知巴宾顿阴谋的第一批阴谋者被活活地阉割和开膛破肚后，她下令将第二批阴谋者直接处以绞刑。[240]1595 年，耶稣会诗人罗伯特·索思韦尔在被判处死刑时，刽子手曾 3 次试图砍断绞在他脖子上的绳子，以便在他还活着的时候能及时掏出他的内脏。但每次围观群众都喊着：“别砍！别砍！”1642 年在多切斯特目睹了休·格林神父被绞死、实施车裂和肢解的情景后，伊丽莎白·威洛比夫人记录道：“看到他如此痛苦，我的心都跳了出来。”[241]

首席大法官爱德华·科克承认，如果把一年里所有被判处绞刑的人聚在一起，无论是谁看到这一幕，“都会心生怜悯”。[242]牛津的古文物研究者安东尼·伍德回忆起 1654 年他 21 岁时目睹两名拦路抢劫犯被公开处决时的恐惧：“这是我所见过的第一次或第二次处决，我深感恐惧，这一幕扰乱了我的研究和思考。”[243]在法国逗留期间，日记作者约翰·伊夫林目睹了一名抢劫犯遭受的酷刑，他感觉这一幕非常“令人不适”，以至于后面的酷刑他“再也看不下去”。[244]

1584 年，肯特郡绅士雷金纳德·斯科特谴责“女巫猎人和审讯人”的“让人无法容忍的残忍行径”。他们“违背人性、粗鲁失礼”，以莫须有的罪名迫害了许多无辜的老年妇女。[245]在随后的一
157 个世纪里，绞死被定罪的女巫越来越成为一个有争议的问题。反对罪犯只因盗窃就判处极刑的主张不绝于耳，却无济于事。英国法律规定只要盗窃超过价值一先令的财物，就要被处决。16 世纪 30 年代，托马斯·斯塔基认为这种做法“违反自然和人类法则，与良好的文明规范不相容”。银行业推动者威廉·帕特森在 1701 年谴责这种做法是“具有破坏性且失败的残忍行为”。[246]许多已被定罪的罪犯以神职人员特权（初次犯罪可免于判刑）和成功通过阅读测试为由免于死刑。陪审团经常低估赃物的价值，以使被告免于被定为重罪犯。然而，他们有时会动用神职人员的特权，只给某些罪犯判公开鞭刑，然后在他们拇指上打上象征性的司法烙印，便一放了之。一些当权者认为这种做法“太过宽大”，哀叹这是一种“愚蠢的怜悯癖”。[247]与之相比，叛国罪的惩处标准被许多人批评为“不人道”、“残忍”和“野蛮”。在英联邦和保护国时期，高等法院判处的执行死刑方式只能是斩首或绞刑。“我认为所有的依法处决都比单纯的死亡更为残忍。”这是 17 世纪某人对《蒙田随笔集》中一段话的翻译。[248]

长期以来，烧死宗教异端分子的做法引起了人们的恐慌。一些早期的新教作家认为，无论受害者的宗教信仰如何，这种做法都是错误的。[249]17 世纪，这种“虔诚的残忍行为”（后来的改革派的叫法）因为“野蛮”，受到越来越多的抨击，分别在 1648 年被长期议会和 1650 年被残缺议会临时废除，并最终在 1677 年的法案中被废

止。根据该法案，信奉异端之人不再被判处死罪。[250]1651 年有人谴责碾压人致死的刑律“野蛮和不人道”，并且表示“为了全世界”，不愿成为“任何遭受这种痛苦的人”的见证人。[251]

1689 年，《权利法案》的起草者宣布所有“残酷和变态的刑 158
罚”都是非法的。他们想到了 1678 年英格兰天主教阴谋案的告密者和做伪证者提图斯·奥茨的遭遇，他被判处罚款、监禁、每年 4 次的公开鞭刑，直到死亡。这些起草者也遵循了马萨诸塞殖民地的先例，早在 1641 年，该殖民地就禁止所有“不人道、野蛮或残忍”的身体刑罚。[252]从 17 世纪 90 年代开始，人们习惯于减轻对叛国者的惩罚：女犯人会先被勒死，然后再点火焚尸；男犯人会先被绞死，然后再从绞刑架上被放下，开膛破肚，取出内脏。[253]

17 世纪 30 年代以后，英国每年被处决的人数急剧下降。虽然死刑判决在增加，而且在 18 世纪英国添加了一些新的死刑罪，但 1630~1740 年，被判死刑的人数的比例稳步下降，尽管偶尔会有些波动。[254]在英国的北部和西部，人们明显不愿绞死那些被判侵犯财产罪的人。[255]越来越多的罪犯被判缓刑，并被送往美洲殖民地的种植园劳作。1700 年，这成为重罪犯最常见的归宿。在 1718 年和 1720 年的两项法案中，流放也成为一些非死刑犯的标准刑罚。[256]尽管有许多人呼吁实行更严厉的刑罚，但 18 世纪英国终结了给犯人身上打司法烙印和弄残犯人肢体的刑罚，废除了以叛国罪烧死妇女的做法，[257]公开鞭刑也减少了。除了 18 世纪 80 年代，伦敦一地处决人数急剧上升以外，英国其他地区越来越多地用监禁来替代死刑和身体酷刑。然而，直到 19 世纪二三十年代，旧的血腥法典才被正式废除。[258]

18 世纪晚期至 19 世纪大部分时期，英国的死刑执行率一直远
高于大多数欧洲大陆国家。[259]尽管如此，这种从身体酷刑到流放， 159

再到强调监禁和改造的转变，受到那个时代许多人的赞誉，被认为是新的“文明”同情心的证据。第三代沙夫茨伯里伯爵评论道：“反对将任何人置于痛苦中，或帮其摆脱痛苦，是我国的普遍特征。最为重要也是我们的法律最值得称颂的地方是废除了绞刑和轮刑。”道德家约翰·布朗得意地反思“我们的法律在死刑案件中的宽大、对被定罪者的同情，甚至是对拦路抢劫犯和强盗所彰显的人道主义，都不逊色于其他国家”。亚当·斯密向“一个文明民族（英格兰）的人性”致敬，认为这使国家减轻了刑罚。威廉·布莱克斯通对1772年严厉的刑罚被废除表示鼓掌欢迎。这一刑罚在他看来，是“与英国的法律和人性背道而驰的残酷手段”。[260]

越来越多的人厌恶给身体施加痛苦的刑罚，这也许反映了人们的一种新的关注——此生而非来生的幸福。1677年，一位作家提议要完全废除死刑。他认为，死刑是不可接受的，因为它“结束了所有人世间的幸福”。而到了18世纪，有迹象表明，人们对剥夺性命的刑罚越来越不安。[261]中世纪有种说法，痛苦具有积极的精神价值，因为它使人们能体会基督所受的苦难，但这种说法遭到大部分新教徒的拒绝。① 更普遍的观点是，痛苦是一种神圣的刑罚，是一种赎罪的手段，也是一种使人更接近上帝的方式。在某种程度上，任何形式的受难都是一种祝福，在某些人看来，甚至是一种“天将降大任于是人”的迹象。但到了17世纪后期，这种观点的吸引力也在减弱。[262]痛苦反而被视为本质上不受欢迎的东西。过去，关于
160 死刑和其他形式身体酷刑的描述只是偶尔提到了它们所造成的痛苦，而更多强调它们所带来的耻辱。1778年，苏格兰法官卡姆斯勋

① 但贵格会教徒并不反对这种说法，因为他们将自己定义为一个受迫害的群体，非常重视记录自身的“苦难”，相信这些苦难具有精神价值。［Robert Barclay, *An Apology for the True Christian Divinity* (5th edn, 1703), 254.］

爵认为："我们的先辈能忍受彻底压倒我们的一切，而不会有太多痛苦。"[263]但随着人们变得更加注重保护自己的身体不受侵犯，更加注意隐藏自己的体味和排泄物，对他人的体味和排泄物更加敏感，他们也更能体会受刑者的痛苦，更不愿施加或目睹这种痛苦。正如法国旅行家和哲学家拉洪坦男爵所描写的，至于加拿大易洛魁人用慢火将囚犯烧死的做法，对"文明人"来说，没有什么比被迫目睹这种折磨人的做法更痛苦的了。[264]1836 年，约翰·斯图尔特·密尔提到"受刑那痛苦的一幕，甚至只是对那种痛苦的想象，越来越被那些充分享受文明甜头的阶层排除在视线之外"。[265]

从死刑和其他身体酷刑到监禁的全面转变，既是新的情感的产物，也是新的刑罚策略的产物。监禁虽然是一种更有效控制和改造罪犯的方法，但被当作一种权宜之计，来行使国家权力，"人道"在其中所起的作用甚微，因而被搁置一边。[266]不可否认的是，在一定程度上，推动刑罚制度改革的并不是人道主义情绪。[267]从 17 世纪后期开始，英国国内和殖民地对劳动力的需求不断扩大，这使得因琐碎的罪行处死健康的年轻罪犯显得越来越浪费。贵格会教徒约翰·贝尔斯在 1699 年曾计算过，每当一个身体健全的年轻人被砍头，英国就要为此付出 200 英镑的代价。[268]一个更强大的国家不再需要通过将其刑罚体系暴露于公众视野来彰显国力。刑罚的威慑力比严厉性更加有效，也增强了刑罚的确定性。人们担心公开鞭笞和处决会吸引声名狼藉、目无法纪的旁观者。另外也有证据表明，血腥的刑罚是无效的，这种观念有助于推动将身体刑罚改为流放和监禁。长刑期、单独监禁和艰苦劳作虽会造成痛苦，但公众看不到这个过程。监狱就像屠宰 161
场一样，无法被看到。同样，19 世纪中叶，死刑也不再公开执行。所以很难不得出这样的结论：对死刑和酷刑的反对，与其说是针对司法造成的痛苦，不如说是对众目睽睽下实施暴行的深恶痛绝。

然而，虽然现实考量在促成刑罚制度改革方面起决定性作用，但是令人吃惊的是，改革的论据经常被用“野蛮”和“文明”的语言表达出来。对“野蛮”民族来说，血腥的刑罚仍然被认为是必要的（因为野蛮人被认为只有身体而非思想对痛苦敏感），但这种刑罚越来越被认为不适合用于文明人。威廉·史密斯博士在 1777 年写道：“在哥特式暴政和野蛮行为盛行的时代，采用严厉的刑罚也许是非常恰当的，但在这个文明和优雅的时期，更温和的惩罚方式更为恰当。”[269]另一位改革者宣称，对叛徒的处理方式是“野蛮的屠杀，其野蛮程度甚至可能玷污一个霍屯督人”。他认为，在无知和野蛮的时代设计的这种刑罚竟然被允许在“文明和开明的现代”继续保留，实在不可容忍。19 世纪，主张废除野蛮刑罚的人通常将死刑描述为“野蛮时代的陋习”。[270]

在汉诺威王朝统治时期的英国，最“有礼貌”的国家是最“人道”的，这已成为不言而喻的道理。[271]女学者伊丽莎白·卡特指出，古雅典人追求艺术和哲学，但他们在战争中的“残暴”表明了“他们的心是野蛮人的心”。[272]人们原本敬仰古罗马人，但只要回想起他们的“野蛮和不人道”，这种敬仰之情就大打折扣了。他们对英国的征服是“相当暴力和可怕的”。[273]中世纪，人们的残忍无情是臭名昭著的。[274]对亚当·斯密来说，同情他人是“一个仁慈且高尚的民族”所特有的品质。“文明国家所需要的细腻情感”在野蛮人当中是找不到的。动物爱好者约翰·劳伦斯评论道：“现在
162 比以往任何时期都更讲人性。”伯明翰历史学家威廉·赫顿满心欢喜地说：“在这个光明的时代，酷刑消失了。”[275]

18 世纪的改革者认为自己比他们的祖先更有同情心，这一点

是否正确值得商榷。[276]但可以肯定的是，他们认为自己是很有同情心的。怜悯、同情、仁爱和感同身受被视为独特的现代情感，而过去的人们或外国的“野蛮人”都不了解这些现代情感。18 世纪的人有能力变得更文雅和文明。人们对身体上的疼痛，无论是自己的还是他人的，都有更高的敏感性。对造成或目睹疼痛的厌恶，已被视为文明的基本特征。人性是一个“文明人”的美德，他是“温和仁慈之人，被净化掉了所有愤怒和不合群的激情”。相比之下，残忍与一种特定类型的堕落者相关，这种人缺乏人的全部情感，对他人的痛苦麻木不仁。[277]要提高 18 世纪许多英国人的文明程度，还任重道远。[278]

文明的礼仪

对残忍的厌恶可能具有普遍性。法治、对生命和私人财产的保护与战争以及国际关系的有序进行也具有普遍性。然而，作为对一个民族文明程度的检验，许多其他标准反映了英国的狭隘性，或者最多算是从西欧国家引入的一些先入为主的观念。1606 年，托马斯·帕尔默爵士给旅行家的建议是，要想知道一个国家是文明的还是野蛮的，最好的办法就是研究该国民众的“姿态、衣着、礼仪、谈吐、饮食、吃东西的样子、对他人的尊重程度以及这个国家的民众对外来者的所有其他行为”。[279]奇装异服、发型和装饰品，或者 163
更糟的是，压根没穿衣服，很容易被认为是处于野蛮状态的证据。18 世纪早期的一位古文物研究者说，“随着人们越来越礼貌和文明，穿衣服的习惯也越来越普遍”。他认为“粗鲁的民族”很可能半裸着身子，直到他们变得“更加文明”。1767 年，旅行家托马斯·彭南特赞同道：巴塔哥尼亚人现在开始穿内裤了，这表明他们已经“朝着文明前进了几步”。[280]

菲利普·西德尼爵士说印第安人把装饰品戴在鼻子和嘴唇上，而不是戴在他所说的“耳朵的合适和自然的地方”。[281]诗人埃德蒙·斯宾塞为爱尔兰妇女感到遗憾，因为她们骑马时，“马鞍的方向错了”，朝右而不是朝左。法因斯·莫里森指出，爱尔兰人干了“20 件荒谬的事情”，“只是因为他们想与我们对着干”。通过用头发遮住脸，犯罪分子得以逃脱。他们宽大的“披肩”白天用作衣服，晚上用作床垫。[282]

注重个人卫生，在英国国内已经是一个公认的文明标准，也成为判断国外民族是否文明的一种方式。“一个国家越文明，”《旁观者》写道，“越会注重礼貌。”据说野蛮国家有更多的疾病，因为粗鄙之人卫生习惯较差。18 世纪的医学作家威廉·布肯宣称：“无论人们对学问、礼貌或文明表现得多么自命不凡，我们都敢肯定，只要他们忽视卫生，他们就处于野蛮状态。”人口学家罗伯特·马尔萨斯同样将“野蛮人”与肮脏和恶臭联系起来。[283]17 世纪 60 年
164 代，英国使节的秘书抵达里加。他说，对他和同事们来说，再次发现自己置身于那些“文明有礼”的人之中，着实令人高兴，而这种文明主要体现在“所有东西都很干净整洁”。① 1792 年，马嘎尔尼勋爵率领外交使团访问乾隆时期的中国时，发现那里没有适合的“休息场所”。[284]相比之下，在伊斯兰国家，英国游客常常惊讶地发现人们洗漱频率很高，也很彻底。[285]

温文尔雅、谦恭有礼当然是文明的一个重要组成部分。正如一位行为理论家所说，教儿童礼仪是为了使他们成为文明社会的一

① 1805 年，后来成为加尔各答主教的雷金纳德·海伯在俄罗斯帝国旅行时说：“从俄罗斯帝国农民的下风处经过太可怕了，如果可能的话，我会尽量避免这么做。”［*The Life of Reginald Heber by His Widon*, Vol. 1, 107.］

员。通过循循善诱，人们学会相互尊重、关爱；良好的礼仪有助于维系家庭、邻里和国家之间的和平。[286]在新大陆，欧洲旅行者震惊地发现，一些美洲原住民服从酋长，尊重长辈和父母，但他们对每个人都使用相同的称呼方式，不管他们的社会地位如何。[287]印第安公主波卡洪塔斯在学会了英语并皈依基督教之后，“才遵照英国的礼仪”。[288]罗杰·威廉姆斯在美国期间，遇到了一些贵格会教徒。罗杰·威廉姆斯提醒这些人“在所有文明的国家，文雅有礼、讲话谦和、恭敬称呼和其他相关行为无处不在，与野蛮和不文明的人的行为截然不同”。[289]

西班牙人对美洲原住民吃昆虫和爬行动物感到厌恶。新英格兰的 165
一位早期定居者认为，可以用盐来腌制鱼和玉米以备过冬，“这就是身处一个文明联邦的主要好处”。[290]吃生肉有些不太文明。[291]不熟悉的餐桌礼仪亦是如此。正如罗伯特·博伊尔所说，“饮食环境对文明的判定有一定影响”。[292]伊丽莎白时代的探险家马丁·弗罗比舍感叹道，美洲东北部的印第安人既不使用桌椅板凳，也不使用桌布装扮房间。一个早期移民到马萨诸塞州的人说，新英格兰人“吃东西的样子很粗鲁，没有盛饭菜的木盘、餐巾和刀”。[293]托马斯·谢利爵士曾被奥斯曼土耳其人拘押在君士坦丁堡，他后来报告说，奥斯曼土耳其人吃肉和面包时，先用手撕碎，“既不用刀也不用木盘”。①詹姆斯一世时期的商人威廉·芬奇认为索科特拉岛（位于阿拉伯海）的居民“不礼貌”，因为他们坐在地上吃肉，不用刀或勺子，只用手。旅行家托马斯·赫伯特发现波斯妇女的饮食习惯“与自己不同”。爱德华·朗也讲述了牙买加人的用餐习惯。[294]查理二世在

① 维多利亚时期的政治家理查德·科布登坚决反对将奥斯曼土耳其人视为欧洲人的原因之一是“他们仍用手抓饭吃，而不是刀叉等文明的代用品”。[Political Writings (1867), *vol.* 1, 270–271.]

莫斯科的使节在晚宴上没有得到餐巾感到震惊。[295]

在整个近代早期，稳固持久的一夫一妻制婚姻被广泛视为文明
166 社会的一个基本特征，因为这种婚姻能使“狂野而放荡不羁的感情”变得“文明和讲人性”。[296]因此直到17世纪后期，教会法庭都在与不符合常规的性行为做斗争。与之相反，野蛮人据说为了满足性欲，避免“让那些人为制定的礼仪规则束缚其行为”。[297]1774年，卡姆斯勋爵说，妇女被视为“忠诚的朋友和令人愉悦的伙伴”，这也正如后来的一位诗人所写：

> 云雨之欢与家庭和美相融，
> 欲望与情感同升。[298]

配偶之间的身体暴力违反了文明标准。尽管直到1828年，丈夫对妻子进行“适度”惩罚的权利一直得到法院的支持，但长期以来，许多人认为这是完全不能接受的。一本詹姆斯一世时期的小册子将殴打妻子与“尚未完全开化的古代野蛮时代的行为”相提并论。17世纪末，一位女权主义作家谴责男性对女性的“野蛮”行为普遍存在。[299]在《旁观者》中，理查德·斯蒂尔敦促丈夫应该对妻子“以礼相待”，而不是“粗暴无礼”。对于18世纪的中产阶级而言，婚姻暴力是可耻的，是一种难以形容的“野蛮”行径。[300]

早在1670年，一位作家就宣称“一个国家越远离野蛮行径，
167 变得越来越文明高雅，那里的妇女就能享有更多的自由和尊重”。[301]英国旅行家不赞成奥斯曼土耳其人将妇女隔离，只允许她们戴厚厚的面纱出现的做法。法因斯·莫里森认为，奥斯曼土耳其人只看重女性的性魅力，而不重视其“学识涵养与内心品质”。奥

斯曼土耳其人是野蛮人，18 世纪的一位旅行家同意道，他们的爱只是“肉欲，不讲友谊和尊重”。[302] 理查德・巴克斯特不赞同一夫多妻制。他补充道，儿童教育是维持“一切美德和文明”的关键，而妇女在儿童教育中起着重要作用，因此对她们的压迫只会导致“人类的行为败坏和残暴”。[303]

在随后的一个世纪里，人们常常哀叹一夫多妻制对妇女地位的不利影响。大卫・休谟认为“野蛮”是其“不可分割的伴随物”。[304] 亚当・斯密将一夫多妻制与专制联系起来，因为它阻碍了世袭贵族的出现，他认为这一阶级是反对君主专制的重要力量。他还评论了一夫多妻制中女方的悲惨境遇。[305] 卡姆斯勋爵声称，有些地区的女性才被认为较理性。剧作家理查德・谢里登说：“对女性施暴之地是野蛮的所在。”[306] 清朝统治下的中国虽不是一个愚昧的国家，但那里的妇女基本处于被支配的地位。[307]

印度寡妇在丈夫的火葬柴堆上自焚殉夫（*sati*，也称娑提），起初引起了人们的反感。1618 年，东印度公司的代理人威廉・麦斯沃德指出，这种做法是为了阻止妻子毒死配偶，但他认为这是一种“残忍和异教性质的习俗”。[308] 东印度公司只是一家贸易公司时不愿多干涉当地的风俗习惯。但到了 19 世纪初，它建立起庞大的领 168
土帝国，并成为管理次大陆的主要政治机构。这时东印度公司准备干涉娑提（当时被无可争辩地视为一种“野蛮”做法）。1829 年这种陋习的废除，在一定程度上体现了英国对印度的控制。[309]

芭莎・马金被一些人视为英国伟大的女学者。1673 年，她谴责剥夺年轻女性接受正当教育的做法，认为这是一种“野蛮习俗”，只存在于女性受压迫的国家。1697 年，丹尼尔・笛福正面回应了芭莎・马金的呼吁，他认为“我们是一个文明的基督教国家，但不让妇女从教育中受益，是一种不文明的习俗”。[310] 18 世纪，这类情绪变得司空见惯。除了少数人以外，大多数同时代的人认为，妇女的历史就是她们逐渐解放的历史，伴随着经济与社会的日趋复杂。[311]罗伯特·马尔萨斯认为，“野蛮人”贬低了女性。他指出，在北美洲，除了打猎或打仗外，当地男人无所事事，而女人则过着不停劳作的生活。大卫·休谟认为，“野蛮”国家的女性所受的待遇与他所处时代的上流社会形成了巨大反差。在上流社会的两性交往中，男性权力“尽管也较为明显，但以一种更为慷慨的方式”行使，即散发着优越感的彬彬有礼。[312]

约翰·达尔林普在1757年解释道：“在所有野蛮的时代，身体所展现的勇气和力量要比心灵的美德更为重要，妇女的权利势必很少受到重视。”只有在“社交礼仪变得温和”之后，她们才受到尊
169 重。[313]在苏格兰法学家约翰·米勒看来，社交礼仪的温和以及随后妇女的解放都源于稳定的政府和随之兴起的制造业与商业。[314]1771年，埃德蒙·伯克觉得自己能够告诉下议院：“我们身边的文明带来了两件事：婚姻的稳固长久和女性的自由。欧洲相较世界其他地区的每一处优势都基于此。”[315]

当然，人们对“妇女的这些新权利”通常有一个基本的判定，即它们不会为比行动自由、财产继承、有限的受教育机会和受到礼貌对待的权利延伸得更远。按照法国贵族女性的标准，她们掌控自己的沙龙，充当“礼节的裁判”，而英国贵族女性则相对处于从属地位。[316]按照现代标准，她们的解放才刚刚开始。尽管有这些限制，英国评论家仍与欧洲启蒙运动的哲学家保持一致，认为妇女的状况是从野蛮走向文明的可靠指标。社会发展的每个阶段都给女性带来新的好处。[317]参与库克船长第三次航行的天文学家詹姆斯·金和船上的外科医生威廉·安德森都确信，妇女所受待遇是评估南太平洋不同民族文明程度的最佳标准。[318]用威廉·亚历山大的话说：

> 我们在任何一个国家了解到的妇女的地位……和状况，最准确地向我们展示了该国的人民在文明社会标尺上的确切位置。如果其历史文献无视其他任何问题，只提到他们对待妇女的方式，我们就会从这一点切入，对他们的举止是野蛮还是有教养做出一个基本的判断。[319]

因此，马嘎尔尼勋爵的结论是："我们的礼貌名副其实，这也使得我们的礼节名声远扬。[320] 170

文明的果实

18世纪，"文明"民族意识到自己与"野蛮人"最主要的区别是物质优势，他们拥有一整套技能，这些技能带来了明显的经济、技术、社会、艺术和知识效益。托马斯·霍布斯曾对"自然状态"（the state of nature）进行过著名的描述，而这些技能是自然状态下所不具备的。自然状态下"没有工业发展的土壤……地球上没有文化、航海活动、海运进口的商品、宽敞的建筑、交通和迁徙工具，也没有需要消耗巨大力量的事物，人们也不了解地球的面貌，不计算时间，没有艺术和书面文字，也未形成社会"。[321]托马斯·霍布斯没有提及货币，约翰·洛克后来则认为货币是生产力不可或缺的推动力。他尤其认为银币是"世界上所有文明和贸易地区的商业工具和衡量标准"。伯纳德·曼德维尔同样认为金钱"对于秩序、经济和文明社会的存在绝对是必要的"，而孟德斯鸠则宣称金钱的存在是一个文明国家的确切标志。[322]然而，在农业、航海、工业、技术、贸易、建筑、文学和学术方面，托马斯·霍布斯列举了几乎所有公认的活动，正如他所说，这些活动将"欧洲的文明与美洲未开化之人的野蛮区分开来”。[323]言下之意，他对野蛮的定义完全是否定的，野蛮不是一种替代的生活方式，而是从根本上缺失文明社会及其附带的益处。这种看法较为普遍，之后也反映在塞缪尔·约翰逊编撰的《词典》里，“文明”一词的定义在这里基本都是否定的。亚当·弗格森也理直气壮地批评和他同时代的人，这些人以为“仅仅否定我们现今社会的所有美德，就足以描述人类社会的原始状态”。[324]

像其他支持文明的人一样，托马斯·霍布斯强调国家形成的重
171 要性，并且指出“法律和共同财富是推动科学和文明的前提”。[325]
托马斯·霍布斯及其同时代的法国人笛卡尔均认为，一旦一个政治社会形成，文明生活随后带给我们的几乎所有优势都是“真实哲学”的产物，尤其是数学，没有它，英国人“与最野蛮的印第安人”会相差无几。从这一哲学中产生了“美观坚固的建筑、神奇的发动机和其他交通工具”，以及“人们从观测天空、描绘地球、计算时间和海上航行中所获得的一切商品”。正是由于“为了获得生活必需品和保护自己免受相邻部落的伤害”，“美洲原住民和其他野蛮人没有闲暇时间来发展上述科技”。这里，托马斯·霍布斯呼应了法国历史学家和地理学家皮埃尔·达维蒂的观点，达维蒂曾指出“人类的科学在祥和的城镇和安逸的生活中得以蓬勃发展”。[326]

与托马斯·霍布斯同时代的许多人也深信计算、测量、艺术与科技的重要性。伊丽莎白时代的翻译家托马斯·哈克特认为，没有艺术和科学，人类“只不过是赤裸的、野蛮的、未开化的”。弗朗西斯·培根也认为，掌握艺术与科学是区分欧洲最文明地区和新世界最野蛮地区的重要标准。塞缪尔·珀查斯编撰了当代旅行家的故事，他认为波斯、印度和中国的庞大帝国之所以未能扩张，是因为

它们缺乏至关重要的航海技术。① 正是航海技术、造船技术和制图学为欧洲人带来了优势。[327]哲学家理查德·坎伯兰认为，通过对度 172
量衡和货币的了解，“文明社会、相互贸易和彼此援助”成为可能。[328]亚当·斯密补充道，枪械的发明确保了文明的延续。他指出在古代，富裕和文明的民族难以抵御贫穷野蛮民族的攻击，而在现代，贫穷和野蛮的民族对富裕和文明的民族毫无防御之力。苏格兰哲学家杜格尔德·斯图尔特也同意这一观点：防御工事和枪械的科学给了文明国家一种前所未有的安全感，使它们能够抵御野蛮人的疯狂进攻。[329]

金属加工制造尤其重要。约翰·洛克将美洲原住民的穷困归因于“他们不明白从一块非常不起眼的石头里能找到什么，我是指铁矿”。伟大的自然主义者约翰·雷认为金属和矿物是“文化”和“文明”的“必要工具”，如果不加以利用，生活将是“野蛮和粗鄙的”。[330]18世纪后期，铁器被描述为“文明社会的主要工具”。爱德华·吉本认为，如果一个民族要从“最粗俗的野蛮”中走出来，金钱和铁器是必不可少的。让-雅克·卢梭认为欧洲比世界其他地方更文明，因为它既有铁器，也有玉米。历史学家威廉·罗伯逊说，无论是墨西哥的阿兹特克人还是秘鲁的印加人都不能被视为文明人：他们不仅在驯养动物方面进展甚微，而且对有用的金属一无所知。[331]

书面语言当然也被视为文明社会的关键。没有它，就不可能有与习俗相对立的法律，不可能有客观的社会治理，不可能有记录得以保存，也不可能有复杂的商业。从盎格鲁-撒克逊时代晚期起，

① 这个说法对中国未免有些苛刻。15世纪早期，中国就曾派遣船队穿越印度洋，抵达南非最南端，但中国后来刻意放弃了这类远洋探险。

英国就拥有了上述法律、商业等。但直到中世纪晚期，更高的非专业文化水平才使知识的积累和传播成为可能，并远远超出了牧师的
173 知识水平。实用的读写能力不仅对医学、法律和神学等有学问的专业人士至关重要，而且对越来越多的其他工作也至关重要。同时代的人认为这是他们和野蛮人之间的一个关键区别。塞缪尔·珀查斯写道：“有些人被认为是文明的……可以使用文字并会书写；而其他不具备这种能力的人，则被视为粗鄙、蒙昧和野蛮的。”法官马修·黑尔爵士指出，那些“在文字书写方面得到更好指导”的人比其他人更“文明”。伯纳德·曼德维尔认为，没有书面的成文法，文明社会是不可能存在的。威廉·罗伯逊指出，“在文明国家”，所有重要的交易都是以书面形式开展的。爱德华·吉本也认为，“使用书面文字”是“划分文明人和一群蒙昧且不懂思考的野蛮人的首要标准”。[332]按照这些标准，近代早期的英国只能算半文明国家，因为普遍认为在 18 世纪初，只有一半的英国男性和 1/4 的英国女性能手写签名，尽管很明显有更大比例的人能够阅读。[333]

随着读写能力的提高，印刷业也随之兴起。正如塞缪尔·约翰逊所说，没有印刷业，知识就无法传播，“民族就将不开化”。1792 年，杜格尔德·斯图尔特得出结论，印刷术的发明使知识的增长和传播成为可能，在所有区分“人类现状与古代民族状态”的标准中，这条是“迄今为止最重要的”。与他同时代的詹姆斯·麦金托什爵士也同意这一观点：印刷术意味着知识再也不会像罗马帝国衰败后那样丢失了。[334]

在人们学会如何建立文明社会之前，他们生活在一种野蛮无知的状态里，这是一种普遍现象。[335]在宗教改革后的一个世纪里，大学捍卫者、广纳捐助的主教辖区和教士团体纷纷抵挡宗教批评者，宣称劫掠教堂会导致“知识的衰败”，使社会重返古时的野蛮。[336]

1653 年，之后成为复辟时期主教的约翰·高登宣称，文学使人 174
“文明”；如果不受教育，人将堕落回“粗鄙野蛮”。高登心目中的文明社会带有明显的英国国教和保皇党色彩。他以过渡时期的新教教派和世俗传教士为例，说明如果权力落入“无学问之人”的手中，会产生怎样灾难性的后果。后来，诗人约翰·德莱顿也表达了相似看法。[337]还有一些人也认同知识的教化作用，鼓励对知识的探求，只不过他们用的例子不局限于英国。正如法学家兼历史学家罗杰·诺斯所指出的，“世界上的文明地区”正是从其高超的知识体系中获得了所有优势。他就此将人分为三类：“博学的、没学问的、野蛮的。”[338]同样，托马斯·斯普拉特在他关于英国皇家协会史的著作中似乎将“文明世界”等同于“学术世界”。计算能力、概括能力、对因果规律的理解以及丰富的抽象语言正成为普遍接受的文明程度的标志。[339]

18 世纪启蒙运动中的知识分子紧随培根、托马斯·霍布斯和笛卡尔，将科学视为人类进步的主要动力。对孟德斯鸠而言，野蛮人和文明人之间的关键区别在于文明人充满了新思想，而野蛮人唯一的念头就是如何生存。[340]野蛮人缺乏好奇心是出了名的。野蛮人的一个明显迹象是对知识的探究漠不关心，这在英国表现为一些愚昧的新教教派，在沙皇国俄表现为对自然哲学和“所有有用知识”的普遍无视，在非洲表现为整个人群都未能提高知识水平。[341]按本杰明·惠奇科特的说法，斯基泰人之所以被称为“野蛮人”，是因为他们没有文化（教育）。[342]奥斯曼土耳其人在 1453 年占领君士坦丁堡后，肆意毁坏书籍，驱逐古希腊学者，再没有什么比这更能坐
实他们的野蛮和粗鄙。此后，人们开始坚信，“目不识丁的奥斯曼 175
土耳其人”是所有知识的公敌，他们对获取新知充满敌意。[343]在奥斯曼土耳其待了一年的乔治报告说，奥斯曼土耳其人拒绝印刷术，

也许是因为担心普及教育会颠覆他们的宗教和政府，而蒙蔽民众是保护这一切的最好方法。[344]

绘画、雕塑和建筑艺术的繁荣是文明的另一个标志。1719，肖像画家乔纳森·理查森提议创办一家书院，培养绅士的绘画技艺。他宣称绘画的能力将“为我们的文雅与品位画龙点睛”。[345]对于大卫·休谟来说，除了在求知和艺术上取得的进步不同之外，“不同时代、不同民族之间”几无差别。这不仅是因为求知与艺术的实用性，更重要的是，他认为“专注于科学和文学，可以使人脾气更温和，更具备人性，懂得珍视那些美好的情感，而真正的美德与荣誉就来自这些情感”。艺术越发展，人们就越善于交际。人们“具备科学知识，侃侃而谈”，不再满足于“以野蛮愚昧国家所特有的那种老死不相往来的方式”生活。他们成群结队地涌入城市，热衷于接受和交流知识；通过谈吐、衣着和家具陈列，展示他们的才智、教养和品位。“俱乐部和社团随处可见，男男女女以一种轻松惬意的方式接触；男性的脾气和行为得以迅速改善。因此，除了从知识和文化中得到的进步之外，他们肯定也会通过交谈这个习惯提升人性……勤勉、知识和人性是由一条不可分割的链条连接在一起的。”大卫·休谟认为人性是将文明时代与野蛮蒙昧时代区分开来的“主要特征”。[346]它起源于平等地位的人之间的社会交往，这种交往使大多数西欧城市脱颖而出，与亚洲
176 城市中更加森严的等级制度形成了鲜明对比。[347]

如果对自然世界的了解与开发没有稳步发展，18 世纪的英国就不可能有丰富的社会生活。同样在这个时期，西欧在科技方面即将超越亚洲。造纸术、印刷术、火药和指南针都由中国发明，中国人还以陶瓷和丝绸制造技艺而广受赞誉。同样，印度也以纺织业闻名于世。但到了 18 世纪后期，欧洲国家在工业技术方面的成就明显超过了亚洲国家，这一时期的文化和文明生活也越来越多地依赖

于这些成就。[348]人类学家克劳德·列维-斯特劳斯曾声称，一个社会的发展水平最好是由每个社会成员可获得的能源来衡量。按这一标准，18 世纪的农业革命和化石燃料革命给英国带来了巨大进步：农业生产力不断提高，煤炭储量日渐丰富，深度开采技术不断革新，货物运输的道路、可通航河流与运河得以改善。[349]

同时代的人并没有阐明能量捕获（energy capture）的概念，但他们很清楚正在发生的变化。1780 年，一位写小册子的作者敦促说："想想我们的社会是怎么从野蛮一步步发展到高雅的。你一定会发现，社会从最低、最差发展到最高、最好，这背后一直都有机械师和工程师大显身手和大力推动。如果将机器全部摧毁，一瞬间我们就会沦为野蛮人。"[350]社会理论家查尔斯·霍尔在 1805 年将"文明"定义为"科学的进步……制造业的精益求精，带给我们便利、优雅和奢侈的生活"。[351]

大多数当代人认识到了财富和生活条件中的这一优势，也更能 177
把握对文明与野蛮之间差异的思考。早在爱德华六世执政时期，英国皇家议事厅书记官威廉·托马斯就为他的祖国深感自豪：英国不仅在"司法和文明"方面，而且在"财富和商品"方面，都领先于世界其他国家。[352]对罗伯特·马尔萨斯来说，250 年后，"野蛮"生活的主要特征是贫穷、饥荒和疾病。而在亚当·斯密所认为的"治理良好的社会"中，劳动分工带来了"普遍的富裕，这种富裕延伸到了最低阶层"。亚当·斯密对比了"富裕"和"野蛮下限"，并揭示了文明的基本经济标准。[353]19 世纪，人们普遍认为，对自然的实际掌控是文明生活的重要前提，就连约翰·斯图尔特·密尔等人也倾向于这一观点。这些人认为，真正的文明不仅需要改善物质条件，还需要提升人的精神和道德水平。[354]

通过所有这些不同的方式，受过教育的当代人定义并提炼出他们所认为的文明和文明状况的基本要素。同时，他们与其他大洲的人的互动日益增多，与国内下层阶级也加强了联系。当然，引出“文明”概念的同时，他们对自己的生活方式引为以傲，对自觉比他人优越的地方沾沾自喜。在每个阶段，“文明”是由它是什么以及不是什么来定义。在这个过程中，最初政治上的文明观念扩展到了人类文化的许多其他重要方面。文明仍意味着一个社会有使人们能和平相处的法律和政治安排。但它同时也涉及精神生活和对自然界资源的智能开发。[355]

文明不是一个单一的过程，而是几个不同过程的结合。正如19
178 世纪晚期剑桥历史学家约翰·罗伯特·西利所指出的，“文明”一词经常被用来解释大量现象，尽管这些现象是同时发生的，但并不一定相互联系。他说：“它们有时是举止变得文雅，有时是机械的发明，有时是宗教宽容，有时是伟大诗人和艺术家的出现，有时是科学发现，有时是宪法自由。”他认为，没有理由相信所有这些东西都有一个单一的原因。[356]这等于忽视了马克思和恩格斯的判断，对他们而言，“文明”涵盖了所有这些东西，只是资产阶级生产方式的另一个名称。[357]

因此，评论家根据语境和自身的意识形态偏好，不断强调宪政、经济、教育、道德等方面的文明状况。苏格兰哲学家詹姆斯·邓巴在1780年提出的结论并不令人诧异。他指出，由于缺少一个简单一致的标准来区分文明和野蛮，因此最好不要使用“文明”和“野蛮”这两个词，它们过于笼统，无法提供信息。他提议用“更明确的带有谴责或赞许的表述”来替代这些词。[358]遗憾的是，詹姆斯·邓巴忽略了“文明”这一古老术语的情感诉求，以及人类以非黑即白的方式看待世界的天性。关于“文明是什么”的概念将继续
179 延伸，但两极对立的“文明”和“野蛮”将保留其修辞效用。

第四章
文明的进步

我们带着胜利的优越感回望祖先的野蛮境遇，兴高采烈地计数着我们从粗鲁走向优雅的脚步。

——托马斯·沃顿，

《英国诗歌史》（*The History of English Poetry*，1774~1781 年）

向文明前进

文明的概念隐含着社会发展的模式，这是人类变文明和被“教化”的过程。人们认为，野蛮人仍然在近乎原始状态下生活，而文明人则有着野蛮人所没有的历史。

都铎王朝时期的许多人文主义者信奉一种古典观念，这种观念可追溯到埃斯库罗斯、普罗泰戈拉、莫斯基翁等古希腊哲人。但到了近代早期，这一观念主要是通过古罗马作家西塞罗、维特鲁威乌 180
斯，尤其是卢克莱修的阐述而为人所知。这种观念认为，人类最初像野兽一样生活在洞穴和森林中，后来才发现如何用火，发明了语言，创造了文明社会，发展了艺术与科学。[1]正如托马斯·斯塔基所理解的那样，这种观念告诉我们，在人类发展早期，“没有城镇、法律和宗教”，人们“在野地和树林里游荡”。后来，他们为了“你现在所看到的公认的文明”，放弃了那种“粗鲁丑陋的生活”。[2]

关于最初是什么促使人们走到一起形成政治社会，人们观点不一。一些人认为，这是出于保护自己不被野生动物伤害；或者像托马斯·霍布斯所坚称的，是为了保护自己不被他人伤害。还有些人假设，大洪水、毁灭性森林火灾等自然灾害迫使人类开启新的生活方式。有些人同意西塞罗的观点，把这种变化归因于英雄领袖的雄辩。比如大力神赫拉克勒斯，据说正是巧言善辩的他说服人们放弃野蛮的生活方式；还有俄耳甫斯，他用音乐驯服野兽，使人们“从自然残酷的激流中走出来，变得和蔼可亲，彬彬有礼”。正如诗人乔治·查普曼在1605年所说，“用文明的铁链束缚野蛮的生活”。[3] 1692年，威廉·坦普尔爵士认为，多亏了那些文明政府的创始人，原住民才从粗鄙野蛮的生活中脱离出来，步入社会，“享受护佑和便利、拥有财产、遵纪守法”。随之而来的是全社会的安全保障、物质充沛、文明礼貌、财富积累、工业发展与艺术进步。[4]

无论对最初的原因有多少种不同的解释，认为人类最初生活在野蛮环境中的观点是极具争议的。它与亚里士多德受人尊敬的主张
181 相冲突，亚里士多德认为人类总是天生善于交际的。它也冒犯了教会，因为它与《圣经》开篇《创世纪》中的叙述相冲突。根据相关叙述，第一批人类过着稳定的生活：亚当是园丁，亚伯是牧羊人，该隐是耕耘土地的人。① 当然，有些评论家试图调和这两种观

① 牛津大学政治经济学的第二位教授理查德·惠特利在他的《政治经济学入门讲座》(*Introductory Lectures on Political Economy*，1831年）中引用了《创世纪》的内容，证明第一批人类并非生活在野蛮环境中。他补充道，由于（转下页注）

点，指出只是在大洪水过后，人类才退化为“不成熟和不文明”的。[5]詹姆斯一世时期的诗人乔治·桑迪斯认为，起初人们生活在山顶上。后来，他们慢慢下了山，“随着生活环境的改变，他们的状况也改变了，离海越近的人就越文明”。[6]文明社会形成较晚，而且完全由人类建立，这是一种世俗观念。它吸引了一大批中世纪晚期的激进思想家，他们处心积虑，想将教皇或君王的权力置于宪法的控制之下。[7]出于同样的原因，这种观念遭到了17世纪高教会派成员的强烈谴责，他们急于为王室权威保留神圣的光环。

在1606年的一部教规中，基督教会的立法机构教士会议宣布，认为人类最初处于无政府状态，这是一个严重错误，因为亚当和跟随他的族长们行使了上帝赋予的政治权威。1690年，桑克罗夫特大主教代表他的非陪审团成员，重新出版了这部教规。这些神职人员拒绝宣誓效忠威廉三世，因为他驱逐了合法的国王詹姆斯二世。[8]早先在1681年，当查理二世正要走上专制统治的道路时，威尔特郡的一位牧师在布道“服从的必要性”时，觉得有必要否认人类自然的原始状态的存在。他认为，即使是最残暴的野蛮人，他们之间也存在交往，并且存在“某种政府”。[9]约翰·布拉姆霍尔同样试 182
图驳斥托马斯·霍布斯关于人类自然状况的观点，他坚信压根就不存在“这种没有任何宗教、政府、法律、理性和文明的乌合之众”，甚至“在最野蛮的美洲原住民中”都不存在。[10]这些神圣世袭权利的捍卫者对这样一种观念深感不安，即曾经有过这样一个时代，人们不屈从于任何政府的束缚，自在洒脱。他们还强调，即使真有这

（接上页注①）没有记载表明，一个野蛮民族在没有其他文明民族帮助而发展到文明状态，因此第一批人类的文明肯定应归功于神的力量。早先，苏格兰一所学校的校长丹尼尔·多伊格在《关于野蛮国家的两封信》（*Two Letters on a Savage State*，1792年）中也提出了类似的观点。

样的一个时代，人们仍然会彼此表现出仁慈与同情。[11]但这些神圣世袭权利的捍卫者未能打消一种普遍的观念，即文明的发展是一个相当漫长的过程。正如他们中的一位在 1670 年所承认的那样，托马斯·霍布斯对原始自然状态的描述已“作为一种信仰……被欣然接受”，并成为“我们现代政治的标杆”。[12]

在英格兰人与苏格兰人、爱尔兰人和美洲原住民交往的语境下，古典思想家有关文明进程性质的种种建议在近代早期被重新提出。一个关系到英国自身利益的问题是，如何能让这些被认为是野蛮或半野蛮的民族最好地“服从文明”（“服从”也就是“进入”）。按照杜格尔德·斯图尔特的话说，这个问题使人们对人类如何进入文明状态的“推测历史”产生了浓厚兴趣。[13]

据说，当人类停止猎捕野生动物，反之开始驯养它们时，社会就开始步入文明状态。罗杰·威廉姆斯认为，“饲养牲畜代表着一定程度的文明”。1656 年，弗吉尼亚州政府把母牛送给了当地的原住民，以交换他们猎杀的狼的头，这成为引导美洲原住民“走向文明的一步”。[14]而牧民总是带着他们成群的牛、马和羊，时不时卷入掠夺和战争。这便是希罗多德所描述的斯基泰人的状况，恺撒和塔西佗笔下的北方野蛮人亦是如此。按一位伊丽莎白时代的地理学家的说法，这仍是中亚鞑靼人的生活方式。他们“效法旧时的斯基
183 泰人”，睡在拉货的马车下，从来不会在任何一个地方驻足过长的时间，也不觉得种玉米有什么必要。相反，他们跟随牧群四处游荡，渴了就喝牲畜的奶水，饿了就吃马肉。[15]这与 12 世纪的威尔士作家杰拉尔德所感受到的威尔士人和爱尔兰人的生活方式也有些相似。杰拉尔德显然呼应了瓦罗的著作、卢克莱修的著作和其他经典的资料来源，但思想方面的借鉴微乎其微。[16]杰拉尔德断言，人类的栖息环境已从树林发展到了田野，又从田野进一步发展到了定

居点和城镇。他把爱尔兰人描绘成旧时重生的野蛮人，视游牧为“第一种生活方式”，并明确了它与战争的结构性关联。据称，相比爱德华·吉本对“游牧民族生活方式”的著名剖析，杰拉尔德的这一论断提早了近500年。爱德华·吉本讽刺地说道：“被最美丽的祥和与纯真所修饰的游牧风情，实则更适合残暴无情的军旅生活。”[17]同样在12世纪的另一部作品《史蒂芬王行迹》（*Gesta Stephani*）中，威尔士人和苏格兰人好战的习性也与他们的游牧生活联系在一起。[18]

16世纪，这种诠释被重新提出。“看看那些以放牧为生的国家，”埃德蒙·斯宾塞提醒道，“你会发现这些国家的民众是野蛮和不文明的，而且好战。”[19]阿拉伯半岛的贝都因人以放牧为生。在塞缪尔·珀查斯出版的一本书中，他们被描述为“没有文明社会，不讲真理和文明的野人”，是一帮居无定所的流浪汉，他们吃生肉，并不断与他人交战。[20]旅行家法因斯·莫里森曾在镇压爱尔兰反叛的英格兰军队中服役。他回忆说，放养牲畜一直受到“最健壮之人的欢迎”。在他看来，放牧适合他们的习性，使他们很容易逃脱法律制裁，因为他们可以躲到树林里放牧。[21]

当然，相比观察家们咄咄逼人的解读，这些看似过着游牧生活
的民族其实要讲秩序得多。虽然爱尔兰人季节性地带牲畜迁徙，但 184
他们不是游牧民族。关于他们没有农业的说法也是错误的。1600年，出征爱尔兰的英格兰军队故意砍掉他们的玉米，欲令爱尔兰人挨饿而降。[22]但如同他们的前辈、威尔士的杰拉尔德，英格兰的评论家们在认定爱尔兰人的野蛮本性时，因受到古典文献影响，也存在着先入为主的情况。[23]他们提及古罗马神话中的女神刻瑞斯，据说她发明了犁，驯服牛来牵引犁，教人类播种和碾磨小麦，从而使“那些之前像野兽般生活的人成为诚实的文明人”。[24]英国统治阶级对“无主之人”

和流浪穷人的怀疑，加剧了人们对所谓的爱尔兰游牧民族的厌恶。在英格兰内外，统治阶级一直青睐的还是有固定居所的人，这些人被牢牢地束缚在法纪严明和等级森严的社会结构中。

走向文明的关键一步，是向定居式的农业生活和土地耕种生活过渡，因为住在森林里和未开垦荒地上的居民可能是不守规矩的。伊丽莎白时代的爱尔兰殖民宣传人士敦促，种植农作物的普及将使爱尔兰人从他们所习惯的局部地区的暴力中解放出来。伊丽莎白一世的国务卿托马斯·史密斯爵士指出，“相比鞑靼人、阿拉伯人和爱尔兰人那种无所事事地随着牧群游荡，让耕作在生活中占据更多时间，会提升人们的文明程度”。他认为，耕作要求耕种者定居在某地，因此他们更容易被控制；反观游牧民族，一直在流动，本质上是不受政府控制的。耕作“令人定居下来，照料休耕地、播种、收割、打谷，所有这些将人与土地绑在一起。耕作对很多人来说，是一个可以一直从事下去的工作；它维护社会文明，也是防止战争发生的伟大力量”。因此，有很多人
185 建议政府强迫爱尔兰人减少牧群数量，并禁止将耕地变为牧场。[25]

耕作使人们习惯一年四季地工作，而众所周知，“没有开化的人”本性上是不能适应这种生活方式的。据说，威尔士人不喜欢挖掘或任何形式的体力劳动；“粗野的爱尔兰人”被认为“很懒惰，不会考虑耕种土地，也不关心财富”。希伯来人被描述为“耕作的敌人”，他们“在狩猎和无所事事中消磨时间，过着野兽般的生活”。而在北美洲，同样把时间花在打猎和打斗上的印第安男性，据说只要一听到要干重体力活，就会瞬间“溜入森林”。[26]懒惰滋生贫穷，而贫穷是所有其他苦难的根源：它消耗斗志，使人愚钝、无知、野蛮和肮脏。[27]与之相反，彼得·张伯伦医生在1649年解释

说，稳定的工作“让人变得文明，对于上级的命令，言听计从”。这就是为什么埃德蒙·斯宾塞想让爱尔兰人“十户为一组①，遵纪守法，人人都必须诚实守信地从事某种工作”。[28]英国殖民者震惊地发现，美洲原住民似乎宁愿挨饿，都不愿去工作。“我们在建筑、种植、服装等行业辛勤劳作，可他们什么也不做。”[29]王政复辟时期的神学家艾萨克·巴罗认为，密集型劳动使人们“摆脱了粗鲁肮脏的野蛮生活”，并产生了“使人类生活文明、世界开化的所有艺术”。一位评论家将产生效益的辛勤工作描述为“迈向文明的第一步”。[30]

建立城镇是在脱离野蛮的道路上又向前迈出的一步。在托马斯·斯塔基看来，文明只有在城市或城堡里才能实现。[31]伊丽莎白时代的爱尔兰总督亨利·西德尼爵士将城镇视为“文明的苗圃”。托马斯·史密斯爵士认为，人们越多地聚在一起，就越有礼貌、越听话。埃德蒙·斯宾塞也同意这种看法：“没有什么比众多的集镇更能使一个国家变得文明。”[32]法学家理查德·哈克卢特强调收集 186
石料、石板和木材等原材料的重要性，并指出：“没有这些东西，城市不可能建成，文明人也聚不到一块。散落的小群体结构阻碍了文明的进步。”[33]

这种看法由来已久。亚里士多德曾断言，只有城邦中才有最高级的生活方式。当古高卢人开始在城镇周围修建城墙时，古罗马人认为这是他们正在走向更文明生活方式的标志。[34]最晚从 12 世纪起，英格兰人就普遍认识到集镇与文明生活之间的关联，[35]一定程度上是因为集镇的防御结构为居民保障了集体生活所必需的安全，一位 17 世纪的作家称之为“围墙城镇带来的城镇化”。还有部分原

① 即以“十户为一组”的组织（对彼此的行为负法律责任的户主团体）。

因是人们需要经常上集镇，满足日常所需，在这个过程中，他们会“接触并学习到更文明的言行举止”。另外，集镇为农产品提供了市场，从而促进了农业和畜牧业的发展。[36]伊丽莎白时代的一位学者解释道，在玛丽·都铎执政时期，良好的行为被称为都市主义，因为它“更容易在城市中而非在其他地方出现”。城市生活减少了野蛮凶残，催生了“某种温和的礼仪”；贸易和手工艺品在城市中出现；也只有在那里，学问和人文艺术才能蓬勃发展。[37]一位16世纪的非洲旅行家认为，那些生活在城镇的人“可能更沉迷于文明”。[38]18世纪，“优雅的举止”在城市中出现，并向社会其他地方传播，成为一种司空见惯的现象。[39]

因此，如果经济没有发展到一定程度，就不可能实现真正的文明。文明社会需要农民耕种土地，需要商人交易必要的商品。[40]在伊丽莎白时代，英格兰低地的发展模式被广为接受。那里有整齐的
187 耕地、封闭式花园和青翠的牧场。牧场上点缀着贵族庄园和有围墙的城镇，城镇里的商业欣欣向荣。[41]英格兰在爱尔兰的宣传者深信，随着有序的耕种、可继承的私有财产取代宗族所有权，以及市场经济的发展，由武士贵族统治的动荡部落社会将不可避免地让位于一个和平的新政权。人们被束缚在一个法纪严明、等级森严的社会框架中，受利益动机所驱使。[42]

因此，大多数评论家同意詹姆斯一世时期爱尔兰总督的观点。他认为，对金钱和商品的热爱“比任何其他劝说都能更快地影响文明”。[43]这就是为什么在马丁·弗罗比舍为寻找西北航道而进行的一次航行中，船员们为“野蛮的”因纽特人留下了一批“铃铛、酒杯和玩具”。他们认为，这些物品会“鼓励野蛮人变得礼貌”。[44]塞缪尔·珀查斯指出，“阿拉伯偏南地区”的人比北部的贝都因人的“文明程度更高”，因为他们有城市和贸易，而贝都因人以骆驼

和羊群来衡量财富。1671 年，随英军抵达丹吉尔的前英格兰教士指出，巴巴利的摩尔人明显“愚蠢和野蛮”的原因是，他们把所有时间都花在了“如何生存这个问题上。经济一旦匮乏，即便最有礼貌的民族都会很快堕落至蒙昧和粗野的状态”。这位教士认为，正是由于巴巴利的摩尔人太穷，因此他们没有像欧洲那样的高等院校。[45]

相比之下，17 世纪的英格兰不仅有丰富的生活必需品，如肉、饮料、服装、房屋和马车，而且有“葡萄酒、香料、药品、水果、丝绸、画作、乐器、银器、金器、宝石等所有能支持绚丽多彩生活的商品”。1690 年，达尔比·托马斯爵士声称，这种富足表明英格兰确实是一个“真正文明和辉煌的民族”。[46]

认为商业是一种文明力量的信念有时被认为是 17 世纪末 18 世纪初的一种（哲学）现象，是商业利益的捍卫者对古典共和传统的 188
支持者所提出的一项控诉的反驳。控诉提到，17 世纪后期，英国的对外贸易大规模发展，英国鼓励“奢侈之风”，依靠专业（昂贵）的常备军（而不是国家民兵）保卫国家，败坏了礼仪，削弱了“古老的美德”和部队斗志。商业促进文明的信念还能够为票据信用和国家借贷辩护，这两者都是有必要的，可以反驳乡绅和政治宣传册作者提出的腐败指控。这些人企图诋毁所谓的金钱利益集团，该集团包括股票经纪人和公共债务投资者。由于 1689~1714 年对法战争对政府财政的需求增加，股票经纪人和公共债务投资者的人数成倍增加。有人认为，这种捍卫商业的“意识形态需要”促成了另外一种观念，即正是贸易促进了礼仪的完善。[47]孟德斯鸠后来在他的《洛伊斯精神》（*L'Esprit des lois*，1748 年）一书中更广泛地宣传了这一观念。[48]

这些年来，有关贸易和贸易商的一些宣传竟也引起了那些拥护英国贸易国身份的人的反应，这不足为奇。东印度公司以金条支付从印度进口的丝绸和印花棉布，这得到了政治经济学家查尔斯·戴夫南特的力挺，他认为尽可能扩大对外贸易也符合印度的利益。然而，即使是查尔斯·戴夫南特，竟也在1699年将贸易描述为“必要的罪恶”（a necessary evil）。“从本质上讲，它是一种邪恶的东西，它带来财富，而财富催生奢侈；它导致欺诈与贪婪，并使美德和质朴的人性消失；它使一个民族堕落，并为腐败让路，这种腐败最终总会导致奴役，无论是在国内还是国外。”[49]而这种腐败迹象背后的传统由来已久。正如一位法律作家在1602年指出的，柏拉图和亚里士多德都认为“商品化”是“美德的敌人”。[50]

对这类控诉的辩护也借鉴了类似的古老论据，因为商业与文明
189 的联系远比威廉三世和安妮女王统治时期政党的政治思想体系要古老。至少从4世纪起，基督教中就普遍流传着一种说法：上帝故意避免让任何一个国家在自然资源上自给自足，以确保国际贸易的进行，从而鼓励“爱与社会”，以及各国人民之间的“对话与交流”。[51]1547年，有人吹嘘，“我们的商人正在国外做生意”，因此“明白如何变得更加文明”，以至于在英格兰的外国游客受到了非常礼貌的接待，绝不逊色于他们在任何其他欧洲王国所感受到的。此人之后成为爱德华六世议会的书记官。一位16世纪的法国历史学家，同时也是一位经验丰富的旅行家不无赞同地说：“国际交往实在太棒了！它们非常有利可图，也很有必要，因为它们维系了文明社会。”[52]正如塞缪尔·珀查斯在1625年所解释的那样，“双边贸易”是一种机制：将一个国家过剩的东西供给另一个国家作为必需品，这样“整个世界就像人类的一个整体”。有人强调，贸易拓宽了人们的视野，使他们举止温和，对外国人更加尊重，并在“交流和友谊”中将人类团结在一起。它使每个国家都熟悉其他国家的语

言、礼仪、行为和风俗习惯，并且使商人成为“世界公民”。1654年，一位作家敦促说，这是“一种共同体……应该得到支持和鼓励”。[53]对于詹姆斯一世时期的编年史家詹姆斯·佩罗特爵士而言，与外国通商是“产生文明的最主要手段”。[54]

在基督徒与犹太人、奥斯曼土耳其人自由贸易的世界里，在航海国家遵守共同的航海礼仪守则的世界里，这些都是合理的主张。[55]在西欧列强之间商业竞争激烈的时代，商人利益的捍卫者进一步声称贸易是防止战争的伟大力量，即使这并不令人信服，[56]他们还是可以合理地争辩说，商业活动促进友谊，鼓励社交，传播知识和艺术。他们还可以指出，文明地遵守诺言和巧妙地适应当地习俗是商业成功的一个基本要素。亚当·斯密在书中写道：“无论在 190
哪里引入商业，正直和守时总与其相伴。但在一个粗鲁野蛮的国家，这些美德几乎无人知晓。”[57]

在整个17世纪，人们越发坚持强调贸易对文明的推动作用。斯普拉特主教认为，“交通和商业”给人类带来了“文明和人性本身”。古文物研究者艾利特·萨默斯宣称，“学识与科学”是“主要通过商业活动获得的”。约翰·伊夫林也认为贸易“培养了我们的风度”，教化了野蛮民族。[58]1696年，出版许可证持有人埃德蒙·博恩认为，“全能上帝的伟大设计”是“教化全人类，发展贸易、商业、艺术、制造业，并通过它们传播基督教教义，从一个极点到另一个极点，环绕地球”。[59]以前做过海盗的威廉·丹皮尔说道：“贸易往来越频繁，人就越有礼貌；贸易往来越少，人就越野蛮和不人道。”[60]

18世纪，这些感慨变得很普遍。伯纳德·曼德维尔认为，文明社会的“整个上层建筑”是“由人们相互提供的互惠服务组成的”。1751年，经济学作家马拉奇·波斯勒特瓦伊宣称，在每个国家，贸易的进步都促进了艺术、科学、文明和城市化的发展。历史学家威廉·罗伯逊将商人视为“公众安宁的守护者”。[61]同时代的人，以相同的论调，谈论“文明社会和商业”或“世界的文明和贸易部分”。贸易和文明自然而然地结合在一起，通过商业积累个人财富是有说服力的。[62]

18世纪中叶，以亚当·斯密和法国的安-罗伯特-雅克·杜尔哥为首的一批经济学家提出了“斯塔迪亚尔理论”（stadial theory）：
191 人们通过连续的发展阶段获取文明，每一阶段都有其独特的生存方式，形成了一个社会的政府、法律、礼仪和文化生活的性质，每一阶段都携带着进入下一阶段进步发展的种子。首先狩猎时代存在“一种对思想和思考极为不利的生活方式”，[63]因为没有财产的概念，所以人们很少需要法律或法规。然后人们步入牧羊人时代，牲畜这种财产出现了，因此引入了反盗窃的法律。接着人们步入农业时代，最后，跨入作为最高阶段的商业时代，随之而来的是更多的法律，以及“温和的”礼仪、文学、科学和艺术的繁荣。[64]随着这些阶段的经济发展，人们在思考、求知和心智上的能力也相应得到了增强。[65]

这一理论不是基于历史证据，而是基于对过去最有可能发生的事情的理性推测。它有很长的史前历史，可以追溯到古典时期，对人类的社会和经济演变有许多彼此冲突的描述。[66]该理论还借鉴了推测史上较近的文章。例如，1520年，德国人文主义者约翰尼斯·玻姆（约1485—1535）对人类从原始的兽类生存方式步入拥有生产型农业、手工业、国际贸易、大城市、宏伟建筑、书籍、学术和优雅举止的世界进行了生动描述。他的著作分别于1555年和1611年两次被翻译成英文。[67]

斯塔迪亚尔理论也受到了16世纪和17世纪早期西班牙思想家

的影响，他们试图对“野蛮”进行分类，以回应他们与中南美洲原住民的接触。这在一定程度上归功于路易·勒罗伊和皮埃尔·达维蒂等法国思想家同时提出的关于人类从野蛮走向文明的推测。斯塔迪亚尔理论也可能受到意大利人乔瓦尼·博特罗所提出的社会进化理论的影响，[68]博特罗的理论于16世纪末提出，相当生动和连续。192
伊丽莎白时代的学者提出的通过刺激农业和贸易使爱尔兰人“变得文明”的建议暗含了斯塔迪亚尔理论。17世纪自然主义法学家，特别是德国人塞缪尔·普芬道夫关于财产权的起源及其社会和经济后果的著作也进一步发展了这一理论。[69]在艾萨克·牛顿爵士死后出版的《古代王国编年史修正》（*Chronology of Ancient Kingdoms Amended*，1728年）一书中，大洪水后的人类进化被描绘成连续发展的阶段，在不同阶段，人们的生存方式不同。[70]对人类进化起决定性干预作用的是孟德斯鸠在1748年所概括的4种生存方式，他还对这些生存方式对立法的不同影响做出了清晰的总结。[71]

18世纪中叶的斯塔迪亚尔理论部分是由于改革的愿望而产生的。改革者希望表明，在商业世界中，阻止苏格兰贵族的地产进入土地市场的理由是荒谬的、过时的，是经济发展的障碍。[72]商业社会的拥护者长期以来愿意将贸易作为文明进程的顶点，这成为斯塔迪亚尔理论发展的最大动力。

斯塔迪亚尔理论的另一个版本所提出的假设只包含3个阶段：野蛮、蒙昧（或“半蒙昧”）和文明，分别基于狩猎采集、畜牧业和农业。而商业是农业时代的必要组成部分，不作为一个独立的阶段存在。[73]这是杜尔哥的观点。卡姆斯勋爵将这3个阶段与财产的演变联系在一起：狩猎采集只允许暂时占有财产，蒙昧时期涉及畜牧财产，农业发展产生了土地所有权。只有第3个阶段才引入了正规的政府体系，人们在“相互支持的社会”中紧密关联。[74]亚当·弗格森则进行了3类划分：没有财产的野蛮人、有财产但没有法律的愚昧之人和既有财产又有法律的文明人。[75]因此，文明的概念既提供了一个地理视角，也提供了一个历史视角。斯塔迪亚尔理论的大多数支持者假定人类最初的状态是一样的，随后，所有民族
193 都朝着同一方向发展，尽管速度不同。文化差异是一些社会比其他社会走得更远的结果。例如，一些社会在音乐、舞蹈和诗歌上的风格，反映了它们在从野蛮到文明的过程中所达到的阶段。[76]因此，人们认为，北美原住民“展示出了最遥远古代人类生活的壮观画卷”。[77]一些评论家看到了这样一个循环：文明周期性地倒退到野蛮时代，就像人类逐渐成熟，但到了老年逐渐衰弱一样。例如，古希腊原本是“文明之地”，现在却是“孤立之地”。罗马帝国在后来的几个世纪里也倒退到默默无闻的状态。有学者指出：“这个曾在全世界打下炙热烙印的帝国，现在沦为了一根细小的蜡烛，在烛台中燃烧殆尽。”[78]离英格兰较近的例子，比如在爱尔兰定居的英格兰诺曼人（“古英格兰人”）在爱尔兰盖尔人的恶劣影响下堕落了。[79]正如有识之士牧师乔治·哈克威尔在1635年所说，他那个时代的“最文明的民族”将来可能会再次变得野蛮，相反，“最野蛮的民族可能会变得文明”。[80]

然而，詹姆斯一世时期，牛津大学的一位导师常常肯定地对他的学生说：“在近代，各国普遍比以往更加文明，组织更加繁荣和知识更加丰富，相互贸易的范围更广。”[81]弗朗西斯·培根认为，航运和贸易的发展意味着自古典时代以来，知识领域更加广泛，自然哲学方面的卓越工作是可以预期的。1667年，英国皇家学会的历史学家同样确信，他们所处时代的“艺术和文明”远远超过了古希腊人和古罗马人。他承认，北欧和亚洲的许多民族以及非洲撒哈拉

沙漠以南的几乎所有人口，确实仍处于原始自然状态。但没有理由认为，随着时间的推移，他们不会放弃“当前举止中那桀骜不驯的野性”。10 年后，威廉·佩蒂爵士反思道：“既然人类在过去的几 194
个世纪和时代就有了如此大的进步，那么再过 6000 年，人类能走多远?”此时，一种乐观的信念已广泛传开，认为社会、经济和知识有可能不断进步。[82]这种信念将成为西方文明的一个重要特征。[83]此外，人们还不知道遥远的国家已经取得了哪些进步。1609 年，后来成为主教的约瑟夫·霍尔认为，“澳大利亚可能会有比我们更文明的人”。[84]

18 世纪的社会哲学家觉察到了他们所说的“从无知到求知，从粗鲁到文明的自然过程”，认为这个过程很可能是无止境的。苏格兰传教士休·布莱尔写道，我们现在所钦佩的进步之巅，可能在几个时代后，就会被视为粗俗不堪、漏洞百出。[85]人们也逐渐接受，一个不进步的国家注定会倒退。17 世纪，人们认识到中国和印度分别在瓷器和纺织品制造方面拥有先进技术，西方可以从中学到很多东西。威廉·坦普尔爵士在 1690 年指出，“当今世界已知的最伟大、最富有、人口最多的国家”便是中国。他将其描述为“以人类智慧、理性和发明的最大推动力和覆盖范围来治理的国家”，超越了“所有那些欧洲智者的美好臆想”，如柏拉图的《理想国》（*Republic*）、托马斯·莫尔的《乌托邦》（*Utopia*）或詹姆斯·哈林顿的《大洋国》（*Oceana*）。[86]然而到了 18 世纪，大多数启蒙哲学家认为印度、中国和日本的商业社会的发展受到阻碍。1792 年，英国在中国的使节报告说，与同时代的欧洲国家相比，中国曾经是一个“非常文明的民族”，却未能保持其进步。[87]

尽管中国的例子令人沮丧，但探求社会如何从粗鲁走向优雅，从野蛮走向文明，是18世纪苏格兰社会哲学家孜孜以求的目标。①从大卫·休谟开始，历史学家不约而同地将绘制“礼仪”历史图当作他们的中心任务。如此便能解释托马斯·巴宾顿·麦考利在1848年所说的“从贫穷、野蛮到最高程度的富裕和文明的长期进步”。[88]例如，卡姆斯勋爵尝试追溯法律的历史，“它从野蛮人中的雏形，通过不断的变化，发展到文明社会中的最高成就”。[89]这一进步也是诗人们普遍关注的主题。[90]人们认为，不同民族之间的文化和物质差异在同一尺度上表现不同。西欧地区，尤其是英国，处于顶峰。维多利亚时代中期的英国首相帕尔默斯顿勋爵宣称：“我可以毫不自夸地说，我们站在道德、社会和政治文明的顶峰。”[91]

近代早期，人们相信文明已从世界东方向西方传播了几个世纪。建筑师约翰·韦伯指出，沃尔特·罗利爵士在其《世界历史》（*History of the World*，1614年）中曾写道：“西方人对世上一切事物的最初了解都源自东方。世上第一个文明产生于东方，而挪亚本人是推进文明的伟大导师。时至今日，越往东方去，社会越文明；越往西方去，社会越野蛮。”[92]塞缪尔·珀查斯认为，文化传播的漫长过程起源于亚美尼亚（挪亚方舟曾在此停留），并最终通过亚述、古埃及（“它仿佛是一所面向全世界的大学”）、古希腊、古罗马、撒拉逊（穆斯林）、意大利和法国到达英国。[93]人们普遍认
196 为，文明始于亚洲和北部非洲，但文明在欧洲找到了一个新家，“欧洲文明……是三大洲中最年轻的”。[94]17世纪60年代，格洛斯

① 1762年，年轻的詹姆斯·博斯韦尔在与卡姆斯勋爵的儿子乔治·霍姆共进晚餐时，发现谈话涉及的是“粗鲁”与“优雅”社会状态之间的差异。他说：“我保持自我克制，只有在确信自己是对的时候才说话。”［*Boswell's London Journal 1762–1763*, ed. Frederick A. Pottle（1950），p. 48。］

特郡的一位绅士说，我们了解到亚洲是人类第一个站稳脚跟的地方。但至少在一些欧洲人看来，欧洲在文明和知识方面已经超越了亚洲。欧洲在中世纪早期向伊斯兰国家学习，这有利于自身文明的发展。与这位绅士同时代的人尽管隐约意识到了这一点，但大加赞美欧洲优越的政府形式、生产型工业、广泛的贸易及其居民的礼貌。相比之下，这些优势使其他地区显得粗鲁和野蛮。[95]西欧尤其突出，因为欧洲大陆的东部被认为文明程度明显较低。[96] 1700 年，一位苏格兰作家宣称，英国、法国和意大利在礼貌、文明、艺术、发明，以及对公众的鼓励方面远远优于其他国家。他的同胞大卫·休谟理所当然地认为，法国和英国的绅士是世界上两个最文明国家中最文明的人。[97]

很明显，17 世纪，西欧人在航海、军事能力、产权、商业组织和金融机构方面取得了进步。他们在文学、自然科学和技术创新方面处于领先地位，有独特的途径获取新世界的资源，而且西欧妇女享有比其他地方的妇女更多的人身自由。当然，直到 18 世纪中叶，人们才刚刚能确定，欧洲人的热量消耗、预期寿命和整体生产力都高于其他任何地方的人。[98]然而，从 16 世纪后期开始，欧洲人自己对欧洲的视觉表现，无论是地图、陶瓷还是图像上的，都展现出毫不掩饰的胜利者姿态。[99]200 年后，正如埃德蒙·伯克的著作所揭示的那样，独特的欧洲文明的概念已被广为认可。[100]

想知道没有文明的生活是什么样子，人们只需回顾最初的不列颠人的历史，没有人比他们更野蛮了：他们赤身裸体、肮脏无知。 197
约翰·奥布里认为他们“几乎与兽皮是唯一衣裳的野兽一样野蛮”。之后成为主教的约翰·布里奇斯在 1571 年布道时说，他们“像爱尔兰人一样赤身裸体，像魔鬼一样满身文身，像斯基泰人一样野蛮凶残”。伊丽莎白时代的历史学家威廉·卡姆登将他们描述为“极度不文明、粗鲁不堪、完全的战争狂魔”。而詹姆斯一世时期的地理学家纳撒尼尔·卡彭特则断言，他们“生活在森林和沙漠中，以草药和植物根茎为食，没有法律和纪律”。[101]对于“我们不文明的前辈”（托马斯·布朗爵士如是称呼）是与美洲原住民一样不文明，还是其野蛮程度比他们“低了两到三级”，人们对此存在分歧。但毫无疑问，他们是“不文明的”。[102]18世纪后期，埃德蒙·伯克相信，“像所有野蛮人一样”，最初的不列颠人是“凶猛、奸诈和残暴的”。[103]

尽管传说是特洛伊人布鲁特斯给阿尔比恩（英格兰或不列颠的雅称）带来了文明，但大多数受过教育的人在阅读了恺撒、塔西佗和其他人的经典文献后认为，正是古罗马人对不列颠的征服使最初的不列颠人开始受到法律的约束，并给他们带来人文艺术，使其变得文明起来。伊丽莎白时代的数学家托马斯·迪格斯写道：“古罗马人的胜利消除了我们国家的野蛮生活模式，给我们留下了一种更加文明的生活模式。”詹姆斯一世时期的一位作家措辞更为强烈。他认为，要不是古罗马人，他的同胞仍然“和一身长毛的萨提尔森林精灵一样，粗鲁而没有教养，住在山洞里，为了食物四处狩猎（像野兽在森林里猎食），逼女儿向陌生人卖淫，将孩子献祭给神灵，甚至吃掉自己的孩子”。[104]建筑师伊尼戈·琼斯呼应了塔西佗的观点，断言古罗马人教会了最初的不列颠人艺术知识，如何建造庄严的庙宇、宫殿、公共建筑，如何用外语优雅地表达，以及如何
198 通过习惯和着装获得一个文明有序的民族应具备的品质。[105]古罗马人“给我们带来文明”，约翰·弥尔顿赞同道：“如果上帝没有派古罗马人来教化我们，我们的野蛮生活方式很可能会持续更长时间。”埃德蒙·博恩也认为，如果没有古罗马人，英国人可能仍赤身裸体，身上涂染着靛蓝。[106]

据说，当罗马人离开英格兰时，这个国家又回到了野蛮状态。盎格鲁-撒克逊人是出了名的愚昧无知、缺乏教养、世仇缠身和热衷暴力。埃德蒙·斯宾塞认为，在他们到达后的最初几个世纪，英格兰到处都是强盗和不法分子，“就像现在的爱尔兰一样”。约翰·弥尔顿也认为盎格鲁-撒克逊人属于一个野蛮的异教民族，只以抢劫和残暴而闻名，而大卫·休谟则把他们概括为“一个粗鲁的、没有教养的民族，不懂文学和机械技术，不受法律和政府约束，沉溺于放纵、动荡的生活与暴乱”。[107]

12 世纪，马姆斯伯里修道院的僧侣兼英格兰历史学家威廉追溯了英格兰更文雅的生活方式。这种生活方式始于 6 世纪，伴随基督教传入肯特王埃塞尔伯特的宫廷；9 世纪，得益于两个人（韦塞克斯国王埃格伯特和他的孙子阿尔弗雷德国王），基督教得到发展。埃格伯特国王之前去过法国，那里优雅的礼仪举世无双；而阿尔弗雷德国王创造了国内稳定的环境，并发展教育。在他们之后，情况发生了逆转，在威廉看来，直到诺曼征服者到来，文明进程才得以恢复。[108]他的观点在近代早期经常得到呼应。克拉伦登伯爵认为，在盎格鲁-撒克逊时代，“文明很难进入这个国家”，而诺曼人的礼仪“在很大程度上改善了我们本国人的暴脾气……我们逐渐变得文明和审慎，开始适合与世界其他地方进行贸易和沟通”。威廉·坦普尔爵士同样宣称，由于诺曼人对不列颠的征服，“我们从法国人、诺曼人以及其他外邦人那里获得了更多 199
知识、礼貌、语言、习俗和礼节”。[109]在回顾英国历史时，埃德蒙·伯克在 1775 年将国家的“进步”归因于“一系列具有文明作用的外来征服与定居”。[110]

这种认为罗马人和诺曼人是英国文明推动者的观点引发了激烈争议。关于文明和野蛮的传统假设在很大程度上受到了罗马模式的影响。但它们也受到了一股强烈的反古典思潮的挑战，这一方面是因为人们坚信古罗马的价值观本质上是异教的，另一方面是感觉到古罗马人的文明带有“过分残忍”的特征。鉴赏家罗杰·诺斯承认，他更喜欢哥特人的道德观，而不是古希腊人和古罗马人的道德观。丹尼尔·笛福认为，古罗马人喜欢角斗士运动，喜欢把罪犯扔给野兽，这说明他们“离文明还很远”。他们侵入英国是“对可怜的原始的不列颠人不公正、血腥和残暴的攻击，侵犯了最初的不列颠人的权利和财产，以及正义和邻里关系，只不过是为了征服和统治”。[111] 17 世纪的医生兼作家菲利普·金德认为古罗马人是“不文明的”，理由很另类：他们不知道手套为何物，直到他们从古希腊人了解到手套是什么；他们的姓氏“少得可怜，而且粗俗野蛮”。[112] 18 世纪末，约瑟夫·普里斯特利也认为古罗马人“长期以来都不懂什么是真正的礼貌”：他们“没有参观访问日，没有舞会，没有贵族集会，也没有名流参加的女性聚会”。玛丽·沃斯通克拉夫特认为古罗马人属于“半文明”人，因为他们生性残忍，而且有“怪异的恶习”。[113]

威尔士历史学家断言，最初的不列颠人在古罗马人到来之前就已经很文明了。约翰·普赖斯爵士在 16 世纪中叶的一篇文章中宣称，古英格兰从不缺少精通人文艺术的博学之士：最初的不列颠人读写识字和古罗马人一样早，甚至可能更早。他的同胞汉弗莱·利
200 维德在 1573 年断言，“相比古希腊人和拉丁人，凯尔特人和最初的不列颠人更早接触哲学和人文学科”。[114] 1605 年，研究英国普通法的法学家乔治·索尔滕也同样认为，英格兰人并不“野蛮”，而是生活在“良法”之下的“文明民族”，有“许多发达城市，还有国王、贵族、总督、战争与和平的法纪、商业、对外贸易以及其他的文明元素”。诗人迈克尔·德雷顿以诗附和：

> 我们并不像许多人说的那般粗野，
> 恺撒那令人羡慕的笔会说服全世界。[115]

1695 年，爱德华·勒怀德根据他对凯尔特考古学的研究，在 1695 年版的威廉·卡姆登的作品《不列颠志》（*Britannia*）的词条中揭示了一个发现：在古罗马人到来之前，英格兰就已经存在银币和金币、精致的金属制品和巨大的石碑；而建造这些石碑，肯定需要政府做相当多的组织工作，也需要运用大量专业技术。勒怀德承认这些建筑"粗陋"，但他声称它们并不比"我们的邻国在被古罗马人征服之前的建筑"更粗陋。他承认他最初以为一些金属工艺品是古罗马人制造的，"当时觉得这些东西太以假乱真了，所以感觉最初的不列颠人在受到罗马人教化之前应该是做不出它们的"。[116]

英国国教的辩护者拒绝接受有关盎格鲁-撒克逊民族是野蛮人的观念，特别是伊丽莎白时代的大主教马修·帕克，他在盎格鲁-撒克逊教会中看到了一个基本独立于教皇的新教机构雏形。威廉·卡姆登指出，盎格鲁-撒克逊人接受基督教，并对英语的发展做出了贡献。他赞扬他们的"英勇无畏"，是一个"好战、常胜、执着、强壮和充满活力的民族"。[117]同样，许多英国普通法法学家也坚信，是盎格鲁-撒克逊人建立了议会、陪审团制度和其他英国自由的"堡垒"。相比之下，诺曼人和罗马人一样被普遍贬损为"某 201
种尚武野蛮"之人。他们是残暴之人，用暴力征服英格兰，推行野蛮的土地法，剥夺英国人的自由。[118]

隐约带有种族色彩的民族主义情绪使许多 18 世纪的英国古文物研究者对最初的不列颠人、哥特人和盎格鲁-撒克逊人产生了浓厚的兴趣，他们都可以被视为古典文明理想的完美替代者。博林布鲁克勋爵亨利·圣约翰指出，哥特人和伦巴第人的法律与政府制度表明，虽然古罗马人认为他们是野蛮人，但其实他们根本不是。诗人威廉·布莱克认为，最初的不列颠人是“赤身裸体的文明人，行为举止朴素，比后世的不列颠人更聪明”，却“被残暴的武力压迫”。[119]

在诺曼人征服不列颠后的几个世纪里，人们普遍认为文明的发展非常缓慢。16 世纪，具有古典主义思想的人文主义者、狂热的新教徒和都铎王朝的辩护者联合起来，将中世纪描绘成一个哥特式蒙昧、教皇黑暗统治、封建压迫和政治混乱的野蛮时代。[120]早期的意大利人文主义者坚持认为，罗马帝国的野蛮入侵使欧洲陷入黑暗。14 世纪，欧洲的艺术与文学才开始从这种黑暗中复苏。早期的意大利人文主义者认为，无论语言、建筑还是哲学，只要不是古典的东西，都是“野蛮的”。[121]他们的影响可以从都铎王朝的许多学者身上看到，这些学者认为自己生活在一个更文明的时代，一个可以在古希腊文学与拉丁文学中自在遨游的时代。埃德蒙·斯宾塞声称，英国人“被带入一种文明中，世上没有一个国家能在所有美好的交谈和对知识与人性的研究中胜过他们”。弗朗西斯·培根断言，在“礼仪、文明、学术和自由科学”以及其他方面，“这个国家从未如此繁荣”。在伊丽莎白时代，约翰·巴斯顿是特克斯伯里
202 郡的一位书记官，他认为，世上没有哪个国家能享受到如此之多的内部和平与安宁。相比“过去那个并不幸福的年代”，当时的英国人展现出更多的“人性与文明行为”。[122]

尽管如此，都铎时期的人文主义者仍然对英语、诗歌和法律中挥之不去的“野蛮”表示关注。他们也非常清楚，英国转向文艺复兴的求知模式和意大利式的文明行为准则都相对较晚。1560 年托马斯·霍比爵士翻译出版了卡斯蒂廖内的《廷臣论》，在译本的序言中，托马斯·霍比爵士感叹道，“不知从何时开始”，英格兰就被视

为野蛮国度。16 世纪 90 年代，埃德蒙·斯宾塞曾说，“几天前，英格兰开始变得文明了”。诗人加布里埃尔·哈维也曾说过，“不久之前，雄辩的口才和文明的礼仪被带到世界的这些地方”。畅销书《给儿子的忠告》（*Advice to a Son*，1655～1658 年）的作者弗朗西斯·奥斯本也同意这一观点：英格兰人是“最后进入文明圈的”。50 年后，第三代沙夫茨伯里伯爵写道：“无论我们认为自己已经多么礼貌，我们都必须承认自己是欧洲时间跨度最长的野蛮人，也是最晚接受文明和优雅举止的人。”他认为，英格兰的“艺术和文明成就”实则是二手货，甚至三手货，“多来自其他国家的宫廷、学院以及智慧和礼仪的苗圃”。1758 年，大卫·休谟更为坚定地指出，前两个世纪农业和制造业的每一次进步都源于对外国人的模仿。他说：“如果不是他们首先指导了我们，我们现在应该还是野蛮人。”[123]

因此，在宗教改革后的一个世纪里，人们常说，英格兰刚从思想、宗教和政治的黑暗中走出来。天主教徒可能会满怀眷恋地回首中世纪，认为它是一个有信仰、讲仁慈的时代；法学家将中世纪视为司法革新的关键时期；学者钦佩中世纪的哲学家；而普通人则珍视英格兰快乐岁月的神话。流亡的耶稣会士罗伯特·珀森斯甚至在
1582 年声称，在新教异端邪说“拆散了爱与友好的纽带”之前， 203
没有任何一个基督徒比英格兰人“更懂礼貌和更讲人性”，或“更倾向于仁慈友善的行为”。[124]但是，亨利·沃顿爵士表达了新教建制的官方观点，他认为“中世纪的动乱和骚动”使英格兰文学变得“不开放”。复辟时期的主教西蒙·帕特里克也表达了类似观点，在他那个时代，“修道士的野蛮”已被“礼貌和优雅”所取代，这点令他很欣慰。[125]

17 世纪末和整个 18 世纪，从骑士式的骑马比武到以酷刑或搏

斗方式进行审判，中世纪生活的许多特征被谴责为“野蛮的”。[126]克里斯托弗·雷恩爵士的儿子同意约翰·伊夫林的观点，认为哥特式建筑是由“那些来自北方……横扫文明世界的好斗之人”引入的。传教士休·布莱尔认为，决斗的荣誉守则源于“哥特式礼仪的凶残野蛮”。农学家阿瑟·杨将敞田制度下的农民视为“哥特人和汪达尔人”。[127]诗人威廉·朱利叶斯·米克尔详细阐述了“修道士时代”的“至暗思想”、中世纪的“凶残举止”和“封建制度”的“专制暴政”。[128]历史学家威廉·罗伯逊更为平衡地看待中世纪，强调它对司法的正常管理、代议制政府的建立和奴隶制的终结所做的贡献。然而，他也认为这是一个人还未达到“特定优雅程度的时代。而这种优雅程度会给人的行为带来一种礼貌得体的感觉，帮助人克制容易导致严重犯罪的激情”。最普遍的观点是，直到 16 世纪，英格兰才开始“重新变得文明”，才摆脱了“哥特式的腐朽”，开始“模仿文明礼貌的邻国”。[129]

同时代的人非常清楚，自中世纪以来，商品供应和便利设施建设大大增加。1702 年，一位作家声称，没有人能像他所处的那个时
204 代的英国人那样，如此迅速地将这么多的技艺、科学和贸易发展到如此高度。他同时指出过去半个世纪英国在纺织、玻璃制造、建筑、涂漆工艺、制糖、蒸馏和航海方面取得的进步。[130]相比之下，在大卫·休谟看来，16 世纪初的英格兰人仍然属于一个“未开化的民族”。他引用了第五代诺森伯兰伯爵（1527 年）的话，他的城堡几乎没有生火，没有烟囱，也没有玻璃窗，只有闪烁的蜡烛、“衣衫褴褛的佣人和家臣”；他没有蔬菜，一年里有 9 个月要靠吃腌制的牛羊肉生活。约翰·洛克（以及后来的亚当·斯密）指出，18 世纪英国的日工比美洲的印第安国王吃得饱、住得好、穿得暖。同样，大卫·休谟宣称，18 世纪诺森伯兰公爵家里的佣人比 250 年前

这里的一家之主生活得还安逸。大卫·休谟在其影响深远的著作《英格兰史》（*History of England*，1754~1761 年）中，将“科学和文明的曙光”追溯到亨利七世统治时期。他指出，此后，“人们不懈努力，在商业、艺术、科学、治国、治安和修行方面逐渐达到了那种状况”。[131]

即便如此，英国在文明方面的发展也远非一帆风顺。大卫·休谟认为，伊丽莎白一世的专制政府和 18 世纪奥斯曼土耳其的专制政府一样。他指出，如果王室授予垄断的权力后来没被削弱的话，“作为财富、艺术和商业所在地的英格兰，目前的工业发展程度将与摩洛哥或巴巴利海岸一样低”。相比之下，1688 年的光荣革命建立了有限的君主制，是由一个“伟大而文明的民族”完成的。相比 1399 年推翻理查二世的那帮“动荡而野蛮的贵族”，1688 年革命的发动者要优秀得多。[132]与大卫·休谟同时代的大多数人认为，他们所处的时代确实比以往任何时代都更“文明”和“高雅”，他们对此感觉很好。正如伯纳德·曼德维尔所说，人类越文明，就越幸福。“优雅精致的生活可能会使人变得奢侈和放荡，”1770 年一位威斯特摩兰牧师感慨道，“但我应该为主歌颂，他没有安排我出生 205
在无知、残忍和野蛮的时代。”[133]

野蛮的邻居

只有经过漫长的历史演变，一个民族才能拥有高雅的文明。英格兰人对世界上其他民族的看法正是基于这种信念。他们中的大多数人同意地质学家约翰·伍德沃德的观点，他在 1695 年声称“世界上大部分地区”依然是“野蛮残暴的”。[134]受过一定学术教育的人认为这种发展迟滞的状况是由自然环境造成的。据推测，气候、土壤和海拔决定了人的体温和“天性”。从亚里士多德和希波克拉底那里传承下来的宇宙学告诉人们，那些生活在距离太阳过近或过远地方的人，天性残忍野蛮，缺乏法律、科学和文明，不能以一种理性有序的方式管理好自己。[135]那些居住在温度不合适区域的人，无论生活在太冷的地区还是太热的地区，往往“更加凶残、原始和野蛮”。正是因为接受了这种观点，托马斯·帕尔默爵士在1606年得出结论：生活在非洲、美洲、南太平洋、东北欧和亚洲的人“较野蛮”。同样，1671年，约翰·奥格尔比认为生活在安第斯山脉的原住民比其他美洲人更接近“欧洲人的文明和精致”，因为他们的气候与欧洲的气候相似。[136]饮食也很重要，因为人们认为人体体液的平衡受其摄入食物的影响。殖民地发起人威廉·沃恩爵士在1630年写道：“野蛮人残忍、没人性，最主要的原因之一是他们习惯吃狼肉和熊肉。”在炎热但丰饶的国家里，当地人很容易获得大量野生水果。在马修·黑尔爵士看来，正是这种便利，使他们彻底失去从事种植的动力。[137]

“欠文明”的人越来越被视为停滞在发展的早期阶段。据说，
206 “新发现的土地”上有许多类似于“第一批人类的民族，他们没有文字、法律、国王、联邦和艺术”。鞑靼人仍靠打猎为生，就像古代德国人。因纽特女人把脸涂成蓝色，就像最初的不列颠人。托马斯·霍布斯将美洲原住民视为其他民族在“文明与繁荣”之前“早先时代”的典型例子。[138]

离英格兰更近的地方也存在文明发展迟缓的例子。中世纪，对他们的英格兰邻居来说，威尔士人是野蛮的，这是因为他们的畜牧经济、以亲属为基础的社会结构，以及好战的生活方式。所有这些都与英格兰人理想的国度截然不同。这个国度由绅士阶层统治，受到一位强大君主的监督，因而可耕地就可得到开垦，城镇、集市以

及货币化经济得以发展。此外，威尔士人无视战争法，杀害男性俘虏，奴役妇女、儿童。[139]爱德华一世在1282~1283年击败威尔士诸侯之后，英格兰王室吞并了他们的公国，这些公国覆盖了威尔士一半的地区，其余地区被各边境领主瓜分。同时，一部分威尔士的法律与行政法规也开始向英格兰模式转变。14世纪，一位编年史家报告说，威尔士人开始以英格兰人的方式耕种田地、培育花园、定居城镇、穿鞋和夜宿床榻。[140]然而到了16世纪早期，历史学家波利多尔·维吉尔仍然报告说，由于威尔士的土地大部分非常贫瘠、尚未开垦，人们只能以燕麦面包和牛奶为生，并以盗窃和抢劫来补充收入。与维吉尔同时代的安德鲁·布尔德医生同意这种观点，指出威尔士还有"许多粗鲁和野蛮之人"。[141]

1536年和1543年的两部都铎王朝法令将公国制和普通法推广至全国，从而使君主成为最大的土地所有者，将边境领主纳入1284
年为公国建立的郡制，并将威尔士合并为一个单一的政治、司法和 207
行政单位，受边境议会和英格兰与威尔士的高等法院（The High Court of Great Sessions in Wales）的共同监督。[142]弗朗西斯·培根写道，由于这些郡在交通（商业）、联盟团体和共同司法方面的联合，威尔士达到"文明与和平"的程度。1534年，主教罗兰·李上任边境议会主席时，发现威尔士"非常野蛮"，但据说凭借严厉的执法，在他1543年去世前，威尔士达到了"理想的文明程度"。[143]圣大卫地区的主教敦促建立文法学校，并将偏远的教区迁往卡马森，旨在消除威尔士人的"野蛮无知"，以"英格兰文明"取代他们的"威尔士粗鲁举止"。[144]然而，据伊丽莎白一世的一位行政人员说，事实证明，使威尔士人"懂礼貌"的关键正是亨利八世引入的巡回法官制。1550~1600年，英格兰与威尔士的高等法院判处大约4000名威尔士小偷绞刑。1576年，边境议会副主席驳回有关威尔士持续混乱的投诉，宣称“在威尔士，普遍存在与英格兰人一样文明守法的人”。实际上，威尔士人非常热衷于诉讼，以至于很小的官司他们也拿到法庭上打。[145] 1640 年，长期议会提议废除边境议会的刑事管辖权，其支持者声称，边境议会在为英格兰国王“教化”威尔士臣民方面起到了关键作用。[146]

当代人针对威尔士社会讨论的一个共同假设是，“文明”意味着守法和服从政府。但这个词也有更广泛的含义。据说，16 世纪 60 年代末，威尔士人已经开始“像英格兰人一样，住在城里、学习手艺、做买卖、耕种土地或做一些社会需要的其他工作”。向上层流动的威尔士人在英格兰社会如鱼得水，他们被认为“更注重文
208 化和修身（像西班牙人）……而且……非常善于学习宫廷礼
仪”。[147] 1612 年，约翰·戴维斯爵士（生于英格兰，但有威尔士血统）声称威尔士“已经达到了那种理想中的文明程度，并且在其许多方面，威尔士并不逊于英格兰最好的地区”。然而，与他同时代的克莱门特·埃德蒙兹爵士认为，威尔士的“胡布”（Hooboub）习俗（高声抗议）带有“一种野蛮而非文明政府”的味道。1611 年，有人说威尔士人“虽然有了很大的进步，但在文明程度上并不等同于英格兰人”。[148]对威尔士看不顺眼的英格兰作家和旅行家仍然觉得威尔士人粗鲁、野蛮、肮脏。[149] 1756 年，一位前往威尔士拉德诺郡“荒山之乡”的游客回来说，这趟旅行让他“知道了英格兰在变得开化和有教养之前是什么样子”。20 年后，一位美国旅行家在威尔士遇到了“野蛮和不文明的遗风陋俗”。约翰·拜恩阁下在 18 世纪八九十年代游历威尔士时，发现那里的居民“在文明程度上仍然不如普通英格兰人”，并对他们“污秽肮脏”的身体深感厌恶。[150]

在讨论苏格兰人时，有见识的同时代人把他们分为高地人和低

地人。威廉·卡姆登解释说，后者“更加文明”，使用的是“英格
兰人的语言且有他们的习惯；前者则更加粗鲁野蛮，使用的是爱尔
兰人的语言且有他们的习惯”。作为一个宗族繁多且好战的民族，
高地人拥有所有典型的野蛮属性，因为他们主要卫护的是自己的亲
属而非国家。尽管在地理条件允许的情况下他们也进行耕作，但他
们主要依靠狩猎、捕鱼和饲养牛羊为生。[151]英王詹姆斯六世及詹姆
斯一世认为，苏格兰高地上的大陆人“大部分是野蛮的，但也有一
些文明行为”，而岛民则“完全是野蛮的，没有任何文明行为”。
如果法律得到严格执行，第一类人就会变得服服帖帖。而对付其他
人，则需要建立殖民地，以便“在较短时间内改造和教化最有文明
倾向的人”。同时，“对于最野蛮的那部分人，要么铲除，要么把他
们流放到其他地方”。[152]1603 年联合王国开始统治，苏格兰与英格 209
兰的边界地区终于迎来了和平，共和联邦在奥克尼群岛和设德兰群
岛建立殖民地，盖尔文化的独特性遭到破坏。[153] 1616 年，苏格兰
高地的酋长被迫承诺遵守法律，减少随从，采用低地地区的耕作方
式，并放弃盖尔语，因为使用盖尔语被认为是“野蛮和不文明在苏
格兰高地持续存在”的一个主要原因。[154]

尽管高地酋长逐渐接受了政府的统治，但他们的部族保留了野蛮的军事行为准则，依然暴行不断，无法无天。[155]据说到了 17 世纪末，苏格兰低地人通过旅行和与法国、英格兰之间的贸易“使自己变得文明”。而山区居民仍然被认为是野蛮人，他们“凶残、记仇，以捕鱼、狩猎和掠夺为生”。许多当代人对文明和野蛮本质的思考都源于对苏格兰低地人和山区居民的比较。[156]

尽管有了《1707 年联合法令》（Act of Union in 1707），但在 1715 年和 1745 年的詹姆斯党叛乱之前，苏格兰高地上的宗族关系和无法无天的状态一直持续着。在小说家亨利·菲尔丁看来，这些

叛乱得到了“荒野和山区的野蛮居民……亡命之徒、强盗和杀人犯的支持。与苏格兰的文明地区相比，这些人生活在永久的战争状态，或更确切地说，是处于没完没了的烧杀抢掠的危险中”。[157] 1745 年平乱之后，为了保卫汉诺威王朝，人们齐心协力，试图安抚和“教化”苏格兰高地的民众。在没收叛乱分子财产的同时，英格兰还制定了一系列法令，包括鼓励制造亚麻制品、禁止穿高地服装、禁止携带或持有“大刀或靶子、刺刀、短匕首、长匕首、手枪、长枪或其他用于战争的武器”。[158] 这些法令对“进一步教化高地民众”的作用值得商榷。但当塞缪尔·约翰逊于 1773 年造访苏格兰西北的西部群岛时，他报告说，部落的凶残性和好战情绪减弱
210 了，当地人对政府的蔑视也减弱了。[159]

在苏格兰与英格兰的边界以南，人们倾向于忽视高地人和低地人的区别，认为所有苏格兰人都是“粗鲁野蛮的”。据说苏格兰士兵在战争中特别凶残；苏格兰人的房子“很少被打扫，脏得像马厩一样”；苏格兰人吃饭的样子很粗野，也完全没有西德尼·史密斯所说的“解决内急所需的得体与礼貌”。塞缪尔·佩皮斯在 1682 年断言，“苏格兰人（无论男女）表现出的本性使得他们能展现出的最好的礼仪有时也令人不适，那些道德修养最好的苏格兰人也不例外”。[160] 1705 年，一位前往爱丁堡的旅行家发现，这座城市几乎没有办公用房，每条街道上都有成堆的垃圾。他说：“气味实在令人作呕，我们在经过街道时不得不捂住鼻子，小心脚下，以免踩到什么恶心的东西。”[161] 政治家约翰·威尔克斯讥讽道：“苏格兰人频频炫耀的，是让全世界都知道他们有一块手帕。”[162] 苏格兰的大学和哲学家只是欧洲启蒙运动的点缀，在这个时代，英格兰人用这种诙谐的语气，强化自己满满的文明优越感。

文明程度较低的是爱尔兰人。据说，直到 12 世纪英格兰征服爱尔兰之前，爱尔兰人都没有石头房子和货币，也没有对外贸易。他们仅有圣人传说，而没有学问、科学、数学、制造业，也没有航海业。[163] 12 世纪 80 年代末，亨利二世在 1171~1172 年征服爱尔兰之后，威尔士作家杰拉尔德撰写了关于爱尔兰人不文明行为的经典著作。亨利二世征服爱尔兰本身就是一个展示英格兰军事优势的事件。教皇亚历山大三世将其合法化，认为对爱尔兰的征服是向一个“粗鲁、没文化的民族”传播福音以及改造他们举止的正当尝试。杰拉尔德把爱尔兰人描述为游手好闲、过着野兽般生活的牧民，这一描述在近代早期影响深远。[164] 16 世纪
初，英格兰君主名义上是整个爱尔兰的君主。实际上，他控制了 211
不超过1/3的爱尔兰地区，还是通过盎格鲁-爱尔兰领主代为统治。尽管英格兰在 14 世纪试图阻止这些领主进行本土化，但他们还是在语言、衣着和举止方面越来越接近盖尔人。岛上的其他地方由爱尔兰的部落酋长统治，他们敌视英格兰人的行为方式。爱尔兰社会其实很复杂，但亨利八世的大法官无视其成员之间的社会文化差异，将爱尔兰的原住民斥为“野蛮凶残的人”。伊丽莎白一世亦是如此。[165] 托马斯·埃利奥特爵士建议阅读恺撒的评论，“以便在对爱尔兰人或苏格兰人作战前，获取必要的指导。他们粗鲁野蛮的性格与……恺撒时代的最初的不列颠人一样”。1580~1589 年，埃德蒙·斯宾塞一直任爱尔兰总督的秘书，他认为爱尔兰人是斯基泰人的直系后裔，是“基督教世界中最野蛮的民族”。[166] 1588 年，为英女王表演的一个娱乐节目描绘了一个野性十足的爱尔兰人，“他的头上没有帽子，蓬乱的黑发一直垂到肩上，表情凶狠”。“世人都知道他们的野蛮行径。”奥利弗·克伦威尔说。[167]

爱尔兰人笃信天主教，新教派对他们这一点非常反感，这也在很大程度上激化了其对爱尔兰人的敌意。然而在现实中，英格兰人对爱尔兰人的态度因情况而定。当爱尔兰人发动叛乱战争时，他们就被描述成野蛮人。而当有和平与和解的前景时，英格兰人对他们的描述则更积极正面。因此，亨利八世在 16 世纪 40 年代，愿意考虑让盖尔族酋长成为王国的贵族。威尔士作家杰拉尔德为亨利二世征服爱尔兰辩护，借此描述爱尔兰人的野蛮行径。从那时起，无论是回顾过去还是展望未来，那些针对爱尔兰人凶残野蛮的最极端的谴责几乎总可以用来支持对爱尔兰人动用暴力，并使之合法化。[168]在历史上，不时有人出于同情，试图理解这个游牧社会的特点。爱尔兰人随着季节的迁徙放牧，还有软弱的中央政权、强大的领主，以及以亲缘为基础的社会结构和持
212 续的内部争斗。[169]1676 年，威廉·佩蒂爵士驳斥了爱尔兰人是斯基泰人后裔的观点，① 而 17 世纪和 18 世纪爱尔兰的古文物研究者则极力驳斥杰拉尔德对中世纪爱尔兰人的祖先充满敌意的描述。相反，他们称颂古盖尔文化的虔诚和丰富知识。在他们的描述中，早在诺曼人到来之前，爱尔兰就是一个拥有圣徒、学者和音乐家的国度。[170]到了 18 世纪，当天主教徒发起斗争，要求放宽针对他们的刑罚时，复兴盖尔文化并为之辩护成为这项斗争的一个重要任务。[171]

但是，大多数到爱尔兰的英格兰游客，在看到暴力和混乱的场景，见识到当地人的慵懒，以及他们脏兮兮的衣着、食物和个人习惯后，都会心生厌恶。[172]1609 年，巴纳比·里奇声称，“相比世上

---

① 这并没有妨碍埃德蒙·伯克断言，正是由于斯基泰人的风俗，以及爱尔兰土地的特点，爱尔兰人专注于畜牧业而不是农业。[*Writings and Speeches*, ed. Paul Langford et al. (Oxford, 1981-2015), vol. 1, p. 512.]

任何一个已知的地方，爱尔人更不文明、肮脏和野蛮，他们的习性和举止也更加粗鄙”。法因斯·莫里森记载道：“有头有脸的男人站着攀谈，而他们的妻子却去解决内急；还有些人慌慌张张跑到都柏林市政厅解决内急。”16 世纪 40 年代的一位作家总结道，土生土长的爱尔兰人的行为较粗鄙。[173] 213

第五章
输出文明

在所有国家中，那些有政治谋略和文明意识的国家控制着其余国家。

——托马斯·史密斯爵士，
《英格兰王国公共福利论述》
(*A Discourse of the Commonweal of This Realm of England*,
1581 年)，
玛丽·迪尤尔主编（弗吉尼亚州，
夏洛茨维尔，1969 年）

对抗野蛮人

近代早期，西欧的“文明”列强试图渗透到所谓的“野蛮民族”或“凶残民族”的土地上，二者之间的关系引发了许多学术和哲学领域的争论。有些人坚信，那些野蛮到拒绝与外部世界进行贸易往来的人，应受到惩罚，因为他们违反了“国际法关于人与人之间相互交往的规定”。由于上帝有意让世界各国人民互通贸易，因此有人声称外国人有权在其他国家旅行、经商甚至居住；如果进

入他国遭到拒绝，可以动用武力。 214

有些国家被心平气和地劝说与他国进行贸易，但它们不听，坚持反对与外国人通商。针对这类国家，早在16世纪30年代，西班牙神学家弗朗西斯科·德·维多利亚就阐述了以暴力打通贸易渠道的权利。他将其视为自然法和国家法的一部分，这些法律支配沟通、社交和礼仪。西班牙人在与美洲印第安人打交道时援引了这项权利。[1] 1583年，英格兰冒险家乔治·佩卡姆爵士也援引了这项权利。他声称，如果纽芬兰的“野蛮人粗暴反抗那些只在寻求公正、合法往来的人”，那些寻求交往的人就可以对他们使用武力。在这项行动中，他坚决表态，“任何人都不能违反公平文明的原则”。[2]其他赞同这一观点的人包括牛津大学的两位皇家民法教授阿尔贝里科·真蒂利和理查德·朱什、普通法法学家理查德·哈克卢特、殖民者威廉·斯特拉奇、詹姆斯一世统治时期的旅行作家塞缪尔·珀查斯、埃克塞特郡的卡罗琳主教约瑟夫·霍尔，以及托马斯·霍布斯，尽管这些人只在乔治·佩卡姆爵士有关政治哲学的专著的第一版中被提及。[3]正如近期的一位评论家所说，在近代人看来，这些舞文弄墨者所支持的是“一个国家被另一个国家渗透，而且渗透程度相当惊人”。这个蛮横的理由违背了欧洲以外民族的意愿，强迫他们与其他民族建立商业关系，而且它从一种观念中汲取了力量。用塞缪尔·珀查斯的话来说，这种观念认为，抵抗这些外部介入的人是“野蛮人、闭关锁国者”。[4]

18世纪，丹尼尔·笛福把世界分为文明国家和“野蛮国家”，文明国家进行贸易，野蛮国家则不进行贸易。例如，北非在古代曾是繁荣的商业中心，但后来被“野蛮国家”占领。费斯和摩洛哥王国有“商业和耕作的破坏者”。他们“几乎没有做生意的想法”，建立了“一个贪婪、残忍、暴力和独裁的国家，这个国家没有任何

215 工业和技艺，忽视所有的文化和进步”，其国民沦为小偷、强盗、海盗和奴隶贩子。丹尼尔·笛福敦促西欧的航海大国联合起来，把摩尔人（“世上最野蛮的人”）驱逐出沿海地区，并将其赶入内陆，在那里他们将无法继续掠夺其他国家，而必须靠诚实劳动来谋生。[5]

在一些国家，“未开化”的土地所有者没有耕种自己的土地，因此西方侵略者便援引自然法，以为其对这些土地的侵占行为辩解，伊丽莎白一世统治时期在爱尔兰活动的英国冒险家就使用过这种方法。托马斯·史密斯爵士在 1572 年解释说，他提议在唐郡建立殖民地，不是“征服”，而是“派人到荒废的土地上居住”。[6]据称，农民拥有土地权，但狩猎采集者则没有土地权。未开垦的土地后来被称为无主物，不属于任何人。[7]正如托马斯·莫尔爵士描绘的乌托邦人所相信的那样，有些人荒废土地，却又不允许他人占用这些土地。对于这些人，动用武力夺走他们的土地加以耕种，是符合自然法的，也是完全合理的。[8]1629 年，马萨诸塞湾殖民地的第一任总督约翰·温思罗普宣称，“只要你使用从未被‘占有或征服过’的土地，用于耕种”，这些土地就是你的。因此，殖民者可以“居住在印第安人的荒地，而把那些印第安人已经施肥的玉米地等土地还留给他们”。颇具影响的新英格兰神学家约翰·科顿同样声称，根据自然法，“国家的空旷之地”成为那些选择占领它们的人的财产。[9]

约翰·罗尔夫是弗吉尼亚殖民计划书的撰写者，他更加大胆地声称，英格兰人是“一个特殊的民族，被上帝之手做过标记，被选中占有弗吉尼亚这块土地。毫无疑问上帝与我们同在”。然而现实中，约翰·罗尔夫与大多数北美殖民者一样，承认印第安人只要占有了土地，就拥有土地所有权，而不管这块土地是否被耕种。因此，购买成为获得土地的一种正常方式。印第安人是否完全了解这些交易的性质，是不是进行这些交易的自由代理人，则另当别论。[10] 216

在英国本土，传教士和法学家则采取了更强硬的立场。塞缪尔·珀查斯声称，如果英国人驱逐印第安人，引进本国优越的农业技术，就能使美洲土地的生产力提升100倍，“也许1000倍”。英国人有权“根据自然和人类法则”占有另一个国家的空置地区，尤其是在当地居民“充满野性”、居无定所的时候。“当地居民不懂艺术，也没有宗教。”① 1622年，诗人兼传教士约翰·多恩拍着胸脯对弗吉尼亚的殖民公司说：“许多情况下，不仅商业贸易合法，而且在以前不属于我们的土地上耕种也是合法的。”[11] 托马斯·霍布斯只对这一立场稍做修改。他赞同将英国的穷人迁移到“人口不足的国家”，但同时立下规矩：这些移民无权“消灭”在那里发现的其他民族，尽管可以“缩小原住民的居住范围”，也就是说，向内靠拢，为新到的移民腾出空间。他可能受到了弗朗西斯·培根的影响。弗朗西斯·培根更喜欢“在一片纯净的土地上开垦种植园，这里原先的人口不会被取代……否则，这种活动更像是清除，而不是种植”。[12] 217

然而，其他人则准备考虑清除所谓的“野蛮人”。当一个民族认为另一个民族不文明时，后果可能是毁灭性的。古罗马人认为，他们的文化优势使他们有权大规模屠杀“野蛮人”，无论男女老少。[13] 英王詹姆斯六世及詹姆斯一世在清除苏格兰的“小偷”、“杀

① 19世纪中叶的都柏林大主教理查德·惠特利认为这些民族“无知轻率，品位粗俗；有成人的激情，但只有幼童的智商，半裸半饥饿地游荡在各个地区。这些地区本可以用来支持成千上万的欧洲人过上富足安逸的生活，却被部落的游散个体占据着”。[*Miscellaneous Lectures and Reviews* (1861), 26-27.]

人犯”和“压迫者”的运动中，下令“彻底清除”这些“害虫”；还命令一位苏格兰贵族将斯凯岛和刘易斯岛上的整整3个部落“铲除”，并将这3个部落的土地改为“文明人”的种植园。[14] 18世纪中叶，欧洲首席国际法权威兼瑞士法学家埃默里赫·德瓦特尔不仅维护文明人占有他人未开垦土地的权利，还允许他们为了防御或出于其他目的留下土地废料。他还主张灭绝没有农业的民族。在他看来，这些民族所在的国家土地肥沃，他们却不去耕种，而以掠夺他人为生，所以应该被“当作邪恶凶残的野兽消灭”。[15]

埃默里赫·德瓦特尔应和着人们早已开始宣泄的情绪。从17世纪中叶开始，西印度群岛的英国殖民者一再提议，应该彻底消灭当地的加勒比人，因为这些“凶残的野蛮人”阻碍了当地甘蔗园的进一步发展。当地政府授权了一系列尝试“铲除”加勒比人的行动，但只取得了部分成效；加勒比人的数量大大减少，只有少部分人幸存。[16] 1763年，驻美洲英军总司令批准了一项计划，通过分发带天花病毒的毛毯，连同任何可能有助于“消灭这个可恶部族”的其他方法，铲除宾夕法尼亚州边境上敌对的部落。[17] 19世纪，“野蛮人”注定要灭绝的假设变得很普遍；这一过程有时被故意加快，
218 例如澳大利亚原住民的遭遇。[18]

托马斯·霍布斯和约翰·洛克都强调一种假设，即大多数野蛮人仍然生活在自然状态中，他们的政府形式过于原始，这类国家不足以被称为是独立的国家。在弗朗西斯·培根主持的一次对话中，有人说道，有些国家“有名无实，只有乌合之众”。当这“群人”无法治理好自己的国家时，另一个“文明或善于治理的”国家可以入侵和征服他们，这是合理的。[19] 因此，在新英格兰，人们自信地断言，除了“暴力统治”，原住民没有政府或法律。[20] 1623年，詹姆斯一世将纽芬兰东南部的一部分土地授予乔治·卡尔弗特爵士。

詹姆斯一世所颁布的宪章承认这片土地的“某些地方有野蛮人居住”，但裁定这些人应被视为海盗入侵者。战争法赋予定居者权利，可以杀死那些对“入侵”负责的人。另一些王室土地授权书则批驳原住民“野蛮凶残，其社会组织不配称为‘国家’”。[21]

诚然，从托马斯·霍布斯的观点出发，印第安人确实缺乏拥有主权的文明社会，但他们被复杂的联盟和政治结构团结在一起。那些将他们描述为生活在无政府状态下的观察家，究竟是对印第安人的社会结构不理解，认为它们还不尽如人意，还是故意装作不知道他们有复杂的社会结构，这很难说清楚。[22]当然，声称原住民在签订条约和出售土地的惯例上不具备团体身份，这种话也难以令人信服。

强制文明化

一些经院神学家和自然法学家坚持认为，文明人对野蛮人使用武力是没有道理的，除非他们受到野蛮人的伤害，或者确有必要进行干预，从而保护无辜者。[23]但中世纪晚期教皇宣布的另一种观点是，动用武力足以表示，野蛮人公然蔑视自然法和国际法（当然是以欧洲为中心的术语来定义的）。近代早期，阿尔贝里科·真蒂利、格罗提乌斯等权威人士对这一观点进行了修正，但并未完全否定。正如他们授权对海盗和土匪发动战争一样，他们也支持对那些犯下食人或兽交等严重违反自然法行为的人采取行动。① 他们小心翼翼 219

① 在弗朗西斯·培根主持的一次对话中，一位“罗马天主教狂热分子”声称，一旦发现一个亚马孙国家，进攻它是正确的，因为女性领导的国家是对自然法的歪曲。［*The Works of Francis Bacon*, ed. James Spedding et al.（new edn, 1879）, vol. 7, pt 1, 33.］

地强调，干涉其他民族事务的动机应该是高尚的，而不仅仅是为了掩饰掠夺。这些人甚至认为，如果“野蛮人”确实有罪，那么根据“人类普通法”，使用暴力来纠正他们，也是可以接受的。[24]

因此，在近代早期，文明程度的差异常被援引，为入侵、征服和殖民“不文明”国家辩护。

人们通常声称，通过这种方式，不文明的人将被引入一种更高形式的生活状态。亚里士多德坚持认为，古希腊人有权为了统治野蛮人而向他们开战；古罗马人则认为，暴力征服，加上之后的独裁统治，可能是文明（*cultus and humanitas*）发展的必要前提。古罗马人使游牧民族定居下来，并打击了诸如活人祭祀等野蛮行为。马修·黑尔爵士认为，古罗马人是一个“文明的”民族，在艺术、科学、军事和民政管理方面都有着丰富的知识，并将这些知识传授给
220 了他们所征服的野蛮人。[25]威尔士作家杰拉尔德在12世纪也表达了同样的观点，声称爱尔兰人虽被迫服从英格兰国王，但接受了“一种更好的生活方式”。[26]威廉·坦普尔爵士认为人类的早期历史是一段段成功地“使野蛮民族变得文明和治理规范”，以及“用武力征服不愿接受更优质生活条件的民族的历史”。[27]1713年，约瑟夫·艾迪生的悲剧《加图》（*Cato*）以激动人心的文明化使命激发了观众的热情。

罗马人的灵魂倾注于更广阔的视野：
去教化这个粗鲁而未经修饰的世界，
令其受制于法律约束，
令众人学会待人接物；
用智慧、法纪与艺术，
去教化粗鄙放荡的野蛮人；

如此的美德，点缀生活，
令人性闪耀，改造灵魂，
终使凶猛的野蛮人与文明同列。[28]

尽管一些早期的美洲殖民者希望通过“虔诚、宽容、礼貌和文明行为”[29]来改变当地人的习性，但强制文明化的观念很快被广为接受。1599 年，埃塞克斯伯爵即将赴任爱尔兰总督的前夜，弗朗西斯·培根给他打气，说罗马人认为，最光荣的军事胜利莫过于征服像爱尔兰人这类“‘野蛮’而拒绝拥抱文明”的民族。[30]伊丽莎白一世统治时期的哈利·赫伦上尉指出，“值得称道的征服者历经磨难”，引导“‘野蛮民族’建立起极其文明的政府”。一位詹姆斯一世统治时期的传教士声称，信仰基督教的国王与“‘野蛮人’以及在非法政府统治下生活的民族”战斗并征服他们是合法的，只要国王的目的是“把那些‘野蛮人’从野蛮的生活状态中拯救出来， 221
或尽量减少‘野蛮人’的数量”。[31]历史学家埃德蒙·博尔顿宣称，无论“野性自由”多么珍贵，它“仅仅是原始和野蛮的”，缺乏“人文艺术和高尚礼仪”。在詹姆斯一世统治时期，负责爱尔兰事务的总检察长约翰·戴维斯爵士认为，“一个‘野蛮’国家必须先被战争摧毁，才能建立一个良好的政府”。权力空白期著名的法学家布尔斯特罗德·怀特洛克指出，尽管尼姆罗德是一个“残忍邪恶的人”，但上帝将他当作一个工具，“迫使野蛮人变得顺从和文明”。[32]

古罗马人的成就鼓舞了一些人，这些人希望征服爱尔兰原住民、摧毁他们不受约束的生活方式。这些参与其中的人肯定有过这种想法，但在伊丽莎白一世统治下的明斯特和詹姆斯一世统治下的阿尔斯特，古典先例经常被援引。[33]这些殖民定居点涉及征用原住民的土地。它们效仿英格兰的郡制建立起来，旨在成为文明模范单位，鼓励当地居民遵从更文明的生活方式。[34]然而在现实中，英格兰殖民者最关心的是自己的财路。他们的“文明”概念严格受限，而古罗马人有着不同的“文明”概念，他们会接纳被征服者为公民。

英格兰历届政府的目标也受到限制。16 世纪，确保生活在帕莱（都柏林周围的英格兰化地区）之外的爱尔兰人合作，是它们的基本目标。亨利八世放弃了任命爱尔兰出生的人为总督的做法，于 1541 年获得爱尔兰国王的头衔，并开始说服盖尔人和古英格兰贵族放弃教皇职位，接受他的权威，以换取王国对他们头衔和财产的肯定。[35]然而，进入伊丽莎白一世执政时期后，爱尔兰酋长发动了一系列叛乱。随之而来的风险是，信奉天主教的爱尔兰可能成为西班牙的卫星国和
222 入侵英格兰的跳板。这就迫使伊丽莎白一世政府对整个爱尔兰岛屿直接行使权力。关于如何最好地实现这一目标，意见不一。有人建议通过和平同化政策；有人建议通过军事征服和在全国范围由英格兰和苏格兰定居者建立种植园的方式，征占爱尔兰人的土地；还有人建议通过引进英语、英格兰法律、带围墙的新城镇、耕地、文法学校和新教神职人员的方式来改造盖尔人。在不同时期，政府采取了不同的政策。长期的血腥战争包括残酷处决爱尔兰叛军，无论是真实的还是假想的叛军，以及没收他们的土地。[36]一些赞成和解的官员抗议英军的敲诈行为：他们临时设营在当地居民家中，引起了“老百姓的强烈抵触”。[37]但对其他人而言，最终目标是重塑爱尔兰社会，使之符合英国模式。诚如 1572 年托马斯·史密斯爵士所言，应让爱尔兰人“井然有序，诚实守信地劳动，遵纪守法”，“并向他们传授我们英格兰的法律和文明，令他们不抢劫、偷窃和杀人”。[38]

这种致力于文明教化的动力源于国家安全的需要，因为在现实中，“文明”等同于接受英格兰的统治，莎士比亚称之为“文明的法纪”。[39]亨利八世试图教化爱尔兰人懂得“必要的文明与服从”。

也正是出于国家安全的考虑，伊丽莎白一世鼓励代表她治理爱尔兰的官员，“诱使这个粗鲁野蛮的国家变得文明”。[40] 后来成为天主教流亡者的拉丁学者理查德·斯坦尼赫斯特在为英格兰编年史家拉斐尔·霍林斯赫德的作品《英格兰、苏格兰和爱尔兰编年史》（*Chronicles of England Scotland and Ireland*，1577 年）撰写的《爱尔兰介绍》（*Description of Ireland*）中敦促，爱尔兰人应该“从野蛮走向文明”，这样他们才能“使自己服从女王陛下的法律与法令”。他还强调：“被征服者应遵守征服者所在国家的法律，与征服者穿 223
同样的服装，说同样的语言。”[41] 1592 年，亨利·巴格纳尔提议在纽里建一所学校，对阿尔斯特种植园的年轻人开展“文明与知识”教育。他的目标与其说是给孩子们提供教育培训，不如说是确保“他们可以被教导对亲王和国家尽职尽责”。同样，詹姆斯一世对爱尔兰人的“野蛮和缺乏文明”忧心忡忡，因为害怕这些“如此容易被煽动的人……爆发叛乱”[42]。在讨论对爱尔兰的政策时，“文明”和“服从”这两个词被一次又一次地放在一起。具有指导性的假设是，只要爱尔兰人能够转变成文明人，他们就会成为“忠心、顺从和真诚的臣民”。[43]

在北美，有时会听说，英国的使命是使印第安人“放弃‘野蛮’的生活方式并接受欧洲的文明习俗”。乔治·佩卡姆爵士希望印第安人能够实现“从野蛮无知到文明求知的转变，放弃不体面的习俗并养成诚实的举止，从目无法纪的散落人群融入治理井然的英联邦；同时主张教授他们与机械相关的职业技能、艺术和人文学科”。[44] 1606 年的《弗吉尼亚宪章》表达了这样一个愿望：“最终”，殖民者将“把居住在这里的异教徒和‘野蛮人’带入人类文明、安居乐业与和平治理中”。[45] 塞缪尔·珀查斯附和了这种愿望，希望在弗吉尼亚的英国人“扮演好助人为乐者”（play the good Samaritan），“通过人性与文明，将当地人从野蛮粗鄙的状态转变为举止礼貌、讲求人性的状态”。英国天文学家兼数学家托马斯·哈里奥特亦是如此思考。[46]但最为关切的还是让“‘野蛮人’变得温顺，服从于文明统治机关”，这样入侵者就可以进行贸易与殖民活动，免受当地人的攻击。正如“印第安人的使徒”约翰·艾略特所说，他通过“教化”和转变美洲原住民学生，确保他们“服从英王陛下的统治”。[47]

人们还敏锐地意识到，通过“教化”原住民，有可能为进口商
224 品创造一个新途径，同时为英国商品开辟一个新市场。伊丽莎白时代的商业项目投资者预计，美洲原住民一旦放弃了其“粗鄙野蛮的生活方式”，就会想买英国服饰，并“渴望像欧洲人一样，生活在丰富的物品中”。乔治·佩卡姆爵士认为，所有“野蛮人”只要开始稍稍品尝到文明的滋味，就会对衣服产生浓厚兴趣，无论是多么简单的衣服，比如衬衫，蓝、黄、红、绿的棉衣，帽子或诸如此类。而且他们会为这样的小商品付出难以想象的努力。[48]1728年，丹尼尔·笛福认为，发展商业最佳的方式，是让“野蛮民族”学会生活的艺术。他认为：“他们应穿着体面，而非不知羞耻地赤身裸体；讲究餐桌礼仪，而非野兽一般狼吞虎咽；安居在城镇，拥有有序的商业和擅于治理的政府，而非像野蛮人一样露宿山野。”他指出，这一政策的结果是，美洲原住民正购买“无限数量的商品，过起物质极大丰富的生活；而且他们中那些越文明的人，消费欲越旺盛”。18世纪，“文明人”的增加意味着商业的发展，这已成为不言而喻的事实。[49]

丹尼尔·笛福认为，“征服世界上‘野蛮’和异教崇拜的民族”是一种责任。他认为古罗马人的征服虽然是“不正义、血腥（和）残暴的”，但“可能是对英国最大的善举”；他并不反对使用（最好是温和的）暴力来灌输文明，并在全世界传播基督教。[50]

丹尼尔·笛福认为暴力是文明教化的合法伴随物，这一观点并 225
不新鲜。伊丽莎白时代的哲学家约翰·凯斯承认，如果要使“野蛮人”变得有秩序、讲文明，就必须采取强硬的军事行动，尽管他反对西班牙人和葡萄牙人在新世界采用的那种过分残忍的做法。[51]相比之下，殖民地推广者理查德·伊登在1555年为西班牙人的“男子气概”喝彩，因为他们“迫害那些绝不可能被带进文明社会的人”。理查德·伊登很可能想讨好玛丽·都铎宫廷里的西班牙贵族，因为他对他们有好感。他的态度有力地支持了这样一种观点，即无论是在美洲地区还是爱尔兰，政策上的分歧，与其说是意识形态偏好的冲突，不如说是环境和殖民活动赞助人之间的关系所造成的。[52]

16世纪90年代，在多种备选政策失败后，许多驻爱尔兰英国政府的人同意埃德蒙·斯宾塞的观点，即爱尔兰原住民的“原始野蛮”证明了大规模剥夺财产和杀戮政策的合理性，但首先还是要给他们最后一次主动屈服的机会。[53]1594～1603年的九年战争圆满结束后，英格兰人才恢复了残酷但相对和平的“种植园”政策：对爱尔兰农民有选择地驱逐，从而为英格兰和苏格兰定居者腾位置。为此，英格兰政府必须把爱尔兰人描绘成一个更具亲和力的民族来吸引移民。同时，政府坚决引入英格兰普通法来取代爱尔兰习惯法。后者被认为是该国社会混乱的罪魁，因为它对谋杀、强奸和抢劫只处以罚款。爱尔兰习惯法也被指责为该国贫穷的根源，因为其基于亲属的继承规则，剥夺了子嗣继承的权利，从而使庄园主没有太大动力去改良作物。因此，政府试图实行长子继承制。[54]到了1633
年，英格兰与爱尔兰古文物研究者詹姆斯·韦尔声称，过去30年里， 226
爱尔兰人已经变得守法，贸易、农业、文明和教育也蓬勃发展起来。克拉伦登伯爵同样认为，17世纪30年代，爱尔兰正走向文明，成为英国皇冠上的一颗明珠。1641年阿尔斯特叛乱前夕，所谓的新英格兰定居者拥有爱尔兰至少40%的土地，并发展了市场经济；羊毛和活牛的出口量也大幅增加。[55]

埃德蒙·斯宾塞认为爱尔兰人很顽固，遂激起他对强硬政策采取支持态度。同样，1622年印第安人发生武装暴动后，北美弗吉尼亚公司的秘书也抱有同样严厉的态度。他宣称，“教化”原住民太费时、费力，这种政策就应该被简单的武力征服所取代。在他看来，印第安人“诡诈暴力”，因而英国人有权“根据战争权利和国际法”使用武力。塞缪尔·珀查斯同意“未来的危险”应通过“消灭更危险之人”来防止。弗吉尼亚公司适时下令，“严厉报复”印第安人。[56]将原住民带入文明的努力被放弃了。“找一个皈依基督教或变文明了的本地人让我瞧瞧。”一位政治小册子的作者在1644年如是要求。[57]1675～1678年，菲利普国王之战进一步证实了新世界定居者的观点。1721年，一位作家夸口说，七八个“凶猛且人口众多的印第安部落”已经被“征服并彻底消灭”。[58]相比爱尔兰人，印第安人作为劳动力不是那么被英国移民者所需要，因而也没怎么被同化入殖民地。西班牙人把美洲原住民纳入其美洲帝
227 国，而英国人却把他们放逐到殖民地的边缘。[59]他们还说服自己，没有对印第安人做过什么伤天害理的事。1776年，一位诗人预言了英国美洲殖民地的辉煌未来——“大不列颠皇冠上最伟大的荣耀”。他声称，这种荣耀是以“毫无罪恶感或流血牺牲的方式”获得的。[60]这些话的发表时间稍早于《美国独立宣言》，但都在一年，实属双重讽刺。

在爱尔兰，种植园政策以及都柏林政府不愿妥协的新教，激起盖尔领主和天主教农民发动了1641年的阿尔斯特叛乱。起义蔓延至首都以外的其他郡县，导致了残酷的教派斗争和随之而来旷日持久的内战。1649年，奥利弗·克伦威尔恢复了50年前埃德蒙·斯

宾塞提出的侵略政策。激进的威尔士传教士摩根·利维德写道："爱尔兰看起来像一片休耕地，你必须再耕种一次。"约翰·弥尔顿为奥利弗·克伦威尔对爱尔兰的军事征服辩护说，这是一次"文明的征服"，它将教会当地人放弃他们"荒谬野蛮的习俗，变得更加文明"。[61]有人估计，1641 年 10 月至 1652 年 10 月，爱尔兰因战争、饥荒或瘟疫死亡的人数为 61.8 万，而战前的总人口为 150 万。[62]奥利弗·克伦威尔的部队和财政支持者（"冒险家"）随后争夺爱尔兰的土地；而文明化传教从来没有得到所有人支持，只是断断续续地进行。

英王查理二世复辟后，在爱尔兰实行了一项新政策，强调发展经济，鼓励英国与爱尔兰的商业联系，并通过保护主义立法，对它们的商业往来加以保护。17 世纪后期，威廉·佩蒂爵士声称，英格兰人给爱尔兰带来了"艺术、文明和自由"。他宣称，即使是最穷的爱尔兰人，现在也骑马了。然而，17 世纪 90 年代，一位法国观察家报告说，尽管有一些爱尔兰原住民足够文明，但其他人仍以"野蛮原始"的方式生活。18 世纪二三十年代，都柏林圣帕特里克大教堂的主教抱怨说，虽然爱尔兰的殖民者比英国许多郡的殖民者 228
"更文明、更有教养"，但爱尔兰人住在"肮脏的小屋"里。他还说，这些罪孽是"英国实施暴政的后果"。[63]

奇怪的是，人们认为宗教在文明进程中并不像想象的那么重要。当然，许多同时代人渴望使异教徒皈依他们心目中真正的宗教，就像渴望教化异教徒一样。他们想让这些异教徒"行为变得文明，灵魂皈依基督教"。圣经中的道德准则被视为"完全适应于教化世界"。[64]17 世纪，托马斯·霍布斯、詹姆斯·哈林顿等政治思想家提出的"文明宗教"的建议隐晦地结合了虔诚与文明，认为"文明宗教"不受神职人员而受国家机关的管辖。[65]100 年后，埃德蒙·伯克仍然相信，“文明的第一个开端”是由宗教带来的，它是“文明社会的基础”和“人类文明的伟大源泉”。[66]

尽管基督教和文明常被认为相互关联，但这两种情况是截然不同的。人们通常认为，“文明化”与“福音化”并不相同。[67] 1641年，一位伦敦传教士声称，“如果人们真诚地遵守福音的教义，那么首先他们会皈依基督教，然后他们会变得文明”。[68] 但大多数传教士认为，这种说法把两个过程的顺序弄错了，在人们被法律驯服、被教育开化之前，试图把基督教灌输给野蛮的民族是毫无意义的。“野蛮人”的“野蛮”和“愚蠢”使他们“无法理解”宗教。因此，文明的灌输是要优先考虑的。“使他们成为基督徒的方法”，正如塞缪尔·珀查斯所说，是“首先使他们成为文明人”。[69]

1695 年，坎特伯雷大主教被催促向印度派遣传教士，据说那里
229 有“文明、礼貌、智慧的人”，他们“非常有能力接受各式各样的教育”，“非常温顺地接受布道”。相比之下，西方种植园里“原始野蛮的民族在文明程度变得更高之前”，人们不可能指望他们改变信仰。[70] 在北美，福音海外传播协会（SPG）的主席在 1730 年报告说，在莫霍克人“达到一定程度的文明之前”，不可能向他们传播基督教，这很快成了普遍看法。正如沃伯顿主教所解释的那样，理解基督教，需要“一种超越野蛮人的智慧，要做到这一点，一定得有个前提。这个前提，除了文明社会，还能是什么？”[71] 宗教对于沃伯顿主教来说，不是文明的原因，而是文明的结果。

与此同时，人们长期倾向于认为非基督徒不是国际社会的正式成员，在他们皈依之前没有法律地位，甚至对他们所占领的领土都没有土地权。教皇英诺森特四世（1243~1254 年在位）裁定异教徒可以合理占有领土并开展治理，但这一裁定受到意大利教规法学家霍斯蒂恩西斯（Hostiensis，亨利·德·塞古西奥，卒于 1271 年）的质

疑，他认为异教徒只有承认教皇的至高无上，才能享有这样的权利。[72]这种对异教徒国家合法性的质疑，到了16世纪仍然存在。1578年，伊丽莎白一世授权冒险家汉弗莱·吉尔伯特爵士寻找“信奉基督教的贵族或百姓”尚未拥有的“偏远的异教徒和野蛮人的土地”，这些贵族或百姓的继承人可以永久占有并享用这些土地。汉弗莱·吉尔伯特爵士同父异母的兄弟沃尔特·罗利爵士在1584年接受了类似的委托。同样在詹姆斯一世和查理一世执政时期，许多殖民项目投资者也接受了类似的委托。对于那些“不了解神的野蛮人”，他们所居住的土地被信奉基督教的土地征用者视为人人可夺之物。[73]

本着同样的精神，伊丽莎白时代晚期的一份宣言将英国黑人的异教信仰，作为下令将他们驱逐出境的理由之一。在巴特斯诉佩尼案（*Butts v. Penny*，1677年）中，英国王座法庭将这份宣言作为 230
奴役黑人的理由，该观点在1694年得到了重申。[74]阿尔贝里科·真蒂利一直赞成对无神论者开战，但不赞成对异教徒开战。他同意英国人将奥斯曼土耳其人视为敌人，这是正确的做法。但他解释道，这并不是因为奥斯曼土耳其人的宗教，而是因为他们的行为威胁到了英国人，他们还扣押英国商人的货物。如果奥斯曼土耳其人保持和平，就没有理由把这些异教徒视为敌人。然而，事实上，他认为在英国被俘或避难的奥斯曼土耳其人应该自动成为奴隶。[75]

基督教世界构成一个社会，其社会成员有权享受优待，这一思想一直延续，进入18世纪，还保持着共鸣。如同先于他们的中世纪教会成员，新教神职人员认为他们有权向异教徒宣讲福音；如果异教徒拒绝传教士进入，他们有权使用武力。阿尔贝里科·真蒂利反对这种想法。然而理查德·巴克斯特由于受到悠久传统的影响，坚持认为“如果一个贫穷野蛮的印第安民族，类似食人族这种，不愿意接受福音，或阻挠传教士进入他们的生活”，那么福音传播者就有权“强迫他们接纳传教士”。[76] 1701 年，随着英国圣公会福音海外传播协会的建立，严肃认真的传教工作在北美洲和西印度群岛展开。但该协会与之后其他宗教派系的布道团一样，主要关注白人，且 1790 年之前取得的成绩也并不算大。[77]

当然，不是所有野蛮人都能成为文明人，还有部分野蛮人无法变成文明人，这确实是个问题。有关人类差异的气候理论表明，只有温带地区才可能有真正的文明。但许多同时代的人拒绝接受这一
231 理论，认为它违背了常识和日常经验。他们认为，人的本性在任何地方都是一样的。在弗朗西斯·培根看来，文明的欧洲与新世界野蛮地区之间的差异不是源于土壤、气候或人的体质，而是源于欧洲在艺术和科学方面的优越性。法因斯·莫里森也认为，地理环境与文化差异无关。他指出，所有美德都源于知识和宗教，而所有恶习都源于无知、无神论和迷信。[78]

1703 年，医学作家彼得·帕克斯顿指出，“最原始的野蛮人”的孩子在婴儿期与“更有礼貌的欧洲人”的孩子没有区别。因此，他问道，他们随后在生活方式和举止上的差异从何而来？他的回答涉及对所有自然与环境假设的坚决否定。他坚信，这些差异不是“来自我们的天性，也不是出自任何身体原因”。它们是“社会的幸福效应”。[79] 伯纳德·曼德维尔认为，气候的不利影响“很快会被善于治理的政府所抵消”。他还指出，随着国内和平的建立，财富将增加，随之而来的是艺术与科学。这样，一群“野蛮人”最终可以形成“一个很有教养的族群”。詹姆斯·阿代尔是一位商人，他与美洲东南部的原住民共同生活了 30 多年。他敦促说，只要“培养到位”，他们“就能在所有的人文艺术及科学方面有所建树”，并“在更高层面的生活领域闪耀光芒”。[80] 针对文明程度受物理因素影响的观点，大卫·休谟在《论民族性》（“Of National

Characters”）一文中给予了致命一击：“伦敦东区的沃平和伦敦西区的圣詹姆斯这两个地方的人的礼貌程度不同，但没有人会将这种差异归因于空气或气候的不同。”① 然而，爱德华·吉本仍然相信：“虽然在较为发达的社会中，食物和气候对文明程度的影响不再被提及或被压制，但就‘野蛮人’而言，这两个因素最有力地促进了 232
他们性格的形成与稳定。”[81]

然而，这并不是说不文明的民族就不能“进步”。亚里士多德认为有些人，尤其是“野蛮人”，天生为奴。这种观点在文艺复兴时期的人文主义者中颇为流行，在西班牙殖民美洲的早期也产生过较大影响。然而，阿尔贝里科·真蒂利对此坚决否定，而且貌似这一观点在英国也没有多少支持者。[82]许多英国公民选择臣服于国王，而不是成为自由联邦的成员，坚定的共和党人约翰·弥尔顿对此嗤之以鼻。但当他把这些英国公民描述为“骨子里的奴才，不是自由的料”时，他并不是指他们天生就是奴隶。[83]同样，早期殖民主义推动者的指导性假设是，无论原住民多么粗鲁和没有教养，他们最终都能像英国人那样变得文明。用托马斯·帕尔默爵士的话来说，“世上没有一个国家不会走上文明之路，最终都不得不消除野蛮”。[84]

1609 年，传教士罗伯特·格雷说，区分一个人“野蛮或不文明”的不是人性，而是教育，一针见血地指出了当时社会的一种常态。“改变人们所受的教育，”他声称，“你会看到他们的本性得到极大的纠正和改进。”[85]《黑人与印第安人的支持者》（*The Negro's*

① 然而，大卫·休谟在《论商业》（“Of Commerce”，1752 年）一文中承认，生活在热带地区的人们从未“获得任何艺术或文明”的一个原因可能是，他们对衣服和住房的需求较少，因而缺乏“工业和发明的动力”。由于财产较少，他们也没有动力去建立“固定的治安部门或正规的政府机构”，用以保护他们免受外敌或彼此的伤害。

and Indian's Advocate，1680 年）一书的作者摩根·戈德温曾在巴巴多斯生活。有人认为黑人奴隶是愚蠢的，对此他极为反对。他指出：“奴隶主发现而且也承认许多黑人很有天分，甚至超过了许多英国人；其他黑人则是泛泛之辈，缺少获取知识的手段，需要接受教育。”在《人类理解论》（*An Essay Concerning Human Understanding*，1690 年）中，约翰·洛克为这一观点提供了认识论的理论基础。他指出，如果弗吉尼亚国王阿波查卡纳之前在英国接受教育，他也许会“像那里的
233 神学家一样博学，数学家一样优秀”。1728 年，伯纳德·曼德维尔一语中的，“‘野蛮人’和‘文明人’在本性上没有区别”。[86]

加深种族偏见

当时有一种观点认为，种族差异不可改变的假设没有存在空间，更不存在什么种族等级制度。官方宗教正统的说法是，人类是一个单一物种，有着共同的祖先，只在表面上由于环境影响和文化传统而呈现差别。正如罗杰·威廉姆斯在 1643 年提醒他的殖民者同胞时说的那样：

> 不要为你的英格兰出身和血统而自豪。
> 你的印第安兄弟生来也一样优秀。
> 上帝用一滴血造了他、你和所有人，
> 一样明智、优秀、强壮、为人。[87]

然而在现实中，身体外表的差异常常引发质疑。黑人尤其不被看好。在这样一个时期里，欧洲人越来越认为自己是“白人”，是自然环境的产物，而其他民族在这个基础上已经退化。对于伊丽莎

白时代的航海家乔治·贝斯特来说，埃塞俄比亚人黑色的肤色源于挪亚对哈姆之子的诅咒。[88]摩尔旅行家哈桑·伊本·穆罕默德·韦扎兹·法西更常被称作约翰·利奥·阿非利加努斯，认为“黑人……过着一种可怕的生活，完全缺乏理性、机智和任何艺术”。[89]16 世纪 90 年代，一位前往罗马的日本使节被罗马人告知，非洲黑人无知、野蛮，无法控制自己的欲望。[90]

在中世纪晚期的欧洲，政治和宗教冲突通常被认为是不同民族之间的冲突，如德国人与非德国人的冲突、西班牙人与穆斯林的冲 234
突、英格兰人与威尔士人的冲突。但是，如果说这种观点有生物学的一面，那么对文化和宗教差异的强调，则让前者黯然失色。当时，亚里士多德的思想没有连贯的遗传理论。[91]17 世纪，托马斯·布朗将犹太人描述为一个独特的“人种和民族”，他既重视生物族谱，也重视宗教与文化。[92]相比之下，中世纪和近代早期思想始终坚持某种假设：“出生”、“血统”和“世系”十分重要。对人类差异的标准解释，无论气候、体液、相貌还是占星术，都有着原始种族主义的含义。同样，人们习惯于把国家称为有共同血统的民族，这也带有原始种族性的含义。[93]例如，伊丽莎白时代的耶稣会士罗伯特·珀森斯将威尔士人和“真正的英国人”之间的争吵归因于他们“不同民族的出身”。[94]

17 世纪，爱尔兰人的野蛮常被视为天性。詹姆斯一世时期的旅行家法因斯·莫里森强烈反对爱尔兰的英格兰定居者与当地的原住民通婚。1646 年，约翰·坦普尔爵士在其关于 1641 年阿尔斯特叛乱史的文献中，提及爱尔兰人的“反常性格”，“通过祖先血脉或自然世代的灌输保留下来”。[95]对美洲原住民也存在着类似的断言。1622 年，当弗吉尼亚的印第安人遭到大屠杀的消息传到英国时，与弗吉尼亚殖民公司有联系的一位律师反而谴责印第安人。[96]

在西印度群岛，英国种植园主从一开始就认为其黑人奴隶本质上
235 是野蛮的，最重要的是，与白人不同。同样，在弗吉尼亚，“如果发现英国或其他国家的白人妇女与黑人、混血儿或印第安人结合”，那么“这种荒谬的现象”将受到1691年颁布的一项法案的制裁。

种族歧视的理论支撑适时出现了。威廉·佩蒂爵士在1677年认为，似乎存在“几个种族”：几内亚和好望角的黑人不仅在举止上，而且“在品质上”与欧洲人不同。然而，与许多同时代的人一样，威廉·佩蒂爵士可能在笼统地使用“种”这个词，用来表示一个单一的人类种族内的多样性。他认识到气候对文化差异的影响，从不怀疑非洲黑人的人性。[98]塞缪尔·佩皮斯对佩蒂的探究，以及“哪里是野蛮人的终点和人类的起点”的问题饶有兴趣。同时代的语言改革家弗朗西斯·洛德威克是另一位相信黑人和白人有不同祖先的人。他的这一想法，就像佩蒂的一样，直到现代才被发表。但是在1684年，法国医生弗朗索瓦·伯尼尔发表了一篇文章，将人类划分为不同的种族。[99]

然而，直到18世纪中叶，欧洲的知识分子才开始普遍、公开地支持固有种族差异的观念，这种差异是不受社会与环境影响的。那时，人们才开始对文化的特殊性提出“科学的”解释。[100]启蒙运动中那些对基督教展开批评的人士，开始挑战“人类只有一个祖先”的观念。1753年，大卫·休谟公开宣称，人类有四五个不同
236 的种族，非白人的人“低人一等”。在这篇文章最后一次的再版中，他收回了自己关于“人类有不同种族”的断言，但他重申了对黑人的负面看法。[101]

这种看法成为一种普遍的偏见。旅行家约翰·莱迪亚德支持这一看法。[102]19世纪末，人们越来越普遍地认为（尽管离全面共识还相距甚远）人类有几个不同的分支，有些分支在本质上无法提升

到欧洲人的文化水平。[103] 1773 年，牙买加种植园主爱德华·朗断言，非洲黑人是不同的人种。① 一年后，卡姆斯勋爵也赞同道，确实存在不同的人种，本质上适应着不同的气候。他坦言，自己过去认为黑人在理解力上低人一等，但他后来认识到，在非洲，他们没有动力去提高自己的权力；而在国外，他们又被奴役。他说："谁知道他们在自由的状态下，能力可以提高到什么水平?"然而，这种乐观主义远非普遍现象。18 世纪末，"野蛮人"与"文明人"之间的旧对立，开始被黑人与白人之间的新对立取代。[104]

战争与奴役

针对"不文明的人"所发动的战争，通常特别残酷。中世纪的兵法只适用于原先罗马帝国内的民族。而在近代早期，欧洲以外的 237
敌对帝国间发生冲突时，战争法常被束之高阁，如在加勒比海或东印度群岛进行的战役。[105] 在与那些被认为是"野蛮人"的冲突中，兵法和战争法被完全抛弃，因为人们认为（通常是正确的）"野蛮人"不会遵守这些法规。正如大卫·休谟所解释的，"当一个文明国家与'野蛮民族'交战时，如果后者不遵守任何规则，甚至战争规则，那么前者也必须停止遵守这些规则，因为它们不再适用于任何目的。针对首先发动攻击的一方，必须使每次行动或反击（小规模冲突）尽可能地血腥和造成伤害"。[106] 当交战双方有文化共通时，可以做到克制交战；但当一方视另一方为"人类公敌"时，克制很快就被抛弃。"人类公敌"正是 1650 年奥利弗·克伦威尔对反

① *Letters of Lady Mary Wortley Montagu*, ed. Robert Halsband (Oxford, 1965-1967), vol. 1, 427; vol. 3, 15.

叛的爱尔兰人所做的描述。[107]

通过援引罗马帝国“人类公敌”的概念，人们就可以限制以下观念：所有民族被视为同一人类社会的不同成员。与海盗、土匪和职业杀手等一样，不承认国际法的“野蛮人”被排除在人类社会之外。① 敌军必须首先被视为合法的对手，才有资格根据战争法得到公平待遇。[108]与法国人交战中的各种约束，在中世纪英格兰人对威尔士人和苏格兰人的战争中不适用。[109]17~18 世纪，对美洲原住民的作战模式换作在欧洲战场，是不可接受的。正如弗吉尼亚议会在 1623 年所决定的那样，“对这些野蛮残酷又背信弃义的敌人，没有什么公平与宽恕可言”。[110]同样，18 世纪中叶前，针对被抓获的海盗打劫船的处理方式，取决于他们背后的国家是“文明的”还是
238 “野蛮的”。[111]

爱尔兰的战事总是异常残酷。16 世纪的爱尔兰人被视为叛乱分子，就像被都铎王朝政府在国内镇压的叛乱分子一样，他们受到了战争法的各类刑罚的制裁，一批批爱尔兰人遭到大规模处决。据称，这些措施是必要的，“直到爱尔兰人变得文明、遵守法律和拥抱和平”。[112]伊丽莎白时代的爱尔兰总督威尔顿的格雷勋爵夸口说，在他管理爱尔兰的 3 年里，绞死了近 1500 名“值得注意的人，这还不算那些卑鄙的人、依法处决的人，而杀死的暴徒则不计其数”。[113]遭遇墨西哥阿兹特克人的西班牙人，以及 18 世纪造访达荷美统治者的英国人，在看到串着死者头骨的栅栏时，变得惊慌失措、瑟瑟发抖。在伊丽莎白时代，参与征服爱尔兰的汉弗莱·吉尔

① 亨利八世对法国北部布尔诺瓦地区平民的残暴摧残，与英格兰人在爱尔兰所干的勾当不相上下。通过给受害者贴上“强盗”和“土匪”的标签，以及诋毁逃到森林里的农民是“野蛮人”，这种军事摧残被洗白。[Neil Murphy，“Violence, Colonization and Henry VIII's Conquest of France, 1544–1546”, *P&P* 233 (2016).]

伯特爵士的残忍程度与之相当：通往军中大帐的沿途两侧插着叛军的首级。[114]

1641 年阿尔斯特叛乱分子的行为虽被宣传者夸大了，但也足够真实。这次起义之后，英格兰人对爱尔兰人的态度变成了赤裸裸的仇恨。1644 年 10 月，英国议会下令，不管是在陆地还是海上，与英国议会武装对战的爱尔兰人或在爱尔兰出生的天主教徒，只要被抓，立即处死。这一命令与公认的战争法准则惊人地背离，在议员中引起了极大不安，并引起保皇党的正当抗议。人们不会完全遵守这条命令，一部分原因是害怕被报复。[115]但为其辩护的理由是，在与不文明的人打交道时，文明规则不适用。在爱尔兰的数次战役中，交战双方均未给予对方战俘宽大处理。而且在与爱尔兰人交战时，“在国外战场遵守的作战文明，如果用在爱尔兰，会被认为是一种耻辱”。[116]华威伯爵下令把所有被俘的爱尔兰海员背靠背捆起来扔进海里，这种“野蛮行为”令克拉伦登震惊。[117]在英国内战 239
期间，威尔士人和康沃尔人有时也会受到类似的虐待，因为他们被认为是“野蛮”的。[118]

16 世纪末，阿尔贝里科·真蒂利解释说，关于外交使节权利和俘虏公平待遇的国际公约不适用于叛乱分子，因为他们试图把世界拉回从前的野蛮时代。[119]17 世纪 40 年代的爱尔兰人被视为叛乱分子。1650 年一本由政府赞助出版的小册子将他们描述为“一个野蛮的民族”。[120]一个世纪后的 1746 年，坎伯兰公爵屠杀了在卡洛登战败的苏格兰雅各布派，并用类似的理由为其暴行辩护。[121]20 世纪，甚至还有人声称，针对所谓的“低文明民族”的战争，可以比通常的战争更加残酷。在欧洲列强之间的“文明”战争中达成的标准，在针对原住民的“野蛮”战争中被忽视。正如约翰·斯图尔特·密尔在 1859 年所解释的那样，认为文明国家和“野蛮人”之间的国际道德准则与两个文明国家之间的准则相同，是一个“严重错误”。[122]

因此，当文明到达文明社会的边界时，文明就会戛然而止。吞噬文明行为和礼貌社交指南的英国，也正是参与强行将非洲黑人运送到北美洲和西印度群岛的英国。1700 年，英国船只已经向殖民地输送了超过 35 万名黑人奴隶。1807 年奴隶贸易被废除时，运输的黑人奴隶总数已达到 340 万人，可能有 1/5 的黑人奴隶死在路上。[123]

按道理，奴隶制自 12 世纪以来在英国就不为人所知。在卡特赖特案中（1569 年），结案判决称英国拥有“非常纯净的空气，奴隶无法在此居住”。[124]中世纪的维兰制（villeinage，农奴制）使农
240 奴在偿清封建佃租和提供劳动之后，可以有条件持有土地。这一制度在都铎王朝时期逐渐消亡。直到 1698 年，首席大法官霍尔特才裁定，维兰制在技术上仍具合法性。但普遍的观点是，借用 18 世纪法学家的话来说，免收封建佃租（地租）的土地保有权，“更好地适应了人类更高的文明性”。[125] 1769 年，卓越的废奴主义者格兰维尔·夏普将中世纪的维兰制描述为“不光彩和不文明的”制度，是由“黑暗时代不文明的男爵”带来的。[126]

事实上，都铎王朝政府不愿完全放弃奴隶制。16 世纪早期，皇家公告下令强制流民和散布煽动性谣言的人到桨帆船上做苦力。1547 年，一项实施时间不长的法案用奴隶制来惩罚那些拒绝工作的人。[127]伊丽莎白一世时期的枢密院偶尔发配重罪犯到桨帆船上做苦力。1602 年，枢密院下令，这种发配应成为所有“臭名昭著或危险犯罪”的死刑犯的命运。同年，星室法庭判处对巴克赫斯特勋爵的诽谤者终身在船上做苦力。[128]直到 18 世纪中叶，仍有人陆陆续续提出，奴役应成为刑法典和济贫法中公认的一部分。[129]从 17 世纪初开始，流民、战俘和罪犯经常被驱逐到北美洲和西印度群岛，

在那里做契约工（临时奴隶），他们经常受到残酷对待。17 世纪 50 年代的苏格兰战俘和爱尔兰战俘，以及 17 世纪 80 年代蒙茅斯公爵所击败的叛军，被补充进这些契约工的队伍。17 世纪，大多数自愿移民到北美洲的人是以契约工的身份过去的。[130]

奴役作为对严重犯罪形式的一种特殊刑罚，可以与文明社会的普遍观念相协调。对非洲人实行的大规模奴役则截然不同：他们唯
一的罪行就是出生在错误的地方。与契约工不同，奴隶终身为奴， 241
得不到法律保护，他们的孩子也成了奴隶。1620 年，理查德・乔布森从英国被派往冈比亚，探索贸易的可能性。有人给他推送了一些女奴，他却说："我们是一个不经营任何此类商品的民族；我们也不买卖彼此，也不买卖任何有自己身形的商品。"同样，后来成为复辟时期主教的罗伯特・桑德森在 1638 年布道时也曾宣扬，买卖人类是一种罪恶。但是他意识到"在过去的一些时代"，世界仍有这种做法。[131]

然而，没过多长时间，奴隶制和奴隶贸易就被广泛认可。依靠非洲奴隶劳动的巴巴多斯和弗吉尼亚的种植园主，在 17 世纪 60 年代颁布了法律，使奴隶买卖合法化。[132]在离本土较近的地方，查理二世政府在丹吉尔建了一个集中营，关押被奴役的摩尔人俘虏。[133]同当时许多法律哲学家一样，约翰・洛克也认可在正义战争中奴役俘虏，貌似认为这与掠奴探险属于同一性质。他促成将奴隶制纳入了卡罗来纳殖民地的法律草案中。[134]向西印度群岛供应奴隶的非洲殖民公司在 1672 年获得了皇家特许状，从而使英国政府参与了奴隶贸易。1713 年，《乌得勒支条约》赋予英国向西班牙帝国提供黑人奴隶的权利，使得政府的参与更进一步。[135] 1703 年，一名脑洞大开的殖民项目企划者提议，将美洲的黑人和混血儿、沙皇俄国的奴隶作为农业劳动力引入英国。同时，恢复中世纪的维兰制，以此

来控制这些人。[136]

矛盾的是，英国人一方面对个人自由的热情空前高涨，另一方面却深深地卷入了奴隶贸易。塞缪尔·约翰逊问道："我们怎么能在驱赶黑人奴隶的同时，听见对自由最嘹亮的呼喊?"[137] 18 世纪 60
242 年代，激进的伦敦市长威廉·贝克福德以捍卫自由的名义参加竞选，被抨击为伪君子，因为他同时是西印度群岛一位富有的奴隶主。他同为奴隶主的兄弟理查德甚至高呼："感谢上帝，让我们这个王国没有奴隶!"国内的文明似乎与国外的野蛮完全相容。[138]讽刺的是，社会越文明，居民的自由和富裕程度越高，他们的奴隶受到的待遇就越差。相比之下，当时在一个"野蛮"的国家，奴隶与其主人关系更为平等。正如亚当·斯密所解释的那样，相比大型甘蔗园的农场主，个体奴隶主拥有奴隶数量更少，因此不需要太多法纪来维持奴隶的秩序。[139]

有人为黑人奴隶制辩护，理由常常是：其牺牲品不是基督徒。[140]但这些奴隶皈依基督教后，并没有得到解放。其实最重要的，使那些本来可能反对奴隶制的人能对其忍受的，是这样一种信念：奴隶制的牺牲品是野蛮人，对他们来说，自由不合时宜。[141]这一论点一直是古希腊人对奴隶制的一个重要考量。[142]即使到了近代早期，它也具有说服力。17 世纪 50 年代，从英格兰发配到新世界的契约工中，大部分是爱尔兰囚犯和苏格兰囚犯，他们的家乡以不文明著称。正如巴巴多斯议会在 1688 年的一项法案中所解释的那样，被运送到西印度群岛的非洲人"本性原始、野蛮、凶残，完全没有资格受我国法律、习俗和惯例的支配"。[143]伯纳德·曼德维尔认为他们是"尚未充分发挥社交能力的人"。[144]撒哈拉以南的非洲人"没有法律、科学与文明"。基于这一传统的地理观念，18 世纪西印度奴隶制的捍卫者详细阐述了非洲礼仪的堕落和当地统治者的专制。他们声称，那里的人“没有文明的政治制度和国家组织，不懂文明、艺术与科学”，① 并且“对构成文明生活的一切一无所知”。[145] 243

17 世纪后期，托马斯·布朗爵士预言，当非洲国家的“文明程度很高”时，它们将不再把自己的人民卖给美洲种植园当工人。后来，一位作家说：“当非洲人变得文明时，停止奴役当然是必需的。”[146]同时，有人为奴隶贸易辩护，认为奴隶贸易使非洲人脱离了一个满是杀戮与战乱的大陆，将他们带到了“不知野蛮为何物的土地”，开启“一种更幸福舒适的生活”，这种生活其实就像“欧洲国家的下层阶级”享受的一样。[147]奴隶制甚至被一些人视为野蛮人必须经历的必要的文明阶段。1638 年，水手诗人约翰·泰勒也支持这种想法。[148]然而不出所料的是，对于任何“教化”他们手下奴隶的企图，西印度种植园主都强烈反对。18 世纪末，这些种植园主越来越被视为“野蛮人”。[149]

* * *

英国殖民者和传教士口口声声说他们给“野蛮民族”带来了“文明”，而如今人们通常认为，这是他们对那些所谓文明程度较低的民族发动武装暴力和文化入侵所寻找的自私借口。游记作家和 244
政策鼓吹者将自己所在社会的规约习俗描绘成“文明的”，却把别人所在的社会描绘成落后、残酷和愚昧的，这为主动干预其他

① 美国开国元勋本杰明·拉什认为，“知识高低”这一观点纯属无稽之谈。他质问道：“一个人在法庭上辩称自己没有欺诈邻居，因为在天赋和知识面上都不如邻居，这样的辩解是否有用？”[Benjamin Rush, *A Vindication of the Address to the Inhabitants of the British Settlements on the Slavery of the Negroes in America* (Philadelphia, PA, 1773), 32-33.]

民族的生活与生计创造了一个不言自明的理由。作为“自然法”的一种应用，16~18 世纪精心发展起来的国际法萌芽，有助于那些自诩“文明世界”的西欧列强将其商业和殖民利益合法化。不出所料，一些现代批评家将“文明”论调，甚至“西方文明”的整个概念视为一种意识形态发明，旨在摧毁原住民文化，从而促进资本主义关系在全世界范围内得到扩张。[150]资本主义“强迫所有国家采用资产阶级的生产方式，否则这些国家会被迫引入所谓的‘文明’，即转变成资本主义国家。一句话，资本主义按照自己的形象塑造世界”。[151]

然而，在近代早期的英国，许多人赞同文明教化。[152] 16 世纪的人文主义者认为，将人们的生活方式从“野蛮”带入“文明”无可厚非，因为这样人们便能实现自己的本性。托马斯·莫尔讲述了他笔下乌托邦的创立者是如何将一群粗鄙之人引入 *cultus and humanitas* 的（拉尔夫·罗宾逊在 1551 年将 *cultus and humanitas* 意译为“一切良好的时尚、人性与温文尔雅”，后来一位译者在 1684 年将其译为“礼貌”）。埃德蒙·斯宾塞认为，农业的引入将给爱尔兰人带来“甜蜜美满的生活”。[153]“地球上最伟大的君王们有哪些主要的丰功伟业?”詹姆斯一世时期弗吉尼亚的总督约翰·史密斯上尉自问自答道，“开疆拓土、建设国家；教化‘野蛮’的民
245 族，使其讲文明。”[154]1649 年，英联邦政府宣称，“使爱尔兰变得文明，将造福于爱尔兰人民”。几年后，詹姆斯·哈林顿将把壮大帝国的渴望描绘成一种“责任……将世界置于比以前更好的状态”。[155]1738 年，威廉·沃伯顿主教宣称，“教化野蛮民族”是“一项崇高事业”。1773 年，苏格兰历史学家罗伯特·亨利认为，应“教化野蛮人”，使他们摆脱“肮脏悲惨”的生活方式，采用“体面舒适的生活方式”。[156]就连废奴主义者威廉·威尔伯福斯也

认为，“艺术与科学、知识与文明”从来都不是任何国家的本土产物。他说：“它们曾经从一个国家传播到另一个国家，从文明程度较高的国家传播到文明程度较低的国家。”[157]

文明输出者有一种含蓄的假设，即只有一种可接受的文明形式，他们自己的法律、政治和文化标准是唯一可接受且适合所有其他人的。然而，在近代早期，并不是每个人对这种假设都买账，现在也该考虑一下持不同观点的人了。 246

第六章
文明反思

印第安人听到爱尔兰人与英格兰人
那令人生厌的污秽之事，
以及之后那些可怕的咒骂和杀戮，
这些印第安人说道：
我们衣不遮体，但我们心有众神，
而且我们罪孽甚少。
你们是野蛮人，是原始的异教徒，
你们的家园未开化。

——罗杰·威廉姆斯，
《理解美洲语言的钥匙》
（*A Key into the Language of America*，1643 年）

文化相对主义

在过去约 150 年中，曾被视为西欧和北美独特文明的许多特征，已被世界大部分地区所采用。富国打着“现代化”和“发展”的旗号，把“援助”倾注到贫困，推动世界加速融合为一个单一的

“文明”。

然而，时至今日，对于向其他民族输出西方生活方式的企图，无论用意有多么冠冕堂皇，持有怀疑态度的人，更别说愤世嫉俗的人，绝非少数。随着全球化使世界各国文化趋同，我们越来越重视体现差异和多样性的价值观。[1]至少在理论上我们认可，可能存在许多行之有效的生活方式，即使大多数人仍然坚持我们所习惯的生活方式。由于在历史上，“文明”这一概念曾助力殖民主义的合法化，因此它遭到许多人的反对。它被视为资本主义野心和政治扩张的伪装，也掩盖了一个极具争议的假设，即西方的生活方式在本质上优于所有其他生活方式。这就是为什么在20世纪40年代末，当联合国宣布世界由多种文明组成时，“文明”国家和“野蛮”国家之间的旧划分被官方所摒弃。[2]至于现在的文明比旧时的野蛮优越的假设，考古学家使我们认识到，新石器时代的发明——农业、畜牧业、陶器和织布——和工业革命的发明一样重要。[3]同样，人类学家也提醒我们，因纽特人和澳大利亚原住民在没有现代科技的帮助下，在一个本可以击败与他们同时代“文明人”的严酷自然环境中生生不息。野蛮仍然可以被谈论，但它不再用来描述一些“不发达的”社会状况。相反，我们认为野蛮是一种道德上应受谴责的精神状态，就像纳粹德国的情况一样，即使是最文明的民族有时也会陷入这种状态。

德国思想家约翰·戈特弗里德·冯·赫德（1744—1803）做出 248
了经典表述：每一种文化都值得尊重。这一观念通常被认为是浪漫主义时代的产物。据说，正是赫德最清楚地阐明了文化不可相互比较的观点。他没有把“原始人”或“野蛮人”的社会描绘成生存方式阶梯的底部，也不认为通过这部阶梯，人类逐步采用更高水平、更“文明”的生存方式。他完全反对去构建这种文明等级制度。每一种文化，无论是现在还是过去，都是独一无二的：它有自己的有效性，不能用另一种文化的标准来评判，也不能用单一的普遍尺度来衡量。[4]赫德的这一观点前后有些出入，因为他也相信文化进步和人类成就的普遍价值观。[5]作为一个基督徒，他后来有大量的作品，对欧洲人优越的身材以及他们在艺术、科学方面空前的造诣做出了价值评判，所以他从概念上清楚地知道何为“文明”，何为“野蛮”。他谴责让印度寡妇在丈夫的火葬柴堆上自焚（“娑提”仪式）是“野蛮的”和“不人道的”，他欢迎文明进步。[6]简言之，他是一个文化多元主义者，但不是一个文化相对主义者。他认为重要的是要认识到有许多不同的文化，每一种文化都应该有自己的理解方式。但是，尽管我们应该尝试理解他人的价值观，但是我们不必分享这些价值观。

尽管存在分歧，但是赫德的作品对传统的种族中心主义进行了深刻批判，深信每个民族的独特性，并有力捍卫了文化多样性。他谴责奴隶贸易和一切形式的殖民征服，对欧洲人的自满情绪提出了强烈挑战。正如赫德所解释的那样：他无意贬低所处时代文明社会的生活质量，但他希望人们能正确看待不同的生活方式，这些生活方式适合生活在其他时代或其他地方的人。这需要移情和设身处地去理解其他文化及其价值观的能力。[7]

249 和许多其他事物一样，赫德观点的萌芽可以追溯到古典时期。每个社会群体都认为自己的习俗是最好的，而鄙视别人习俗的看法早在希罗多德所处的时代就有。富有传奇色彩的斯基泰王子阿纳卡西斯在公元前 6 世纪曾说过，斯基泰人嘲笑雅典人的说话方式，就像雅典人嘲笑他的方式一样。1 世纪初，罗马诗人奥维德被流放到黑海沿岸。他抱怨说，他在那里被视为野蛮人，因为当地人无法理解他。1 世纪后期，圣保罗写道：“如果对方听不懂我在说什么，他会视我为野蛮人；而如果我也听不懂他在说什么，对我而言，他也是野蛮人。”[8]在近代早期，这成为一种常见的修辞手法。法国诗人约阿希姆·杜·贝莱在1549年写道：“斯基泰人被古希腊人视为野蛮人，但雅典人也被斯基泰人视为野蛮人。”同样，西班牙多米尼加传教士巴托洛姆·德·拉斯卡斯在16世纪50年代写道：“正如我们把印度群岛的人视为野蛮人，他们也认为我们是野蛮人，因为他们不理解我们。”[9]

与此同时，许多欧洲的知识分子一边接受古典修辞学的训练，一边重新审视塞克斯都·恩披里柯（约100—200）提出的哲学怀疑论，并对所处社会的传统价值观提出了半开玩笑半严肃的质疑，认为这些价值观是特定社会的产物，而不是普遍的真理。[10]16和17世纪的旅行家、探险家和民族志作家充分强调了这一观点。随着关于世界其他民族的新知识不断涌入欧洲，那些博学多才的同时代人越来越多地认识到自己文明的特点。众所周知，对被征服的中美洲和南美洲原住民的描述，有助于在16世纪的西班牙道德家和哲学家中培养一种新的文化相对主义意识。例如，法学家阿隆索·德·佐里塔（1512—1585）评论道，所有民族都倾向于将他们发现的不同之处描述为“野蛮”。[11] 250

对这种相对主义思维方式最具影响力的表述，是在《蒙田随笔集》（1580~1588年）一书中出现的，这本书通过约翰·弗洛里奥1603年的译本在英国广为人知。蒙田借鉴了古典怀疑论的思想精髓，明显表现出摆脱民族中心主义的自由。这位法国作者总结道，不存在能让所有民族普遍接受的美感、宗教和道德标准，甚至不存在男女分工的规则，只有许多不同的习俗，正如后来赫德所说，每种习俗都有自己的成因。因此，当任何特定的民族发现不熟悉的其他民族的习惯时，会用“野蛮”这个贬义词来指称。[12]蒙田的学生皮埃尔·查伦在其著作《论智慧》（*Of Wisdome*，在弗洛里奥的《蒙田》出版5年后被翻译成英语），对一种现象表达了蔑视，即将“有悖于本国常识和习俗的任何事物”谴责为“野蛮和兽性”。[13]

当然，蒙田并不是一个真正意义上的道德相对主义者。他是一个虔诚的天主教徒，用自己的一套价值观来判断他人的行为。这使得他在《论食人族》（“On the Cannibals”）一文中提出，与他同时代的人才是真正的野蛮人：他们会因为异教而活活把人烧死，而不是像所认为的“野蛮人”那样，死后才把人吃掉；相比后者，前者更为野蛮。同样，查伦也在运用自己关于理性的假设。他认为，许多乍一看似乎野蛮和不人道的异国实践，在更仔细地研究后，可以被视为完全合理的实践。[14]西欧看待世界的观点不是唯一可靠的世界观。查伦和蒙田是这一观念极富影响力的传播者。

这一假设虽然有时不易为人所理解，但在英国近代早期，更普遍地被接受。1550年，在蒙田之前的几十年，一位不知名的苏格兰作家，可能是邓迪牧师罗伯特·韦德伯恩驳斥了英格兰人对他同胞的侮辱。他说，如果一个民族的“本性和肤色”与自己的“相
251 反”，那么这个民族就被认为是野蛮的。[15]1589年，英国作家乔治·帕特纳姆提出，“野蛮”一词是一个相对的词，源于古希腊人和古罗马人的“伟大的骄傲”，这使他们把“除自己之外的所有国家”视为“粗鲁和不文明的”。[16]诗人塞缪尔·丹尼尔是蒙田作品的译者约翰·弗洛里奥的妹夫。1603年，丹尼尔称“认为这个或那个国家是野蛮的，这个或那个时代是粗暴的，这是一种傲慢的无知”。在他看来，即使是哥特人和汪达尔人也取得了巨大的成就，因为他们的法律和习俗是“基督教世界中大多数地方宪法的起源”。针对许多同时代人所鄙视的中世纪学问，他也提供了著名的

辩护。[17]

旅行家们早就注意到，即使在西欧内部，人们走路、说话和打手势的方式也各不相同，他们有关文明行为的概念也相互矛盾。同为商人和经济学家的杰勒德·德·马利纳在1601年评论道，人们对于什么是“文明”的看法反映了他们所在国家的做法。1606年，托马斯·帕尔默爵士赞同道：“在一个国家被视为文明的东西，在其他国家可能会遭排斥。”“我们的畸形是别人的美丽，”约翰·洛克指出，“我们的粗鲁是别人的文明。”[18]由于旅行家传播信息，当时的人们对其他文化日益了解。由于古文献研究不断深入，人们对其他时代也知晓更多。在这种背景下，有关文化相对论的感叹时常被反复提出。[19]正如亚当·斯密所说：“被沙皇俄国认为是高度的礼貌，甚至殷勤到了娘娘腔地步的礼貌，在法国宫廷仍会被视为粗鲁野蛮。”[20]

因此，仅仅因为标准不同就称其他国家的人为“野蛮人”是错误的。① 罗伯特·博伊尔认为，当古希腊人和古罗马人都“高度文明”的时候，古希腊人和古罗马人把“野蛮人”的名字给了对方，也给了世界其他地方的人，这是荒谬的。[21]旅行家保罗·赖考认为，随时准备将其他国家的礼仪和习俗斥为“野蛮”的行为源于无知和陌生。历史学家约翰·奥尔德米克森将这种行为归结为“虚荣心”。剑桥东方学家西蒙·奥克利认为这很幼稚。[22]在约翰·德莱顿的戏剧《印第安首领》（1665年首次演出）中，一位参与征服墨 252

① 两个日本男孩在16世纪80年代被耶稣会送往欧洲旅行。他们回来报告说，在葡萄牙，坐在椅子上被认为是礼貌的，坐在地上则被认为是粗鲁的，而日本人则相反。他们得出的结论是，每个国家都有适合本国国情的习俗：日本人的坐姿符合他们微薄的收入，而欧洲人的家具则反映了他们更强大的消费能力。[*Japanese Travellers in Sixteenth-Century Europe*, trans. J. F. Moran, ed. Derek Massarella (Hakluyt Soc., 2012), 137–138.]

西哥的西班牙指挥官说道：

> 实用的艺术在这找不到立足之地，
> 未受教育的野蛮人却是满地。

对此，他的上级赫尔南·科尔特斯反驳道：

> “野蛮”和“无知”是我们自己发明的术语，
> 用来指代不同于我们自己的时尚。[23]

正如一位政治小册子作者在1695年总结的那样：“一个国家称他国为野蛮国家，因为他国民众的习惯（着装）、举止、饮食和仪式不同。”[24]

人们还广泛认识到，即使在同一个国家，文明行为的理想也非一成不变，会随着时间的推移而改变。18世纪初，罗杰·诺斯坐下来思考“良好教养”的含义时，很快得出了结论：良好教养中任何一部分都不是与生俱来的，“所有教养”都是“相对的”，没有“良好教养的普遍特征，其流传带有特定习俗和传统看法的印记”。与诺斯同时代的威尔士古文物研究者亨利·罗兰兹也认为，在一个时代被认为是野蛮的东西，在另一个时代则被认为是文明的。1749年，一本英语词典的作者指出，语言礼仪也是如此：在一个时代被认为是“礼貌和优雅的”词语，到了另一个时代，则被认为是
253 “粗俗和野蛮的”。[25]

另一种文明

来自敏锐的历史意识的相对主义感受，在与其他社会面对面的

接触中得到了加强。1634 年，旅行家亨利·布朗特开始了黎凡特之旅，以确定“奥斯曼土耳其人的文明是否如我们所理解的那样野蛮透顶，或者更确切地说是另一种不同于我们的文明，但同样带有虚伪的成分”。作为一个来到保加利亚索非亚市的外国人，布朗特却发现这里比他去过的任何一个城镇都更少受到“冒犯或过度关注”的困扰。他被奥斯曼土耳其水手“不可思议的礼貌”所折服，回来报告说，所有国家的人都认为自己是文明的，别人是野蛮的，这是虚荣。[26]

1644 年，最早一批人类学家之一约翰·布勒评论道，每个国家的人都有自己的身体礼仪标准。他试探性地提出了一种气候解释：例如，英国、德国等欧洲北部国家的居民不像意大利人那样手势丰富，因为寒冷的天气迫使他们把手揣在口袋里。[27] 1671 年，在丹吉尔当了 7 年牧师的兰斯洛特·艾迪生对摩尔人和犹太人进行了密切观察，他赞同亨利·布朗特的观点，即通常被称为“野蛮的”只是“另一种文明”。他知道没有哪个国家“如此粗鲁野蛮，以至于完全没有任何表示礼貌与尊重的仪式”。他发现，所谓的西巴巴利野蛮人，以其秩序、文明和宗教而引人注目。例如，在妻子分娩时，丈夫会遵守一种“符合最文明人的礼仪”（他的意思是，夫妻在女方怀孕期间和分娩后 40 天内避免发生性关系）。[28]

其他旅行家发现，所谓的野蛮社会在礼貌饮食和交谈方面也有其独特的规则。例如，那些用手指吃饭的人认为，在吃饭的时候让 254
食物掉下来、吐口水或咳嗽是“世界上最不礼貌的行为”。[29] 托马斯·帕尔默爵士认为，生活在近赤道非洲的伊斯兰居民每天洗澡，可以好好教导“荷兰人”如何保持身体清洁。尽管他坚定地认为“在所有文明国家中”，英国人是最杰出的，但他相信，“世界上任何一个国家，无论礼仪是否达到皇家宫廷的级别，都不可避免地存在野蛮无礼的渣滓和糟粕”。[30]反过来说，没有一个国家会野蛮透顶，以至于它没有任何东西值得效仿。英格兰人、苏格兰人、法国人、意大利人和西班牙人虽然是“受到最多教化、最具宫廷气质的人”，但都“沾染了野蛮的污点”。在这方面，异教徒国家可以教他们如何改进。英国老百姓对外国游客臭名昭著的不文明行为，使他们与“非洲黑人”比起来相形见绌，后者“对外国人如此仁慈，如果他们有能力减轻他人的痛苦和贫穷，他们压根不会拒绝”。据说“东印度”的人民同样热情好客、体贴周到。奥斯曼土耳其人、波斯人、帕提亚人和埃及人也是如此。在饮酒方面，即使是斯基泰人也比德国人更加克制，德国人的酗酒使他们“比野兽还不文明”。[31]

1670 年，一个可能是虚构的故事描述了一个据说被俘虏并被迫在阿尔及利亚军队服役的商人的经历。他承认没有看到“我们的人民想象中那遍布非洲的粗鲁行径”，相反，他发现那里的人民“非常有礼貌和有教养……和蔼可亲、热情好客、彬彬有礼、善良开明”。1726 年，由英国皇家非洲殖民公司派出的测绘员威廉·史密
255 斯将他所遇到的不同民族分别描述为“文明有教养”“非常文明”“对陌生人非常客气礼貌”“绅士风度”“相互之间以礼相待”“非常文明客气”。后来到西非的英国游客发现佛得角的当地人“文明，对外国人很热情”。[32]起初他们对非洲的一夫多妻制有些反感，但逐渐将这种习俗中的男性视为圣经中的族长。相比欧洲允许已婚男子包养情妇的做法，他们认为非洲的做法要好得多。[33]

旅行消除了许多纸上谈兵的地理学家所散布的偏见。水手、商人和外交官在与外国人打交道方面实践经验丰富，在面对陌生的习俗时，往往会更加务实和宽容。在与奥斯曼帝国的臣民有密切接触后，许多英国商人和旅行者发现其社会实际上是秩序井然、管理高

效、军力强大、宽容多元的，不由地同情奥斯曼帝国。[34]驻士麦那黎凡特公司的领事保罗·赖考在1668年报告说，奥斯曼土耳其人并不像人们通常描述的那样粗鲁野蛮。旅行者们对他们的整洁、干净、持重、对上级的恭敬顺从，以及对外国游客的礼貌表示赞许。[35]在詹姆斯二世统治时期，那些意欲废除《针对天主教徒和持不同政见者的审查法案》（Test Acts against Catholics and Dissenters）的人认为，奥斯曼土耳其人、波斯人和莫卧儿人树立了宗教宽容的榜样，英国人最好效仿。[36]

随着奥斯曼土耳其对欧洲的威胁在17世纪末减弱，对奥斯曼野蛮主义的谴责变得不再那么普遍，奥斯曼土耳其服饰、装潢和饮用咖啡等时尚品也开始在欧洲流行起来。[37]剑桥大学的一位阿拉伯语教授在1717年评论道：“西风派（Westerlings）蔑视东方国家的智慧，视其为原始人和野蛮人，却把一切明智和礼貌的事物都归于 256
自己，真是愚蠢之极。”他承认，西方近期在科学领域取得的进步更大，但在东方人擅长的领域，即“普遍需要的素质”方面，如“对上帝的敬畏、对食欲的控制、经济的谨慎发展、在应对各种情况和紧急状态下行为的正派和理性”，却丝毫没有长进。[38]与他同时代的英国驻君士坦丁堡使节的夫人玛丽·沃特利·蒙塔古夫人评价了奥斯曼土耳其妇女的“彬彬有礼”，宣称与英国人通常认为的相反，奥斯曼土耳其妇女比英国妇女更自由，她们被衣服遮住了，因此可以去任何地方。18世纪后期，英国外交官詹姆斯·波特爵士报告说，奥斯曼土耳其政府虽然并不理想，但相比大多数作家的描述，它“更完美、更治理有序，也没那么专制”。[39]

印第安人同样以他们的礼貌、“文明”和谦逊举止给许多早期殖民者留下了深刻印象。第一批前往弗吉尼亚的旅行家声称，印第安人同任何一个欧洲国家的人民一样彬彬有礼、温文尔雅。罗杰·

威廉姆斯回顾了自己在“野蛮人”中生活的岁月，得出结论，即原住民“有两种（就像英国人一样）”：一些人“粗鲁可笑”，但大多数人“懂礼貌、知礼仪……无论是他们彼此相处时还是接待外国人时”。他称赞他们热情好客。[40]在早期殖民者中，只有贵格会教徒忽略传统的文明/野蛮二分法，而是将原住民直接当作上帝的孩子对待。[41]但许多其他英国殖民者欣赏印第安酋长的稳重、威严与好客。有些人将印第安人地板中间生火的住所比作英国古老的男爵式大厅，把他们的小屋比作英国绅士的“避暑别墅”。这些殖民者还指出，印第安人并非一整年都待在同一个地方，而是“效仿文明国家的绅士，迁至欢愉之所，有时会去他们的狩猎场，在那里他们
257 仍会殷勤款待客人”。[42]其他人，如贵格会教徒威廉·潘，发现印第安人的外貌和习俗更会让人想起伦敦的犹太人。他说：“见到他们时，你会以为自己在伦敦的杜克广场或贝里街。”[43]（自奥利弗·克伦威尔时代以来，大量犹太人居住在奥尔德盖特的这些地方。）

1605年，费迪南多·戈杰斯爵士会见了3名被俘的美洲原住民。他发现他们“有一种效仿上流社会的倾向，行为举止很礼貌，远非普通人的那种粗鲁举止”。戈杰斯认为，原住民在许多方面还没有英国乡下人“粗鲁”，这些“不文明”人的一些习俗，比如对长者的尊敬，“适合做最文明欧洲人的楷模”。[44]戈杰斯不是唯一持有这种观点的殖民者。早期对美洲原住民踢足球时幽默方式的描绘，会得到一所19世纪英国公立学校校长的欣赏：“他们从不会像我们那样铲别人的脚后跟，认为靠这种优势进球不值得称赞……如果有人……被撞倒了，他们会一笑了之……没有报复，没有争吵，没有打破鼻子抓伤脸，没有淤青的眼睛、骨折的小腿，也没有人被撞伤或被踩断肋骨。但在赢球的那一刻，……他们不仅是球场上的

战友，更是生活中的挚友。”[45]

必须考虑到对美洲原住民做出此类评价的语境。为了吸引移民、商人和投资者，早期殖民文学的作者不遗余力地将这些原住民描绘成友好、礼貌和热情的人。但在一些暴力冲突之后，幻想破灭了，对原住民习性的描述通常就不那么有利了。[46]对原住民生活方式最富有同情心的描述出自托马斯·莫顿的《新英格兰迦南》(*New English Canaan*，1637 年)。他本人反感清教徒，在海狸贸易中与普利茅斯和马萨诸塞湾的殖民者有竞争关系，时常发生冲突。所以，他将对印第安人的赞扬当作对他的对手的一种反击。他声 258
称，这些殖民者无法超越原住民的技能。罗杰·威廉姆斯在《理解美洲语言的钥匙》一书中盛赞了当地人的人性与文明。1635 年底至 1636 年初的隆冬时节，威廉姆斯被驱逐出马萨诸塞殖民地，幸好遇上好心的美洲印第安部落，为其提供了遮风挡雪的住处。威廉姆斯指出，原住民中没有乞丐，失去父亲的孤儿也会得到照顾；抢劫、谋杀和通奸发生的概率也比英国低得多。[47]

即便是那些之前没有什么企图的人，也逐渐意识到那些所谓的野蛮人实则有很多值得钦佩的地方。有些人钦佩他们的实干能力。一位复辟时期的作家提出，“没有哪个国家彻头彻尾野蛮，也没有哪个民族彻头彻尾原始，他们总有可取之处”。他敦促英国人效仿美洲印第安人的做法，种土豆养活穷人。同样，托马斯·布朗爵士指出，一些“最野蛮的国家”的人民痴迷于捕鱼，对捕鱼技术非常精通。[48]其他人则钦佩他们的道德。政治作家詹姆斯·泰瑞尔说，美洲原住民不会相互偷盗。内科医生汉弗莱·布鲁克评论说，相比英国同胞，“奥斯曼土耳其人、印第安人和其他许多我们乐于称之为‘野蛮人’的人”对待动物要友善得多。[49]约翰·洛克在大量阅读旅行家所记录的相关文献后说：“我们称为‘野蛮人’的（美洲）印第安人，在与他人交谈时，更为庄重和礼貌。在对方结束讲话之前，他们会一声不响，认真倾听，然后平静地答复对方，不发出噪声，不显得焦躁。”[50]

到加拿大传教的法国耶稣会传教士约瑟夫-弗朗索瓦·拉菲托希望通过证明宗教原则的普遍性，来驳斥法国国内的无神论者。1724年，他向欧洲公众证明，美洲原住民也有自己的文明形式（“一种礼貌风尚”）：他们以尊老敬老、互相谦让、和蔼可亲和热
259 情好客而著称。[51] 18世纪后期，时髦的伦敦产科医生威廉·斯梅利发表了他的看法，即相比“最有教养的文明社会”，“野蛮粗鄙的民族”在婴儿成长过程中往往表现出更敏锐的洞察力。在南太平洋航行期间，詹姆斯·库克船长经常记录下他所受到的“极其礼貌”的接待。他发现毛利人“与欧洲最有礼貌的国家的人一样谦逊稳重”。而汤加人虽然缺乏金属，与其他民族也缺乏交流，但在库克船长的外科医生威廉·安德森看来，他们“在各方面都可誉为尽善尽美的文明人”。后来在阿拉斯加，库克船长遇到了“我所见过的最和蔼可亲、最无伤大雅的人，老实说，他们可能是地球上最文明民族的典范”。[52]

关于野蛮粗鄙之人所过的生活，亚当·斯密的看法没有那么乐观，但他指出，没有哪个民族比北美印第安人更尊重女性，将女性视为有理性思维的社会成员。有人认为原住民是无法控制激情的动物，亚当·斯密坚决驳斥这一观点，认为正是生活条件的严酷，使他们具备自律的美德。印第安人默默忍受着劳累、饥饿与痛苦，藐视酷刑与死亡，严格控制自己的激情，树立了“英勇无畏、坚韧不拔”的榜样。相比之下，在“文明社会”中，如果人们在苦恼中呻吟，在痛苦中悲痛，被爱所征服，或被愤怒所困扰，那么他们很容易得到体谅。[53]

当然，大多数这样的评论所揭示的是，英国游客愿意去发现其他民族的习俗与他们自己的文明观念之间的相似之处。正如1660年极富影响力的主教杰里米·泰勒所说，评论家以自己的假设决定哪些国家应该被视为道德主义者（更有礼貌）。“如果他们的习俗、法律和生活方式与我们类似，我们就肯定他们，否则就谴责他 260
们。”[54]这并不等于接受另一个观点，即虽然“野蛮人”的文明行为观念与我们熟悉的观念截然不同，但他们的观念可能同样具有价值。这仍然属于一个小众观点，仅限于有深谋远虑之人。大多数英国人迟迟没有意识到，所谓的野蛮人可能有自己的礼貌行为。正如在英国国内，社会上层难以体会到下层民众也有他们自己的礼貌行为一样。

尽管如此，17世纪前往黎凡特的旅行家的报告显示，早在赫尔德甚至拉斐托之前，颠覆性的观点就已经流传开来：欧洲人所坚持的普遍文明标准仅仅反映他们自己的文化特点；这些文明标准在本质上并不优于其他国家的文明标准，而且随着时间的推移，它们会不断变化。正如政治家兼作家托马斯·波普·布朗特爵士在1692年所说，一个智者应该暂缓做出价值判断，不会先入为主地去批评和谴责其他国家的法律和习俗。我们如果仔细审视，就会发现，许多乍一看认为是野蛮或不人道的做法却是合理的。在《旁观者》中，约瑟夫·艾迪生（他是兰斯洛特·艾迪生的儿子。他在丹吉尔发现的不是野蛮，而是一种不同的文明方式）谴责了“狭隘的思维方式”。这种思维方式导致他的同胞认为，如果其他国家的习俗、服饰和礼仪与本国的不相似，那么它们就是荒谬的。[55]

18世纪，孟德斯鸠、狄德罗和法国启蒙运动的其他哲学家的中心信条是，用自己社会的标准来评判其他社会是错误的。这些思想家在宣扬政治与道德的普遍原则的同时，也设法提出了文化价值

观的相对性以及不同生活方式之间的不可通约性。[56]同样，在英
261 国，哲学家大卫·哈特利感叹“那些愚昧和涉世未深的人常常以为一些遥远的民族粗鄙、野蛮和残忍”。亚当·弗格森反对“用‘野蛮人’来形容一个傲慢的民族；用‘外邦人’来形容另一个民族”，因为它们只用来区分语言和血统与自身不同的外国人。在谈到印第安人时，本杰明·富兰克林说：“我们称他们为野蛮人，是因为他们的礼仪与我们的礼仪不同。我们认为自己的文明是最完美的，而他们也认为他们的文明是最完美的。”作为乔治三世派驻中国的使节，马嘎尔尼勋爵赞同道：“我们没什么资格，仅仅因为其他国家在礼仪与衣着等无关紧要的方面与我们有些不同，就轻视和嘲笑他们，因为我们自己也存在类似的愚蠢与荒谬，和他们半斤八两。”[57]

然而，富兰克林和马嘎尔尼都没想把其他民族的生活方式与他们自己的生活方式放在同一水平线上。[58]即便如此，一种激进的观念——西欧文明只是众多文明中的一种——也开始形成。尤其是亚洲，自伊丽莎白时代起，就以“文明人多”而闻名。[59]尽管中国未能在知识与技术领域取得更大进步，但其高效的政府和精心制定的行为准则，尤其为世人所称道。[60]隶属于胡格诺派的约翰·查尔丁爵士详尽描述了波斯的礼仪与习俗，并于1686年发表了相关成果，使得波斯为欧洲所认识与钦佩。查尔丁爵士指出：“波斯人当中的彬彬有礼之人可与欧洲的彬彬有礼之人媲美。”更早先，詹姆斯一世时期的旅行家安东尼·雪莉爵士曾声称，阿拔斯一世的政府“与我们认为野蛮的政府大相径庭”，它是君主制的典范，正如柏拉图的乌托邦是共和国的典范一样。[61]关于阿拉伯人，东方学者威廉·琼斯爵士在1787年指出，“人们对文明的看法总是不同的，每个人都以自己国家的习惯和偏见来衡量文明程度”，但是“如果将谦恭

与礼貌、对诗歌与口才的热爱，以及对崇高美德的践行作为衡量一个完美社会更公正的标准，那么我们有确凿的证据表明，阿拉伯民族，无论生活在平原还是城市，无论身处共和制还是君主制国家，262
在征服波斯（7 世纪中叶）之前的许多时代，都是相当文明的”。[62]

在某些方面，印度也受到了重视。尤其在 18 世纪后期，威廉·琼斯爵士认为印度的古代文学仅略逊于古希腊和古罗马的文学，并将梵语描述为“比希腊语更完美，比希伯来语更丰富，比这两种语言都更细腻”。他还认为印度教关于来世的教义优于基督教。正如埃德蒙·伯克在 1783 年所说，当英国人还生活在丛林时，印度已是一个文明而有教养的民族。[63]东印度公司以不干涉印度的文明和宗教制度而自豪，更喜欢以身作则地宣传基督教，而不是公开传播福音。它不一定反对传教士，只要他们牢牢地在公司的控制下。但直到 1813 年，为了回应来自国内传播福音的压力，基督教传教士才被允许自由进入印度。那时，有关欧洲道德和种族优越感的新观念方兴未艾。[64]

近代早期，人们越来越意识到，西欧人对其他民族的态度可能和其他民族对他们的态度一样野蛮。奥斯曼土耳其人在他们的帝国中不区分文明人与野蛮人，因而常受到赞扬。[65]但这并不妨碍奥斯曼土耳其人将不洗澡的西欧人视为“不洗漱的狗”。① 一位去过英国
的摩尔人告诉兰斯洛特·艾迪生，看到女人、狗和脏鞋子被带到敬 263
拜上帝的地方，他感到非常震惊。对他来说，只有皈依伊斯兰教，才算是真正的文明。[66]大卫·休谟写道：“我们倾向于将任何与我

① 乔治·桑迪斯显然惊讶地评论道，奥斯曼土耳其人小便后都要洗手和私处，“小便时，他们躲在一旁，蹲在地上；当看到基督徒对着墙小便时，他们咒骂这些家伙”。［George Sandys, *A Relation of a Journey Begun An. Dom.* 1610 (1615), 64.］

们的品位和思想大相径庭的东西称为‘野蛮’，但（我们）很快就发现这个词被对方反用来指责我们。”[67]

在印度，戴礼帽的欧洲人被认为是可笑的。而当他们脱帽以示敬意，印度人又觉得这无疑是一种冒犯。因为对于他们来说，脱帽行为是挑战前的常规行为。[68]日本人把葡萄牙商人视为野蛮人，因为他们不脱鞋就进入寺庙，并在草席上随意吐痰和擤鼻涕。[69]中国人有一套礼貌谦恭的身体姿势，远远超过了欧洲类似的礼节。[70]他们认为自己是“通情达理和文明的人”。[71]因此，对处于不同经济发展阶段的国家之间的相互蔑视和厌恶，亚当·弗格森给出了睿智的点评：这些国家都自命不凡地认为自己是人类幸福的缩影。他说：“我们自己就是所谓的礼貌和文明的标准，如果我们的特色在其他民族中没有体现，对其他民族，也就没有什么值得去了解。”[72]

更认真地对待其他文明，是一种新的趋势。其中一个主要特点是，一些观察家开始愿意接受一种观念，即许多所谓的野蛮人并非如托马斯·霍布斯和其他人所主张的那样处于无政府状态，而是有自己的政府和管理形式。能承认这一点很重要，因为一个民族的政治组织水平是他们文明程度的公认指标。法国哲学家皮埃尔·德
264 拉·普利茅德亚的一本专著从1586年开始出现英译本并不断重印。该书指出，“没有哪个地方的民族没有制定任何政策，或没有他们自愿服从的任何法律或习俗”。[73]詹姆斯一世时期，弗吉尼亚的英国殖民者领袖约翰·史密斯上尉解释说，虽然当地人“非常野蛮”，但他们也有政府和秩序，“因为他们的地方长官有较高的指挥能力，他们的人民有适当的服从能力，在诸多方面表现出色，他们的社会是文明的”。只有少数殖民者认为北美印第安人生活在某种形式的文明社会中。然而，如果没有这种观念，从印第安部落购买土地的

做法（前提是他们有能力签订有约束力的合同）将毫无意义。[74]

同样，约翰·奥格尔比的《地图集》（*Atlas*，1670 年）显示非洲是由不同王国组成的。据说，即使是对盗窃和抢劫非常上瘾的马达加斯加居民，在他们之中也存在着“某种政府或法律”。[75]彼得·帕克斯顿在 1703 年发表的关于政府的专著中指出，现代探险家甚至从未发现“最原始粗鲁的野蛮人”独自生活在森林或沙漠中。当他们“不足以建立更强大的政府”时，他们属于“民族或部落，其中存在着一些秩序或经济标志”。[76]大卫·休谟认为，美洲原住民在无政府的情况下过着和睦的生活。但在战争时期，他们服从于其中一个成员的领导。战争结束后，该成员将放弃自己的领导权。[77]

随着对欧洲以外的世界越来越理解，人们不可避免地对“文明”和“野蛮”之间古老的二元划分产生了怀疑。哲学家詹姆斯·邓巴坚信这种二元划分是建立在对欧洲优越性不正当的信仰之上的，因而拒绝接受它。先于伟大的人类学家克劳德·列维-斯特劳斯，邓巴提出“即使是居住在格陵兰冰冻海岸的最简单、最原始的人种，或居住在几内亚海岸或奥里诺科河岸、遭受日光直射炙烤的人类，也能在没有任何灭绝威胁的情况下存活这么久”，这足以
证明这些民族获得的“价值和幸福感”，并不比“最受敬仰的国 265
家”少。[78]

尽管受过教育的同时代人越来越意识到习俗的相对性，以及世界上存在着各种各样的文化习俗，但 18 世纪的“推测型”历史学家从未以复数形式谈论过“文明”。对他们来说，“文明”仍然是一个理想，而不是一个中立的分析术语。他们倾向于认为所有民族都在同一个单一的进化尺度上经历着不同的发展阶段。只有到了最后阶段，他们自己的“商业社会”才被认为是完全成熟的。在他们

看来，所有的其他生存方式都支撑着较低级的生活形式，而这些生活形式永远不能自称是“文明”的一部分。诚然，18世纪后期，同时代人将“文明”一词作为一个中立、无价值的概念来指代“哥特文明”或“现代欧洲文明”等实体并不少见。但直到19世纪初，“文明”一词才开始被用作复数形式，首先在法国，后来在英国。[79]

在实践中，许多不同的“文明”同时存在的这种新感觉，很快被西方帝国主义的一个新的加速阶段所掩盖：以单数形式推进“文明”。[80] 19世纪，多元文明的观念在很大程度上是少数人的看法。然而，在这种观念中，我们可以看到20世纪早期社会人类学家正统观念的起源：不同的习俗、礼仪和生活方式不应被视为人类社会向上发展的阶段，而应被视为独立的、与欧洲文化共存的“文化”。正如约翰·斯图尔特·密尔在1840年所写的，“伟大的思想家，从赫德到米歇莱特”已经指出，“即使是‘野蛮人’，或更未开化的民族，也有他们自己的教育和文化。这种文化，总的来说，不管它的倾向如何，在某些方面总是成功的”。[81]赫德曾说，地球上不存在没有文化的人。正如法国人类学家马塞尔·莫斯（1872—1950）所解释的那样，人们可以将具有某些共同属性的社会，认定为形成了一个单一而独特的“文明”。[82] 1929年，在给一本有关毛利经济学研究的书题写的序言中，历史学家理查德·亨利·托尼谨慎地指出，人类学家已经证明，“所谓的原始民族似乎并不一定是不文明的。他们中的一些人……只是属于拥有不同文明的民族”。[83]在克劳德·列维-斯特劳斯看来，如今真正的野蛮人，其实是那些相信野蛮存在的人。[84]他的这项知名的社会调查的讽刺之处在于，它史无前例地表现出愿意平等看待其他文化，并将这种意愿作为现代文明的一个基本属性。但它含蓄地表明，相比那些较蒙昧民族的狭隘偏见，欧洲人的宽宏大量所展现出的优越感。①

关于文明使命的争议

近代早期，人们认识到大多数美洲、非洲和亚洲民族，无论是不是“野蛮人”，都有自己的政治组织形式。这引发了一场持续的争议，即在多大程度上欧洲列强可以合法地入侵其他民族的领土。许多当权者支持西班牙神学家弗朗西斯科·德·维多利亚的观点，坚信外国人有进入其他国家、与本地人进行贸易并在外国居住的推定权利。阿尔贝里科·真蒂利同意这一观点，但他承认统治者有权禁止某些商品的贸易，也可以禁止某些外国人进入本国。西班牙耶 267
稣会士路易斯·德·莫林纳更进一步地坚信，除了极端必要的情况外，统治者有权完全禁止外国人进入。[85]博学的法学家约翰·塞尔登在英国引用了莫林纳的观点，他同样认为：一个民族如果愿意，可以排斥外国商人。[86]这一原则毕竟隐含在 17 世纪中叶的航海法中，即将英国货物的交易限制在英国船舶上。因此，民事法和普通法的律师们都支持英国政府有权限制与某些国家的贸易或限制特定商品的贸易。[87]托马斯·霍布斯在《法律要素》(*Elements of Law*，1640 年) 一书中宣称：“人们可以决定相互不进行贸易和交通往来。”这是一条自然法。但在《利维坦》(*Leviathan*，1651 年) 一书中，他认为，应该由君主决定在何处以及就何种商品进行对外贸

① 该观点不同于美国哲学家理查德·罗里（1931—2007）的强硬观点。他宣称“一些文化，像一些人一样，根本不好；它们造成了太多的痛苦，因此必须抵制（也许是根除），而不是受到尊重”。[“In a Flattened World”，*London Review of Books* 15，no. 7 (8 April 1993)，3.]

易。毫无疑问，他会否认任何合法的美洲印第安部落或非洲主权国家能够行使类似的权力。[88]塞缪尔·普芬道夫延续了托马斯·霍布斯的论点，他的著作在英国广为人知。塞缪尔·普芬道夫明确表示，一个与其他国家没有关系的国家的统治者有权禁止外国人入境，或向外国人收取入境费。他承认热情款待外国人是一种善举，但他坚持认为，外国人不应将此作为一项权利。[89]

到了18世纪，启蒙思想家狄德罗和伊曼纽尔·康德进一步调整了古代的“待客”伦理。他们继续承认外国旅行者有权访问其他国家，在那里寻求庇护，免受迫害，并在极端必要的情况下，得到基本的食物救助。尽管他们自己奉行世界主义、厌恶孤立主义，但是他们坚持认为，国家完全有权排斥那些它们不希望与之有商业联系的人。因此，他们赞同中国和日本有权将西方商人拒之门外。同样，库克船长根据英国皇家学会主席的指示，承认新希伯来人有理由试着保护岛上居民不受外国船只的伤害。但实际上，他的船队需
268 要淡水和新鲜食物，这迫使他登陆岛屿并杀害前来阻止的原住民。[90]

也有越来越多的人反对这样一个原则，即那些不耕种自己土地的人必须让愿意耕种土地的侵略者来接管自己的土地。16世纪30年代，罗杰·威廉姆斯将这个原则与英国贵族的狩猎保护区进行了尖锐的类比。他认为即使美洲印第安人不耕种他们的土地，那些土地也是他们的领土，因为他们会在那里狩猎。这就好比，英国贵族保留了他们的一些地产用于狩猎，但没有人会否认他们对这些地产的所有权。[91]17世纪末和18世纪初，许多自然法法学家，包括塞缪尔·普芬道夫、他的德国基督道友沃尔夫、胡格诺派的让·巴贝拉克和剑桥大学的神学教授托马斯·拉瑟福德，坚决否定以下观点，即除非猎人和游牧牧民耕种他们的土地，否则他们不能集体拥

有土地。[92]1769~1772年，西印度圣文森特岛的新英国主人开始清除当地的加勒比人，理由是这些“不文明”和“无法无天”的人没有耕种他们所占据的土地，议会对这种“残忍”行为表示强烈抗议。[93]

在詹姆斯一世统治时期，爱德华·科克爵士断言异教徒是天敌，基督徒攻击异教徒合法，除非君主特别允许，否则可以禁止与其进行贸易。他的这一断言支持了英国君主的一个想法，即他们有权许可其臣民占用非基督教民族所占领的土地。[94]科克爵士的这一观点，虽然在一些法律教科书中得以传播，但在1685年的国王法庭上，被首席大法官杰弗里斯勋爵视为无关紧要而遭摒弃，[95]并在1698年遭到驳回，而且在1774年被曼斯菲尔德勋爵在同一法庭上明确否定。曼斯菲尔德勋爵将其描述为一个“荒谬的”概念，“很可能兴起于十字军东征的疯狂热情”。[96]

当然，科克爵士的观点会使向异教徒宣扬基督教成为不可能的事。更为糟糕的是，这与英国的商业扩张水火不容。科克爵士之后又扬言，异教徒的证词不应该为法庭所采信。1745年，英国高等法院的一名首席大法官驳回了这种说法，认为这是“一种极其不礼貌的观点”，它“将立即摧毁能带给英国巨大利益的所有贸易与商业”。这位大法官说，这种说法源于“非常偏执的教皇时代，那时我们除了宗教贸易外，很少进行其他贸易，因此我们的观念非常狭隘，我希望这种观念永远不要在我们国家盛行”。[97] 269

长期以来，自然法法学家一直认为，异教本身并未削弱统治者的权威。他们拒绝这样一种观点，即基督徒有权无端地向异教徒发动战争，或用暴力将他们的宗教强加于人。[98]当然，对自然法的阐述主要是一种学术和理论追求，对商人和殖民者的实际操作影响甚微。即便如此，1583年，乔治·佩卡姆爵士认为，有必要对一些人提出的反对意见进行长篇累牍的驳斥。这些人认为欧洲人通过暴力在殖民地开辟种植园是“相当卑鄙的，几乎不合法”[99]。佩卡姆爵士想到16世纪初的西班牙多米尼加神学家们，他们坚信异教徒可以成为合法的统治者，认为西班牙人无权对他们认为是天然奴隶的人发动战争。巴托洛姆·德拉斯·卡萨斯认为，所有民族，无论多么野蛮，都有权保护自己不受那些企图攻击他们并剥夺他们自由的人的伤害。[100]耶稣会士弗朗西斯科·苏亚雷斯裁定，向低能者发动战争是非法的，除非他们像野兽一样赤身裸体地生活、同类相食、没有任何形式的政府。如果真的有这种人，就可以对他们发动战争，但战争的目的应该是以更人性化的方式重新组织他们，而不是毁灭他们。[101]

17世纪，出现了一些反对武力殖民的观点。1652年，罗杰·威廉姆斯痛批了王室专利权的“罪恶”，即国王“凭借其基督教信仰被赋予权利，有权收受和赠送其他民族的土地和国家”。[102]约瑟夫·霍尔主教表达了同样的观点。他认为，“野蛮的人民”是“他
270 们自己的领主”，有权和平地生活，“不受其他国家的干涉”。[103]
1660年，保皇派主教杰里米·泰勒不满地指出，许多国家曾认为，有些国家仍然相信，它们完全有权攻击“野蛮人”，尤其当他们很富庶，且“坐拥遥远的国家”时。泰勒认为：“罗马人是所有国家中最聪明的，他们就这么做了……所有他们认为野蛮的人，或者他们认为富有的人，都是罗马人的敌人。”[104]

尽管有些受过古典教育的作家，如托马斯·莫尔爵士，借鉴罗马人的先例为欧洲扩张辩护，但人文主义思想始终存在反帝国主义的倾向。例如，西班牙在征服墨西哥和秘鲁的过程中进行了惨绝人寰的屠杀，蒙田对此予以猛烈抨击。[105]在1649年的英格兰，人们对“无人性的暴行”的仇恨，加上对所有民族都有自治权的信念，

导致一些平等派及其伙伴谴责“劫掠贫穷的印第安人”和迫害“贫穷的爱尔兰人”的行径。他们希望通过谈判而不是靠“杀戮穷人”来恢复爱尔兰的和平。对他们的领导人之一威廉·沃尔温来说，奥利弗·克伦威尔率领英格兰议会军征服爱尔兰是“一场非法的战争和一种残酷血腥的行径”。还有一位政治小册子作者认为英格兰人无权侵犯爱尔兰人的自由，也无权剥夺上帝与大自然赐予他们的土地。[106] 17 世纪后期，英国共和党人阿尔杰农·西德尼谴责西班牙征服美洲原住民是“最不人道和最可憎的暴政”。即使是在正义战争中支持胜利者奴役战败者的约翰·洛克，也没有将征服的权利扩大至侵吞战败者的土地。[107]

对手无寸铁之人无情剥削的行径受到了一些宗教领袖的痛批。1678 年，圣保罗学院院长向下议院宣讲时，反对“欺诈和暴力”、“倒行逆施和残忍行径”以及“强暴和压迫”。正是通过这些手段，世界上强大的帝国得以建立和维持。11 年后，一个小农场主的儿子、水手爱德华·巴洛在其东印度群岛之行的日记中写道：“外国 271
列强通过武力，强行占领这些岛屿和国家。扎下根后，建造堡垒、制定法律，未经当地人同意，就强迫他们接受自己的习俗。这些行径如何能与主的教义以及我们所拥护的宗教相一致，就让世界来判断吧。”[108]

狄德罗在其著作《世界环游记补篇》（*Supplément au voyage de Bougainville*，1772 年）和对阿贝·雷纳尔的《欧洲人在东西印度群岛殖民和贸易的哲学与政治史》（法文书名简称 *Histoire philosophique et politique des Deux Indes*，1770～1781 年）的贡献中，表达了欧洲启蒙运动对帝国主义缺乏同情的知名观点，这些观点被迅速翻译成英文，并广为阅读。[109] 狄德罗有着基于自然法的写作传统，他声称只有一个无人居住的国家才能被外来势力合法占有。[110]

在论证欧洲殖民主义的残暴与失道时，他清晰地借用了那些长期以来备受英国人支持的观点。1709 年，北卡罗来纳州的总量地官约翰·劳森谴责了英国殖民者对美洲原住民的不公，他们“为了将原住民赶出去，并侵占他们的土地，抛弃了自己的国家”。海外征服和殖民活动令其他民族深陷压迫，塞缪尔·约翰逊曾多次对此表示不安。他谴责道：“因为未开化的民族无法抵抗，就对他们发动战争。因为某些国家物阜民丰，就展开侵略，实属罪大恶极。”1738 年，他告诉《绅士杂志》（*Gentleman's Magazine*）的读者，欧洲人由于在“艺术、武器和航海”等方面具有优势，“对非常遥远的地区进行了征服，并在那里建立了殖民地。他们自认为那里的居民很野蛮，但其实那些居民为人单纯、正直和克制，优于欧洲人”。约翰·劳森指出：“（欧洲人）似乎认为有权凭借自己的热情、兴趣和性子来对待这些本地人，而不太考虑正义和人性的规则。他们将这种臆想的主权带得如此之远，以至于有时会强取豪夺、无端杀
272 戮、大肆破坏。”[111]

和塞缪尔·约翰逊一样，大卫·休谟也哀叹“文明的欧洲人比野蛮的印第安人优越得多”，这种想法“诱惑我们……在对待印第安人时，摆脱一切正义甚至人性的束缚”。[112] 1768 年，在库克船长航行前往塔希提岛前夕，英国皇家学会的主席向他发出了“提示”，其中也表达了类似的担忧。这位主席强调，应该对南太平洋的原住民表现出“最大的耐心与容忍”。他们是其所居住地区的“合法拥有者”，对他们展开杀戮将是“罪大恶极”的。[113]

18 世纪后期，罗伯特·克莱夫代表东印度公司，于 1757 年征服了孟加拉邦、比哈尔邦和奥里萨邦。此后，东印度公司对这片“新世界”实行独裁统治，在英国国内引发了越来越多的抗议。1772 年成立的英国议会调查组收到了有关该公司“前所未闻的残

忍行径”和“公开违反每一条道德准则”的证据。[114] 1782 年，旅行家威廉·麦金托什敦促英国“不要把印度教徒当作奴隶或低等动物，而是当作同胞；他们有权得到保护、自由和正义”。同年，林肯律师学院的律师托马斯·帕克发表了惊世骇俗的文章，控诉了克莱夫征服印度时令人发指的行径，以及东印度公司的“商业贪婪”所造成的苦难。诸如此类的抗议活动导致在 1784 年颁布了《印度法案》，该法案将东印度公司置于英国政府控制之下，并最终就腐败和压迫指控，对印度前总督沃伦·黑斯廷斯进行了旷日持久的审判（1786~1955 年），尽管最终宣告其无罪。[115]

这就为埃德蒙·伯克对以下这一隐含假设的痛批提供了背景：文明社会准则不适用于与欧洲以外民族的关系。[116] 1791 年，当黑斯廷斯审判仍在进行时，威廉·罗伯逊在他最后一部历史学术著作的结论部分表达了一种希望，即希望他对“印度早期的高度文明，以及印度居民在高雅艺术和实用科学方面取得的巨大进步的 273
描述，能够对欧洲人对印度民族的行为产生一定的影响”。像他的前辈伯克一样，罗伯逊提醒读者，印度人“在欧洲任何一个地方向文明迈出最微小一步之前的许多年代里，已经取得了非常高的造诣”。[117]

从 18 世纪 60 年代起，反对非洲奴隶贸易的运动与针对英国在印度暴行的激愤并行。正如东印度公司的批评者认为它的残暴和压迫根本上是不文明的一样，废奴主义者也谴责奴隶制与文明社会的准则不符。经济作家马拉奇·波利斯维特问道，“文明而有礼貌的欧洲人”怎么会认为非洲人就只有当奴隶的命呢？与他们建立一种“友好、人道和文明的商业往来”当然要好得多。废奴主义者格兰维尔·夏普指出，如果英国允许奴隶制的话，“我们就不能再被视为一个文明的民族”。在他看来，英国人容忍“使我们的殖民地蒙羞的不文明习俗”

也是如此。[118]

英国人对国内存在的奴隶制长期不满，夏普援引这种不满是正确的。1659 年 3 月，围绕将俘虏的保皇党人作为契约工送到巴巴多斯的合法性，英国议会进行了辩论，人们强烈反对贩卖人口。[119]宗派激进分子反对奴役“生来自由的”英国人，1652 年罗得岛州颁布了一项引人注目的法令就受到这种观念的影响。法令宣称“黑人或白人”作为奴隶的服务期不得超过 10 年，他们的服务条件应“与英国佣人一样”。[120]理查德·巴克斯特认为用奴隶制来惩罚罪犯是合情合理的。但他认为“将自己变成海盗，跑到别国的土地上，去抓贫穷的黑人或其他从未丧失自由生活的人，最后将他们变为奴隶出售，是世界上最恶劣的一种劫掠行为，这些人应被视为人类的公敌”。[121]17 世纪后期，不仅仅是那些目睹过奴隶制的人，还有其他知名的公开抗议活动，纷纷反对种植园中黑人奴隶制的“残
274 忍”、“不人道”和“野蛮”。[122]

当废奴运动在 18 世纪后期开始时，围绕它有几个不同的论点。奴隶制作为一种本质上低效的生产方式，在经济上受到攻击。这种生产方式因文明的发展而过时；文明依赖于自由劳动，并为自身利益所推动。[123]奴隶制被认为“与基督教完全不符”。它残忍、不人道，违反了应该爱自己同胞的原则。[124]奴隶制也被视为不符合正义的原则，它剥夺了受害者享受人身自由的自然权利。1776 年，一位激进分子认为，再也想不出什么比奴隶制“更强烈、更肆意侵犯人权的了”。[125]曼斯菲尔德勋爵对萨默塞特案（1772 年）的判决清楚地表明，动产奴隶制在英国没有法律依据。那为什么又允许英国船只从非洲运送奴隶到西印度群岛的英国种植园呢？

传统的答案是非洲人是“野蛮人”，因此无权享有英国人所享

有的自由。如果他们被解放，他们就会陷入懒惰与罪恶的生活。[126]一些废奴主义者对此予以否认，认为非洲人不像美洲原住民那样“狂野躁动”，而是积极从事农商业且文明礼貌、和蔼可亲的人。正是奴隶制本身的恶劣条件把他们变成了野蛮人。因此，威廉·考伯描述了奴隶的困境：

> 郁郁寡欢地陷入痛楚，
> 身上的枷锁令思想束缚，
> 抛开宽厚仁慈的本性，去迎合
> 他的苦命，举止因而变得残忍。[127]

但更激进的答案是，即使他们是“野蛮人”，他们也是人，有
权得到人道的对待。因此，汤姆·潘恩谴责英国入侵“不幸的非洲 275
海岸，掠夺当地无辜的居民，在西方发展她偷来的领土”。[128]从根本上重新思考“文明”民族与处于社会较低发展阶段的民族之间的传统关系，这正是废奴主义者所敦促的。[129]废除奴隶贸易（1807年）和废除奴隶制本身（1833年）的长期拖延表明，那些在奴隶贸易中有既得利益的人很难接受这一论点。奴隶制最终被废除后，奴隶补偿委员会向英国奴隶主发放了2000万英镑的补偿（现今价值20亿英镑）。[130]

正如马拉奇·波利斯维特所说，对非洲奴隶贸易的一个极具影响力的反对意见是，它“阻碍了这些人的文明化”。[131]贵格会教徒和福音派教徒是这场运动的带头人，他们非常关心拯救灵魂。按照基督教导万国的命令（马太福音28∶19和马可福音16∶15），这些教徒想废除死刑，将其作为密集传教活动的必要前奏，使非洲人皈依基督教，并在此过程中“教化”他们。[132]

然而，文明使命的理念从未得到一致认可。16 世纪，西班牙多米尼加思想家否认征服者有权强迫印第安人改变他们的生活方式。他们坚持认为，每一个民族，无论多么野蛮，都有权保护自己免受这种企图的伤害，因为只有上帝才有权惩罚罪孽。自然法法学家曾一再声称“文明人”有权惩罚违反自然法的民族，但在随后的几个世纪里，这一说法遭到了强烈质疑。[133]此外，诚如约翰·多恩所评价的，自然法究竟是什么尚不明确。他指出：“自然法这个术语，在使用过程中，非常多变且不一致。我承认自己读了很多遍，才弄明白某个语境下它的意思；得出的结论是，这个词指代特定作者想要表达的意思。”[134]

276 大多数自然法法学家的观点是，外国势力只有在制止海盗或食人等重大犯罪的情况下，才能干预另一国的事务。即便如此，他们也须非常谨慎地行事，因为任何不是由入侵国先前受到伤害而引起的军事行动都只能算初步的嫌疑。阿尔贝里科·真蒂利坚决反对亚里士多德的观点，即野蛮人是天然的奴隶，对他们发动战争是正当的。格劳秀斯曾数次引用普鲁塔克的警告，即那些声称“教化”野蛮人的行为，只是贪婪地去占领他国的幌子。[135]从 17 世纪后期开始，一个国家有权侵略另一个国家，从而使其“文明化”的这一观念，遭到了众多欧洲思想家一连串的质疑与批评。[136]

塞缪尔·普芬道夫的专著《论自然法和万民法》（*Law of Nature and Nations*，1672 年）中提出了一个特别值得关注的表述。1703 年，这部专著的英译本是在巴兹尔·肯尼特的指导下完成的。肯尼特之后成了牛津大学基督圣体学院的院长。截至 1749 年，这部专著又出了 4 个英译本。普芬道夫曾先后在海德堡和隆德生活，所以能够以一种超然的态度看待殖民列强的活动。他承认自己的观点受蒙田和查伦的启发，但他否定胡果·格劳秀斯等人的假设，即自然法只能从“最文明国家”的实践中得出。因为没有哪个民族会认为自己是“不文明的”或“野蛮的”。普芬道夫认为，正是虚荣心导致一些欧洲国家将自己的举止视为评判他人的标准，并批评不完全符合自己模式的人类是“野蛮凶残的”。普芬道夫认为：“因为，根据这一观点，如果我们想摧毁任何在习俗上与我们不同的民族，就只需要给他们贴上‘野蛮人’的骂名，然后入侵他们的国家，而不需要更多的渲染和借口。”普芬多夫认为，即使是食人也不能成为外国干涉的理由，除非它涉及杀害无辜的外国人。[137]

1705 年，哈雷–维腾贝格大学教授克里斯蒂安·托马修斯也表 277
达了类似的观点，他宣称所有国家的地位都是平等的。“野蛮人”一词源于古希腊人和古罗马人对其他民族“愚蠢的蔑视”。[138]意识到他们是被古罗马人视为“野蛮人”的后代，这很可能影响了普芬多夫和托马修斯这两位德国哲学家的观点。瑞士法学家埃默里赫·德瓦特尔追随这两位德国哲学家的脚步。17 世纪 50 年代，他明确否定了一个民族有权入侵另一个民族以“教化”他们的主张。这种批评在阿贝·雷纳尔的《欧洲人在东西印度群岛殖民和贸易的哲学与政治史》一书中达到高潮。这一对殖民主义的全面控诉表明，文明绝不是“文明的”欧洲人能够输出的东西。因为当他们入侵其他大陆时，他们无一例外地沦为“野蛮人”。[139]

这些欧洲大陆知识分子的观点为许多英国作家所认同。但很少有人能像大律师罗伯特·沃德那样将这一观点进一步推进。他在 18 世纪末提出，世界其他地区应该有不同的国际法，以适应处于不同发展阶段的社会的不同需求。[140]然而，威廉·坦普尔爵士认可普芬多夫的观点，认为欧洲人自命不凡地承担着定义自然法和国际法的责任，并把那些他们视为野蛮的民族排除于人类之外。

在他看来，这些所谓的“野蛮人”有权考虑他们的观点。[141] 1690年，神学家托马斯·伯内特指出：“对世界其他地方采取某种形式的不文明手段，并将所有不受其统治的民族均算作野蛮人，这通常是大帝国的虚荣心在作祟。”[142]彼得·帕克斯顿在他的《公民政体》（*Civil Polity*）一书中谴责了这样一种错误，即认为“虽然所有其他民族的生活条件和环境在大多数方面与我们的生活条件和环境极为不同，但他们仍然应该以我们的需求马首是瞻”。[143]诗人安布罗斯·菲利普斯在他的戏剧《英国人》（*The Briton*，1722年）中描绘了一位英国的王公愤怒地否定罗马人教化英国人
278 的说法：

> 文明人！——闯入者，说；
> 强盗，人类的腐败者！
> 骄傲的流浪汉！谁让你四海为家，
> 当你没有权利时，求上帝保佑你。[144]

乔纳森·斯威夫特在《格列佛游记》（*Gulliver's Travels*，1726年）中讽刺地解释道：“如果一位君王向一个贫穷蒙昧的民族派遣军队，他可以合法地处死其中的一半人，令另一半人成为他的奴隶，教化并减少他们野蛮的生活方式。”[145]诗人理查德·萨维奇在1736年谴责了非洲奴隶贸易，并发出严厉警告：

> 别让暴君以我似是而非的名字崛起，
> 哭吧，他们边奴役，边教化他人！[146]

文明的不足

所谓的文明人未达到他们所声称的标准，这引起了人们的注意。1653 年，约翰·布勒不无讽刺地指出，文明社会的女性称其他民族对身体的残害很“野蛮”，但她们刺穿了自己的耳朵，并挂上了珠宝。一个世纪后，亚当·斯密评论道，“世界上可能见过的一些最文明的国家”的女性近一个世纪以来，一直在努力“将她们自然圆润的身体挤压成没什么特色的方块状”。[147]更为严重的是，欧洲的文明进步很明显并没有终结欧洲人的凶残和不人道，这些都是显著的“野蛮人”的特征。伊丽莎白时代的讽刺作家托马斯·巴斯德认为，征服新世界使原住民变得有爱心、温顺和讲道德。然而同时，征服者却变得“野蛮和凶残”。贵格会教友乔治·毕晓普将所 279
谓“野蛮的”萨斯奎汉纳印第安人向朋友们献上的“最有礼貌的款待”，与新英格兰人向这些印第安人所展示的“野蛮不人道”进行了对比。[148]殖民者一再表明自己有能力实施残忍的暴行。1636 年，当殖民者烧毁佩克特人的村庄时，他们的印第安盟友纳拉甘西特人（但殖民者仍认为他们是“野蛮人”）惊恐万分，大喊大叫：“太惨了，杀了太多人！”[149]

“野蛮人”的高贵与“文明的”征服者的野蛮之间形成了鲜明对比，这会成为欧洲帝国主义批判史上的一个永恒主题。[150]保皇党神职人员托马斯·富勒对殖民地充斥着罪犯、“放荡之人”和其他“人渣”的情况进行公开谴责。[151]伯纳德·曼德维尔认为“最文明的人”经常犯下野蛮人永远想不到的“精心设计的残忍”罪行。而持怀疑态度的政治家和哲学家、博林布鲁克勋爵亨利·圣约翰认同道：“在这个文明、开明的时代……相比我们所知的易洛魁人、巴西人和非洲沙漠最野蛮的居民，有些欧洲人没人性、不道德的行径真是有过之而无不及。”[152]

罗杰·威廉姆斯非常正确地指出，美洲原住民的战争方式“远不及欧洲战争那么残酷、血腥和具有毁灭性”。[153]正如一位在非洲经商、非常有经验的欧洲商人所报告的那样，非洲的战争“完全没有我们的战争血腥”。[154]因为尽管 18 世纪的欧洲战争经常表现出极大的文明，但仍不免充斥血腥屠杀。[155]丹尼尔·笛福的《鲁滨孙漂流记》（*Robinson Crusoe*）提供了赤身裸体的野人吃人的证据。但在蒙田的影响下，经过成熟的思考，丹尼尔·笛福得出结论：毫无疑问，相比基督徒在战争中拒绝宽大处理战俘，野人的这种习俗差不到哪里去。[156]

18 世纪末，发生在欧洲各地的战争导致生灵涂炭，长老会牧师约瑟夫·福西特以此为主题，写了一首伤痕累累的诗《文明战
280 争：精致的野蛮》，诗名极具讽刺意味。1805 年，学识渊博的利物浦银行家威廉·罗斯科宣称，对抗拿破仑的战争所体现的阴险狡诈、心狠手辣和野蛮残暴，即使放到野蛮人的时代，也会“令他们自叹不如”。[157]所有这些都表明，与其说“野蛮”和“文明”是特定社会的独特属性，不如说它们是用来描述行为模式的特点，这些行为可能发生在任何时间、任何地点。

人们常常称赞商业进步所带来的文明效应，同时也对其抱有明显的矛盾态度。但很少有人像 17 世纪中期的掘土派杰勒德·温斯坦利那样，大胆地将贸易描述为“买卖的偷窃艺术”。[158]然而，几代评论家深受古典共和美德观念的影响。他们声称，国际贸易带来的消费品倍增产生了腐败效应，削弱了公民意志和战斗精神，导致了 18 世纪中期作家约翰·布朗所称的“粗俗奢华”和“男性涂脂抹粉”现象。[159]亚当·斯密不算是贸易的敌人，但他也注意到了贸

易对民族精神和道德品质的不利影响。他认为，正是因为人们参与了贸易，其思想“变得狭隘，无法提升”；教育遭到“蔑视或至少被冷落”；英雄主义精神“几乎消失”，因为商业消磨了人类的勇气。在格拉斯哥大学演讲时，他提醒观众，1745 年，四五千名没有什么战斗装备和战斗能力的苏格兰高地人占领了苏格兰的发达地区，因为当地的百姓没有战斗意志，也没做出任何反抗。[160]

许多 18 世纪的哲学家也对贸易和商人有类似的质疑。商业也许能培养出令人愉快的举止，但它也将利己主义提升为指导思想，鼓励人们“一切向钱看”。[161] 自 17 世纪后期以来的一系列贸易战使欧洲纷争不断，也证明了商业将人类凝聚成一个伟大社会的说法是错误的。正如知名企业家和经济学作家约西亚·奇尔德在 1669 年对上议院的一个委员会所说，所有的贸易都是“一种战争”。美国 281
政治家亚历山大·汉密尔顿在《联邦主义者》（*The Federalist*, 1787~1789 年）一书中指出，商业远没有熄灭冲突的火焰，而只是用一个战争对象替代了另一个战争对象。[162] 埃德蒙·伯克甚至坚信，良好的举止，并不像人们所说的那样，是贸易开展的结果，而是贸易得以开展的原因。[163]

另一些人指出，欧洲人贩卖酒水与枪支给非洲人，对非洲产生了极大的不良影响。正是由于与欧洲的接触，非洲人的状况恶化了。1807 年，威廉·罗斯科对议会说，英国商人从非洲购买奴隶，并向非洲销售酒水和枪支，这阻碍了“非洲原本可以产生的文明与进步”。30 多年前，库克船长在第二次造访新西兰南岛的一个原住民聚集地后，反思了与欧洲人和“文明的”基督徒进行贸易对毛利人所造成的损害：

> 我们败坏了他们的道德……我们给他们引入了欲望，也许

> 还有疾病，这是他们以前不知道的，只会扰乱他们及其祖先所享受的幸福安宁。如果有人否认这一说法，那就让他告诉我，整个美洲部落从与欧洲人的贸易中到底得到了什么。[164]

留给后人去发现的是，城镇化使国际贸易愈演愈烈，成为传染病在全球传播的一个主要原因。[165]

18 世纪后期，文明存在的几个关键方面出现了严重倒退。亚当·斯密指出，这涉及下层阶级的从属地位，他们被要求进行劳作，以使富人过上舒适的生活。他写道：“在一个文明社会里，穷人既要养活自己，也要满足社会上层的穷奢极欲。”文明社会中的劳动分工有益于经济发展，甚至使穷人过上了其他地方难以媲美的生活。但在亚当·斯密看来，劳动分工严重限制了一些人的精神生
282 活，这些人注定要在重复的机械劳作中度过余生。就连思考都有可能成为一种专门的职业。[166]他感叹道：“劳动分工所带来的昏昏欲睡般的呆滞，在一个文明的国家里，几乎麻痹了所有下层人民的心智。而在欧洲人通常称为野蛮的社会里，每个人都有相当程度的知识以及发明创造的能力。”亚当·斯密希望，由国家开办的、老百姓负担得起的学校能够改善这种状况。[167]与他同时代的年轻人杜格尔德·斯图尔特，同样对分工把人变成“活的机器人”的方式感到遗憾，他希望机器的发明能够接管工人重复性的工作。[168]而另一位苏格兰哲学家詹姆斯·邓巴则认为，欧洲大多数“文明”国家的下层阶级“处于一种智力被贬低的状态”，相反，“在粗鲁的野蛮人的历史上几乎没有类似的身份状态”。他总结道，在对比他们各自的美德和幸福指数时，欧洲人的境况并不比“格陵兰或几内亚最原始、最粗鲁的民族”好多少。欧洲人对这些民族的蔑视，正如古希腊人蔑视所有其他民族一样。在这两种情况下，偏见都是建立在无

知的基础上的。[169]

伴随着以上这类分析，狄德罗和卢梭对他们所看到的文明社会的不公正、无休止的劳作，以及性挫折和人为欲望进行了无情的揭露。对卢梭来说，首先是私有财产制度及其随后的不平等使人类堕落。[170]如果说野蛮是一个巨大的均衡器，那么正如苏格兰推测历史学家所表示的那样，文明的影响是“引入等级的区别，并使较低等级的人的地位大大低于他们天生就有权享有的地位”。[171]乔治·福斯特是跟随詹姆斯·库克第二次航行的博物学家。他将塔希提岛人民的“幸福平等”与一些文明国家下层阶级的苦难和上层阶级 283
“无穷无尽的贪欲”进行了对比。但他指出，即使是在塔希提岛，社会差别也在不断扩大。他预言那里的百姓最终会察觉到正在发生的事情，而“在他们身上觉醒的、人类普遍权利的正确意识”将“带来一场革命”。[172]

18 世纪 90 年代，玛丽·沃斯通克拉夫特宣称，文明可以是“福气之首，人类真正的完美产物”，但前提是人人都能享受。而事实上，“荒谬的等级差别”使文明成为“诅咒”。汤姆·潘恩同样感叹，所谓的文明的影响使社会上一部分人更富裕，另一部分人更凄惨，而人们不会处于一种自然状况。结果是，生活在所谓“文明”国家的人中，有很大一部分“处于远比印第安人更贫困、更悲惨的状态。就算他们出生在文明开始之前，他们的境况也会比现在的好得多”。[173]人口学家罗伯特·马尔萨斯明确指出，“在每一个文明国家”都必须有“一个业主阶级和一个工人阶级”。1805 年，查尔斯·霍尔医生同意道，没有贫困阶级的存在，文明就不可能存在。[174] 1835 年，阿历克西·德·托克维尔访问工业城市曼彻斯特时，发现低薪工人生活在肮脏的环境中。他写道，“这是一个几乎要把文明人变成野蛮人的地方。”[175]

被拒绝的文明

很明显，在新大陆的原住民和凯尔特边缘地区的居民当中，很少有人愿意被侵略者“开化”。1577 年，航海家马丁·弗罗比舍遇到巴芬岛的因纽特人，发现他们宁愿葬身大海，也不愿屈服于征服者。他不得不钦佩这个“野蛮民族”对自由的渴望，以及捍卫自由时那“令人惊叹的男子气概”。[176]视线转向爱尔
284 兰，诚如埃德蒙·斯宾塞所感叹的那样，当地人憎恨英格兰人，认为没有理由照搬他们的举止。这些人“自由自在地长大，随心所欲地生活”，认为英格兰法律“最不符合他们的自我释放和与生俱来的自由，影响了他们散漫的生活”。在戏剧《女王的阿卡迪亚》（*The Queen's Arcadia*，1605 年演出）中，塞缪尔·丹尼尔化身为田园游牧民族中的一员，抵制世故的局外人对其生活的侵蚀：

> 他们是怎么将自己的东西硬塞给我们的，
> 与我们国家所有重要的生活支柱背道而驰，
> 我们的仪式、习俗、天性、诚实，
> 完全令我们晕头转向，
> 他们认为我们野蛮，但如果他们的伎俩
> 如此教化，就让我们继续野蛮吧。[177]

如出一辙的是，奥索里天主教主教大卫·罗思声称爱尔兰人已经“够文明了”，他们不是野蛮人，而是理智、善交际的人。他呼吁詹姆斯一世国王按照爱尔兰人自己的“风俗习惯”

来管理他们。其他的爱尔兰辩护者则宣称，英格兰人才是真正的野蛮人，而不是爱尔兰人。[178]一份针对1641年爱尔兰叛乱怀有敌意的评述写道，“爱尔兰原住民想要抹杀英格兰殖民者带给他们的记忆，以及给这个野蛮国家所带来的一切文明和美好的事物”。他们拆除了英格兰人建造的房屋，毁坏了英格兰人种植的花园、果园和圈占地，以及他们建造的钢铁厂。为“摆脱英格兰人的长期统治”，他们甚至杀掉了英格兰殖民者的所有牛羊。[179]

按照哈利法克斯侯爵乔治·萨维尔的说法，在北美，印第安人更喜欢“邋遢的自由生活”，而不是“我们称为文明的生活方式”。285
正如本杰明·富兰克林所说，物产丰富的土地满足了他们的需求，使他们没什么动力去学习能改变他们生活方式的技艺。[180]一些观察家指出，原住民的社会与政治结构崇尚相对平均主义和共享的伦理，这也导致他们的社会中没有乞丐。1703年，拉洪坦男爵向英国读者生动描述了休伦人和易洛魁人，也证实了上述观察家们的看法。拉洪坦男爵曾在法属加拿大参战并四处游历。他将早期启蒙运动的价值观投射到这些美洲原住民身上，认为他们过于理性，无法接受基督教教义，并把他们描绘成“对‘我们的’和‘你们的’，以及对优越感和从属感陌生的人”。拉洪坦男爵说，他们生活在一种平等的状态中，遵循自然规律。[181]之前曾为奴隶的奥托巴·库戈阿诺声称，在西非，即使是穷人，也绝不会陷入一无所有的境地。[182]

17世纪中期的一位观察家说：“在野蛮人看来，没什么比放牧和四处征战更自由的事了。他们认为耕地、播种、收割和所有工匠活只不过是打着‘教化’的旗号，使一个民族沦为劳役的‘发明’。”[183]这些“野蛮人”的看法相当正确，因为在这种情况下，引入“文明”的目的是建立政治上的屈从和持续劳动的制度。① 相比用牛犁地，印第安人更喜欢强度不那么高的生产方式，比如刀耕火种，把庄稼种在肥沃的、没有杂草的灰烬里，一两年后换个地方再播种。和爱尔兰人一样，他们有时会袭击殖民者的牲畜，以表达对英国生活方式的仇恨。[184] 威廉·罗伯逊在《美洲历史》（*History*
286 *of America*，1777 年）中解释道，美洲原住民把自己的习俗视为优秀的标准，更向往自由、独立和平等，而不是文明社会的关怀、约束和不平等。1761 年，一名曾以特使身份前往切罗基印第安人聚集地的英国士兵证实，当地老年人仍会怀念白人定居者到来之前的日子。[185]

尤其令人难堪的是有些英国殖民者，无论男女，要么逃到美洲印第安人那里生活，要么被对方俘虏后，选择留下来，尽管他们有机会回家。毫无疑问，这些人中有一部分是今天所谓的斯德哥尔摩综合征的受害者。这些人质在遭到绑架的过程中，逐渐对绑匪产生了恻隐之心。他们担心受到绑匪虐待，但事实并没有，因此他们不理智地对绑匪心存感激。还有一些人则在幼年时就被印第安人抓获，并被当地文化所吸引，不愿意重返自己的家。同样，嫁入印第安人聚集区的被俘妇女，也拒绝离开丈夫。[186]

尽管弗吉尼亚总督在 1611 年表示要严惩“叛逃者”，但叛逃现象还是伴随着英国殖民地从一开始就有，而且屡禁不止。正如一位现代历史学家所说，叛逃现象增加了一种可能性，即相当数量的早

---

① 詹姆斯·麦克弗森向往苏格兰高地过去的生活，发表了多首诗歌，汇集于盖尔语史诗《奥西安》（*Ossian*）中。在他看来，诗人托马斯·格雷描述的乡村教堂墓地中埋葬的那些农业苦工是“天杀的无赖，除了耕地和种玉米什么都不做”。［*Boswell's London Journal*，*1762 - 1763*，ed. Frederick A. Pottle（New York，1950），110.］

期定居者“对推广英式文明漠不关心，相反，他们乐于融入当地社会”。[187]1642 年，康涅狄格州法院抱怨道，“我们中形形色色的人叛逃，与印第安人住在一起，这是对生活的亵渎”。在七年战争期间，被印第安俘虏并强行融入其文化的英国士兵经常发现很难回到英式生活。有些士兵甚至与俘虏他们的人并肩作战，对抗自己曾经的战友。1782 年，有人说，虽然略显夸张，但是“成千上万名欧洲人已经变成了印第安人”。然而，“原住民当中没有一个会选择变成欧洲人，没有这样的先例”。[188]本杰明·富兰克林认为，当一个 287
印第安孩子在殖民者中长大，如果有机会，他会回到其同类中。而一个被从印第安人囚禁中解救出来的年轻白人，却在第一时间逃回树林，又与原住民生活在一起。他将这归因于人们都喜欢无忧无虑、不需劳作的安逸生活。[189]

类似的问题也出现在所谓的“叛教者”身上，即被摩尔人俘虏的英国海员。他们皈依伊斯兰教，定居在奥斯曼土耳其或北非，就像海盗弗朗西斯·弗尼爵士一样：他把基地设在阿尔及尔，并对自己祖国的船只进行突袭。[190]叛教者中的许多人是被囚禁的痛苦吓着了，被迫皈依伊斯兰教，或者是为了获得更好的待遇而被迫叛教。但据说还有一些人“是自愿皈依，因为他们并未受到任何恐吓，获得的待遇也不差”。而且，相比奥斯曼土耳其人自身，这些皈依伊斯兰教的欧洲人更死心塌地反对基督教。[191]在詹姆斯一世时期，一位旅行家曾在奥斯曼土耳其被捕并被监禁。他认为叛教者“在很大程度上是流氓、人渣、恶棍和无神论者。这些人无法生活在基督教世界，所以逃到奥斯曼土耳其人那里寻求帮助和救济”。[192]有一种具有误导性的说法，即穆斯林不要求皈依者接受割礼。毫无疑问，这种说法使欧洲人皈依变得更容易了（而事实上，只有老年人才可以免于这场磨难，因为这项手术对他们可能是致命的）。[193]对于那些寻求进入奥斯曼帝国军事精英阶层的欧洲人来说，皈依伊斯兰教是无法避免的。还有一些人来回变换自己的宗教信仰，以适应所在地的生活。正如一位传教士在 1628 年指出的："成百上千名欧洲人在奥斯曼土耳其是穆斯林，回到欧洲又成了基督徒。"[194]

当时的许多人虽然不至于选择退出文明社会，但还是觉得随着文明的发展和"奢侈品"供应量的增加，人们失去了一些东西。早在 16 世纪的苏格兰，[195]人们对淳朴生活的怀念就变得越来越普遍。法国探险家马克·莱斯卡伯特对阿卡迪亚的易洛魁人做过细致描
288 述，这本书的英译版于 1609 年问世，该书将印第安人描绘成一个具有创造力的民族。在作者看来，只要能说服他们皈依基督教并掌握新的手工技艺，他们就能取得很大的成就。但莱斯卡伯特也承认，易洛魁人的幸福感比他的法国同胞更高：他们过着群居生活，虽没有钱，但共享食物；他们没有野心，也没有官司，很少吵架；他们是一个快乐的民族，总是载歌载舞。[196]同样，在欧洲和近东进行了广泛旅行之后，法因斯·莫里森在 1617 年总结道，地球上最幸福的民族是游牧民族，他们住在帐篷里，通过不断迁徙，"远离严冬酷暑、牧场的匮乏、疾病和不愉快。而在迁徙的过程中，他们还可以随意享用各地的一切商品"。[197]托马斯·莫顿声称，虽然印第安人是一个"不文明"的民族，但他们过着"无忧无虑"、更自在快乐的生活，因为他们对"装饰品"和"多余的商品"漠不关心。蒙田的崇拜者威廉·沃尔温曾不无遗憾地说，人们不再"遵从自然"生活，而是追求"多余的精致和人为的东西"（然而，后来他改变了想法，开始相信只有"大量的贸易和商业"才能带来"荣华富贵"）。[198]

英格兰人到来之前，爱尔兰原住民曾过淳朴的田园生活，天主教牧师约翰·林奇捍卫他们的这种生活方式。他说，爱尔兰人并没

有受到炫耀性奢侈品的腐蚀，比如仿大理石宫殿、带花纹的地板和精雕细刻的烟囱挂件等。尽管他们外表粗犷、举止豪放，但他们不会表现出卑躬屈膝的奴性，而这一点在同时代的英格兰相当流行。诗人托马斯·特拉赫恩在《几个世纪的冥想》（*Centuries of Meditations*）中声称，真正的野蛮人是现代的基督徒，而那些以水和树根为生的赤身裸体的野蛮人却像亚当和夏娃那样生活。他承
认，一些野蛮人喜欢消费品，对珠子、玻璃纽扣和羽毛等梦寐以 289
求。但他补充道："我们将野蛮不堪和道德败坏传给了他们，在这些方面也超越了他们，而我们却称这些为'文明'与'模式'。"同样，古文物研究者约翰·奥布里回顾了"财富与技艺还未带来奢华与虚荣的旧时代"，他欣赏"这种被文明国家称为野蛮的原始纯朴"。[199]

在其广受欢迎的《四季》（*The Seasons*）的第一部《冬季》（*Winter*，1726 年）中，诗人詹姆斯·汤姆森颂扬了拉普兰人的纯真：

他们
鄙视毫无意义的野蛮战争；
他们只求简单的自然给予。
……
没有虚伪的欲望，没有贪婪的膨胀，
扰乱他们所处时代的平静安逸。
……
驯鹿就是他们的财富。帐篷中的一切，
衣袍、床铺和所有家当满足了日常
所需。

汤姆森对拉普兰人的了解源自一份德文报告。该报告将拉普兰描绘为一个“未经开化”且有些“野蛮”的地方，但那里几乎没有盗窃、谋杀和通奸。[200]同样，库克船长认为“新荷兰”（澳大利亚）的原住民比欧洲人幸福得多，因为他们不了解“社会条件的不平等”，对“豪宅”和“居家用品”等多余的东西漠不关心。在汤加，库克船长报告说：“每张脸都洋溢着快乐和幸福。”[201] 1787～1788 年，美国人约翰·莱迪亚德访问西伯利亚时，发现一个清心寡欲的民族，他们中“即便最普通的人”，也没有被“文明的奢侈”所动摇。相反，莱迪亚德遇到的“当地人都保持着善良的本性和乐观的心态”。[202]

290 在一个像 18 世纪英国这样的社会里，更具活力的社会成员致力于追求物质和精神的进步，而上述这种对质朴生活的追求充其量是少数人的理想。然而，许多近代早期知识分子对原始主义的传统嗤之以鼻。按照这种传统，一切形式的文明都令人遗憾地背离了人类最初的质朴。相反，野蛮人的勇气、健壮、自由和幸福却令人钦佩。针砭人类堕落的基督教教义保留了一种思想：人类在原始社会是无罪的，但随后开始堕落。赫西奥德（Hesiod）、卢克莱修和维吉尔均描述过原始纯真的黄金时代的经典神话，但最为人熟知的是奥维德的《变形记》（*Metamorphoses*）的诸多译本。这本书有几种形式：一些表明第一批人类拥有庄稼和牧群，另一些则认为他们依靠自然的随机恩赐维持生计。但无论是哪种情况，神话都延续了这样一种观念：人们曾心平气和地生活，没有受到贪婪和野心的腐蚀，也不需要法律和政府。[203]威廉·瓦特里曼在 1555 年写道，“在人类社会最初的原始朴素中”，人们“张嘴不是为了荣誉，狩猎也不是为了财富，每个人都满足于生活的点滴”。伊丽莎白时代的诗人迈克尔·德雷顿曾回想那个纯真，且人们尚不知何为暴饮暴食、奢靡和“血雨腥风”的时代，是如何伴随金银的发现、货币的发明、武器的制造和船只的建造（用来探索未知陆地）而结束的。剑桥大学前校长本杰明·惠奇科特表示，尽管“文化教育”导致了“人类礼仪的文明化”，但“相比未经开化的自然法则，文化教育往往使人更邪恶”。就连约翰·洛克也写过“黄金时代的纯真和真诚”，那时人们还没有被“虚荣的野心”和“邪恶的贪欲”所腐蚀。[204]

简单生活的道德优越性一直是一个热门话题。爱德华·吉本承认，虽然文明的进步有助于缓和人性中更强烈的激情，但它对坚守 291
贞操没有多大用处。他的同僚、历史学家威廉·罗伯逊指出，“一些哲学家”（他引用卢梭的话）曾认为，“人们在达到完美境界之前，就已经达到了尊严与卓越的顶点。在蛮荒生活的原始朴素中，人们展现出一种情感的提升、思想的独立和彼此依恋的温暖。而在当今社会上流阶层中寻找这些，将是徒劳的”。玛丽·沃斯通克拉夫特认为“讲道德的野蛮人，与虚伪生活中那些表面斯文的恶棍相比，就是天使”。[205]

从古典时代传承下来的许多有关人类进化的论述包含着这样一个激进的观念：盗窃、谋杀、战争和社会压迫是向文明生活过渡的必然后果。欲望的膨胀和对声名的渴望只会导致不快乐，卢克莱修对此深信不疑。人们客观地将其文明观描述为“相当模棱两可”。在公元前 4 世纪，犬儒主义者的教义亦是如此，他们选择朴实无华的生活，并坚持一种哲学纲领，这种纲领阐明了他们对同时代人所奉行的文明生活的反抗精神。[206]

在近代早期，社会和经济发展可能会带来苦难的观念经常被重申。人们特别强调私有制的破坏性影响，据说，这种制度在伊甸园中并不存在，而是作为对人类邪性的补救而产生的。人们认为，第一批基督徒共同掌管财务，而在中世纪教会随后的历史中，私有财产的合法性常受到质疑。尤其是圣方济各，他声称放弃所有财产，无论是私有的还是公有的。[207]与这些宗教禁锢并行的是古典神话对财产的怀疑。比如，1543 年，后来成为莫利勋爵的亨利·帕克，向亨利八世呈递了他翻译的薄伽丘的作品。其中包括罗马女神刻瑞斯（谷物女神）的有关神话，讲述了她是如何将人类从野蛮流浪者转
292 变为定居的农民和城镇居民，并将他们带入“诚实的文明”中。然而，随着农业的发展，出现了圈地现象，私有财产也开始出现。人们开始用“这两个尖刻的词 *meum* 和 *tuum*，意思是‘我的’和‘你的’，来划分敌我和区别公私财产”。随后，“便出现了贫穷、奴役、冲突、仇恨、残酷的战争，以及强烈的嫉妒”。“饥荒和战争缩短了人的寿命，而这是之前以原始状态生活在丛林里的人所不曾体会的。”[208]几年后，法国著名诗人皮埃尔·德·龙沙也表达了同样的观点。他的同胞马克·莱斯卡博特也宣称：“拥有土地就意味着战争。”[209]

私有财产的出现和人类冲突的增加之间存在联系，许多后来的评论家赞同这种观点。众所周知，“我的”和“你的”是世上所有战争和纠纷的起因。塞缪尔·普芬道夫曾试图驳斥这一观点，他强调私有财产的引入是为了防止而不是鼓励争执，可他的辩解是徒劳的。[210]然而，在 1703 年献给德文郡富贵逼人的公爵的一部作品中，法国军事冒险家拉洪坦男爵宣称，“如果一个人看不出私有财产……是困扰欧洲社会所有混乱的唯一根源，那他的眼睛一定有问题”。[211]伯纳德·曼德维尔同样断言，“在任何时候，几乎所有扰乱人类的战争和私人间的争执都源于优越性的分歧，以及‘我的’和‘你的’”。这一观念隐含在苏格兰推测历史学家勾勒出的人类发展计划中。它出现在威廉·考伯的诗歌中，当然，它也是卢梭批

判文明社会的基础。[212]

这一观念也是近代早期英国对整个“文明”概念最激进的攻击之一。这一点可从 1659 年阿里斯托芬的戏剧《普劳图斯》(*Plutus*) 英译本后面所附的一篇短文中找到。作者仅以首字母“H. H. B.”为这篇短文命名，但它抨击了文明进步的整个概念。 293
他坚持认为，自从人堕落以来，人类文明一直在走下坡路。首先是“对其他生物的血腥凶残”，然后是对彼此的奴役迫害，紧接着是导致强迫劳动的农业发展，以及随之而来的私有财产。私有财产是件“不幸的事”，它挑起竞争，把战争带入世界。最后，新的技艺和发明诱使某些国家“自认为比其他国家更文明”，鄙视“以野蛮为名的淳朴生活”，征服那些“虽没有这些发明，但过得幸福”的人。他不无讥讽地说，有这种想法的人，如果能在伊甸园里看到亚当，他们会希望“哦，为了这个可怜的家伙……让我们教他一些礼貌举止和农牧业技术吧”。他补充道，任何人都无权将基督教传播给其他民族，除非他们有这样做的特定神权。[213]

这篇短文早于卢梭的著作一百年问世，但它是对整个文明生活观念的完全否定，同时也完全否定文明人有权将其价值观强加给所谓的“野蛮人”。隐匿于一部晦涩的古希腊戏剧之后，这篇短文在当时似乎完全没有被注意到。[214]人们很容易只把它当作一种思维游戏，一种在文艺复兴时期人文主义者中流行的悖论修辞练习。它可与罗马帝国修辞学家对公认的人文主义概念的文学颠覆相媲美。[215]但作者义正词严，用文章有力地提醒我们：在近代早期的英国，对文明的含义和可取性从来没有统一的看法。

众所周知，文明之中最傲慢的国家，往往也最倾向于展开激烈 294
的自我批评。[216]因为这是 18 世纪欧洲社会，尤其是英国社会的一个显著特点，即它不是建立在一套单一的原则之上，而是相互冲突的利益、传统和价值观激烈碰撞博弈后的结果。这种多样性孕育着文明的力量。[217]近代早期是英国急剧扩张的一个时期，很大程度上涉及抢占、奴役或屠杀其他所谓的“野蛮”民族。但同时在这个时期，产生了文化多元化的意识，对“不文明”文化的尊重程度有所提高，人们对殖民主义和帝国主义的四处征战也开始产生反感。

但这绝对只是少数人的观点。到了19世纪，英国经济和军事力量日益占主导地位，这使人们对西方文明的优越性自信满满，这也进一步坐实了欧洲人整体上对亚洲和非洲“落后”民族的蔑视，并强化了这样一种观念，即在与这些民族打交道时，完全可以放弃传统的文明行为标准。[218]乐观主义者相信英国对殖民地的管理是仁慈、文明的。传教士背弃了早先的文化相对主义观念，努力让“野蛮人”皈依基督教。[219]甚至英国自由党人也倾向于接受约翰·斯图尔特·密尔的观点，即“专制”是统治“野蛮人”合法方式，“只要最终能改善他们的生活，就能证明所采取手段的正当性”。[220]随着大英帝国鼎盛时期的到来，大多数批评观点对政府政策的影响甚微。而这些批评之声在公众舆论中，基本被基于种族主义的帝国主义狂热所淹没。在1900年的英国，人被分为文明人和野蛮人的观
295 念，几乎与1500年一样被广为接受。

第七章
文明模式的变化

这些神奇的文明艺术是什么，
这种罗马式的优雅和这种圆滑的举止，
令人如此温顺驯服？
难道它们不只是为了掩饰我们的激情，
使我们表里不一、口是心非？

——约瑟夫·艾迪生，《加图》

排外的男子气概

对于文明的优点和将其强加给其他民族的可取性，人们没有达成一致，因此对于以文明的名义所提出的行为准则，也会产生分歧，这不足为奇。它们经常与根深蒂固的宗教和道德信仰发生冲突。激进分子认为它们在政治上存在争议，墨守一套行为标准的人也会抵制这些文明准则。 296

例如，礼貌似乎有点矫揉造作和娘娘腔，压抑了所有传统男性的攻击性和自我肯定的品质。“沉稳的姿态”和“恭维的言辞”被一些人视为“男人赤裸裸的外表”，而不是真实的东西。[1] 据说，清教徒约翰·哈钦森上校“最厌恶的无非是那些无足轻重的战士，他们只会卑躬屈膝，打扮自己，追求女性，却没有勇气投身更适合男性的崇高事业”。[2]众所周知，商业发展和文明教化削弱了战斗意志。曾一度被视为男性的最高成就的军事能力的地位却似乎因为文明传播者重视安抚与迁就而降低。[3]18 世纪，王国的保卫工作已经移交给了专业雇佣军，而不是所有成年男性的职责。

正是在不那么文明的社会里，传统的男性价值观得以幸存。16 世纪，苏格兰西部岛屿的居民在外地过夜时，会就地和衣而寝，拒绝他人提供的床铺和毯子，“以免这种野蛮的娘娘腔（他们如是称呼）玷污和腐蚀了他们与生俱来的坚强”。[4]克莱门特·埃德蒙兹爵士回忆道，“检察官”卡托曾警告古罗马人，如果允许在罗马帝国教希腊语，那么他们将失去自己的帝国，“因为这样一来，他们很容易对战争的研究与实践失去兴趣，转而投向骄奢淫逸的迷人乐趣”。[5]同样，1621 年，托马斯·罗爵士从君士坦丁堡报告说，奥斯曼土耳其人故意对“最细腻的艺术和科学”置若罔闻，唯恐这些东西会“软化和教化”他们这个“好战、嗜血、征服欲强”的民族。他认为，奥斯曼土耳其人之所以允许英国收藏家带走他们的古代雕塑，是因为他们希望这种对古董的爱好会“侵蚀”欧洲人的战斗欲和实际战斗力。[6]他说得很对，因为在面对一些传统的准军事
297 娱乐活动时，彬彬有礼的绅士畏缩不前。随着文明的发展，这些娱乐活动渐显粗俗野蛮。例如，伊丽莎白一世宫廷里非常受欢迎的比武表演和大赛，之后就被品位更为高雅的查理一世取消了。地理学家纳撒尼尔·卡彭特也指出，亚历山大大帝之所以能够征服波斯人，是因为他们“变得彬彬有礼，不再坚韧不拔”。现代土耳其人由于越来越“文明”，他们身上那种“父辈的勇猛精神”也大大削

弱了。相比之下，没有人比那些“粗鲁野蛮、缺乏礼貌和教养”的人更“孤注一掷、敢拼敢闯”。[7]

女性在上流社会中的地位日益突出，使得人们越来越相信文明正使社会变得女性化。据说，由于在和女人跳舞、交谈上花太多时间，男人也变得越发阴柔了。1673 年，一位作家认为，人们应该将与女性一同消遣只视为“一种娱乐或礼貌”，一个把消遣当作自己全部事业的男人是可鄙的。还有许多针对过分文雅的警告，而且人们也普遍意识到礼貌很容易使人变得“讲究”和“矫揉造作”。[8]托马斯·盖恩斯福德之前曾从军，他嘲笑詹姆斯一世宫廷中那些娘娘腔的朝臣：他们“年纪轻轻、脚蹬皮靴、小步快走；身上散发着香水味，手扶摇扇、挡风遮脸；上街骑马轻手轻脚，还非得走在地毯上”。正如亚当·斯密不动声色的评点，“文明国家所要求的细腻情感，有时会破坏男性坚强的品格”。[9]

正是为了回应这类批评，詹姆斯一世建议他的儿子用餐时别那么过于精致，要“像男人一样，自然率真地”吃饭。[10]据说在社会下层，“小丑”通常会拒绝一切礼貌行为，而选择在“笨拙的直率”中怡然自得，而且“非常频繁地重复‘大大咧咧’和‘有男人味’这两个词”。[11]礼貌的捍卫者试图让人们心安，声称 298
文明并没有真正削弱或威胁到战斗精神。[12]大卫·休谟指出，现代文明国家的军队在纪律和军事效率上远远超过野蛮民族。[13]他还提醒批评者，骑士传统既重视礼貌，也重视勇气。乔叟笔下的骑士在整个欧洲、小亚细亚和北非都有过出色的战绩，但在举止上，他们“温柔如少女”。由于日常生活中开始重视温文尔雅的举止，上流社会开始重新定义男子气概所涵盖的理想品质。直到现代，军队仍然可为绅士提供尚可接受的职业，但不再要求人人都掌握军事技能。在社会交往中，节制、克制和低调比夸夸其谈更为重要。① 一位现代历史学家甚至将现代文明进程描述为“男性女性化的过程”。[14]

在整个近代早期，人们对引入英国的外国礼仪和问候习惯抱有一种排外的敌意，一定程度上反映了新教徒对来自天主教国家事物的怀疑。詹姆斯一世时期的一位作家认为，“新式的低于膝盖的鞠躬方式”是从意大利引入的，“任何善良、淳朴、老实的人”都应该鄙视这类卑躬屈膝的行为。[15]劳德大主教不喜欢像“给漂亮的女士鞠躬行礼”这样的“西班牙把戏”。[16]还有人攻击“卑贱的、意大利式的阿谀奉承者”，理由是“发自内心讲几句真话比一万句恭维和鬼脸更受欢迎”。[17] 角色编剧约翰·厄尔将“一个直率的人”描绘成“优秀绅士和溢美之词的宿敌”。相较“西班牙人的满嘴恭
299 维”，“英国人的言简意赅”更受青睐。同样，人们认为“英国人的诚实”优于“愚蠢的姿态”和“受法式礼貌影响的虚情假意”。[18]1604 年，英格兰人巴纳比·里奇写道：“我们的祖先就很平易近人，不会现在那些矫揉造作的奉承。”[19]

人们也开始质疑从意大利传入的礼节手册，因为其中一些内容纵容决斗。托马斯·帕尔默爵士在 1606 年指出，那些遵从“意大利文明”的人会让世界知道，他们这些文明人在面对不文明行为时，会尽量容忍，即便有些怨恨，也总会以最优雅的形式表现出来。[20]1686 年，牛津郡绅士亨利·邓奇去世，在他的大理石墓碑上，刻有如下的铭文：

---

① 似乎有些人仍然认为礼貌是对男子气概的威胁。我在1994年9月22日刊登在《伦敦书评》（*London Review of Books*） 上的一篇文章中， 评论了“学术争鸣中保持礼貌” 的可取性。 下一期 （ 10 月 6 日 ） 刊登了一位愤怒读者的来信， 信中问道：“谁想要这些？ 相比《伦敦书评》 的读者来信栏， 它们会更加*削弱*阳刚之气（ 斜体是我用来强调的 ）。”

年轻的他，对异国的风土人情充满好奇，
促使他前往欧洲南部的国家旅行。
离赤道越近，人们似乎越文明，
有仇必报和骄奢淫逸也备受尊敬。
谙熟当地礼仪，他重返英国，
素质相较行前，已提高甚多。[21]

欧洲人的品位志趣和矫揉造作，似乎威胁到英国人的道德操守。派到国外的年轻绅士学会了阿谀奉承，却丢了善良淳朴。正因如此，围绕外派学习的批评之声不绝于耳。[22]1617 年，资深旅行家法因斯·莫里森对那些出国游历的人提出了忠告。在国外，要入乡随俗；但回国了，就要抛开国外的习惯。莫里森建议回国以后，“要将意大利的汤匙和叉子放在一边，将法国人的故作姿态放在一边，将所有的奇装异服也放在一边，没错，即使是你理性上认为没问题的举止，只要你的同胞适应不来，那就都应该束之高阁”。[23]但是，许多旅行者似乎忽视了这些忠告，因为对他们从国外学到的这些
言行举止，英国人怨声载道。1614 年，一位诺丁汉郡的绅士感叹道： 300
“我试图模仿意大利假面喜剧里的经典人物潘塔龙（Pantaloon）：耸肩表示小心和耐心，挑眉表示钦佩，点头表示认可。但这些模仿在英国人看来，……很不正常。”大多数英国人反感这类装腔作势。[24]同时，他们更欣赏自己的真率、直言不讳，不像外国人那样注重说话的“技巧和细微差别”，他们大谈特谈自己的“坦率”和“真诚”。莎士比亚笔下的亨利五世是一位“朴素的士兵”和“朴素的国王”。他不会“在爱情中矫揉造作”，也不会翩翩起舞、吟诗作赋，以讨女士欢心；他就是一个“平易近人、朴实无华，却忠诚稳健的人”。法国人醉心于“恭维和赞美带来的欢愉”，相反，

“真正的英国绅士礼仪”可能不讲究这些，而“无过多仪式和掩饰的直抒胸臆、友好热情、风流倜傥”才是“英国绅士真正的本性”。在大多数人看来，这比“畏首畏尾、面部扭曲的虚伪礼仪”更受欢迎。即使是社会最高层的一些人也愿意宣称：粗犷率真、不谄媚奉承是英格兰民族认同的重要组成部分。[25]詹姆斯二世党的沃顿公爵（1698—1731）是地狱火俱乐部的创始人，也是臭名昭著的纨绔子弟。他哀叹道：“由于外国人大量涌入，英国人的老实本分已经在虚情假意中消失了。”[26]18 世纪，许多英国乡绅根本不想接受来自国外的文化改良。他们有意避开礼貌的世界，坚持狩猎、饮酒和打打闹闹的传统生活方式。同样，在 18 世纪的伦敦，男性俱乐部随处可见，男人在那里喝酒、赌博、寻欢作乐。[27]

> 嘿，伙计，别跟我说你那套时尚的生活、
> 你的法国朋友如何待见你，以及你国外的旅行生活。
> 这些呆瓜每次见面都搞得像过节，
> 每个人都拘泥于精致的礼貌细节。
> 讨厌你的客厅放着巧克力和茶叶，
> 301 你的珍馐和甜品使我头脑开裂。
> 给我拿醇正的干红，做个诚实的老酒鬼，
> 那个既不喝酒，又不抽烟的人是什么鬼
> （冲着烟雾缭绕的房间叫喊，一脸嫌弃），
> 你不需要用餐巾、拿餐碟，
> 就站在马桶边，索性享受甜点。
> 在邋遢的密室，不必羞愧难当，
> 即便这屋内烟臭难耐，急需
> 金雀花香。[28]

礼仪与道德

准民族主义者担心外国文化会影响甚至主宰英国，正是基于这种担心，英国大都市以外的地区强烈抵制大都市中盛行的矫揉造作之风，因为新的文明形式正是从伦敦和宫廷传播出来的。在都城以外，人们也呼吁保持“英国人的淳朴”和“直截了当的交流方式”，而“不加恭维”。据说，乡下人“重友谊、轻赞美；重真理、轻雄辩”。[29]在约克郡，人们相当厌恶不必要的礼貌，几乎将其等同于彻头彻尾的粗鲁。至少从好战的英雄乔治开始，这已成为当地人文化认同的标志。乔治是韦克菲尔德的平纳①，他在伊丽莎白时代一部同名的戏剧中，告诉爱德华国王：“我们约克郡人就是直来直去，不会宫廷中的那套巧言令色。”[30]以开诚布公为名，“善良、朴素、诚实的人们”拒不接受伦敦社会的虚伪和造作。

从19世纪的各类方言词汇表中可以看出，在远离大都市的地方，走路扭捏、“说话讲究”以及其他一些优雅精致的“神态和姿势”可能会引来嘲讽。那些为了被人称为绅士而试图摆脱自己的乡 302
音，或是去了趟伦敦，回来就在餐桌上讲究起礼仪的人，往往会遭到当地人的蔑视与憎恶。从17世纪起，针对这种装模作样的行为，人们斥责道：“得了吧，别装了！”他们还说：“讨厌的小弟，赶快结婚吧！”[31]年轻时的约翰·洛克有一次从牛津回到他父亲在萨默塞特郡农村的老家。在那里，他被“两三个不带一丝掩饰的漂亮村姑”给迷住了。[32]普通百姓很少用“礼貌”这个词，他们认为这是

① 平纳是一种地方官员，其职责是收留和暂扣走失的牲畜。

一种不受欢迎的、矫揉造作的“良好”行为。尽管许多人试图在穿着上模仿上流社会，从而炫耀自己，但还是有不少人对与自己身份不搭的那些高雅华丽的服装持怀疑态度，他们更喜欢朴素的居家服饰。[33]

在整个近代早期，英国人十分赞许不加修饰、直截了当的语言，而厌恶“哗众取宠和卑躬屈膝”，以及所谓“奉承的艺术和礼仪式的讲话技巧”。[34]捍卫本土礼仪的人声称，英式礼仪更加纯粹，未受到都市或宫廷时尚的侵蚀。[35]然而不可避免的是，一些人认为是“真诚老实、平易近人”的习俗，在另一些人看来却尽显粗俗、鲁莽、没有教养。1640 年，一位礼仪作家提醒英国人：“你们有时可能太直白。”看到英国人“反对外国礼仪，觉得直截了当的交流方式最好”，他不予认同。正如大卫·休谟所说：“古老的质朴本来是那么亲切感人，却常常退化为粗俗淫秽、诽谤辱骂。”[36]

然而大卫·休谟同时指出，“现代礼貌”可能涉及矫揉造作、装腔作势、口是心非和言不由衷。因为礼貌虽可表示对他人的宽厚仁慈，但通常是一种掩饰自身真实感情的圆滑手段。这种掩饰是文明的精髓，它教导我们应尽可能地取悦需要接触的人。这不可避免地需要掩饰和伪装。此外，重视与他人的和谐相处，往往出于一种坦率的态度，更不用说是见利忘义的初衷，即这样做有
303 助于人取得成功。正如 1638 年的一位作家所说：“生意好了，自然开心，所以买卖人必须显得和蔼可亲、圆滑、有礼貌。”[37]可是恭维和礼貌很容易退变为虚情假意、阿谀奉承。约瑟夫·艾迪生想到了驻爪哇班塔姆市的英国使节，1682 年他回到英国报告说，英国人认为班塔姆人是野蛮人，因为他们直抒胸臆、口无遮拦。而同时他却认为英国人很讲文明，因为他们嘴上说着一件事，心

里却盘算着另一件事。[38]

中世纪的朝臣原本是一个矫揉造作、谄媚奉承的伪君子形象，但到了近代早期，这一形象改变了，[39]因为尽管伊拉斯谟把良好的举止看作内在美德的标志，但后来的大多数礼仪书籍重视外在美：对这些人而言，外表就是一切。沃尔特·罗利爵士将恭维定义为“一种有礼貌的、宫廷式的谎言”。亨利·沃顿爵士将宫廷仪式和恭维视为“伪装者的手势和措辞”。詹姆斯一世时期的另一位作家将恭维称为“不诚实的礼貌”。[40]在詹姆斯一世的宫廷里，一位荷兰客人注意到“一位男士脱帽屈膝向他致敬，但并不清楚他心里想什么”。[41]《绅士箴言报》（*The Gentlemans Monitor*，1665 年）的作者说：“我们喜欢……别人将我们的奉承称为‘礼貌’。”哈利法克斯侯爵恰如其分地将礼貌定义为“有教养的伪善”。对伯纳德·曼德维尔来说，礼貌的艺术“与美德和宗教无关”。它主要在于吹捧从而满足他人的私心和虚荣，同时掩饰自己的真实情感。[42]许多 18 世纪的作家严厉批评道：

> 这种所谓的高尚艺术
> 无非使人们口是心非。
> 有人向我表达忠心，
> 心里却巴不得我被绞死。
> 还有人希望我躺进坟墓，
> 却发誓他是我最听话的仆人。[43] 304

在道德家看来，日常生活中的普通礼节包含着无数细小的谎言，这已司空见惯。威廉·珀金斯认为，那些靠讨价还价生活的人通常撒谎、伪装。与摊贩打交道的人几乎不知道什么是真话，这些摊贩的话很多，态度也经常转变。在这方面，基督徒不及奥斯曼土耳其人，后者据说“平等、开放、平易近人，不会骗人”。丹尼尔·笛福抱怨道：“现在生活中所有的日常交流都充满了谎言：餐桌上说谎、行礼时说谎、交易时说谎。人人都同自己的邻居讲真话，这种事压根就不存在。”大卫·休谟也赞同道：“如果不装成一副人畜无害的样子，或不掩饰自己的真实想法，那么‘不管走到哪里，你都吃不开’。”[44]

文明行为中这些明显不真诚的做法，让正直的人深感良心不安。1659 年，激进的辩论家亨利·斯塔布抨击了一种观念，即“一个文明人”在给平级或下属的书信中应落款“您的佣人”。[45]一个多世纪后，福音教徒汉纳·莫尔详细阐述了命令佣人欺骗来访者说主人不在家的危险。她认为这种“每时每刻的说谎”腐蚀了乡下来的年轻佣人，他们本不习惯明目张胆地说谎。有人为这种情况开脱：“这就是一种约定俗成的谎言，并没有什么欺骗性。就好比你写信的对象既不是你的至亲，你也并不屈从于他，但还是会在信的开头写‘尊敬的阁下’，在结尾写‘您谦卑的仆人’。这是很正常的。”汉纳·莫尔对此予以否认。“一些正人君子”不接受这种虚情假意的辩解，相反，他们对令佣人撒谎的做法深恶痛绝，以至于立下一条良心规矩：“对于一早就不请自来的闲客，一律敞开大门、来者不拒，即使这样做会非常影响自己的生意或研习，他们也不痛心。”[46]

礼貌与诚实之间的矛盾也体现在有关礼貌的经典文献中，
305 这些经典文献一方面鼓励顺从和通融，另一方面劝诫不要恭维和伪善。[47]1773 年，切斯特菲尔德勋爵去世，翌年，《给儿子的信》出版，向世人大量披露了一种观念，即礼貌行为可以为个人的飞黄腾达提供一种利己的伪装。很少有人能够企及第四代盖斯希尔希勒的迪格比勋爵（1686 年去世）。据称，迪格比勋爵竟然一生都没有过口是心非，甚至没有在“恭维他人时”说过一次谎。[48]

在批评礼貌虚伪的人当中，最突出的就是虔敬之人。英国新教与文艺复兴的文明思想毫不相干，在某些方面甚至与之强烈对立。不出所料，那些攻击教堂里的跪拜是“畏缩”和“逃避”，嘲笑天主教仪式是“舞台剧”的人，同样对日常生活中的仪式和“礼节”怀有敌意。[49]如果说在敬拜上帝的过程中，精心设计的恭敬姿态是不可接受的，那么在普通人之间，这些姿态就更不合适了。因此，1641 年，一个充满火药味的小册子的作者断言，有些人认为所有的礼貌都源自罗马天主教。[50]威廉·珀金斯认为，“世界性的礼节”，如脱帽致敬、屈膝致意等很少表示由衷的敬意，而往往隐藏着真正的敌意。[51]来自埃塞克斯郡的牧师杰里迈亚·戴克认为，“对信仰和誓言愈发精致和文明的赞美”，就像“歃血为盟”和恶棍的“污言秽语”一样令人反感。[52]传教士托马斯·布鲁克斯直截了当地宣称，“文明”常常是“不虔敬之卫道士、奉承之母、真正的神圣之敌”。约翰·班扬痛批“卑躬屈膝的恭维艺术。恭维越多，真诚越少”。一位福音传教士告诫因仰慕班扬而来的朝圣者：“礼貌之人虽然笑容憨厚，但不过是个伪君子。”[53]这位传教士其实也可以将矛头指向剧作家威廉·怀切利笔下的人物——“貌似有理的勋爵”。这位勋爵为自己申辩道，即使他说过别人的坏话，“纯粹出于礼貌”，他也肯定是在背后说的。[54] 306

因此，文明似乎越来越脱离宗教。正如许多虔诚的清教徒所注意到的，“那些心中丝毫没有上帝的人，却能在举手投足中表现得规规矩矩、文质彬彬”。良好的举止与个人的邪恶是完全相容的：

一个人既可以坚守社会礼仪，又蔑视宗教。[55]事实上，文明不仅与追求永生无关，它还可能极大地阻碍永生，因为礼貌行为的准则似乎意味着避免冒犯他人比取悦上帝更重要。“良好的礼仪”是“对天恩的阻碍”，“那些在某一方面从事教导或实践最为勤奋的人通常在另一方面却最为疏忽。”[56]“一个人仅在外在的文明中生活还不够”，重要的是与罪恶的精神做斗争。清教徒传教士经常痛批“纯粹的文明只不过是世间的一种风度”，它通常伴随着对上帝的不理不睬。[57]

对世俗之人而言，严肃的宗教信仰似乎是不礼貌的。1615 年，约翰·怀特感叹道：“如果相较普通人，你对宗教过于热情，那会很难适应我们这个时代的文明。”例如，人们在宴会上谈及宗教方面的话题，会被视为“不文明、不礼貌”。向邻居或陌生人传播福音也是如此。[58]批判罪孽是“不文明的”，叫醒在教堂做礼拜时不小心睡着的社会上层人士，也会被认为是“不礼貌的”。同样，朋友劝你多喝点酒，你却拒绝，这也不礼貌。露西·哈钦森表扬她的丈夫，这位清教徒上校，在批评傲慢和虚荣时，“没有用任何不文明的语言”。但是，正如哈利法克斯侯爵所说，“现代的大部分礼仪”不会公开反对大众中流行的恶习。[59]难怪有良知的牧师怀着拯救灵魂的极大热情，觉得有必要省略“所有仪式上的恭维”。因此，据说“世人”会觉得宗教使人变得“粗鲁且没礼貌”。[60]

虔敬之人用显而易见的反驳来为他们显而易见的不文明辩解：
307 “你们是想让我们安排这些人安静地下地狱，免得太多恭维令他们不高兴；还是希望我们安安静静，不去恭维，表现得不文明、不礼貌？”[61]但有时这些神职人员会走极端，认为对人无礼总比对上帝无礼好。据说，一位狂热的反传统者曾轻描淡写地说，他养成了一种令人不安的习惯：上别人家做客时，只要发现墙上有崇拜神灵的画，他就立即上前将其撕毁。① 他“甚至无法容忍绅士的纹章上的十字架”。[62] 人们通常认为，礼貌教育适合出身高贵的女子，但一位对主虔诚的女士拒绝接受礼貌教育，虔诚地宣布“即使她那普普通通、未经调教的走路方式遭人耻笑，她也心甘情愿。同时她还要努力摆脱那些从跳舞中学来的高傲神态和造作步态。先知以赛亚（在《以赛亚书》中）明确地谴责了这两件事”。罗伯特·博伊尔感叹道，有许多类似的年轻女子既不懂礼貌准则，也不善社交，因为她们的父母“对宗教有错误的热情”，认为良好的教养使他们“不够格成为基督徒”，也不足以将他们带入天堂。[63]

礼貌教育强调对身体的克制和自控，这也与某些福音派宗教的情感主义相冲突。清教徒和宗派教徒常常抱怨、哭泣、发出鼻音、举止粗鲁、对别人白眼、用奇怪的手势、面部表情扭曲，这些习惯也一次次让他们备受嘲讽。[64] 为表达处于水深火热之中的民众的痛苦，迪德姆教区牧师约翰·罗杰斯用双手抓住讲坛上方垂下的天篷，发出可怕的嘶吼声。[65] 这种行为公然蔑视得体的礼仪规范，而这些规范是那些懂礼貌的人所公认的。1641 年，一位传教士自夸 308
道：“除非一个人在世人看来很古怪，否则他在宗教和正义上永远都是错的。”[66] 1670 年，塞缪尔·帕克放弃了自己的长老会出身，转而拥护英国国教。他表现出皈依者的狂热，对持异见者进行了肆无忌惮的攻击，指责他们是“世界上最粗鲁、野蛮的人，和美洲原住民一样”。60 年后，“信徒”、“皈依者”和“再生者”这类宗教

① 这人可能是英国议会军士兵威廉·斯普林格特爵士（1620/22—1644）。一次，他去探望一位战友。途经大厅时，看到“几幅巨大、精美、迷信的画，其主题涉及耶稣受难、耶稣复活等，其实就是大厅的一些装饰品”。可是这令斯普林格特爵士感到震惊，他拔出剑，将这些画从画框中割下来，全都戳在剑锋上，一边怒斥，一边走进客厅。主人的妻子见状，一脸错愕。Mary Penington [*Sic*], *Some Account of Circumstances in the Life of Mary Pennington* (1821), 93-95.

词语仍遭到“城里有礼貌之人”的极大反感。[67]我们恐怕难以理解17世纪人们对教派和持异见者的厌恶情绪，以及18世纪人们对卫理公会教徒的厌恶情绪（他们因“可怕的尖叫声和不得体的手势”而臭名昭著），[68]除非我们能考虑到这些宗教派别的所有言行举止似乎在藐视公认的礼貌规范。一位不尊奉英国国教者的朋友甚至建议，持异见者的宗教学院应该通过聘请礼仪大师来改变这种情况。这样可以“教导未来的牧师如何温文尔雅地讲话，改掉自己不受社会主流欢迎的所有笨拙和尴尬”。[69]

虔敬之人声色俱厉地反对人们在各种时髦的社交习俗上浪费时间和金钱。理查德·巴克斯特鄙视“被世人称为‘教养’的虚荣心”，痛惜将大把的资源浪费在豪宅生活、奢华娱乐，以及没完没了的亲戚、朋友和邻居的礼节性互访上，所有这些活动都是以“文明”的名义进行的。[70]英国国教会教徒乔治·赫伯特认为，把一天的时间都花在“穿衣、恭维和串门”上是不合理的。浸礼会教徒亨利·杰西也厌恶“无所事事的女人四处闲逛”。虔诚的玛丽·贝利（1659年去世）受到人们的赞美，因为“她宁可待在家里，也不愿
309 把时间花在没必要的串门和恭维上”。[71]存在着一个老问题：耶稣会士理查德·斯特兰奇在写有关13世纪圣托马斯·坎蒂卢佩主教的生平时，提到这位圣人认为“对宫廷的仪式性拜访”是浪费时间，“但如果不这么做，又会被视为失礼”。[72]

礼貌的其他要求也同样令人生厌。好客是一种公认的社会习俗，但许多人觉得它给暴饮暴食提供了一种掩饰。传统上认为健康饮酒是一种礼貌，但它显然是为醉酒找借口。[73]虔敬的人对彬彬有礼的谈话以及闲聊都不太赞同。而有些人很轻率地对待宗教话题，或是为了避免争执而将宗教话题排除在外，这些做法均遭到了教徒的批评。“在彬彬有礼中”，人们很容易发现自己“轻率

地或毫无顾忌地”谈论上帝。[74]威廉·珀金斯准备为“礼貌交谈”（轻松的交谈）安排时间，但他认为“娴熟地对他人冷嘲热讽或品头论足”是一种罪恶，而且他希望人们在餐桌上能认真地谈论宗教问题。[75]

因此，纵观整个近代早期，在公认的礼貌准则与虔敬和个人正直的主张之间存在着严重的紧张关系。[76]然而，在主流的清教主义中，没有任何迹象表明不应遵守基本的文明标准。虽然虔敬之人需要与不思悔改的同时代人保持一定距离，但他们在当地社区中也发挥着自己的作用，并相信“对所有人都要有礼貌，无论是好人还是坏人”。[77]许多虔敬之人以其良好的举止而闻名，比如持异见者牧师约瑟夫·阿林讲起话来彬彬有礼、和蔼可亲，“就像一个正常人（受制于人性的共同弱点）所能做到的那样”。在收集的有关清教徒牧师和虔敬女性的生活描述中，不信奉英国国教的传记作家塞缪尔·克拉克强调了他们“有礼貌的谈话”和“和蔼可亲的举止”。虔诚的伊丽莎白·沃克甚至聘请了一位法国舞蹈教师来教她的女儿们。[78] 310

贵格会的挑战

贵格会以宗教原则之名直接攻击文明的法规。[79]这个教派出现于 17 世纪 40 年代末，到 17 世纪 60 年代，有大约 4 万信徒，主要来自中等阶层。他们不是第一个质疑尊称，并拒绝向社会上层脱帽致敬的宗教团体，早期的异教徒和宗派主义者也拒绝这些传统形式的社交礼仪。[80]但贵格会教徒最先彻底否定了所有社交礼仪，除非硬要把古希腊的犬儒主义者也算在内。这些古希腊人更大胆，就连公认的身体羞耻感也给抛弃了。[81]在《圣经》提醒上帝不尊重人之后（《使徒行传》10：34），贵格会教徒声称用“你”（you）的复数形式称呼一个人不合语法且有谄媚之嫌；他们坚持用第二人称“你”的单数形式（‘thou’ or ‘thee’）称呼每个人，这一称呼一般适用于很亲密的人、下属或意在侮辱的对象。这一做法造成了极大的冒犯，正如贵格会领袖乔治·福克斯回忆道：“听到‘你’既能指你，也能指我，一些‘傲慢的人’会怒斥：你这个没教养的小丑，好像他们的教养就毁于这个单数的‘你’……这个‘你’对那些不可一世的人造成了可怕的伤害。”[82]贵格会拒绝称任何人为“先生”或“阁下”，也拒绝下跪、立正鞠躬和其他“蹲伏和卑躬类”的礼节。因为基督曾说，人在路上不可向他人问安（《路加福音》10：4），所以他们就不肯说“晚上好”或“早上好”。[83]在离开别人家的时候，他们连再见都不会说，“以至于都分不清他们到底是走了，还是到一边放松去了”。[84]

在谈话中，贵格会教徒拒绝使用“那些奉承的话”，例如“您的仆人、先生”，理由是这些用语“轻浮、做作、虚伪”，与谎言
311 无异。[85]相反，他们的话简明、朴实、不圆滑、直接，在风格上与“毫无拘束的萨布拉谈话方式”不相上下。在现代的以色列，这种快人快语被称为“杜格里”（*dugri*），当地人这么讲话的原因和贵格会的一样。如同杜格里，贵格会教徒的演讲也朴实无华，意在展示演讲者的真诚、坦率、自信和无所顾忌。[86]贵格会批评家长训练孩子去学习“不文明的举止（如今被欺骗性地称为良好的举止）”，把他们送到学校学习走路、拽步舞、扭动身子鞠躬，以及如何抬头、伸直脖子、退后立正鞠躬，学习这些地方可以教会女孩子的一切东西。这样，她们就不会失去荣誉、声望、名誉、尊敬和来自绅士的崇拜。这些东西都是她们的父母可以用钱买到的。贵格会教徒蔑视礼貌的举止，拒绝为孩子聘请舞蹈教师，还发展出一种特别尴尬的步态。[87]他们坚决反对那些不符合内心感受的行为。像

约翰·班扬一样，他们相信“恭维越多，真诚越少”。[88]

在这种态度的背后，存在着对市井圆滑的长期怀疑，以及对直言不讳的偏爱。用 1653 年一位作家的话来说，贵格会教徒表达了“乡下人”对“有更好教养和礼貌之人”的“怨愤、嫉妒和反感”。[89]然而，贵格会更进一步地拒绝了一切形式的口头尊称。约翰·怀特黑德说，唯一的主是上帝；一个男人唯一应该称呼“我的夫人”的人是他的妻子。爱德华·比林吹嘘说，他的一位教友曾称呼第四任彭布罗克伯爵菲利普为“菲尔”。[90]

贵格会省掉了所有表达尊重的手势，对社会上层与下层使用相同的语言，蔑视尊重上级的所有原则，而“敬上”正是文明规则的重要基础。一位批评者一针见血地指出，他们认为要信教，就必须不文明。[91]人们指责贵格会将“公共文明”视作“野兽的标志”， 312
担心他们“对上级的野蛮不敬”和对所有礼貌问候的拒绝可能会“使人类从文明退回野蛮”。[92]所以不足为奇的是，贵格会被视作“文明礼貌的公敌”[93]，遭到无情的迫害。面对贵格会的异端思想，保皇派神职人员托马斯·富勒认为有必要重申第二人称单数的正确用法。他裁定道：上级对下级使用“你”恰如其分，体现着一种命令的语气；平级之间使用“你”，也算过得去，表达关系很亲密。然而，下级如果出于无知，称上级“你”，则有点像个小丑；如果是矫揉造作，则有一种蔑视的味道。[94]

然而，当批评者指责贵格会教徒缺乏“礼貌”和“文明”时，他们会反驳道，这些术语仅仅是一些委婉的说辞，形容一个不信基督的人没有在上帝面前平等待人。他们反对的是公认的文明行为准则中所隐含的社会不平等。正如一位早期的皈依者詹姆斯·帕内尔在 1655 年写道：“当一个穷人来到一个富人面前，富人可以选择脱帽致礼，这就是所谓的礼貌和谦逊。但穷人必须在富人面前脱帽站立，这被称为尊敬和礼貌，是向富人表达应尽的尊重。但如果富人坚持要穷人戴上帽子，这会被认为是一种极大的礼貌，这位富人也因此会被人们视为谦谦君子、文雅儒士。但是，这种差异或人与人之间的尊敬，从来都不是上帝赋予的，而是魔鬼赋予的。”[95]

另一位贵格会教徒本杰明·弗利想要息事宁人，他解释道，贵格会确实拒绝了那些令人厌恶的习俗，如鞠躬，问候“早安”“晚安”，行脱帽礼，以及类似的“一些自己发明的习惯性礼仪手势”。相反，他们通过握手、将头靠在对方脖子上、拥抱和亲吻等“真实可靠”的行为，来表达发自内心的“真正敬意”。[96]乔治·基思在重新皈依英国国教前，是一位知名的贵格会教徒。1707年，他描述
313 了贵格会教徒如何问候熟人：他们会紧握住对方的手，同时使劲握一握，这样“可以更真诚地感受和他们握手的人”。[97]贵格会称呼地方法官也用“你”，亨利·斯塔布解释了这一做法。他说，这仅仅是对“法国式讲话风格”的排斥，没有不服从法官的意思。这就好比百姓穿着普通服饰，而不是“统治者那样的花哨服饰”，但这并不意味着忤逆。[98]约翰·怀特黑德为教友辩护，极力驳斥贵格会教徒不文明和无礼的指责。“为了对所有人都表现出礼貌，包括上级和平级，”他问道，“熟悉贵格会教友的邻居朋友，能不能请你们站出来，堂堂正正地指出我们到底哪儿对你们不礼貌、不友好？除非你们觉得不指责邪恶是礼貌的；觉得脱帽、屈膝，把人当作神来崇拜是礼貌的。难道是这样吗？”[99]对贵格会来说，真正的“礼貌”是用黄金法则来表达的。①“己所不欲，勿施于人。”詹姆斯·帕内

① 据说，以色列的杜格里人同样非常尊重同他们讲话的人，默示对方有定力和道德操守，能够接受他们直截了当的讲话风格。“萨布拉文化中的杜格里讲话风格并非冒犯而是实现了一种文化特有的礼貌观念”。［Tamar Katriel, *Straight Talk*（Cambridge, 1986）, 117.］

尔说道，“这就是礼貌、修养、客气与文明。”[100]

1660年后，为了应对空位期来自贵格会的教派挑战，英国圣公会有意识地做出努力，强调宗教教导的是和蔼可亲，而不是粗鲁野蛮；宗教教义完全符合社会生活中所有的小礼节。约克大主教约翰·夏普对贵格会教徒的不文明行为表示遗憾，并强调了“一种轻松、不伤人、有礼貌的言行举止”的可取性。夏普宣称，基督本人是“最自由、最有责任感、最有礼貌的人；如果我胆敢用一个词来形容的话，我会说他是世上可能出现过的‘最顺从’的人”。[101]他的同僚兼格洛斯特主教爱德华·福勒也提出了同样的观点。他说，基督是一个“最自由、最和蔼可亲、最有礼貌的人”。他脾气一点 314
也不暴躁，从来不愁眉苦脸；他“非常健谈，善于交际，平易近人”。还有人言之凿凿，说基督即使身处奥古斯都的客厅，也会有宾至如归的感觉。这为圣公会几十年来有关礼貌社交与宗教原则相容的教义奠定了基调。[102]正如一位作家在1720年所言，“现今世人似乎普遍认为，正确的判断、古典教育、良好的教养和轻松的谈话不仅符合真正的宗教教义，而且能使宗教教导产生最好的效果”。美德本身可以定义为对礼仪的完善。[103]

但贵格会引发的道德冲突太具有戏剧性，以至于无法轻易地避开众人的目光。尽管贵格会教徒辩称自己不反对真正的礼貌，但他们仍然保持着自己独特的“朴实”风格，拒绝接受所有“表面的礼貌”。生活中，他们相当注重个人卫生和商业诚信，被人们津津乐道。他们的言行举止和老谋深算的朝臣一样。[104]然而，令周围人感到汗颜的是，贵格会教徒将其宗教原则置于文明的常规要求之上。在托马斯·霍布斯看来，那些拒不愿意适应他人的人，就像建筑石料中采集到的废石，因为“棱角粗糙”和“形状不规则”而不得不舍弃。[105]

贵格会教徒将礼貌用语的虚伪奉承视作“内心真挚、淳朴和诚实”的敌人。然而，在英国新教徒中，并非只有贵格会教徒持这种观点。[106] 17 世纪末，就连坎特伯雷大主教也对“恭维与伪装”的流行感到痛心，并呼吁英国人回归到“原先的真诚与朴实”。在他看来，这些宝贵的民风正受到“外国礼仪与时尚”的威胁。[107] 18 世纪，为人真诚被广泛赞誉为一种鲜明的民族特征。[108] 遗憾的是，
315 真诚与文明并不容易结合到一起。各种礼貌指南忽视内心情感的真实表达，将重心全放在外表，强调社交的轻松愉快，突出好品位的培养与炫耀。[109]

在法国，詹森派教徒皮埃尔·尼科尔（1625—1695）和教育慈善家让-巴普蒂斯特·德拉萨尔（1651—1719）发展出不同类型的“基督教文明”（他们这样称呼），来调和礼貌与真诚之间的矛盾。尼科尔设想存在一种“纯粹真诚、不同于世人所知晓的礼貌”。对于那些铺天盖地给他人写没用的信，或总作为不速之客侵占他人时间的人，尼科尔的假设首先表明，对这些人不用客气。相比之下，德拉萨尔则试图将道德教育与尊重社会礼仪结合起来。[110]

在英国，这一问题最终还是得到了解决，因为人们逐渐接受了一种观点：文明生活离不开一定程度的伪装，礼貌客套也无须按字面去理解。正如伯纳德·曼德维尔所说，在所有的文明社会中，人们从在摇篮里的那一刻起，就被教导要成为伪君子。除非学会压制自己内心深处的想法，否则就难以成为善于交际的人。[111] 一切恭维都是谎言。但诚如一位同时代的人在 17 世纪 90 年代所言，既然每个人都知道它们是谎言，那么这些恭维也没什么坏处。他说：“你就以你接受恭维的方式去恭维别人。”大卫·休谟问道：“就因为我指使我的佣人谎称我不在家，我就成了骗子？”[112] 如果人们把形式上的恭维只看作没有实际意义的惯例，那么就可以随意使用这些客

套话，也不会不安。比如，我们见面都问“你好吗?”但我们并不总等着对方回答。

只有那些最严谨的道德家，如18世纪90年代的康德继续与两难问题做斗争，比如信末的“你最听话的仆人”一词是否为谎言；或者，当一个平庸的作家问你是否喜欢他的书时，你应该怎么回答。康德认为，不诚恳的恭维并没有欺骗对方，而且它们是善意的象征。他还认为，对于经常恭维他人的人而言，恭维有助于培养他 316
们具备真正的仁慈之心。这一结论随后在一定程度上得到了法国社会学家埃米尔·杜尔凯姆和英国哲学家伯特兰·罗素的支持。他们都认为，如果实话实说会造成不必要的痛苦，那么诚实就是一种错。[113]

近代早期的大多数英国人，如同我们今天的大多数人，在面对社会生活的种种苛刻要求时，往往不会一板一眼地将实事求是放在首位。相比“粗鲁地一五一十”，人们更愿意“礼貌地打马虎眼”，这不是虚伪，而是必要的心机。[114]理查德·威尔伯巧妙地翻译了莫里哀笔下的人物菲林特所说的一些话：

> 某些情况下，你会显得没有教养，
> 也非常荒唐，因为你赤裸裸地讲出了真相；
> 尽管你胸怀大志，
> 但掩饰自己的真实情感往往最为明智。
> 如果对每个人都坦诚相待，
> 社会结构难道不会完蛋?[115]

18世纪90年代，观点激进的威廉·戈德温开始思考礼貌法则，他也表达了同样的看法。他首先承认了一个事实：礼貌有时与真诚不相容。尽管为人坦诚很重要，但与基本的仁善义务相比，真诚的义务还是应当排在次要位置。如果在当面批评他人时，能做到客客气气，首先考虑对方的感受，那么批评不一定是错的。不需要担心因讲礼貌而损害了自己的道德操守。[116]

然而，17 世纪英国的宗教激进分子倾向于把“真诚”和忠实于自己的内心感受放在首位。实际上，他们的做法是先于 18 世纪末的浪漫主义的一项重要原则。如同卢梭，这些宗教激进分子以个性完整和遵从内心的名义，拒绝了做作的社交形式。卢梭继承了古希腊的犬
317 儒主义，在他看来，唯一的道德败坏是对自我的背叛。[117]许多后来的浪漫主义者以追求内心感受、自我个性和真实坦诚为由，摒弃了礼仪。正如库克船长钦佩努特卡海峡的印第安人“不懂文明民族隐藏自己真实本性的那些诡计”，浪漫主义者也认为，在举止上，普通人比过于精明的上层人士更真实。因为下层人士似乎在用心交流，与他们的率真淳朴相比，社会上层人士的矫揉造作就相形见绌了。[118]

18 世纪末，礼貌与道德之间的关联被彻底割裂。19 世纪初的福音派仍将良好的举止视为内在宗教精神的外在体现，而维多利亚时代的教育家则重视基督教绅士、骑士精神、体面等。但越来越多的人认识到，增强社会凝聚力需要一定程度的虚伪，而且日常生活中的正常礼貌包含着数不清的小谎言。礼貌的确很重要，但不应与道德混淆。

民主制度下的文明

对文明礼貌的反对，不仅来自道德层面，还来自政治层面。不列颠被罗马帝国占领时的罗马总督是历史学家塔西佗的岳父。塔西佗表示，在其岳父的有生之年，古罗马人通过教化，试图以自身文

化奴役不列颠人。古罗马人推动占领区的民众学习他们的语言、品位和举止，进一步促进不列颠并入罗马帝国。[119]约翰·弥尔顿在其专著《英国史》（*History of Britain*）中重申了塔西佗的观点。他写道，古罗马人向英国推介“自己引以为豪的建筑、浴池和优雅的宴会，愚钝之人会称其为文明，但其实这是一种束缚英国人的秘密手段”。[120]针对法国征服英国时期的统治者威廉，亨利·沃顿爵士也表达了相同的看法：“诺曼人以文明之名带来了新的举止和习惯， 318
实际上这是使英国人臣服的催化剂。”[121]

近代早期的英国以其普通法、陪审团制度、公民自由以及公民对地方政府事务的高度参与，形成了一个不利于等级森严仪规的环境。从此，再没有奴隶和佃农。每个英国人的家都成了家中主人的“城堡”。普通百姓相对来说自信满满，他们在 18 世纪的欧洲很出名在日常生活中常表现出一副不屑的样子。[122]当专制主义在其他欧洲国家盛行时，英国人却保留了他们的政治自由，据说这是因为“真正的英国人生来粗鲁和粗暴”。不管外国人地位高低，英国人对待他们都较为粗鲁，这体现了他们希望生活在一个自由国度的意识。[123]

即便如此，还是有人给穷人出招：如果想找到工作或得到教区的救济，还是得表现出尊重和顺从。一位 17 世纪中期的作家描述道：“物资匮乏之时，做苦力的穷人哀求富人施舍一些面包。他们背地里诅咒富人；在富人面前，却脱帽又屈膝，挂着一脸衰相。”另一位作家描述了穷苦的佃农向地主交租时的场景：“他尽可能地卑躬屈膝，摆出一副奴才相，帽子攥在手里，膝盖弯曲，身子扑在地上，从屋子里的一个角落爬向另一个角落。而地主（专横跋扈地）在屋子里踱着步，一副盛气凌人的样子，粗声大气，盘问佃农土地情况。”[124]

然而，有迹象表明，早在 17 世纪四五十年代自发的、流行的激进主义出现之前，对社会上层所表现出的尊敬已减少。一位伊丽莎白时期的人感叹道，在王室经常巡游的地方，街上来来往往的人却没有对权贵“行脱帽礼或注目礼”。他认为，普通人的这种“执
319 拗刚硬的性格”和“不讲礼数、藐视权威”主要是因为他们与贵族的佣人相识已久，而且他们每天都可以看到这些权贵，也就渐渐地不那么畏惧他们了。[125]行军威尔士的国王议会位于什罗普郡的拉德洛镇。1611年，镇上议会指出“当地人对我们指派的地方官员不屑一顾，有时行为非常粗鄙、下流和放肆”。亨利·斯佩尔曼爵士在17世纪30年代观察到，就连“下等绅士”也敢贸然上前，主动与贵族“套近乎”。而在50年前，下等绅士对贵族“唯唯诺诺、非常敬重，并保持适当距离”。[126]在英国内战前的一个世纪里，伦敦出现了很多针对贵族、市长和市政高级官员的低俗侮辱和破坏公物行为。在英国社会，反对政府的言论不断出现。人们尤其喜欢在酒馆里议论讨厌的君主、绅士和神职人员，而对于那些在粮食短缺问题上趁火打劫的富商，很多人咬牙切齿。[127]在近代早期的英国社会，暴乱十分常见。[128]高粮价、低收入、圈地运动和建立收费站都可能引发暴力示威。到了18世纪，矿工和产业工人能够通过罢工来抗议低工资和恶劣的工作环境。但通常情况下，抗议者主要关注的是打击滥用职权，以及捍卫他们认为合法的权利。他们的目的是迫使上级和雇主履行工人所期望的职责，但他们很少会从根本上挑战现存的社会等级秩序。抗议活动很少发展到当面谩骂或动粗的情况，但有时冲突会升级，因为示威者使用的侮辱手势很容易激怒社会上层人士。这些上层人士从小就接受教导，并认为控制身体是文明的重要组成部分。[129]

随着1640~1642年政治与宗教紧张局势的加剧，出现了许多地方性混乱，正常的礼仪制度几近崩溃，针对绅士阶层的冒犯和对治

安法官、警察和神职人员的无礼冲撞达到顶峰。[130] 历史学家克拉伦登勋爵回忆道："随处可见百姓的愤怒与放肆举动。他们（以"骑士"的风格）对贵族和绅士展现出野蛮和激愤。任何人如果被发现不支持议会，那么就连待在家里也不安全。"[131] 一首当代民谣表达了那个时代人们的心声： 320

> 良好的举止掩饰着邪恶的内心，
> 而且会转变成我们看到的高傲。
> 所以我们要废除这些礼数，
> 瞧着吧！该我们行动了。[132]

英国国内的数次内战及战后余波给文明礼仪的旧等级观念带来了彻底冲击。17 世纪 30 年代，伊普斯威奇市街道上的青年用一种"极其不文明……张狂无礼的样子"瞪着雷恩主教。而 1657 年，那些被称为"非常偏激固执的"第五君主主义者派密谋者，拒绝向护国公克伦威尔脱帽致礼，且用"你"称他。这一时期见证了对传统礼貌形式的不断攻击。[133] 露西·哈钦森的丈夫是议会军军官，她说丈夫发现诺丁汉郡的盟军无视文明礼仪。这些人认为既要成为绅士，又要捍卫上帝的利益"几乎是不可能的"。而且这些人强迫她的丈夫不要对他保皇派的表兄客气，而这一要求与他的本性相违背。[134] 1646 年，长老派的托马斯·爱德华兹宣称，在过去的两年里，特别是自议会军在纳西比战役胜利以来，各教派以最傲慢无礼和闻所未闻的方式诋毁谩骂"所有不同身份的人，就连最高层也不放过"。[135]

查理一世战败后，对上级的礼貌进一步弱化。1648 年，一位议会议员向流亡巴黎的保皇党人报告，"现在，文明开始被视作怪物"。[136] 随后，君主制、圣公会和上议院的废除进一步巩固了革命

321 成果。1649 年建立的英联邦有意回避炫耀，坚决反对支持王公贵族地位的谄媚仪式。弥尔顿称之为“宫廷谄媚和跪拜的基本要素”，以及“一个低声下气的民族一直表现出的奴颜婢膝”。[137] 1653 年，一位请愿者敦促贝尔朋议会（Barebones Parliament）废除“公爵、侯爵、伯爵、勋爵、骑士、绅士之类虚荣的头衔”。1654 年在米德尔塞克斯郡地方法院，一名马车夫被判送入感化院，原因是他在法庭上“以不文明的方式”公开说自己“和地主巴恩斯一样强，他指的是约翰·巴恩斯绅士”，而这位治安法官（巴恩斯）当时就在法庭上。[138] 安东尼·伍德在 1659 年指出，在英格兰空位期，那些“自命不凡的新上位者”并没有向老的保皇党绅士行“普通的脱帽礼”。同年，约翰·伊夫林说，贵族受到伦敦马车夫的诅咒和谩骂。[139]

在查理二世复辟的那一年，后来成为主教的约翰·帕里撰文指出，近年来，“恭敬的文明”被视为“偶像崇拜”，“普遍的文明”被视为野兽的标志，而“对上级的适当崇敬”则视同崇拜反基督者。[140] 克拉伦登勋爵也有同感。他抱怨道，各种派别“贬低了一切形式的崇敬和尊重，认为它们是迷信的遗风和标志”。[141] 1663 年，伦敦市长颁布了一项命令，禁止“不羁与卑鄙之人”在空位期再出现任何针对“乘坐马车或在城市街道上行走的贵族、女士、绅士等高贵之人的粗鲁、侮辱和傲慢行为”。他声称，这种“对上层社会人士的不忠和蔑视”是受到了“后来篡权者”的鼓动。[142] 事实上，类似的命令也曾于 1621 年颁布，因为在内战前的伦敦，对外国人的敌意和对贵族乘坐马车的嘲笑是司空见惯的。[143] 虽然据说，“那
322 些野蛮的反叛者”——议会军成员——即便在争吵时，也会受到“文雅和自由艺术”的影响，就像受到君主制和圣公会的影响一样。但这只是后复辟神话的一部分。现实中，人们谴责那些不尊奉圣公会的新教徒撼动了“宗教和良好礼仪的根基”，而无神论和亵渎导

致“平民和技工”直接放弃了文明和宗教。[144]

尽管民众抗议事件还是时有发生，但查理二世复辟意味着贵族地位和传统礼节的恢复。不过，整个国家在礼仪和举止上继续呈现出一种更加不正式的趋势。在初登王位之时，查理二世比他的父亲还要不拘礼节，这使他可以接触到“各式各样的人”。他常免冠而立，亲切迎接众人。[145]讲究礼仪的社会对其自身的各种习俗总持有矛盾的态度，不仅只有清教徒和贵格会教徒对礼貌中所隐含的戏剧性感到不适。17 世纪早期，许多同时代的人也公开谴责“拘谨的礼节”、“奴颜婢膝、唯诺奉承”以及“古怪的鹤步朝臣”那矫揉造作的举止。[146]礼仪手册告诫人们不要做作和虚伪，也不要表现出 1633 年亨利 · 沃顿爵士所称的“花架子礼节”。这些手册强调，真实的礼貌源于“真正的仁爱”，而非礼节。对方如果不拘礼节、敞开心扉，让他人倍感轻松愉快，那一定要懂得感恩并真心以对。[147]对他人由衷的敬意远比外在的礼节重要得多。哈钦森上校“虽然厌恶礼节性的恭维，但对所有人都表现出一种与生俱来的彬彬有礼，所以与他交谈令人惬意”。乔纳森 · 斯威夫特赞成讲礼貌，将其描述为不让别人感到局促不安。但他坚决反对所谓良好教养的装腔作势，认为这种形式“过于迂腐”。他认为，“宫廷式的鞠躬、步态和穿着算不上良好举止”。就连切斯特菲尔德勋爵也赞成“举止要令人舒适”，认为只有“乡巴佬”和那些“从未与礼貌之人交往过的人”，才会在言行举止方面显得生硬局促。[148]

舞蹈教师所灌输的生硬姿态和动作越来越受到那些喜欢“自然 323
风格的”人的鄙夷。第三代沙夫茨伯里伯爵认为，“如果严格遵循”舞蹈教师的教导，人们学会的是“一种虚假造作的仪态”。另一些人，一边欣赏“真正的绅士”通过学习舞蹈而获得的轻松优雅的动作，一边对“时刻展示正式弓步和碎步舞步的花花公子”感到不快。无论走到哪里，“纨绔子弟”在人们看来都很“拘泥礼节、行动僵硬”；而“有教养的人”知道什么时候应当表现得更加灵活自如，抛开繁文缛节。[149]

在关系亲密的熟人之间，礼仪不仅多余，而且非常不合时宜。托马斯·布朗爵士将《乌尔内葬礼》（*Urne Buriall*，1658 年）献给已故的挚友托马斯·勒·格罗斯，在书中写道：“一直享受与你的促膝交谈，不带空洞的礼节。”1704 年，约翰·洛克写信给好友安东尼·柯林斯，称他们的友谊“超越了礼仪、在文明之上”；“真挚的友谊”中的“真挚”使他们从所谓的“外在礼仪的繁文缛节”中解脱出来。约翰·洛克进一步将自己与朋友之间的“真挚”关系和他与其他人之间的“礼貌”关系进行了对比。对于后者，他只展示出“屈膝”和吻手等外在礼仪。[150]

当代观察家们注意到了英国社会正向更不拘礼节的方向发展。他们将伊丽莎白时代绅士所体现的庄重、内敛和高度正式的风格与 17 世纪晚期的绅士更为轻松、善于社交的风范进行了对比。斯普拉特主教在 1667 年指出，“他们和其他社会阶层之间的巨大差距已经看不到了”。[151]罗杰·诺斯注意到，尽管法国和意大利依然存在着“各种仪式和刻板礼节”，但英国人变得更为随意。乘坐马车在海德公园遇到熟人时，双方只要互鞠一次躬就够了。而在罗马，熟人一天之中若碰面数次，则每次都要鞠躬，而且“表达方式做得有点夸张，好像
324 只有鞠躬到从马车上跌落，才算足够尊重对方”。[152]

在家庭内部，父母与子女之间的关系也变得不那么正式了。内战前的英国社会不复存在，克拉伦登却对其念念不忘，这种思绪隐藏在他的感叹中：复辟后，“孩子不在乎父母的祝福……年轻女子攀谈时，没有一丝端庄慎重……父母在孩子面前没有威严，孩子也不服从父母”。[153]也许每一代人都会觉得，随着年龄增长，礼仪变

得越来越敷衍。相比幼年时期，老幼尊卑的概念也愈发不受重视。沃尔特·罗利爵士援引罗马道德家塞涅卡的话：“我们的祖先抱怨过，我们也确实在抱怨，我们的子孙还会抱怨，那就是，良好的举止一去不返，一切都变得更糟了。”[154]在詹姆斯一世统治时期，有道德家抱怨道：“我们的年轻人粗鲁、目无尊长；遇到长辈时，就光着脑袋直愣愣地杵在那里，将长辈当作同伴或玩伴来对待。”[155]但到了17世纪后期，孩子确实不再光着头站在父母面前。同时，英国特有的每天单膝跪受父母祝福的习俗也在淡化。[156]这种跪礼总会引起一些更加恪守教规的新教徒们的不适，他们认为这是一个源自罗马天主教的仪式。他们中的大多数人还是说服自己接受这种习俗，将其视为一种纯粹的礼仪，而非宗教礼仪，但其他人有他们的顾虑。[157]在美洲的新英格兰，清教徒神职人员在布道时反对跪礼。当地的家长也因为心疼孩子，不要求他们通过言行举止来表达孝敬。[158]同样，在英国，人们越来越普遍地认为孝道仪式带有迷信色彩或认为它是多余的。然而，罗杰·诺斯在17世纪90年代中期的著作中提出，父母的祝福仍是一种“普遍的习俗”，这种习俗在18世纪早期依然存在。[159]一本大众行为手册（1703年版）继续教导孩子无论何时靠近父母，都应该鞠躬。[160]目前尚不清楚这些习俗最 325
终是何时消亡的。

在整个英国社会，地位高低的问题变得不那么重要了，过分表示尊重和服从的现象不那么普遍了，问候和告别的礼仪也不那么复杂了。家中的聚会所涉及的各类规定也呈现出一种类似的趋势，即越来越不注重社会等级，相反，氛围越来越欢快、友好。主人常敦促客人自己拿取食物，而不是等着上菜；规矩多的适度饮酒之风也在减弱。[161]但令塞缪尔·约翰逊反感的是，到了18世纪中叶，一种习惯悄然成风（源自贵格会），即客人不用跟女主人打招呼道别，就可以扬长而去。[162]

1711年在《旁观者》杂志的一篇文章中，约瑟夫·艾迪生宣称，人们的行为举止发生了“一场非常伟大的变革”。起初，“人群中更有礼貌的那部分人”，通过精心设计的形式和礼仪，将自己同“那些土里土气的乡下人”区分开来。但当他们发现这些礼仪很多余时，就把它们抛弃了。因此，“目前来看……一种无拘无束的仪态，以及较为开放的行为举止，反而成了良好教养的最佳体现。时尚的世界变得轻松自由，我们的举止变得更加随意，没有什么比令人愉快的不拘小节更时尚的了”。[163]1742年，90多岁的约翰·霍夫主教对此表示赞同：如今“最好的教养”，便是摒弃儿时学到的“礼仪”。[164]“合乎规矩”的意思，与其说是在社交上讲求礼貌得体，不如说是用来指代那些生硬且不自然的行为。人们普遍不喜欢深鞠躬和屈膝行礼。1698年，一位法国旅行家说，普通英国人见面时，并不会（上帝禁止！）互相举帽致意，而顶多只是把下巴稍稍垂下，把头稍稍倾斜。到了18世纪末，即便是最有礼貌的绅士，在见面打招呼时，也不再脱帽致意，但这种礼仪在巴黎还很常见。[165]

18世纪，绅士们开始穿便服。他们跟随平民风，穿起了长礼服、大衣，最后穿了裤子。贵族出席上议院时，穿得像个农民。达官贵人的职业装、装饰品、纹章、随从和其他彰显其身份地位的元
326 素越来越少地出现。社会阶层不再像从前那样一目了然。[166]

长期以来，“屈尊”一词一直被用来褒义地形容社会上层与社会下层友好交谈的亲切意愿。但到了18世纪中叶，这个词开始有了贬义，即带着一种毫不掩饰的优越感对待他人。人们对塞缪尔·约翰逊所说的“居高临下的傲慢”越来越敏感。[167]到了18世纪后期，人们普遍认为，英国贵族的礼仪以其闲庭信步、友好随意和不

拘礼节而别具一格。1792 年出版的《新公共浴室指南》（*New Bath Directory*）宣称，“礼仪，超越了礼貌的规则，被彻底打破；每个人在浴室里平等相处”。[168]时至今日，英国人仍然对法国人每天早上见面握手的习惯感到困惑，他们与熟人见面的习惯是从不握手。

直到 18 世纪的最后几十年，英国上流社会才开始减弱这种平易近人与友好随和的礼仪。这些年的经济增长产生了一个不断扩大的社会阶层——雄心勃勃的新富阶层。作为回应，许多出身于上流社会的人，通过发展出一种越来越僵硬、保守和排外的态度，来对抗新富阶层。1835 年，阿历克西·德·托克维尔敏锐地观察到，“（在英国）每个人都惶惶不可终日，唯恐自己的友好随和被人利用。由于无法立即判断出对方的社会地位，英国人谨慎地回避与陌生人的接触”。外国游客越来越多地发现，与苏格兰人、威尔士人和爱尔兰人相比，英国人保守、不合群，精心保护他们的隐私，对陌生人沉默寡言。[169]这就是为什么在简·奥斯汀的《傲慢与偏见》（*Pride and Prejudice*，1813 年）中，宾利先生喜欢班纳特家的姑娘们，认为她们“举止不拘谨，态度不僵硬”。[170] 327

英国社会可能形成了一种规约，即人们排斥不合时宜的、非常正式机械的言谈举止，希望能够采用更轻松的交往方式。因为人们看重的是真诚、坦率和恳切的交流，而不是现行制度中那些矫揉造作的形式。然而，17 世纪末 18 世纪初的英国社会淡化礼仪尊卑的根本原因是，贵族、绅士原先的地位等级制度正逐渐被更复杂的社会结构和政治结构所取代。在英国农村，大地主决定其下人命运的能力依然是压倒性的，他们从地产中获得了巨大的社会政治影响，因而继续指望得到与自身地位相称的尊重。然而，在全国范围内，各种职业的蓬勃发展以及工商业、金融业的不断扩张，使社会局面日渐复杂，以至于仅借助礼仪手册所提出的简单的上、中、下等级关系，人们无法辨别所处社会的结构与层级。

这些变化导致的一个显著后果是，17 世纪，当称呼社会下层时，第二人称单数（thou）的用法逐渐消失，取而代之的是第二人称的复数形式（you）。而这种复数形式此前仅用于称呼平级或上级。1646 年，一本有关行为礼仪的指南告诫青年读者，“对地位较低的人，用第二人称的复数来称呼，不用单数”。[171]从 17 世纪后期开始，“先生”（Mr）［“主人”（Master）的缩写］和“太太”（Mrs）［“女主人”（Mistress）］这两个称谓在社会等级标尺上开始下移，用以取代更为屈尊的称谓，如“父亲”“寡妇”“好太太”或职业名称（“马车夫”）。19 世纪，这两个称谓逐渐被不加区别地用于称呼任何没有其他头衔的人。大城市的匿名性在这个过程中起到了作用，由于无法快速确定一个陌生人的社会地位，因此出于谨慎，笼统地称呼对方总比弄错身份、闹出笑话要好。[172]

与此同时，经济的稳定增长正创造一个更自由的劳动力市场，
328 激发出更强的职业流动性。以往为了生存，在工作交流中人们需要毕恭毕敬，但随着对劳动力需求的增加，这种对礼貌的要求逐渐降低。爱德华·张伯伦仔细观察了当时的英国社会，并于 1669 年指出，英国老百姓生活殷实、自信满满，无法再像其他欧洲国家的人那样，对贵族、绅士和神职人员“谦卑恭敬”。50 年后，一位瑞士游客评论说，英国人“对达官显贵没什么敬意可言，也不愿屈从于他们的优越感”。[173]诚然，在商业活动中，买卖双方需要礼貌。但是，正如彼得·佩特爵士在 1661 年所说，“大部分从事贸易和运输的人”讨厌“繁文缛节”，因为它们占用了太多时间。店主对顾客彬彬有礼，但对于繁复的社交礼仪，他们耗不起时间。斯普拉特主教认为，人们已经变得“更加勤奋上进”，越来越多的贵族和绅士也开始投身于商业贸易。[174]正如 20 世纪早期的美国社会学家托尔

斯坦·凡勃伦所解释的那样，如果在一个时代里，惹眼的休闲方式备受重视，人们会十分遵从文明举止和礼仪。礼仪是有闲阶级生活的产物。人们越忙，社交礼仪的空间就越小。[175]恭敬仪式的减少，反映了经济生活节奏的长期变化。

另一种消解传统礼貌的"溶剂"是大城市的发展，尤其是伦敦。无论是在熙熙攘攘的街道，还是在热闹非凡的公共娱乐场所，地位不同的人混杂在一起，更加不拘礼节。城市生活的客观现实、行色匆匆的忙碌身影，以及城市缺乏农村的那种社区管控，都成了人们转向粗鲁和不文明的催化剂。地方法官兼小说家亨利·菲尔丁在 1753 年写道，伦敦的暴民声称对部分人行道有专有权。其他人如果白天从他们的地盘走过，就得挨骂受辱；如果晚上经过，则会被故意撞倒。身处 18 世纪伦敦相对陌生的人群中，即使是一个礼 329
貌之人，也没有必要或可能，给每一个路上遇见的人一种适合其身份的问候。[176]这种做法之前确实在乡下较为普遍，但现在，即使是在乡下，人们的举止也在改变。伊丽莎白·哈姆是多塞特郡一位自耕农的女儿，她回忆起自己成长于 18 世纪 80 年代，曾是"一个淳朴敦厚的小孩"。她说："我清楚地记得，我曾经向我遇到的所有穿着考究的女士行屈膝礼，直到保姆叫我不要这样做，我才停下。"1790 年，当约翰·宾在英国中部旅行时，他想到过去的日子，不由感叹道，那时人们遇到绅士，都会向他"恭敬地鞠躬致意"，并且问候，"早上好，先生""先生，晚安，旅途愉快"，那时人们总带着一种传统的祝福和应景的恭维。但现在，唉，大都市的道路越修越好，恭敬礼仪的传播却越来越少。[177]

旧礼仪的弱化也与政治权力分配的变化有关。1688 年以后，君主的作用受到严格限制，王室对上层社会礼仪的影响也相应减弱。政府由国王的大臣们通过议会、政府部门、法院和地方市政委员会进行管理。国家行政越来越官僚化、受制于规则、体制化而非个人决策。政府权威较少建立在仪式和公开展示上。与地位尊卑相关的习俗不断弱化，变成空洞的象征，而非权力上下级关系的生动展示。

从本质上看，18 世纪的英国是一个在君主礼制的外壳下，由贵族统治的共和国。它隔一段时间就会受到来自广大民众的压力。由于英国国内讲求新闻自由，并拥有众多极富讽刺才能的批评家，政治生活充满活力、不拘礼节。英国的君主立宪制与法国的君主专制有很大不同，两国的礼仪也大相径庭。正如激进的新教牧师理查德·普赖斯所指出的那样，一个民族的礼仪，深受其所属政府体制
330 的影响。[178]在查理二世统治时期，纽卡斯尔侯爵夫人指出，在王权制这种政体下，人们变得非常文明；而在民主制政体下，人们则会变得“更加野蛮”。大卫·休谟在 1742 年发表的一篇文章中解释道，“礼貌”非常自然地出现在君主制和宫廷中，但“如果权力自下而上发展，就像在所有的共和国一样，那么人们很少会采用高雅的礼貌”。他说：“欧洲各个共和国目前都缺乏礼貌，这是众所周知的。”[179]

几年后，孟德斯鸠也提出了同样的观点，即礼貌起源于政治体制。当人身处其中，不得罪上级是至关重要的；精细繁复的礼节是君主专制制度的产物。相比而言，正如威廉·戈德温所说，共和国往往与“坦率、突兀和朴素的风格”联系在一起。[180]在凯姆斯勋爵看来，民主国家的语言通常是“粗俗的”；贵族统治的国家的语言是“彰显男子气概而又朴实无华的”；君主制国家的语言是“谦恭而含蓄的”；专制国家的语言是“对下级专横，对上级谦卑”。[181]约瑟夫·普里斯特利也认为，“人民做主的国家所讲求的平等是非常不利于礼貌的”。君主制产生了取悦他人的习惯，而

“傲慢的共和党人，不太可能养成屈尊俯就他人的习惯”。[182] 1764年，詹姆斯·博斯韦尔出访日内瓦，他发现，当东道主想把他安排坐到教堂里的一个好位置时，一位“肥胖的老妪”拒绝给他让座。晚上到市政厅就餐时，他又发现，客人们将面包捏搓成球状，互相投掷攻击。他将这种行为视为“共和国令人作呕的行为范例”。[183]

法国革命者对路易十六及王后缺乏尊重，埃德蒙·伯克对此深感震惊。他讽刺道：“法国革命者的礼貌观念也发生了大革命。”法国大革命中的无裤党（sansculotte），效仿英国的贵格会，提出一项法律，禁止使用第二人称的复数“您”，并强制每个人相互称 331
“你”。[184]埃德蒙·伯克如果得知此事，定会更加震惊。18世纪后期，许多英国激进分子将文明与君主专制的奴性仪式联系在一起。无裤党拒不接受礼貌行为的惯例，也不参加展现屈从的仪式。他们认为，这些仪式有利于不可接受的社会等级制度。他们也鄙视汤姆·潘恩所说的“国家和贵族的木偶戏”。[185]正如威廉·戈德温所说，无裤党把礼貌视为“一套建立在没有正当理由基础上的规则，由那些懂礼貌的人炫耀地展示。其目的无非是使那些由于出身和经济原因而对礼貌一无所知的人，感到困惑并同上流社会保持距离”。同样，戈德温的妻子玛丽·沃斯通克拉夫特，以真诚和“心灵纯洁”的名义，拒绝了“礼貌”和“文雅的恭维”。[186]一些支持法国大革命的英国人故意培养出一种咄咄逼人、不巴结谄媚的作风，以表明他们不喜欢烦琐的礼节。他们那不拘小节、邋遢的姿态，表明了他们不愿屈从于社会上层。一位同时代的人回忆道：“塞缪尔·泰勒·科尔里奇的朋友汤姆·普尔的装束相当土气，也许是为了炫耀，说的方言也很土气……没人会想到他竟然和我父亲、叔叔处在同一个社会阶层。我想，在他还是个共和党人的时候，他一边不再往脸上涂粉，一边养成了这种小丑作态。”[187]同一时期，社会学家赫伯特·斯宾塞的父亲威廉·乔治·斯宾塞也非常不喜欢头衔和礼节。他从不向任何人脱帽，拒绝在信封上写上“先生”“大人”之类的尊称，就连碰到熟人，也不愿称对方“先生”。[188]

激进分子蔑视现行的礼节守则，这不足为奇。因为，任何想改变现状的人会很快发现，一丝不苟的礼貌可能会阻碍创新。如果人们总是担心得罪他人或使他人感到不舒适，那么他们永远改变不了任何事。社会应该如何运转，是依据公认的观念的。那些试图改变这些观念的人，将不可避免地招致粗鲁和失礼的指控。不仅仅是骚乱，抗议、罢工和示威也成为18世纪劳资关系中越来越普遍的特
332 征，长期以来被认为是“不文明的”或“无礼的”。挑战公认的权力分配的政治行为也是如此。长期议会投票认为，亨丽埃塔·玛丽亚王后是一个叛徒，因为她向国王提供了来自荷兰的军事援助。但在托马斯·霍布斯看来，这种投票行为是“野蛮和不文明的”。[189]

激进分子和革命者总是倾向于鄙视“体面”，因为在他们看来，遵守礼节会强化不公正的社会阶层制度。他们排斥礼貌，因为在他们看来，礼貌是阻止异见的一种手段。[190]因此，不拘小节的举止和对礼貌习俗的藐视，就成了他们的一部分。看到自己的同僚——社会主义者西德尼·韦布跑着追赶火车，政治心理学家格雷厄姆·沃拉斯说道：“韦布，我喜欢你的地方，就是你行事一点也不矫情，不拘泥那些可恶的礼节。”[191]“那人是个社会主义者，”未来成为剧作家的约翰·奥斯本在年轻时听祖父解释道，“他没有脱帽致礼的习惯。”[192]在早期的以色列，许多当地人在行事风格上，不喜欢巴结谄媚。同样，对社会等级制度的排斥也许可以解释这种现象。[193]著名法学家和哲学家H. L. A. 哈特的传记作者告诉我们，H. L. A. 哈特在1964年访问该国后，始终难忘所看到的当地居民的不礼貌行为，并将这种粗鲁行为归结为“错把礼貌等同于奴性”。[194]

早期的女权主义者同样认为，有必要蔑视公认的女性礼貌行为准则，因为她们（正确地）认为，这些准则源自并且有助于维持两性之间权力的不平等分配。17 世纪 60 年代，纽卡斯尔公爵夫人玛格丽特·卡文迪什故意不行屈膝礼，而像男人那样，用立正姿势、上身前倾鞠躬，当时她激动得咯咯直笑。[195] 18 世纪末的一位作家评论道：“当女性的举止呈现出男性特征时，我们会感到痛苦。”[196]不同于传统女性，贵格会的女教徒不受欢迎，因为她们不 333
习惯在晚餐结束后退下，让男人继续饮酒。而这一传统习俗被拥护女性地位平等的人抨击为“野蛮、可憎”。[197]玛丽·沃斯通克拉夫特认为，文明女性被“虚假的文雅”给毁掉了。她呼吁“女性礼仪革命”，让女性找回失去的尊严。而她的这一呼吁本身就是对礼仪的破坏。[198]同样，在这一事件中，强烈表达与社会共识不同的意见，被视为不符合文明理想。①

在近代早期，如果想了解民主制度如何影响礼仪，只需要看看大西洋彼岸的情况。自清教诞生以来，生活在边疆地区的美洲殖民地的居民，没有王室，没有贵族，也没有公认的社会精英，妇女代表性不足。这些居民就对抛在身后（欧洲）的许多等级制度持敌对态度。在北美南部，土地贵族的价值观长期存在；但在新英格兰，人们更加注重社区纽带与平等。自由比礼貌更重要。[199] 美利坚合众国的建立推动了这一趋势的发展。19 世纪早期，美国成了一个臭名昭著的地方，那里的年轻人目无尊长，对上流社会人士也谈不上敬重。早先定居美洲的人可能认为，对陌生人表现得过分熟悉是不妥当的[200]；但年轻一代以直言不讳、过

① 美国作家、社会活动家苏珊·桑塔格（1933—2004）蔑视礼貌和守时。她有一个传统：“你不必及时赶到那里！”她还会说：“别那么卑躬屈膝。”［Sigrid Nunez, *Sempre Susan* (New York, 2011), 8.］

分熟悉为标志的“新礼貌”取代了传统的保持距离和故作矜持。故作斯文的英国旅行家抱怨整个美国社会“缺乏文雅”，不文明现象随处可见，比如粗俗的餐桌礼仪和无处不在的痰盂。小说家詹姆斯·费尼莫尔·库珀在欧洲生活了很长时间，于 1833 年返回其祖国，他非常肯定地认为“美国人的礼仪在 19 世纪的前 30 年里倒退了”。[201] 事实上，美国在后革命时代的礼仪与平等社会的
334 礼仪相差甚远。美国人坚决区分中产阶级、社会下层、佣人和劳工。当然，他们默认美国社会存在大量的黑人奴隶。然而，这些旅行家中最敏锐的观察者阿历克西·德·托克维尔，称赞美国人坦率、开放、宽容、真诚。从欧洲标准看，美国人缺少教养，但就连库珀也承认，美国人更加心地善良、擅长交际，这些都足以弥补他们在礼貌方面的不足。[202]

英国的民主发展进程更加缓慢，但它同样导致了许多传统礼节的消失。社会与政治的平等程度不断提升，大力推动语言变得更加不拘礼节，权力的外在表征减少，对各种礼数的遵守也在减少。[203] 这种情况可以用维多利亚时代的诗人 A. H. 克拉夫的诗句来表述：

看到民主带来了什么，我很难过——
把你 18 世纪良好的教养还给我。[204]

礼仪的未来

相比以前，21 世纪早期的英国社会的等级显然没那么森严，各种外在的敬意表达不再明显，人们普遍接受的言行举止也变得极其轻松随意。在美国风尚的引领下，人们倾向于更为非正式的行为

方式，认为这样做更加坦率、友好、真诚。心理治疗师贬低自控和克制，认为它们是不健康的抑制（“心理障碍”）。礼仪类图书逐渐被崇尚解放和强调自我实现的图书所取代。无论是穷人对富人、年轻人对老年人、女性对男性，还是男性对女性，任何形式的尊重都日益被否定。人们不在乎正式的头衔，如果彼此不直呼其名，他们往往会感到不适。人们在穿着上也更加随意。围坐在餐桌旁的家庭用餐模式越来越少。随着管家和佣人等家政服务人员消失，专门 335
的餐厅不再是中产阶级家庭的基本特征。每一所牛津大学的下属学院都标榜自己“友好、不拘礼节”。

随着政治经济权力的重心转移至跨国企业和大众传媒，旧的体制和机构，如君主制、内阁、上议院，以及英国国教、政党、传统行业和历史悠久的高校，所受尊重的程度今非昔比。英国广播公司的播音员认为没必要再使用英语的标准发音，受过私立教育的政客也会故意装出声门塞音和英国东南部的“港湾英语”腔调。男女之间、成人与儿童之间、老板与员工之间权力分配的变化，必然导致新的行为模式。新贵们不需要为了获得社会和政治层面的认可而去学习和掌握良好的举止。在人行道上，孩子从成年人身旁推搡而过；老年人更容易被忽视而非被尊重；向不熟悉的女子献殷勤，会被认为不怀好意。以上种种在 18 世纪会被视为共和平等的胜利，标志着意在取悦上级的礼仪的消失。人们认为，旧式礼节体现等级制和父权制时代遗留下的势利和虚伪，而良好的举止则会妨碍个人遵从自己内心的真实想法。

相较 70 年前，英国中产阶级的日常行为不再那么正式拘谨。[205]他们自由地进行社交亲吻，在街边用餐，大声交谈、爱用手势，更随心所欲地使用低俗的语言，公开谈论性和身体的自然功能，在公共场所播放震耳欲聋的音乐，在拥挤的火车车厢里用手机大声交谈。当参与群体性运动时，他们没有表现出绅士般的克制，而是在胜利时欢欣鼓舞，兴奋地挥舞拳头和拥抱队友。

恐怖的两次世界大战和纳粹大屠杀具有“去文明化”的迹象，
336 但以上言行并不属于这类。按诺伯特·埃利亚斯的说法，它们是“去礼节化”的标志，反映两性之间、隔代之间和社会阶层之间关系的变化。这些新的行为模式不会威胁到国内法律和秩序，人们也没有理由认为它们会导致人与人之间暴力发生率的上升。它们对个人卫生提出了更高的标准，我们不再需要公示语来提醒我们禁止随地吐痰。它们更强调个人的亲和力。沙滩上裸体或社交亲吻等行为模式要求人们具有高度的自控能力。[206]原先的社会等级制度是基于传统、继承、下级服从上级、女性屈从于男性和对年轻人的控制，而这些变化反映了这种等级制度的削弱。随之而来的还有更崇尚的自我表达、更接受人类的多样性，以及对宗教、性别和种族差异的前所未有的容忍。我们现在拥有的是一种新的、更加平等的文明礼仪。

心理学家和教育家强调自尊和自我实现的重要性，但这会助长一种原子式的自私自利，很可能破坏集体生活。家庭和社区在社交上对人们自控要求的放松，有时被指责会导致街头不良行为，包括乱扔垃圾、深夜吵闹、涂鸦、在人行道上骑自行车、青少年犯罪、足球场的流氓行为和类似形式的反社会行为。不过，以上行为和其他不文明行为是否就比过去的同类行为更成问题是非常值得怀疑的。更严重的是人际暴力的持续存在，尽管其发生率远低于前几个世纪。[207]但在现代文明的巨大成就面前，这点缺陷显得微不足道。受现代文明礼仪的影响，人们能够在不碰触他人的情况下，穿过拥挤的人行道。对于乘坐地铁的通勤人员，即使以最近的距离与陌生人挤在一块，也不会抱怨和推搡。而司机则可以在不与其他车辆发

生碰撞的前提下，开车在拥挤的高速公路上穿梭飞驰。 337

道路法由国家立法和实施，但没有法律强制人们在人行道或公共交通工具上保持良好的礼仪。孟德斯鸠写道，礼仪是立法者没有确立的习惯，因为他们不能或不愿这样做。他们意识到并非所有问题都需要纠正。如果总想着用法律去改变本可以通过习俗改变的东西，那么这个决策就很糟糕。[208]尽管不同时期的英国政府，尤其在空位期的政府，试图对礼仪和个人行为进行改造，但在近代早期的英国，教会和政府稳步退出了对个人行为的监督。对“大丑闻”展开诉讼，曾是对不礼貌行为的一种法律上的补救措施，旨在保护贵族不受言语暴力。17 世纪早期，法院判给这一罪行的原告巨额赔偿金；但在 1689 年之后，法院不再这么做，诉诸法律的情况也逐渐减少。[209]许多同时代的人希望更普遍地禁止不文明言论，并推行“尊重的标准”。[210]尽管约翰·洛克年轻时赞成按照当地的时尚来制定与“礼貌的致敬”和“体面的着装”相关的法律，但到了晚年，他认为这样的立法会导致“没完没了的起诉和仇恨”。[211]1604 年废除了关于在着装和消费方面禁止奢侈的法律条文，1695 年减少了新闻审查，17 世纪后期教会法庭越来越不愿意起诉性侵者、污言秽语的人和四处捣乱的人。所有这些最先使个人能够在越来越多的方面自己决定该怎么做。这些个人自由的新领域包括外表、衣着、举止、性关系、对邻居和陌生人的行为、知识和政治方面的辩论以及各种社会交往。

私人协会和社团不断尝试“改革礼仪”，通过执行法律来打 338
击诸如咒骂、破坏安息日、赌博和卖淫等行为。此外，老百姓还继续通过八卦、书信诽谤，以及“游街”和“粗俗音乐”等羞辱性习俗，对婚姻中的不当行为表示不满。[212]18 世纪，治安法官试图填补教会法庭留下的空白。[213]威廉·布莱克斯通在《英格兰法律评论》（*Commentaries on the Laws of England*，1769 年）的第四本书中规定，公民在法律上仍“有义务使其一般行为符合礼节，维护良好的邻里关系，举止文雅。要按照各自的身份，努力保持体面、勤勉和不冒犯他人”。然而，他引用的许多实现这些义务的法规已经过时了；那些仍然有效的法规涉及重婚、公害、流浪和赌博等问题，但对日常生活中的礼仪只字不提。[214] 这使得非正式的公共压力成为个人与他人进行社交的唯一外部约束。早先的伦敦社区有一个特点，即对辖区内有违法倾向的人进行监视、谴责和公开羞辱。但从 17 世纪后期开始，这类做法逐渐减少。[215] 至少在大都市，尊重个人隐私权正逐渐被默许，相同的过程很可能也发生在其他城市的社区。

因此，不足为奇的是，18 世纪中叶，来自教会和国家的监督减少，而私人空间变得很大；同时，大卫·休谟说，只有良好的礼仪才能使老年人免遭轻视，使陌生人免遭忽视。同样，埃德蒙·伯克断言，礼仪（在更广泛的习惯、习俗意义上）比法律更重要，理由是“法律只能在某时某地触动我们”，而礼仪“通过一种持续、稳定、统一和理性的运作，使我们要么野蛮，要么高雅，就像我们呼吸的空气一样无处不在”。[216] 这是一种古老的观念。1582 年，负
339 责当地陪审团的肯特郡治安法官威廉·兰巴德引用诗人贺拉斯的话：“若无礼仪，唯存律法，何用之有？”[217] 这成为苏格兰启蒙运动的中心教义。博学的法官卡姆斯勋爵在 1762 年提醒年轻的乔治三世：“最有益的法律将因礼仪的缺失而失效。”亚当·弗格森认为，礼仪对于一个国家的实力来说，与它的人口和财富一样重要。而对于亚当·斯密来说，“人类社会的存在”取决于对正义、诚实、贞洁和忠诚等义务的遵守。尽管亚当·斯密承认，相比乐善好施的社会，商业社会“不那么和谐愉快”，但他后来坚持认为，社会是

以自身利益为出发点的，可以在没有仁慈、“彼此间没有任何爱和感情”的情况下存在。[218]

20 世纪末，人们发现仅靠文明的约束，不足以践行平等和多样性的新理念，认为有必要再寻求立法支持。今天，许多国家有关于人权、种族关系、机会均等、性骚扰、仇恨言论、公共场所吸烟、儿童待遇和残疾人福利等方面的法律。有些国家甚至试图通过立法来缓解对他人缺乏尊重的问题。[219]近几十年来，问责和稽查的正规程序也大大增加。如果不相信人们会自愿表现出良好的举止，以及发现职业礼仪和个人荣誉对个人行为的限制力度不够，那么就必须有书面的规则程序以及法定机构来确保这些规则得到遵守。因此，围绕新的侵权行为和刑事犯罪，国家出台了一系列相关法律。[220]指导性假设是，如果要规范社会关系，那么就必须由法律来规范，因为非正式的礼节已经靠不住了。如果在人行道上推搡他人、插队、不回复他人邀请，或不说“请”和“谢谢”等行为被 340
视为对社会凝聚力的现实威胁，那么就会有相应的法律对其进行制裁。这就好比英国议会有反对煽动种族仇恨的法案，一些地方政府也有反对让狗弄脏人行道的细则。① 但这并不是说，那些不受国家监管的个人行为，完全由市场来决定。在现实生活中，每个社区都有自己的“微观法律”，涉及各种情况下的民事行为公约，无论是在街头，还是在公共汽车上，或在剧院、商业会议和学术研讨会上。在小社区里，失去尊重是对违反这些公约的惩罚，但这种惩罚绝不是微不足道的。[221]

在近代早期，“礼貌”是社会精英具有的一种复杂巧妙的美德，

① 1997年，以色列议会提出了一项防止插队的法律草案，将“不排队”定为刑事犯罪，但没有颁布。[W. Michael Reisman, *Law in Brief Encounters* (New Haven, CT, 1999), 70-71.]

相比人人都能展现出来的基本的“举止文明”，人们普遍认为前者更具优越性。而在现代，这种评价被推翻了。1838 年，美国作家詹姆斯·费尼莫尔·库珀对精致高雅意义上的良好教养不太看好，认为这种教养虽能令人愉快，但并非不可或缺。相反，在他看来，基本的举止礼貌和对他人的尊重是人类文明所不可或缺的。[222] 20 世纪牛津大学的哲学家 R. G. 科林伍德强烈支持这一论断。他认为，文明的第一要素是一个能使社会成员“文明”交往的过程。在这个过程中，要尊重他人的情绪，即避免让他人吃惊、烦恼、恐惧，或产生任何可能削弱其自尊心的激情和欲望。[223]很多人依然认为，良好的举止，包括体贴周到的行为和对他人情绪的巧妙迎合，是为了服务于一个重要的目的：促进人与人之间的交流。[224]一位现代历史学家说得好，他指出：文明在其他形式的团结被抛弃的情况下，在
341 各个社区中充当社会黏合剂。[225]为了团结一致，每个社会群体都需要有自己的文明形式，甚至包括美国西部和早期以色列等边疆地区。如果人想在彼此接近的环境中生存下去，那么自我克制与和平解决分歧具有一种生物学上的必要性。

因此，现代政治哲学家对文明非常感兴趣。如同他们在文艺复兴时期的前辈一样，他们将文明定义为好公民的美德。① 但他们强调的美德的这个方面已发生了变化。作为 16 世纪文明的核心要求，守法仍然至关重要。美国哲学家约翰·罗尔斯在 1971 年写道，即便某些人认为法律不公正，文明也要求人们遵守法律，因为它受到民主多数派的支持。[226]国家的征税和执法权利不再像都铎王朝时代那样有争议。[227]而且，如今人们更加关注文明在文化多样性社会中

---

① 半个多世纪前，一位博学的编者认为这个定义“过时了”。[John Milton, *Complete Prose Works of John Milton*, ed. Don M. Wolfe et al. (New Haven, CT, 1953–1982), vol. 2, 381.]

所起的作用，以及在促成信仰、价值观和态度截然不同的公民和平共处方面的潜在作用。对严肃的政治宗教问题发表批评意见，可能会使其他公民感到不安，那么这样做是否就“不文明”呢？评论家们在这个问题上纠结、苦恼了很久。因此，现在一些大学尽量将带有“仇恨言论”或有争议的演讲者排斥在校园之外，免得这些“不文明”、不受欢迎的观点让一些学生感到不适。当然，这种做法本身也存在争议。[228]

在这种情况下，人们认为文明提供了一种“礼貌谈话的标准”，即如何在不令人不愉快的情况下表达不同意见，正如美国前总统奥巴马所说。[229]一些哲学家认为，公民有义务尊重那些与他们意见相左的人的感受，需要克制自己，不要口无遮拦地谈论可能激怒对方的话题。他们还强调，必要时，应通过立法强制人们履行这一义务。[230]另一些哲学家则认为，过于强调尊重观念是危险的。他们认 342
为，公开表达一些其他人不认可的意见，对民主的运作至关重要。在他们看来，人们既可以“文明地接受不同意见”，也可以坦率地表达其他观点，因为文明只需要最低限度的礼貌。[231]然而，参与这场争论的大多数人看重公正、乐于倾听、尊重他人的尊严，① 以及被称为“正派”的难以定义的品质，尽管这些被视为道德责任，而非法律责任。[232]整个讨论背后的难题在于：整个社会被截然不同的价值观撕裂，所以这种社会所面临的问题靠文明无法解决，因为文明本身就是一个在意义和价值上都存在激烈争议的概念。[233]

在这种背景下，17 世纪的贵格会所鄙视的那种亲切而琐碎的谈话，其实是可以作为实现人类团结的重要手段，即使像谈论天气

---

① 尽管罗纳德·德沃金有句名言：民主国家中没有人有不被冒犯的权利。［Ronald Dworkin, “The Right to Ridicule”, *New York Review of Books*, 23 March 2006.

这种琐碎的话题也很重要，这就是罗伯特·博伊尔所说的“年鉴话语”。这也就是为什么罗杰·威廉姆斯被贵格会教徒的做法吓坏了。他认为，在美国这样一个“野性蛮荒、没有礼貌和客套的国家”，人们之间特别需要友好的问候。因为“除非你碰到别人时，用‘怎么样啊’或其他问候语打招呼，否则就和遇到一匹马或一头牛没有区别”。[234]

过去，文明往往是一种保守的力量，尊重社会等级制度，禁止表达激进情绪，因为它们危及社会和谐。但礼貌和体贴并不意味着卑微的顺从。文明对于平等社会就像对于阶级社会一样重要。正如威廉·戈德温在 1797 年所说，消除奴性并不意味着减少对他人的仁慈和尊重。[235]

18 世纪，切斯特菲尔德勋爵指出，如果没有良好的教养，宫廷将成为“暴力和荒凉的场所”。[236] 20 世纪中叶，军事思想家 B.
343 H. 利德尔·哈特坚持认为，“进入核武器时代，人们只有遵循更深层次的礼仪，才能为共同安全而彼此克制，也才能控制在政治或社会问题上乱发脾气而导致的相互毁灭的风险”。① 其他人则认为，日常文明可以使我们不堕落到实施野蛮暴行的地步。以下是加拿大诗人 F. R. 斯科特的观点：

> 首先消失的是礼仪细节，
> 那些乍一见荒谬的
> 小规矩。

---

① 令人遗憾的是，B. H. 利德尔·哈特接着解释道，文明社会建立在性别差异的基础上，良好的礼仪取决于“女人就是女人”的影响，却受到“进步”女性短发、短裙和男装的威胁。他认为女性的紧身胸衣是文明的重要因素。［B. H. Liddell Hart, “Manners Mould Mankind”, *World Review*, Jan. -Feb. 1946.］

不久就会燃起仇恨，
僭越旧的文明礼仪，
开始第一次施暴。

接着是大胆的极端，
堂而皇之的暴行，
无拘无束的凶残。[237]

20世纪，人类陷入全面战争和种族灭绝的境地，毫无疑问，这令近代早期的许多文明倡导者感到震惊。他们中的一些人本以为，对特定民族的大规模杀戮，是因为他们的罪行危害到人类的团结。他们原本还认为，将战斗人员与平民一视同仁，甚至不区分战争与和平，是典型的“野蛮”。现代科技使全面战争完全不符合以往任何的“文明”观念。[238]在这种尚未结束的灾难性事件中，他们会目睹自己的哲学核心——克制、自制、妥协和尊重他人彻底 344
崩溃。

讽刺的是，如果不是因为只有高度文明的社会才存在的高科技和政府执政能力，针对犹太人的大屠杀原本不会发生。许多参与大屠杀策划和实施的人在日常生活中非常客气礼貌。因此，种族灭绝和不礼貌之间没有必然的联系。使大屠杀变得可能的，不是人们本身不文明，而是他们重新划定了人类社会的界限，在这些界限内，文明是必需的。出于同样的道理，德意志民主共和国（东德，1949~1990年）尽管也非常重视日常礼貌，但下令对敌视政权的人进行无情的迫害。[239]在这些区别对待中，我们再次看到了近代早期观念，即战争法可以在与“野蛮人”的冲突中失效。这也类似于一个 19 世纪的信条，即只有“文明”国家才有权被视为国际社会的正式成员。文明意味着对差异的容忍，无论是种族差异、宗教差异还是性别差异。只有认识到这一点，才有望保护人们免受更多的灾难。然而，当一些文化差异与公认的人权不相容时，这种容忍似乎是不可能实现的。唯一的前进之路似乎是恢复文明教化，尽管这一次是以和平且更具同情心的方式进行。

正如我们所见，在英国近代早期，“文明”和“野蛮”这两个词的运用，基本上是修辞性的。无论说话人碰巧赞成怎样的行动方针或生活方式，都可以用“文明”这个词来辩护。同时代的人坚决维护他们所习惯或渴求的政治和文化规约，将其描述为“文明的”。同样，他们称反对之物为“野蛮的”。

345 他们对文明社会的含蓄定义，远不止是不假思索地假设自己行为方式是正确的。通过强调国内和平、法律法规、人身自由、国际贸易、战争中的人性、科学、学识和艺术的重要性，近代早期的思想家描绘出一种关于人类可能性的观点，这种观点被广为接受。当然，它们也是全球资本主义扩张的必要条件。但其核心思想是，文明是由各种信仰、习俗和制度组成的，所有这些使人们能够共同生活和繁荣。它倡导克制、包容和相互理解。野蛮则恰恰相反，它意
346 味着混乱、残忍和无知。这两种情况的对比并没有失去意义。

缩　写

AHR	*American Historical Review*
Amer.	*American*
BL	British Library
Bodl.	Bodleian Library
Bull.	*Bulletin*
Cal.	*Calendar*
CSSH	*Comparative Studies in Society and History*
CultSocHist	*Cultural and Social History*
ECCO	Eighteenth Century Collections Online
EcHR	*Economic History Review*
EEBO	Early English Books Online
EETS	Early English Text Society
EHR	*English Historical Review*
Hist.	*Historical*
HistRes	*Historical Research*
HJ	*Historical Journal*
HMC	*Historical Manuscripts Commission Reports*
HWJ	*History Workshop Journal*
JBS	*Journal of British Studies*
JHI	*Journal of the History of Ideas*
JMH	*Journal of Modern History*
Journ.	*Journal*
JSocHist	*Journal of Social History*
ODNB	*Oxford Dictionary of National Biography*
OED	*Oxford English Dictionary* (online version)
P&P	*Past & Present*
Rev.	*Review*
ser.	series
Soc.	Society
SocHist	*Social History*

SP	*State Papers*
TNA	The National Archives
TRHS	*Transactions of the Royal Historical Society*
WMQ	*William and Mary Quarterly*

参考文献说明

为了节省参考文献的篇幅，以下我只给出了所引用专著和论文的主标题，省略了副标题，并只给出了主要的出版地点。每个引用在文中首次出现时，有详细注解，之后再出现，只用缩略的标题指代。除非另有说明，出版地为伦敦。对于当代文献的引用，其拼写、标点符号和字母大写规则，已运用现代的书写规范。

很明显，本书尾注部分又多又密，为了表示歉意，也为了解释这样做的理由，我在此引用伟大的苏格兰历史学家威廉·罗伯逊在其《查理五世皇帝统治史》（*History of the Reign of the Emperor Charles V*, 1769 年）的序言中所提出的理由：

> 我认真指出了所获信息的出处。我引用他人，是因为信赖其在某方面的权威，因此我在引用时，努力做到细致准确。这可能让有些人觉得我是在卖弄学问。然而，就我而言，如果作者摆在公众面前的东西不够精准，那么开卷就是无益的。只有把细节做好，才能吸引读者。由于我的探究常常引导我走上晦涩难懂或罕有光顾的道路，因此，我不断提及那些曾经是我向导的作者，不仅能为我的论证提供必要的、确凿的事实依据，而且能为继续沿着这条道路探索的学者提供便利，帮助他们获取更大的成功。

然而，我试图按照第三代沙夫茨伯里伯爵安东尼·阿什利·库珀（1671—1713）所给的建议，调整罗伯逊的引用方法，即“正文中，只引用那些读者喜闻乐见的内容，不给人故弄玄虚之感，让读者愿意读下去，对文本不反感。其他的引用就统统放在书末，用小字体印刷”①。

---

① Lawrence E. Klein, *Shaftesbury and the Culture of Politeness* (Cambridge, 1994), 109.

注 释

序 言

[1] Pierre Bourdieu, *Outline of a Theory of Practice*, trans. Richard Nice (Cambridge, 1977), 94.

[2] See Mark Griffith, 'The Language and Meaning of the College Motto', available on the New College, Oxford, website.

绪 论

[1] 通过在"早期英文图书在线"(以下简称 EEBO)搜索工具(截至 2016 年 9 月 29 日)中搜索,最早提及"文明世界"(the civil world)是在 1607 年,最早提及"开化的世界"(the civilized world)是在 1658 年。

[2] John Locke, *Two Treatises of Government*, ed. Peter Laslett (Cambridge, 1960), 261 (bk 1, para. 141); Griffith Williams, *The Great Antichrist Revealed* (1660), 3rd pagination, 48.

[3] William Marsden, *The History of Sumatra* (2nd edn, 1784), 167-68; *The Correspondence of Edmund Burke*, ed. T. W. Copeland et al. (Cambridge, 1968-78), vol. 3, 350-51. 关于 18 世纪的英国人如何看待世界有一项言之有据的调查,见 P. J. Marshall and Glyndwr Williams, *The Great Map of Mankind* (1982)。

[4] E. B. Tylor, *Primitive Culture*, vol. 1 (1871; 5th edn, 1913), 26.

[5] 通过"早期英文图书在线"搜索发现,术语"不文明的"从 1607 年开始使用。

[6] Timothy Long, *Barbarians in Greek Comedy* (Carbondale, IL, 1986), chap. 6; Edith Hall, *Inventing the Barbarian* (Oxford, 1989); Jacqueline de Romilly, 'Les barbares dans la pensée de la Grèce classique', *Phoenix* 47 (1993); *Greeks and Barbarians*, ed. Thomas Harrison (Edinburgh, 2002); J. G. A. Pocock, *Barbarism and Religion* (Cambridge, 1999-2015), vol. 4, 11-14; Roger-Pol Droit, *Généalogie des barbares* (Paris, 2007), 31-141; *Oxford Classical Dictionary*, ed. Simon Hornblower et al., 4th edn (Oxford, 2012), s. v. 'Barbarian', by Thomas E. J. Wiedmann.

[7] Plato, *Politicus*, 262 d-e; Strabo, *Geography*, bk 1, chap. 4, sect. 9 (on Eratosthenes).

[8] Erich S. Gruen, *Rethinking the Other in Antiquity* (Princeton, NJ, 2011), chaps. 1 and 2.

[9] G. Freyburger, 'Sens et évolution du mot "barbarus" dans l'oeuvre de Cicéron', in *Mélanges offerts à Léopold Sédar Senghor*, ed. Association des Professeurs de Langues Classiques au Sénégal (Dakar, 1977); Yves Albert Dauge, *Le Barbare* (Brussels, 1981); Peter Heather, 'The Barbarian in Late Antiquity', in *Constructing Identities*

in Late Antiquity, ed. Richard Miles (1999); Ralph W. Mathisen, 'Violent Behaviour and the Construction of Barbarian Identity in Late Antiquity', in *Violence in Late Antiquity*, ed. H. A. Drake (Aldershot, 2006); Lynette Mitchell, *Panhellenism and the Barbarian in Archaic and Classical Greece* (Swansea, 2007); Guy Halsall, *Barbarian Migrations and the Roman West, 376-568* (Cambridge, 2007), 45-57; Droit, *Généalogie des barbares*, 145-205.

[10] Karl Leyser, 'Concepts of Europe in the Early and High Middle Ages', *P&P* 137 (1992), 41n.

[11] Geoffrey Chaucer, 'General Prologue', *The Canterbury Tales*, line 49; Denys Hay, 'The Concept of Christendom', in *The Dawn of Civilization*, ed. David Talbot Rice (1965); Judith Herrin, *The Formation of Christendom* (1987), 8.

[12] W. R. Jones, 'The Image of the Barbarian in Medieval Europe', *CSSH* 13 (1971), 是一个开创性的合成作品。See also Rodolfo di Mattei, 'Sul concetto di barbaro e barbarie nel Medioevo', *Studi in onore di Enrico Besta* (Milan, 1937-39), vol. 4; Robert Bartlett, *Gerald of Wales 1146-1223* (Oxford, 1982), chap. 6; Anthony Pagden, *The Fall of Natural Man* (Cambridge, 1982), chap. 2; Arno Borst, *Medieval Worlds*, trans. Eric Hansen (Cambridge, 1991), chap. 1; Seymour Phillips, 'The Outer World of the European Middle Ages', in *Implicit Understandings*, ed. Stuart B. Schwartz (Cambridge, 1994); John Gillingham, *The English in the Twelfth Century* (Woodbridge, 2000), chap. 1, and 'Civilizing the English?', *HistRes* 74 (2001); Michael Staunton, *The Historians of Angevin England* (Oxford, 2017), 351-58.

[13] James Hankins, 'Renaissance Crusaders', *Dumbarton Oaks Papers* 49 (1995); Nancy Bisaha, *Creating East and West* (Philadelphia, PA, 2004); Michael Wintle, 'Islam as Europe's "Other" in the Long Term', *History* 101 (2016), 45, 48.

[14] 关于早期现代民族志写作作为基督教"语言"与文明的对话，见 Joan-Pau Rubiés, 'New Worlds and Renaissance Ethnography', *History and Anthropology* 6 (1993)。

[15] Pagden, *Fall of Natural Man*, chaps. 6 and 7.

[16] 在中世纪和文艺复兴时期的拉丁语中，文明和野蛮之间的对比，往往通过一组组对立的术语来体现，比如文雅的和土里土气的、开化的和未开化的、人道的和野蛮的、有序的和无序的、文明的和不文明的（尽管这个词之后也可以指不公正的或暴政的）。文明是讲求人道精神，具有文化属性（一种更有教养的生活方式），与温文尔雅的礼节有关，与之相反的是野蛮残忍。对胡果·格劳秀斯来说，在 17 世纪早期，开化的民族更有教养、更讲人性或者一言以蔽之，人更善良。在塞缪尔·普芬多夫看来，既有开化的民族，也有野蛮的民族。

[17] John Evelyn, *Elysium Britannicum, or the Royal Gardens*, ed. John E. Ingram (Philadelphia PA, 2001), 161, 403; Frances Harris, *Transformations of Love* (Oxford, 2002), 29.《牛津英语词典》从 1595 年开始收录动词"使……文明化"（civilize），从 1611 年开始收录形容词"文明化的"（civilized）。（"早期英文图书在线"从 1600 年开始收录后者的实例）。"受过教化的"（cultivated），是 17 世纪中叶的一个新词，意思是通过教育变得文雅。

[18] 在《牛津英语词典》中，"文明化进程，条目 1"（civilization）这个词下面，从

1656 年起有了例子。在“早期英文图书在线”检索 1700 年前的“文明化进程”一词，找到 46 处记录，86 次点击。J（odocus）Crull, *The Antient and Present State of Muscovy*（1698），140；Andrew Snape, *A Sermon Preach'd before Princess Sophia at Hannover, the 13th/24th of May 1706*（Cambridge, 1706），18. 欧洲大陆的学者显然不知道这些早期例子的存在，而只是注意到这个法国术语（*civilisation*）最初是由维克托·里克蒂和米拉博侯爵在 18 世纪中期在法律以外的领域使用。因而他们传递出这样一种观念，即这个术语直到几年后才出现在英语中。Lucien Febvre, '*Civilisation*: Evolution of a Word and a Group of Ideas', in *A New Kind of History and Other Essays*, trans. K. Folca, ed. Peter Burke（1973）; émile Benveniste, 'Civilisation: Contribution à l' histoire du mot', in *Problèmes de linguistique générale*（Paris, 1966–74），chap. 28; Jean Starobinski, 'The Word *Civilization*', in *Blessings in Disguise*, trans. Arthur Goldhammer（Cambridge, 1993）. 比如本维尼斯特（Benveniste）借用约阿希姆·莫拉斯对该词条的译文，*Ursprung und Entwicklung des Begriffs der Zivilisation in Frankreich*［（1756 – 1830）; Hamburg, 1930］; Catherine Larrère, 'Mirabeau et les physiocrates', in *Les équivoques de la civilisation*, ed. Bertrand Binoche（Seyssel, 2003），83。

［19］*OED*, s. v. 'Civilization, 2'.

［20］Henry Piers, *Gospel-Repentance*（1744），39; *Atheism,*（*or the Living without GOD in the World*）*a* '*Commoner*' *Sin than Thought of*（1748），83n.

［21］有关这个新用法的例子，见 ECCO and *17th – 18th Century Burney Collection Newspapers*（Gale Cengage, online）。

［22］*Boswell's Life of Johnson*, ed. George Birkbeck Hill, rev. L. F. Powell（Oxford, 1934–50），vol. 2, 155; *Boswell for the Defence*, ed. William K. Wimsatt Jr and Frederick A. Pottle（1960），57.

［23］在《牛津英语词典》中，“文明，条目 10”（civility）这个词下面，这个意思的初次使用是在 1531 年，第二次使用是在 1549 年。16 世纪早期该意思运用的其他例子可以在“早期英文图书在线”中找到。关于意大利和法国的术语，见 Rosario Romeo, *Le Scoperte americane nella coscienza italiana del Cinquecento*（Milan, 1954），106 – 8, n2; George Huppert, 'The Idea of Civilization in the Sixteenth Century', in *Renaissance*, ed. Anthony Molho and John A. Tedeschi（Florence, 1971）; Alain Pons, 'Civilité–Urbanité', in *Dictionnaire raisonné de la politesse et du savoir-vivre du Moyen Âge à nos jours*, ed. Alain Montandon（Paris, 1995）。

［24］1561 年之前，《牛津英语词典》未给出这种用法的例子，但可以在《锡尔·托马斯·埃利约特词典》（*The Dictionary of Syr Thomas Elyot*, 1538 年）和其他 16 世纪 40 至 50 年代的著述中找到。

［25］“文明”（civilisation）既可指文明化进程，也可以指这一进程的最终产物，这种一词二用被收录在约翰·阿什所编撰的《最新完整版英语词典》（*The New and Complete Dictionary of the English Language*, 1775 年）中。

［26］Gerrit W. Gong, *The Standard of* '*Civilization*' *in International Society*（Oxford, 1984）; Hedley Bull, 'The Emergence of a Universal International Society', in *The Expansion of International Society*, ed. Bull and Adam Watson（Oxford, 1984）;

James Tully, 'Lineages of Contemporary Imperialism', in *Lineages of Empire*, ed. Duncan Kelly (Procs. of the British Academy, 155; Oxford, 2009); Liliana Obregón, 'The Civilized and the Uncivilized', in *The Oxford Handbook of International Law*, ed. Bardo Fassbender and Anne Peters (Oxford, 2012).

[27] Edward Keene, *Beyond the Anarchical Society* (Cambridge, 2002), 136–47; id., *International Political Thought* (Cambridge, 2005), chap. 6; H. Lauterpacht, *Recognition in International Law* (Cambridge, 1947), 31n1.

[28] 罪孽虽恶，却能转化向善，
洗涤罪孽，便能彼岸重生。
阴霾重重，挡住前方去路，
穿越阴霾，更显光彩夺目。
Lucy Hutchinson, *Order and Disorder* (1679), ed.
David Norbrook (Oxford, 2001), 57.

[29] R. G. Collingwood, *The Philosophy of Enchantment*, ed. David Boucher (Oxford, 2005), 183; Ernst van Alphen, 'The Other Within', in *Alterity, Identity, Image*, ed. Raymond Corbey and Joep Leerssen (Amsterdam, 1991), 15.

[30] 'New Experiments and Observations Touching Cold', in *The Works of the Honourable Robert Boyle*, ed. Thomas Birch (2nd edn, 1772), vol. 2, 476.

[31] 关于政治思想是相互竞争的语言之间的较量的观点，见，如 Anthony Pagden, 'Introduction', in *The Languages of Political Theory in Early-Modern Europe*, ed. Pagden (Cambridge, 1987); J. G. A. Pocock, *Political Thought and History* (Cambridge, 2009), chap. 6。

[32] Ciaran Brady, 'New English Identity in Ireland and the Two Sir William Herberts', in *Sixteenth-Century Identities*, ed. A. J. Piesse (Manchester, 2000), 82.

第一章 文明行为

[1] Spenser, *The Faerie Queene* (1596), bk 6, canto 3, st. 38; John Locke, *Some Thoughts concerning Education*, ed. John W. and Jean S. Yolton (Oxford, 1989), 124.

[2] Thomas Hobbes, *Leviathan* (1651), ed. Noel Malcolm (Oxford, 2012), vol. 2, 150 (chap. 11).

[3] Martin Ingram, 'Reformation of Manners in Early Modern England', in *The Experience of Authority*, ed. Paul Griffiths et al. (Basingstoke, 1996), and id., *Carnal Knowledge* (Cambridge, 2017), index, 'reformation of manners'; M. K. McIntosh, *Controlling Misbehaviour in England, 1370–1600* (Cambridge, 1998); Bob Harris, *Politics and the Nation* (Oxford, 2002), chap. 7; Joanna Innes, 'Politics and Morals', in *The Transformation of Political Culture*, ed. Eckhard Hellmuth (Oxford, 1990).

[4] *Spectator* 119 (17 July 1711), ed. Donald F. Bond (Oxford, 1965), vol. 1, 486. Similarly, *Caxton's Book of Curtesye*, ed. Frederick J. Furnivall (EETS, 1868), 25 ('Handle your food cleanly because manners make man').

[5] Thomas Cranmer, *Catechismus* (1548), fol. xlv^v; *A Midsummer Night's Dream*, act 3, scene 2, lines 147–48. 用“早期英文图书在线”检索 1500 至 1600 年之间（2016

年4月23日检索)，“礼节”（courtesy）一词有6818次点击（共1307条记录），而“文明”（civility）一词只有959次点击（共388条记录），而且其中大部分还出现在1575年之后。然而，在1601到1700年间，“文明”一词有15506次点击（共5718条记录），其中1650年之后的点击量为12278次，而“礼节”的点击量为10771次（共3079条记录）。同时，“良好教养”（good breeding）的点击率为702次（共514条记录）；“礼貌”（politeness）一词的点击量为644次（共328条记录），但其中出现在1650年之前的只有14次，出现在1660年之后的只有81次。作为使用频率的参考，这些数据有明显的局限性，尤其是那些源于“早期英文图书在线”和“18世纪收藏在线”（ECCO）搜索工具的缺陷。但它们推动了人们围绕不断推陈出新的术语进行有益的讨论。详见：Anna Bryson, *From Courtesy to Civility* (Oxford, 1998), 46 - 49, and Phil Withington, *Society in Early Modern England* (Cambridge, 2010), 186-89, 194-95。

[6] Cf. Spenser, *Faerie Queene*, bk 5, canto 1, st. 1 (‘Of court it seems, men courtesy do call’).

[7] Cf. Thomas Gainsford, *The Rich Cabinet* (1616), fol. 27 (‘A citizen is a professor of civility’). 有关“文明”更全面的讨论，见 Bryson, *Courtesy to Civility*, chap. 2。

[8] [Guillaume de La Perrière], *The Mirrour of Policie* (Eng. trans., 1598), fol. 1.

[9] Peter Burke, ‘A civil tongue’, in *Civil Histories*, ed. Burke et al. (Oxford, 2000), 36; John Hale, *The Civilization of Europe in the Renaissance* (1993), chap. 7.

[10] Sir Thomas Elyot, *The Dictionary of Syr Thomas Eliot Knyght* (1538), s. vv. ‘*politia*’, ‘*civilis homo*’.

[11] Thomas Starkey, *An Exhortation to the People, Instructing Them to Unitie and Obedience* [1536], fol. 5.

[12] Elyot, *Dictionary*, s. v. ‘*urbanitas*’.

[13] Richard Mulcaster, *Positions* (1581), ed. Robert Henry Quick (1887), 137; *The Bible*, ed. Robert Carroll and Stephen Prickett (Oxford, 1997), liii; William Martyn, *Youths Instruction* (1612), 80; Locke, *Some Thoughts concerning Education*, 200 (para. 143).

[14] Linda A. Pollock, ‘The Practice of Kindness in Early Modern Elite Society’, *P&P* 211 (2011); *OED*, s. v. ‘civility money’.

[15] Locke, *Some Thoughts concerning Education*, 200 (para. 143); Antoine de Courtin, *The Rules of Civility; or the Maxims of Genteel Behaviour* (English trans., from 12th French edn, 1703). “早期英文图书在线”检索表明，“共同文明”一词自16世纪80年代起被广泛使用。

[16] *Glossographia Anglicana Nova* (1707), s. v. ‘courtesie’.

[17] 有关卡斯蒂廖内的《廷臣论》的使用，见 Peter Burke, *The Fortunes of the Courtier* (Oxford, 1995)。

[18] Fenela Ann Childs, ‘Prescriptions for Manners in English Courtesy Literature, 1690-1760, and their Social Implications’ (D. Phil. thesis, Univ. of Oxford, 1984), 32-33. 对1690年以前出版的作品，见 John E. Mason, *Gentlefolk in the Making* (Philadelphia, PA, 1935), Virgil B. Heltzel, *A Check List of Courtesy Books in the Newberry Library* (Chicago, IL, 1942); and Bryson, *Courtesy to Civility*。

[19] 了不起的例子是：Bryson, *Courtesy to Civility*; *Civil Histories*, ed. Burke et al.;

and Markku Peltonen, *The Duel in Early Modern England* (Cambridge, 2003). Teresa M. Bejan, *Mere Civility* (Cambridge, MA, 2017) 是将礼貌作为“谈话美德的一项很好的研究，尤其适用于产生分歧时”(209n9)。法国历史学家有两篇颇有启发性的文章：Jacques Revel, ‘The Uses of Civility’, in *Passions of the Renaissance*, ed. Roger Chartier (*A History of Private Life*, ed. Philippe Ariès and Georges Duby (1987–91), vol. 3); and Roger Chartier, *The Cultural Uses of Print*, trans. Lydia G. Cochrane (Princeton, NJ, 1987), chap. 3. Many useful articles are contained in *Dictionnaire raisonné de la politesse et du savoir-vivre du Moyen Âge à nos jours*, ed. Alain Montandon (Paris, 1995). Camille Pernot, *La Politesse et sa philosophie* (Paris, 1996) is a well-informed and penetrating analysis。

[20] Norbert Elias, *über den Prozess der Zivilisation* (Basel, 1939), trans. Edmund Jephcott as *On the Process of Civilisation*, ed. Stephen Mennell et al. (*The Collected Works of Norbert Elias* (Dublin (2006–14), vol. 3); *Die höische Gesellschaft* (Darmstadt, 1969), trans. Edmund Jephcott as *The Court Society* (rev. edn) (*Collected Works*, vol. 2); *Essays II*, ed. Richard Kilminster and Stephen Mennell (*Collected Works*, vol. 15), 3. 早些年，拉夫乔伊（A. O. Lovejoy）和乔治·波尔斯（George Boas）在他们所撰写的著作中就用过“文明化进程”这个术语，相关著作是：*Primitivism and Related Ideas in Antiquity* (Baltimore, MD, 1935), 7。

[21] Elias, *On the Process of Civilisation*, 13, 71, 136, 207, 274, 412, 522. 他从荷兰历史学家约翰·赫伊津哈（Johann Huizinga）的研究中得出这一观点，他极其钦佩赫伊津哈的作品 *The Waning of the Middle Ages* (*Herfsttij der Middeleeuwen* (2nd edn, 1921))。马克·布洛克（Marc Bloch）同样认为，中世纪的男人不太能控制冲动情绪；*La Société féodale* (Paris, 1939; 1968), 567–68。

[22] Elias, *On the Process of Civilisation*, 105, 137–38, 149–50, 237–38; Elias, *Essays II*, 7.

[23] See J. E. A. Jolliffe, *Angevin Kingship* (2nd edn, 1963), chap. 4; Stephen D. White, ‘The Politics of Anger’, and Barbara H. Rosenwein, ‘Controlling Paradigms’, in *Anger's Past*, ed. Rosenwein (Ithaca, NY, 1998); Levi Roach, *Kingship and Consent in Anglo-Saxon England, 871–978* (Cambridge, 2013), 174–76; Stephen J. Spencer, ‘“Like a Raging Lion”’, *EHR* 132 (2017).

[24] 琳达·波洛克（Linda Pollock）提出了一个很好的观点，见 ‘Anger and the Negotiation of Relationships in Early Modern England’, *HJ* 47 (2004)。

[25] Bryson, *Courtesy to Civility*, 26–29, 70–71, 107–8.

[26] Gabriel de Magalhaes, *A New History of China* (Eng. trans., 1688), 101; *The Ottoman Gentleman of the Sixteenth Century*, trans. Douglas S. Brooks (Cambridge, MA, 2003). Another instructive example is provided by Daud Ali, *Courtly Culture and Political Life in Early Medieval India* (Cambridge, 2004).

[27] Jack Goody, *The Theft of History* (Cambridge, 2006), chap. 6; Rosenwein, ‘Controlling Paradigms’, 241.

[28] Jeroen Duindam, *Myths of Power* (Amsterdam, 1994), 173; [William and Edmund Burke], *An Account of the European Settlements in America* (3rd edn, 1760), vol. 1, 172; Adam Smith, *The Theory of Moral Sentiments*, ed. D. D. Raphael and A. L. Macfie (Oxford, 1976), 207–8 (V. 2. 10–11).

[29] Norbert Elias, *Interviews and Autobiographical Reflections*, trans. and ed. Edmund Jephcott et al. (*Collected Works*, vol. 17), 195–96.

[30] C. Stephen Jaeger, *The Origins of Courtliness* (Philadelphia, PA, 1985); id., *The Envy of Angels* (Philadelphia, PA, 1994); Thomas Zotz, 'Urbanitas', in *Curialitas*, ed. Josef Fleckenstein (Götingen, 1990); Aldo Scaglione, *Knights at Court* (Berkeley, CA, 1991).

[31] *Urbanus Magnus Danielis Becclesiensis*, ed. J. Gilbart Smyly (Dublin, 1939). 关于这点见 Robert Bartlett, *England under the Norman and Angevin Kings* (Oxford, 2000), 582–88; Frédérique Lachaud, 'L' Enseignement des bonnes manières en milieu de cour en Angleterre d'après *l'Urbanus Magnus* attribué à Daniel de Beccles', in *Erziehung und Bildung bei Hofe*, ed. Werner Paravicini and Jög Wettlaufer (Stuttgart, 2002); Danny Danziger and John Gillingham, *1215* (2003), 10, 30, 91–92; and Fiona E. Whelan, 'Urbanus Magnus', *Bodl. Lib. Record* 27 (2014)。

[32] See H. Rosamond Parsons, 'Anglo-Norman Books of Courtesy and Nurture', *Procs. of the Modern Languages Assoc.* 44 (1929); Servus Gieben, 'Robert Grossteste and Medieval Courtesy Books', *Vivarium* 5 (1967); Diane Bornstein, *Mirrors of Courtesy* (Hamden, CT, 1975); Nicholas Orme, *From Childhood to Chivalry* (1984); Jonathan Nicholls, *The Matter of Courtesy* (Woodbridge, 1985); Claude Roussel, 'Le Legs de la Rose', in *Pour une histoire des traités de savoir-faire en Europe*, ed. A. Montandon (Clermont-Ferrand, 1994); Daniela Romagnoli, 'La Courtoisie dans la ville', in *La Ville et la cour*, ed. Romagnoli (Paris, 1995); J. A. Burrow, *Gesture and Looks in Medieval Narrative* (Cambridge, 2002), 84–91, 116, 128, 135; Frédérique Lachaud, 'Littérature de civilité et "processus de civilisation" à la fin du XIIe siècle', in *Les échanges culturels au Moyen Âge*, ed. Danielle Courtemanche and Anne-Marie Helvétius (Paris, 2002); Michael Staunton, *The Historians of Angevin England* (Oxford, 2017), 160–63; 尤其是, John Gillingham, 'From *Civilitas* to Civility', *TRHS*, 6th ser., 12 (2002). 有关术语，见 *Dictionary of Medieval Latin from British Sources*, ed. R. E. Latham et al. (1975–2013)，以及英国中世纪论文和说教诗选集 *Manners and Meals in Olden Time*, ed. Frederick J. Furnivall (EETS, 1868)。

[33] Thomas Kohnen, 'Linguistic Politeness in Anglo-Saxon England', *Journ. Hist. Pragmatics* 9 (2008), 155.

[34] David Burnley, *Courtliness and Literature in Medieval England* (Harlow, 1998), chap. 1; James Campbell, 'Anglo-Saxon Courts', in *Court Culture in the Early Middle Ages*, ed. Catherine Cubitt (Turnhout, 2003), 165–66; Stephen Pollington, *The Mead Hall* (Hockwold-cum-Wilton, 2003), 42–47.

[35] See Dilwyn Knox, '*Disciplina*: The Monastic and Clerical Origins of European Civility', in *Renaissance Society and Culture*, ed. John Monfasani and Ronald G. Martin (New York, 1991).

[36] 'Statutes of Corpus Christi College', 63–64, in *Statutes of the Colleges of Oxford* (Oxford, 1853), vol. 2.

[37] Gervase Rosser, *The Art of Solidarity in the Middle Ages* (Oxford, 2015), 34, 143–44; Ben R. McRee, 'Religious Gilds and the Regulation of Behaviour in Late

Medieval Towns', in *People, Politics and Community in the Later Middle Ages*, ed. Joel Thomas Rosenthal and Colin Richmond (Gloucester, 1987).

[38] Christian D. Liddy, *Contesting the City* (Oxford, 2017), index, s. v. 'civic values'; Barbara A. Hanawalt, *Ceremony and Civility* (New York, 2017), introduction; Jonathan Barry, 'Civility and Civic Virtue', in *Civil Histories*, ed. Burke et al.; Phil Withington, 'Public Discourse, Corporate Citizenship, and State Formation in Early Modern England', *AHR* 112 (2007); id., *The Politics of Commonwealth* (Cambridge, 2005), 11–12; Cathy Shrank, 'Civility and the City in *Coriolanus*', *Shakespeare Qtly* 54 (2003).

[39] Felicity Heal, *Hospitality in Early Modern England* (Oxford, 1990), 102–4.

[40] George Gascoigne, *A Hundreth Sundrie Flowres*, ed. G. W. Pigman III (Oxford, 2000), 315; Aristotle, *Nichomachean Ethics*, bk 7; Cicero, *De Officiis*, bk 1, chaps. 46, 93, 96, 126; Edwin S. Ramage, *Urbanitas* (Norman, OK, 1973). 关于谦逊，见 Dilwyn Knox, 'Gesture and Deportment', in *Cultural Exchange in Early Modern Europe*, vol. 4, ed. Herman Roodenburg (Cambridge, 2007); 关于普鲁塔克的影响，见 Richard Brathwait, *The English Gentleman* (1630), 86–89, and Helen Moore, 'Of Marriage, Morals and Civility', in *Early Modern Civil Discourses*, ed. Jennifer Richards (Basingstoke, 2003); 以及古典作品更广泛的影响，见 more generally, Alain Pons, 'Civilité–urbanité', in *Dictionnaire raisonné de la politesse*。

[41] Mary Theresa Brentano, 'Relationships of the Latin Facetus Literature to the Medieval English Courtesy Poems', *Bulletin of the Univ. of Kansas* 36 (1935), 64–65; Knox, '*Disciplina*'; Gillingham, 'From *Civilitas* to Civility', 278.

[42] M. Magendie, *La Politesse mondaine et les théories de l' honnêteté, en France, au XVIIe siècle, de 1600 à 1660* (Paris, [1925]); Jean–Pierre Dens, *L' Honnête Homme et la critique du goû* (Lexington, KY, 1981); Peter France, *Politeness and Its Discontents* (Cambridge, 1992).

[43] Henry More, *An Account of Virtue* (1690), 139; Locke, *Some Thoughts concerning Education*, 200 (para. 143); Anthony Ashley Cooper, 3rd Earl of Shaftesbury, *Characteristicks of Men, Manners, Opinions, Times*, ed. Philip Ayres (Oxford, 1999), vol. 1, 59; Sir Matthew Hale, *The Primitive Origination of Mankind* (1677), 368.

[44] *A Golden Chaine*, in *The Workes of … M (aster) W (illiam) Perkins* (Cambridge, 1608–1631), vol. 1, sig. B2^v.

[45] 一个好例子见 *Caxton's Booke of Curtesye*。更宽泛的一些文献，见 Scaglione, *Knights at Court*, chap. 5; Jean–Claude Schmitt, *La Raison des gestes dans l'occident médiévale* (Paris, 1990), 224–25; Nicholls, *Matter of Courtesy*, 1–2, 32, 199; Dilwyn Knox, 'Erasmus' *De Civilitate* and the Religious Origins of Civility in Protestant Europe', *Archiv für Reformationsgeschichte* 86 (1995)。

[46] T [homas] R [ogers], *A Philosophicall Discourse* (1576), fol. 87; Sir Richard Barckley, *A Discourse of the Felicitie of Man* (1598), 326.

[47] 关于他翻译这本书可能的动机，见 Mary Partridge, 'Thomas Hoby's English Translation of Castiglione's *Book of the Courtier*', *HJ* 50 (2007)。

[48] *Arminian Magazine* 11 (1788).

[49] William Gouge, *Of Domesticall Duties, Eight Treatises* (3rd edn, 1634), 538-39; Robert Shelford, *Lectures or Readings upon the 6. Verse of the 22. Chapter of the Proverbs Concerning the Vertuous Education of Youth* (1602), 14; J. C. Davis, 'A Standard Which Can Never Fail Us', in *Popular Culture and Political Agency in Early Modern England*, ed. Michael J. Braddick and Phil Withington (Woodbridge, 2017); John Knight, *A Sermon Preach'd at the Funeral of the Right Honourable the Lady Guilford* (1700), 35.

[50] Hobbes, *Leviathan*, ed. Malcolm, vol. 2, 220-43 (chap. 15); vol. 3, 1132 ('Review and Conclusion'); *The Elements of Law*, ed. Ferdinand Tönies (2nd edn, 1969), 95 (I. 18. 1); *De Cive, The Latin Version*, ed. Howard Warrender (Oxford, 1983), 113 (III. xii).

[51] Quentin Skinner, 'Hobbes and the Social Control of Unsociability', in *The Oxford Handbook of Hobbes*, ed. A. P. Martinich and Kinch Hoekstra (Oxford, 2016); Bejan, *Mere Civility*, 98-101.

[52] *Leviathan*, ed. Malcolm, vol. 2, 150 (chap. 11); *The Petty Papers*, ed. Marquess of Lansdowne (1927), vol. 2, 188-89; Samuel Parker, *A Free and Impartial Censure of the Platonick Philosophie* (Oxford, 1666), 27.

[53] *Spectator* 248 (14 Dec. 1711), ed. Bond, vol. 2, 462.

[54] F. J. M. Korsten, *Roger North (1651-1734)* (Amsterdam, 1981), 117; David Hume, *Essays Moral, Political, and Literary*, ed. T. H. Green and T. H. Grose (1875), vol. 2, 200; Jeremy Bentham, *Deontology*, ed. Amnon Goldworth (Oxford, 1983), 276-77.

[55] Henry Fielding, *Miscellanies*, ed. Henry Knight Miller (Oxford, 1972), vol. 1, 3-4.

[56] *Correspondence of William Pitt, Earl of Chatham*, ed. William Stanhope Taylor and John Henry Pringle (1838-40), vol. 1, 79; Hume, *Essays*, vol. 1, 187; Chesterfield, in *The World* 148 (30 Oct. 1755), in *British Essayists*, ed. Robert Lynam et al. (1827), vol. 17, 181; Tobias Smollett, *Travels through France and Italy*, ed. Frank Felsenstein (Oxford, 1979), 57.

[57] *Biographica Britannica* (1747-66), vol. 2, 780. 有关如何在不冒犯他人的情况下责备他人的错误，见 *Youth's Behaviour*, trans. Francis Hawkins (7th imprn, 1661), 15。

[58] 对这些相互矛盾的礼貌方式的深入分析，见 C. J. Rawson, 'Gentlemen and Dancing-Masters', *Eighteenth-Century Studies* 1 (1967); see also Markku Peltonen, 'Politeness and Whiggism, 1688-1732', *HJ* 48 (2005), 405-6。

[59] *The Letters of Sir Thomas Browne*, ed. Geoffrey Keynes (new edn, 1946), 10. 关于文明与"学会交际"是布朗生活的指导原则，见 Claire Preston, *Thomas Browne and the Writing of Early Modern Science* (Cambridge, 2005)。

[60] 关于礼仪的书，有 Michael Curtin, *Propriety and Position* (New York, 1987); Marjorie Morgan, *Manners, Morals and Class in England, 1774-1858* (Basingstoke, 1994), 19-31。

[61] Samuel Collins, *A Systeme of Anatomy* (1685), 61.

[62] Sir Thomas Elyot, *The Boke Named the Gouernour*, ed. Henry Herbert Stephen Croft (1883), vol. 1, 35 (I. v); Virgilio Malvezzi, *The Pourtrait of the Politicke Christian-Favourite* (Eng. trans., 1647), 38; Guy Miège, *A New Dictionary French and English* (1677), sig. *Ppp2.

[63] [Jacques] L'Esprit, *The Falshood of Human Virtue* (Eng. trans., 1691), 187.

[64] 在复兴之前，它被越来越多地使用，可以通过 EEBO 的搜索工具看出。

[65] David Lloyd, *The States-men and Favourites of England since the Reformation* (1665), 16; Richard Gibbs, *The New Disorders of Love* (1687), sig. A2^{v}.

[66] Francis Meres, *Palladis Tamia* (1598), fol. 246; William Fulbecke, *An Historical Collection of the Continuall Factions, Tumults, and Massacres of the Romans and Italians* (1601), sig. *3; Lloyd, *States-men and Favourites*, 461.

[67] 'The Spirit of Laws', bk 4, chap. 2, in *The Complete Works of M. de Montesquieu* (1777), vol. 1, 39.

[68] Peter Heylyn, *A Survey of the State of France* (1656), 75.

[69] Shaftesbury, *Characteristicks*, vol. 2, 206 (VI. iii. 1); Jonathan Richardson, *Two Discourses* (1719), vol. 2, 221.

[70] Richard Flecknoe, *Love's Dominion* (1654), sig. A5.

[71] Miège, *New Dictionary*, sig. *Ppp 2; Abel Boyer, 'Twelve Dialogues', in *The Compleat French-Master for Ladies and Gentlemen* (1694), 2nd pagination, 32.

[72] *The Diary of John Evelyn*, ed. E. S. de Beer (Oxford, 1955), vol. 4, 409-10.

[73] 1701 年至 1800 年，通过“18 世纪收藏在线”检索（2016 年 4 月 24 日查阅），“文明”一词的点击量为 28738 次，“礼貌”为 20435 次，“礼节”为 11434 次，“良好教养”为 9517 次。18 世纪，“礼貌”未能超越“礼节”的情况，在“老贝利诉讼”中可以找到明确的证据（注：老贝利是英国中央刑事法庭的昵称，“老贝利诉讼”是一种案件在线查询引擎），这些证据被《伦敦暴徒》（*The London Mob*）引用，作者罗伯特·休梅克（Robert B. Shoemaker），2004 年出版，第 294-295 页。另外，“早期书信语料库”（CEEC）也能证实“礼貌”点击量未能超越“礼节”的情况。相关数据为泰尔图·内瓦莱宁和希利·提萨利（Heli Tissari）的论文《语境化 18 世纪的礼貌》（“Contextualizing Eighteenth-Century Politeness”）所采用。改论文选自《18 世纪的英语》（*Eighteenth Century English*）一书，由雷蒙德·希基（Raymond Hickey）编著，剑桥大学出版社 2010 年出版。

[74] 尽管他们似乎没考虑这个词最初的用法，但对“礼貌”进行的重要讨论可见于 J. G. A. Pocock, 'Clergy and Commerce', in *L'Età dei Lumi*, ed. Raffaele Ajello et al. (Naples, 1985), vol. 1, 1n72; id., *Virtue, Commerce, and History* (Cambridge, 1985), 236-37; France, *Politeness and Its Discontents*, esp. chap. 4; John Brewer, *The Pleasures of the Imagination* (1997), 99-113; Paul Langford, 'The Uses of Eighteenth-Century Politeness', *TRHS*, 6th ser., 12 (2002); 以及劳伦斯·克莱因（Lawrence E. Klein）的大量研究，包括 'The Political Significance of "Politeness" in Early Eighteenth-Century Britain', in *Politics, Politeness, and Patriotism*, ed. Gordon J. Schochet (Washington, DC, 1993); *Shaftesbury and the Culture of Politeness* (Cambridge, 1994); 'Politeness for Plebes', in *The Consumption of Culture, 1600-1800*, ed. Ann Bermingham and

John Brewer (1995); 'Coffeehouse Civility, 1660-1714', *Huntington Lib. Qtly* 59 (1997-98), and 'Politeness and the Interpretation of the Eighteenth Century', *HJ* 45 (2002)。关于该主题近期写作的两项有益调查包括 Philip Carter, *Men and the Emergence of Polite Society, Britain, 1660-1800* (Harlow, 2001), chaps. 1 and 2, and Stephen Conway, *Britain, Ireland, and Continental Europe in the Eighteenth Century* (Oxford, 2011), chap. 4。

[75] Henry Home, Lord Kames, *Sketches of the History of Man* (Edinburgh, 1774), vol. 2, 169.

[76] Lawrence Klein, 'The Third Earl of Shaftesbury and the Progress of Politeness', *Eighteenth-Century Studies* 18 (1984-85), 213. For some early instances, see M. Le Roy, Sieur de Gomberville, *The History of Polexander*, trans. William Browne (1647), 224; [Françis, Duc de La Rochefoucauld], *Epictetus Junior, or, Maximes of Modern Morality*, ed. J [ohn] D [avies] of Kidwelly (1670), 128-29; Thomas More, *Utopia*, Eng. trans. [by Gilbert Burnet] (1684), 66.

[77] John Meredith, *The Life and Times of Anthony Wood*, ed. Andrew Clark (Oxford Hist. Soc., 1891-1900), vol. 2, 110.

[78] *Arminian Magazine* 11 (1788), 27-28; *George Washington's Rules of Civility and Decent Behaviour*, ed. Charles Moore (Boston, MA, 1926).

[79] D. A., *The Whole Art of Converse* (1683), 5.

[80] Richard Payne Knight, *An Analytical Inquiry into the Principles of Taste* (4th edn, 1808), 291-92.

[81] Maria Sifianou, *Politeness Phenomena in England and Greece* (Oxford, 1992), 49.

[82] J. G. A. Pocock, 'Gibbon and the Shepherds', *History of European Ideas* 2 (1981), 195, and 'Cambridge Paradigms and Scottish Philosophers', in *Wealth and Virtue*, ed. Istvan Hont and Michael Ignatieff (Cambridge, 1983), 243.

[83] 关于一种反复重申的观点，即礼貌是 17 世纪后期和 18 世纪的一种新现象，见 Carter, *Men and the Emergence of Polite Society*, 1, 23-26。

[84] Gilbert Stuart, *A View of Society in Europe* ([1778]; Edinburgh, 1813), 64. Geoffrey Chaucer, 'General Prologue', *The Canterbury Tales*, lines 69-72.

[85] Julia M. H. Smith, *Europe after Rome* (Oxford, 2005), 174-75; David Crouch, *The English Aristocracy 1070-1272* (New Haven, CT, 2011).

[86] Burnley, *Courtliness and Literature*.

[87] Gillingham, 'From *Civilitas* to Civility', 270; *Caxton's Booke of Curtesye*, 31, 34-35; *The Household of Edward IV*, ed. A. R. Myers (Manchester, 1959), 126-27; Nigel Saul, *For Honour and Fame* (2011), 169-71.

[88] *The Institucion of a Gentleman* (1555), sig. Bvij; Ruth Kelso, *The Doctrine of the English Gentleman in the Sixteenth Century* (Urbana, IL, 1929), 48, 160-62.

[89] Elyot, *Boke Named the Gouernour*, vol. 2, 447; J. Gailhard, *The Compleat Gentleman* (1678), vol. 1, sig. $A8^{r-v}$. On this theme, see Heal, *Hospitality in Early Modern England*, 102-7, 151-52, 301; ead. and Clive Holmes, *The Gentry in England and Wales, 1500-1700* (Basingstoke, 1994), esp. chaps. 7 and 8; and Bryson, *Courtesy to Civility*, esp. chap. 5.

[90] Michael J. Braddick, *State Formation in Early Modern England*, ca. *1550-1700*

(Cambridge, 2000), 373–78.

[91] Lawrence Stone, *The Crisis of the Aristocracy 1558–1641* (Oxford, 1965), chap. 5; *Glamorgan County History*, vol. 4, ed. Glanmor Williams (Cardiff, 1974), 104–5, 190, 200; Penry Williams, *The Tudor Regime* (Oxford, 1979), 235–43, 251–52, 460–61; J. A. Sharpe, *Crime in Early Modern England 1550–1750* (Harlow, 1984), 95–99; id., 'Revisiting the "Violence We Have Lost", *EHR* 131 (2016), 305–7; Keith Brown, 'Gentlemen and Thugs in 17th–Century Britain', *History Today* 40 (2000); Gregory Durston, *Crime and Justice in Early Modern England* (Chichester, 2004), 49–54, 68–69.

[92] Gregory Hanlon, 'The Decline of Violence in the West', *EHR* 128 (2013), 368–70, 382.

[93] Stuart Carroll, *Blood and Violence in Early Modern France* (Oxford, 2006), 309; Michel Nassiet, 'Vengeance in Sixteenth – and Seventeenth – Century France', in *Cultures of Violence*, ed. Stuart Carroll (Basingstoke, 2007), 125–26; and see note 23 (this chapter).

[94] M. E. James, *English Politics and the Concept of Honour 1485–1642* (*P&P*, supp. 8, 1978), esp. 32–45.

[95] Richard Payne Knight, *The Progress of Civility* (1796), 42n.

[96] Bernard Mandeville, *The Fable of the Bees*, ed. F. B. Kaye (Oxford, 1924), vol. 1, 220; David Hume, *An Enquiry concerning the Principles of Morals*, ed. Tom L. Beauchamp (Oxford, 1998), 118.

[97] R. G. Collingwood, *The New Leviathan* (Oxford, 1942), 339.

[98] Sir Thomas Palmer, *An Essay of the Meanes how to make our Travailes into Forraine Countries the more Profitable and Honourable* (1606), 42, 64–65; *Stuart Royal Proclamations*, ed. James F. Larkin and Paul L. Hughes (Oxford, 1973–83), vol. 1, 307.

[99] Antonio Santuosso, 'Giovanni Della Casa on the *Galateo*', *Renaissance and Reformation* 11 (1975), 8; Sir Clement Edmondes, *Observations upon the Five First Bookes of Caesar's Commentaries* (1600), 198. 在《近代早期英国的决斗》(*The Duel in Early Modern England*) 一书中，马克库·佩尔顿认为"决斗在文明中起着至关重要的作用，一直被视为文明礼貌的主要推动者"(第 147 页)。他引用了几位持这种观点的英国文明支持者 (第 17–18、46–48、55–57、171、175–76、192–93、247 页)，其中包括伯纳德·曼德维尔，他在 1709 年以后的许多著述中指出，荣誉的理念对"人类文明化进程"至关重要［例如，《蜜蜂的寓言》(*Fable of the Bees*)，第 5 章］。这些人中的大多数，并不像佩尔顿教授所说的那样，全心全意地支持这场决斗；他们用荣誉而不是礼貌来为决斗辩护；他们还指出，维护荣誉还有其他途径，例如设立一个特别法庭来解决争端。佩尔顿引用切斯特菲尔德勋爵的话说，在受到极大侮辱的情况下，绅士只有两种选择："极其礼貌的解决或决斗"(第 307 页)。1781 年，切斯特菲尔德勋爵写给他儿子的信在费城出版，而佩尔顿的引用则是对该书中建议的曲解。因为原书中，切斯特菲尔德勋爵实际上写的是"极其礼貌或击倒对方"(*The Letters of the Earl of Chesterfield to His Son*)，查尔斯·斯特拉奇编著，1901 年出版，第 2 卷，第 272 页)。在这二者中，切斯特菲尔德勋爵更倾向于用极其礼貌的方式解决争端。

[100] S. R., *The Courte of Civill Courtesie* (1577), 17-27.

[101] Lod [owick] Br [yskett], *A Discourse of Civill Life* (1606, but written in the 1580s), 64 - 85, a rendering of Giovanni Battista Giraldi Cinthio, *De Gli Hecatommithi* (2nd edn, Venice, 1566), pt 2, dial. 1, 23-32. 马克库·佩尔顿承认洛多威克·布里斯基特的书是改编自吉拉尔迪·钦齐奥的书，但他没有注意到的是，吉拉尔迪·钦齐奥虽然是意大利文明的代表，却对决斗深恶痛绝。

[102] *The Works of Sir Walter Ralegh* (Oxford, 1829), vol. 6, 460 (*History of the World*, bk 5, chap. 3); Thomas Hobbes, *Behemoth or the Long Parliament*, ed. Paul Seaward (Oxford, 2010), 157; George Berkeley, *Alciphron*, ed. Laurent Jaffro et al. (Hildesheim, 2009), 153.

[103] Peltonen, *Duel in Early Modern England*, 245-62; William Ames, *Conscience with the Power and Cases thereof* (Eng. trans., n. pl., 1639), vol. 4, 183; Berkeley, *Alciphron*, 186, 187; Nicholas Rogers, *Mayhem* (New Haven, CT, 2012), 32.

[104] Brown, 'Gentlemen and Thugs'; *Boswell's Life of Johnson*, ed. George Birkbeck Hill, rev. L. F. Powell (Oxford, 1934-50), vol. 1, 102. 有关车辆道路行驶规则，见 Hume, *Enquiry concerning the Principles of Morals*, 31n16。

[105] Jan Bremmer, 'Walking, Standing and Sitting in Ancient Greek Culture', in *A Cultural History of Gesture*, ed. Bremmer and Herman Roodenburg (Oxford, 1991), 7. 关于身体仪态对罗马帝国上层阶级的重要性，见 Peter Brown, 'Late Antiquity', in *A History of Private Life*, ed. Paul Veyne, trans. Arthur Goldhammer (Cambridge, MA, 1987), vol. 1, 240-86。

[106] 'Gentlemen', *Cornhill Magazine* 5 (1862), 336.

[107] William Horman, *Vulgaria* (1519), ed. Montague Rhodes James (Roxburghe Club, 1926), 59; *OED* and EEBO, s. v. 'carriage'.

[108] Des [iderius] Erasmus, *De Civilitate Morun [sic] Puerilium*, trans. Robert Whitington (1532), sig. A2^v; George James Aungier, *The History and Antiquities of Syon Monastery* (1840), 298; S [imon] R [obson], *The Choise of Change* (1585), sig. F1^v; Brathwait, *English Gentleman*, 5.

[109] *The Civil Conversation of M. Steeven Guazzo*, trans. George Pettie and Barth (olomew) Young (1581-86; 1925), vol. 1, 123.

[110] George Snell, *The Right Teaching of Useful Knowledg* (1649; 2nd edn, 1651), 60-61. 类似有关身体仪态的各种观念，也弥漫于 17 世纪荷兰共和国的精英阶层。在《身体的雄辩》(*The Eloquence of the Body*，荷兰兹沃勒出版，2004 年) 一书中，赫尔曼·鲁登堡对这些观念进行了生动描述。

[111] Erasmus, *De Civilitate Morun [sic] Puerilium*, sigs. A7^v, C2^v, C7^v, C8; *School of Manners or Rules for Childrens Behaviour* (4th edn, 1701; Victoria and Albert Museum, 1983), 13.

[112] Thomas Traherne, *Christian Ethicks* (1675), 327; Archibald Alison, *Essays on the Nature and Principles of Taste* (4th edn, Edinburgh, 1815), vol. 2, 292.

[113] Thomas Wright, *The Passions of the Minde in Generall* (1601), 210; Edward Hyde, Earl of Clarendon, *Miscellaneous Works* (2nd edn, 1751), 317. Precise instructions on such matters, illustrated by drawings, were provided by F [rançis] Nivelon, *The*

Rudiments of Genteel Behaviour (1737).

[114] James Burnet, Lord Monboddo, *Of the Origin and Progress of Language* (Edinburgh, 1773-92), vol. 4, 295.

[115] George Bickham, *The Universal Penman* (1733-41), introduction, 2.

[116] 围绕这些改变的一本前沿指南是《礼貌世界》(*The Polite World*),由琼·怀尔德布拉德编著(Joan Wildeblood, 1973 年再版),目标读者主要是演员和戏剧导演。

[117] Nivelon, *Rudiments of Genteel Behaviour*, plate 1; Ellen G. D'Oench, *The Conversation Piece* (New Haven, CT, 1980), 30. 13 世纪,跷二郎腿是地位优越的象征,见 Lachaud, 'Littérature de civilité', 49。

[118] Erasmus, *De Civilitate Morum Puerilium*; Giovanni della Casa, *Galateo of Maister John Della Casa*, trans. Robert Peterson (1576), 111; T [homas] P [ritchard], *The Schoole of Honest and Vertuous Lyfe* (1579), 44; George Puttenham, *The Arte of English Poesie*, ed. Gladys Doidge Willcock and Alice Walker (Cambridge, 1936), 296-97. Cf. Aristotle, *Nicomachean Ethics*, 1125a; Cicero, *De Officiis*, bk 1, chap. 131.

[119] James Cleland, *Hero-Paideia: or the Institution of a Young Noble Man* (Oxford, 1607), 170; Wright, *Passions of the Minde*, 215; Thomas Tegg, *A Present for an Apprentice* (2nd edn, 1848), 266-67.

[120] Nancy Mitford, 'The English Aristocracy', in Alan S. C. Ross et al., *Noblesse Oblige* (1956), 42.

[121] Lynn Sorge-English, *Stays and Body Image in London* (2011); David M. Turner and Alun Withey, 'Technologies of the Body', *History* 99 (2014).

[122] *The Lisle Letters*, ed. Muriel St. Clare Byrne (Chicago, IL, 1981), vol. 4, 488, 517; *HMC*, *Rutland*, vol. 4, 382; Barbara Ravelhofer, *The Early Stuart Masque* (Oxford, 2006), 18-19, 21.

[123] H [enry] T [hurman], *A Defence of Humane Learning in the Ministry* (Oxford, 1660), 31-32; *Correspondence of the Family of Hatton*, ed. Edward Maunde Thompson (Camden Soc., 1878), vol. 2, 214; Locke, *Some Thoughts concerning Education*, 124 (para. 67); *Spectator* 334 (24 Mar. 1712), ed. Bond, vol. 3, 235.

[124] *Letters of Chesterfield*, vol. 1, 140, 269, 239.

[125] *The Letters of Thomas Langton, Flax Merchant of Kirkham, 1771-1788*, ed. Joan Wilkinson (Chetham Soc., 1994), 133-34.

[126] [John Weaver], *An Essay towards an History of Dancing* (1712), 178.

[127] *Glamorgan County History*, vol. 4, 100.

[128] *A Relation, or Rather a True Account of the Island of England*, trans. Charlotte Augusta Sneyd (Camden Soc., 1847), 25; *The Vulgaria of John Stanbridge and the Vulgaria of Robert Whittinton*, ed. Beatrice White (EETS, 1932), 117-18; Ben Jonson, *The New Inn* (1629), vol. 1, 3; *The Memoirs of Sir Hugh Cholmley* (1787), 85-86; K. B. McFarlane, *The Nobility of Later Medieval England* (Oxford, 1973), 105; Grant McCracken, 'The Exchange of Children', *Journ. of Family History* 8 (1983), 310-11.

[129] John Smyth, *The Berkeley Manuscripts*: *The Lives of the Berkeleys*, ed. Sir John Maclean (Gloucester, 1883-85), vol. 2, 386.

[130] [Thomas Heywood], *A Pleasant Conceited Comedie*, *wherein is Shewed*, *How a Man may Chuse a Good Wife* (1602), sig. F4.

[131] *The Parish Register and Tithing Book of Thomas Hassall of Amwell*, ed. Stephen G. Doree (Herts. Rec. Soc., 1989), 180.

[132] Tim Meldrum, *Domestic Service and Gender*, *1660-1750* (Harlow, 2000), 59; J. Jean Hecht, *The Domestic Servant Class in Eighteenth-Century England* (1956), 46, 47, 49, 54-55, 61, and chap. 8; Lawrence Stone, *Broken Lives* (Oxford, 1993), 179; Langford, 'Uses of Eighteenth-Century Politeness', 324.

[133] Sir Samuel Morland, *The Urim of Conscience* (1695), 155; Gailhard, *Compleat Gentleman*, 88-90.

[134] *Letters of Sir Thomas Browne*, 4, 5, 7, 15; Lord Edmond Fitzmaurice, *The Life of Sir William Petty 1623-1687* (1895), 303.

[135] Chesterfield, in *The World* 148 (30 Oct. 1755), in *British Essayists*, vol. 17, 182; *The Autobiography and Correspondence of Mary Granville*, *Mrs Delany*, ed. Lady Llanover (1st ser., 1861), vol. 3, 219.

[136] Snell, *Right Teaching of Useful Knowledg*, 55-58.

[137] *The Lismore Papers*, ed. Alexander B. Grosart (2nd ser., 1887-88), vol. 3, 224. 有关文法学校的礼仪教学，见 Carlisle, *Concise Description*, vol. 1, 224, 277, 408, 604, 617, 809; vol. 2, 10, 49; Foster Watson, *The English Grammar Schools to 1660* (1908), chap. 6; 修辞表达教学见 B. L. Joseph, *Elizabethan Acting* (1951), 8-14。

[138] Hubert Chadwick, *From St Omers to Stonyhurst* (1962), 235.

[139] Benjamin Furly, *The Worlds Honour Detected* (1663), 8.

[140] De Courtin, *Rules of Civility*, 203.

[141] Puttenham, *Arte of English Poesie*, 289.

[142] Adam Smith, *Lectures on Rhetoric and Belles Lettres*, ed. J. C. Bryce (Oxford, 1983), 198; Thomas Sheridan, *British Education* (1756), 437-38.

[143] Bartlett, *England under the Norman and Angevin Kings*, 585; Erasmus, *De Civilitate*, sig. A6r-v; Horman, *Vulgaria*, 82, 115, (and 113); [Paul Pellisson-Fontanier], *A Miscellany of Divers Problems*, trans. H [enry] S [ome] (1680), 30; *Letters of Chesterfield*, vol. 1, 213 (and 285); *Correspondence of Chatham*, vol. 1, 79; *The Guardian*, no. 29 (14 Apr. 1713). Keith Thomas, 'The Place of Laughter in Tudor and Stuart England', *TLS* (21 Jan. 1977); Quentin Skinner, 'Why Laughing Mattered in the Renaissance', *History of Political Thought* 22 (2001); Kate Davison, 'Occasional Politeness and Gentlemen's Laughter in 18th-Century England', *HJ* 57 (2014), 931-36.

[144] Davison, 'Occasional Politeness.'

[145] Puttenham, *Arte of English Poesie*, 290; Thomas Hobbes, *De Homine* (1658), vol. 9, 7; Childs, 'Prescriptions for Manners', 180. 更宽泛的一些文献，见 Bernard Capp, ' "Jesus Wept" but Did the Englishman?', *P&P* 224 (2014)。

[146] *Sejanus*, act 1, lines 133-36.

[147] Thomas Birch, *The Life of Henry Prince of Wales* (1760), 384.

[148] Walter J. Ong, 'Latin Language Study as a Renaissance Puberty Rite', *Studies in Philology* 56 (1959); [William and Edmund Burke], *An Account of the European Settlements in America* (3rd edn, 1760), vol. 1, 172.

[149] Stanford E. Lehmberg, *The Later Parliaments of Henry VIII, 1536 – 1547* (Cambridge, 1977), 237 (and cf. 230); George Cavendish, *The Life and Death of Cardinal Wolsey*, ed. Richard S. Sylvester (EETS, 1959), 160; William Roper and Nicholas Harpsfield, *Lives of Saint Thomas More*, ed. E. E. Reynolds (Everyman's Lib., 1963), 47, 49; Susan Brigden, *Thomas Wyatt* (2012), 525; Lisa Jardine and Alan Stewart, *Hostage to Fortune* (1998), 230; *Cal. SP*, *Domestic*, *1628–9*, 153; *Commons Debates for 1629*, ed. Wallace Notestein and Frances Helen Relf (Minneapolis, MN, 1921), 105; C. H. Firth, *The Last Years of the Protectorate* (1909), vol. 1, 148; *Remarks and Collections of Thomas Hearne*, ed. C. E. Doble et al. (Oxford Hist. Soc., 1885–1921), vol. 2, 357, 459.

[150] Matthew Steggle, *Laughing and Weeping at Early Modern Theatres* (Aldershot, 2007), chap. 5; Marjory E. Lange, *Telling Tears in the English Renaissance* (Leiden, 1996), chap. 4; Ralph Houlbrooke, *Death*, *Religion*, *and the Family in England 1580–1750* (Oxford, 1998), 224–25; David Cressy, *Birth*, *Marriage*, *and Death* (Oxford, 1997), 395; Thomas Dixon, *Weeping Britannia* (Oxford, 2015), chap. 2.

[151] William Shakespeare, *Henry VI*, *Part II* (1594), act 1, scene 1, lines 112–22; *Hamlet* (ca. 1600), act 1, scene 2, line 94; and see Martha A. Kurtz, 'Tears and Masculinity in the History Play', in *Grief and Gender*, *700–1700*, ed. Jennifer C. Vaught (Basingstoke, 2003).

[152] *Female Monastic Life in Early Tudor England*, ed. Barry Collett (Aldershot, 2002), 100.

[153] Samuel Torshell, *The Hypocrite Discovered* (1644), 71; Bodl., MS Rawlinson E95, fol. 4^v (Lushington); Raymond A. Anselment, 'Mary Rich, Countess of Warwick and the Gift of Tears', *Seventeenth Century*, vol. 22 (2007); Arnold Hunt, *The Art of Hearing* (Cambridge, 2010), 86–88, 91–93, 160; Alec Ryrie, *Being Protestant in Reformation Britain* (Oxford, 2013), 187–95, and index, s. v. 'tears'.

[154] *Tatler* 28 (15 Sept. 1709), ed. Donald F. Bond (Oxford, 1987), vol. 1, 474.

[155] Andrew Moore with Charlotte Crawley, *Family and Friends* (1992), 16.

[156] R. S. Crane, 'Suggestions toward a Genealogy of the "Man of Feeling"', *Eng. Literary History* 1 (1934); Carter, *Men and the Emergence of Polite Society*, 94–96, 106–7, 128, 190–91; id., 'Tears and the Man', in *Women*, *Gender and Enlightenment*, ed. Sarah Knott and Barbara Taylor (Basingstoke, 2005); Jennifer C. Vaught, *Masculinity and Emotion in Early Modern English Literature* (Aldershot, 2008), 23; Dixon, *Weeping Britannia*, chap. 7.

[157] *Correspondence of Henry and Sarah Fielding*, ed. Martin C. Battestin and Clive T. Probyn (Oxford, 1993), 70.

[158] E. g., Vicesimus Knox, 'On the unmanliness of shedding tears', *Lucubrations*, *or Winter Evenings* 90 (1795), in *The British Essayists*, ed. Robert Lynam et al.

(1827), vol. 30, 31; William M. Reddy, 'Sentimentalism and Its Erasure', *JMH* 72 (2000).

[159] Douglas Hay et al., *Albion's Fatal Tree* (1975), 29; *The Journal of the Rev. William Bagshaw Stevens*, ed. Georgina Galbraith (Oxford, 1965), 140; V. A. C. Gatrell, *The Hanging Tree* (Oxford, 1994), 508.

[160] J [ohn] B [ulwer], *Chirologia* (1644), vol. 2, 145.

[161] Keith Thomas, 'Introduction', in *A Cultural History of Gesture*, 8-9; *A Treatise of Daunces* (1581), sig. B8^{r-v}; R [obert] C [awdrey], *A Table Alphabeticall* (3rd edn, 1613), s. v. 'gesticulate'; Bulwer, *Chirologia*, vol. 2, 118; D. A., *Whole Art of Converse*, 119; Mandeville, *Fable of the Bees*, vol. 2, 290-91; Joyce Ransome, ' "Courtesy" at Little Gidding', *Seventeenth Century* 30 (2015), 427-29.

[162] Keith Thomas, 'Afterword', in *The Kiss in History*, ed. Karen Harvey (Manchester, 2005), 192-93.

[163] Gailhard, *Compleat Gentleman*, vol. 2, 10; Joseph Hall, *Quo Vadis?* (1617), sig. A5; 'Katherine Austen's Journal 1664-1666', ed. Barbara J. Todd, in *Women and History*, ed. Valerie Frith (Concord, Ontario, 1997), 221; *HMC*, *Salisbury*, vol. 12, ix; Stone, *Crisis of the Aristocracy*, 694-98; George C. Brauer, *The Education of a Gentleman* (New York, 1959), 157-59; Conway, *Britain, Ireland, and Continental Europe*, chap. 7; Henry French and Mark Rothery, *Man's Estate* (Oxford, 2012), 144-48.

[164] [Sir John Stradling], *A Direction for Travailes* (1592), sig. C1^{v}.

[165] 'Life of Sir John Digby', ed. Georges Bernard, in *Camden Miscellany*, vol. 12 (Camden Soc., 1910), 115; *Letters of Chesterfield*, vol. 2, 262-63.

[166] Clarendon, *Miscellanous Works*, 340; *The Letters and the Second Diary of Samuel Pepys*, ed. R. G. Howarth (1933), 206, 209.

[167] J. I. Catto, 'Conclusion', in *The History of the University of Oxford*, ed. T. H. Aston et al. (Oxford, 1984-2000), vol. 2, 770.

[168] 'Katherine Austen's Journal', 220-21; Clarendon, *Miscellaneous Works*, 322; [S. C.], *The Art of Complaisance* (1673), 119-20.

[169] 关于完成学业，见 Dorothy Gardiner, *English Girlhood at School* (1929), 209-14, 224; *The Journal of William Schellinks' Travels in England*, trans. and ed. Maurice Exwood and H. L. Lehmann (Camden, 5th ser., 1993), 59。

[170] George James Aungier, *The History and Antiquities of Syon Monastery* (1840), 291, 299, 377-80, 385.

[171] Baldassare Castiglione, *The Book of the Courtier*, trans. Thomas Hoby (1588 edn, Everyman's Lib., 1928), 189.

[172] William Shakespeare, *The Taming of the Shrew* (ca. 1592), Induction, scene 1, lines 121-22; R [obson], *The Choise of Change*, sigs. Kiii$^{v-iv\ v}$; Samuel Purchas, *Hakluytus Posthumus* (Glasgow, 1905-7), vol. 19, 92-93.

[173] Puttenham, *Arte of English Poesie*, 290-91; Timothy Bright, *Treatise of Melancholie* (1586), 143-44; Robert Burton, *The Anatomy of Melancholy*, ed. Thomas C. Faulkner et al. (Oxford, 1989-2000), vol. 3, 130-32 (3. 2. 2. 4); Ian

Maclean, *The Renaissance Notion of Woman* (Cambridge, 1980), 33-35, 41-42, 46; Morris Palmer Tilley, *A Dictionary of the Proverbs in England in the Sixteenth and Seventeenth Centuries* (Ann Arbor, MI, 1950), 542.

[174] Hannah Woolley, *The Gentlewomans Companion* (1673), 44; Cavendish, *Life and Death of Cardinal Wolsey*, 29; John Batchiler, *The Virgins Pattern* (1661), 53.

[175] Woolley, *Gentlewomans Companion*, 45, 47; Robert Codrington, *The Second Part of Youths Behaviour, or Decency of Conversation amongst Women* (1664), 31. 针对女性读者的说教文献，见 Ruth Kelso, *Doctrine for the Lady of the Renaissance* (Urbana, IL, 1956), esp. chaps. 3 and 7; Childs, 'Prescriptions for Manners', chap. 5; Dilwyn Knox, 'Civility, Courtesy and Women in the Italian Renaissance', in *Women in Italian Renaissance Culture and Society*, ed. Letizia Panizza (Oxford, 2000); Laura Gowing, ' "The Manner of Submission" ', *CultSocHist* 10 (2013); Soile Ylivuori, 'Women's Bodies and the Culture of Politeness', *Lectio Praecursoria* (12 Dec. 2015), www. ennenjanyt. net/. . . /soile-ylivuori。

[176] Withington, *Politics of Commonwealth*, 221; Bartholomew Batty, *The Christian Mans Closet*, trans. William Lowth (1581), fol. 75^{v}; Bridget Hill, *Eighteenth-Century Women* (1984), 23-24; [John Trusler], *The Honours of the Table* (1788), 7, 119; Peter Edwards, *Horse and Man in Early Modern England* (2007), 76-77.

[177] R [obson], *The Choise of Change*, sig. Liv.

[178] Margaret Cavendish, Duchess of Newcastle, *CCXI Sociable Letters* (1664), 50.

[179] 1659 年，这一做法被单独指出。当时约翰·伊夫林在《英格兰的品格》(*Character of England*) 一书中对其进行了批判，选自《约翰·伊夫林的著述》(*The Writings of John Evelyn*)，盖德拉·贝杜瓦耶 (Guy de la Bedoyère) 编著，伍德布里奇，1995 年出版，第 84~85 页。

[180] Daniel Rogers, *Matrimonial Honour* (1642), 251; [Charles Cotton], *Scarronides: or, Le Virgile Travesty* (1664), 90-91; John Gay, 'Trivia', in *Poetry and Prose*, ed. Vinton A. Dearing (Oxford, 1974), vol. 1, 144.

[181] Fynes Moryson, *Shakespeare's Europe*, ed. Charles Hughes (2nd edn, New York, 1967), 474-75; *Table Talk of John Selden*, ed. Sir Frederick Pollock (1927), 25; Hume, *Essays*, vol. 1, 193.

[182] Gailhard, *Compleat Gentleman*, vol. 2, 75-77; D. A., *Whole Art of Converse*, 16; S. C., *Art of Complaisance*, 118, 120; 还见 [Judith Drake?], 'A Lady', *An Essay in Defence of the Female Sex* (3rd edn, 1697), 136-47。

[183] *Miscellaneous Works of Clarendon*, 295; *The Works of George Savile, Marquis of Halifax*, ed. Mark N. Brown (Oxford, 1989), vol. 3, 361; Hume, *Essays*, vol. 1, 194; *Letters of Chesterfield*, vol. 1, 195, 197, 238, 385; vol. 2, 24, 34-35; Karen O'Brien, *Women and Enlightenment in Eighteenth-Century Britain* (Cambridge, 2009), 74-75.

[184] 例如，Amy Louise Erickson, *Women and Property in Early Modern England* (1993), 235-36; Alison Wall, 'Elizabethan Precept and Feminine Practice', *History* 75 (1990); Sara Mendelson and Patricia Crawford, *Women in Early Modern England* (Oxford, 2003); Amanda Vickery, *The Gentleman's Daughter* (New Haven, CT, 1998); Bernard Capp, *When Gossips Meet* (Oxford, 2003); Ingrid H.

Tague, *Women of Quality* (Woodbridge, 2002), chap. 7; Elaine Chalus, *Elite Women in English Political Life* (Oxford, 2005); Gowing, ' "The Manner of Submission" '; Alexandra Shepard, *Accounting for Oneself* (Oxford, 2015)。

[185] *Urbanus Magnus Danielis Becclesiensis*, 37; Chaucer, 'General Prologue', *Canterbury Tales*, lines 127-36.

[186] Obadiah Walker, *Of Education* (1673), 218-19.

[187] *The Diary of Samuel Pepys*, ed. Robert Latham and William Matthews (1970-83), vol. 10, 144; Smollett, *Travels through France and Italy*, 34; Lorna Weatherill, *Consumer Behaviour and Material Culture in Britain 1660-1760* (1988), 152-53; David Hey, *The Fiery Blades of Hallamshire* (Leicester, 1991), 131-34; *Joe Miller in Motley*, ed. W. Carew Hazlitt (1892), 123.

[188] A. J. Peacock, *Bread or Blood* (1965), 14.

[189] *M. Misson's Memoirs and Observations in his Travels over England*, trans. [John] Ozell (1719), 316-17.

[190] John Bossy, *Giordano Bruno and the Embassy Affair* (New Haven, CT, 1991), 224-25.

[191] De Courtin, *Rules of Civility*, vol. 1, 100-101. 有关这一地区礼节的日益拘束，见 Bryson, *Courtesy to Civility*, 98-100。

[192] William Cole, *A Journal of my Journey to Paris in the Year 1765*, ed. Francis Griffin Stokes (1931), 270; Arthur Young, *Travels during the Years 1787, 1788 and 1789* (Dublin, 1793), vol. 1, 582; *A Frenchman in England 1784*, ed. Jean Marchand, trans. S. C. Roberts (Cambridge, 1933), 44; Della Casa, *Galateo*, 9.

[193] Gérard de Lairesse, *The Art of Painting* (1707), trans. John Frederick Fritsch (1738), 39.

[194] *Letters of Chesterfield*, vol. 1, 93-94. Similarly, Gailhard, *Compleat Gentleman*, vol. 2, 67.

[195] Charles Vyse, *The New London Spelling-Book* (1778), 174.

[196] Will [iam] Rabisha, *The Whole Body of Cookery Dissected* (1661), 245; Hannah Woolley, *The Queen-Like Closet* (1670), 375.

[197] *Remarks and Collections of Thomas Hearne*, vol. 5, 169; David Bindman and Malcolm Baker, *Roubiliac and the Eighteenth-Century Monument* (New Haven, CT, 1995), 283; *ODNB*, s. v. 'Hough, John'.

[198] *Letters of Chesterfield*, vol. 1, 269.

[199] *Boswell's Life of Johnson*, vol. 3, 69.

[200] Agogos [Charles William Day], *Hints on Etiquette and the Usages of Society* (2nd edn, 1836), 28, 27; Laura Trevelyan, *A Very British Family* (2006), 186.

[201] David Hume, *A Treatise of Human Nature* (1739-40), ed. David Fate Norton and Mary J. Norton (Oxford, 2000), 390 (3. 3. 4); *Letters of Chesterfield*, vol. 1, 343; [Anthony Walker], *The Holy Life of Mrs Elizabeth Walker* (1690), 291. 本段和下一段借鉴了我写的一个章节"近代早期英国的清洁与虔敬"（Cleanliness and Godliness in Early Modern England），出自《近代早期英国的宗教、文化与社会》（*Religion, Culture and Society in Early Modern Britain*），编著者安东尼·弗莱彻和彼得·罗伯茨（Anthony Fletcher and Peter Roberts），剑桥大学出版

社，1994 年出版。

[202] William Scott, *An Essay of Drapery* (1635), 95.

[203] Thomas, 'Cleanliness and Godliness', 70, 77; *The Memoirs of James Stephen*, ed. Merle M. Bevington (1954), 138.

[204] Cicero, *De Officiis*, bk 1, chaps. 126-28; Elias, *On the Process of Civilisation*, 134-36; J [ohn] D [avies] of Kidwelly, *The Ancient Rites, and Monuments of the Monastical and Cathedral Church of Durham* (1672), 134; Dominike Mancini, *The Mirrour of Good Maners*, trans. Alexander Barclay (1570; Spenser Soc., 1885), 70; Della Casa, *Galateo*, 5-6; Bryson, *Courtesy to Civility*, 101.

[205] *Urbanus Magnus Danielis Becclesiensis*, 38-39, 44; Della Casa, *Galateo* (1576), 17; Bryson, *Courtesy to Civility*, 86-87; 还可见查尔斯·泰勒（Charles Taylor）的评论 *A Secular Age* (Cambridge, MA, 2007), 139-42。

[206] Erasmus, *De Civilitate Puerilium*, trans Robert Whittington (1540), sig. B1; Fynes Moryson, *An Itinerary* (Glasgow, 1907-8), vol. 2, 263; Ransome, ' "Courtesy" at Little Gidding', 428.

[207] J. P. Kenyon, *The Stuarts* (rev. edn, 1977), 41; *Diary of Samuel Pepys*, vol. 4, 244; *Life and Times of Anthony Wood*, vol. 2, 68.

[208] *Biographia Britannica* (1747-66), vol. 6, pt. 2, 4379n.

[209] [Benjamin Buckler], *A Philosophical Dialogue concerning Decency* (1751), 10. 有关这部不寻常作品的作者，见 1930 年 10 月 28 日牛津大学博德利图书馆馆长的信，附于该书后（GZ. 5.7），收藏于牛津大学万灵学院格灵顿图书馆（Codrington Library，2020 年后改名万灵图书馆）。在博德利图书馆所藏同一书册中还有弗朗西斯·杜斯（Francis Douce）的阅读笔记【Douce RR 162（1）】。

[210] John Cramsie, *British Travellers and the Encounter with Britain 1450 - 1700* (Woodbridge, 2015), 221; Humphrey Brooke, *A Conservatory of Health* (1650), 194; Sir John Floyer, *Psychrolousia: Or the History of Cold Bathing* (3rd edn, 1709), 348-50; Cole, *Journal of My Journey to Paris*, 272; William Buchan, *Domestic Medicine* (8th edn, 1784), 139.

[211] Buckler, *Philosophical Dialogue*, 10.

[212] *Dobsons Drie Bobbes*, 8-9; Adam Petrie, *Rules of Good Deportment, or of Good Breeding* (Edinburgh, 1720), 9; John Gay, 'Trivia', bk 2, lines 299-300, in *Poetry and Prose*, vol. 1, 152.

[213] David Hartley, *Observations on Man* (1749), vol. 1, 448-49.

[214] David Starkey, 'Representation through Intimacy', in *Symbols and Sentiments*, ed. Ioan Lewis (1977), 215-18.

[215] *Letters of a Grandmother, 1732-1735*, ed. Gladys Scott Thomson (1943), 46; *A Frenchman in England 1784*, 31-32; *The Diary of a Country Parson*, ed. John Beresford (1924; Oxford, 1968), vol. 1, 280.

[216] Elias, *On the Process of Civilisation*, 136-39; Sarah Toulalan, *Imagining Sex* (Oxford, 2007), 228-30.

[217] [Giovanni della Casa], *Galateo of Manners* (Eng. trans from the Latin, 1703), sigs. $A1^{v-2}$; *Galateo: Or a Treatise on Politeness and Delicacy of Manners*, [trans. Richard Graves] (1774), ix; Samuel Johnson, *The Lives of the Most Eminent*

English Poets, ed. Roger Lonsdale (Oxford, 2006), vol. 3, 7.

[218] *Lisle Letters*, vol. 3, 382; *Diary of Samuel Pepys*, vol. 2, 34–35; Moryson, *Itinerary*, vol. 3, 441; Gailhard, *Compleat Gentleman*, vol. 2, 167; 'Unkindnesse', in *The Works of George Herbert*, ed. F. E. Hutchinson (Oxford, 1941), 93. For 'spitting-sheets', '-cups', '-boxes', and '-pots', see *OED*.

[219] Robert Eden Scott, *Elements of Rhetoric* (Aberdeen, 1802), 13.

[220] *Floures for Latin Spekynge Selected and Gathered Oute of Terence*, compiled and trans. by Nicolas Udall ('1533' [1534]), fol. 112v; Puttenham, *Arte of English Poesie*, 144; William Camden, *Remains Concerning Britain*, ed. R. D. Dunn (Toronto, 1984), 42; Joseph M. Williams, ' "O! When degree is shak'd" ', in *English in Its Social Contexts*, ed. Tim William Machan and Charles T. Scott (New York, 1992); 'Answer to Sir William Davenant's Preface before *Gondibert*', in *The English Works of Thomas Hobbes*, ed. Sir William Molesworth (1839–45), vol. 4, 455.

[221] Puttenham, *Arte of English Poesie*, 144–45; Edmund Coote, *The English Schoole-Maister* (1596), 30.

[222] Henry Cecil Wyld, *A History of Modern Colloquial English* (3rd imprn, 1925), 162–64.

[223] Thomas Sheridan, *A Course of Lectures on Elocution* (1762), 30; J [ohn] Walker, *Hints for Improvement in the Art of Reading* (1783), 11; [Philip Withers], *Aristarchus, or the Principles of Composition* (2nd edn, [1789?]), 160–61. 更宽泛的一些文献，见 Olivia Smith, *The Politics of Language 1791–1819* (Oxford, 1984), chap. 1; Lawrence Klein, ' "Politeness" as Linguistic Ideology in Late Seventeenth- and Early Eighteenth-Century England', in *Towards a Standard English 1600–1800*, ed. Dieter Stein and Ingrid Tieken-Boon van Ostade (Berlin, 1994); Lynda Mugglestone, '*Talking Proper*' (Oxford, 1995), chap. 1; *The Development of Standard English 1300–1800*, ed. Laura Wright (Cambridge, 2000); Katie Wales, *Northern English* (Cambridge, 2006), 75–78, 93–94。

[224] Hume, *Essays*, vol. 1, 192.

[225] Gainsford, *Rich Cabinet*, fol. 20v; [Madeleine de Scudéry], *Conversations upon Several Subjects*, trans. Ferrand Spence (1683), vol. 1, 1; Marc Fumaroli, *Le Genre des genres littéraires françis* (Oxford, 1992); Alain Montandon, 'Conversation', in *Dictionnaire raisonnée de la politesse*, 125–51; Bryson, *Courtesy to Civility*, 153–71.

[226] Thomas Cooper, *Thesaurus Linguae Romanae & Britannicae* (1573), sig. S6; EEBO, s. v. 'urbanity'; Daniel Defoe, *Serious Reflections during the Life and Surprising Adventures of Robinson Crusoe* (1721), 91; Steven Shapin, *A Social History of Truth* (Chicago, IL, 1994), 114–19; Withington, *Society in Early Modern England*, 189–96, 219.

[227] James Anderson, *The Bee, or Literary Weekly Intelligencer* (1791–93), vol. 1, 170; and Jon Mee, *Conversable Worlds* (Oxford, 2011), 71.

[228] D. A., *Whole Art of Converse*; Nicolas Faret, *The Honest Man*, trans. E [dward] G [rimestone] (1632), 251–89; *The Works of the Learned Benjamin Whichcote*

(Aberdeen, 1751), vol. 2, 405-8; Locke, *Some Thoughts concerning Education*, 200-203 (paras. 143-44); Peter Burke, *The Art of Conversation* (Cambridge, 1993), chap. 4.

[229] [W. S.], *Cupids Schoole* (1632), sig. A2.

[230] BL, Sloane MS 881 (Richard Baker, 'Honor discours'd of '), fol. 5; Adam Smyth, '*Profit and Delight*' (Detroit, MI, 2004), 25-26, 29-31; James Shirley, *The School of Complement* (1631).

[231] Philomusus [John Gough?], *The Marrow of Complements* (1654), 106-7, 113-14; Bryson, *Courtesy to Civility*, 169-71. 关于书面谈话形式，见 Katherine R. Larson, *Early Modern Women in Conversation* (Basingstoke, 2011), chap. 1。

[232] [Marc Lescarbot], *Nova Francia*, trans. P. E [rondelle] (1609), 242.

[233] John Laurence, *The Gentleman's Recreation* (1716), sig. A5v.

[234] Hume, *Essays*, vol. 1, 236n.

[235] De Scudéry, *Conversations upon Several Subjects*, 1-3; R [obert] L [ingard], *A Letter of Advice to a Young Gentleman leaving the University* (Dublin, 1670), 17.

[236] Gerard Malynes, *Consuetudo, vel Lex Mercatoria* (1636), 141; Hume, *Treatise of Human Nature*, 381 (3. 3. 2); *The Complete Letters of Lady Mary Wortley Montagu*, ed. Robert Halsband (Oxford, 1966), vol. 2, 512.

[237] Phil Withington, ' "Tumbled into the Dirt" ', *Journ. of Hist. Pragmatics* 12 (2011), and id., *Society in Early Modern England*, 189-95; Hume, *Enquiry concerning the Principles of Morals*, 67.

[238] *The Theological Works of the Most Reverend John Sharp* (Oxford, 1829), vol. 3, 310.

[239] *Spectator* 119 (17 July 1711), ed. Bond, vol. 1, 488.

[240] Samuel Johnson, *A Dictionary of the English Language* (10th edn, 1810), sig. b2; *Letters from Mrs. Elizabeth Carter to Mrs. Montagu*, ed. Montagu Pennington (1817), vol. 1, 393; *Vulgaria of John Stanbridge*, 6, 7, 17.

[241] Smith, *Theory of Moral Sentiments*, 209 (V. 2. 13); G. J. Barker-Benfield, *The Culture of Sensibility* (Chicago, IL, 1992), 290-92. 然而，在与朋友沃尔德格雷夫伯爵的私信中，切斯特菲尔德勋爵有时会表露有关男性生殖方面的淫秽。所以，切斯特菲尔德勋爵的身份相比《给儿子的信》(*Letters to his Son*) 的作者，可能更适合地狱火俱乐部 (Hellfire Club) 的成员，见 Davison, 'Occasional Politeness and Gentlemen's Laughter', 936-38。

[242] [Nicholas Breton], *Pasquils Mad-Cap and His Message* (1600), 2.

[243] S. Arthur Strong, *A Catalogue of Letters and Other Historical Documents Exhibited in the Library at Welbeck* (1903), 213.

[244] Richard Davies, *A Funerall Sermon preached . . . at the Buriall of Walter, Earl of Essex* (1577), sig. Eii; Sir Edward Walker, *Historical Discourses, upon Several Occasions* (1705), 221; *The Life of Edward, Earl of Clarendon . . . by Himself* (Oxford, 1857), vol. 1, 31; *Letters of Chesterfield*, vol. 1, 293-94; Letitia-Matilda Hawkins, *Anecdotes, Biographical Sketches and Memoirs* (1822), vol. 1, 106.

[245] *Life of Edward, Earl of Clarendon*, vol. 1, 31; John Prince, *Danmonii Orientales*

Illustres (Exeter, 1701), 505.

[246] Godfrey Goodman, *The Fall of Man* (1616), 77; Geoffrey Ingle Soden, *Godfrey Goodman, Bishop of Gloucester* (1953), 282.

[247] Della Casa, *Galateo* (1774), xiii–xvi. 248. Philip Dormer Stanhope, Fourth Earl of Chesterfield, *Characters* (*1778*, *1845*) (Augustan Reprint Soc., Los Angeles, 1990), 12, 31, 49, 51, 54.

[249] Bryson, *Courtesy to Civility*, chap. 7. 还见 *The Institucion of a Gentleman*, sig. Biiii^{v}; Daniel Statt, 'The Case of the Mohocks', *SocHist* 20 (1995); Jason M. Kelly, 'Riots, Revelries, and Rumor', *JBS* 45 (2000); Helen Berry, 'Rethinking Politeness in Eighteenth-Century England', *TRHS*, 6th ser., 11 (2001); Carter, *Men and the Emergence of Polite Society*, 135–37; Tim Raylor, *Cavaliers, Clubs, and Literary Culture* (Newark, DE, 1994), 75–83; Margaret J. M. Ezell, *The Later Seventeenth Century* (*Oxford English Literary History*, vol. 5, Oxford, 2017), 159–68。

[250] Alex Shepard, *The Meanings of Manhood in Early Modern England* (Oxford, 2003), chap. 4; ead., 'Student Violence in Early Modern Cambridge', in *Childhood and Violence in the Western Tradition*, ed. Laurence Brockliss and Heather Montgomery (Oxford, 2010).

[251] *Diary of John Evelyn*, vol. 3, 480; William Mountague, *The Delights of Holland* (1696), 138–39.

[252] 关于色情问题，见 James Grantham Turner, *Schooling Sex* (Oxford, 2003), Sarah Toulalan, *Imagining Sex* (Oxford, 2007), and Julie Peakman, *Mighty Lewd Books* (Basingstoke, 2003)；关于放荡，见 Faramerz Dabhoiwala, *The Origins of Sex* (Oxford, 2012)；关于其他形式的不礼貌，见 Vic Gatrell, *City of Laughter* (2006), and Simon Dickie, *Cruelty and Laughter* (Chicago, IL, 2011)。

第二章　行为与社会秩序

[1] *The Dictionary of Syr Thomas Eliot Knyght* (1538), fol. xxx^{v}; [Antoine de Courtin], *The Rules of Civility* (Eng. trans., 1671), 2–3 (plagiarized by Hannah Woolley, *The Gentlewomans Companion* (1675), 44).

[2] 有关葬礼的礼数，见 Ralph Houlbrooke, 'Civility and Civil Observances in the Early Modern English Funeral', in *Civil Histories*, ed. Peter Burke et al. (Oxford, 2000)。

[3] David Hume, *An Essay concerning the Principles of Morals*, ed. Tom L. Beauchamp (Oxford, 1998), 70 (section 8).

[4] Jonathan Swift, *A Proposal for Correcting the English Tongue*, *Polite Conversation*, *Etc*, ed. Herbert Davis and Louis Landa (Oxford, 1937), 213.

[5] *Desiderata Curiosa*, ed. Francis Peck (new edn, 1779), vol. 1, 49; *The Works of George Savile*, *Marquis of Halifax*, ed. Mark N. Brown (Oxford, 1989), vol. 3, 71. 关于其他禁令，见 S [imon] R [obson], *The Choise of Change* (1585), sig. Iii; Thomas Gainsford, *The Rich Cabinet Furnished* (1616), fols. 99^{v-100}; William Scott, *An Essay of Drapery* (1635), 94; *The Works of the Learned Benjamin Whichcote* (Aberdeen, 1751), vol. 2, 229。

[6] J. A. Burrow, *Gesture and Looks in Medieval Narrative* (Cambridge, 2002), 17–38;

Anna Bryson, *From Courtesy to Civility* (Oxford, 1998), 88-96; Keith Thomas, *The Ends of Life* (Oxford, 2009), 149-50.

[7] Alec Ryrie, *Being Protestant in Reformation Britain* (Oxford, 2013), 205-8; [Thomas Plume], 'An Account of the Life and Death of the Author', in John Hacket, *A Century of Sermons* (1675), x; *Three Sermons preached by . . . Dr Richard Stuart, Dean of St Pauls* (2nd edn, 1658), 1; *Materials for the Life of Nicholas Ferrar*, ed. Lynette R. Muir and John A. White (Leeds, 1996), 131-32.

[8] R [obert] C [leaver], *A Godlie Forme of Householde Gouernement* (1598), 278 (逐字重复于 Robert Shelford, *Lectures or Readings upon the 6. Verse of the 22. Chapter of the Proverbs* (1602), 14); F [rancis] S [eager], *The Schoole of Vertue* (1557), sig. A1^{v}。

[9] Joyce Ransome, ' "Courtesy" at Little Gidding', *Seventeenth Century* 30 (2015), 43; William Ames, *Conscience with the Power and Cases thereof* (Eng. trans., n. pl., 1639), bk 2, 154; *Works of Whichcote*, vol. 3, 417.

[10] *Manners and Meals in Olden Time*, ed. Frederick J. Furnivall (EETS, 1868), 240; *Remarks and Collections of Thomas Hearne*, ed. C. E. Doble et al. (Oxford Hist. Soc., 1885-1921), vol. 6, 215.

[11] *The Warden's Punishment Book of All Souls College, Oxford, 1601-1850*, ed. Scott Mandelbrote and John H. R. Davis (Oxford Hist. Soc., 2013), 39.

[12] Woolley, *Gentlewomans Companion*, 44; Scott, *Essay of Drapery*, 87; Nathaniel Parkhurst, *The Faithful and Diligent Christian Described and Exemplified* (1684), 64.

[13] Thomas Reid, *Essays on the Intellectual Powers of the Human Mind* (1827), 385; *The Later Correspondence of George III*, ed. A. Aspinall (Cambridge, 1962-70), vol. 5, 657.

[14] E. M. Forster, *The Longest Journey* (1907; 1947), 113-14.

[15] *Works of Whichcote*, vol. 3, 413. 查尔斯·威瑟（Charles Vyse）强调了这一点，见 *The New London Spelling-Book* (1778), 167。

[16] Robert Ashley, *Of Honour*, ed. Virgil B. Heltzel (San Marino, CA, 1947), 69. David Hume, *Essays, Moral, Political and Literary*, ed. T. H. Green and T. H. Grose (1898), vol. 1, 187.

[17] Stephen Philpot, *An Essay on the Advantage of a Polite Education joined with a Learned One* (1747), 33.

[18] *Works of Whichcote*, vol. 2, 229.

[19] Susan Brigden, *Thomas Wyatt* (2012), 35.

[20] S. R., *The Courte of Civill Courtesie* (1577), title page; Ashley, *Of Honour*, 69; *The English Theophrastus* (1702), 108.

[21] *The Letters of the Earl of Chesterfield to His Son*, ed. Charles Strachey (1901), vol. 2, 235 (also vol. 1, 93, 196); James Boswell, *The Applause of the Jury*, ed. Irma S. Lustig and Frederick A. Pottle (1982), 14; Richard Wendorf, *Sir Joshua Reynolds* (Cambridge, MA, 1996).

[22] *The Boke Named the Gouernour*, ed. Henry Herbert Stephen Croft (1880), vol. 2, 39-55; 'The History of King Richard the Thirde', in *The Complete Works of St*

Thomas More (New Haven, CT, 1963–97), vol. 2, 5.

[23] William Martyn, *Youth's Instruction* (1612), 79–81; James Spedding, *The Letters and the Life of Francis Bacon* (1861–1874), vol. 6, 211.

[24] William Vaughan, *The Golden–Grove* (2nd edn, 1608), pt 3, chap. 16; Richard Brathwait, *The English Gentleman* (1630), 61; *The Diary of Sir Henry Slingsby, of Scriven*, ed. Daniel Parsons (1836), 226 (following William Cecil's much copied advice to his son, in *Desiderata Curiosa*, vol. 1, 49); Thomas Hobbes, *Leviathan*, ed. Noel Malcolm (Oxford, 2012), vol. 2, 134 (chap. 10).

[25] John Cook, *The Vindication of the Professors & Profession of the Law* (1646), 6; Virgil B. Heltzel, 'Richard Earl of Carbery's Advice to His Son', *Huntington Lib. Bull.* 2 (1937), 79; *Original Letters Illustrative of English History*, ed. Henry Ellis (1st ser., 1825), vol. 3, 289; Lucas Gracian de Antisco, *Galateo Espagnol, or the Spanish Gallant*, trans. William Styles (1640), sig. $A3^{r-v}$.

[26] Ronald Hutton, *Charles the Second* (Oxford, 1989), 447–48; [N (athaniel) W (aker)], *The Refin'd Courtier* (1663), sigs. $A5^{v-6}$.

[27] David Stevenson, 'The English Devil of Keeping State', in *People and Power in Scotland*, ed. Roger Mason and Norman Macdougall (Edinburgh, 1992).

[28] John Aubrey, *Brief Lives*, ed. Kate Bennett (Oxford, 2015), vol. 1, 95.

[29] John Norden, *The Surveyors Dialogue* (1607), 231; G [ervase] M [arkham], *The English Husbandman* (1635), vol. 1, 6.

[30] John Robinson, *Essayes; or Observations* (2nd edn, 1638), 506.

[31] Barnabe Rich, *Allarme to England* (1578), sig. Hi^{v}; John Aubrey, '*Brief Lives*', *Chiefly of Contemporaries*, ed. Andrew Clark (Oxford, 1898), vol. 2, 317.

[32] 'Advice to his sons'（据说为威廉所写，威廉是第五代贝德福德伯爵，之后成为第一代贝德福德公爵，1613–1700），in [E. Strutt], *Practical Wisdom* (1824), 244; *Wentworth Papers 1597–1628*, ed. J. P. Cooper (Camden, ser. 4, 12 (1973)), 12。

[33] Sir Edward Walker, *Historical Discourses, upon Several Occasions* (1705), 223; Philpot, *Essay on the Advantage of a Polite Education*, 244.

[34] Thomas Wright, *The Passions of the Minde in Generall* (1601), 210–11; Simon Daines, *Orthoepia Anglicana* (1640), 85; J. Gailhard, *The Compleat Gentleman* (1678), vol. 2, 20, 27, 112–13, 124; Gilbert Burnet, *A Sermon Preach'd before the Queen* (1694), 17.

[35] E. g., John Le Neve, *Monumenta Anglicana, 1600–1649* (1719), 108; id., *Monumenta Anglicana, 1650–1679* (1718), 41, 153, 156; id., *Monumenta Anglicana, 1650–1718* (1719), 56, 58, 227, 259; id., *Monumenta Anglicana, 1700–1715* (1719), 27, 63, 149, 173, 195, 246; John Wilford, *Memorials and Characters* (1741), 22, 296, 312, 494, 514; F. E. Hutchinson and Sir Edmund Craster, *Monumental Inscriptions in All Souls College Oxford* (2nd edn, by M. A. Screech, Oxford, 1997), 13, 16, 33, 35, 40, 43–44, 45, 48; Sir Thomas Phillipps, *Monumental Inscriptions of Wiltshire*, ed. Peter Sherlock (Wilts. Rec. Soc., 2000), 18, 120, 184, 194, 230, 252, 266, 351.

[36] Lucy Hutchinson, *Memoirs of the Life of Colonel Hutchinson*, ed. James Sutherland

(1973), 12; Samuel Willes, *A Sermon Preach'd at the Funeral of the Right Honble the Lady Mary … Jolife* (1679), 32.

[37] Bernard Mandeville, *The Fable of the Bees*, ed. F. B. Kaye (Oxford, 1924), vol. 2, 291-92; William Craig, in *The Mirror* 26 (24 Apr. 1779), in *The British Essayists*, ed. Robert Lynam et al. (1827), vol. 24, 102.

[38] Hume, *Essays*, vol. 1, 193; Gailhard, *Compleat Gentleman*, vol. 2, 66.

[39] John Locke, *Some Thoughts concerning Education*, ed. John W. and Jean S. Yolton (Oxford, 1989), 200 (para. 143) (my italics).

[40] Timothy Nourse, *Campania Foelix* (1700), 15.

[41] Craig, in *The Mirror* 26, in *British Essayists*, vol. 24, 102.

[42] Friedrich Nietzsche, *The Gay Science*, trans. Walter Kaufmann (New York, 1974), 107-8 (bk 1, sect. 40).

[43] Adam Smith, *The Theory of Moral Sentiments*, ed. D. D. Raphael and A. L. Macfie (Oxford, 1976), 54.

[44] Thomas Churchyard, *A Sparke of Frendship and Warme Goodwill* (1588), sig. Ci^{v}; Shelford, *Lectures or Readings upon Proverbs*, 17; S. Arthur Strong, *A Catalogue of Letters and Other Historical Documents Exhibited in the Library at Welbeck* (1903), 210-13; *Letters of Chesterfield*, vol. 2, 218; Gailhard, *Compleat Gentleman*, vol. 1, 87.

[45] Sir Thomas Smith, *A Discourse of the Commonweal of the Realm of England*, ed. Mary Dewar (Charlottesville, VA, 1969), 62.

[46] Richard Carew, *The Survey of Cornwall*, ed. John Chynoweth et al. (Devon and Cornwall Rec. Soc., 2004), fol. 66^{v}.

[47] *Stuart Royal Proclamations*, ed. James F. Larkin and Paul L. Hughes (Oxford, 1973-83), vol. 1, 342.

[48] *The Practical Works of… Richard Baxter* (1707), vol. 1, 231, 825.

[49] Geoffrey F. Nuttall, *Calendar of the Correspondence of Philip Doddridge DD (1702-51)* (Northants. Rec. Soc., 1979), 12.

[50] 关于教育和阅读作为会话主题来源的重要性，见 Robert Codrington, *The Second Part of Youths Behaviour* (1664), 2-3, and Woolley, *Gentlewoman's Companion*, 7。

[51] F. J. M. Korsten, *Roger North (1651-1734)* (Amsterdam, 1981), 112.

[52] Bernard Capp, *Cromwell's Navy* (Oxford, 1989), 219; N. A. M. Rodger, 'Honour and Duty at Sea, 1660-1815', *HistRes* 75 (2002), 433-35; William Mountague, *The Delights of Holland* (1696), 8; William Dampier, *A New Voyage round the World* (1697), sig. A3^{v}; [George Colman and Bonnel Thornton], *The Connoisseur* 84 (4 Sept. 1755), in *British Essayists*, vol. 19, 52-55.

[53] *Diaries of William Johnston Temple 1780-1796*, ed. Lewis Bettany (Oxford, 1929), 134.

[54] Peter France, *Politeness and Its Discontents* (Cambridge, 1992), 64; Chesterfield, in *The World* 148 (30 Oct. 1755), in *British Essayists*, vol. 17, 182.

[55] Levine Lemnie, *The Touchstone of Complexions*, trans. T[homas] N[ewton] (1576), fol. 16^{v} ((很可能为了回应以下文献中的传闻，见 Ioannes Boemus, *Omnium Gentium Mores* (1521); see Ed. Aston's translation, *The Manners, Lawes*,

and Customes of All Nations (1611), 385); Giovanni Botero, *Relations of the Most Famous Kingdomes and Common-Wealths Throughout the World*, ed. R [obert] J [ohnson] (1630), 79 (an interpolation by Johnson)。

[56] John Norden, *Speculi Britanniae Pars: a Topographical and Historical Description of Cornwall* (1728), 27. 与他同时代的理查德·卡鲁表达了更多赞许，见 *Survey of Cornwall*, fols. 58^{v}-62^{v}。

[57] R [obert] C [rofts], *The Way to Happinesse on Earth* (1641), 5.

[58] Edward Chamberlayne, *Angliae Notitia* (20th edn, 1702), 318-19.

[59] *The Works of Michael Drayton*, ed. J. William Hebel (Oxford, 1961), vol. 3, 208; *Memoirs of Sir Benjamin Rudyerd*, ed. James Alexander Manning (1841), 135-36; [Henry Whitfield], *Strength out of Weaknesse* (1652), 19.

[60] John Josselyn, *An Account of Two Voyages to New-England* (1674), 124-25.

[61] 'Of rusticitie or clownishnesse', in *Theophrastus Characters*, in J [ohn] Healey, *Epictetus Manuall* (1616), 15-18 (the first English translation); E. de Saint Denis, 'Evolution sémantique de "urbanus-urbanitas" ', *Latomus* 3 (1939); Michael Richter, '*Urbanitasrusticitas*', in *The Church in Town and Countryside*, ed. Derek Baker (Ecclesiastical Hist. Soc., Oxford, 1979).

[62] Richard Rogers, *A Commentary upon the Whole Booke of Judges* (1615), 445; John Barston, *The Safegarde of Societie* (1576), sig. B1; James Turner, *The Politics of Landscape* (Oxford, 1979), 173-77.

[63] George Snell, *The Right Teaching of Useful Knowledg* (2nd edn, 1651), 61; Sir William Temple, *Miscellanea* (1680), 52.

[64] *Cyuile and Uncyuile Life* (1579), sigs. $Miii^{v}$, Kii^{v}, Ni^{v}.

[65] “杂碎”（Gubbins）是对一群无法无天、不讲礼貌民众的蔑称。这些人住在达特穆尔高原的边缘，靠近布伦特·托尔。这一称呼最早出自威廉·布朗的诗作《塔维斯托克》（*Tavistock*），见《1630 年的德文郡》（*Devon in MDCXXX*），乔治·奥利弗和皮特曼·琼斯编著，埃克塞特出版，1845 年，第 360 页。托马斯·富勒（Thomas Fuller）在奥斯汀·纳托尔编著的《英国名流的历史》（*The History of The Worthies of England*）一书中（1840 年出版，第 1 卷，第 398-399 页）也对这一称呼进行了描述。“杂碎”是鱼身上毫无价值的边角余料，但这一语境下这个词的用法可能来自弗里德里希·戴德金的《格罗比安努斯》（*Grobianus*）（法兰克福出版，1549 年）。这是一本粗俗无礼的漫画书，却很有影响力。其中弗雷德里克·罗斯（Frederick Ross，简称 R. F.）的英译本于 1605 年出版，名为《斯洛文尼亚学派》（*The Schoole of Slovenrie*），并由恩斯特·吕尔（Ernst Rühl）在其《格罗比安努斯在英国》（*Grobianus in England*）[《角力学校 38》（*Palaestra* 38）] 中编辑（柏林，1908 年）；见布莱森（Bryson），《礼貌到文明》（*Courtesy to Civility*），第 40-41 页，第 102 页，第 196 页。美国儿童作家弗兰克·盖勒特·伯吉斯（Frank Gelett Burgess，1866-1951）关于儿童应避免的不良举止，如《如何成为小傻瓜》（*Goops and How to be them*，1900），似乎是对格罗比亚努斯的呼应。关于霍戈斯·诺顿（Hogs Norton），出自牛津大学的胡克·诺顿（from Hook Norton，Oxon），见福勒（Fuller），《名流》（*Worthies*），第 3 卷和第 5 卷以及莫里斯·帕默·蒂利（Morris Palmer Tilley），《16-17 世纪英国谚语词典》（*A Dictionary of the Proverbs*

in England in the Sixteenth and Seventeenth Centuries）（密歇根州安娜堡，1950年），第313页。

[66] *Dobsons Drie Bobbes*, ed. E. A. Horsman (1955), 13–14.

[67] Randle Holme, *The Academy of Armory* (Chester, 1688), vol. 3, 72. 有关此类术语的使用示例，见《牛津英语词典》和“早期英文图书在线”。

[68] Angel Day, *The English Secretorie* (1586), 39; Andrew Boorde, *The Fyrst Boke of the Introduction of Knowledge*, ed. F. J. Furnivall (EETS, 1870), 119; *Wilson's Arte of Rhetorique 1560*, ed. G. H. Mair (Oxford, 1909), 13; Bodl., MS Selden supra 108, fol. 54（托马斯·格里夫斯，1648年从剑桥大学流亡到林肯郡的一个教区，他抱怨说那里容不下真正的文学艺术，除了那些下里巴人或肮脏低俗的文艺类型）。

[69] BL, Lansdowne MS 25, fol. 63v (John Aylmer to Lord Burghley).

[70] *The Lives of the Rt. Hon. Francis North, Baron Guilford, the Hon. Sir Dudley North, and the Hon. and Rev. Dr John North*, ed. Augustus Jessopp (1890), vol. 3, 130.

[71] Kenneth Woodbridge, *Landscape and Antiquity* (Oxford, 1970), 166; *The Records of King Edward's School, Birmingham*, ed. William Fowler Carter et al. (Dugdale Soc., 1924–74), vol. 6, 57; William Hutton, *An History of Birmingham* (3rd edn, Birmingham, 1795), 90–91.

[72] *Letters of Alexander Pope*, ed. John Butt (World's Classics, 1960), 329.

[73] Fuller, *Worthies*, vol. 2, 487; *Reliquiae Baxterianae*, ed. Matthew Sylvester (1696), vol. 1, 89.

[74] *The Letters of Horace Walpole*, ed. Mrs Paget Toynbee (Oxford, 1903–18), vol. 5, 43–44 (31 Mar. 1761); John Spranger, *A Proposal or Plan for an Act of Parliament for the Better Paving, Lighting and Cleansing the Streets* (1754), sig. a4v; Henry Home, Lord Kames, *Elements of Criticism* (6th edn, 1785), vol. 2, 485; Hutton, *History of Birmingham*, 296.

[75] R. H. Sweet, 'Topographies of Politeness', *TRHS*, 6th ser., 12 (2002); Peter Borsay, *The English Urban Renaissance* (Oxford, 1989), chap. 10; id., 'Politeness and Elegance', in *Eighteenth-Century York*, ed. Mark Hallett and Jane Rendall (York, 2003); Amanda Vickery, *The Gentleman's Daughter* (New Haven, CT, 1998), esp. chaps. 5–7; Shani d'Cruze, *A Pleasing Prospect* (Hatfield, 2008), chap. 5.

[76] *Boswell's Life of Johnson*, ed. G. Birkbeck Hill, rev. L. F. Powell (Oxford, 1934–50), vol. 3, 77; Peter Clark, *British Clubs and Societies 1580–1800* (Oxford, 2000).

[77] George Puttenham, *The Arte of English Poesie*, ed. Gladys Doidge Willcock and Alice Walker (Cambridge, 1936), 144; Sir John Cullum, *The History and Antiquities of Hawsted* (1784), 220. 罗伯特·惠廷顿（Robert Whittington）将伊拉斯谟所指的“乡村气质”（rustic）翻译为“高坡气质”（uplandish）；*De Civilitate Morum Puerilium* (1532), sig. D3。

[78] G. J. Williams, *Iolo Morgannwg* (Cardiff, 1926), 25.

[79] 见下例 Vickery, *Gentleman's Daughter*, chap. 6.

[80] Hutton, *History of Birmingham*, 91; Cullum, *History and Antiquities of*

Hawsted, 220n.

[81] *The Agrarian History of England and Wales*, vol. 4, ed. Joan Thirsk (Cambridge, 1967), 111, 411-12; Keith Thomas, *Man and the Natural World* (1983), 194-95.

[82] (Privy Council) *Orders and Directions* (1630), sig. G4^{v}; and see Patricia Fumerton, *Unsettled* (Chicago, IL, 2006).

[83] T. S. Willan, *River Navigation in England 1600-1750* (1936), 106-7.

[84] Bodl., MS Rawlinson B. 323, fol. 99^{v} (Gloucestershire collections of Richard Parsons (d. 1711)).

[85] *Proceedings Principally in the County of Kent*, ed. Lambert B. Larking (Camden Soc., 1862), 154; William Camden, *Britain, or a Chorographicall Description*, trans. Philemon Holland (1637), 491【"不文明"(uncivil)是菲莱蒙·霍兰德(Philemon Holland)对卡姆登(Camden)的"incultus"的翻译；1695年埃德蒙·吉布森将其翻译为"文明化程度低的"(uncivilized)】; *The Life of Edward, Earl of Clarendon … by Himself* (Oxford, 1857), vol. 1, 53; William Dugdale, *The History of Imbanking and Drayning of Divers Fenns and Marshes* (1662), 171; Nathanael Carpenter, *Geographie Delineated Forth in Two Bookes* (2nd edn, Oxford, 1635), 24。

[86] *The Somersetshire Quarterly Meeting of the Society of Friends*, ed. Stephen C. Marland (Somerset Rec. Soc., 1978), 4; J. W. Gough, *The Mines of Mendip* (rev. edn, Newton Abbot, 1967), 224.

[87] S [tephen] P [rimatt], *The City and Country Purchaser and Builder* (2nd edn by William Leybourne, 1680), 32; Andy Wood, *The Politics of Social Conflict* (Cambridge, 1999), 3.

[88] J. V. Beckett, 'Elizabeth Montagu', *Huntington Lib. Qtly* 49 (1986), 157.

[89] G. R. Lewis, *The Stannaries* (1908; Truro, 1965), 217.

[90] 如 David Levine and Keith Wrightson, *The Making of an Industrial Society* (Oxford, 1991), 296-308, 430-32 (on the miners of Tyneside)。

[91] David Marcombe, ' "A Rude and Heady People" ', in *The Last Principality*, ed. Marcombe (Nottingham, 1987), 117, 121; Puttenham, *Arte of English Poesie*, 144.

[92] Diarmaid MacCulloch, *Thomas Cranmer* (New Haven, CT, 1996), 178; *Correspondence of Matthew Parker*, ed. John Bruce and Thomas Thomason Perowne (Parker Soc., Cambridge, 1853), 123; Steven G. Ellis, *Tudor Frontiers and Noble Power* (Oxford, 1995), 56-68, 260, and id., 'Civilizing Northumberland', *Journ. of Hist. Sociology* 12 (1999).

[93] T. F., *Newes from the North* (1585), sig. Lii^{r-v}.

[94] *The Earl of Strafforde's Letters and Despatches*, ed. William Knowler (1739), vol. 1, 51; Plume, in Hacket, *Century of Sermons*, iii.

[95] J. M. Fewster, *The Keelmen of Tyneside* (Woodbridge, 2011), 100-101.

[96] James Pilkington, A *View of the Present State of Derbyshire* (Derby, 1789), vol. 2, 57-59.

[97] Markku Peltonen, *Classical Humanism and Republicanism in English Political Thought* (Cambridge, 1995), 60-64; Jonathan Barry, 'Civility and Civic Culture in

Early Modern England', in *Civil Histories*, ed. Burke et al.

[98] C. W. Brooks, review of Lawrence Stone and Jeanne Fawtier Stone, *An Open Elite?*, in *EHR* 101 (1986), 179; John Brewer, 'Commercialization and Politics', in Neil McKendrick et al., *The Birth of a Consumer Society* (1982), 214–15; Helen Berry, 'Polite Consumption', *TRHS*, 6th ser., 12 (2002), 387–89.

[99] Philip E. Jones, *The Butchers of London* (1976), 118–19.

[100] John Saltmarsh, *The Practice of Policie in a Christian Life* (1638), 29; Daniel Defoe, *The Complete English Tradesman* (1745; Oxford, 1841), vol. 1, 62; Scott, *Essay of Drapery*, 86; Joseph Collyer, *The Parent's and Guardian's Directory* (1725–27), 45, 110–11, 158, 159; Lawrence E. Klein, 'Politeness for Plebes', in *The Consumption of Culture 1600–1800*, ed. Ann Bermingham and John Brewer (1975), 372; Joel Mokyr, *The Enlightened Economy* (New Haven, CT, 2009), 370–74.

[101] *Reliquiae Baxterianae*, vol. 1, 89; *The Travels through England of Dr Richard Pococke*, ed. James Joel Cartwright (Camden Soc., 1888–89), vol. 1, 8.

[102] [Béat Louis de Muralt], *Letters describing the Character and Customs of the English and French Nations* (Eng. trans., 1726), 83.

[103] Mandeville, *Fable of the Bees*, vol. 1, 349–52; R. Campbell, *The London Tradesman* (1747; Newton Abbot, 1969), 197.

[104] R. S. Fitton and A. P. Wadsworth, *The Strutts and the Arkwrights 1758–1830* (Manchester, 1958), 145.

[105] Richard Warner, *A Walk through Wales* (Bath, 1798), 9–10, cit. Paul Langford, 'The Uses of Eighteenth-Century Politeness', *TRHS*, 6th ser., 12 (2002), 320.

[106] B [ernard] M [andeville], *Free Thoughts on Religion, the Church and National Happiness* (1720), 273; Hutton, *History of Birmingham*, 398; Paul Langford, *Englishness Identified* (Oxford, 2000), 97.

[107] CH. ED. [Christian Erndtel], *The Relation of a Journey into England and Holland, in the years 1706, and 1707* (Eng. trans., 1711), 39.

[108] Clark, *British Clubs and Societies*, is the authoritative account.

[109] *Ben Jonson*, ed. C. H. Herford and Percy and Evelyn Simpson (Oxford, 1925–1947), vol. 11, 360. 关于詹姆斯一世时期的俱乐部，见 Michelle O' Callaghan, *The English Wits* (Cambridge, 2007)，以及她和斯特拉·阿奇略斯 (Stella Achilleos) 所著书的章节，出自 *A Pleasing Sinne*, ed. Adam Smyth (Cambridge, 2004) and in '*Lords of Wine and Oile*', ed. Ruth Connolly and Tom Cain (Oxford, 2011)。

[110] *Polydore Vergil's English History*, ed. and trans. Sir Henry Ellis (Camden Soc., 1846), vol. 1, 24; Carew, *Survey of Cornwall*, fol. 67^{v}; Lorna Weatherill, *Consumer Behaviour and Material Culture in Britain 1660–1760* (1988), 151–59; Carole Shammas, *The Pre-Industrial Consumer in England and America* (Oxford, 1990), chap. 6; Mark Overton et al., *Production and Consumption in English Households, 1600–1750* (2004), 90–98; Robert Applelbaum, *Aguecheek's Beef, Belch, Hiccup, and Other Gastronomic Interjections* (Chicago, IL, 2006), 42, 84, 201, 207.

[111] Stephen Mennell, *All Manners of Food* (Oxford, 1985), 92; Fynes Moryson, *An Itinerary* (*Glasgow*, 1907–8), vol. 4, 173; Robert Burton, *The Anatomy of Melancholy*, ed. Thomas C. Faulkner et al. (Oxford, 1989–2000), vol. 2, 26 (2. 2. 1. 2); Felicity Heal, *Hospitality in Early Modern England* (Oxford, 1990), chap. 9.

[112] *Coffee Houses Vindicated* (1675), 5, 史蒂夫·平卡斯（Steve Pincus）所引用, ' "Coffee Politicians Does Create" ', *JMH* 67 (1995); Jennifer Richards, 'Health, Intoxication, and Civil Conversation in Renaissance England', in *Cultures of Intoxication*, ed. Phil Withington and Angela McShane (*P&P*, supp. 9, 2014); Jordan Goodman, 'Excitantia', and Woodruff D. Smith, 'From Coffeehouse to Parlour', in *Consuming Passions*, ed. Jordan Goodman et al. (2nd edn, Abingdon, 2007)。

[113] Hutchinson, *Life of Colonel Hutchinson*, 70.

[114] R [obson], *The Choise of Change*, sig. Giv^{v}.

[115] *Reliquiae Baxterianae*, vol. 1, 89.

[116] 如 Henry Fielding, *The Covent Garden Journal*, ed. Bertrand A. Goldgar (Oxford, 1988), xlii–xliii, 94–95, 174–75。

[117] Donna T. Andrew, 'The Code of Honour and Its Critics', *SocHist* 5 (1980); Phil Withington, *The Politics of Commonwealth* (Cambridge, 2005), 176; Margaret R. Hunt, *The Middling Sort* (Berkeley, CA, 1996); Hannah Barker, 'Soul, Purse and Family', *SocHist* 33 (2008).

[118] William Shakespeare, *Henry IV*, *Part I* (ca. 1597), act 3, scene 1, lines 246–55.

[119] T. L. Kington Oliphant, *The New English* (1886), vol. 2, 232.

[120] James Nelson, *An Essay on the Government of Children* (1753), 306; and see Vickery, *Gentleman's Daughter*, chap. 1.

[121] Richard Whately, *Elements of Rhetoric* (2nd edn, Oxford, 1828), 179n–180n.

[122] A. Marsh, *The Confessions of the New Married Couple* (1683), 131. 有关女王港（Queenhithe）的设施，见 Dorian Gerhold, *London Plotted* (London Topographical Soc., 2016), 211–12。

[123] David Cressy, 'Saltpetre, State Security and Vexation in Early Modern England', *P&P* 212 (2011), 94; *Commons Debates 1628*, ed. Robert C. Johnson et al. (New Haven, CT, 1977–83), vol. 4, 350.

[124] Giacomo Casanova, *History of My Life*, trans. Willard R. Trask (vols. 9 and 10, 1970), 251.

[125] Martin Ingram, 'Sexual Manners', and Sara Mendelson, 'The Civility of Women in Seventeenth-Century England', in *Civil Histories*, ed. Burke et al.

[126] [Francis Grose], *Lexicon Balatronicum* (1811), sig. M3.

[127] Godfrey Goodman, *The Fall of Man* (1616), 5, 51; Archibald Alison, *Essays on the Nature and Principles of Taste* (4th edn, Edinburgh, 1815), vol. 2, 393–94.

[128] John Weaver, *An Essay towards an History of Dancing* (1712), 23; J [ohn] B [ulwer], *Chirologia* (1644), vol. 2, 117.

[129] W [illiam] K [empe], *The Education of Children in Learning* (1588), sig. E3^{v}; Margaret Cavendish, Duchess of Newcastle, *The Life of William Cavendish*, *Duke of*

Newcastle, ed. C. H. Firth (n. d.), 157; BL, Addl. MS 28, 531 (James Boevey, 'The Art of Building a Man'), fol. 17; Brian W. Hill, *Robert Harley* (New Haven, CT, 1988), 4; Bryson, *Courtesy to Civility*, 133–34.

[130] William Darrell, *The Gentleman Instructed* (11th edn, 1738), 16.

[131] *The Voyages and Colonising Enterprises of Sir Humphrey Gilbert*, ed. David Beers Quinn (Hakluyt Soc., 1940), vol. 2, 361; Jenny Uglow, *A Gambling Man* (2009), 56; Antonio Gramsci, *Il Risorgimento* (Turin, 1949), 199–200.

[132] W. P., *Foure Great Lyers* (1585), sig. E6^{v}; Gervase Markham, *Cavelarice, or the English Horseman* (1607), bk 5, 18–19.

[133] Roderick Floud, Kenneth Wachter and Annabel Gregory, *Height, Health and History* (Cambridge, 1990), 1–3, and chap. 5; 其他文献见 Floud, 'The Dimensions of Inequality', *Contemporary British History* 16 (2002), and id. et al., *The Changing Body* (Cambridge, 2011), 34, 135, 229–30; Louis Simond, *Journal of a Tour and Residence in Great Britain during the Years 1810 and 1811* (2nd edn, Edinburgh, 1817), vol. 1, 30–31, 266; Matthew McCormack, 'Tall Histories', *TRHS*, 6th ser., 26 (2016), 87–89。

[134] David Hume, *A Treatise of Human Nature*, ed. David Fate Norton and Mary J. Norton (Oxford, 2000), 259 (2. 3. 1).

[135] George Owen of Henllys, *The Description of Pembrokeshire* (1603), ed. Dillwyn Miles (Llandysul, 1994), 48.

[136] John Locke, *Some Thoughts on the Conduct of the Understanding in the Search of Truth* (Glasgow, 1754), 21.

[137] Dennis Smith, *Norbert Elias and Modern Social Theory* (2002), 163.

[138] Joseph Bettey, '"Ancient Custom Time Out of Mind"', *Antiquaries Journ.* 89 (2009), 316; Jeremy Boulton, 'Going on the Parish', and Pamela Sharpe, '"The Bowels of Compassion"', in *Chronicling Poverty*, ed. Tim Hitchcock et al. (Basingstoke, 1997), 32–33, 100–103; *Warwick County Records*, ed. S. C. Ratcliff and H. C. Johnson (Warwick, 1936), vol. 2, 85.

[139] Steve Hindle, *On the Parish?* (Oxford, 2004), 161, 164; id., 'Civility, Honesty and the Identification of the Deserving Poor', in *Identity and Agency in England, 1500–1800*, ed. Henry French and Jonathan Barry (Basingstoke, 2004); K. D. M. Snell, *Parish and Belonging* (Cambridge, 2006), 297; Jonathan Healey, *The First Century of Welfare* (Woodbridge, 2014), 119–20. On 'honesty' see Alexandra Shepard, *Meanings of Manhood in Early Modern England* (Oxford, 2003), 73–74, 87, 248; and ead., 'Honesty, Wealth and Gender in Early Modern England', in *Identity and Agency*, ed. French and Barry.

[140] Alexandra Shepard, *Accounting for Oneself* (Oxford, 2015), esp. 180–90; Mark Hailwood, *Alehouses and Good Fellowship in Early Modern England* (Woodbridge, 2014), 49, 51.

[141] Bernard Capp, 'The Double Standard Revisited', *P&P* 162 (1999). 关于 16 世纪和 17 世纪的侮辱语言，见 Laura Gowing, *Domestic Dangers* (Oxford, 1996), chaps. 3 and 4; Bernard Capp, *When Gossips Meet* (Oxford, 2003), esp. 189–204, 230–32, 252–63; Shepard, *Meanings of Manhood in Early Modern England*,

index, s. v. ‘defamation’, ‘sexual insult’ and ‘verbal abuse’; Fiona Williamson, *Social Relations and Urban Space* (Woodbridge, 2014), 134–37; Martin Ingram, *Carnal Knowledge* (Cambridge, 2017), 69–75, 184–86, 194。

[142] Mendelson, ‘Civility of Women’; Laura Gowing, *Common Bodies* (New Haven, CT, 2003), 96, 103, 104; David M. Turner, *Fashioning Adultery* (Cambridge, 2002), 49, 78–92, 195–96; 尤其是 Ingram, ‘Sexual Manners’。

[143] Penelope J. Corfield, ‘Walking the Streets’, *Journ. of Urban History* 16 (1990); Robert B. Shoemaker, *The London Mob* (2004), 174–75; Tim Reinke-Williams, *Women, Work and Sociability in Early Modern London* (Basingstoke, 2014), 6, 127, 150–56.

[144] Ingram, ‘Sexual Manners’, 99; Laura Gowing, *Domestic Dangers* (Oxford, 1996), 73; Christopher Haigh, *The Plain Man's Pathways to Heaven* (Oxford, 2007), chap. 8.

[145] John Rushworth, *Historical Collections* (1721), vol. 2, 88; Ingram, ‘Sexual Manners’, 100–102; Paul Griffiths, *Lost Londons* (Cambridge, 2008), 43.

[146] Capp, *When Gossips Meet*, 88, 190, 219, 220, 230, 257.

[147] *Calendar of Wynn (of Gwydir) Papers 1515–1690* (Aberystwyth, 1926), 68.

[148] Joseph Moxon, *Mechanick Exercises on the whole Art of Printing (1683–4)*, ed. Herbert Davis and Harry Carter (2nd edn, 1962; New York, 1978), 323–27; Adrian Johns, *The Nature of the Book* (Chicago, IL, 1998), 188, 197; Philip J. Stern, *The Company-State* (Oxford, 2011), 36.

[149] Thomas Churchyard, *The Worthines of Wales* (1587; 1776), vi, vii, 3, 4, 89–90; *Records of Early English Drama: Norwich 1540–1642*, ed. David Galloway (Toronto, 1984), 294–95; Thomas Tusser, *Five Hundreth Points of Good Husbandry* (1573), fol. 7.

[150] Fynes Moryson, *Shakespeare's Europe*, ed. Charles Hughes (2nd edn, New York, 1967), 474; William Brenchley Rye, *England as Seen by Foreigners in the Days of Elizabeth and James the First* (1865), 7, 186; [Thomas] P[ritchard], *The Schoole of Honest and Vertuous Lyfe* (1579), 40; *Two Italian Accounts of Tudor England*, trans. C. W. Malfatti (Barcelona, 1953), 36.

[151] *Stuart Royal Proclamations*, vol. 1, 508–11, 588–90; Mary Carleton, *The Case of Madam Mary Carleton* (1663), 128–29; D. A., *The Whole Art of Converse* (1683), 119–20; *The Writings of John Evelyn*, ed. Guy de la Bedoyère (Woodbridge, 1985), 78; *M. Misson's Memoirs and Observations in his Travels over England*, trans. [John] Ezell (1719), 310.

[152] Langford, *Englishness Identified*, 221–25.

[153] Henry Fielding, *The Journal of a Voyage to Lisbon*, ed. Martin C. Battestin (Oxford, 2008), 569.

[154] Richard Gough, *Antiquities and Memoirs of the Parish of Myddle* (Shrewsbury, 1875), 56, 113, 115, 122, 135, 139, 146, 147, 150.

[155] Gainsford, *The Rich Cabinet Furnished*, fol. 29; Ingram, ‘Sexual Manners’, 102–3; Capp, *When Gossips Meet*, 261; Reinke-Williams, *Women, Work and Sociability*, 113–14, 130–31.

[156] Ingram, 'Sexual Manners', 108.
[157] Tim Hitchcock and Robert Shoemaker, *London Lives* (Cambridge, 2015), 267.
[158] Robert Roberts, *The Classic Slum* (Harmondsworth, 1973), 14–19. See also R. Q. Gray, *The Labour Aristocracy in Victorian Edinburgh* (Oxford, 1976), chap. 7 ('The Meaning of Respectability'); J. M. Golby and A. W. Purdue, *The Civilisation of the Crowd* (1984), 185–87; F. M. L. Thompson, *The Rise of Respectable Society* (1988), 198–204.
[159] Ames, *Conscience*, bk 4, 267; M. Dorothy George, *London Life in the XVIIIth Century* (1925), 276–77; Ian McCalman, *Radical Underworld* (Cambridge, 1988), 26–29; Anna Clark, *The Struggle for the Breeches* (1995), 33.
[160] Thomas, *Ends of Life*, 164–65; Carolyn Steedman, *An Everyday Life of the English Working Class* (Cambridge, 2013), 111–12 (and see 93–94, 108–9); Clark, *Struggle for the Breeches*, 35–36, 43, 51, 54, 61, 248.
[161] David A. Postles, *Social Proprieties* (Washington, DC, 2006), 2.
[162] Peter Chamberlen, *The Poore Mans Advocate* (1649), 9; Mandeville, *Fable of the Bees*, vol. 1, 269–70.
[163] John St John, *Observations on the Land Revenue of the Crown* (1787), appendix, 4, 12, 14.
[164] Andy Wood, *The Memory of the People* (Cambridge, 2013), 343.
[165] Jo[hn] Streater, *A Glympse of that Jewel, Judicial, Just, Preserving Libertie* (1653), 15; Samuel Hartlib, *Londons Charitie* (1648), 5; [Daniel Defoe], *Some Considerations on the Reasonableness and Necessity of Encreasing and Encouraging the Seamen* (1728), 44.
[166] John Brinsley, *A Consolation for our Grammar Schooles* (1622), sig. $*3^v$; John Gauden, *Hieraspistes* (1653), 400; Nicholas Carlisle, *A Concise Description of the Endowed Grammar Schools* (1818), vol. 1, 809.
[167] Carlisle, *Concise Description*, vol. 1, 420; John Locke, *Some Thoughts concerning Education*, ed. John W. and Jean S. Yolton (Oxford, 1989), 208.
[168] Thomas Killigrew, *The Prisoners and Claracilla* (1641), sig. $A2^v$ (and Edmund Spenser, *The Faerie Queene* (1596), bk 6, canto 1, st. 1); John Stow, *A Survey of London*, ed. Charles Lethbridge Kingsford (Oxford, 1908), vol. 2, 211.
[169] *Desiderata Curiosa*, vol. 2, 444; D. A., *Whole Art of Converse*, sig. $A2^v$.
[170] R. O. Bucholz, *The Augustan Court* (Stanford, CA, 1993), chap. 7; Joanna Marschner, *Queen Caroline* (New Haven, CT, 2014), 19; Chesterfield, in *The World* 148 (30 Oct. 1755), in *British Essayists*, ed. Lynam, vol. 17, 182; David Scott, *Leviathan* (2013), 272–73.
[171] David Starkey, 'The Court', *Journal of the Warburg and Courtauld Institutes* 45 (1982); John Aubrey, *Brief Lives and Other Selected Writings*, ed. Anthony Powell (1949), 9; David Norbrook, ' "Words more than civil" ', in *Early Modern Civil Discourses*, ed. Jennifer Richards (Basingstoke, 2003), 71; Jonathan Swift, 'Hints on good manners', in *A Proposal for Correcting the English Tongue*, 221.
[172] Thomas Milles, *The Catalogue of Honor* (1610), 16 (translating Robert Glover, *Nobilitas Politica vel Civilis* (1608)).

[173] [Richard Overton], *The Araignement of Mr Persecution* (1645), 33; Cavendish, *Life of William Cavendish*, 51.

[174] *Cyvile and Uncyvile Life*, sig. Hiv[v]; Gerard Leigh, *The Accedens of Armory* (3rd edn, 1612), 216; Botero, *Relations of the Most Famous Kingdomes*, 75; Mark Girouard, *Life in the English Country House* (New Haven, CT, 1978), 7-8.

[175] S. J. Watts with Susan J. Watts, *From Border to Middle Shire* (Leicester, 1975), 192; *HMC*, *Cowper*, vol. 2, 51.

[176] Boemus, *Manners, Lawes and Customes of All Nations*, 450 (Aston's interpolation).

[177] David Coke and Alan Borg, *Vauxhall Gardens* (New Haven, CT, 2011), 41.

[178] Norbert Elias, *On the Process of Civilisation*, trans. Edmund Jephcott (*Collected Works of Norbert Elias*, Dublin, 2006-14, vol. 3), 195.

[179] Daniel E. Thiery, *Polluting the Sacred* (Leiden, 2009).

[180] Watts, *From Border to Middle Shire*, 87.

[181] 如 *The Workes of…M [aster] W [illiam] Perkins* (Cambridge, 1608-31), vol. 1, 50, 634; vol. 2, 150-52; Shelford, *Lectures or Readings upon Proverbs*, 14-17; Richard Rogers, *Seven Treatises* (1603), 168-69; William Gouge, *Of Domesticall Duties, Eight Treatises* (3rd edn, 1634), 538-39; *A Compleat Collection of the Works of…John Kettlewell* (1719), vol. 1, 123, 315; Bejan, *Mere Civility*, 40-41。

[182] John Jackson, *The True Evangelical Temper* (1641), 5-6.

[183] 'A Briefe Narrative of the Life and Death of Mr Thomas Hall' (Dr Williams' Library, London, MS 61. 1), 53; and see Denise Thomas, 'The Pastoral Ministry of Thomas Hall (1610-1665) in the English Revolution', *Midland History* 38 (2013).

[184] Bernard Capp, *England's Culture Wars* (Oxford, 2012); and works cited by Martin Ingram, 'Reformation of Manners in Early Modern England', in *The Experience of Authority in Early Modern England*, ed. Paul Griffiths et al. (Basingstoke, 1996), notes 17 and 20.

[185] William Prynne, *Canterburies Doome* (1646), 141-42; Carew, *Survey of Cornwall*, fol. 69[r-v]; Thomas G. Barnes, 'County Politics and a Puritan Cause Célèbre', *TRHS*, 5th ser., 9 (1959); *Epistolary Curiosities*, ed. Rebecca Warner (1818), vol. 1, 186.

[186] Thomas Secker, *Fourteen Sermons* (1766), 121; *Spectator* 112 (9 July 1711), ed. Donald F. Bond (Oxford, 1965), vol. 1, 460; Hugh Blair, *The Importance of Religious Knowledge to the Happiness of Mankind* (1750), 23; *Boswell's Life of Johnson*, vol. 3, 437. On vicars' wives as 'a civilizing element', see Mrs Henry Sandford, *Thomas Poole and His Friends* (1888), vol. 1, 56.

[187] Thomas Walter Laqueur, *Religion and Respectability* (New Haven, CT, 1976), chap. 7; Pilkington, *View of the Present State of Derbyshire*, vol. 2, 58-59; Anne Stott, *Hannah More* (Oxford, 2003), 167.

[188] George Heath, *The New History, Survey and Description of the City and Suburbs of Bristol* (Bristol, 1794), 75. On them, see Robert W. Malcolmson, '"A Set of Ungovernable People"', in *An Ungovernable People*, ed. John Brewer and John Styles (1980).

[189] Anthony Armstrong, *The Church of England, the Methodists and Society, 1700-1850* (1973), 92-94; Prys Morgan, 'Wild Wales', in *Civil Histories*, ed. Burke et al., 280.

[190] *The Autobiography of Francis Place*, ed. Mary Thale (Cambridge, 1972), 82. See also Carew, *Survey of Cornwall*, fol. 66^{r-v}; John Money, *Experience and Identity* (Manchester, 1977), 90; Langford, *Englishness Identified*, 223-25; Jonathan White, 'The Laboring-Class Domestic Sphere in Eighteenth-Century British Social Thought', in *Gender, Taste and Material Culture in Britain and North America 1700-1830*, ed. John Styles and Amanda Vickery (New Haven, CT, 2006), 251-52.

[191] *William Warner's Syrinx*, ed. Wallace A. Bacon (Evanston, IL, 1950; New York, 1970), 183; Sir Harry Beaumont [Joseph Spence], *Crito: or, a Dialogue on Beauty* (Dublin, 1752), 43. Cf. Pierre Bourdieu, *Distinction*, trans. Richard Nice (Cambridge, MA, 1984), 190-93.

[192] Keith Thomas, 'Bodily Control and Social Unease', in *The Extraordinary and the Everyday in Early Modern England*, ed. Angela McShane and Garthine Walker (Basingstoke, 2010), 15; William Bullein, *A Newe Booke Entituled the Gouernement of Healthe* (1558), sig. Fviii (I have taken 'heares' to be 'hairs', not 'ears'); also id., *Bulleins Bulwarke of Defence againste all Sicknes, Sornes, and Woundes* (1579), sig. bbb2^{v}.

[193] [John Norden], *The Fathers Legacie* (1625), sig. A7^{r-v}. 关于社会底层身上散发气味的其他评论，见 Brents Stirling, *The Populace in Shakespeare* (New York, 1947), 65-73; Henry More, *A Modest Enquiry into the Mystery of Iniquity* (1664), sig. A3^{v}; M. G. Smith, *Pastoral Discipline and the Church Court* (Borthwick Papers, York, 1982), 38; Mark Jenner, 'Civilization and Deodorization', in *Civil Histories*, ed. Burke et al., 139; Paul Griffiths, 'Overlapping Circles', in *Communities in Early Modern England*, ed. Alexandra Shepard and Phil Withington (Manchester, 2000), 119。

[194] Elizabeth Mary Wright, *Rustic Speech and Folk-Lore* (1913), 6.

[195] John Styles, *The Dress of the People* (New Haven, CT, 2007), esp. chap. 4.

[196] Nathaniel Hawes, quoted by Peter Linebaugh, 'The Tyburn Riot against the Surgeons', in Douglas Hay et al., *Albion's Fatal Tree* (1975), 111. 虽然这些话表达了霍斯的情绪，但他所说的话似乎是一位 19 世纪的历史学家所写。Arthur Griffiths, *The Chronicles of Newgate* (1884), vol. 1, 253。

[197] Capp, *When Gossips Meet*, 189-200, 230, 257; Tim Hitchcock, *Down and Out in Eighteenth-Century London* (2004), 99-101; Peter D. Jones, ' "I Cannot Keep My Place without Being Deascent" ', *Rural History* 20 (2009). 请参考社会观察家玛格丽特·麦克米兰关于 20 世纪初伦敦贫民窟居民脏乱的评论：《劳动与童年》(*Labour and Childhood*, 1907 年出版)，第 12-14 页。

[198] Keith Thomas, 'Cleanliness and Godliness in Early Modern England', in *Religion, Culture and Society in Early Modern Britain*, ed. Anthony Fletcher and Peter Roberts (Cambridge, 1994), 77-78.

[199] William Vaughan, *Naturall and Artificial Directions for Health* (1602), sig. E1^{v};

Joseph P. Hart, *The Parish Council of Bletchingley* (n. pl., 1955), 7; William Buchan, *Domestic Medicine* (2nd edn, 1772), 114; Thomas, 'Cleanliness and Godliness', 77–78.

[200] David Underdown, *Revel, Riot, and Rebellion* (Oxford, 1985), 64; Thomas Fuller, *The Holy State* ([1648] 1840) 148–49 ([Robert Sanderson], *A Soveraigne Antidote against Sabbatarian Errours* (1636), 24); Christopher Marsh, *Music and Society in Early Modern England* (Cambridge, 2010), 335, 382.

[201] James Sharpe and J. R. Dickinson, 'Homicide in Eighteenth-Century Cheshire', *SocHist* 41 (2016).

[202] Charles Phythian-Adams, 'Rituals of Personal Confrontation in Late Medieval England', *Bull. John Rylands Lib.* 73 (1991).

[203] *The Clarke Papers*, ed. C. H. Firth (Camden Soc., 1890–1901), vol. 4, 300.

[204] Shepard, *Meanings of Manhood*, 147–49; *Misson's Memoirs and Observations*, 304–6; Muralt, *Letters*, 42; J. M. Beattie, *Crime and the Courts in England 1660–1800* (Oxford, 1986), 91–94; Shoemaker, *London Mob*, 194–200; Adam Fox, 'Vernacular Culture and Popular Customs in Early Modern England', *CultSocHist* 9 (2012), 334; Sharpe and Dickinson, 'Homicide in Eighteenth-Century Cheshire', 199–200; Langford, *Englishness Identified*, 46, 149–50.

[205] Capp, *When Gossips Meet*, 221–22.

[206] Ibid., 219–20; Jennine Hurl-Eamon, *Gender and Petty Violence in London, 1680–1720* (Columbus, OH, 2005).

[207] Norbert Elias and Eric Dunning, *The Quest for Excitement* (*Collected Works of Norbert Elias*, vol. 7); Shoemaker, *London Mob*, chaps. 3, 6 and 7; Craig Koslofsky, *Evening's Empire* (Cambridge, 2011), chap. 5.

[208] Richard Holt, *Sport and the British* (Oxford, 1989), 18–20; Carolyn A. Conley, *The Unwritten Law* (New York, 1991), 49–52; J. Carter Wood, *Violence and Crime in Nineteenth-Century England* (2004), chap. 4; Steedman, *Everyday Life of the English Working Class*, chap. 4 and 109–10.

[209] William Blackstone, *Commentaries on the Laws of England*, ed. Wilfrid Prest (Oxford, 2016), vol. 1, 287 (I. xv); Mandeville, *Fable of the Bees*, vol. 2, 306; Elizabeth Foyster, *Marital Violence* (Cambridge, 2005), 79 (for Nicholl) and passim; James Sharpe, *A Fiery & Furious People* (2016), 174–75, 187–89, 414–15.

[210] Martin Ingram, *Church Courts, Sex and Marriage in England, 1570–1640* (Cambridge, 1987), 162–63; id., *Carnal Knowledge*, index, s. v. 'antenuptial incontinence'; Keith Thomas, 'The Double Standard', *JHI* 20 (1959), 206; Bridget Hill, 'The Marriage Age of Women and the Demographers', *HWJ* 28 (1989), 143–44; John R. Gillis, *For Better or Worse* (New York, 1985), 110–11, 179–82, 186, 197–209; Levine and Wrightson, *The Making of an Industrial Society*, 299–305; Richard Adair, *Courtship, Illegitimacy and Marriage in Early Modern England* (Manchester, 1996), 81, 109, 142–48; Faramerz Dabhoiwala, *The Origins of Sex* (2012), 11, 19, 41, 204–6.

[211] Peter Laslett, *Family Life and Illicit Love in Earlier Generations* (Cambridge,

1977), chap. 3; E. A. Wrigley and R. S. Schofield, *The Population History of England 1541–1871* (1981), 194–95, 304–5, 427, 429–30; E. A. Wrigley, 'Marriage, Fertility and Population Growth in Eighteenth-Century England', in *Marriage and Society*, ed. R. B. Outhwaite (1981), 155–63; Nicholas Rogers, 'Carnal Knowledge', *JSocHist* 23 (1989); Adrian Wilson, 'Illegitimacy and Its Implications in Mid-Eighteenth-Century London', *Continuity and Change* 4 (1989); E. A. Wrigley et al., *English Population History from Family Reconstitution 1580–1837* (Cambridge, 1997), 54, 219, 421–22; Clark, *Struggle for the Breeches*, 42–44, 61.

[212] David Levine and Keith Wrightson, 'The Local Context of Illegitimacy in Early Modern England', in *Bastardy and Its Comparative History*, ed. Peter Laslett et al. (1980); Rebecca Probert, *Marriage Law and Practice in the Long Eighteenth Century* (Cambridge, 2009), 100–101, 256.

[213] Hunt, *The Middling Sort*, chap. 8; 尤其是, Turner, *Fashioning Adultery*, 11–12, 36, 82, 192, 195–96。

[214] Margaret Cavendish, Duchess of Newcastle, *CCXI Sociable Letters* (1664), 113–14; *Misson's Memoirs and Observations*, 332.

[215] Thomas, *Ends of Life*, 97–98, 304n56; Tim [othy] Nourse, *A Discourse upon the Nature and Faculties of Man* (1686), 320; Bernard Capp, '"Jesus Wept" but Did the Englishman?' *P&P* 224 (2014), 93, 104; S. C., *The Art of Complaisance* (1673), 41–42; Henry Chettle, *Kind-Harts Dream* (1592), ed. Edward F. Rimbault (Percy Soc., 1841), 18.

[216] William Harrison, *The Description of England*, ed. Georges Edelen (Ithaca, NY, 1968), 131–32.

[217] J [ohn] B [ulwer], *Pathomyotomia* (1649), 130; 'A Divine of the Church of England' (Thomas Bray), *A Course of Lectures upon the Church Catechism* (Oxford, 1696), vol. 1, 200; Obadiah Walker, *Of Education* (1673), 227.

[218] Edw [ard] B [ysshe], *The Art of English Poetry* (1702), vol. 2, 1.

[219] John Earle, *Micro-Cosmographie* (1628), ed. Edward Arber (Westminster, 1895), 50; *The Works of Symon Patrick*, ed. Alexander Taylor (Oxford, 1858), vol. 9, 238; Henry Peacham, *The Truth of our Times* (1638), 125.

[220] D. A., *Whole Art of Converse*, 35–36.

[221] Adam Smith, *Lectures on Rhetoric and Belles Lettres*, ed. J. C. Bryce (Oxford, 1983), 198; Thomas Sheridan, *British Education* (1756), 437–38; *Essays of George Eliot*, ed. Thomas Pinney (1963), 217.

[222] Mandeville, *Fable of the Bees*, vol. 2, 305; James Beattie, *Essays on Poetry and Music as they affect the Mind* (Edinburgh, 1776), 438–39.

[223] B. Lowsley, *A Glossary of Berkshire Words and Phrases* (Eng. Dialect Soc., 1888), 177; Jonathan Swift, *Irish Tracts, 1720–1723 and Sermons*, ed. Louis Landa (Oxford, 1948), 65; Fox, 'Vernacular Culture and Popular Customs', 334.

[224] Capp, *When Gossips Meet*, 197–200.

[225] Mandeville, *Fable of the Bees*, vol. 2, 295.

[226] Bulwer, *Chirologia*, 173–76; Capp, *When Gossips Meet*, 232.

[227] Keith Wrightson and David Levine, *Poverty and Piety in an English Village* (1979; Oxford, 1995), 124-25; [William Vaughan], *The Spirit of Detraction Coniured and Convicted in Six Circles* (1611), 103. 更宽泛的文献，见 John Walter, 'Gesturing at Authority', in *The Politics of Gesture*, ed. Michael J. Braddick (*P&P*, supp. 4, Oxford, 2009)。

[228] *Spectator* 354 (16 Apr. 1712), ed. Bond, vol. 3, 322. 关于全套手势语言（"手指方言"），见 Bulwer, *Chirologia*, 关于将放屁视为一种蓄意冒犯的"言语行为"，见 Thomas, 'Bodily Control and Social Unease'。

[229] *Bishop Still's Visitation 1594*, ed. Derek Shorrocks (Somerset Rec. Soc., 1998), 142; Garthine Walker, 'Expanding the Boundaries of Female Honour in Early Modern England', *TRHS*, 6th ser., 6 (1996), 240.

[230] Edward Reynell, *The Life and Death of the Lady Lucie Reynell* (1654), 引用于 Wilford, *Memorials and Characters*, 456。

[231] Harrison, *Description of England*, 131; Pilkington, *View of the Present State of Derbyshire*, vol. 2, 54-55; Heal, *Hospitality in Early Modern England*, chap. 9; David Cressy, *Birth, Marriage, and Death* (Oxford, 1997); R. A. Houston, *Bride Ales and Penny Weddings* (Oxford, 2014).

[232] John Spicer, *The Sale of Salt* (1611), 258.

[233] Adam Petrie, *Rules of Good Deportment* (Edinburgh, 1720), 97; Samuel Cradock, *Knowledge and Practice* (1659), 493; *OED*, s. v. 'shot'. 关于在工作场所饮酒的重要性，见 Hailwood, *Alehouses and Good Fellowship*, chaps. 3 and 4; Clark, *Struggle for the Breeches*, 81。

[234] *Autobiography of Thomas Raymond and Memoirs of the House of Guise*, ed. Godfrey Davies (Camden, 3rd ser., 1917), 115.

[235] Thomas, *Ends of Life*, 220; Hans Medick, 'Plebeian Culture in the Transition to Capitalism', in *Culture, Ideology and Politics*, ed. Raphael Samuel and Gareth Stedman Jones (1982), 92. Cf. 皮埃尔·布尔迪厄谈法国工人阶级的"开怀畅饮伦理"; Bourdieu, *Distinction*, 179。

[236] George, *London Life in the XVIIIth Century*, 273-74; Clark, *Struggle for the Breeches*, 34.

[237] Mendelson, 'Civility of Women', 116-17; Angus J. L. Winchester, *The Harvest of the Hills* (Edinburgh, 2000), 39-40, 45-47, and chap. 5; Capp, *When Gossips Meet*, 56-57; 以及在本书作者托马斯（Keith Thomas）所著的《人生的终点》(*Ends of Life*) 中所引用的文献，339n26。

[238] William Clagett, *Of the Humanity and Charity of Christians* (1687), 5.

[239] *Cyvile and Uncyvile Life*, sig. E1ᵛ; Arnold Hunt, *The Art of Hearing* (Cambridge, 2010), 264.

[240] Harrison, *Description of England*, 144. Cf. 布列塔尼农民的饮食安排，见，*Les Autres et les miens* (Paris, 1977), 69-71。

[241] Sir Frederic Morton Eden, *The State of the Poor* (1797), vol. 1, 524. 可与下文中所描述的长期饥荒证据进行对比，见 Jane Humphries, *Childhood and Child Labour in the British Industrial Revolution* (Cambridge, 2010), 97-100。

[242] Samuel Bamford, *Early Days* (1849), 105; Christopher Dyer, *Standards of Living*

in the Later Middle Ages (Cambridge, 1989), 160; id., *An Age of Transition?* (Oxford, 2005), 136-37.

[243] Sidney W. Mintz, *Sweetness and Power* (New York, 1985), 114-17; Peter King, 'Pauper Inventories and the Material Lives of the Poor in the Eighteenth and Nineteenth Centuries', in *Chronicling Poverty*, ed. Hitchcock et al.; Adrian Green, 'Heartless and Unhomely?', in *Accommodating Poverty*, ed. Joanne McEwen and Pamela Sharpe (Basingstoke, 2011).

[244] William Godwin, *The Enquirer* ([1797]; New York, 1975), 335.

[245] Paul Johnson, 'Conspicuous Consumption and Working-Class Culture in Late Victorian and Edwardian England', *TRHS*, 5th ser., 38 (1988), 36-37.

[246] *A Collection of the Several Writings . . . [of] James Parnel* (1675), 96.

[247] Edward Phillips, *The Mysteries of Love & Eloquence* (1658), sigs. a3^{v-4}; Chesterfield, in *The World* 148 (30 Oct. 1755), in *British Essayists*, vol. 17, 182.

[248] *Letters of Chesterfield*, vol. 1, 325.

[249] Edward Search [Abraham Tucker], *The Light of Nature Pursued*, vol. 3, pt 2 (1777), 376; James Fenimore Cooper, *The American Democrat* (1838), ed. George Dekker and Larry Johnston (Harmondsworth, 1969), 200-201.

[250] Hobbes, *Leviathan*, ed. Malcolm, vol. 2, 232 (chap. 15).

[251] *Guardian* 162 (16 Sept. 1713).

[252] David Fordyce, *The Elements of Moral Philosophy* (1754), ed. Thomas D. Kennedy (Indianapolis, IN, 2003), 94.

[253] *Letters of Chesterfield*, vol. 1, 387.

[254] “一个国家里的人照顾他人情绪越多，给他人带来愉快越多，这个国家也就越礼貌”。出自孟德斯鸠《论法的精神》(“L' Esprit des Lois”)一文，选自罗杰·凯洛伊斯(Roger Caillois)所编的《完成的书》(*Oeuvres complètes*)，1951年于巴黎出版，第一卷，第582页。在该世纪后期，拜伦·德赫尔巴赫(Baron d' Holbach)同样认为：文明美德孕育了人类之间相互依赖的信仰。Jean Fabien Spitz, 'From Civism to Civility', in *Republicanism*, ed. Martin Van Gelderen and Quentin Skinner (Cambridge, 2002), vol. ii.

[255] Elias, *On the Process of Civilisation*, 405-7, 414, 418-20.

[256] *The Man of Manners*, 标题页。

[257] *Memoirs of Joseph Priestley to the year 1795, written by himself* (1806), 74-75.

[258] 见第六章。

[259] Ingram, 'Sexual Manners', 109; *Tracts on Liberty in the Puritan Revolution 1638-1647*, ed. William Haller (New York, 1934), vol. 3, 242.

第三章 文明的状况

[1] Richard Hakluyt, *Diuers Voyages touching the Discouerie of America* (1582), sigs. H1, J4^{v}; Sir Thomas Palmer, *An Essay of the Meanes how to Rule our Travailes, into Forraine Countries* (1606), 60. 托马斯·帕尔默爵士的书得益于狄奥多尔·茨温格(Theodor Zwinger)的一篇拉丁语论文，发表于《卫理公会学刊》(*Methodus Apodemica*，巴赛尔，1577年出版)。

[2] Roger Williams, *George Fox Digg'd out of his Burrowes* (Boston, MA, 1676), 258.

[3] Algernon Sidney, *Discourses concerning Government* (3rd edn, 1751), 281.

[4] 'Statutes of Corpus Christi College', 48, in *Statutes of the Colleges of Oxford* (Oxford, 1853); George Buchanan, *Rerum Scoticarum Historia* (Edinburgh, 1682), sig. Aij^{v}.

[5] Richard Sherry, *A Treatise of the Figures of Grammer and Rhetorike* (1555), fol. iiii; Quintilian, *Institutio Oratoria*, bk 1, sect. 5, lines 10–16.

[6] James Simpson, 'Ageism', *New Medieval Literatures*, vol. 1 (Oxford, 1997), 229–33.

[7] *The Dictionary of Syr Thomas Eliot Knyght* (1538), sigs. Biv–v.

[8] "早期英文图书在线"搜索出来的日期替代了原先《牛津英语词典》中给出的日期。

[9] 'A View of the Progress of Society in Europe', in *The Works of the Late William Robertson*, ed. R. Lynam (1826), vol. 3, 114.

[10] 关于"野蛮的"的当代定义，有一个十分有用的集合，见 *Race in Early Modern England*, ed. Ania Loomba and Jonathan Burton (Basingstoke, 2007), 279–83。还见 Charles Estienne, *Dictionarium Historicum*, *Geographicum*, *Poeticum*, revised by Nicolas Lloyd (new edn, 1686), vol. 1, sig. M2 (s. v. 'barbari')。

[11] Roger Williams, *The Bloudy Tenent Yet More Bloody* (1652), 120.

[12] *The Complete Works of M. de Montesquieu* (Eng. trans., 1777), vol. 1, 365 ('The Spirit of Laws', bk 18, chap. 11); Adam Ferguson, *An Essay on the History of Civil Society 1767*, ed. Duncan Forbes (Edinburgh, 1966), 82. See Françis Furet, 'Civilization and Barbarism', in *Edward Gibbon and the Decline and Fall of the Roman Empire*, ed. G. W. Bowersock et al. (Cambridge, MA, 1977), 163–64; J. G. A. Pocock, *Barbarism and Religion* (Cambridge, 1999–2015), vol. 4, 2–5, and chap. 9.

[13] 有关示例，见"早期英文图书在线"。

[14] John Gillingham, *The English in the Twelfth Century* (Woodbridge, 2000), 10; id., 'Civilizing the English?', *HistRes* 74 (2001), 20.

[15] Denys Hay, *Polydore Vergil* (Oxford, 1952), 78, 183.

[16] Denys Hay, *The Idea of Europe* (Edinburgh, 1957), chap. 5.

[17] 如，Robert Pont, 'Of the Union of Britayne', in *The Jacobean Union*, ed. Bruce R. Galloway and Brian P. Levack (Scottish Hist. Soc., 1985), 25。还见 Franklin L. Baumer, 'Europe, the Turk, and the Common Corps of Christendom', *AHR* 50 (1944); id., 'The Conception of Christendom in Renaissance England', *JHI* 6 (1945), and Joan-Pau Rubiés, 'Introduction' and 'Christianity and Civilization in Sixteenth-Century Ethnological Discourse', in *Shifting Cultures*, ed. Henriette Bugge and Joan-Pau Rubiés (Münster, 1995)。

[18] Thomas Fuller, *The Holy State and the Profane State* ([1648]; 1840), 179; R. Junius [Richard Younge], *The Drunkard's Character* (1638), 808 (for 'a civilized pagan'); Wil[liam] Annand, *Fides Catholica* (1661), 326.

[19] John Locke, *An Essay Concerning Toleration and Other Writings on Law and Politics 1667–1683*, ed. J. R. Milton and Philip Milton (Oxford, 2006), 327–29; William Penn, *The Great Question to be Considered* (1679); John Coffey, 'Puritanism and Liberty Revisited', *HJ* 41 (1998).

[20] Roger Williams, *The Bloudy Tenent, of Persecution, for Cause of Conscience, Discussed* (1644), 103. 关于威廉姆斯，见 Teresa Bejan, *Mere Civility* (Cambridge, MA, 2017), chap. 2。

[21] George Sandys, *A Relation of a Iourney begun An. Dom. 1610* (1615), 60; Sir Thomas Sherley, 'Discours of the Turkes', ed. E. Denison Ross, in *Camden Miscellany*, vol. 16 (Camden Soc., 1936), 3, 12; Fulgenzio Micanzio, *Lettere a William Cavendish (1615-1628)*, ed. Roberto Ferrini (Rome, 1987), 131; Paul Rycaut, *The Present State of the Ottoman Empire* (1668), 113; Daniel Defoe, *Serious Reflections during the Life and Surprising Adventures of Robinson Crusoe* (1720), 128, 131; Daniel J. Vitkus, 'Early Modern Orientalism', in *Creating East and West*, ed. Nancy Bisaha (Philadelphia, PA, 2004); Norman Housley, *Crusading and the Ottoman Threat, 1453-1505* (Oxford, 2012), 19-20.

[22] 基督教世界概念在 1650 年前瓦解，关于这点，见 Mark Greengrass, *Christendom Destroyed* (2014), and on its afterlife, Stephen Conway, *Britain, Ireland, and Continental Europe in the Eighteenth Century* (Oxford, 2011), chap. 6。

[23] M. E. Yapp, 'Europe in the Turkish Mirror', *P&P* 137 (1992), esp. 142-45.

[24] 关于该表达式，见 Samuel Purchas, *Hakluytus Posthumus or Purchas his Pilgrimes* ([1625]; Glasgow, 1905-7), vol. 1, 13。

[25] Paul MacKendrick, *The Philosophical Books of Cicero* (1989), 19; Thomas N. Mitchell, *Cicero, the Senior Statesman* (New Haven, CT, 1991), 37-38; Quentin Skinner, *Reason and Rhetoric in the Philosophy of Hobbes* (Cambridge, 1996), 77-78.

[26] Sir Thomas Elyot, *The Boke Named the Gouernour*, ed. Henry Herbert Stephen Croft (1883), vol. 2, 88-89; and *OED*, s. v. 'humanity, 1'.

[27] E. g., Sir Richard Barckley, *The Felicitie of Man* (1631), 29, 335; Joseph Hall, *The Shaking of the Olive-Tree* (1660), 88; Henry Rowlands, *Mona Antiqua Restaurata* (Dublin, 1723), 55. 关于将"人性"(humanissimus) 翻译为"文明的"(civilized)，见《英荷之旅的关联》(*The Relation of a Journey into England and Holland*, 1711)，第 16 页，克里斯蒂安·恩戴尔 (Christian Erndtel) 所编英文版，原书名为 *De Itinere suo Anglicano et Batavo*, 1711 年于阿姆斯特丹出版，第 46 页。

[28] Thomas Smith, *Remarks upon the Manners, Religion and Government of the Turks* (1678), 1-4.

[29] Thomas Starkey, *A Dialogue between Pole and Lupset*, ed. T. F. Mayer (Camden ser., 1989), 7, 2, 8-9, 71; id., *A Preface to the Kynges Highnes* (1536), fol. 40^v.

[30] John Watts, '"Common Weal" and "Commonwealth"', in *The Languages of Political Society*, ed. Andrea Gamberini et al. (Rome, 2011), 149; *The Works of... Richard Hooker*, ed. John Keble (6th edn, Oxford, 1874), vol. 1, 250 (I. x. 12); Cicero, *De Republica*, bk 1, sect. 49 (*civilis societatis vinculum*); id., *De Oratore*, bk 2, sect. 68. "文明社会" (*Societas civilis*) 是莱昂纳多·布鲁尼 (Leonardo Bruni) 对亚里士多德 (Aristotle) "政治社会" (κοινωνι'α πολιτικη') 的翻译 (1438 年)。关于该术语的早期使用，见托马斯·斯密斯爵士 (Sir Thomas Smith)，《盎格鲁共和国报》(*De Republica Anglorum*)，由玛丽·德瓦尔 (Mary Dewar) 编辑，

1982年剑桥大学出版，书写于1562-1565年，其中第57、59、60页提到该术语。John Vowell alias Hooker, *Orders enacted for Orphans and for Their Portions within the Citie of Excester* (1575), sig. Cii; Thomas Cooper, *Thesaurus Linguae Romanae & Britannicae* (1578), s. v. ‘Insociabilis’; Richard Mulcaster, *Positions* (1581), ed. Robert Henry Quick (1887), 145; Gervase Babington, *A Very Fruitfull Exposition of the Commaundements* (1583), 206。

[31] *Works of Richard Hooker*, vol. 1, 241 (I. x. 3), 250 (I. x. 12).

[32] *Cal. SP*, *Foreign*, *1569–71*, 363; *HMC*, *Salisbury*, vol. 11, 340, and *Cal. SP*, *Domestic*, *1671*, 190.

[33] John Barston, *The Safegarde of Societie* (1576), fol. 62; J [ohn] A [p Robert], *The Yonger Brother His Apology* (St Omer, 1618), 44. 关于该术语含义的变化，见 John Keane, ‘Despotism and Democracy’, in *Civil Society and the State*, ed. Keane (1988); Norbert Bobbio, *Democracy and Dictatorship*, trans. Peter Kennealy (Cambridge, 1989), xvi–xvii and chap. 2; Fania Oz–Salzberger, introduction to Adam Ferguson, *An Essay on the History of Civil Society*, ed. Oz–Salzberger (Cambridge, 1995); John Ehrenberg, *Civil Society* (New York, 1999); *Civil Society*, ed. Sudipta Kaviraj and Sunil Khilnani (Cambridge, 2001); Jose Harris, ‘From Richard Hooker to Harold Laski’, in *Civil Society in British History*, ed. Harris (Oxford, 2003); Jürgen Kocka, ‘Civil Society from a Historical Perspective’, *European Rev.* 12 (2004); James Livesey, *Civil Society and Empire* (New Haven, CT, 2009)。

[34] George Puttenham, *The Arte of English Poesie*, ed. Gladys D. Willcock and Alice Walker (Cambridge, 1936), 7.

[35] G [eorge] S [andys], *Ovids Metamorphosis Englished*, *Mythologized*, *and Represented in Figures* (1640), 263; John St John, *Observations on the Land Revenue of the Crown* (1787), appendix, 3–4 (‘Norden's Project’); *The Works of George Savile*, *Marquis of Halifax*, ed. Mark N. Brown (Oxford, 1989), vol. 1, 181.

[36] John Locke, *Two Treatises of Government*, ed. Peter Laslett (Cambridge, 1960), 342 (II. para. 87).

[37] Bernard Mandeville, *The Fable of the Bees*, ed. F. B. Kaye (Oxford, 1924), vol. 2, 283.

[38] Sir William Temple, *Miscellanea*: *The Second Part* (4th edn, 1696), 275.

[39] Williams, *Bloody Tenent yet more Bloody*, 120.

[40] Colm Lennon, *Sixteenth–Century Ireland* (Dublin, 1994), 56.

[41] ‘The History of America’, in *Works of William Robertson*, vol. 5, 332–33; James H. Merrell, ‘“The customes of our countrey”’, in *Strangers within the Realm*, ed. Bernard Bailyn and Philip D. Morgan (Chapel Hill, NC, 1991), 143.

[42] Purchas, *Hakluytus Posthumus*, vol. 5, 331; Adam Smith, *The Theory of Moral Sentiments*, ed. D. D. Raphael and A. L. Macfie (Oxford, 1976), 86 (II. 2. 3).

[43] Anthony Fletcher, *Reform in the Provinces* (New Haven, CT, 1986), 372; C. W. Brooks, *Lawyers*, *Litigation and English Society since 1450* (1998), 3.

[44] Sir Frederick Pollock and Frederic William Maitland, *The History of English Law before the Time of Edward I* (2nd edn, Cambridge, 1911), vol. 2, chap. 8; John

Hudson, *The Oxford History of the Laws of England*, vol. 2 (Oxford, 2012), chaps. 7, 16 and 27.

[45] Mervyn James, *Society, Family, Lineage, and Civil Society* (Oxford, 1974), 'Conclusion'; id., *Society, Politics and Culture* (Cambridge, 1986), 9-11, 270-78; R. R. Davies, 'The Survival of the Bloodfeud in Medieval Wales', *History* 54 (1969); Keith M. Brown, *The Bloodfeud in Scotland, 1573-1625* (Edinburgh, 1986); *Cal. Border Papers*, vol. 1, 13, 106-8; vol. 2, 163. 然而，在17世纪末，据说威斯特摩兰郡的居民仍“非常沉迷于复仇”; Adam Fox, 'Vernacular Culture and Popular Customs in Early Modern England', *CultSocHist* 9 (2012), 334。

[46] Matthew Lockwood, *The Conquest of Death* (New Haven, CT, 2017).

[47] C. W. Brooks, *Pettyfoggers and Vipers of the Commonwealth* (Cambridge, 1986), chaps. 4 and 5; id., *Lawyers, Litigation and English Society*, chap. 4; id., *Law, Politics and Society in Early Modern England* (Cambridge, 2008), chap. 9; Steve Hindle, 'The Keeping of the Public Peace', in *The Experience of Authority*, ed. Paul Griffiths et al. (Basingstoke, 1996); Craig Muldrew, 'The Culture of Reconciliation', *HJ* 39 (1996); Derek Roebuck, *Arbitration and Mediation in Seventeenth-Century England* (Oxford, 2017).

[48] J. M. Beattie, 'Violence and Society in Early-Modern England', in *Perspectives in Criminal Law*, ed. Anthony M. Doob and Edward L. Greenspan (Aurora, ON, 1984), 41-46.

[49] Peter King, *Crime and Law in England, 1750-1840* (Cambridge, 2006), chaps. 7 and 8; Greg Smith, 'Violent Crime and the Public Weal in England, 1700-1900', in *Crime, Law and Popular Culture in Europe, 1500-1900*, ed. Richard McMahon (Cullompton, 2008).

[50] 见安迪·伍德（Andy Wood）的评论，'The Deep Roots of Albion's Fatal Tree', and Brendan Kane, 'Ordinary Violence?', both in *History* 99 (2014)。

[51] 关于这点，见 Lawrence Stone, *The Crisis of the Aristocracy* (Oxford, 1965), chap. 5。

[52] Adam Smith, *An Inquiry into the Nature and Causes of the Wealth of Nations*, ed. R. H. Campbell and A. S. Skinner (Oxford, 1976), vol. 2, 706 (V. i. a. 40).

[53] Adam Smith, *Essays on Philosophical Subjects*, ed. W. P. D. Wightman and J. C. Bryce (Oxford, 1980), 322.

[54] *Glossographia Anglicana Nova* (1707), s. v. 'civilize'.

[55] *The English Works of Thomas Hobbes*, ed. Sir William Molesworth (1839-45), vol. 1, 6. Cf. Jacqueline de Romilly and Jeanne Ferguson, 'Docility and Civilization in Ancient Greece', *Diogenes* 28 (1980).

[56] *The Works of the Learned Benjamin Whichcote* (Aberdeen, 1751), vol. 4, 96; William Hubbard, *The Benefit of a Well-Ordered Conversation* (Boston, MA, 1684), 212-13.

[57] Michael Dalton, *The Countrey Justice* (6th edn, 1635), 9, 190-3; Keith Thomas, *Religion and the Decline of Magic* (1971), 528-30; Martin Ingram, ' "Scolding Women Cucked or Washed" ', in *Order and Disorder in Early Modern England*, ed. Anthony Fletcher and John Stevenson (Cambridge, 1985); Brooks, *Law, Politics*

and Society, 259-60; Donald Spaeth, 'Words and Deeds', *HWJ* 78 (2014).
[58] [John Cheke], *The Hurt of Sedicion* (1549), sig. F1; John Walter, 'Faces in the Crowd', in *The Family in Early Modern England*, ed. Helen Berry and Elizabeth Foyster (Cambridge, 2007), 119.
[59] *The Political Works of James I*, ed. Charles Howard McIlwain (Cambridge, MA, 1918), 25; *Register of the Privy Council of Scotland*, vol. 6, ed. David Masson (Edinburgh, 1884), 594.
[60] Markku Peltonen, *The Duel in Early Modern England* (Cambridge, 2003), 138.
[61] Nicholas Carlisle, *A Concise Description of the Endowed Grammar Schools* (1818), vol. 1, 660, 680, 730.
[62] 有关城墙现象的终结，见 Oliver Creighton and Robert Higham, *Medieval Town Walls* (Stroud, 2005), 233-40；有关携带武器现象的减少，见 James Sharpe, *A Fiery & Furious People* (2016), 126-27。
[63] 有关该主题的先前研究摘要和一些有价值的新证据，见 J. A. Sharpe and J. R. Dickinson, 'Revisiting the "Violence We Have Lost"', *EHR* 131 (2016), and 'Homicide in Eighteenth-Century Cheshire', *SocHist* 41 (2016). See also Sharpe, *Fiery & Furious People*, 46-47, 125-27。
[64] Drew Gray, *Crime, Policing and Punishment in England, 1660-1914* (2016), 57-63, 73-75.
[65] Malcolm M. Feeley and Deborah L. Little, 'The Vanishing Female', *Law and Society Rev.* 25 (1991); Robert B. Shoemaker, *Prosecution and Punishment* (Cambridge, 1991), 213; Martin J. Wiener, 'The Victorian Criminalization of Men', in *Men and Violence*, ed. Pieter Spierenburg ([Columbus], OH, 1998), 199; Garthine Walker, *Crime, Gender and Social Order in Early Modern England* (Cambridge, 2003), 24-25, 75, 135.
[66] Sharpe, *Fiery & Furious People*, chap. 6.
[67] Anthony Pagden, *The Fall of Natural Man* (Cambridge, 1982), chap. 2; Denis Crouzet, 'Sur le concept de barbarie au XVIe siècle', in *La Conscience européenne au XVe et au XVIe siècle* (Paris, 1982); James Hankins, 'Renaissance Crusaders', *Dumbarton Oaks Papers* 49 (1995); J. G. A. Pocock, 'Barbarians and the Redefinition of Europe', in *The Anthropology of the Enlightenment*, ed. Larry Wolff and Marco Cipolloni (Stanford, CA, 2007).
[68] Sir Clement Edmondes, *Observations upon the First Five Bookes of Caesar's Commentaries* (1604), 4th commentary, chap. 1，和关于美国内战的第一篇评论中的第九章；Palmer, *Essay of the Meanes*, 61。
[69] John Dalrymple, *An Essay towards a General History of Feudal Society* (2nd edn, 1758), 258.
[70] Francesco Patrizi, *A Moral Methode of Civile Policie*, trans. Rycharde Robinson (1576), 3; [William Warburton], *The Alliance between Church and State* (1736), 12.
[71] David Hume, *Essays Moral, Political and Literary*, ed. T. H. Green and T. H. Grose (1875), vol. 1, 180 (subsequently cited by William Wilberforce, *A Letter on the Abolition of the Slave Trade* (1807), 73); id., *A Treatise of Human Nature*, ed.

David Fate Norton and Mary J. Norton (Oxford, 2007), 259 (2. 3. 1); Duncan Forbes, *Hume's Philosophical Politics* (Cambridge, 1975), 296–97, 322.

[72] *Works of William Robertson*, vol. 3, 35; *The Writings and Speeches of Edmund Burke*, ed. Paul Langford et al. (Oxford, 1981–2015), vol. 8, 148.

[73] 有关与中国和其他亚洲国家的相似之处，见 James C. Scott, *The Art of Not Being Governed* (New Haven, CT, 2009), x–xi, 98–126, 337。

[74] Samuel, Baron Pufendorf, *Of the Law of Nature and Nations*, trans. Basil Kennet [t] (3rd edn, 1711), 1st pagination, 105n12 (by Jean Barbeyrac).

[75] Starkey, *Dialogue*, 68–69; T. F. Mayer, *Thomas Starkey and the Commonweal* (Cambridge, 1989), chap. 5.

[76] Giles Fletcher, *Of the Rus Commonwealth*, ed. Albert J. Schmidt (Ithaca, NY, 1966), 155.

[77] John Berkenhead, *A Sermon preached before His Majestie at Christ–Church in Oxford* (Oxford, 1644), 21.

[78] Locke, *Two Treatises of Government*, 344 (II, para. 90).

[79] Hume, *Essays*, vol. 1, 160–61, 186; W. A. Speck, *The Butcher* (Oxford, 1981), 175.

[80] [James I], *A Counterblaste to Tobacco* (1604), sig. B1^v; Thomas Coryat, *Coryat's Crudities* ([1611]; Glasgow, 1905), vol. 2, 174–75; Kerry Downes, *Vanbrugh* (1977), 257; Montagu Burrows, *Worthies of All Souls* (1874), 394.

[81] *Boswell's Life of Johnson*, ed. George Birkbeck Hill, revised by L. F. Powell (Oxford, 1934–50), vol. 2, 130.

[82] Edmondes, *Observations upon Caesar's Commentaries*, 4th commentary, chap. 11.

[83] Gillingham, 'Civilizing the English?' 35–36.

[84] C. S. L. Davies, 'Slavery and Protector Somerset', *EcHR*, 2nd ser., vol. 19 (1966), 547.

[85] [John Streater], *Observations Historical, Political and Philosophical upon Aristotle's First Book of Political Government*, 4 (25 Apr. –2 May 1654), 26–27; Leonard Willan, *The Exact Politician* (1670), 157; John Cramsie, *British Travellers and the Encounter with Britain 1450–1750* (Woodbridge, 2015), 237.

[86] Dalrymple, *General History of Feudal Property*, 26–27; William C. Lehmann, *John Millar of Glasgow 1735–1801* (Cambridge, 1960), 299–303; James Ramsay, *An Essay on the Treatment and Conversion of African Slaves in the British Sugar Colonies* (1784), 18–19; William Coxe, *Travels in Poland, Russia, Sweden and Denmark* (5th edn, 1802), vol. 3, 158.

[87] Purchas, *Hakluytus Posthumus*, vol. 5, 517.

[88] 例如，R. Koebner, 'Despot and Despotism', *Journ. of the Warburg and Courtauld Institutes* 14 (1951); Roland Minuti, 'Oriental Despotism', *Europäische Geschichte Online*, http://www.ieg–ego.eu/。

[89] Aristotle, *Politics*, 1327b; Josafa Barbaro and Ambrogio Contarini, *Travels to Tana and Persia*, trans. William Thomas and N. A. Roy (Hakluyt Soc., 1863), 2.

[90] Guy Miège, *A Relation of the Embassies from His Sacred Majesty Charles II to the Great Duke of Muscovy* (1669), 57. 关于对沙皇俄国专制主义的态度，见 Marshall T.

Poe, '*A People Born to Slavery*' (Ithaca, NY, 2001)。

[91] *The Embassy of Sir Thomas Roe to the Court of the Great Mogul, 1615–1619*, ed. William Foster (Hakluyt Soc., 1899), vol. 1, 120; Sidney, *Discourses concerning Government*, 448【大概是根据罗伯特·诺克斯（Robert Knox）的《锡兰岛的历史关系》(*An Historical Relation of the Island of Ceylon*, 1681】; Daniel Defoe, *Serious Reflections during the Life and Surprising Adventures of Robinson Crusoe* (1720), 138。

[92] Edward, Earl of Clarendon, *A Brief View and Survey of the Dangerous and Pernicious Errors to Church and State in Mr. Hobbes's Book Entitled Leviathan* (2nd imprn., Oxford, 1676), 30.

[93] Sir William Temple, *Miscellanea* (2nd edn, 1681), vol. 1, 47.

[94] Sidney, *Discourses concerning Government*, 256; Ferguson, *Principles of Moral and Political Science*, vol. 1, 252 (I. iii. ix); Fania Oz–Salzberger, *Translating the Enlightenment* (Oxford, 1995), 148–49.

[95] Andrew Boorde, *The Fyrst Boke of the Introduction of Knowledge*, ed. F. J. Furnivall (EETS, 1870), 132; Edmund Spenser, *A View of the Present State of Ireland*, in *Spenser's Prose Works*, ed. Rudolf Gottfried (Baltimore, MD, 1949), 49–52（这部作品采用对话形式，但可以合理地认为，埃德蒙·斯宾塞自己的观点与主要演讲者伊雷纽斯的观点接近）。

[96] Clarendon, *Brief View and Survey*, 108–9; Rycaut, *Present State of the Ottoman Empire*, sig. A4^v^.

[97] *The Jesuit's Memorial for the Intended Reformation of England*, ed. Edward Gee (1690), 237.

[98] Clarendon, *Brief View and Survey*, 111.

[99] Locke, *Two Treatises of Government*, 346 (II. para. 94), 307 (II. para. 30).

[100] Henry Home [Lord Kames], *Historical Law–Tracts* (3rd edn, Edinburgh, 1776), 90–91; Adam Smith, *Lectures on Jurisprudence*, ed. R. L. Meek et al. (Oxford, 1978), 64.

[101] William Gilpin, *Observations relative chiefly to Picturesque Beauty, … particularly in the High–Lands of Scotland* (1789), vol. 1, 210–11; Hume, *Treatise of Human Nature*, 313–14 (3. 2. 2.).

[102] Adam Ferguson, *Principles of Moral and Political Science* (Edinburgh, 1792), vol. 1, 252; [T. R.] Malthus, *An Essay on the Principle of Population* (1798), 236–37; Catherine Hall, *Macaulay and Son* (New Haven, CT, 2012), 158–59.

[103] Robert Bartlett, *Gerald of Wales 1146–1223* (Oxford, 1982), 165–66; Alberico Gentili, *De Iure Belli Libri Tres* (1612), trans. John C. Rolfe (Oxford, 1933), 238 (II. xvii); Hume, *Essays*, vol. 1, 39.

[104] Steve Pincus, *1688* (New Haven, CT, 2009), 375; *Cal. Home Office Papers of the Reign of George III, 1760–1765*, ed. Joseph Redington (1878), 467.

[105] Gerrit W. Gong, *The Standard of 'Civilization' in International Society* (Oxford, 1984), 24.

[106] *Elizabethan Casuistry*, ed. P. J. Holmes (Catholic Rec. Soc., 1981), 71; Lambeth Palace, MS 565, fol. 22^v^ ('*incivilitas seu rusticitas*').

[107] [S. C.], *A New and True Description of the World* (1673), 20; Olga Dimitrieva, 'The Purge that Failed', in *Frontiers of Faith*, ed. Eszter Andor and István György Tóth (Budapest, 2001); William Sheils, '"Getting On" and "Getting Along" in Parish and Town', in *Catholic Communities in Protestant States* (Manchester, 2009); Carys Brown, 'Militant Catholicism, Interconfessional Relations, and the Rookwood Family of Stanningsfield, Suffolk, c. 1688–1737', *HJ* 60 (2017).

[108] *The Workes of M (aster) W (illiam) Perkins* (Cambridge, 1608–31), vol. 1, 279; Robert Bolton, *Some Generall Directions for a Comfortable Walking with God* (2nd edn, 1626), 73; [John Dod and Robert Cleaver], *A Plaine and Familiar Exposition of the Ten Commandements* (1618), 275; Alexandra Walsham, 'In Sickness and in Health', in *Living with Religious Diversity in Early Modern Europe*, ed. C. Scott Dixon et al. (Farnham, 2009); ead., 'Supping with Satan's Disciples', in *Getting Along*, ed. Nadine Lewycky and Adam Morton (Farnham, 2012).

[109] *The Complete Works of Richard Sibbes*, ed. Alexander Balloch Grosart (Edinburgh, 1862–64), vol. 3, 13.

[110] [Roger Williams], *Queries of Highest Consideration* (1644), 13; id., *The Examiner Defended, in a Fair and Sober Answer* (1652), 76, 95; and see Bejan, *Mere Civility*, chap. 2.

[111] W [illiam] Bedell, *An Examination of Certaine Motives to Recusancie* (Cambridge, 1628), 1–4.

[112] *The Works of Robert Sanderson*, ed. William Jacobson (Oxford, 1854), vol. 5, 55–56; Thomas Browne, *Religio Medici* (1643), para. 6; Toby Barnard, *Making the Grand Figure* (New Haven, CT, 2004), 320.

[113] Thomas Barlow, *Several Miscellaneous and Weighty Cases of Conscience* (1692), parts 5, 8, and 1, 14.

[114] Locke, *Essay Concerning Toleration*, 297; John Marshall, *John Locke: Resistance, Religion and Responsibility* (Cambridge, 1994), 179; id., *John Locke, Toleration and Early Enlightenment Culture* (Cambridge, 2006).

[115] John Locke, *Some Thoughts Concerning Education*, ed. John W. and Jean S. Yolton (Oxford, 1989), 122–26 (para. 67), 200 (para. 143); *The Correspondence of John Locke*, ed. E. S. de Beer (Oxford, 1976–), vol. 3, 689 ('*mutuae charitatis vinculum quo omnes in unum corpus colligantur*'). 关于这点，见比赞（Bejan），《纯粹的文明》(*Mere Civility*)，第4章。

[116] *Spectator* 399 (7 June 1712), ed. Donald F. Bond (Oxford, 1965), vol. 3, 495.

[117] Daniel Defoe, *A Tour thro' the Whole Island of Great Britain* ([1724–26]; 1927), vol. 1, 210.

[118] Alexandra Walsham, *Charitable Hatred* (Manchester, 2006), 273–77; Benjamin J. Kaplan, *Divided by Faith* (Cambridge, 2007), 334–54; *Living with Religious Diversity in Early Modern Europe*, ed. Dixon et al., 9; Scott Sowerby, *Making Toleration* (Cambridge, MA, 2013), 68.

[119] Samuel Sorbière, *A Voyage to England* (Eng. trans., 1709), 36–37.

[120] [Thomas Gordon and John Trenchard], *The Independent Whig* (1721), 33; *Some*

Familiar Letters between Mr Locke and Severall of His Friends (1708), 'To the Reader'; Steven Shapin, *A Social History of Truth* (Chicago, IL, 1994), 114–25, 308–9; Anne Goldgar, *Impolitic Learning* (New Haven, CT, 1995), 7, 99, 167, 215–18, 227, 236, 239–40; Adrian Johns, *The Nature of the Book* (Chicago, IL, 1998), chap. 7; Marshall, *John Locke, Toleration and Early Enlightenment Culture*, 516–19; Claire Preston, *Thomas Browne and the Writing of Early Modern Science* (Cambridge, 2005), chap. 1.

[121] *Complete Prose Works of John Milton*, ed. Don M. Wolfe et al. (New Haven, CT, 1959–83), vol. 4 (1), 114–15, 252–54.

[122] J. R. Maddicott, *The Origins of the English Parliament, 924 – 1327* (Oxford, 2010), 38 – 41. 关于乡村会议的辩论规则，见 Michael J. Braddick, *State Formation in Early Modern England c. 1500–1700* (Cambridge, 2000), 74。更宽泛的一些文献，见 Wilbert van Vree, *Meetings, Manners and Civilization*, trans. Kathleen Bell (1999)。

[123] *Observations, Rules and Orders of the House of Commons*, ed. W. R. McKay (1989), 55 – 64; Phil Withington, *The Politics of Commonwealth* (Cambridge, 2005), 176 – 78; Steve Hindle, 'Hierarchy and Community in the Elizabethan Parish', *HJ* 42 (1999), 848–49.

[124] Archibald S. Foord, *His Majesty's Opposition 1714–1830* (Oxford, 1964); J. A. W. Gunn, *Factions No More* (1972); Max Skjösberg, 'Lord Bolingbroke's Theory of Party and Opposition', *HJ* 59 (2016); Ferguson, *Essay on the History of Civil Society*, 188.

[125] Edward Daunce, *A Brief Discourse of the Spanish State* (1590), 24; Sir Philip Sidney, *The Countess of Pembroke's Arcadia* (*The Old Arcadia*), ed. Katherine Duncan – Jones (Oxford, 1994), 349; Edmondes, *Observations upon Caesar's Commentaries*, 3rd commentary, chap. 4. Cf. Cicero, *De Officiis*, bk 1, chaps. 50–51; bk 3, chap. 69; Richard Tuck, *The Rights of War and Peace* (Oxford, 1999), 36–39.

[126] Hugo Grotius, *The Rights of War and Peace* (Eng. trans., 1738), 13–15 (bk 1, chap. 1, sect. 12); John Selden, *The Dominion, or Ownership of the Sea*, trans. Marchmont Nedham (1652), 42, 45. Jean Barbeyrac, 'An Historical and Critical Account of the Science of Morality', in Pufendorf, *Law of Nature and Nations*, 72.

[127] 第一类代表作是约翰·巴斯顿，《社会的安全花园》(*The Safegarde of Societie*, 1576 年)，第 7 卷；Gentili, *De Iure Belli*, 9 (I. i); Thomas Hobbes, *Leviathan*, ed. Noel Malcolm (Oxford, 2012), vol. 2, 552 (chap. 30), and Pufendorf, *Law of Nature and Nations*, 1st pagination, 149–52 (II. iii. 23)。第二类代表作是约翰·多恩（John Donne）所著《论暴死》(*Biathanatos*) 里所引用的知名律师，由埃内斯特·沙利文二世编辑（Ernest W. Sullivan II），于 1984 年在新泽西州克兰伯里出版，42 (1. 1. 9)。其他代表作还有：格罗秀斯（Grotius），《战争与和平法》(*Rights of War and Peace*)，15 (I. I. xiv)，568 (III. iv. 16)；牛津大学教授兼法官理查德·祖什（Richard Zouche），《社会法律与审判》(*Iuris et Iudici Fecialis*, 1650)。Thomas Erskine Holland (Washington, DC, 1911), vol. 1, 1; Robert Ward, *An Enquiry into the Foundations and History of the Law of*

Nations in Europe (1795), vi–vii, xiv, xli, 关于其他意见，见 Christopher N. Warren, Literature and the Law of Nations (Oxford, 2015)。

[128] William Fulbecke, *The Pandectes of the Law of Nations* (1602), sig. A2^{v}, fol. 16^{v}; *The Whole Works of the Right Rev. Jeremy Taylor*, ed. Reginald Heber, rev. Charles Page Eden (1849–61), vol. 9, 281.

[129] Martti Koskenniemi, 'What Should International Legal History Become?', in *System, Order, and International Law*, ed. Stefan Kadelkbach et al. (Oxford, 2017), 392.

[130] William Blackstone, *Commentaries on the Laws of England*, ed. Wilfrid Prest et al. (Oxford, 2016), vol. 4, 44 (IV. iv).

[131] Rycaut, *Present State of the Ottoman Empire*, 83–88. 阿尔贝里科 · 真蒂利声称，即使野蛮人也承认使馆官员的权利；*De Legationibus Libri Tres* (1594 edn; New York, 1924), vol. 1, 61 (I. i)。

[132] John Byrom, *The Necessity of Subjection Asserted* (1681), 1.

[133] *Works of Richard Hooker*, vol. 1, 250–52 (I. x. 12–13).

[134] Virgil, *Aeneid*, bk 1, 539–43, 但实际上，在许多"野蛮"民族中也存在这种情况。

[135] Francis Bacon, *The Essayes or Counsels, Civill and Morall*, ed. Michael Kiernan (*The Oxford Francis Bacon*, Oxford, 1985), 40; Thomas Wright, *The Passions of the Minde in Generall* (1604), 242; *The Correspondence of John Locke*, ed. E. S. de Beer (Oxford, 1976–), vol. 3, 794; also vol. 4, 413–22.

[136] Vitoria, *Political Writings*, ed. Anthony Pagden and Jeremy Lawrance (Cambridge, 1991), 278–79; *Works of Richard Hooker*, vol. 1. (I. x. 13); Grotius, *Rights of War and Peace*, 151–56 (II. ii. xii–xvi); and see Georg Cavallar, *The Rights of Strangers* (Farnham, 2002); Naomi Baker, 'Grace and Favour', and Gideon Baker, 'Right of Entry or Right of Refusal?', 两者都收录于《酒店业和世界政治》(*Hospitality and World Politics*) 中，贝克编辑，2013 年于贝辛斯托克出版。

[137] *William Penn's Journal of His Travels in Holland and Germany in 1677* (4th edn [ed. John Barclay], 1835), 79.

[138] E. g., *Cyvile and Uncyvile Life* (1579), sig. Fiv; Richard Carew, *The Survey of Cornwall*, ed. John Chynoweth et al. (Devon and Cornwall Rec. Soc., 2004), fol. 59.

[139] Robert P. Adams, *The Better Part of Valor* (Seattle, WA, 1962); *Advice to a Son*, ed. Louis B. Wright (Ithaca, NY, 1962), 11; Edmondes, *Observations upon Caesar's Commentaries*, 6th commentary, chap. 10 (在 1609 年的扩展板中); William Ames, *Conscience with the Power and Cases thereof* (n. pl., 1639), bk 3, 184; [Margaret, Marchioness of Newcastle], *Poems and Fancies* (1653), 91。

[140] [John Sheffield, Earl of Mulgrave], *An Essay upon Satyr* (1680), 62; H [umphrey] B [rooke], *The Durable Legacy* (1681), 19.

[141] Marquis de Chastellux, *An Essay on Public Happiness* (Eng. trans., 1774), i. xix.

[142] Smith, *Wealth of Nations*, vol. 2, 689–96 (v. i. 2–11).

[143] Vicesimus Knox, *Essays Moral and Literary* (new edn, 1782), vol. 2, 77.

[144] *Works of George Savile, Marquess of Halifax*, vol. 3, 71.

[145] 西塞罗敦极力主张：败者应免于死罪，只要他们在战斗中没有表现得异常野蛮；*De Officiis*, bk 1, chap. 35。

[146] Edward Gibbon, *The History of the Decline and Fall of the Roman Empire*, ed. J. B. Bury (5th edn, 1912), vol. 3, chap. 26. 关于诺曼征服后战争行为的变化，见 see Gillingham, *The English in the Twelfth Century*, chaps. 3, 10 and 12; 'Surrender in Medieval Europe –an Indirect Approach', in *How Fighting Ends*, ed. Holger Afflerbach and Hew Strachan (Oxford, 2012); and 'Women, Children and the Profits of War', in *Gender and Historiography*, ed. Janet L. Nelson et al. (2012)。

[147] 关于中世纪战争法，我遵循莫里斯·基恩（Maurice Keen）的《中世纪晚期战争法》(*Laws of War in the Late Middle Ages*, 1965); Theodore Meron, *Henry's Wars and Shakespeare's Laws* (Oxford, 1993); *The Laws of War*, ed. Michael Howard et al. (New Haven, CT, 1994); Matthew Strickland, *War and Chivalry* (Cambridge, 1996); and Nigel Saul, *For Honour and Fame* (2011), 136–43。

[148] Edmondes, *Observations upon Caesar's Commentaries*, 3rd commentary, chap. 4; *Works of Richard Hooker*, vol. 1, 251 (I. x. 13).

[149] Neil Murphy, 'Violence, Colonization and Henry VIII's Conquest of France, 1544–1546', *P&P* 233 (2010).

[150] 见雷米·安布尔（Rémy Ambühl），《百年战争中的战俘》(*Prisoners of War in the Hundred Years War*)，2013 年于剑桥大学出版。

[151] Geoffrey Parker, *Empire, War and Faith in Early Modern Europe* (New Haven, CT, 2002), chap. 6; John Childs, 'The Laws of War in Seventeenth–Century Europe and their Application during the Jacobite War in Ireland, 1688 – 91', in *Age of Atrocity*, ed. David Edwards et al. (Dublin, 2007), 299; Barbara Donagan, *War in England 1642–1649* (Oxford, 2008), chap. 8; Henry Dunthorne, *Britain and the Dutch Revolt* (Cambridge, 2013), 86, 95; Edmund Spenser, *Selected Letters and Papers*, ed. Christopher Burlinson and Andrew Zurcher (Oxford, 2009), 18–19; 更宽泛的文献，见 *Prisoners in War*, ed. Sibylle Scheipers (Oxford, 2010), 3–5, and chaps. 1–3。

[152] Matthew Sutcliffe, *The Practice, Proceedings, and Lawes of Armes* (1593), 33; Gentili, *De Iure Belli*, 208–40 (II. xvi–xviii); William Segar, *Honor Military, and Civill* (1602), 401; Fulbecke, *Pandectes of the Law of Nations*, fols. 38, 47–48; Richard Bernard, *The Bible–Battells* (1629), 251.

[153] David Hume of Godscroft, *The British Union*, ed. and trans. Paul J. McGinnis and Arthur H. Williamson (Aldershot, 2002), 80–83; id., *The History of the Houses of Douglas and Angus* (Edinburgh, 1644), 102–3.

[154] Heinz Duchhardt, 'War and International Law in Europe, Sixteenth to Eighteenth Centuries', in *War and Competition between States*, ed. Philippe Contamine (Oxford, 2000), 295; Pufendorf, *Law of Nature and Nations*, 3rd pagination, 91 (VIII. vi. 7); 1st pagination, 151 (II. iii. 23).

[155] Fynes Moryson, *Shakespeare's Europe*, ed. Charles Hughes (2nd edn, New York, 1967), 131; Edmondes, *Observations upon Caesar's Commentaries*, 1st commentary

on *The Civil Wars*, chap. 5; John H. L. Keep, *Soldiers of the Tsar* (Oxford, 1985), 217; Sir James Porter, *Observations on the Religion, Law, Government, and Manners of the Turks* (2nd edn, 1771), 171. 极具讽刺意味的是，有人认为，正是在与伊斯兰交战的过程中，12 世纪的十字军学会了以战俘勒索赎金的做法，放弃了他们原先不扣留俘虏的习惯；Yvonne Friedman, *Encounter between Enemies* (Leiden, 2002)。

[156] *The Voyages and Colonizing Enterprises of Humphrey Gilbert*, ed. David Beers Quinn (Hakluyt Soc., 1940), vol. 2, 450; Perkins, *Workes*, vol. 3, 698; Grotius, *Rights of War and Peace*, 565-67 (III. iv. x-xiii).

[157] [Algernon] Sidney, *Court Maxims*, ed. Hans W. Blom et al. (Cambridge, 1996), 199-200; Locke, *Two Treatises of Government*, 302-3 (II. 23-24), 340 (II. 85); Blackstone, *Commentaries*, vol. 1, 427 (I. xiv).

[158] *Tudor Royal Proclamations*, ed. Paul L. Hughes and James F. Larkin (New Haven, CT, 1964-69), vol. 1, 116. 这条规则很可能不是出于人道，而是为了确保能将赎金弄到手。

[159] *Lawes and Ordinances set down by Robert Earl of Leicester* (1586), 8; R. B. Wernham, *After the Armada* (Oxford, 1984), 109.

[160] Robert Ward, *Animadversions of Warre* (1639), vol. 2, 65.

[161] *Lawes and Ordinances of Warre, established by His Excellence the Earle of Northumberland for the Better Conduct of the Service in the Northern Parts* (1640), sig. C2. 梅隆（Meron）在《亨利的战争和莎士比亚的法律》（*Henry's Wars and Shakespeare's Laws*，第 151~152 页）中，指出这一做法是一个转折点；他还引用了 1643 年的苏格兰法令和战争条款，其中明确宣布“与和平时期的谋杀相比，战争时期的无辜杀戮也是一样非法的、不可容忍的，将被处以死刑”。芭芭拉·多纳根（Barbara Donagan）在其具有权威性的著述《英格兰之战》中（*War in England*，第 146~147 页）指出，阿伦德尔伯爵（Earl of Arundel）1639 年发表的一系列文章极具影响力，但在这个话题上的态度似乎没有那么明确。

[162] Matthew Carter, *A True Relation of that Honorable, though Unfortunate Expedition of Kent, Essex and Colchester in 1648* (2nd edn, Colchester, 1789), 183; *Complete Prose Works of John Milton*, vol. 7, 327; Joshua Sprigg, *Anglia Rediviva* (1647; Oxford, 1854), 151; J. W. Willis Bund, *The Civil War in Worcestershire* (Birmingham, 1905), 191; [William Waller], *Vindication of the Character and Conduct of Sir William Waller* (1793), 8; Henry Reece, *The Army in Cromwellian England* (Oxford, 2013), 100-101.

[163] *A Royalist's Notebook*, ed. Francis Bamford (1936), 119; Sprigg, *Anglia Rediviva*, 326.

[164] Edward Symmons, *A Militarie Sermon ... preached at Shrewsbury* (1644), 26; *The Memoirs of Edmund Ludlow*, ed. C. H. Firth (Oxford, 1894), vol. 1, 82-83.

[165] J. D. Davies, *Pepys's Navy* (Barnsley, 2008), 131.

[166] 关于对伤亡人数的估计，见查尔斯·卡尔顿（Charles Carlton），《走向战争》（*Going to the Wars*，1992），第 211~214 页。

[167] Ibid., 255-64; Will Coster, ‘Massacres and Codes of Conduct in the English Civil

War', in *The Massacre in History*, ed. Mark Levene and Penny Roberts (New York, 1999); Ian Gentles, 'The Civil Wars in England', in *The Civil Wars*, ed. John Kenyon and Jane Ohlmeyer (Oxford, 1998), 112-13; Donagan, *War in England*, 135-36, 157-65, 162-63, 341. Frank Tallett, 'Barbarism in War', in *Warrior's Dishonour*, ed. George Kassimeris (Abingdon, 2016).

[168] Edward Hyde, Earl of Clarendon, *The History of the Rebellion and Civil Wars in England*, ed. W. Dunn Macray (Oxford, 1888), vol. 3, 115, 369-70, 418, 465, 528, 530; vol. 4, 483, 497; vol. 5, 184.

[169] Samuel R. Gardiner, *History of the Great Civil War 1642-1649* (new edn, 1893), vol. 2, 362-65.

[170] 例如，Lucy Hutchinson, *Memoirs of the Life of Colonel Hutchinson*, ed. James Sutherland (1973), 261, 275, 277; *A Perfect Relation of the Causes and Manner of the Apprehending by the King's Souldiers … with their Inhumane Usage* (1643); [John Gauden], *Cromwell's Bloody Slaughter-House* (1660), 9, 17, 122; Donagan, *War in England*, 162, 163, 203; Nigel Smith, *Andrew Marvell* (New Haven, CT, 2010), 69-70; Fiona McCall, *Baal's Priests* (Farnham, 2013), 157, 194。

[171] *A Catalogue of the…Gentlemen of Worth and Quality Slain* (1647)，单行本；或者"不文明的内战"，在《英格兰战狼与鹰爪》中（*Englands Wolfe with Eagles Clawes*, 1646)，单行本。

[172] C. G. Cruickshank, *Army Royal* (Oxford, 1969), 121; Thomas Churchyard, *A Generall Rehearsall of Warres* (1579), sigs. Qi, Qii-iii^{v}; Gentili, *De Iure Belli*, 234, 235 (II. xviii), 320 (II. vii); Fulbecke, *Pandectes of the Law of Nations*, fols. 39^{v}, 46^{v}, 81^{v}; Zouche, *Iuris et Iudicii Fecialis*, vol. 2, 37-38 (I. vii. 5).

[173] Carlton, *Going to the Wars*, 240-41; Donagan, *War in England*, 376-82.

[174] Geoffrey Plank, *Rebellion and Savagery* (Philadelphia, PA, 2006), chaps. 1 and 2.

[175] Peter Wilson, *German Armies* (1998), 84-85.

[176] Ferguson, *Essay on the History of Civil Society*, 198-201; Hume, *Essays*, vol. 1, 303.

[177] Edward Search [Abraham Tucker], *The Light of Nature Pursued* (1777), vol. 3, pt. 2, 387.

[178] Gibbon, *Decline and Fall*, vol. 3, 70 (chap. 27); Adam Smith, *Lectures on Jurisprudence*, ed. R. L. Meek et al. (Oxford, 1978), 7, 549-50.

[179] *Cal. Home Office Papers, 1760-5*, 469; *Works of William Robertson*, vol. 3, 16.

[180] David Parrott, *The Business of War* (Cambridge, 2012), 318-19.

[181] 阿尔伯特·德·拉帕代勒（Albert de Lapradelle）对艾默瑞奇·德·瓦特尔（E. de Vattel）的介绍，《国际法或自然法原则》(*Le Droit des gens ou principes de la loi naturelle*)，1916 年于华盛顿特区出版，iii, xlviii-li; Geoffrey Best, *Humanity in Warfare* (1980), chap. 1; Armstrong Starkey, *War in the Age of the Enlightenment, 1700—1789* (Westport, CT, 2003), 93-98; David A. Bell, *The First Total War* (2007), 5, 44-47, 71-72; Peter H. Wilson, 'Prisoners in Early Modern Warfare', in *Prisoners in War*, ed. Scheipers, 46。

[182] Conway, *Britain, Ireland, and Continental Europe*, 11, 282–83, 287–89.

[183] 我关注詹姆斯·惠特曼（James Q. Whitman）的《战争的裁决》(*The Verdict of Battle*)，2012 年于美国马萨诸塞州剑桥市出版。关于 1790 年代截然不同的战争，见贝尔的《第一次全面战争》(*The First Total War*)。

[184] *John Ledyard's Journey through Russia and Siberia 1787–1788*, ed. Stephen D. Watrous (Madison, WI, 1966), 190; T. R. Malthus, *An Essay on the Principle of Population* (2nd edn, 1803), 35–36 (基于旅行文学的生动叙述)。

[185] Carl Becker, *The Declaration of Independence* (New York, 1922), 14; Jack P. Greene, *Evaluating Empire and Confronting Colonialism in Eighteenth-Century Britain* (Cambridge, 2013), 206, 218–19, 227, 231, 242.

[186] Helger Hoock, 'Mangled Bodies', *P&P* 230 (2016).

[187] Hume of Godscroft, *History of the Houses of Douglas and Angus*, 103; Edith Hall, *Inventing the Barbarian* (Oxford, 1989), 158–59; W. R. Jones, 'The Image of the Barbarian in Medieval Europe', *CSSH* 13 (1971), 378, 391; Bartlett, *Gerald of Wales*, 165–67; Pagden, *Fall of Natural Man*, 18; John Bullokar, *An English Expositor* (1616), s. v. 'barbarisme'; *OED*, s. v. 'barbarity' and 'barbarous'.

[188] Thomas Aquinas, *Summa Theologiae*, 2a, 2ae, q. 159.

[189] Thomas Scot, *Christs Politician and Salomons Puritan* (1616), part 2, 2.

[190] *The Essays of Montaigne*, trans. John Florio, ed. George Saintsbury (1892), vol. 2, 119.

[191] Thomas Hobbes, *De Cive, The Latin Version*, ed. Howard Warrender (Oxford, 1983), 113 (iii. xi), 118 (iii. xxvii); *Leviathan*, ed. Malcolm, vol. 2, 232 (chap. 15), and 90–91 (chap. 6), 书中，它被定义为“对他人的灾难几乎无感”（蔑视他人的灾难）。

[192] Herodotus, *Histories*, bk 4, chaps. 1–2, 64–66; James William Johnson, 'The Scythian', *JHI* 20 (1959); Françis Hartog, *The Mirror of Herodotus*, trans. Janet Lloyd (Berkeley, CA, 1988), pt 1.

[193] *Polydore Vergil's English History*, ed. Sir Henry Ellis (Camden Soc., 1846), 74; Barnaby Rich, *A New Description of Ireland* (1610), 15【另见莫里森（Moryson），《莎士比亚的欧洲》(*Shakespeare's Europe*)，第 238~239 页】。Hankins, 'Renaissance Crusaders', 136–37, 142–44; Housley, *Crusading and the Ottoman Threat*, 19; Andrea Cambini, *Two Very Notable Commentaries the One of the Originall of the Turcks*, trans. J. Shute (1562), sig. A1; Rycaut, *Present State of the Ottoman Empire*, 3; Joshua Poole, *The English Parnassus* (1677), 213; Nancy Bisaha, '"New Barbarian" or Worthy Adversary?', in *Western Views of Islam in Medieval and Early Modern Europe*, ed. David R. Blanks and Michael Frassetto (Basingstoke, 1999), 193; Joseph de Acosta, *The Naturall and Morall Historie of the East and West Indies*, trans. E [dward] G [rimestone] (1604), 381–90; Fletcher, *Of the Rus Commonwealth*, 155.

[194] *Holinshed's Chronicles of England, Scotland and Ireland* (1807–8), vol. 2, 516; vol. 3, 34; Jones, 'Image of the Barbarian', 169–70; Hume, *Essays*, vol. 1, 307; Henry Home, Lord Kames, *Sketches of the History of Man* (Edinburgh, 1774), vol. 1, 242.

[195] Cadwallader Colden, *The History of the Five Indian Nations Depending on the Province of New-York* (New York, 1727), 16; *Boswell's Life of Johnson*, vol. 1, 437; *Captain Cook's Voyages of Discovery* (Everyman's Lib., 1906), 348. 【库克船长的《发现之旅》(*Voyages of Discovery*) 原版编著者为约翰·巴罗，爱丁堡，1860 年出版。上述这一版本是巴罗版本未经认可的重印版。在这个重印版中，有时会说库克船长有这样那样的情绪，他可能确实有，但他本人从未公开表达过。】

[196] [William and Edmund Burke], *An Account of the European Settlements in America* (1757), vol. 1, 188-94; *The Memoirs of Lieut. Henry Timberlake* (1765), 52-53, 57-58; Wayne E. Lee, *Barbarians and Brothers* (Oxford, 2011), 130-67; Armstrong Starkey, *European and Native American Warfare, 1675-1815* (1998), chap. 2; Jill Lepore, *The Name of War* (New York, 1998), 13-14, 180, 257n35; Peter Way, 'The Cutting Edge of Culture', in *Empire and Others*, ed. Martin Daunton and Rick Halpern (1999), 131-34.

[197] Smith, *Theory of Moral Sentiments*, 204-11 (V. 2. 8-16).

[198] Raymond Firth, *Elements of Social Organisation* (5th edn, 1971), 198, 200; Daniel de Moulin, 'A Historical-Phenomenological Study of Bodily Pain', *Bull. History of Medicine* 48 (1974), 569.

[199] James Ross, 'The Battle of Towton (1461)', *Magazine of the Friends of the National Archives* 22 (2011), 13.

[200] Arnold Oskar Meyer, *England and the Catholic Church under Queen Elizabeth*, trans. J. R. McKee (1916), 182; Christopher Highley, *Catholics Writing the Nation in Early Modern Britain and Ireland* (Oxford, 2008), 36, 55-57, 69, 72; *The Troubles of Our Catholic Forefathers*, ed. John Morris (1872-77), 3rd ser., 68-70, 74, 87, 96, 98; Richard Challoner, *Memoirs of Missionary Priests* (1741-42), vol. 1, 38, 44, 230; vol. 2, 100.

[201] Patrick Gordon of Ruthven, *A Short Abridgement of Britane's Distemper, 1639-49* (Aberdeen, 1844), 160.

[202] William Burton, *The Rowsing of the Sluggard* (1595), 152; *Proceedings in the Parliaments of Elizabeth I*, ed. T. E. Hartley (Leicester, 1981-95), vol. 2, 185; *A New Enterlude No Less Wittie than Pleasant, Entituled New Custome* (1573), sig. Ciii^{v}; Philip Stubbes, *A Motive to Good Workes* (1593), 97-98.

[203] Thomas Deloney, *A New Ballet of the Straunge and Most Cruell Whippes which the Spanyards had prepared to Whippe and Torment English Men and Women* (1588).

[204] Lancelot Andrewes, *XCVI Sermons* (1629), 893.

[205] H. J. Moule, *Descriptive Catalogue of the Charters, Minute Books and Other Documents of the Borough of Weymouth and Melcombe Regis* (Weymouth, 1883), 198.

[206] *Works of Whichcote*, vol. 2, 224.

[207] Bartholomé de las Casas, *The Spanish Colonie*, trans. M. M. S. (1583); id., *The Tears of the Indians*, trans. J [ohn] P [hillips] (1656). 戴夫南特（D'Avenant）的歌剧最初是为了支持克伦威尔对西班牙发动的战争；见 Janet Clare, 'The Production and Reception of Davenant's "Cruelty of the Spaniards in Peru"',

Modern Language Rev. 89 (1994)。

[208] William Burton, *Davids Evidence, or the Assurance of Gods Love* (1596), 23–24; Sidney, *Discourses concerning Government*, 125. 更宽泛的文献，见 J. H. Elliott, *The Old World and the New* (Cambridge, 1970), 94–96; William S. Maltby, *The Black Legend in England* (Durham, NC, 1971)。

[209] Daniel Defoe, *Robinson Crusoe* ([1719]; Oxford, 1927), vol. 1, 198–99; id., *Serious Reflections*, 206–7.

[210] Margaret Meserve, *Empires of Islam in Renaissance Historical Thought* (Cambridge, MA, 2008), 67, 95.

[211] Carla Gardina Pestana, 'Cruelty and Religious Justifications for Conquest in the Mid-Seventeenth-Century English Atlantic', in *Empires of God*, ed. Linda Gregerson and Susan Juster (Philadelphia, PA, 2011), 503.

[212] 从 1738 年发行的拉丁版本（作者可能是约翰·弥尔顿）的翻译来看，这大概是英国 1739 年与西班牙交战前奏的一部分。英文原文提到："全人类间的兄弟情谊，在某种程度上，可能会使他们对彼此遭受可怕和巨大的伤害感兴趣"; *A Manifesto of the Lord Protector* (2nd edn, Eng. trans., 1738), 6; *Scriptum Dom. Protectoris . . . in quo huius Reipublicae Causa contra Hispanos justa esse demonstratur* (1655), 6. 另见《殿下根据枢密院的建议发表的声明》(A Declaration of His Highnes, by the Advice of His Council, 1655)。

[213] Tuck, *Rights of War and Peace*, 34–47; Thomas More, *Utopia*, ed. George M. Logan and Robert P. Adams (Cambridge, 1989), 87; Gentili, *De Jure Belli*, 67–73 (I. xv), 122–23 (I. xxv); 《历史上的人道主义干预》(*Humanitarian Intervention in History*) 很有用，由布伦丹·西姆斯（Brendan Simms）和戴维·特里姆（D. J. B. Trim）编辑，但其中没有提到克伦威尔对西印度群岛的干预。

[214] S. J. Connolly, *Divided Kingdom* (Oxford, 2008), 98; [James Cranford], *The Teares of Ireland* (1642), 3.

[215] *Certaine Informations from Severall Parts of the Kingdome*, 56 (2–15 Feb. 1644), 436–37; *The Kings Letters Intercepted Coming from Oxford* (1644), sig. A3v; Nehemiah Wallington, *Historical Notes of Events Occurring Chiefly in the Reign of Charles I*, [ed. R. Webb] (1869), vol. 1, 290; and see Mark Stoyle, 'The Road to Farndon Field', *EHR* 128 (2008).

[216] Brian Magee, 'The Protestant Wind', *Month* 177 (1941); William L. Sachse, 'The Mob and the Revolution of 1688', *JBS* 4 (1964); J. Anthony Williams, 'No-Popery Violence in 1688', in *Studies in Seventeenth-Century English Literature, History and Bibliography*, ed. G. A. M. Janssens and F. G. A. M. Aarts (Amsterdam, 1984), 251; Pincus, *1688*, 247–49.

[217] 他翻译的拉克坦提乌斯专著的序言，*A Relation of the Death of the Primitive Persecutors* (Amsterdam, 1687), 24–25。

[218] *The Works of . . . Henry St John, Lord Viscount Bolingbroke* (new edn, 1809), vol. 4, 38; (Pierre) Bayle, *A Philosophical Commentary on Those Words of the Gospel, Luke, XIV. 23* (Eng. trans., 1708), vol. 1, 29.

[219] *Considerations upon War, upon Cruelty in General, and Religious Cruelty in*

Particular (1758), 220-28.

[220] Bulstrode Whitelocke, *Memorials of the English Affairs* (Oxford, 1853), vol. 3, 225.

[221] *The Childrens Petition* (1669), 51; Sir Samuel Morland, *The Urim of Conscience* (1695), 120-22; W. A. L. Vincent, *The Grammar Schools* (1969), 61.

[222] Bolton, *Some Generall Directions*, 156; *The Actors Remonstrance* (1643), 4; 'A Gentleman at London', *The Tricks of the Town Laid Open* (1746), 55; *The Miscellaneous Works of the Right Honourable Edward, Earl of Clarendon* (2nd edn, 1751), 347; Robert W. Malcolmson, *Popular Recreations in English Society* (Cambridge, 1973), 119, 121, 135-37; Keith Thomas, *Man and the Natural World* (1983), chap. 4; Emma Griffin, *England's Revelry* (British Academy, Oxford, 2005), 127-30.

[223] Gibbon, *Decline and Fall*, vol. 3, 72-73 (chap. 26).

[224] Samuel Hoard, *Gods Love to Mankind* (1633); Will [iam] Whiston, *The Eternity of Hell Torments Considered* (1740), 18, 137; D. P. Walker, *The Decline of Hell* (1964), esp. 62, 101, 108-9, 112, 201; Ava Chamberlain, 'The Theology of Cruelty', *Harvard Theological Rev.* 85 (1992).

[225] Sir John Fortescue, *On the Laws and Governance of England*, ed. Shelley Lockwood (Cambridge, 1997), 31-34; Larissa Tracy, *Torture and Brutality in Medieval Literature* (Cambridge, 2012), 16, 246, 285, 294-95; Smith, *De Republica Anglorum*, 117-18【我省略了“砍头”（“be-heading”）一词，令人惊讶的是，托马斯·史密斯认为它不是英语单词】。

[226] 在莫里森的《莎士比亚的欧洲》第67~69页有相关描述。在图文并茂的《彼得·芒迪在欧洲和亚洲的旅行，1608~1667年》里也有相关描述。后者由理查德·卡尔纳克·坦普尔爵士（Sir Richard Carnac Temple）编辑，哈克卢特协会于1907~1936年出版，第1卷，第55~58页。

[227] *Russia at the Close of the Sixteenth Century*, ed. Edward A. Bond (Hakluyt Soc., 1856), 172-73.

[228] Lisa Silverman, *Tortured Subjects* (Chicago, IL, 2001), 74-75; Robert Muchembled, *A History of Violence*, trans. Jean Birrell (2012), 130-31; Gregory Hanlon, 'The Decline of Violence in the West', *EHR* 128 (2013), 372, 385.

[229] John H. Langbein, *Torture and the Law of Proof in Europe and England in the Ancien Régime* (Chicago, IL, 2006), 73-139; Sir John Baker, *The Oxford History of the Laws of England*, vol. 6 (Oxford, 2003), 512; William Cecil, *The Execution of Justice in England*, ed. Robert M. Kingdon (Ithaca, NY, 1965), 47, 50.

[230] *The Laws and Liberties of Massachusetts* ([1648]; Cambridge, MA, 1929), 50.

[231] *The Diaries and Papers of Sir Edward Dering, Second Baronet, 1644 to 1684*, ed. Maurice F. Bond (1976), 214-15. 有关布莱德韦尔和纽盖特的酷刑，见 Paul Griffiths, *Lost Londons* (Cambridge, 2008), 243, 249, 253-54。

[232] *The Diary of William Lawrence*, ed. G. E. Aylmer (Beaminster, 1961), 36-37; *The Diary of Thomas Burton*, ed. John Towill Rutt (1828), vol. 1, 158; *Cal. SP, Domestic, 1661-62*, 285; *The Petty Papers*, ed. Marquess of Lansdowne (1927), vol. 2, 213; Timothy Nourse, *Campania Foelix* (1700), 230-31; J. R.,

Hanging, not Punishment Enough, for Murtherers, High-Way Men, and House-Breakers (1701); J. M. Beattie, *Crime and the Courts in England 1660-1800* (Princeton, NJ, 1986), 78, 525-28; id., *Policing and Punishment in London, 1660-1750* (Oxford, 2001), 311.

[233] Fortescue, *Laws and Governance of England*, 111; Estienne Perlin, *Description des Royaulmes d'Angleterre et d'Escosse* (Paris, 1558; London, 1775), 28.

[234] Philip Jenkins, 'From Gallows to Prison?' *Criminal Justice History* 7 (1986), 52.

[235] Nicholas Geffe, 'A discourse of his own', 13，作为他翻译的奥利维耶·德塞尔（Olivier de Serres）的《蚕的完美利用及其益处》（*The Perfect Use of Silk-Wormes and Their Benefits*, 1607 年）的附件。

[236] Cesare Beccaria, *An Essay on Crimes and Punishments* ([1764]; Eng. trans., 14th edn, 1785), translator's preface, viii.

[237] Starkey, *Dialogue*, 129; 22 Hen. VIII, c. 9; Baker, *Oxford History of the Laws of England*, vol. 6, 587.

[238] *The Lisle Letters*, ed. Muriel St Clare Byrne (Chicago, IL, 1981), vol. 2, 476（3 个加尔都西教会的教徒和 1 个布里奇廷教会的僧侣被执行死刑。*Letters and Papers of Henry VIII*, vol. 8, 250-51）; *Barrington Family Letters*, ed. Arthur Searle (Camden ser., 1983), 239.

[239] Stephen Alford, *The Watchers* (2012), 144.

[240] *Proceedings in the Parliaments of Elizabeth I*, ed. T. E. Hartley (Leicester, 1981-95), vol. 2, 84-85; *Cobbett's Complete Collection of State Trials*, ed. T. B. and T. J. Howell (1809-28), vol. 1, cols. 1158, 1160-62.

[241] Henry Foley, *Records of the English Province of the Society of Jesus* (1875-83), vol. 1, 375; Richard Challoner, *Memoirs of Missionary Priests*, ed. John Hungerford Pollen (1924), 427.

[242] Edward Coke, *The Third Part of the Institutes of the Laws of England* (1644), sig. Kk1.

[243] *The Life and Times of Anthony Wood*, ed. Andrew Clark (Oxford Hist. Soc., 1891-1900), vol. 1, 186.

[244] *The Diary of John Evelyn*, ed. E. S. de Beer (Oxford, 1955), vol. 3, 28-29.

[245] Reginald Scot, *The Discoverie of Witchcraft* (1584), ed. Brinsley Nicholson ([1886]; Wakefield, 1973), 14.

[246] Starkey, *Dialogue*, 80; *The Writings of William Paterson*, ed. Saxe Bannister (1859), vol. 1, 86; Donald Veall, *The Popular Movement for Law Reform 1640-1660* (Oxford, 1970), 128-31.

[247] Steve Hindle, *The State and Social Change in Early Modern England, c. 1550-1640* (Basingstoke, 2000), 133-34.

[248] *Examen Legum Angliae* (1656), 54; Whitelocke Bulstrode, *Essays upon the Following Subjects* (1724), 127; *Acts and Ordinances of the Interregnum*, ed. C. H. Firth and R. S. Rait (1911), vol. 2, 419, 918; William M. Hamlin, *Montaigne's English Journey* (Oxford, 2013), 138 (cf. *Essays of Montaigne*, vol. 2, 121).

[249] *Henry Brinklow's Complaynt of Roderyck Mors*, ed. J. Meadows Cowper (EETS,

1874), 30 - 32; J. F. Mozley, *John Foxe and His Book* (1940), 86 - 91; Walsham, *Charitable Hatred*, 58; Ian Atherton and David Como, 'The Burning of Edward Wightman', *EHR* 120 (2005), 1247.

[250] [William Eden], *Principles of Penal Law* (1771), 87; Barlow, *Several Miscellaneous and Weighty Cases of Conscience*, vol. 1, 37; Marshall, *John Locke, Toleration and Early Enlightenment Culture*, 619 - 20; *Acts and Ordinances of the Interregnum*, vol. 1, 1133–36; vol. 2, 412; 29 Car. II, c. 9 (1677).

[251] John March, *Amicus Reipublicae* (1651), 144, 147. 关于这点，见 Andrea McKenzie, 'This death some strong and stouthearted man doth choose', *Law and History Rev.* 23 (2005)。

[252] 1 William and Mary, sess. 2, c. 2 (1689); *The Entring Book of Roger Morrice 1677–1691*, vol. 3, ed. Tim Harris (Woodbridge, 2007), 5–6; *The Laws and Liberties of Massachusetts*, 46, 50; Anthony F. Granucci, 'Nor Cruel and Unusual Punishments Inflicted', *California Law Rev.* 57 (1969).

[253] *M. Misson's Memoirs and Observations in His Travels over England*, trans. [John] Ozell (1719), 325; Eden, *Principles of Penal Law*, 189 - 90; Blackstone, *Commentaries*, vol. 4, 243 (IV. 29).

[254] J. A. Sharpe, *Crime in Early Modern England 1550–1750* (Harlow, 1984), 63–71; id., 'Civility, Civilizing Processes, and the End of Public Punishment in England', in *Civil Histories*, ed. Peter Burke et al. (Oxford, 2000), 218 - 19; Jenkins, 'From Gallows to Prison?'; Peter King, *Crime, Justice, and Discretion in England 1740–1820* (Oxford, 2000), 277–78.

[255] Peter King and Richard Ward, 'Rethinking the Bloody Code in Eighteenth–Century Britain', *P&P* 228 (2015).

[256] Cynthia Herrup, 'Punishing Pardon', in *Penal Practice and Culture*, ed. Simon Devereaux and Paul Griffiths (Basingstoke, 2004); Beattie, *Crime and the Courts*, 500–6; id., *Policing and Punishment in London*, 290–96, 301–4, 308–9, 364–68, and chap. 9; A. Roger Ekirch, *Bound for America* (Oxford, 1987).

[257] 因为那些必须施行它的人的神经质。Simon Devereaux, 'The Abolition of the Burning of Women in England Reconsidered', *Crime, histoire et sociétés* 9 (2005).

[258] Leon Radzinowicz, *A History of Criminal Law and Its Administration from 1750* (1948–86), vol. 1, 232–38; vol. 2, 1–2; Michael Ignatieff, *A Just Measure of Pain* (1978), vol. 13, 18–19; Beattie, *Crime and the Courts*, chaps 8, 9 and 10; id., *Policing and Punishment*, part 2; Sharpe, 'Civility, Civilizing Processes, and the End of Public Punishment in England'; King, *Crime, Justice and Discretion*, 266–67; Simon Devereaux, 'England's Bloody Code in Crisis and Transition', *Journ. of Canadian Hist. Association* 24 (2013).

[259] Richard J. Evans, *Rituals of Retribution* (Oxford, 1996), 228–29, and id., *The Pursuit of Power* (2016), 433.

[260] Anthony Ashley Cooper, 3rd Earl of Shaftesbury, *Second Characters or the Language of Forms*, ed. Benjamin Rand (Cambridge, 1914), 170; John Brown, *An Estimate of the Manners and Principles of the Times* (2nd edn, 1757), 21; Smith, *Theory of Moral Sentiments*, 100 - 101 (II. iii. 2. 4); Blackstone, *Commentaries*, vol. 4,

210-13.

[261] Thomas Sheridan, *A Discourse of the Rise and Power of Parliaments* (1677), 48; Randall McGowen, 'The Problem of Punishment in Eighteenth-Century England', in *Penal Practice and Culture, 1500-1800*, ed. Simon Devereaux and Paul Griffiths (Basingstoke, 2004), 215; Anthony Page, *John Jebb and the Enlightenment Origins of British Radicalism* (Westport, CT, 2003), 231.

[262] Andrea McKenzie, 'Martyrs in Low Life', *JBS* (2003), 190-91; Ann Thompson, *The Art of Suffering and the Impact of Seventeenth-Century Anti-Providential Thought* (Aldershot, 2003), vii, 4, 95; Esther Cohen, *The Modulated Scream* (Chicago, IL, 2009), 25-42; Jan Frans Van Dijkhuizen, *Pain and Compassion in Early Modern English Literature and Culture* (Woodbridge, 2012); Hannah Newton, *The Sick Child in Early Modern England, 1580-1720* (Oxford, 2012), 129, 192-93, 201-8; Joanna Bourke, *The Story of Pain* (Oxford, 2014), chap. 4; Alexandra Walsham, 'The Happiness of Suffering', in *Suffering and Happiness in England 1550-1850*, ed. Michael J. Braddick and Joanna Innes (Oxford, 2017).

[263] Katherine Royer, *The English Execution Narrative* (2014), 35, 46-48; Henry Home, Lord Kames, *Sketches of the History of Man* (2nd edn, Edinburgh, 1778), vol. 1, 377-78.

[264] Baron Lahontan, *New Voyages to North America* (Eng. trans., 2nd edn, 1735), vol. 1, 179; 另见 Karen Halttunen, 'Humanitarianism and the Pornography of Pain in Anglo-American Culture', *AHR* 100 (1995), esp. 303-7; Greg T. Smith, 'Civilized People Don't Want to See That Sort of Thing', in *Qualities of Mercy*, ed. Carolyn Strange (Vancouver, BC, 1996); Silverman, *Tortured Subjects*, 119, 149-51; Lynn Hunt, *Inventing Human Rights* (New York, 2007), chap. 2。

[265] John Stuart Mill, 'Civilisation', in *Essays in Politics and Society*, vol. 1, ed. J. M. Robson (*Collected Works of John Stuart Mill*, vol. 18, Toronto, 1977), 130.

[266] 最引人注目的是法国作家米歇尔·福柯，尽管他也承认新体制“没有那么严谨”。出自《纪律与惩罚》(*Discipline and Punish*)，1977 年由艾伦·谢里登(Alan Sheridan) 翻译，第 82 页；*Discipline and Punish*, trans. Alan Sheridan (1977), 82。

[267] 在他的力作《绞刑树》(*The Hanging Tree*, 1994 年牛津大学出版）中，维克·加崔尔（V. A. C. Gatrell）认为，尽管民众对要接受绞刑的人表示同情，但这对于法律的执行影响甚微。针对这一观点的有力批评，见兰德尔·麦高(Randall McGowen) 的《重访绞刑树》(*Revisiting The Hanging Tree*),《英国犯罪学期刊》，2000 年，第 40 期；以及西蒙·德弗罗（Devereaux）的《危机与转型中的英格兰血腥法典》(*England' s Bloody Code in Crisis and Transition*)。

[268] A. Ruth Fry, *John Bellers 1654-1725* (1935), 76. Cf. Georg Rusche and Otto Kirchheimer, *Punishment and Social Structure* (New York, 1939), chaps. 3-5.

[269] Beccaria, *Essay on Crimes and Punishments*, 178; Kames, *Sketches of the History of Man*, vol. 1, 251; William Smith, *Mild Punishments Sound Policy* (1777), 6.

[270] *Gentleman's Magazine* 60 (1790), 1185, Citedin Beattie, 'Violence and Society', 55-56; Henry Dagge, *Considerations on Criminal Law* (2nd edn, 1774), vol. 2, 10; Randall McGowen, 'The Body and Punishment in Eighteenth-Century

England', *JMH* 59 (1987), 677-78; id., 'Punishing Violence, Sentencing Crime', in *The Violence of Representation*, ed. Nancy Armstrong and Leonard Tennenhouse (1989), 142, 145-46; id., 'Civilizing Punishment', *JBS* 33 (1994); James Gregory, *Victorians against the Gallows* (2012), 8.

[271] Tucker, *Light of Nature*, vol. 3, pt 2, 376.

[272] *Letters from Mrs Elizabeth Carter, to Mrs Montagu, between the Years 1755 and 1800* (1817), vol. 1, 261.

[273] George Hakewill, *An Apologie or Declaration of the Power and Providence of God in the Government of the World* (Oxford, 1630), 327; Edmond Howes, 'An Historicall Preface', in John Stow, *Annales, or, a Generall Chronicle of England*, continued by Howes (1631), sig. C4v; Ferguson, *Essay on the History of Civil Society*, 194-95; Kames, *Sketches*, vol. 1, 248-49.

[274] John Favour, *Antiquitie Triumphing over Noveltie* (1619), 410; Gilpin, *Observations, Relative Chiefly to Picturesque Beauty in the Highlands*, vol. 2, 149-50; Kames, *Sketches*, vol. 1, 190-91.

[275] Smith, *Theory of Moral Sentiments*, 207-9 (V. 2. 10-13), and 9 (I. 1. 1); Thomas, *Man and the Natural World*, 187-88; W. Hutton, *An History of Birmingham* (3rd edn, 1795), 171.

[276] 如，Alan Macfarlane's review of Beattie, *Crime and the Courts*, in *London Rev. of Books* 8 (24 July 1986), 8-9.

[277] *Spectator* 397 (5 June 1712), ed. Donald F. Bond (Oxford, 1965), vol. 3, 486; Gordon and Trenchard, *Independent Whig*, 312-13; *An Appeal to Humanity, in an Account of the Life and Cruel Actions of Elizabeth Brownrigg* (1767), 1-2; Norman S. Fiering, 'Irresistible Compassion', *JHI* 37 (1986), 204-5; James A. Steintrager, *Cruel Delight* (Bloomington, IN, 2004), xiv; Margaret Abruzzo, *Polemical Pain* (Baltimore, MD, 2011), chap. 2.

[278] 关于18世纪这方面的笑话书，见西蒙·迪基（Simon Dickie）的《残酷与笑声》（*Cruelty and Laughter*），2011年于伊利诺伊州芝加哥出版。

[279] Palmer, *Essay of the Meanes*, 61.

[280] Rowlands, *Mona Antiqua Restaurata*, 257; *The Literary Life of the Late Thomas Pennant, Esq., by himself* (1793), 55.

[281] 巴尔萨扎·杰比尔爵士（Sir Balthazar Gerbier）也对此提出了批评，见《关于宏伟建筑三大要点的简短论述》（*A Brief Discourse concerning the Three Chief Points of Magnificent Building*），1664年出版，第7页。

[282] Roger Williams, *A Key into the Language of America* (1643), 184; Spenser, *View*, 99-102, 111; Moryson, *Shakespeare's Europe*, 212-14; Sir William Herbert, *Croftus*, ed. Arthur Keaveney and John A. Madden (Dublin, 1992), 82-84; John Patrick Montaño, *The Roots of English Colonialism in Ireland* (Cambridge, 2011), 378-79.

[283] *Spectator* 631 (10 Dec. 1714), ed. Bond, vol. 5, 157; Michael Hunter, '*Pitcairneana*', *HJ* 59, no. 2 (2016), 605n35; William Buchan, *Domestic Medicine* (8th edn, 1784), 113-14; T. R. Malthus, *An Essay on the Principle of Population* (3rd edn, 1806), 56-57.

[284] Guy Miège, *A Relation of the Three Embassies from His Sacred Majestie Charles II to the Great Duke of Muscovie* (1669), 341; *An Embassy to China*, ed. J. L. Cranmer-Byng (1963), 225.

[285] Kames, *Sketches*, vol. 1, 233.

[286] J [ean] Gailhard, *The Compleat Gentleman* (1678), vol. 1, 87.

[287] Bernard Picart, *The Ceremonies and Religious Customs of the Known Peoples of the World* (abridged Eng. trans., 1741), 294; Pagden, *Fall of Natural Man*, 185.

[288] Captain John Smith, *Works*, ed. Edward Arber (Westminster, 1895), vol. 2, 529.

[289] Roger Williams, *George Fox Digg'd out of his Burrowes* (Boston, MA, 1676), 308.

[290] Thomas Morton, *New English Canaan or New Canaan* (Amsterdam, 1637), 40; Rebecca Earle, *The Body of the Conquistador* (Cambridge, 2012), 119-21.

[291] Purchas, *Hakluytus Posthumus*, vol. 7, 303; Graham Kew, *The Irish Sections of Fynes Moryson's Itinerary* (Dublin, 1998), 111; André Thevet, *The New Found Worlde, or Antarcktike* (trans. [Thomas Hacket], 1568), fol. 26^v; [Edward Long], *History of Jamaica* (1774), vol. 2, 382.

[292] Robert Boyle, *Occasional Reflections upon Several Subjects* (1665), vol. 2, 19.

[293] Richard Hakluyt, *The Principall Navigations . . . of the English Nation* (Glasgow, 1903-5), vol. 7, 224; William Wood, *New Englands Prospect* (1634), 67; *Memoirs of Lieut. Henry Timberlake*, 35.

[294] Sherley, 'Discours of the Turks'; Purchas, *Hakluytus Posthumus*, vol. 4, 15; Thomas Herbert, *A Relation of Some Yeares Travaile* (1634), 149; Long, *History of Jamaica*, vol. 2, 383.

[295] Miège, *Relation of Three Embassies*, 435; *An Embassy to China*, 225.

[296] Alex [ander] Niccholes, *A Discourse of Marriage and Wiving* (1615), 6.

[297] Millar, 'Origin of Ranks', in Lehmann, *John Millar of Glasgow*, 183-84; *Voyages of Humphrey Gilbert*, vol. 2, 285.

[298] Kames, *Sketches*, vol. 1, 190; Richard Payne Knight, *The Progress of Civil Society* (1796), 53 (bk 3, lines 103-4).

[299] Sharpe, *A Fiery & Furious People*, 187-89, 415; W [illiam] H [eale], *An Apologie for Women* (1609), 7 [在《为女性权利呼吁的伟大演说家》(*The Great Advocate and Orator for Women*) 中重复, 1682 年, 第 1 页]; A Lady [Judith Drake?], *An Essay in Defence of the Female Sex* (3rd edn, 1697), 22。

[300] *Spectator* 236 (30 Nov. 1711), ed. Bond, vol. 2, 417-18; Joanne Bailey, *Unquiet Lives* (Cambridge, 2003), 115, 124; Elizabeth Foyster, *Marital Violence* (Cambridge, 2005), 47, 63, 65-66, 169, 195.

[301] Henry Cornelius Agrippa, *Female Pre-Eminence*, trans. H [enry] C [are], 'with additional advantages' (1670), 71 (这段话是译者的一段插入语)。

[302] Anna Suranyi, *The Genius of the English Nation* (Newark, DE, 2008), chap. 6; Cramsie, *British Travellers*, 225; William Eton, *A Survey of the Turkish Empire* (1798), 247.

[303] Richard Baxter, *A Christian Directory* (1673), 396.

[304] Hume, *Essays*, vol. 1, 233-34.

[305] Adam Smith, *Lectures on Jurisprudence*, ed. R. L. Meek et al. (Oxford, 1978),

150–59.

[306] Kames, *Sketches*, vol. 1, 190–93, 213; *The Letters of Richard Brinsley Sheridan*, ed. Cecil Price (Oxford, 1966), vol. 1, 49.

[307] Sir George Staunton, *An Authentic Account of an Embassy from the King of Great Britain to the Emperor of China* (Dublin, 1798), vol. 1, 51–52; vol. 2, 328–29.

[308] *Relations of Golconda in the Early Seventeenth Century*, ed. W. H. Moreland (Hakluyt Soc., 1931), 29.

[309] Meenakshi Jain, *Sati* (New Delhi, 2016), xiv–xv, 85, 188; Kate Teltscher, *India Inscribed* (New Delhi, 1999), chap. 2; Andrea Major, *Pious Flames* (New Delhi, 2006).

[310] Bathsua Makin, *An Essay to Revive the Antient Education of Gentlewomen* (1673), 28; *ODNB*, 'Makin, Bathsua'; Daniel Defoe, *An Essay upon Projects* (1697), ed. Joyce D. Kennedy et al. (New York, 1999), 108.

[311] Kames, *Sketches*, vol. 1, sketch 6.

[312] Malthus, *Essay on the Principle of Population*, vol. 1, 27; Lehmann, *John Millar of Glasgow*, 192–94; *Memoirs of Lieut. Henry Timberlake*, 76; Hume, *Essays*, vol. 1, 193, 301–2.

[313] Dalrymple, *Essay towards a General History of Feudal Property*, 185–86; Kames, *Sketches*, vol. 1, 191. 关于这个主题，见西尔维娅·塞巴斯蒂安（Silvia Sebastiani），《苏格兰启蒙运动》（*The Scottish Enlightenment*），杰里米·卡登（Jeremy Carden）译，2013年于纽约出版，第5章。

[314] 'Origin of Ranks', chap. 1, in Lehmann, *John Millar of Glasgow*.

[315] *Writings and Speeches of Edmund Burke*, vol. 2, 357 (and vol. 9, 243).

[316] Francis Jeffrey, *Contributions to the Edinburgh Review* (2nd edn, 1846), vol. 1, 229–33; Ian Maclean, *Woman Triumphant* (Oxford, 1977), chap. 5; Dena Goodman, *The Republic of Letters* (Ithaca, NY, 1994), chap. 3; Antoine Lilti, *The World of the Salons*, trans. Lydia G. Cochrane (Oxford, 2005), 236, 248n11; Philippe Raynaud, *La Politesse des lumières* (Paris, 2013), 3, 11.

[317] Sylvana Tomaselli, 'The Enlightenment Debate on Women', *HWJ* 20 (1985); Rosemarie Zagarri, 'Morals, Manners, and the Republican Mother', *American Quarterly* 44 (1992); *Women, Gender and Enlightenment*, ed. Sarah Knott and Barbara Taylor (Basingstoke, 2005), 70, 695; Harriet Guest, *Empire, Barbarism, and Civilisation* (Cambridge, 2007), 57, 111; Karen O'Brien, *Women and Enlightenment in Eighteenth-Century Britain* (Cambridge, 2009).

[318] *The Journals of Captain Cook*, ed. J. C. Beaglehole (Hakluyt Soc., 1955–74), vol. 3 (2), 933, 1366.

[319] William Alexander, *The History of Women* (1779), vol. 1, 103.

[320] *An Embassy to China*, ed. J. L. Cranmer-Byng (1962), 223.

[321] Hobbes, *Leviathan*, ed. Malcolm, vol. 2, 192 (chap. 13).

[322] Locke, *Two Treatises of Government*, 311–12 (II. paras. 36–37), 319–20 (II. paras. 49–50); *Locke on Money*, ed. Patrick Hyde Kelly (Oxford, 1991), vol. 2, 410; Mandeville, *Fable of the Bees*, vol. 2, 349; *Complete Works of Montesquieu*, vol. 1, 367 ('The Spirit of Laws', bk 1, chap. 15).

［323］ 'The Answer of Mr Hobbes', in *Sir William Davenant's Gondibert*, ed. David F. Gladish (Oxford, 1971), 49（托马斯·霍布斯早期关于文明社会独特好处的三篇论述之一；其他的见《法律要素》(*The Elements of Law*, 1640 年完成)，斐迪南·滕尼斯（Ferdinand Tönnies）编，1969 年第 2 版，第 65 ~ 66 页 (I. 13. 3), and *De Cive: the Latin Version* (1642), ed. Howard Warrender (Oxford, 1983), 171 (x. 1)）。

［324］ Margaret T. Hodgen, *Early Anthropology in the Sixteenth and Seventeenth Centuries* (Philadelphia, PA, 1964), 196–201; Michèle Duchet, *Anthropologie et histoire au siècle des Lumières* (Paris, 1971), 11; Ferguson, *Essay on the History of Civil Society*, 75.

［325］ Thomas Hobbes, *The Questions concerning Liberty, Necessity, and Chance* (1656), 239.

［326］ Hobbes, *Elements of Law*, 65–66 (I. 13. 3); 'The Answer of Mr Hobbes', 49; id., *Leviathan*, ed. Malcolm, vol. 3, 1054 (chap. 46); *Principes de la Philosophie*, preface, 2, in *Oeuvres de Descartes*, ed. Charles Adam and Paul Tannery (Paris, 1897 – 1913), ix; Pierre D'Avity, *The Estates, Empires, & Principallities of the World*, trans. Edw [ard] Grimstone (1615), 268.

［327］ Thevet, *New Found Worlde*, sig. * ii; Francis Bacon, *The Instauratio Magna, Part II: Novum Organum and Associated Texts*, ed. Graham Rees with Maria Wakely (Oxford, 2004), 194–95; Purchas, *Hakluytus Posthumus*, vol. 1, 52 (and 32); Greengrass, *Christendom Destroyed*, 25. 有关 18 世纪末中国航海状况的不活跃，见斯汤顿（Staunton）《真实的叙述》(*Authentic Account*)，第 1 卷，第 37 ~ 39 页。

［328］ Richard Cumberland, *An Essay towards the Recovery of the Jewish Measures and Weights* (1686), 133.

［329］ Smith, *Wealth of Nations*, vol. 2, 708 (V. i. a. 44); 'Elements of the Philosophy of the Human Mind', in *The Collected Works of Dugald Stewart*, ed. Sir William Hamilton and John Veitch (Edinburgh, 1854 – 60), vol. 2, 242. Cf. Philip T. Hoffman, 'Prices, the Military Revolution, and Western Europe's Comparative Advantage', *EcHR* 64 (2011).

［330］ John Locke, *An Essay concerning Human Understanding*, ed. Peter H. Nidditch (Oxford, 1975), 646 (IV. xii. 11); John Ray, *The Wisdom of God Manifested in the Works of Creation* (1691; 12th edn, 1759), 96. 关于金属重要性的经典陈述，见格奥尔格·阿格里科拉（Rodolphus Agricola），《坤舆格致》(*De Re Metallica*)，于 1556 年在巴赛尔出版。见赫伯特·克拉克·胡佛（Herbert Clark Hoover）和卢·亨利·胡佛（Lou Henry Hoover）的译文，于 1950 年在纽约出版，xvii。

［331］ *Memoirs and Correspondence of Francis Horner*, ed. Leonard Horner (1843), vol. 1, 113; Paul Mantoux, *The Industrial Revolution in the Eighteenth Century*, trans. Marjorie Vernon (rev. edn, 1928), 397; Jean-Jacques Rousseau, 'Discours sur l'origine et les fondemens de l'inégalité', in *Oeuvres complètes*, ed. Bernard Gagnebin (Paris, 1964), vol. 3, 171; Gibbon, *Decline and Fall*, vol. 1, 220 (chap. 9); *Works of William Robertson*, vol. 6, 140–41.

[332] Purchas, *Hakluytus Posthumus*, vol. 1, 486; Matthew Hale, *The Primitive Origination of Mankind* (1677), 150; *Works of William Robertson*, vol. 3, 76–78; Mandeville, *Fable of the Bees*, vol. 2, 269, 283; Gibbon, *Decline and Fall*, vol. 1, 218 (chap. 9).

[333] See W. B. Stephens, 'Literacy in England, Scotland, and Wales, 1500–1900', *History of Education Qtly* 30 (1990), and David Cressy, 'Literacy in Context', in *Consumption and the World of Goods*, ed. John Brewer and Roy Porter (1993).

[334] *Boswell's Life of Johnson*, vol. 2, 170, vol. 3, 37; Knud Haakonssen, *Natural Law and Moral Philosophy* (Cambridge, 1996), 233, 286.

[335] John Banister, *A Needefull, New, and Necessarie Treatise of Chyrurgerie* (1575), sig. * ij.

[336] John Whitgift, *The Defense of the Aunswere to the Admonition* (1574), 450; id., *An Answere to a Certen Libel* (1572), 225; Edward Waterhouse, *An Humble Apologie for Learning and Learned Men* (1653), 111–12.

[337] John Gauden, *Hieraspistes* (1653), 400, 403; 'Of Dramatick Poesie', in *The Works of John Dryden* (Berkeley, CA, 1956–2000), vol. 17, 63.

[338] Jamie C. Kassler, *The Honourable Roger North (1651–1734)* (Farnham, 2009), 229; F. J. M. Korsten, *Roger North (1651–1734)* (Amsterdam, 1981), 80.

[339] Thomas Sprat, *The History of the Royal Society*, ed. Jackson I. Cope and Harold Whitmore Jones (St Louis, WA, 1959), 57, 124; William Marsden, *The History of Sumatra* (1783), 170n; David Hume, *The Natural History of Religion*, ed. Tom L. Beauchamp (Oxford, 2007), 38–39; Guest, *Empire, Barbarism, and Civilisation*, 40–41; James Ramsay, *An Essay on the Treatment and Conversion of African Slaves* (Dublin, 1784), 191, 224.

[340] *Mélanges inédits de Montesquieu*, ed. Baron de Montesquieu (Bordeaux, 1892), 129–31.

[341] [John] Logan, *Elements of the Philosophy of History* (Edinburgh, 1781), 7; William Wilkinson, *A Confutation of Certain Articles Delivered unto the Familye of Love* (1579), fol. 35v; Fletcher, *Of the Rus Commonwealth*, 68, 154; Miège, *Relation of the Three Embassies*, 65 – 66; Hale, *Primitive Origination of Mankind*, 159.

[342] *Works of Benjamin Whichcote*, vol. 2, 223.

[343] *The Works of Michael Drayton*, ed. J. William Hebel (Oxford, 1961), vol. 3, 207; Roger Ascham, *English Works*, ed. William Aldis Wright (Cambridge, 1904), 48; *The Works of Francis Bacon*, ed. James Spedding et al. (1857–59), vol. 7, 22; Sherley, 'Discours of the Turkes', 4; Smith, *Manners, Religion and Government of the Turks*, 2–3, 226; P. J. Marshall and Glyndwr Williams, *The Great Map of Mankind* (1982), 142–43; Bisaha, ' "New Barbarian" or Worthy Adversary?', 190 – 93; Noel Malcolm, 'The Study of Islam in Early Modern Europe', in *Antiquarianism and Intellectual Life in Europe and China, 1500–1800*, ed. Peter N. Miller and Françis Louis (Ann Arbor, MI, 2012), 276–78.

[344] George Sandys, *A Relation of a Journey begun anno Dom. 1610* (1615), 72.

[345] Jonathan Richardson, *Two Discourses* (1719), pt 2, 57.

[346] The *Letters of David Hume*, ed. J. Y. T. Greig (Oxford, 1932), vol. 2, 111; Hume, *Essays*, vol. 1, 223, 301-3; id., *An Enquiry Concerning the Principles of Morals*, ed. Tom L. Beauchamp (Oxford, 1998), 62-63.

[347] Marshall and Williams, *Great Map of Mankind*, 146.

[348] Kenneth Pomeranz, *The Great Divergence* (Princeton, NJ, 2000), and id., 'Without Coal?' in *Unmaking the West*, ed. Philip E. Tetlock et al. (Ann Arbor, MI, 2006).

[349] Claude Lévi-Strauss, *Race and History* (Paris, 1968), 25. Cf. E. A. Wrigley, *Continuity, Chance and Change* (Cambridge, 1988); Vaclav Smil, *Energy in World History* (Boulder, CO, 1994), chap. 5; Ian Morris, *The Measure of Civilization* (2013), 53, 62-66, 87.

[350] [Thomas Bentley], *Letters on the Utility and Policy of Employing Machines to Shorten Labour* (1780), 3.

[351] Charles Hall, *The Effects of Civilization on the People in European States* (1805), 131-32.

[352] Barbaro and Contarini, *Travels to Tana and Persia*, 1.

[353] Malthus, *Essay on the Principle of Population*, vol. 1, chap. 3; Smith, *Wealth of Nations*, vol. 1, 10 (Introduction), 22 (I. i. 10).

[354] Michael Adas, *Machines as the Measure of Men* (Ithaca, NY, 1989), esp. chap. 4; John Stuart Mill, 'Guizot's Lectures on European Civilization', in *Essays on French History and Historians*, ed. John M. Robson (*Collected Works of John Stuart Mill*, vol. 20) (Toronto, 1985), 374, and 'Civilization', in *Essays on Politics and Society*, 1.

[355] R. G. Collingwood, *The New Leviathan* ([1942]; Oxford, 1947), 291, 299.

[356] J. R. Seeley, *The Expansion of England* (1883), 4.

[357] 'The Manifesto of the Communist Party', in Karl Marx and Frederick Engels, *Selected Works* (1950).

[358] James Dunbar, *Essays on the History of Mankind* (1780), 142, 145.

第四章 文明的进步

[1] 关于这些作者，见 Arthur O. Lovejoy and George Boas, *Primitivism and Related Ideas in Antiquity* (Baltimore, MD, 1935; New York, 1965); Erwin Panofsky, *Studies in Iconology* ([1939]; New York, 1972), chap. 2; Ludwig Edelstein, *The Idea of Progress in Classical Antiquity* (Baltimore, MD, 1967)。

[2] Thomas Starkey, *A Dialogue between Pole and Lupset*, ed. T. F. Mayer (Camden ser., 1989), 35-36. 类似描述，见 Arthur B. Ferguson, *Clio Unbound* (Durham, NC, 1979), chap 10, and id., *Utter Antiquity* (Durham, NC, 1993), chap. 4, and 152n2; Richard Tuck, *Natural Rights Theories* (Cambridge, 1979), 33-34, 37, 43, 93, 103。

[3] Cicero, *De Oratore*, bk 1, sect. 33-34; *Wilson's Arte of Rhetorique 1560*, ed. G. H. Mair (Oxford, 1903), preface, sig. Avii; William Webbe, *A Discourse of English Poetrie* (1586), sigs. Biii^{v}-iiii; George Puttenham, *The Arte of English Poesie*, ed. Gladys Doidge Willcock and Alice Walker (Cambridge, 1936), 6 (I. iii); *The Poems*

of George Chapman, ed. Phyllis Brooks Bartlett (New York, 1941), 362; Joseph Warton, An Essay on the Writings and Genius of Pope (1756), 60-61.

[4] Sir William Temple, *Miscellanea: The Second Part* (4th edn, 1696), 151.

[5] Joannes Boemus, *The Fardle of Facions*, trans. William Watreman (1555), sig. Biiij; *Wilson's Arte of Rhetorique*, sig. Avi^{v}; Francis Bacon, *New Atlantis* ([1627]; 1906), 273-74; Henry Parker, *Observations upon Some of His Majesties Late Answers and Expresses* (1642), 13; John Woodward, *An Essay toward a Natural History of the Earth* (1695), 56-57, 94-95, 102.

[6] George Sandys, *A Relation of a Iourney begun An. Dom. 1610* (1615), 20.

[7] Quentin Skinner, *The Foundations of Modern Political Thought* (Cambridge, 1978), vol. 2, 116-18, 340-41.

[8] *Bishop Overall's Convocation Book MDCVI* [ed. William Sancroft] (1690), 3-4.

[9] John Byrom, *The Necessity of Subjection Asserted* (1681), 2.

[10] *The Works of the Most Reverend Father in God John Bramhall* [ed. A. W. H (addan)] (Oxford, 1842-45), vol. 4, 567.

[11] E. g., Gabriel Towerson, *An Explication of the Decalogue* (1686), 332 (citing Lactantius, *Divine Institutes*, 6. 10. 13-15).

[12] Samuel Parker, *A Discourse of Ecclesiastical Politie* (1670), 118.

[13] Adam Smith, *Essays on Philosophical Subjects*, ed. W. P. D. Wightman and J. C. Bryce (Oxford, 1980), 293.

[14] William Wood, *New Englands Prospect* (3rd edn, 1764), 94n; *Letters of Roger Williams*, ed. John Russell Bartlett (Pubs. of the Narrangansett Club, Providence, RI, 1866-74, vol. 6), 276; William Walter Hening, *The Statutes at Large; Being a Collection of All the Laws of Virginia* ([1823]; Charlottesville, VA, 1969), vol. 1, 395.

[15] [George Abbot], *A Briefe Description of the Whole Worlde* ([1599]; Amsterdam, 1970), sig. B1^{v}.

[16] 他读过西塞罗在 *De Oratore* 中对人类早期状况的描述，这可以从他的 *Expugnatio Hibernica* 中看出。这本书由斯考特（A. B. Scott）和 F. X. 马丁（F. X. Martin）翻译，于 1978 年在都柏林出版，第 10 页。关于撒路斯提乌斯（Sallust）的《朱古达》（*Jugurtha*）中的一段话可能对他产生的影响，见迈克尔·斯汤顿（Michael Staunton），《英国历史学家》（*The Historians of Angevin England*），于 2017 在牛津大学出版，第 98 页。

[17] Gerald of Wales, *The History and Topography of Ireland*, trans. J. J. O' Meara (Harmondsworth, 1981), 101-2, and *The Description of Wales*, trans. Lewis Thorpe (Harmondsworth, 1978), 233-35; John Gillingham, 'Civilizing the English?', *HistRes* 74 (2001), 26-27【他挑衅性地称之为“相比英国 16-17 世纪任何所写之物，都明显更加前卫和进步的历史观”。想必他是瞧不上博马斯（Boemus）、戴维蒂（d' Avity）和勒罗伊等人的英文译文】Edward Gibbon, *The History of the Decline and Fall of the Roman Empire*, ed. J. B. Bury (5th edn, 1912), vol. 3, chap. 26 (quotation at 72). 关于杰拉尔德的民族志，见罗伯特·巴特利特的《威尔士的杰拉尔德 1146-1223》（*Gerald of Wales 1146-1223*），1982 年在牛津大学出版，第七章。

[18] *Gesta Stephani*, ed. and trans. K. R. Potter (Oxford, 1976), 14-15, 20-21, 54-55 (paras. 8, 11, 26), 尽管作者并没有像引用这些段落的吉林厄姆所建议的那样，分析畜牧业与战争之间的联系；"让英国人变文明?"，第27页。
[19] Edmund Spenser, *A View of the Present State of Ireland*, in *Spenser's Prose Works*, ed. Rudolf Gottfried (Baltimore, MD, 1949), 217-18 (and 98).
[20] Samuel Purchas, *Hakluytus Posthumus, or Purchas His Pilgrimes* ([1625]; Glasgow, 1905-7), vol. 7, 303.
[21] Fynes Moryson, *Shakespeare's Europe*, ed. Charles Hughes (2nd edn, New York, 1967), 201.
[22] Kenneth Nicholls, 'Gaelic Society and Economy', in *A New History of Ireland*, vol. 2, ed. Art Cosgrove (Oxford, 1993), 413-14; R. A. Butlin, 'Land and People, *c.* 1600', in *A New History of Ireland*, vol. 3, ed. T. W. Moody et al. (Oxford, 1978), 152-53; John Patrick Montaño, *The Roots of English Colonialism in Ireland* (Cambridge, 2011), 8-10; Andrew Hadfield, *Edmund Spenser* (Oxford, 2012), 216-18; Fynes Moryson, *An Itinerary* (Glasgow, 1907-8), vol. 2, 330.
[23] Nicholas Canny, 'The Ideology of English Colonization', *WMQ*, 3rd ser., vol. 30 (1973), 597.
[24] *Forty-Six Lives* (from Boccaccio, *De Claris Mulieribus*), trans. Henry Parker, Lord Morley, ed. Herbert G. Wright (EETS, 1943), 21-23; Barbette Stanley Spaeth, *The Roman Goddess Ceres* (Austin, TX, 1996), 34-41.
[25] [Sir Thomas Smith and Thomas Smith], *A Letter sent by I. B. Gentleman unto his very Friend and Master R. C. Esquire* (1572), sigs. Ei, Div; Mary Dewar, *Sir Thomas Smith* (1964), 166; Spenser, *View*, 225; *Cal. SP*, *Ireland*, *1588-1592*, 168; Moryson, *Shakespeare's Europe*, 201. 关于农业种植在16世纪爱尔兰"文明化"中的中心地位，见蒙塔诺（Montaño）的《英国殖民主义的根源》。
[26] Andrew Boorde, *The Fyrst Boke of the Introduction of Knowledge*, ed. F. J. Furnivall (EETS, 1870), 126, 132; *The Jacobean Union*, ed. Bruce R. Galloway and Brian P. Levack (Scottish Hist. Soc., 1985), 22; Alison Games, *The Web of Empire* (Oxford, 2008), 119.
[27] *The Journal of John Stevens*, ed. Robert H. Murray (Oxford, 1912), 140.
[28] [Peter Chamberlen], *The Poore Mans Advocate* (n. d. [1649]), 9; Spenser, *View*, 219.
[29] William Wood, *New Englands Prospect* (1634), 78; Letter by John Eliot, in Thomas Shepard, *The Clear Sun-shine of the Gospel Breaking Forth upon the Indians in New-England* (1648), 17.
[30] *The Works of Isaac Barrow* (Edinburgh, 1842), vol. 1, 477; *A Letter from a Gentleman in Ireland to his Brother in England* (1677), 12 ('step to civility'). 还可见，Jo[hn] Streater, *A Glympse of That Jewel, Judicial, Just, Preserving Libertie* (1653), 15; John Cary, *An Account of the Proceedings of the Corporation of Bristol* (1700), 4。
[31] Thomas F. Mayer, *Thomas Starkey and the Commonweal* (Cambridge, 1989), 120.
[32] James Buckley, 'A Vice-Regal Progress through the South and West of Ireland in 1567', *Journ. of the Waterford and South-East of Ireland Archaeol. Soc.* 12

(1909), 72–73; *Cal. SP*, *Foreign*, *Jan. –June 1583*, 491; Spenser, *View*, 225.

[33] *The Voyages and Colonizing Enterprises of Humphrey Gilbert*, ed. David Beers Quinn (Hakluyt Soc., 1940), vol. 1, 181; Edward Waterhouse, *A Declaration of the State of the Colony and Affaires in Virginia* (1622), 24.

[34] M. Iuniani Iustinus, *Epitoma Historiarum Philippicarum Pompei Trogi*, ed. Marco Galdi (Turin, 1923), bk 43, para. 4：阿瑟·戈尔丁（Arthur Golding）翻译为“一种更为文明的生活贸易”【《特洛古斯历史节录》(*The Abridgment of the Histories of Trogus Pompeius*), 1563, fol. 178】。罗伯特·科林顿（Robert Codrington）将其描述为“更精致的人生历程”【《尤斯蒂恩历史》(*The Historie of Iustine*), 1654, 507】。

[35] *Registrum Epistolarum Fratris Johannis Peckham*, ed. Charles Trice Martin (Rolls Ser., 1882–85), vol. 3, 776–77; Gillingham, ‘Civilizing the English?’, 38–40.

[36] T[homas] H[eywood], *The Generall History of Women* (1657), 634; Spenser, *View*, 225; ‘*Reform*’ *Treatises on Tudor Ireland*, ed. David Heffernan (Irish MSS Commission, Dublin, 2016), 21.

[37] “关于城市和有人居住的城镇制度的名称和最初原因的论述”，见 John Stow, *A Survey of London*, ed. Charles Lethbridge Kingsford (Oxford, 1908), vol. 2, 196–98. 还可见, John Barston, *The Safegarde of Societie* (1576), fols. 26–27v。

[38] Purchas, *Hakluytus Posthumus*, vol. 5, 359.

[39] ‘A View of the Progress of Society in Europe’, in *The Works of the Late William Robertson*, ed. R. Lynam (1826), vol. 3, 61; Adam Smith, *An Inquiry into the Nature and Causes of the Wealth of Nations*, ed. R. H. Campbell and A. S. Skinner (Oxford, 1976), vol. 1, 412–22 (III. iv. 1–18).

[40] Francesco Patrizi, *A Moral Methode of Civile Policie*, trans. Richard Robinson (1576), fol. 5.

[41] Steven G. Ellis, ‘Civilizing the Natives’, in *Frontiers and Identities*, ed. Lud’a Klusáková and Steven G. Ellis (Pisa, 2006), 81.

[42] Edmund Hogan, *The Description of Ireland* ([1598]; Dublin, 1878), 65; Debora Shuger, ‘Irishmen, Aristocrats, and Other White Barbarians’, *Renaissance Qtly* 50 (1997), who rightly recognizes in the Irish tracts ‘a rare contemporary analysis of the infrastructural bases of the civilizing process’ (521–22).

[43] *Cal. SP*, *Ireland*, *1611–14*, 501–2.

[44] Thomas Churchyard, *A Prayse, and Reporte of Maister Martyne Forboishers Voyage to Meta Incognita* (1578), sig. Bvii.

[45] Samuel Purchas, *Purchas His Pilgrimage* (1626), 230; id., *Hakluytus Posthumus*, vol. 9, 100; Lancelot Addison, *West Barbary* (Oxford, 1671), 138.

[46] [Sir Dalby Thomas], *An Historical Account of the Rise and Growth of the West-India Collonies* [*sic*] (1690), 6; Smith, *Wealth of Nations*, vol. 1, 10 (Introduction), 22 (I. i).

[47] 特别见 J. G. A. Pocock, *The Machiavellian Moment* ([1975]; 2nd edn, Princeton, NJ, 2003), chaps. 13 and 14, and afterword; ‘Gibbon and the Shepherds’, *History of European Ideas* 2 (1981), 194–96; ‘Cambridge Paradigms and Scottish Philosophers’, in *Wealth and Virtue*, ed. Istvan Hont and Michael

Ignatieff (Cambridge, 1983), 240 - 45; and *Virtue, Commerce and History* (Cambridge, 1985), 49-50 ('ideological need'), 114-15, 235-38。

[48] *The Complete Works of M. de Montesquieu* (1777), vol. 2, 1-3 (xx. 1-2).

[49] *The Political and Commercial Works of … Charles D' Avenant*, ed. Charles Whitworth (1771), vol. 2, 275; David A. G. Waddell, 'The Career and Writings of Charles Davenant (1656-1714) ' (D. Phil. thesis, Univ. of Oxford, 1954).

[50] William Fulbecke, *The Pandectes of the Law of Nations* (1602), fol. 65v.

[51] Jacob Viner, *The Role of Providence in the Social Order* (Amer. Philos. Soc. , Philadelphia, 1972), chap. 2; David Harris Sacks, 'The True Temper of Empire', *Renaissance Studies*, 26 (2012), 534-40.

[52] William Thomas, *The Pilgrim*, ed. J. A. Froude (1861), 4; André Thevet, *The New Found World, or Antarctike*, trans. Thomas Hacket (1568), fol. 74.

[53] Purchas, *Hakluytus Posthumus*, vol. 1, 10 - 11; vol. 19, 223; [Sir Thomas Smith?], *A Discourse of the Commonweal*, ed. Mary Dewar (Charlottesville, VA, 1969), 62; Charles Richardson, *A Sermon against Oppression and Fraudulent Dealing* (1615), 17; Nathanael Carpenter, *Geographie Delineated Forth in Two Bookes* (1625), vol. 2, 274; *The Arrivall and Intertainements of the Embassador, Alkaid Jauvar Ben Abdella* (1637), 1-3; William Gray, *Chorographia, or a Survey of Newcastle* (1649), 26; 'Preface in Defence of Trade and Commerce', in Edmund Bolton, *The Cities Great Concern* (1674) (not in the original edition of 1629), sigs. A1v-2; Peter Heylyn, *Cosmography in Four Books* (1674), 4; William Molyneux, *Sciothericum Telescopicum* (Dublin, 1686), 2; [John Streater], *Observations Historical, Political and Philosophical upon Aristotle's First Book of Political Government*, 4 (25 Apr. -2 May 1654), 28.

[54] Sir James Perrott, *The Chronicle of Ireland 1584-1608*, ed. Herbert Wood (Dublin, 1933), 16.

[55] Stephen Conway, *Britain, Ireland, and Continental Europe in the Eighteenth Century* (Oxford, 2011), 260 - 65; Thomas Wemyss Fulton, *The Sovereignty of the Sea* (Edinburgh, 1911), 206-8.

[56] Joyce Appleby, *Economic Thought and Ideology in Seventeenth - Century England* (Princeton, NJ, 1978), 118 - 19; Craig Muldrew, *The Economy of Obligation* (Basingstoke, 1998), chap. 5.

[57] Games, *Web of Empire*, esp. 24, 51, 78, 79, 113, 115, 320; Roxann Wheeler, *The Complexion of Race* (Philadelphia, PA, 2000), 103; Adam Smith, *Lectures on Jurisprudence*, ed. R. L. Meek et al. (Oxford, 1978), 538.

[58] Thomas Sprat, *History of the Royal Society*, ed. Jackson I. Cope and Harold Whitmore Jones (St Louis, MO, 1959), 408; Aylett Sammes, *Britannia Antiqua Illustrata* (1676), 15, 73; John Evelyn, *Navigation and Commerce* (1674), 4, 11; id. , *The History of Religion*, ed. R. M. Evanson (1850), vol. 2, 195.

[59] *The Diary and Autobiography of Edmund Bohun Esq*, ed. S. Wilton Rix (Beccles, 1853), 134.

[60] William Dampier, *A New Voyage around the World* (1697), 115-16.

[61] Bernard Mandeville, *The Fable of the Bees*, ed. F. B. Kaye (Oxford, 1924), vol.

2, 349; Malachy Postlethwayt, *The Universal Dictionary of Trade and Commerce* (1751), 3; *Works of William Robertson*, vol. 3, 123.

[62] Edward Graves, *A Brief Narration and Deduction* (1679), 6; *John Locke on Money*, ed. Patrick Hyde Kelly (Oxford, 1991), vol. 2, 410; *The Constitution of the Office of Land Credit Declared in a Deed by Hugh Chamberlen* (1696), 2; Matthew Henry, *A Sermon on Acts XXVIII*, 22 (1699), 20. On 'civilizing trade', see Albert O. Hirschman, *The Passions and the Interests* (Princeton, NJ, 1977), 51–52, 58–63, 70–80; id., *Rival Views of Market Society and Other Recent Essays* (New York, 1986), 107–9; Anthony Pagden, *Lords of All the World* (New Haven, CT, 1995), 178–87.

[63] William Wood, *New Englands Prospect* (3rd edn, 1764), 94.

[64] Smith, *Lectures on Jurisprudence*, 14–16, 459–60; *Turgot on Progress, Sociology and Economics*, trans. and ed. Ronald L. Meek (Cambridge, 1973), 65–69. For discussion, see Ronald L. Meek, *Social Science and the Ignoble Savage* (Cambridge, 1976), esp. chap. 4; Andrew S. Skinner, *A System of Social Science* (Oxford, 1979), 71–90; Peter Stein, *Legal Evolution* (Cambridge, 1980), chap. 2, and 'The Four Stage Theory of the Development of Societies', in his *The Character and Influence of the Civil Law* (1988); Knud Haakonssen, *The Science of a Legislator* (Cambridge, 1981), chap. 7; Christopher J. Berry, *Social Theory of the Scottish Enlightenment* (Edinburgh, 1997), 93–99, and *The Idea of Commercial Society in the Scottish Enlightenment* (Edinburgh, 2013), chap. 2 (a particularly precise analysis); J. G. A. Pocock, *Barbarism and Religion* (Cambridge, 1999–2016), vol. 2, 309–45; vol. 4, 100, 166–71; Frank Palmeri, *Stages of Nature, Stages of Society* (New York, 2016), introduction and chap 1.

[65] Christopher J. Berry, 'Rude Religion', in *The Scottish Enlightenment*, ed. Paul Wood (Rochester, NY, 2000).

[66] Lovejoy and Boas, *Primitivism and Related Ideas*, esp. chaps. 7, 8, 9, 12; Thomas Cole, *Democritus and the Sources of Greek Anthropology* (Cleveland, OH, 1967), 26, 149, 184.

[67] [Johannes Boemus], 'Preface of the Authour', in *The Fardle of Facions*, trans. William Watreman (1555), and in id., *The Manners, Lawes, and Customes of All Nations*, trans. Ed. Aston (1611). On him, see C. Phillip E. Nothaft, 'The Early History of Man and the Uses of Diodorus in Renaissance Scholarship', in *For the Sake of Learning*, ed. Ann Blair and Anja-Silvia Goeing (Leiden, 2016).

[68] Louis le Roy, *Of the Interchangeable Course, or Variety of Things in the Whole World*, trans. R[obert] A[shley] (1594), bk 3, esp. fols. 27^{v-28v}; Pierre d'Avity, *The Estates, Empires and Principallities of the World*, trans. Edward Grimstone (1615), 266–67 (on degrees of barbarism), 267–68 (on stages of development); Geoffroy Atkinson, *Les Nouveaux Horizons de la Renaissance françise* (Paris, 1935), 37–80; Federico Chabod, *Giovanni Botero* (Rome, [1934]), 80; Rosario Romeo, *Le scoperte americane nella coscienza italiana del Cinquecento* (Milan, 1954), 93–106.

[69] Istvan Hont, 'The Language of Sociability and Commerce', in his *Jealousy of Trade* (Cambridge, MA, 2005), 160–84, 364–70.

［70］ Jed Z. Buchwald and Mordechai Feingold, *Newton and the Origin of Civilization* (Princeton, NJ, 2013), 428.

［71］ *Complete Works of Montesquieu*, vol. 1, 363, 365-69 ('The Spirit of Laws', bk 18, 8, 11-17).

［72］ Smith, *Lectures on Jurisprudence*, 61, 69-70（在连续的两段中，他五次称苏格兰的地产世袭制是“荒谬的”）, 70-71, 467-69, 524-25; id., *Wealth of Nations*, 383-86 (III. ii. 7); Henry Home, Lord Kames, *Historical Law-Tracts* (Edinburgh, 1758), vol. 1, 219. 相比之下，四阶段理论的另一个支持者约翰·达尔林普展示了在第四阶段中，（商业）是如何导致土地财产的转让，但对其产生的后果表示遗憾; John Dalrymple, *An Essay towards a General History of Feudal Property in Great Britain* (2nd edn, 1758), chaps. 3 and 4; id., *Considerations upon the Policy of Entails in Great Britain* (Edinburgh, 1764)。

［73］ Berry, *Idea of a Commercial Society*, 38.

［74］ Kames, *Historical Law-Tracts*, vol. 1, 77n-80n, 126-29, 139-40, 146.

［75］ Adam Ferguson, *An Essay on the History of Civil Society 1767*, ed. Duncan Forbes (Edinburgh, 1966).

［76］ John Brown, *A Dissertation on the Rise … of Poetry and Music* (1763). 围绕人类知识进步的各个阶段，捷克教育和宗教改革家简·阿莫斯·科曼斯克进行了精彩独到的论述。可惜的是，在17世纪的英国，似乎没什么人对他的论述表示关注。他的观点出自其著作《通往光明》(*Via Lucis*)，该书1968年在荷兰阿姆斯特丹出版，但书完成的时间还要提早26年。该书由E. T. 坎帕尼亚克（E. T. Campagnac）翻译成英文《光明之路》(*The Way of Light*)，1938年出版于利物浦。

［77］ [William and Edmund Burke], *An account of the European Settlements in America* (1757), vol. 1, 167.

［78］ Donald R. Kelley, *Foundations of Modern Historical Scholarship* (New York, 1970), 64, 83; Robert Burton, *The Anatomy of Melancholy*, ed. Thomas C. Faulkner et al. (Oxford, 1989-2000), vol. 2, 154; Ferguson, *Essay on the History of Civil Society*, 208.

［79］ Bartlett, *Gerald of Wales*, 190; Spenser, *View*, 96, 113-20; William Camden, *Britain* (1610), 2nd pagination, 148; Richard A. McCabe, *Spenser's Monstrous Regiment* (Oxford, 2002), 140.

［80］ George Hakewill, *An Apologie or Declaration of the Power and Providence of God* (3rd edn, 1635), vol. 5, 58.

［81］ Nicholas Tyacke, 'An Oxford Education in the Early Seventeenth Century', *History of Universities*, vol. 27 (2013), 37.

［82］ Benjamin Farrington, *The Philosophy of Francis Bacon* (Liverpool, 1964), 109; Sprat, *History of the Royal Society*, 22-23, 389; *The Petty Papers*, ed. Marquess of Lansdowne (1927), vol. 2, 24. Paul Slack, *The Invention of Improvement* [(2014); Oxford, '2015'], index, s. v. 'progress'。

［83］ 相比之下，14世纪的阿拉伯哲学家伊本·赫勒敦认为，当社会发展到一个最佳点时，就会不可避免地衰落; Muhsin Mahdi, *Ibn Khaldûn's Philosophy of History* (1957), 202。

[84] Joseph Hall, *The Discovery of a New World* (1609), sig. A4.

[85] William C. Lehmann, *John Millar of Glasgow 1735–1801* (Cambridge, 1960), 176; *Works of William Robertson*, vol. 3, 21; Hugh Blair, *Sermons* (19th edn, 1794), vol. 4, 253；更宽泛的一些文献，见戴维·斯帕达福拉（David Spadafora），《十八世纪英国的进步理念》（*The Idea of Progress in Eighteenth–Century Britain*），于1990年在康涅狄格州纽黑文出版。

[86] Temple, *Miscellanea*: *The Second Part*, 173, 196.

[87] *An Embassy to China*, ed. J. L. Cranmer–Byng (Hamden, CT, 1963), 226, 222; P. J. Marshall and Glyndwr Williams, *The Great Map of Mankind* (1982), 135, 147, 177; P. J. Marshall, '*A Free though Conquering People*' (Aldershot, 2003), chap. 11, 22–24.

[88] Duncan Forbes, *Hume's Philosophical Politics* (Cambridge, 1975), 296 – 97; Dalrymple, *Essay towards a General History of Feudal Property*, ix – x; Ferguson, *Essay on the History of Civil Society*, 1; Lehmann, *John Millar of Glasgow*, 99–100; *Works of William Robertson*, vol. 1, 21; Thomas Babington Macaulay, *The History of England from the Accession of James II* ([1848–61]; 1905), vol. 1, 378 (chap 3); Spadafora, *Idea of Progress*, chap. 7.

[89] Kames, *Historical Law–Tracts*, vol. 1, v.

[90] E. g., Sir Richard Blackmore, *Creation* (3rd edn, 1715), 71 – 74, and Richard Payne Knight, *The Progress of Civility* (1796)，二者的叙述均基于卢克莱修（Lucretius）。

[91] W. Baring Pemberton, *Lord Palmerston* (1954), 141.

[92] John Webb, *An Historical Essay Endeavoring the Probability That the Language of the Empire of China Is the Primitive Language* (1669), 21【引自沃尔特·罗利爵士（Sir Walter Ralegh），《世界历史》（*The History of the World*），1617年发表，第115~116页】。

[93] Purchas, *Hakluytus Posthumus*, vol. 1, 81, 252.

[94] Sir Clement Edmondes, *Observations upon the First Five Bookes of Caesar's Commentaries* (1604), 5th commentary, chap. 4; Thomas Hobbes, *Decameron Physiologicum* (1678), 5; Sprat, *History of the Royal Society*, 5. 有关该想法的中世纪起源，见 Clarence J. Glacken, *Traces on the Rhodian Shore* (Berkeley, CA, 1967), 276–78。

[95] Purchas, *Hakluytus Posthumus*, vol. 1, 249–51; *Autobiography of Thomas Raymond and Memoirs of the Family of Guise of Elmore, Gloucestershire*, ed. G. Davies (Camden, 3rd ser., 1917), 101; [Johann Amos Comenius], *A Generall Table of Europe* (1670), 2; Robert Morden, *Geography Rectified* (1688), 10.

[96] Larry Wolff, *Inventing Eastern Europe* (Stanford, CA, 1994).

[97] M. Balfoure, 'To the Reader', in Sir Andrew Balfour, *Letters write* [*sic*] *to a Friend* (1700), 11; David Hume, *Essays Moral*, *Political*, *and Literary*, ed. T. H. Green and T. H. Grose (1875), vol. 1, 307.

[98] 有关这个极其宽泛的话题，见 Marshall G. S. Hodgson, *Rethinking World History*, ed. Edmund Burke III (Cambridge, 1993), chap. 4; Kenneth Pomeranz, *The Great Divergence* (Princeton, NJ, 2000); C. A. Bayly, *The Birth of the Modern World*,

1780–1914 (Oxford, 2004), 60–63; John Darwin, *After Tamerlane* (2007), chap. 3; Unmasking the West, ed. Philip E. Tetlock et al. (Ann Arbor, MI, 2009), chaps. 9 (by Kenneth Pomeranz) and 10 (by Joel Mokyr)。

[99] Michael Wintle, *The Image of Europe* (Cambridge, 2009), 53–67, and index, s. v. 'Eurocentrism.'

[100] *The Writings and Speeches of Edmund Burke*, ed. Paul Langford et al. (Oxford, 1981–2015), vol. 9, 248–49; *The Correspondence of Edmund Burke*, ed. Thomas W. Copeland (Cambridge, 1958–78), vol. 7, 387; vol. 9, 306–7; Georges Gusdorf, *Les Principes de la pensée au siècle des Lumières* (Paris, 1971), pt 1, chap. 1; *Penser l' Europe au XVIIIe siècle*, ed. Antoine Lilti and Céline Spector (Oxford, 2014).

[101] John Aubrey, *Wiltshire: The Topographical Collections*, ed. John Edward Jackson (Devizes, 1862), 4; John Bridges, *A Sermon, Preached at Paules Crosse* (1571), 17; *Camden's Britannia*, ed. Edmund Gibson (1695; facsimile, 1971), col. 4; Carpenter, *Geographie Delineated*, vol. 2, 281.

[102] *The Letters of Sir Thomas Browne*, ed. Geoffrey Keynes (new edn, 1946), 351; Michael Hunter, *John Aubrey and the Realm of Learning* (1975), 175; Thomas Hariot, *A Briefe and True Report of the New Found Land of Virginia* (1590), appendix, sig. E1; Purchas, *Hakluytus Posthumus*, vol. 1, 80, 162.

[103] *Writings and Speeches of Edmund Burke*, vol. 1, 348.

[104] Thomas Digges, *Foure Paradoxes, or Politique Discourses* (1604), 3rd pagination, 82; William Strachey, *The Historie of Travell into Virginia Britania* (1612), ed. Louis B. Wright and Virginia Freund (Hakluyt Soc., 1953), 24.

[105] Inigo Jones, *The Most Notable Antiquity of Great Britain, Vulgarly Called Stone-Heng* (1655), 13 (following Tacitus, *Agricola*, 21).

[106] *Complete Prose Works of John Milton*, ed. Don M. Wolfe et al. (New Haven, CT, 1953–82), vol. 5 (i), 61 (echoing Camden, *Britain*, 1st pagination, 63); *Diary and Autobiography of Edmund Bohun*, 134–35. 理查德·欣格利(Richard Hingley)的《罗马不列颠的再起》(*The Recovery of Roman Britain 1585–1906*),2008年于牛津大学出版,重点在第一章,其中有很多关于这个主题的内容。

[107] *Complete Prose Works of John Milton*, vol. 5 (i), 142; Spenser, *View*, 202–3; David Hume, *The History of England from the Invasion of Julius Caesar to the Revolution in 1688* (new edn, 1773), vol. 1, 229.

[108] William of Malmesbury, *Gesta Regum Anglorum*, ed. and trans. R. A. B. Mynors et al. (Oxford, 1998–99), vol. 1, 118–19, 152–53, 190–95, 456–61; id., *The Deeds of the Bishops of England* (*Gesta Pontificorum Anglorum*), trans. David Preest (Woodbridge, 2002), 127, 281; John Gillingham, *The English in the Twelfth Century* (Woodbridge, 2000), 5–6, and 'Civilizing the English?', 35–43.

[109] *The Miscellaneous Works of the Right Honourable Edward Earl of Clarendon* (2nd edn, 1751), 236; Sir William Temple, *An Introduction to the History of England* (1695), 315. 有关18世纪盎格鲁-撒克逊人的观点,见罗希玛丽·斯威特

(Rosemary Sweet) 的《古文物研究者》(*Antiquaries*)，2004 年出版，第一章，第 6 页。

[110] *Writings and Speeches of Edmund Burke*, vol. 3, 115.

[111] George Hakewill, *An Apologie or Declaration of the Power and Providence of God* (1630), 327–50; Roger North, *Of Building*, ed. Howard Colvin and John Newman (Oxford, 1981), 108; Daniel Defoe, *Serious Reflections during the Life and Surprising Adventures of Robinson Crusoe* (1720), 130, 255.

[112] Philip Kinder, *The Surfeit*: *To A. B. C.* (1656), 27.

[113] Joseph Priestley, *Lectures on History and General Policy* (1793), vol. 2, 283; 'An Historical and Moral View of the French Revolution', in *The Works of Mary Wollstonecraft*, ed. Janet Todd and Marilyn Butler (1989), vol. 6, 111n.

[114] John Prise, *Historiae Britannicae Defensio* (1573), ed. and trans. Ceri Davies (Toronto, 2015), 36–37, 50–51; Humphrey Llwyd, *The Breviary of Britayne* (1573), fols. 42^{v-43}.

[115] George Saltern, *Of the Antient Lawes of Great Britaine* (1605), sig. F1; *The Works of Michael Drayton*, ed. J. William Hebel (Oxford, 1961), vol. 4, 208 (*Polyolbion*, song 10, 298–99).

[116] *Camden's Britannia*, ed. Gibson, cols. 648, 672; Graham Parry, *The Trophies of Time* (Oxford, 1995), 345–55.

[117] *ODNB*, s. v. 'Parker, Matthew'; William Camden, *Remains*, ed. R. D. Dunn (Toronto, 1984), 13, 16–17, 24, 27, 29.

[118] Puttenham, *Arte of English Poesie*, 59–60 (I. xxxi); Starkey, *Dialogue*, 129; J. Fidoe et al., *The Parliament Justified in Their Late Proceedings against Charls Stuart* (1648 [1649]), 14; Bulstrode Whitelocke, *Memorials of the English Affairs* (Oxford, 1853), vol. 3, 263, 269; Thomas Carte, *A General History of England*, I (1747), 449–51；更宽泛的一些文献，见萨穆埃尔·克里格 (Samuel Kliger) 的《英格兰的哥特人》(*The Goths in England*)，于 1952 年在马萨诸塞州剑桥市出版。Christopher Hill, 'The Norman Yoke', in *Puritanism and Revolution* (1958).

[119] *The Works of the Late Right Honourable Henry St John, Lord Viscount Bolingbroke* (new edn, 1809), vol. 7, 414–15; *The Complete Writings of William Blake*, ed. Geoffrey Keynes (1957), 577; Sweet, *Antiquaries*, chaps. 4 and 6.

[120] Keith Thomas, *The Perception of the Past in Early Modern England* ([1984]), 9–10.

[121] Wallace K. Ferguson, *The Renaissance in Historical Thought* (Cambridge, MA, 1948), chaps. 1–3，仍是一个优秀的描述。关于中世纪所谓的美学野蛮，另见 Keith Thomas, 'English Protestantism and Classical Art', in *Albion's Classicism*, ed. Lucy Gent (New Haven, CT, 1995), 228。

[122] James Simpson, 'Ageism', *New Medieval Literatures*, vol. 1 (1997), 230; Spenser, *View*, 54; Francis Bacon, *Early Writings 1584–1596*, ed. Alan Stewart with Harriet Knight (Oxford, 2012), vol. 1, 362; Barston, *Safegarde of Societie*, fols. 22^{v-23}.

[123] Richard Helgerson, *Forms of Nationhood* (Chicago, IL, 1992); Spenser, *View*,

118; Gabriel Harvey, *Pierces Supererogation* (1593), 14; Francis Osborne, *Advice to a Son*, ed. Edward Abbott Parry (1896), 67; Anthony Ashley Cooper, 3rd Earl of Shaftesbury, *Characteristicks of Men, Manners, Opinions, Times*, ed. Philip Ayres (Oxford, 1999), vol. 2, 201; Hume, *Essays*, vol. 1, 346.

[124] Thomas, *Perception of the Past*; [Robert Persons], *An Epistle of the Persecution of Catholickes in England* (Douai, 1582), 136-37.

[125] Henry Wotton, *The Elements of Architecture* ([1624]; 1903), viii; S[imon] P[atrick], *A Brief Account of the New Sect of Latitude-Men* (1662), 23.

[126] Wotton, *Elements of Architecture*, 40-41; Hakewill, *Apologie* (1630 edn), 318-20; Matthew Hale, *The History of the Common Law of England* (3rd edn, 1739), 152; *Works of William Robertson*, vol. 3, 45-51.

[127] Christopher Wren, *Parentalia: Or, Memoirs of the Family of the Wrens*, ed. Stephen Wren (1751), 307-8; Terry Friedman, *The Eighteenth-Century Church in Britain* (New Haven, CT, 2011), 186-87, 648n10; Hugh Blair, *Sermons* (1790), vol. 3, 234; Lord Ernle, *English Farming Past and Present* (6th edn, 1961), 199-200.

[128] Camöns, *The Lusiads*, trans. William Julius Mickle (Oxford, 1776), introduction, xii-xvi.

[129] 'A View of the Progress of Society in Europe', in *Works of William Robertson*, vol. 3, 39; Jonathan Richardson, *Two Discourses* (1719), vol. 2, 221.

[130] *A Brief History of Trade in England*, 121-22.

[131] *New Letters of David Hume*, ed. Raymond Klibansky and Ernest C. Mossner (Oxford, 1954), 198-99; John Locke, *Two Treatises of Government*, ed. Peter Laslett (Cambridge, 1960), 314-15 (II. 41); Smith, *Lectures on Jurisprudence*, 338-39 (and *Wealth of Nations*, vol. 1, 24 (I. i), 国王是非洲人); Hume, *History of England*, vol. 3, 296。

[132] Hume, *History of England*, vol. 5, 459-60; vol. 3, 46.

[133] Mandeville, *Fable of the Bees*, vol. 2, 306; William Hutton, *The Beetham Repository*, ed. John Rawlinson Ford (Cumberland and Westmorland Archaeol. and Antiqn Soc., 1906), 125.

[134] Woodward, *Essay toward a Natural History*, 95; similarly, Clarendon, *Miscellaneous Works*, 195; Algernon Sidney, *Discourses concerning Government* (3rd edn, 1751), 281.

[135] Carpenter, *Geography Delineated*, vol. 2, chaps. 14-15, 进行了详细的阐述。从气候角度解释人类差异，见 Glacken, *Traces on the Rhodian Shore*; Waldemar Zacharasiewicz, *Die Klimatheorie in der englischen Literatur und Literaturkritik von der Mitte des 16. bis zum frühen 18. Jahrhundert* (Vienna, 1977); Mark Harrison, *Climates and Constitutions* (Oxford, 1999); Mary Floyd-Wilson, *English Ethnicity and Race in Early Modern Drama* (Cambridge, 2003)。

[136] Sir Thomas Palmer, *An Essay of the Meanes how to Make our Travailes, into Forraine Countries* (1606), 60-62; John Ogilby, *America* (1671), 472.

[137] William Vaughan, *The Newlanders Cure* (1630), 3; Sir Matthew Hale, *The Primitive Origination of Mankind* (1677), 154; 更宽泛的文献，见 Rebecca

Earle, *The Body of the Conquistador* (Cambridge, 2012)。

[138] Le Roy, *Of the Interchangeable Course, or Variety of Things*, fol. 27v; Ogilby, *America*, 33; Thomas Hobbes, *De Cive*, ed. Howard Warrender (Oxford, 1983), I. xiii (Latin version, 96; English version, 49).

[139] R. R. Davies, *The First English Empire* (Oxford, 2000), chap. 5, 对威尔士人和英格兰人之间的文化差异进行了出色的分析。另见威廉·琼斯(W. R. Jones), "英格兰对抗凯尔特的边缘"(England against the Celtic Fringe),《世界历史报》(*Cahiers d' Histoire Mondiale*), 1971年第12期, 以及巴特利特的《威尔士的杰拉尔德》, 第194~200页。

[140] *Polychronicon Ranulphi Higden Monacho Cestrensis*, ed. Charles Babington (Rolls ser., 1865-86), vol. 1, 410-11. 关于爱德华一世的成就, 见 J. Goronwy Edwards, *The Principality of Wales* (Caernarvonshire Hist. Soc., n. pl., 1969), 9-16。

[141] *Polydore Vergil's English History*, ed. Sir Henry Ellis (Camden Soc., 1846), vol. 1, 13; Boorde, *Fyrst Boke of the Introduction of Knowledge*, 127.

[142] Edwards, *Principality of Wales*, 20-26; Peter R. Roberts, 'Wales and England after the Tudors', in *Law and Government under the Tudors*, ed. Claire Cross (Cambridge, 1988); Ciarán Brady, 'Comparable Histories', in *Conquest and Union*, ed. Stephen G. Ellis and Sarah Barber (1995).

[143] James Spedding, *The Letters and the Life of Francis Bacon* (1862-74), vol. 3, 384; *Early Chronicles of Shrewsbury, 1372-1603*, ed. W. A. Leighton (n. pl., 1880), 19.

[144] Edward Yardley, *Menevia Sacra*, ed. Francis Green (Cambrian Archaeol. Assn, 1927), 388.

[145] D. Lleufer Thomas, 'Further Notes on the Court of the Marches', *Y Cymmrodor* 13 (1900), 124, and appendix D; Richard Suggett, 'The Welsh Language and the Court of Great Sessions', in *The Welsh Language before the Industrial Revolution*, ed. Geraint H. Jenkins (Cardiff, 1997), 153-54; Penry Williams, *The Council in the Marches of Wales under Elizabeth I* (Cardiff, 1958), 61-65, 83-84.

[146] Peter Roberts, 'The English Crown, the Principality of Wales and the Council in the Marches, 1534-1641', in *The British Problem, c. 1534-1707*, ed. Brendan Bradshaw and John Morrill (Basingstoke, 1966), 145-46.

[147] Humphrey Lluyd, *The Breviary of Britayne*, trans. Thomas Twyne (1573), fol. 60v (Lluyd died in 1568).

[148] *Historical Tracts by Sir John Davies* (1786), 107; Edmondes, *Observations upon Caesar's Commentaries* (2nd pagination), 7th commentary, chap. 2, 49-50; Ed. Aston, in Boemus, *Manners, Lawes, and Customes of All Nations*, 399.

[149] W[illiam] R[ichards], *Wallography* (1682); John Cramsie, *British Travellers and the Encounter with Britain, 1450-1700* (Woodbridge, 2015), 315, 390.

[150] Bodl., MS Don. d. 187, fol. 73 (James Dallaway, 1756); *An American Quaker in the British Isles*, ed. Kenneth Morgan (British Academy, Oxford, 1992), 227; *The Torrington Diaries*, ed. C. Bruyn Andrews (1934-36; 1970), vol. 1, 291, 302; vol. 3, 277, 301, 311. 更宽泛的文献, 见 Prys Morgan, 'Wild Wales', in *Civil*

Histories, ed. Peter Burke et al. (Oxford, 2000)。

[151] *Camden's Britannia*, ed. Gibson, col. 885; G. W. S. Barrow, *The Kingdom of the Scots* (2nd edn, Edinburgh, 1973), 336. 关于高地/低地区别的起源，见富尔顿的约翰（John of Fordun）的《苏格兰民族编年史》(*Chronicle of the Scottish Nation*)。菲利克斯·斯基恩（Felix J. H. Skene）译，威廉·福布斯·斯基恩（W. F. Skene）编，1872 年于爱丁堡出版，第 37 ~ 38 页；Alexander Grant, 'Aspects of National Consciousness in Medieval Scotland', in *Nations, Nationalism and Patriotism in the European Past*, ed. Claus Bjøn et al. (Copenhagen, 1994); Charles Withers, 'The Historical Creation of the Scottish Highlands', in *The Manufacture of Scottish History*, ed. Ian Donnachie and Christopher Whatley (Edinburgh, 1991); Arthur H. Williamson, 'Scots, Indians and Empire', *P&P* 150 (1996), 59-66, 尤其见 Jane Dawson, 'The Gaidhealtacd and the Emergence of the Scottish Highlands', in *British Consciousness and Identity*, ed. Brendan Bradshaw and Peter Roberts (Cambridge, 1998)。

[152] *The Political Works of James I*, ed. Charles Howard McIlwain (Cambridge, MA, 1918), 22.

[153] Williamson, 'Scots, Indians and Empire', 64-66; David Armitage, 'Making the Empire British', *P&P* 155 (1997), 42-45; Anna Groundwater, 'The Chasm between James VI and I's Vision of the Orderly "Middle Shires" and the "Wickit" Borderers, 1587 to 1625', *Renaissance and Reformation* 30 (2006-7); Jane H. Ohlmeyer, ' "Civilizinge of Those Rude Parts" ', in *The Origins of Empire*, ed. Nicholas Canny (*Oxford History of the British Empire*, vol. 1, Oxford, 1998).

[154] Allan I. Macinnes, 'Crown, Clans and *Fine*', *Northern Scotland* 13 (1993); Julian Goodare, 'The Statutes of Iona in Context', *Scottish Hist. Rev.* 77 (1998), 46; Colin Kidd, *British Identities before Nationalism* (Cambridge, 1999), 126-27; Ohlmeyer, 'Civilizinge of Those Rude Parts', 134.

[155] Sherrilyn Theiss, 'The Western Highlands and Central Government, 1616-1645', and Danielle McCormack, 'Highland Lawlessness and the Cromwellian Regime', in *Scotland in the Age of Two Revolutions*, ed. Sharon Adams and Julian Goodare (Woodbridge, 2014); 在《苏格兰枢密院登记册》(*Registers of the Privy Council of Scotland*) 的优秀索引中，可以看到“世仇”的条目。

[156] *M. Misson's Memoirs and Observations in his Travels over England*, trans. (John) Ozell (1719), 286; P. Hume Brown, *Early Travellers in Scotland* (Edinburgh, 1891), 203, 205, 241; Cramsie, *British Travellers*, 400-401, 404-6, 417.

[157] Henry Fielding, *The True Patriot and Related Writings*, ed. W. B. Coley (Oxford, 1987), 113.

[158] 19 George II, chap. 39 (1746); 20 George II, chap. 20, 50-51 (1747).

[159] Samuel Johnson, *A Journey to the Western Islands of Scotland*, ed. J. D. Fleeman (Oxford, 1985), 51. 还可见，William Gilpin, *Observations, relative chiefly to Picturesque Beauty, made in the Year 1776, on Several Parts of Great-Britain; particularly the High-Lands of Scotland* (1789), vol. 1, 209-10。

[160] *Letters and Papers Illustrating the Relations between Charles the Second and Scotland in 1650*, ed. Samuel Rawson Gardiner (Scottish Hist. Soc., 1894), 136-37; An

English Gentleman [Thomas Kirke], *A Modern Account of Scotland* (1679), 6; Hume Brown, *Early Travellers in Scotland*, 97, 102–3, 142–43, 231; Alan Bell, *Sydney Smith* (Oxford, 1982), 15; *Letters and the Second Diary of Samuel Pepys*, ed. R. G. Howarth (1933), 139.

[161] Joseph Taylor, *A Journey to Edenborough in Scotland*, ed. William Cowan (Edinburgh, 1903), 134. 关于爱丁堡市政府努力保持街道的清洁，见 Leona J. Skelton, *Sanitation in Urban Britain 1560–1700* (2016), 111, 121–28, 172。

[162] Horace Bleackley, *Life of John Wilkes* (1917), 323.

[163] *The Economic Writings of Sir William Petty*, ed. Charles Henry Hull (Cambridge, 1899), vol. 1, 154–55.

[164] Gerald of Wales, *History and Topography of Ireland*, 92–125; W. R. Jones, '*Giraldus Redivivus*', *Eire–Ireland* 9 (1974), 101–3; Michael Richter, 'Giraldiana', *Irish Historical Studies* 22 (1979); John Gillingham, 'Images of Ireland, 1170–1600', *History Today* 37 (1987); id., *The English in the Twelfth Century*, chap. 9; Andrew Hadfield, *Edmund Spenser's Irish Experience* (Oxford, 1997), 25–29, 53, 92–94; Hiram Morgan, 'Giraldus Cambrensis and the Tudor Conquest of Ireland', in *Political Ideology in Ireland, 1541–1641*, ed. Morgan (Dublin, 1999).

[165] Stanford E. Lehmberg, *The Later Parliaments of Henry VIII 1536–1547* (Cambridge, 1977), 142; Walter Bourchier Devereux, *Lives and Letters of the Devereux, Earls of Essex* (1853), vol. 1, 74.

[166] Sir Thomas Elyot, *The Boke Named the Gouernour*, ed. Henry Herbert Stephen Croft (1883), 87–89 (i. xi); Spenser, *View*, 90 and index, s. v. 'Scythians'; Andrew Hadfield, 'Briton and Scythian', *Irish Historical Studies* 28 (1993).

[167] Francis Bacon, *Early Writings, 1584–1596*, ed. Alan Stewart with Harriet Knight (Oxford, 2012), 82; *The Clarke Papers*, ed. C. H. Firth (Camden Soc., 1891–1901), vol. 2, 205. 更宽泛的文献，见 Nicholas P. Canny, *The Elizabethan Conquest of Ireland* (Hassocks, 1976), chap. 6; Joep Leerssen, *Mere Irish and Fior Ghael* (Cork, 1996), 33–84; Eamon Darcy, *The Irish Rebellion of 1641 and the Wars of the Three Kingdoms* (Woodbridge, 2013), chap. 1; Ian Campbell, *Renaissance Humanism and Ethnicity before Race* (Manchester, 2013), chap. 2。

[168] Nicholas Canny, 'Revising the Revisionists', *Irish Hist. Studies* 30 (1996), 250; Darcy, *Irish Rebellion of 1641*, 46.

[169] David Beers Quinn, *The Elizabethans and the Irish* (Ithaca, NY, 1966), 29, 31–33, 58–59.

[170] *Economic Writings of Sir William Petty*, vol. 1, 204; Jones, '*Giraldus Redivivus*', 13–20; Brendan Bradshaw, 'Geoffrey Keating', in *Representing Ireland*, ed. Bradshaw et al. (Cambridge, 1993); [John Lynch], *Cambrensis Eversus*, ed. and trans. Matthew Kelly (Celtic Soc., Dublin, 1848–51), esp. vol. 2, 198–222; Leerssen, *Mere Irish and Fíor-Ghael*, 291–434; Campbell, *Renaissance Humanism and Ethnicity*, chap. 3.

[171] Kidd, *British Identities*, 157–62, 200; Clare O'Halloran, *Golden Ages and Barbarous Nations* (Cork, 2004).

[172] Quinn, *Elizabethans and the Irish*, 64–71; Fynes Moryson, *An Itinerary* (Glasgow, 1907–8), vol. 4, 198–203, 236–38; id., *Shakespeare's Europe*, 485; *Trevelyan Papers*, vol. 3, ed. Walter Calverley Trevelyan and Sir Charles Edward Trevelyan (Camden Soc., 1872), 103; BL, Cotton MS, Faustinus 109 ('A Discourse upon the Reformation of Ireland'), fol. 40ᵛ; John Derricke, *The Image of Irelande*, ed. John Small (Edinburgh, 1883); Graham Kew, *The Irish Sections of Fynes Moryson's Unpublished Itinerary* (Dublin, 1998), 40, 102–3, 105, 106; Barnabe Rich, *A New Description of Ireland* (1610), 16, 24–27, 40.

[173] Barnabe Rich, *A Short Survey of Ireland* (1609), 2; Kew, *Irish Sections of Moryson's Itinerary*, 111; Gerard Boate, *Irelands Naturall History*, published by Samuel Hartlib (1657), 7.

第五章 输出文明

[1] Francisco de Vitoria, *Political Writings*, ed. Anthony Pagden and Jeremy Lawrance (Cambridge, 1991), 278–84; Jose de Acosta, *De Procuranda Indorum Salute*, trans. and ed. G. Stewart McIntosh (Tayport, 1995–96), 86–87 (II. xiv), 111–12 (III. vi).

[2] *The Voyages and Colonizing Enterprises of Sir Humphrey Gilbert*, ed. David Beers Quinn (Hakluyt Soc., 1940), vol. 2, 453.

[3] Alberico Gentili, *De Iure Belli Libri Tres* (1612), trans. John C. Rolfe (Oxford, 1933), 86–87, 89–90 (I. xix) (尽管有资质); Richard Zouche, *Iuris et Iudicii Fecialis*, ed. Thomas Erskine Holland, trans. J. L. Brierly [(1650); Washington, DC, 1911], vol. 2, 27 (I. v. 1); *The Original Writings and Correspondence of the Two Richard Hakluyts*, ed. E. G. R. Taylor (Hakluyt Soc., 1935), vol. 2, 342; William Strachey, *The Historie of Travell into Virginia Britania (1612)*, ed. Louis B. Wright and Virginia Freund (Hakluyt Soc., 1953), 22–23; Samuel Purchas, *Hakluytus Posthumus, or Purchas his Pilgrimes* (1625; Glasgow, 1905–7), vol. 19, 223–24; Joseph Hall, *Resolutions and Decisions of Divers Practicall Cases of Conscience* (3rd edn, 1654), 243–44; Thomas Hobbes, *The Elements of Law*, ed. Ferdinand Tönies (1889), 87 (16. 12); Andrew Fitzmaurice, *Sovereignty, Property and Empire, 1500–1800* (Cambridge, 2014), 70–73.

[4] Annabel Brett, *Changes of State* (Princeton, NJ, 2001), 14; Hedley Bull, 'The Emergence of a Universal International Society', in *The Expansion of International Society*, ed. Bull and Adam Watson (Oxford, 1984), 120; Purchas, *Hakluytus Posthumus*, vol. 19, 224.

[5] Daniel Defoe, *A General History of Discoveries* (n. d.), 97, 133–52; id., *A Plan of the English Commerce* ([1728]; Oxford, 1928), pt 3, chap. 2.

[6] *Cal. SP, Foreign, Jan. –June 1583 and Addenda*, 478.

[7] 关于对这个备受讨论的主题有价值的处理方法，见 Anthony Pagden, 'The Struggle for Legitimacy and the Image of Empire in the Atlantic to *c.* 1700', in *The Origins of Empire*, ed. Nicholas Canny (*Oxford History of the British Empire*, vol. 1; Oxford, 1998); Richard Tuck, *The Rights of War and Peace* (Oxford, 1999), 47–50, 105–6, 123–26, 175–76, 182–83; Christopher Tomlins, *Freedom Bound*

(Cambridge, 2010), chaps. 3 and 4; Fitzmaurice, *Sovereignty*, *Property and Empire*, 51-58。

[8] Thomas More, *Utopia*, ed. George M. Logan and Robert M. Adams (Cambridge, 1989), 56.

[9] *Winthrop Papers*, vol. 2, 1623-1630 (Massachusetts Hist. Soc., 1931), 113, 120, 140-41; John Cotton, 'A reply to Mr Williams', appended to his *The Bloody Tenent, Washed and Made White in the Bloude of the Lambe* (1647), 27-28.

[10] John Rolfe, *A True Relation of the State of Virginia Lefte by Sir Thomas Dale* (New Haven, CT, 1951), 41, 36; Jeremiah Dummer, *A Defence of the New-England Charters* (1721), 13-14, 19-21; Francis Jennings, *The Invasion of America* (Chapel Hill, NC, 1975), chap. 8; Andrew Fitzmaurice, *Humanism and America* (Cambridge, 2003), 165-66, 184-86; Stuart Banner, *How the Indians Lost Their Land* (Cambridge, MA, 2005), esp. 21-29.

[11] Gentili, *De Iure Belli*, 80-81 (I. xvii); Purchas, *Hakluytus Posthumus*, vol. 1, 82; vol. 19, 222-32; *The Sermons of John Donne*, ed. George R. Potter and Evelyn M. Simpson (Berkeley, CA, 1953-62), vol. 4, 274.

[12] Thomas Hobbes, *Leviathan*, ed. Noel Malcolm (Oxford, 2012), vol. 2, 540 (chap. 30); Francis Bacon, *The Essayes or Counsels, Civill and Morall*, ed. Michael Kiernan (Oxford, 1985), 106.

[13] Peter Sarris, *Empires of Faith* (Oxford, 2011), 31-32.

[14] *Register of the Privy Council of Scotland*, vol. 6, 825; vol. 7, 524-25.

[15] Emmer de Vattel, *The Law of Nations*, ed. Béla Kapossy and Richard Whatmore (Indianapolis, IN, 2008), 306 (II. vi. 85), 310-11 (II. vii. 97), 129 (I. vii. 81).

[16] *Cal. SP, Colonial, America and West Indies, 1681-1685*, 100-101, 179-81, 197; Hilary Beckles, 'The Genocidal Policy in English-Karifuna Relations in the Seventeenth Century', in *Empire and Others*, ed. Martin Daunton and Rick Halpern (Philadelphia, PA, 1999).

[17] Elizabeth Fenn, *Pox Americana* (New York, 2001), 88-89, 155-57.

[18] C. A. Bayly, *The Birth of the Modern World* (Oxford, 2004), chap. 13. Tom Lawson, *The Last Man* (2014). 这是一个言辞激烈、极具争议，但基于档案的对塔斯马尼亚种族灭绝的描述。

[19] Hobbes, *Leviathan*, ed. Malcolm, vol. 2, 194 (chap. 13); John Locke, *Two Treatises of Government*, ed. Peter Laslett (Cambridge, 1960), 353 (II. para. 102), 357-58 (II. para. 108); 'Advertisement Touching on Holy Warre', in *The Works of Francis Bacon*, ed. James Spedding et al. (new edn, 1879), vol. 7 (i), 29-31 (the speaker is a Roman Catholic 'zelant').

[20] Christopher Levett, *A Voyage into New England* (1624), 20; 还可见, Robert Gray, *A Good Speed to Virginia* (1609), sigs. C2^{v-4}; Robert Johnson, *Nova Britannia* (1609), sig. B4。

[21] *Newfoundland Discovered*, ed. Gillian T. Cell (Hakluyt Soc., 1982), 258-69; Tomlins, *Freedom Bound*, 176-77.

[22] 不同观点见 James Tully, *An Approach to Political Philosophy* (Cambridge, 1993),

chap. 5; Noel Malcolm, *Aspects of Hobbes* (Oxford, 2002), 75; Srinivas Aravamurdan, 'Hobbes and America', in *The Postcolonial Enlightenment*, ed. Daniel Carey and Lynn Festa (Oxford, 2009); Pat Moloney, 'Hobbes, Savagery, and International Anarchy', *Amer. Political Science Rev.* 195 (2011); Fitzmaurice, *Sovereignty, Property and Empire*, 61, 73, 77-78, 178-79。

[23] 胡果·格老秀斯引用了一些例子,《战争与和平法》(*Rights of War and Peace*), 438 (II. xx. 40. 4) 。

[24] Gentili, *De Iure Belli*, 122-25 (I. xxv); *The Works of Sir Walter Ralegh* (Oxford, 1829), vol. 8, 69 (不出自沃尔特·雷利); *Works of Francis Bacon*, ed. Spedding, vol. 7 (i), 28-36; Purchas, *Hakluytus Posthumus*, vol. 19, 224; Hugo Grotius, *The Rights of War and Peace* (Eng. trans., 1738), 436-37 (II. xx. 40-49), 440 (II. xx. 43. 3); Zouche, *Iuris et Iudicii Fecialis*, vol. 2, 115-16 (II. vii. 1-2); James Muldoon, *Popes, Lawyers, and Infidels* (Liverpool, 1979), chap. 2; Tully, *Approach to Political Philosophy*, 142-43; Tuck, *Rights of War and Peace*, 34-35, 39-41, 102-3。

[25] Aristotle, *Politics*, 1252b; John Case, *Sphaera Civitatis* (Oxford, 1588), 63-64 (I. v); Greg Woolf, *Becoming Roman* (Cambridge, 1998), esp. chap. 3; Wilfried Nippel, 'The Construction of the "Other"', in *Greeks and Barbarians*, ed. Thomas Harrison (Edinburgh, 2002), 196; Alberico Gentili, *The Wars of the Romans*, trans. David Lupher, ed. Benedict Kingsbury and Benjamin Straumann (New York, 2011), xiv, xvi, 129-31, 337, 349-51; Sir Matthew Hale, *The Primitive Origination of Mankind* (1677), 159.

[26] Gillingham, 'Civilizing the English', *HistRes* 74 (2001), 41.

[27] Sir William Temple, *Miscellanea: The Second Part* (4th edn, 1696), 172.

[28] Joseph Addison, *Cato* (1713), act 1, scene 4.

[29] Rolfe, *True Relation of the State of Virginia*, 40.

[30] Spedding, *Letters and Life of Francis Bacon*, vol. 2, 131-32.

[31] Haly Heron, *The Kayes of Counsaile* (1579), ed. Virgil B. Heltzel (Liverpool, 1954), 78; Gray, *Good Speed to Virginia*, sig. $C4^{r-v}$.

[32] Edmund Bolton, *Nero Caesar, or Monarchie Depraved* (1624), 77; *Historical Tracts by Sir John Davies* (1786), 4; BL, Add. MS 37, 345 (Whitelocke's *Annals*, vol. 5), fol. 244^{v}.

[33] Geoffrey Gates, *The Defence of Militarie Profession* (1579), 13, 15; D. B. Quinn, 'Renaissance Influences in English Colonization', *TRHS*, 5th ser., 26 (1976); David Armitage, *The Ideological Origins of the British Empire* (Cambridge, 2000), 47-52; Nicholas Canny, *Making Ireland British 1580-1650* (Oxford, 2001), 121-23, 197-98, 214; David Harris Sacks, 'The Prudence of Thrasymachus', in *Historians and Ideologues*, ed. Anthony Grafton and J. H. M. Salmon (Rochester, NY, 2001), 102.

[34] 'Basilikon Doron', in *The Political Works of James I*, ed. Charles Howard McIlwain (Cambridge, MA, 1918), 22.

[35] Christopher Maginn, '"Surrender and Regrant" in the Historiography of Sixteenth-Century Ireland', *Sixteenth-Century Journ.* 38 (2007).

[36] 有关政策变化的权威说明，见 Canny, *Making Ireland British*, and S. J. Connolly, *Contested Ireland* (Oxford, 2007)。

[37] '*Reform*' *Treatises on Tudor Ireland*, ed. David Heffernan (Irish MSS Commission, Dublin, 2016), 304, 315.

[38] *Cal. SP, Ireland, Tudor Period, 1571–1575* (rev. edn, Dublin, 2000), 233 (Smith); Nicholas P. Canny, *The Elizabethan Conquest of Ireland* (Hassocks, 1976), 160; Michael J. Braddick, *State Formation in Early Modern England, c. 1550–1700* (Cambridge, 2000), 341–43, 379–89; S. G. Ellis, 'Promoting "English Civility" in Tudor Times', in *Tolerance and Intolerance in Historical Perspective*, ed. Csaba Lévai and Vasile Vese (Pisa, 2003); S. G. Ellis, 'Civilizing the Natives', in *Frontiers and Identities*, ed. Lud' a Klusáková and Steven G. Ellis (Pisa, 2006); Jane Ohlmeyer, 'A Laboratory for Empire?', in *Ireland and the British Empire*, ed. Kevin Kenny (Oxford, 2005), and 'Conquest, Civilization, Colonization: Ireland, 1540–1660', in *The Princeton History of Modern Ireland*, ed. Richard Bourke and Ian McBride (Princeton, NJ, 2016).

[39] *Henry VI, Part II*, act 1, scene 1, lines 11, 191–92.

[40] *Cal. SP, Ireland, 1509–1573*, 158; Walter Bourchier Devereux, *Lives and Letters of the Devereux, Earls of Essex* (1853), vol. 1, 74.

[41] *Holinshed's Chronicles of England, Scotland, and Ireland* (1807–8), vol. 6, 5, 69.

[42] Christopher Maginn, *William Cecil, Ireland, and the Tudor State* (Oxford, 2012), 39; Canny, *Making Ireland British*, 81; *Political Works of James I*, 319–20.

[43] *Cal. SP, Ireland, 1509–1573*, 158; 还可见, ibid., *1566–1567*, 37; ibid., *1586–1588*, 501–2; ibid., *1603–1606*, 317–23; ibid., *1608–1610*, 266; *Letters and Papers of Henry VIII*, vol. 8, 225; *Cal. SP, Foreign, Jan.–June 1583 and Addenda*, 475。关于对灌输"文明"的持久关注，见 Canny, *Making Ireland British*, esp. 51, 76, 121–23, 129–33, 240–41, 249–50, 279, 281。

[44] Dummer, *Defence of the New-England Charters*, 20–21; *Voyages of Sir Humphrey Gilbert*, vol. 2, 451, 468.

[45] *Cal. SP, Colonial, 1670–6 and Additional, 1574–5*, 32.

[46] Purchas, *Hakluytus Posthumus*, vol. 19, 238; Thomas Hariot, *A Briefe and True Report of the New Found Land of Virginia* (1588), sig. E2v.

[47] Gabriel Glickman, 'Protestantism, Colonization, and the New England Company in Restoration Politics', *HJ* 59 (2016), 375.

[48] *Voyages of Sir Humphrey Gilbert*, vol. 1, 161, 357–58; vol. 2, 357, 461; *Original Writings of the Two Hakluyts*, vol. 2, 232.

[49] Defoe, *Plan of the English Commerce*, 254–56; *The Life of Olaudah Equiano*, ed. Paul Edwards (1988), 168–69; Jack P. Greene, *Evaluating Empire and Confronting Colonialism in Eighteenth-Century Britain* (Cambridge, 2013), 35–36, 159–60.

[50] Daniel Defoe, *Serious Reflections during the Life and Surprising Adventures of Robinson Crusoe* (1720), 250–54, 264–67.

[51] John Case, *Sphaera Civitatis* (Frankfurt, 1616), 28–30 (I. iii), 50–51 (I. v).

[52] Peter Martyr, *The Decades of the New Worlde*, trans. Richard Eden (1555), sig.

aii[v]; *ODNB*, s. v. ‘Eden, Richard’. Cf. Canny, *Making Ireland British*, 3.

[53] Edmund Spenser, *View of the Present State of Ireland*, in *Spenser's Prose Works*, ed. Rudolf Gottfried (Baltimore, MD, 1949), 102, 156–58, 177–80, 219–20, 235–45; Canny, *Making Ireland British*, 62–64; Andrew Hadfield, *Edmund Spenser* (Oxford, 2012), 335–40.

[54] *Historical Tracts of Sir John Davies*, 134–40; Hans S. Pawlisch, *Sir John Davies and the Conquest of Ireland* (Cambridge, 1985), chap. 4.

[55] James Ware, *The Historie of Ireland, Collected by Three Learned Authors* (Dublin, 1633), sig. ? 3[v]; Edward, Earl of Clarendon, *The History of the Rebellion and Civil Wars in England*, ed. W. Dunn Macray (Oxford, 1888), vol. 1, 94; Padraig Lenihan, *Consolidating Conquest* (Harlow, 2008), 58–59.

[56] Edward Waterhouse, *A Declaration of the State of the Colony and Affairs in Virginia* (1622), 24; Purchas, *Hakluytus Posthumus*, vol. 19, 246; *The Records of the Virginia Company of London*, ed. Susan Myra Kingsbury (Washington, DC, 1906–35), vol. 3, 683.

[57] BL, Thomason Tract, E. 1190 (1) (untitled pamphlet, 1644), 9.

[58] Malcolm Gaskill, *Between Two Worlds* (Oxford, 2014), 277–78, 284; Dummer, *Defence of the New-England Charters*, 23.

[59] 关于这种差异的原因，见 Sir John Elliott, *Britain and Spain in America* (Reading, 1994), and *Empires of the Atlantic World* (New Haven, CT, 2006), chap. 3。有关迟来的补救请求，见 John David Hammerer, *Account of a Plan for Civilizing the North-American Indians* (1765)。

[60] Luís de Camös, *The Lusiad*, trans. William Julius Mickle (Oxford, 1776), introduction, vii–viii.

[61] *Gweithiau Morgan Llwyd o Wynedd*, ed. Thomas E. Ellis (Bangor, 1899), 28; *The Complete Prose Works of John Milton*, ed. Don. M. Wolfe et al. (New Haven, CT, 1953–82), vol. 3, 304 (also vol. 5, 40); T. C. Barnard, *Cromwellian Ireland* (Oxford, 1975).

[62] Charles Carlton, *Going to the Wars* (1992), 213–14.

[63] Sir William Petty, *The Political Anatomy of Ireland* (1691), 102; *M. Misson's Memoirs and Observations in His Travels over England*, trans. (John) Ozell (1719), 149–50; *The Correspondence of Jonathan Swift*, ed. Herbert Williams (Oxford, 1963–65), vol. 5, 58; vol. 2, 433; vol. 4, 33–34.

[64] W [illiam] Crashaw, *A Sermon preached in London* (1610), sig. D4; John Brinsley, *A Consolation for our Grammar Schooles* (1622), 3; William Wotton, *Reflections upon Ancient and Modern Learning* (1694), 17.

[65] Mark Goldie, ‘The Civil Religion of James Harrington’, in *The Languages of Political Theory in Early-Modern Britain*, ed. Anthony Pagden (Cambridge, 1987).

[66] *The Writings and Speeches of Edmund Burke*, ed. Paul Langford et al. (Oxford, 1981–2015), vol. 8, 141; vol. 1, 349.

[67] Thomas Thorowgood, *Jewes in America* (1650), 53.

[68] Jo [hn] Jackson, *The True Evangelical Temper* (1641), 102.

[69] John Gauden, *Hieraspistes* (1653), 399; Pierre d' Avity, *The Estates, Empires &*

Principallities of the World, trans. Edward Grimestone (1615), 268; Purchas, *Hakluytus Posthumus*, vol. 18, 498n.

[70] *The Life of the Reverend Humphrey Prideaux* (1748), 152–53.

[71] Travis Glasson, *Mastering Christianity* (New York, 2012), 67–72; William Warburton, *The Divine Legation of Moses Demonstrated* (3rd edn, 1742), vol. 1, 318.

[72] 关于中世纪圣徒对这一主题观点的清晰描述，见马尔登（Muldoon）的《教皇、律师和叛徒》(*Popes, Lawyers, and Infidels*)。

[73] *Voyages of Sir Humphrey Gilbert*, vol. 1, 188; vol. 2, 261; Richard Hakluyt, *The Principall Navigations Voyages Traffiques and Discoveries of the English Nation* (Glasgow, 1903–5), vol. 8, 289–96; *Cal. SP*, *Colonial Series*, *America and West Indies*, *1675–1676*, *also Addenda*, *1574–1674*, 25, 32, 37, 70, 72, 73; Francis Newton Thorpe, *The Federal and State Constitutions … of … the United States* (Washington, DC, 1909), vol. 3, 1169, 1667–68; Ken MacMillan, *Sovereignty and Possession in the English New World* (Cambridge, 2006), 84, 107–8.

[74] *Tudor Royal Proclamations*, ed. Paul L. Hughes and James F. Larkin (New Haven, CT, 1964–9), vol. 3, 221–22; *The Reports of Sr. Creswell Levinz*, trans. (William) Salkeld et al. (2nd edn, 1722), vol. 1 (pt 2), 201; Robert, Lord Raymond, *Reports of Cases Argued and Adjudged in the Courts of King's Bench and Common Pleas* (2nd edn), ed. George Wilson (1765), vol. 1, 147.

[75] Gentili, *De Iure Belli*, 56–57 (I. xii), 124–25 (I. xxv).

[76] Vitoria, *Political Writings*, 284–86; Richard Baxter, *A Holy Commonwealth*, ed. William Lamont (Cambridge, 1994), 103–4; Noel Malcolm, 'Alberico Gentili and the Ottomans', in *The Roman Foundations of the Law of Nations*, ed. Benedict Kingsbury and Benjamin Straumann (Oxford, 2010), 135; *The Sermons of John Donne*, ed. George Reuben Potter and Evelyn M. Simpson (Berkeley, CA, 1953–62), vii, 372–73; Muldoon, *Popes*, *Lawyers*, *and Infidels*, chap. 2.

[77] Andrew Porter, *Religion versus Empire?* (Manchester, 2004), chap. 7.

[78] Francis Bacon, *The Instauratio Magna*, *Part II*: *Novum Organum and Associated Texts*, ed. Graham Rees with Maria Wakely (Oxford, 2004), 194–95; Fynes Moryson, *An Itinerary* (Glasgow, 1907–8), vol. 3, 426–44 (esp. 432).

[79] Peter Paxton, *Civil Polity* (1703), sigs. a2–4^{v}；相似情况见，苏格兰医生阿奇博尔德·皮特凯恩（Archibald Pitcairne, 1652–1713）：Michael Hunter, '*Pitcairneana*', *HJ* 59 (2016), 620–21。

[80] Bernard Mandeville, *The Fable of the Bees*, ed. F. B. Kaye (Oxford, 1924), vol. 2, 318; James Adair, *The History of the American Indians* (1775), 419, 427.

[81] David Hume, *Essays Moral*, *Political*, *and Literary*, ed. T. H. Green and T. H. Grose (1875), vol. 1, 249; Edward Gibbon, *The Decline and Fall of the Roman Empire*, ed. J. B. Bury (5th edn, 1912), vol. 3, 71 (chap. 26).

[82] Richard Tuck, *The Rights of War and Peace* (Oxford, 1999), 41–42, 47; Gentili, *De Iure Belli*, 53–54 (I. xii). 但对于一些持有它的人来说，见凯斯的《国家范围》(*Sphaera Civitatis*), 37–39 (I. iv); John Smyth of Nibley, *A Description of the Hundred of Berkeley*, ed. Sir John Maclean (*The Berkeley Manuscripts*, vol. 3

(Gloucester, 1885)), 43; *Works of Francis Bacon*, ed. Spedding, vol. 7, 29; John Hall of Richmond, *Of Government and Obedience* (1654), 34; Gabriel Towerson, *An Explication of the Decalogue* (1676), 311–12; *Memoirs of the Life of Mr Ambrose Barnes*, ed. W. H. D. Longstaffe (Surtees Soc., 1867), 213; [Algernon] Sidney, *Court Maxims*, ed. Hans W. Blom et al. (Cambridge, 1996), 199–200, and *Discourses concerning Government* (3rd edn, 1751), 64, 90; *Athenian Mercury*, 3 Nov. 1694, 引自 Catherine Molineux, *Faces of Perfect Ebony* (Cambridge, MA, 2012), 119。

[83] John Milton, 'Samson Agonistes', lines 268–71, and *Complete Prose Works*, vol. 3, 581; vol. 7, 428, 关于这点, 见 Quentin Skinner, *Visions of Politics* (Cambridge, 2002), vol. 2, chap. 11。

[84] Sir Thomas Palmer, *An Essay of the Meanes how to Make our Travailes, into Forraigne Countries* (1606), 60–61.

[85] Gray, *A Good Speed to Virginia*, sig. C2; Nathanael Carpenter, *Geographie Delineated Forth in Two Bookes* (1635), vol. 2, 281; Canny, *Elizabethan Conquest of Ireland*, 25–26.

[86] Morgan Godwyn, *The Negro's and Indians Advocate* (1680), 10; John Locke, *An Essay Concerning Human Understanding*, ed. Peter H. Nidditch (Oxford, 1975), 92 (I. iv. 12); Mandeville, *Fable of the Bees*, vol. 2, 214.

[87] Roger Williams, *A Key into the Language of America* (1643), 53; Colin Kidd, *The Forging of Races* (Cambridge, 2006), chap. 3.

[88] George Best, *A True Discourse of the Late Voyages of Discoverie* (1578), 29–32; Winthrop D. Jordan, *White over Black* (Chapel Hill, NC, 1968), esp. 4–9, 248–49, 252–53; Alden T. Vaughan, *Roots of American Racism* (New York, 1995), 15–16, 306–7; Ania Loomba, *Shakespeare, Race and Colonialism* (Oxford, 2002), chaps. 1 and 2; *Black Africans in Renaissance England*, ed. T. F. Earle and K. J. P. Lowe (Cambridge, 2005); *Race in Early Modern England*, ed. Ania Loomba and Jonathan Burton (Basingstoke, 2007), 13–15; Francisco Bethencourt, *Racisms* (Princeton, NJ, 2013), 45, 245–46, 368.

[89] Purchas, *Hakluytus Posthumus*, vol. 5, 359. 这出自约翰·波里 1600 年的译本, 译者将原作者对非洲过去落后面貌的描述放到了现在; Natalie Zemon Davis, *Trickster Travels* (2008), 145。

[90] *Japanese Travellers in Sixteenth-Century Europe*, trans. J. F. Moran, ed. Derek Massarella (Hakluyt Soc., 2012), 87, 89, 446–48.

[91] Robert Bartlett, *The Making of Europe* (1993), 236–42; id., 'Medieval and Modern Concepts of Race and Ethnicity', *Journ. of Medieval and Early Modern Studies* 31 (2001); Ian Campbell, *Renaissance Humanism and Ethnicity before Race* (Manchester, 2013), 189–90, and chaps. 4 and 5.

[92] *Thomas Browne*, ed. Kevin Killeen (Oxford, 2014), 356.

[93] Peter Biller, 'Proto-Racial Thought in Medieval Science', in *The Origins of Racism in the West*, ed. Miriam Eliav-Feldon et al. (Cambridge, 2009), 25, chap. 7; Andrea Ruddick, *English Identity and Political Culture in the Fourteenth Century* (Cambridge, 2013), 140–45, 155, 180–81.

[94] 'The Memoirs of Father Robert Persons', ed. J. H. Pollen, in *Miscellanea II* (Catholic Rec. Soc., 1906), 91 ('inter Wallos hos verosque Anglos tamquam diversorum populorum soboles').

[95] Graham Kew, *The Irish Sections of Fynes Moryson's Unpublished Itinerary* (Dublin, 1998), 49; Sir John Temple, *The Irish Rebellion* (1646), 9-10; Nicholas Canny, 'Rowland White's "Discors touching Ireland", ca. 1569', *Irish Hist. Studies* 20 (1977), 444; Norah Carlin, 'Extreme or Mainstream?' in *Representing Ireland*, ed. Brendan Bradshaw et al. (Cambridge, 1993). 简·H. 欧麦耶（Jane H. Ohlmeyer）发现了英国人的"优越感"；"那些不文明的部分"，载于《帝国起源》(*Origins of Empire*)，坎尼（Canny）主编，第131页。

[96] Christopher Brooke, 'A Poem on the Late Massacre in Virginia'，引言出自 Robert C. Johnson, *Virginia Magazine of History and Biography* 72 (1964), 262。

[97] Philippe Rosenberg, 'Thomas Tryon and the Seventeenth-Century Dimensions of Slavery', *WMQ* 61 (2004), 621-22, 626n39; Tomlins, *Freedom Bound*, 409, 413n50, 464-68, 472-75.

[98] Rhodri Lewis, *William Petty on the Order of Nature* (Tempe, AZ, 2012), 54-71, 122-25; Campbell, *Renaissance Humanism and Ethnicity*, 182-84.

[99] Kate Loveman, 'Samuel Pepys and "Discourses Touching Religion" under James II', *EHR* 127 (2012), 65-67; Temple, *Miscellanea: Second Part*, 166-67; Francis Lodwick, *On Language, Theology and Utopia*, ed. Felicity Henderson and William Poole (Oxford, 2011), 200-201; Siep Stuurman, 'Françis Bernier and the Invention of Racial Classification', *HWJ* 50 (2000).

[100] Margaret T. Hodgen, *Early Anthropology in the Sixteenth and Seventeenth Centuries* (Philadelphia, PA, 1964), 213-14, 424-26; Bethencourt, *Racisms*, chap. 15; Silvia Sebastiani, *The Scottish Enlightenment*, trans. Jeremy Carden (New York, 2013).

[101] Hume, *Essays*, vol. 1, 252（1748年，该论文首次发表，1753年的版本中加入了脚注）。John Immerwahr, 'Hume's Revised Racism', *JHI* 53 (1992), and Aaron Garrett, 'Hume's Revised Racism Revisited', *Hume Studies* 26 (2000).

[102] *John Ledyard's Journey through Russia and Siberia 1787-1788*, ed. Stephen D. Watrous (Madison, WI, 1966), 178.

[103] Nicholas Hudson, 'From "Nation" to Race', *Eighteenth Century Studies* 29 (1996); Kidd, *Forging of Races*, chap. 4. 关于"霍屯督人"（Khoikhoi）无法被教化的最新的一些观念，见 Linda E. Merians, *Envisioning the Worst* (Newark, DE, 2001)。

[104] Edward Long, *The History of Jamaica* (1773), vol. 2, 356, 364; Henry Home, Lord Kames, *Sketches of the History of Man* (Edinburgh, 1774), vol. 1, bk 1, sketch 1（引言出自第32~33页）; K. N. Chaudhuri, 'From the Barbarian and the Civilised to the Dialectics of Colour', in *Society and Ideology*, ed. Peter Robb (Delhi, 1993), 32-33; Nicholas Hudson, 'From "Nation" to "Race"', *Eighteenth-Century Studies* 29 (1996)。

[105] Eliga H. Gould, 'Zones of Law, Zones of Violence', *WMQ* 60 (2003).

[106] Maurice Keen, *Laws of War in the Late Middle Ages* (1965), 58; Gentili, *De Iure*

Belli, 293 (III. ii); Frédéric Mégret, 'A Cautionary Tale from the Crusades', in *Prisoners in War*, ed. Sibylle Scheipers (Oxford, 2010), 3; David Hume, *An Enquiry Concerning the Principles of Morals*, ed. Tom L. Beauchamp (Oxford, 1998), 16.

[107] Wilbur Cortez Abbott, *The Writings and Speeches of Oliver Cromwell* (Cambridge, MA, 1939-47), vol. 2, 205.

[108] Dan Edelstein, *The Terror of Natural Right* (Chicago, IL, 2007), prologue; Walter Rech, *Enemies of Mankind* (Leiden, 2013). 关于在所谓的"跨文化战争"中观察到的不同标准，见汉斯-亨宁·科尔图姆（Hans-Henning Kortüm）编辑的《中世纪至21世纪的跨文化战争》(*Transcultural Wars from the Middle Ages to the 21st Century*)，柏林，2006年。

[109] Robert Bartlett, *Gerald of Wales 1146-1223* (Oxford, 1982), 166-67, 197; Matthew Strickland, *War and Chivalry* (Cambridge, 1994), chap. 11; John Gillingham, *The English in the Twelfth Century* (Woodbridge, 2000), 54-55, 58; Frederick Suppe, 'The Cultural Significance of Decapitation in High Medieval Wales and the Marches', *Bulletin of the Board of Celtic Studies* 36 (1989).

[110] Bernard W. Sheehan, *Savagism and Civility* (Cambridge, 1980), 174; Bernard Bailyn, *Atlantic History* (Cambridge, MA, 2005), 64-70; Tomlins, *Freedom Bound*, 176-77; Wayne E. Lee, *Barbarians and Brothers* (Oxford, 2011).

[111] Rech, *Enemies of Mankind*, 11-13.

[112] Andy Wood, 'The Deep Roots of Albion's Fatal Tree', *History* 99 (2014), 417; Smuts, 'Organized Violence in the Elizabethan Monarchical Republic', *History* 99 (2014), 434.

[113] Canny, *Elizabethan Conquest of Ireland*, 118.

[114] Joseph de Acosta, *The Naturall and Morall Historie of the East and West Indies*, trans. E[dward] G[rimestone] (1604), sig. a4^{v}, 362-63; A Plain Man, 'The True State of the Question (1792)', in *The Slave Trade Debate*, ed. John Pinfold (Oxford, 2007), 304-5; Thomas Clarkson, *The History of the Rise, Progress, and Accomplishment of the Abolition of the African Slave Trade* (1808), vol. 1, 480; Thomas Churchyard, *A Generall Rehearsall of Warres* (1579), sig. Qiii^{v}. 关于英格兰和爱尔兰战争中的暴行，见 *Age of Atrocity*, ed. David Edwards et al. (Dublin, 2007); Mícheál ó Siochrú, *God's Executioner* (2008); Rory Rapple, *Martial Power and Elizabethan Political Culture* (Cambridge, 2009), chap. 6; Brendan Kane, 'Ordinary Violence?' *History* 99 (2014)。

[115] *Acts and Ordinances of the Interregnum*, ed. C. H. Firth and R. S. Rait (1911), vol. 1, 554-55; Roger B. Manning, *An Apprenticeship in Arms* (Oxford, 2006), 222; Barbara Donagan, *War in England, 1642-1649* (Oxford, 2006), 205-9; Elaine Murphy, 'Atrocities at Sea and the Treatment of Prisoners of War by the Parliamentary Navy in Ireland, 1641-1649', *HJ* 53 (2010).

[116] ó Siochrú, *God's Executioner*, 43, 49.

[117] Clarendon, *History of the Rebellion*, vol. 3, 530.

[118] See Mark Stoyle, *Soldiers and Strangers* (New Haven, CT, 2005), 29-30, 48, 51-52, 149-50.

[119] Alberico Gentili, *De Legationibus Libri Tres* ([1595]; New York, 1924–26), vol. 1, 85–88 (II. viii).

[120] Thomas Waring, *A Brief Narration of the Plotting, Beginning and Carrying of That Execrable Rebellion and Butcherie in Ireland* (1650), 42, 64; and see Carlin, 'Extreme or Mainstream?'

[121] Geoffrey Plank, *Rebellion and Savagery* (Philadelphia, 2006), 22, 52.

[122] 'A Few Thoughts on Intervention', in *The Collected Works of John Stuart Mill*, ed. John M. Robson et al. (Toronto, 1963–91), vol. 21 (*Essays on Equality, Law and Education*), 118–20; J. F. C. Fuller, *The Reformation of War* (1923), 191; Brett Bowden, *The Empire of Civilization* (Chicago, IL, 2009), 179–82; Alex J. Bellamy, *Massacres and Morality* (Oxford, 2012), 42, 81–86, 95–97.

[123] 相关数据，见 *The Eighteenth Century*, ed. P. J. Marshall (*Oxford History of the British Empire*, vol. 2, Oxford, 1998), 2, 15, and chap. 20; Susan Dwyer Amussen, *Caribbean Exchanges* (Chapel Hill, NC, 2007), 41; Herbert S. Klein, *The Atlantic Slave Trade* (2nd edn, Cambridge, 2010), 214–16。关于对奴隶和契约工遭受的残酷和/或疏忽对待，见 Richard Pares, *Merchants and Planters* (*EcHR*, supp. 4, 1960), 39–40; Philip D. Morgan, 'British Encounters with Africans and African-Americans, circa 1600–1780', in *Strangers within the Realm*, ed. Bernard Bailyn and Philip D. Morgan (Williamsburg, VA, 1991); Larry Gragg, *Englishmen Transplanted* (Oxford, 2003), 129–30; Trevor Burnard, *Mastery, Tyranny, and Desire* (Chapel Hill, NC, 2004); Stephanie Smallwood, *Saltwater Slavery* (Cambridge, MA, 2007)。

[124] John Rushworth, *Historical Collections* (1721), vol. 2, 468.

[125] William Salkeld, *Reports of Cases Adjudged in the Court of King's Bench* (3rd edn, 1731), vol. 2, 666; John Dalrymple, *An Essay towards a General History of Feudal Property in Great Britain* (2nd edn, 1758), 27; David Hume, *The History of England from the Invasion of Julius Caesar to the Revolution in 1688* (new edn, 1773), vol. 3, 304.

[126] Granville Sharp, *A Representation of the Injustice and Dangerous Tendency of Tolerating Slavery* (1769), 112, 125–26.

[127] *Tudor Royal Proclamations*, ed. Paul L. Hughes and James F. Larkin (New Haven, CT, 1964–69), vol. 1, 352, 455–56; C. S. L. Davies, 'Slavery and Protector Somerset', *EcHR*, 2nd ser., vol. 19 (1966).

[128] *Acts of the Privy Council, 1592–3*, 486–87; *1601–1604*, 489; *Letters of Philip Gawdy*, ed. Isaac Herbert Jeayes (Roxburghe Club, 1906), 123–24.

[129] *Commons Debates 1621*, ed. Wallace Notestein et al. (New Haven, CT, 1935), vol. 7, 54–55; BL, Lansdowne MS 22, fol. 64 (statement of 1576); Bodl., Rawlinson MS A 185 (Pepys papers), fol. 311; Michael J. Rozbicki, 'To Save Them from Themselves', *Slavery and Abolition* 22 (2001); Michael Guasco, *Slaves and Englishmen* (Philadelphia, PA, 2014), 33–38.

[130] John Donoghue, ' "Out of the Land of Bondage" ', *AHR* 115 (2010); Tomlins, *Freedom Bound*, 8, 30, 35, 593–97; Malcolm Gaskill, *Between Two Worlds* (Oxford, 2014), 342; *Building the Atlantic Empires*, ed. John Donoghue and

Evelyn P. Jennings (Leiden, 2016), chap. 5. 关于可怜的白人仆人遭受的恶劣待遇，见 Richard Ligon, *A True and Exact History of the Island of Barbados* (1657), 43-46。

[131] Richard Jobson, *The Golden Trade* (1623), 88-89; *The Works of Robert Sanderson*, ed. William Jacobson (Oxford, 1854), vol. 1, 177.

[132] Amussen, *Caribbean Exchanges*, 129-35; Tomlins, *Freedom Bound*, 452-75.

[133] G. E. Aylmer, 'Slavery under Charles II', *EHR* 114 (1999).

[134] Locke, *Two Treatises of Government*, 302n-303n (II. 23-24).

[135] Abigail L. Swingen, *Competing Visions of Empire* (New Haven, CT, 2015), 197-98.

[136] Peter Heylyn, *Cosmography in Four Books*, ed. Edmund Bohun (1703), 941-42.

[137] *Boswell's Life of Johnson*, ed. George Birkbeck Hill, rev. L. F. Powell (Oxford, 1934-50), vol. 3, 201.

[138] Perry Gauci, *William Beckford* (New Haven, CT, 2013), 81, 203; David Brion Davis, *The Problem of Slavery in Western Culture* (Ithaca, NY, 1966), 108-9; John Darwin, 'Civility and Empire', in *Civil Histories*, ed. Burke et al., 325-26.

[139] Adam Smith, *Lectures on Jurisprudence*, ed. R. L. Meek et al. (Oxford, 1978). 452-53.

[140] Tomlins, *Freedom Bound*, 464-67, 473; Molineux, *Faces of Perfect Ebony*, 113.

[141] Christopher Leslie Brown, *Moral Capital* (Chapel Hill, NC, 2006), 52.

[142] Aristotle, *Politics*, 1252b; Euripides, *Iphigenia at Aulis*, lines 1400-1; John E. Coleman, 'Ancient Greek Ethnocentrism', in *Greeks and Barbarians*, ed. Coleman and Clark A. Walz (Bethesda, MD, 1997), 201-2.

[143] Amussen, *Caribbean Exchanges*, 139 (and 133).

[144] Mandeville, *Fable of the Bees*, vol. 2, 199.

[145] Carpenter, *Geographie Delineated*, vol. 2, 222; [Richard Nisbet], *Slavery Not Forbidden by Scripture* (Philadelphia, PA, 1773), 21-25, 307; Long, *History of Jamaica*, vol. 2, 377-78; Anthony J. Barker, *The African Link* (1978), 77, 141, 191-97; P. J. Marshall and Glyndwr Williams, *The Great Map of Mankind* (1982), 231, 239, 252; Loomba, *Shakespeare, Race and Colonialism*, 127, 155; Srividya Swaminathan, *Debating the Slave Trade* (Farnham, 2009), 165-66; Swingen, *Competing Visions of Empire*, 180-81.

[146] *The Miscellaneous Writings of Sir Thomas Browne*, ed. Geoffrey Keynes (new edn, 1946), 126-27; James Ramsay, 'An Inquiry into the Effects of Putting a Stop to the African Slave Trade (1784)', in *The Slave Trade Debate*, 52.

[147] *Boswell's Life of Johnson*, vol. 3, 204; Davis, *Problem of Slavery*, 186, 202; 'A Plain Man', 'The True State of the Question', in *The Slave Trade Debate*, 301-3; Clarkson, *History of the Abolition of the African Slave-Trade*, vol. 1, 481; [Captain Macart], *An Appeal to the Candour and Justice of the People of England in Behalf of the West India Merchants and Planters* (1792), 21.

[148] Barker, *The African Link*, 160, 166; Marshall and Williams, *Great Map of Mankind*, 233; John Taylor, *Newes and Strange Newes from St Christophers* (1638), 2.

[149] Morgan Godwyn, *The Negro's and Indians Advocate* (1680), sig. A4^{v}; Richard S. Dunn, *Sugar and Slaves* (1973), 249-50; *Boswell's Life of Johnson*, vol. 2, 476; William C. Lehmann, *John Millar of Glasgow, 1735-1801* (Cambridge, 1960), 303; Bernard Bailyn, *The Ideological Origins of the American Revolution* (Cambridge, MA, 1967), 237, 242; Philip Gould, *Barbaric Traffic* (Cambridge, MA, 2003).

[150] See, e. g. , *Enduring Western Civilization*, ed. Silvia Federici (Westport, CT, 1995), xii-xiii.

[151] Karl Marx, *Grundrisse*, trans. Martin Nicolaus (Harmondsworth, 1973), 409; Karl Marx and Frederick Engels, *Selected Works* (1950), vol. 1, 36-37.

[152] [Sir Thomas Smith and Thomas Smith], *A Letter sent by I. B. Gentleman unto his very Friend and Master R. C. Esquire* (1572), sig. Civ^{v}.

[153] Armitage, *Ideological Origins of the British Empire*, 51-52; Sir Thomas More, *Utopia*, ed. J. H. Lupton (Oxford, 1895), 118; id. , *Utopia*, trans. Gilbert Burnet (1684), 66; Spenser, *View*, 149.

[154] *Original Writings of the Two Hakluyts*, vol. 2, 368; *The Complete Works of Captain John Smith (1580-1631)*, ed. Philip L. Barbour (Williamsburg, VA, 1968), vol. 2, 437, and vol. 3, 277.

[155] Chris Durston, 'Let Ireland Be Quiet', *HWJ* 21 (1986), 111; *The Political Works of James Harrington*, ed. J. G. A. Pocock (Cambridge, 1977), 328.

[156] Warburton, *Divine Legation of Moses*, vol. 1, 319; Robert Henry, *Revelation the Most Effective Way of Civilizing and Reforming Mankind* (Edinburgh, 1773), 4-5.

[157] William Wilberforce, *A Letter on the Abolition of the Slave Trade* (1807), 73-74.

第六章　文明反思

[1] 其中一个极端的说法，见温迪·布朗（Wendy Brown）的《抑制厌恶》（*Regulating Aversion*），新泽西州普林斯顿，2006 年。

[2] Edward Keene, *Beyond the Anarchical Society* (Cambridge, 2002), 159.

[3] 见克劳德·列维-斯特劳斯的尖锐评论，《种族与历史》（*Race and History*），1968 年于巴黎出版，第 31~38 页。

[4] 以赛亚·伯林强调了赫德这方面的思想，且确实有些夸大其词。他深信不同价值观之间无法相比、不可互通，他甚至在赫德的作品中读到了赫德对于自己这一信念的预见。《思想史词典》（*Dictionary of The History of Ideas*），菲利普·维纳（Philip P. Wiener）编，纽约出版，1968-1974 年，其中他的一篇《反启蒙运动》（The Counter Enlightment）给出了简洁的总结；另见他在《启蒙运动的三个批评者》（*Three Critics of The Enlightment*，2013 年第 2 版）中对《维柯与赫德》（Vico and Herder）更详细的论述。'Alleged Relativism in Eighteenth-Century European Thought', in *The Crooked Timber of Humanity*, ed. Henry Hardy (2nd edn, 2013); and *The Roots of Romanticism*, ed. Henry Hardy (1999), 58-67. Contrast Kevin Hilliard, '"Populism, Expressionism, Pluralism" -and God?', in *Isaiah Berlin and the Enlightenment*, ed. Laurence Brockliss and Ritchie Robertson (Oxford, 2016), chap. 12.

[5] 在《维柯与赫德》的第 289~293 页，第 297 页，柏林承认，赫德持有这些价值

观，但认为它们在赫德的思想体系中相对次要。

[6] See, e. g. , Herder, *Outlines of a Philosophy of the History of Man* [*Ideen zur Philosophie der Geschichte der Menschheit*], trans. T. Churchill (1800), 136-45 145, 213, 253, 255, 264 (关于文明), 289, 292, 293 (关于外表), 255, 289, 295, 300, 303 (关于文明人与野蛮人), 213, 309 (关于娑提)。赫德的译者通常把他的“文化”(Cultur) 和“教化”(Bildung) 称为“文明化进程”(civilization)，把他的“姿势”(gesittet) 和“仪态”(gebildet) 称为“文明化”(civilized)。

[7] *J. G. Herder on Social and Political Culture*, trans. and ed. F. M. Barnard (Cambridge, 1969), 23-24, 27, 35-37, 181-223; Herder, *Philosophical Writings*, trans. and ed. Michael N. Forster (Cambridge, 2002), xvii, xxv-xxx, 324-31, 342, 380-82, 385-86, 394-95, 398-99. 对于这些最矛盾的思想家的敏锐但不同的评价，见 F. M. Barnard, *Herder's Social and Political Thought* (Oxford, 1965); Anthony Pagden, *European Encounters with the New World* (New Haven, CT, 1993), 172-78; Robert J. C. Young, *Colonial Desire* (1995), 36-43; Sankar Muthu, *Enlightenment against Empire* (Princeton, NJ, 2003), chap. 6; Sonia Sikka, *Herder on Humanity and Cultural Difference* (Cambridge, 2011); Michael N. Forster, *After Herder* (Oxford, 2010); T. J. Reed, *Light in Germany* (Chicago, IL, 2015), 58-61。

[8] Herodotus, *The Histories*, bk 38; *The Cynic Epistles*, ed. Abraham J. Malherbe (Missoula, MT, 1977), 37; Ovid, *Tristia*, bk 5, chap. 10, lines 37-38; 1 Corinthians 14: 11. 其他例子，见 Lynette Mitchell, *Panhellenism and the Barbarian in Ancient and Classical Greece* (Swansea, 2007), 28-29。

[9] Joachim du Bellay, *Defence and Illustration of the French Language*, trans. Gladys M. Turquet (1939), 23; Bartolomé de Las Casas, *Apologètica Historia Sumaria*, ed. Edmundo O'Gorman (Mexico, D. F. , 1967), vol. 2, 639, 654.

[10] *Sextus Empiricus*, trans. R. G. Bury (1955), vol. 1, 84-93 (I. xiv. 145-93), 455-511 (III. xxiv-xxxi); C. B. Schmitt, 'The Rediscovery of Ancient Skepticism', in *The Skeptical Tradition*, ed. Myles Burnyeat (Berkeley, CA, 1983), esp. 237-38; Quentin Skinner, *Visions of Politics* (Cambridge, 2002), iii, chap 4.

[11] J. H. Elliott, *The Old World and the New* (Cambridge, 1970), 29, 46; Anthony Pagden, *The Fall of Natural Man* (Cambridge, 1982), 125.

[12] *The Essays of Montaigne*, trans. John Florio, ed. George Saintsbury (1892-93), vol. 1, 221 (I. xxx), vol. 3, 236 (III. ix); Peter Burke, *Montaigne* (Oxford, 1981), esp. chap. 7. 埃德温·杜瓦尔 (Edwin M. Duval) 的论文《来自新世界的教训》(Lessons of the New World) 收录于辑刊《耶鲁大学法国研究》(*Yale French Studies*), 1983年，第64期。其中他认为，蒙田认为理性和判断能力本身是相对的。

[13] Pierre Charron, *Of Wisdome*, trans. Samson Lennard ([1608?]), 308-9.

[14] *Essays of Montaigne*, vol. 1, 226 (I. xxx); Charron, *Of Wisdome*, 278-79. 关于蒙田是“一个不知情的普遍主义者”而非相对主义者，见 Tzvetan Todorov, *On Human Diversity* (1993), 39-43。

[15] Robert Wedderburn, *The Complaynt of Scotland*, ed. A. M. Stewart (Scottish Text

Soc. , 1979), 83-84.

[16] George Puttenham, *The Arte of English Poesie*, ed. Gladys Doidge Willcock and Alice Walker (Cambridge, 1936), 250 (III. xxii). 这并没有阻止帕特纳姆将其他民族定性为“粗鲁”、“凶残”或“野蛮”[见第11页（I. vi）条和第47页（I. xxiv）]；见卡洛·金兹堡（Carlo Ginzburg）的评论，出自《孤岛难寻》（*No Island Is an Island*），2000年于纽约出版，第34~38页。

[17] Samuel Daniel, *Poems and A Defence of Ryme*, ed. Arthur Colby Sprague (1950), 139-40, 142-43.

[18] Gerard de Malynes, *A Treatise of the Canker of Englands Common Wealth* (1601), 66-67, and id. , *Consuetudo, vel Lex Mercatoria* (1636), 62; Sir Thomas Palmer, *An Essay of the Meanes how to make our Travailes, into Forraigne Countries, the more Profitable and Honourable* (1606), 67; *Locke: Political Essays*, ed. Mark Goldie (Cambridge, 1997), 29.

[19] *The Traveiler of Ierome Turler* (Eng. trans. , [1575]), 39-40; E [d]. A [ston], 'To the friendly reader', in Ioannes Boemus, *The Manners, Lawes, and Customes of all Nations*, trans. Aston (1611); Antoine de Courtin, *The Rules of Civility*, Eng. trans. (1671), 7; Hannah Woolley, *The Gentlewomans Companion* (1675), 46.

[20] Adam Smith, *The Theory of Moral Sentiments*, ed. D. D. Raphael and A. L. Macfie (Oxford, 1976), 204 (V. 2. 7).

[21] R [obert] B [oyle], *Occasional Reflections upon Several Subjects* (1665), vol. 2, 6, 19.

[22] Paul Rycaut, *The Present State of the Ottoman Empire* (1668), sigs. $A2^{v-A3}$; John Oldmixon, *The British Empire in America* (1708), vol. 1, 161; Simon Ockley, *The History of the Saracens* (2nd edn, 1718), vol. 2, xi.

[23] *The Works of John Dryden*, ed. H. T. Swedenborg et al. (Berkeley, CA, 1956-89), vol. 9, 30.

[24] L. P. [possibly John Toland], *Two Essays sent in a Letter from Oxford, to a Nobleman in London* (1695), iii.

[25] F. J. M. Korsten, *Roger North (1651-1734)* (Amsterdam, 1981), 9-20; Henry Rowlands, *Mona Antiqua Restaurata* (Dublin, 1723), 256; Benjamin Martin, *Lingua Britannica Reformata* (1749), 111.

[26] H [enry] B [lount], *A Voyage into the Levant* (2nd edn, 1636), 2, 17, 75, 108.

[27] J [ohn] B [ulwer], *Chirologia* (1644), 145.

[28] Lancelot Addison, *West Barbary* (Oxford, 1671), sigs. $A2^{v-3}$, 111, 201. 关于他，见 William J. Bulman, *Anglican Enlightenment* (Cambridge, 2015), 106-14, 关于他对犹太人的评价，见 Elliott Horowitz, ' “A Different Mode of Civility” ', in *Christianity and Judaism*, ed. Diana Wood (*Studies in Church History* 29, Oxford, 1992)。

[29] John Bulwer, *Anthropometamorphosis* (1653), 184; Samuel Purchas, *Hakluytus Posthumus or Purchas his Pilgrimes* ([1625]; Glasgow, 1905-7), vol. 9, 532-33.

[30] 显然与何塞·德·阿科斯塔的《东印度群岛和西印度群岛的自然和道德历史》相呼应。爱德华·西林斯通（Edward Grimstone）译，1604年出版，第495页。

[31] Palmer, *Essay of the Meanes how to make our Travailes*, 62–64.

[32] [A. Roberts], *The Adventures of (Mr. T. S.) an English Merchant taken Prisoner by the Turks of ARGIERS* (1690), 161–62 [关于其作者，见 Gerald M. MacLean, *The Rise of Oriental Travel* (Basingstoke, 2004), chap. 15]; William Smith, *A New Voyage to Guinea* (1744), 100–101, 123, 135, 195; Philip D. Morgan, 'British Encounters with Africans and African-Americans, circa 1600–1780', in *Strangers in the Realm*, ed. Bernard Bailyn and Philip D. Morgan (Chapel Hill, NC, 1991), 214.

[33] Smith, *New Voyage to Guinea*, 244–45; 还可见, Ockley, Preface to *Sentences of Ali, Son of Mahomet*, in *History of the Saracens*, vol. 2, fol. 6^{r-v}。

[34] M. E. Yapp, 'Europe in the Turkish Mirror', *P&P* 137 (1992); MacLean, *Rise of Oriental Travel*; Joan-Pau Rubiés, *Travellers and Cosmographers* (Aldershot, 2007), chap. 4; James Mather, *Pashas* (New Haven, CT, 2009), esp. 92–95, 99–102, 179–88; John-Paul Ghobrial, *The Whispers of Cities* (Oxford, 2013), chap. 3; Noel Malcolm, 'Positive Views of Islam and of Ottoman Rule in the Sixteenth Century', in *The Renaissance and the Ottoman World*, ed. Anna Contadini and Claire Norton (Farnham, 2013), 198–200; Jerry Brotton, *This Orient Isle* (2016).

[35] Rycaut, *Present State of the Ottoman Empire*, sig. A3; Fynes Moryson, *An Itinerary* (Glasgow, 1907–8), vol. 2, 94, 100; vol. 3, 41–42; vol. 4, 125; Thomas Smith, *Remarks upon the Manners, Religion and Government of the Turks* (1678), 1–2, 36–38, 46–49, 209; Anna Suranyi, *The Genius of the English Nation* (Newark, DE, 2008), 55–59, 110–16, 166–67.

[36] Scott Sowerby, *Making Toleration* (Cambridge, 2013), 72, 74.

[37] Gerald MacLean and Nabil Matar, *Britain and the Islamic World, 1558–1713* (Oxford, 2011), 6; Alexander Bevilacqua and Helen Pfeifer, 'Turquerie', *P&P* 221 (2013).

[38] Ockley, Preface to *Sentences of Ali, Son of Mahomet*, sigs. $Cc5^{v-6}$.

[39] *The Complete Letters of Lady Mary Wortley Montagu*, ed. Robert Halsband (Oxford, 1965), vol. 1, 313, 327; [Sir James Porter], *Observations on the Religion, Law, Government, and Manners of the Turks* (2nd edn, 1771), xiv [截然相反的观点，见 W. Eton, *A Survey of the British Empire* (1798)]。

[40] Karen Ordahl Kupperman, *Settling with the Indians* (1980), 39, 112, 144, 146; Richard Hakluyt, *The Principall Navigations Voyages Traffiques and Discoveries of the English Nation* (Glasgow, 1903–5), vol. 8, 300; Roger Williams, *A Key into the Language of America* (1643), 1, 7, 9–10, 16.

[41] Frederick B. Tolles, 'Non-Violent Contact', *Procs. of the Amer. Philosophical Soc.* 107 (1963).

[42] Kupperman, *Settling with the Indians*, 50–51, 120–21, and *Indians and English* (Ithaca, NY, 2000), esp. chaps. 3 and 5; [Andrew White], *A Relation of the Successful Beginnings of the Lord Baltemore's Plantation in Mary-land* (1634), 7; *Johnson's Wonder-Working Providence 1628–1651*, ed. J. Franklin Jameson (New York, 1910), 162; Thomas Morton, *New English Canaan or New Canaan*

(Amsterdam, 1637), 26 (在该书中，"民族" 被误印为 "原住民")。

[43] William Penn, *The Peace of Europe* (Everyman's Lib., n. d.), 288.

[44] A. L. Rowse, *The Elizabethans and America* (1959), 96; John Josselyn, *An Account of Two Voyages to New-England* (1674), 124-25; [Robert Molesworth], *An Account of Denmark, as it was in the year 1692* (1694), sigs. a5^{v-6}; Morton, *New English Canaan*, 33-34; *The Mirror* 18 (27 Mar. 1779; by Lord Abercromby), in *The British Essayists*, ed. Robert Lynam (1827), vol. 24, 69.

[45] William Strachey, *The History of Travell into Virginia Britannia* (1612), ed. Louis B. Wright and Virginia Freund (Hakluyt Soc., 1953), 84; William Wood, *New England's Prospect*, ed. Alden T. Vaughan (Amherst, MA, 1977), 92.

[46] Loren E. Pennington, 'The Amerindian in English Promotional Literature 1575-1625', in *The Westward Enterprise*, ed. K. R. Andrews et al. (Liverpool, 1978).

[47] *ODNB*, s. v. 'Morton, Thomas (1580x95-1646/7)'; Williams, *Key into the Language of America*, 9-10, 29, 76, 135.

[48] John Forster, *Englands Happiness Increased* (1664), 18; *The Miscellaneous Writings of Sir Thomas Browne*, ed. Geoffrey Keynes (1946), 395. Jared Diamond, *The World until Yesterday* (2012), is a modern work in this tradition.

[49] James Tyrrell, *Patriarcha non Monarcha* (1681), 110; H [umphrey] B [rooke], *The Durable Legacy* (1681), 19.

[50] John Locke, *Some Thoughts concerning Education*, ed. John W. and Jean S. Yolton (Oxford, 1989), 206 (para. 145). 另见 *Two Treatises of Government*, ed. Peter Laslett (Cambridge, 1960), 201 (I, para. 58)。

[51] [Joseph-Françis] Lafitau, *Moeurs des sauvages Amériquaines* (Paris, 1724), vol. 1, 97.

[52] William Smellie, *The Philosophy of Natural History* (1790), 199; *Captain Cook's Voyages of Discovery* (Everyman's Library, 1906), 68; also 21, 32, 34, 38, 147; *The Journals of Captain Cook on His Voyages of Discovery*, ed. J. C. Beaglehole (Hakluyt Soc., 1955-67), vol. 2, 271; vol. 3, pt 1, 307, 312, 459; vol. 3, pt 2, 954.

[53] Adam Smith, *Lectures on Jurisprudence*, ed. R. L. Meek et al. (Oxford, 1978), 439; id., *Theory of Moral Sentiments*, 204-8 (V. ii. 7-10).

[54] 'Ductor Dubitantium', in *The Whole Works of the Right Rev. Jeremy Taylor*, ed. Reginald Heber, rev. Charles Page Eden (1849-61), vol. 9, ed. Alexander Taylor, 287.

[55] Sir Tho [mas] Pope Blount, *Essays on Several Subjects* (1692), 73-74; *Spectator* 50 (27 Apr. 1711), ed. Donald F. Bond (Oxford, 1965), vol. 1, 215.

[56] Muthu, *Enlightenment against Empire*; Larry Wolff, 'Introduction', in *The Anthropology of the Enlightenment*, ed. Wolff and Marco Cipolloni (Stanford, CA, 2012).

[57] David Hartley, *Observations on Man* (1749), vol. 1, 485; Adam Ferguson, *Essay on the History of Civil Society*, ed. Duncan Forbes (Edinburgh, 1966), 205; 'Remarks concerning the Savages of North America', in *The Writings of Benjamin Franklin*, ed. Albert Henry Smyth (New York, 1907), vol. 10, 97; *An Embassy to China*, ed. J.

L. Cranmer-Byng (1962), 230.

[58] 关于富兰克林对美国原住民生活方式的同情的局限性，见 élise Marienstras, 'Sauvagerie et civilisation chez Benjamin Franklin', in *Barbares et sauvages*, ed. Jean-Louis Chevalier et al. (Caen, 1994), 155-58。

[59] Sir Humphrey Gilbert, *A Discourse of a Discoverie for a New Passage to Cataia* (1576), sig. 102.

[60] 另见 P. J. Marshall and Glyndwr Williams, *The Great Map of Mankind* (1982), chap. 5 and 169-81; Peter Burke, 'A Civil Tongue', in *Civil Histories*, ed. Burke et al. (Oxford, 2000), 34. 关于非常负面的评价，见 William Julius Mickle's translation of Camöns, *The Lusiad* (1776), 468n-472n。

[61] *Sir John Chardin's Travels in Persia*, trans. Edmund Lloyd (1720), vol. 2, 130; *Sir Anthony Sherley his Relation of his Travels into Persia* (1613), 29.

[62] *The Works of Sir William Jones* (1807), vol. 3, 50.

[63] *The Letters of Sir William Jones*, ed. Garland Cannon (Oxford, 1970), vol. 2, 766; *Works of Sir William Jones*, vol. 3, 17, 34; Garland Cannon, *The Life and Mind of Oriental Jones* (Cambridge, 1990); Richard Fynes, 'Sir William Jones and the Classical Tradition', in *Sir William Jones 1746-1794*, ed. Alexander Murray (Oxford, 1998); *The Writings and Speeches of Edmund Burke*, ed. Paul Langford et al. (Oxford, 1981-2015), vol. 5, 389-90; and see Geoffrey Carnall, 'Robertson and Contemporary Images of India', in *William Robertson and the Expansion of Empire*, ed. Stewart J. Brown (Cambridge, 1997).

[64] P. J. Marshall, *Problems of Empire* (1968), 60-61, 69-73, 191; Philip J. Stern, *The Company-State* (New York, 2011), 110-17; Meenakshi Jain, *Sati* (New Delhi, 2016), 444-56; Sir Penderel Moon, *The British Conquest and Dominion of India* (1989), 225.

[65] Georgius Trapezuntius [George of Trebizond], *Comparatio Platonis et Aristotelis* (Venice, 1523; written 1457-58), sig. R3.

[66] Aziz Al-Azmeh, 'Barbarians in Arab Eyes', *P&P* 134 (1992); Moryson, *Itinerary*, vol. 3, 414; Addison, *West Barbary*, 150; Natalie Zemon Davis, *Trickster Travels* (2007), 148-49.

[67] David Hume, *Essays Moral, Political, and Literary*, ed. T. H. Green and T. H. Grose (1898), vol. 1, 266.

[68] K. N. Chaudhuri, 'From the Barbarian and the Civilised to the Dialectics of Colour', in *Society and Ideology*, ed. Peter Robb et al. (Delhi, 1993), 37-38.

[69] *Japanese Travellers in Sixteenth-Century Europe*, trans. J. F. Moran, ed. Derek Massarella (Hakluyt Soc., 2012), 137.

[70] Sir George Staunton, *An Authentic Account of an Embassy from the King of Great Britain to the Emperor of China* (Dublin, 1798), vol. 1, 329.

[71] Sir William Temple, *Miscellanea, The Second Part* (4th edn, 1696), 170; Frank Diköter, *The Discourse of Race in Modern China* (1992), chap. 1; Harry G. Gelber, *The Dragon and the Foreign Devils* (2007), 33-35; Joseph Hall, *The Discovery of a New World* (1609), sig. A4.

[72] Ferguson, *Essay on the History of Civil Society*, 75, 95.

[73] Peter de La Primaudaye, *The French Academie*, trans. T. B. (1586), 576.

[74] John Smith, *A Map of Virginia* (Oxford, 1612), in *Works 1608–1631*, ed. Edward Arber (Birmingham, 1884), 79 [亚历山大·惠特克 (Alexander Whitaker) 的《弗吉尼亚州的好消息》(*Good Newes from Virginia*), 1613 年出版, 第 26 页]; Williams, *Key into the Language of America*, 47; Kupperman, *Settling with the Indians*, 47, 49–50; Peter King, '"A King in Every Countrey"', *Journ. of Canadian Hist. Assocn* 14 (2013)。对比托马斯·霍布斯,《利维坦》(*Leviathan*), 诺埃尔·马尔科姆 (Noel Malcolm) 编, 2013 年牛津大学出版, 第 2 卷, 第 194 页 (第 13 章), 以及第 2 卷, 第 195 页中引用的其他评论员。

[75] John Ogilby, *Atlas* (1670), sig. c5v, and 8–9; Richard Boothby, *A Breife Discovery or Description of the Most Famous Island of Madagascar* (1646), 17.

[76] Peter Paxton, *Civil Polity* (1703), 3.

[77] David Hume, *A Treatise of Human Nature*, ed. David Fate Norton and Mary J. Norton (Oxford, 2000), 346 (3. 2. 8); 还可见, John Locke, *Two Treatises of Government*, ed. Peter Laslett (Cambridge, 1960), 357–58 (II. para. 108)。

[78] James Dunbar, *Essays on the History of Mankind in Rude and Cultivated Ages* (1780), 147–48. Cf. Lévi-Strauss, *Race and History*, 31–38.

[79] Philippe Bénéton, *Histoire de mots* (Paris, 1975), 40–42. 约阿希姆·莫拉斯 (Joachim Moras) 所著《法国文明概念的起源和发展, 1756–1830》(*Ursprung und Entwicklung des Begriffs der Zivilisation in Frankreich*), 1930 年汉堡出版, 第 41 页引用了一个孤立的法国例子。《牛津英语词典》中的第一个复数引文是 1857 年的:"文明", 3c。

[80] J. P. Arnason, 'Civilizational Analysis, History of', in *International Encyclopedia of the Social and Behavioral Sciences*, ed. Neil J. Smelser et al. (Amsterdam, 2001), 1910.

[81] 'Coleridge', in *Collected Works of John Stuart Mill*, ed. John M. Robson et al. (Toronto, 1963–91), vol. 10, 139–40.

[82] Daniel A. Segal, '"Western Civ" and the Staging of History', *AHR* 105 (2000), 799–800; David Hollinger, 'Cultural Relativism', in *The Cambridge History of Science*, vol. 7, ed. Theodore M. Porter and Dorothy Ross (Cambridge, 2003), 712; *OED*, s. v. 'culture'; émile Durkheim and Marcel Mauss, 'Note on the Concept of Civilisation', and Mauss, 'Civilisations, Their Elements and Forms', in Marcel Mauss, *Techniques, Technology, and Civilisation*, ed. Nathan Schlanger (New York, 2006).

[83] R. H. Tawney, preface to Raymond Firth, *Primitive Economics of the New Zealand Maori* (1929), xiii.

[84] 'Le barbare, c' est d' abord l' homme qui croit à la barbarie'; Claude Lévi-Strauss, *Race et histoire* (Paris, 1961), 22. 见雷蒙·阿隆 (Raymond Aron) 的评论, 'Le Paradoxe du même et de l' autre', in *Echanges et Communications*, ed. Jean Pouillon and Pierre Maranda (The Hague, 1970), and Charles Taylor, 'Comparison, History, Truth', in *Myth and Philosophy*, ed. Frank Reynolds and Derek Tracy (Albany, NY, 1990), 47。

[85] Francisco de Vitoria, *Political Writings*, ed. Anthony Pagden and Jeremy Lawrance

(Cambridge, 1991), 278–84; Alberico Gentili, *De Iure Belli Libri Tres*, trans. J. C. Rolfe (Oxford, 1933), 86–87, 88–90 (I. xix). Luis de Molina, *De Iustitia Tomus Primus, Complectens Tractatum Primum, et ex Secundo Disputationes* (Cuenca, 1593), cols. 566–67 (*Disputatio*, 105).

[86] John Selden, *Of the Dominion, or, Ownership of the Sea*, trans. Marchamont Nedham (1652), 123–26; id., *Opera Omnia*, ed. David Wilkins (1726), vol. 2, pt 2, cols. 1250–52; Toomer, *Selden*, vol. 1, 407; and see Richard Tuck, *The Rights of War and Peace* (Oxford, 1999), 51–52, 68–70, 119–20.

[87] Richard Zouche, *Iuris et Iudicii Fecialis* [1650], ed. Thomas Erskine Holland (Washington, DC, 1911), vol. 2, trans. J. L. Brierly, 109–10 (II. v. 9); Robert Skinner, *Reports of Cases adjudged in the Court of King's Bench* (1728), 91–93, 168.

[88] Thomas Hobbes, *The Elements of Law*, ed. Ferdinand Tönies (2nd edn, 1969), 87 (I. 16. 12); *Leviathan*, ed. Malcolm, vol. 2, 392 (chap. 24); Pat Moloney, 'Hobbes, Savagery, and International Anarchy', *Amer. Political Science Rev.* 105 (2011), 197–98.

[89] [Samuel], Baron Pufendorf, *The Laws of Nature and Nations*, trans. Basil Kennet [t] (3rd edn, 1717), 2nd pagination, 32–36 (III. iii. 9–12), 168 (IV. v. 10); Gideon Baker, 'Right of Entry or Right of Refusal?' *Rev. of International Studs.* 37 (2012), 50–54.

[90] Muthu, *Enlightenment against Empire*, 75, 85, 103–4, 192–97; *Journals of Captain Cook*, ed. Beaglehole, vol. 2, 493 and 493n; Dan O'sullivan, *In Search of Captain Cook* (2008), 139–42.

[91] *The Correspondence of Roger Williams*, ed. Glenn W. Lafantasie (Hanover, NH, 1988), vol. 1, 19; John Cotton, 'A Reply to Mr. Williams his Examination', in *The Bloudy Tenent Washed, and Made White in the Bloud of the Lambe* (1647), 2nd pagination, 27–28. 安东尼·帕格登指出，威廉姆斯希望能允许原住民在自己的土地上建立房屋院落，这可能是因为，他希望之后能允许塞勒姆殖民者从原住民那里购买这些地产（这一点受到国王的质询）。'The Struggle for Legitimacy and the Image of Empire in the Atlantic to c. 1700', in *The Origins of Empire*, ed. Nicholas Canny (*Oxford History of the British Empire*, vol. 1, Oxford, 1998), 47.

[92] Tuck, *Rights of War and Peace*, 157–58, 172–73, 181, 183–84, 190–91.

[93] Robin F. A. Fabel, *Colonial Challenges* (Gainesville, FL, 2000), chaps. 8–11; Jack P. Greene, *Evaluating Empire and Confronting Colonialism in Eighteenth-Century Britain* (Cambridge, 2013), 1–19.

[94] *The Reports of Sir Edward Coke*, ed. George Wilson (1777), vol. 4, pt 7, fol. 17^{r-v} (Calvin's Case); Richard Brownlow and John Goldesborough, *Reports of Divers Choice Cases in Law* (1651), 2nd pagination, 296–97; Sir Edward Coke, *The Second Part of the Institutes of the Laws of England* (1817), 154–55.

[95] *Cobbett's Complete Collection of State Trials*, ed. T. B. Howell et al. (1809–28), vol. 10, cols. 372–554; 理查德·塔克的论文《在欧洲帝国扩张中与异教徒联盟》（'Alliances with Infidels in the European Imperial Expansion'）收录于桑卡尔·穆图所编著的《帝国与现代政治思想》(*Empire and Modern Political Thought*)

一书中，剑桥大学出版社，2012 年出版。在论文中，塔克清楚地讨论了这一论题。英国法学家杰佛斯（Jeffreys）指出，塔克虽未明确指出，但科克爵士的观点在他看来，虽与所审议的案件无关，但该观点本身就是一条好的法律。

[96] Michael Dalton, *The Countrey Justice* (6th edn, 1635), 165; William Salkeld, *Reports of Cases adjudged in the Court of King's Bench* (4th edn, 1742–43), vol. 1, 46; Henry Cowper, *Reports of Cases adjudged in the Court of King's Bench from Hilary Term . . . 1774 to Trinity Term . . . 1778* (1783), 209.

[97] Edward Coke, *The First Part of the Institutes of the Laws of England*, 15th edn, ed. Francis Hargrave and Charles Butler (1794), 6b; *Reports of Adjudged Cases in the Court of Common Pleas during the time Lord Chief Justice Willes Presided*, ed. Charles Durnford (Dublin, 1800), 542–43.

[98] Muldoon, *Popes, Lawyers, and Infidels*, chap. 2; Purchas, *Hakluytus Posthumus*, vol. 1, 38–45; vol. 19, 220.

[99] *The Voyages and Colonizing Enterprises of Sir Humphrey Gilbert*, ed. David Beers Quinn (Hakluyt Soc., 1940), vol. 2, 450–58.

[100] Bartolomé de Las Casas, *In Defense of the Indians*, trans. and ed. Stafford Poole (DeKalb, IL, 1974), 47–48.

[101] *Selections from Three Works of Francisco Suárez, S. J.*, ed. James Brown Scott (Oxford, 1944), vol. 2, trans. Gwladys L. Williams et al., 825–26.

[102] Roger Williams, *The Bloody Tenent Yet More Bloody* (1652), 276.

[103] Jos [eph] Hall, *Resolutions and Decisions of Divers Practicall Cases of Conscience* (3rd edn, 1654), 236. "精通哲学和神学的教授学者" 揭露了西班牙人是如何对美洲原住民进行不公正的掠夺（第 234 页，第 239~242 页）。尽管霍尔注意到了这点，但他还是倾向殖民者一方，认为欧洲人有权去他们想去的地方（指美洲新世界）旅行；也有权动用武力，如果这是确保他们能与当地人进行贸易的唯一途径。

[104] 'Ductor Dubitantium', in *Whole Works of Jeremy Taylor*, vol. 9, 281–82.

[105] Sir Thomas More, *Utopia*, ed. George M. Logan and Robert M. Adams (Cambridge, 1989), 56; 'Of Coaches', in *Essays of Montaigne*, vol. 3, 142–51. Armitage, 'Literature and Empire', in *Origins of Empire*, ed. Canny, 106–12, 这是对这一古典遗留问题中矛盾部分的一次极好讨论。

[106] *Tyrannipocrit, Discovered with his Wiles* (1649), in *British Pamphleteers*, ed. George Orwell and Reginald Reynolds, vol. 1 (1948), 90–91, 105; *Leveller Manifestoes of the Puritan Revolution*, ed. Don M. Wolfe ([1944]; New York, 1967), 318; *ODNB*, s. v. 'Marten, Henry'; *A New Engagement* (1648); *The English Souldiers Standard to Repaire to* (1649), 9–10; *The Souldiers Demand* (Bristol, 1649), 12–13; *Walwins Wiles* (1649), in *The Leveller Tracts 1647–1653*, ed. William Haller and Godfrey Davies (New York, 1944), 288, 310. Chris Durston, 'Let Ireland Be Quiet', *HWJ* 21 (1986); Norah Carlin, 'The Levellers and the Conquest of Ireland in 1649', *HJ* 30 (1987); Christopher Hill, 'Seventeenth-Century English Radicals and Ireland', in *A Nation of Change and Novelty* (1990). 尽管平等派的领袖不愿在爱尔兰问题上公开表态，但如果说这些反对意见是政府的支持者捏造出来，用以诋毁平等派，那就说得有点过

了。米切拉希洛在《上帝的刽子手》(*God's Executioner*, 2008 年出版, 第 64~65 页) 中表明了这种观点。

[107] Algernon Sidney, *Discourses concerning Government* (3rd edn, 1753), 40; Locke, *Two Treatises of Government*, 296-300, 406 (ii. 16-20, 180).

[108] Edward Stillingfleet, *A Sermon Preached on the Fast-Day, November 13, 1678* (1678), 31; *Barlow's Journal*, ed. Basil Lubbock (1934), vol. 2, 401.

[109] 关于宽泛的文献, 见 Muthu, *Enlightenment against Empire*。关于英国的精彩描述, 见 Greene, *Evaluating Empire and Confronting Colonialism*。关于狄德罗和雷纳尔(Raynal)的观点, 见 *Raynal's 'Histoire des Deux Indes': Colonialism, Networks and Global Exchange*, ed. Cecil Courtney and Jenny Mander (Oxford, 2015)。

[110] Denis Diderot, *Political Writings*, trans. and ed. John Hope Mason and Robert Wokler (Cambridge, 1992), 177.

[111] John Lawson, *A New Voyage to Carolina* (1709), 236; Samuel Johnson, *The Lives of the Most Eminent English Poets*, ed. Roger Lonsdale (Oxford, 2006), vol. 3, 163; *Idler* 81 (3 Nov. 1759); *Gentleman's Magazine* 8 (June 1738); and see Clement Hawes, *The British Eighteenth Century and Global Critique* (New York, 2005), 179-83.

[112] David Hume, *An Enquiry concerning the Principles of Morals*, ed. Tom L. Beauchamp (Oxford, 2014), 18.

[113] *Journals of Captain Cook*, ed. Beaglehole, vol. 1, 514.

[114] Thomas Parker, *Evidence of our Transactions in the East Indies* (1782), iii.

[115] William MacIntosh, *Travels in England, Asia, and Africa* (1782), vol. 2, 73; Parker, *Evidence of our Transactions*, v; P. J. Marshall, '*A Free though Conquering People*' (Aldershot, 2003), vol. 1, 8-9; Greene, *Evaluating Empire*, chap. 4.

[116] *Writings and Speeches of Edmund Burke*, vols. 5, 6 and 7; Jennifer Pitts, *A Turn to Empire* (Princeton, NJ, 2005), chap. 3.

[117] *An Historical Disquisition concerning the Knowledge the Ancients Had of India*, in *The Works of the Late William Robertson* (1826), vol. 2, 483-84.

[118] Malachy Postlethwayt, *The Universal Dictionary of Trade and Commerce* (3rd edn, 1766), vol. 1, vii; Granville Sharp, *A Representation of the Injustice and Dangerous Tendency of Tolerating Slavery* (1769), 112-26, 104-5.

[119] *The Diary of Thomas Burton*, ed. John Towill Rutt (1828), vol. 4, 255-73, 301-8.

[120] John Donoghue, *Fire under the Ashes* (Chicago, IL, 2013), 265-67, 270-74, 276, 277-78.

[121] Richard Baxter, *A Christian Directory* (1673), 538-39.

[122] Philippe Rosenberg, 'Thomas Tryon and the Seventeenth-Century Dimensions of Antislavery', *WMQ*, 3rd ser., 61 (2004); Christopher Leslie Brown, *Moral Capital* (Chapel Hill, NC, 2006), chap. 1; Greene, *Evaluating Empire*, 54-60.

[123] See, e.g., Peter Gay, *The Enlightenment* (1970), vol. 2, 412-19; Greene, *Evaluating Empire*, 164.

[124] Granville Sharp, *The Law of Liberty, or, Royal Law* (1776), 33; 有关早期陈述，见 George Keith, *An Exhortation & Caution to Friends Concerning Buying or Keeping of Negroes* (New York, 1693)。

[125] Anthony Page, *John Jebb and the Enlightenment Origins of British Radicalism* (Westport, CT, 2003), 226.

[126] David Brion Davis, *The Problem of Slavery in the Age of Revolution 1770-1823* (Ithaca, NY, 1975), 258.

[127] *The Complete Antislavery Writings of Anthony Benezet 1754-1783*, ed. David L. Crosby (Baton Rouge, LA, 2013), 71; John Wesley, *Thoughts Upon Slavery* (1774), 9-17; John Ady, *The Case of our Fellow-Creatures the Oppressed Africans* (1784), 7; 'Papers relative to our treatment of the people of Africa', 40-42, 46-47, appended to Parker, *Evidence of our Transactions*; 'Charity', in *The Poems of William Cowper*, ed. John D. Baird and Charles Ryskamp (Oxford, 1980-95), vol. 1, 341.

[128] 'A Serious Thought (1775)', in *The Complete Writings of Thomas Paine*, ed. Philip S. Foner (New York, 1945), vol. 2, 19-20.

[129] 关于废奴主义者的案例，见 Wylie Sypher, *Guinea's Captive Kings* (Chapel Hill, NC, 1942), chap. 2; David Brion Davis, *The Problem of Slavery in Western Culture* (Ithaca, NY, 1966); Roger Anstey, *The Atlantic Slave Trade and British Abolition, 1760-1810* (1975); Brown, *Moral Capital*, chaps. 6 and 7; and Greene, *Evaluating Empire*, chap. 5。

[130] 伦敦大学学院研究项目“英国奴隶制的遗留问题”的网址为 www.ucl.ac.uk/lbs。

[131] Postlethwayt, *Universal Dictionary*, vol. 1, sig. G1.

[132] Anstey, *Atlantic Slave Trade*, chaps. 8 and 9; Brown, *Moral Capital*, chaps. 6 and 7.

[133] Bartolomé de Las Casas, *In Defense of the Indians*, trans. and ed. Stafford Poole (DeKalb, IL, 1974), 47-48; José de Acosta, *De Procuranda Indorum Salute*, trans. and ed. G. Stewart McIntosh (Tayport, 1995-96), vol. 1, 113 (III. vii); D. A. Brading, *The First Americans* (Cambridge, 1991), chaps. 3 and 4; Tuck, *Rights of War and Peace*, 69-72.

[134] John Donne, *Biathanatos*, ed. Ernest W. Sullivan II (Newark, DE, 1984), 40.

[135] Alberico Gentili, *De Iure Belli Libri Tres*, trans. John C. Rolfe (Oxford, 1936), 53-55 (I. xii); Hugo Grotius, *The Free Sea*, trans. Richard Hakluyt, ed. David Armitage (Indianapolis, IN, 2004), 15 (chap. 2); id., *De Iure Praedae Commentarius*, vol. 1, trans. Gwladys L. Williams and Walter H. Zeydel (Oxford, 1950), 222 (chap. 12); id., *Rights of War and Peace*, 436-40 (II. xx. 40-43), 478-79 (II. xxii. 10 and 12).

[136] G. W. Leibniz, *New Essays on Human Understanding*, trans. Peter Remnant and Jonathan Bennett (Cambridge, 1996), 87-88, 93; Muthu, *Enlightenment against Empire*; Jonathan Israel, *Enlightenment Contested* (Oxford, 2006), 590-603 (但没提及英国作家); id., *Democratic Enlightenment* (Oxford, 2011), pt 3; Melvin Richter, 'The Comparative Study of Regimes and Societies', in *The Cambridge*

History of Eighteenth - Century Political Thought*, ed. Mark Goldie and Robert Wokler (Cambridge, 2006), chap. 5。

[137] Pufendorf, *Law of Nature and Nations*, 1st pagination, 126-28 (II. iii. 7-9); 2nd pagination, 18-20 (III. ii. 8); 3rd pagination, 90-91 (VIII. vi. 5); see also Tuck, *Rights of War and Peace*, 158-62. 早些时候在1663年的一封信中，普芬多夫反思了不可能就哪些民族野蛮，哪些民族文明达成一致；Fiammetta Palladini, 'Le due lettere di Pufendorf al Barone di Boineburg', *Nouvelles de la République des Lettres*, vol. 1 (1984), 135-36。

[138] Christian Thomasius, *Foundations of the Law of Nature and Nations* (1705), ed. and trans. Thomas Ahnert (Indianapolis, IN, 2011), 619.

[139] Emmer de Vattel, *The Law of Nations*, ed. Béla Kapossy and Richard Whatmore (Indianapolis, IN, 2008), 265 (II. 1. 7); Daniel Gordon, 'Uncivilised Civilisation', in *Raynal's 'Histoire des Deux Indes'*, ed. Courtney and Mander.

[140] Robert Ward, *An Enquiry into the Foundation and History of the Law of Nations in Europe* (1795), vol. 1, xiv, 135-39, 163-65.

[141] Temple, *Miscellanea*, *Second Part*, 47, 163.

[142] Thomas Burnet, *The Sacred Theory of the Earth* (7th edn, 1759), vol. 2, 21.

[143] Paxton, *Civil Polity*, sig. a4.

[144] *The Briton* (1722), 36 (act 3, scene 8).

[145] Jonathan Swift, *Gulliver's Travels* ([1726]; 1919), 292-93 (bk 4, chap. 5).

[146] *The Poetical Works of Richard Savage*, ed. Clarence Tracy (Cambridge, 1962), 253.

[147] Bulwer, *Anthropometamorphosis*, 155; Smith, *Theory of Moral Sentiments*, 199 (v. i. 9).

[148] Richard McCabe, *Spenser's Monstrous Regiment* (Oxford, 2002), 123; George Bishop, *New-England Judged* (1661; repr. 1703), 29, 123.

[149] John Underhill, *Newes from America* (1638), 42-43.

[150] Elliott, *Old World and the New*, 26. 151. Thomas Fuller, *The Holy State and the Profane State* (1840), 156.

[152] Bernard Mandeville, *The Fable of the Bees*, ed. F. B. Kaye (Oxford, 1924), vol. 2, 215; 'Fragments, or Minutes of Essays', in *The Works of the Right Honourable Henry St John, Viscount Bolingbroke* (new edn, 1809), vol. 7, 467.

[153] Williams, *Key into the Language of America*, 180; Ira D. Gruber, 'Atlantic Warfare, 1440-1763', in *The Oxford Handbook of the Atlantic World*, ed. Nicholas Canny and Philip Morgan (Oxford, 2011), 420-21.

[154] John Hippisley, *Essays* (1764), 13.

[155] 对他们恐怕的经典描述见 Albert Sorel, *Europe and the French Revolution* [1885], trans. and ed. Alfred Cobban and J. W. Hunt (1969), 108-15。

[156] Daniel Defoe, *Serious Reflections during the Life and Surprising Adventures of Robinson Crusoe* (1720), 124-25.

[157] Joseph Fawcett, *Poems* (1798), 187-242; Henry Roscoe, *The Life of William Roscoe* (1833), vol. 1, 296.

[158] *The Complete Works of Gerrard Winstanley*, ed. Thomas N. Corns et al. (Oxford,

2009), vol. 2, 80.

[159] John Brown, *An Estimate of the Manners and Principles of the Times* (1760), 93. 关于这个备受关注的主题，见 John Sekora, *Luxury* (Baltimore, MD, 1977); David Spadafora, *The Idea of Progress in Eighteenth-Century Britain* (New Haven, CT, 1990), 15-16, 35-36, 215-17, 317-18; James Raven, *Judging New Wealth* (Oxford, 1992), chap. 8; Christopher J. Berry, *The Idea of Luxury* (Cambridge, 1994), chaps. 5 and 6; *Luxury in the Eighteenth Century*, ed. Maxine Berg and Elizabeth Eger (Basingstoke, 2003), chap. 1; E. J. Clery, *The Feminization Debate in Eighteenth-Century England* (Basingstoke, 2004); Keith Thomas, *The Ends of Life* (Oxford, 2009), 132-37。

[160] Smith, *Lectures on Jurisprudence*, 540-41.

[161] *The Complete Works of M. de Montesquieu* (Eng. trans., 1777), vol. 2, 1-3 ('The Spirit of Laws', bk 20, chaps. 1-2).

[162] William Letwin, *The Origins of Scientific Economics* (1963), 43-44; Alexander Hamilton et al., *The Federalist*, ed. Max Beloff (Oxford, 1948), 20-25; Muthu, *Enlightenment against Empire*, 97-99; and see Paul Slack, *The Invention of Improvement* (Oxford, 2014 [2015]), 190.

[163] *Writings and Speeches of Edmund Burke*, vol. 8, 130-31.

[164] Roscoe, *Life of William Roscoe*, vol. 1, 269-70; *Journals of Captain Cook*, ed. Beaglehole, vol. 2, 174-75 [类似观点见 George Forster, *A Voyage Round the World* (1777), vol. 1, 303]。

[165] Mark Harrison, *Contagion* (2012), 276.

[166] Ferguson, *Essay on Civil Society*, 183.

[167] W. R. Scott, *Adam Smith as Student and Professor* (Glasgow, 1937), 326; Adam Smith, *An Inquiry into the Nature and Causes of the Wealth of Nations*, ed. R. H. Campbell and A. S. Skinner (Oxford, 1976), vol. 2, 781-88 (v. i. f.); *Lectures on Jurisprudence*, 539-40.

[168] 'Lectures on Political Economy, I', in *The Collected Works of Dugald Stewart*, ed. Sir William Hamilton (1854-60), vol. 8, 317.

[169] Dunbar, *Essays on the History of Mankind*, 146-47, 165, 424.

[170] Denis Diderot, *Political Writings*, trans. and ed. John Hope Mason and Robert Wokler (Cambridge, 1992), 72, 173, 185-88, 193-97, 199, 212-14; Jean-Jacques Rousseau, *Oeuvres complètes*, ed. Bernard Gagnebin and Marcel Raymond, vol. 3 (Paris, 1964), at, e.g., 164-80, 258.

[171] *Mirror* 18 (27 Mar. 1779; by Lord Abercromby), in *British Essayists*, vol. 24, 70.

[172] Forster, *Voyage Round the World*, vol. 1, 365-67; vol. 2, 31-35.

[173] *The Works of Mary Wollstonecraft*, ed. Janet Todd and Marilyn Butler (1989), vol. 6, 220; vol. 5, 215; *The Life and Major Writings of Thomas Paine*, ed. Philip S. Foner (Secaucus, NJ, 1974), 398, 610.

[174] T. R. Malthus, *Essay on the Principle of Population* (1798), 344; Charles Hall, *The Effects of Civilization on People in European States* (1805), 131-32.

[175] Alexis de Tocqueville, *Journeys to England and Ireland*, trans. George Lawrence and K. P. Mayer, ed. J. P. Mayer (New York, 1968), 96.

[176] Thomas Churchyard, *A Prayse, and Reporte of Maister Martyne Forboishers Voyage to Meta Incognita* (1578), sig. Bii.

[177] *A View of the Present State of Ireland*, in *Spenser's Prose Works*, ed. Rudolf Gottfried (Baltimore, MD, 1949), 55, and *A Brief Note of Ireland*, in *Spenser's Prose Works*, 239–40; Samuel Daniel, *The Queenes Arcadia* (1606), sig. K2.

[178] Colin Lennon, 'Political Thought of Irish Counter-Reformation Churchmen', in *Political Ideology in Ireland, 1541-1641*, ed. Hiram Morgan (Dublin, 1999), 189, 202; Patricia Palmer, *Language and Conquest in Early Modern Ireland* (Cambridge, 2001), 212; Ian Campbell, *Renaissance Humanism and Ethnicity before Race* (Manchester, 2013), chap. 3.

[179] Gerard Boate, *Irelands Naturall History*, published by Samuel Hartlib (1652), 89, 130 [根据爱尔兰新教难民和约翰·坦普尔爵士提供的信息, *The Irish Rebellion* (1646), vol. 1, sig. b1, 83; vol. 2, 41]。

[180] *The Works of George Savile, Marquis of Halifax*, ed. Mark N. Brown (Oxford, 1989), vol. 3, 171; Alfred Owen Aldridge, 'Franklin's Letter on Indians and Germans', *Amer. Philos. Soc. Procs.* 14 (1950), 392–93.

[181] Colin G. Calloway, *New Worlds for All* (2nd edn, Baltimore, MD, 2013), 192–96; Baron Lahontan, *New Voyages to North-America* (Eng. trans., 1703; 2nd edn, 1705), vol. 2, 21–31, 38–39.

[182] Ottobah Cugoano, *Thoughts and Sentiments on the Evil and Wicked Practice of the Slavery and Commerce of the Human Species* (1787), 138–39.

[183] John Streater, *Observations Historical, Political, and Philosophical upon Aristotles First Book of Political Government*, no. 4 (25 Apr. -2 May 1654), 28.

[184] Ian K. Steele, *Warpaths* (New York, 1994), 39-40; Ester Boserup, *The Conditions of Agricultural Growth* (1965), 24–25; Jill Lepore, *The Name of War* (New York, 1998), 95–96.

[185] *The History of America* (1777), in *Works of William Robertson*, vol. 5, 395–97; *The Memoirs of Lieut. Henry Timberlake* (1765), 51.

[186] John Demos, *The Unredeemed Captive* (New York, 1994); Calloway, *New Worlds for All*, 160-63; Juliana Barr, 'Captivity, Native American', in *The Princeton Companion to Atlantic History*, ed. Joseph C. Miller (Princeton, NJ, 2015).

[187] Edward D. Neill, *Virginia Vetusta* (Albany, NY, 1885), viii; Malcolm Gaskill, *Between Two Worlds* (Oxford, 2014), 285; Nicholas Canny, 'The Permissive Frontier', in *The Westward Enterprise*, ed. Andrews, 30–35 (quotation at 34).

[188] James Axtell, *The European and the Indian* (New York, 1981), 156; Peter Way, 'The Cutting Edge of Culture', in *Empire and Others*, ed. Martin Daunton and Rick Halpern (Philadelphia, PA, 1999), 141-43; J. Hector St John de Crèvecoeur, *Letters from an American Farmer* (Dublin, 1782), 237-38. In 'Crossing the Cultural Divide', *Procs. Amer. Antiquarian Soc.* 90 (1980), 奥尔登·T. 沃恩 (Alden T. Vaughan) 和丹尼尔·K. 里希特 (Daniel K. Richter) 得出的数字要小得多; 另见 Alden T. Vaughan and Edward W. Clark, *Puritans among the Indians* (Cambridge, MA, 1981), 15。

[189] Aldridge, 'Franklin's Letter on Indians and Germans', 392. 关于该主题，见

Axtell, *The European and the Indian*, 156, 161, 279-84, and 'The White Indians of Colonial America', in *American Encounters*, ed. Peter C. Mancall and James H. Merrell (2nd edn, New York, 2007); Richard VanDerBeets, *The Indian Captivity Narrative* (Lanham, MD, 1984), 47; Linda Colley, *Captives* (2002), 195-98; Evan Haefeli and Kevin Sweeney, *Captors and Captives* (Amherst, MA, 2003), 151-52; Alison Games, *The Web of Empire* (Oxford, 2008), 130-31。

[190] *ODNB*, s. v. 'Verney, Sir Francis'; Simon Ockley, *An Account of South-West Barbary* (1713), 125; Kenneth Parker, 'Reading "Barbary" in Early Modern England', *Seventeenth Century* 19 (2004), 80, 91-93.

[191] Smith, *Remarks upon the Turks*, 144-45; Joseph Pitts, *A True and Faithful Account of the Religion and Manners of the Mahometans* (Exeter, 1717), chap. 9; Rycaut, *Present State of the Ottoman Empire*, 79-80.

[192] Sir Thomas Sherley, 'Discours of the Turkes', ed. E. Denison Ross, 4, in *Camden Miscellany*, vol. 16 (Camden, 3rd ser., 52 (1936)).

[193] Smith, *Remarks upon the Turks*, 41-43; Addison, *West Barbary*, 197.

[194] Henry Byam, *A Return from Argier* (1628), 74. See, in general, Nabil Matar, *Turks, Moors, and Englishmen in the Age of Discovery* (New York, 1999); *Three Turkish Plays from Early Modern England*, ed. Daniel J. Vitkus (New York, 2000), introduction; Robert C. Davis, *Christian Slaves, Muslim Masters* (Basingstoke, 2003); Tobias P. Graf, *The Sultan's Renegades* (Oxford, 2017).

[195] David Allan, 'Manners and Mustard', *CSSH* 37 (1995).

[196] [Marc Lescarbot], *Nova Francia*, trans. P. E [rondelle] (1609), esp. 95, 97, 203, 227-28, 247, 283.

[197] Moryson, *Itinerary*, vol. 3, 369-70.

[198] Morton, *New Englands Caanan*, 56-58; *The Writings of William Walwyn*, ed. Jack R. McMichael and Barbara Taft (Athens, GA, 1989), 82-83; Derek Hirst, 'A Happier Man', *Seventeenth Century* 27 (2012), 59-60, 68.

[199] John Lynch, *Cambrensis Eversus* (1662), trans. Matthew Kelly (Dublin, 1848-54), vol. 2, 222-23, 284-85; Thomas Traherne, *Poems, Centuries and Three Thanksgivings*, ed. Anne Ridler (1966), 269-70; John Aubrey, *Monumenta Britannica, Parts 1 and 2*, ed. John Fowles (Sherborne, 1980-82), 194.

[200] James Thomson, *The Seasons*, ed. James Sambrook (Oxford, 1981), 242 ('Winter', lines 843-45, 847-48, 851-53); John Scheffer, *The History of Lapland* (Eng. trans., 1704), 35-36, 169.

[201] *Journals of Captain Cook*, ed. Beaglehole, vol. 1, 399, 508-9; vol. 2, 271.

[202] *John Ledyard's Journal through Russia and Siberia, 1787-8*, ed. Stephen D. Watrous (Madison, WI, 1966), 169.

[203] 关于该传统，见 Arthur O. Lovejoy and George Boas, *Primitivism and Related Ideas in Antiquity* (Baltimore, MD, 1935); Alan Dugald McKillop, *The Background of Thomson's Seasons* (Minneapolis, MN, 1942), chap. 3; Ludwig Edelstein, *The Idea of Progress in Classical Antiquity* (Baltimore, MD, 1967), 43-51, 58-62, 93-95; George Boas, *Essays on Primitivism and Related Ideas in the Middle Ages* (Baltimore, MD, 1948); Elizabeth Armstrong, *Ronsard and the Age of Gold*

(Cambridge, 1968), chap. 2; Robert Bartlett, *Gerald of Wales 1146 - 1223* (Oxford, 1982), 172-73, 186, 198-99; Andrew Fitzmaurice, *Humanism and America* (Cambridge, 2003), 157-63; Gordon Lindsay Campbell, *Lucretius on Creation and Evolution* (Oxford, 2003), 12-15, 336-53。

[204] W [illiam] Watreman, preface to Joannes Boemus, *The Fardle of Facions*, trans. Watreman (1555), sigs. Ai-ii^v; 'The Shepheards Garland, 8th Eclog', in *The Works of Michael Drayton*, ed. J. William Hebel (Oxford, 1961), vol. 1, 86-87; *The Works of the Learned Benjamin Whichcote* (Aberdeen, 1751), vol. 2, 223; Locke, *Two Treatises of Government*, 360 (II. 110).

[205] Edward Gibbon, *The Decline and Fall of the Roman Empire*, ed. J. B. Bury (6th edn, 1912), vol. 1, 227; *Works of William Robertson*, vol. 5, 281; *Works of Mary Wollstonecraft*, vol. 6, 235.

[206] Campbell, *Lucretius on Creation and Evolution*, 14; Catherine Wilson, 'Political Philosophy in a Lucretian Mode', in *Lucretius and the Early Modern*, ed. David Norbrook et al. (Oxford, 2015); Lovejoy and Boas, *Primitivism and Related Ideas*, 47-48, 93-95, 117-52, 239-42.

[207] 关于早期和中世纪教会内部相互矛盾的意见，见 Peter Garnsey, *Thinking about Property* (Cambridge, 2007), chaps. 3-5。关于方济会的观点，见 William of Ockham, *A Letter to the Friars Minor and Other Writings*, ed. Arthur Stephen McGrade and John Kilcullen (Cambridge, 2007), 37, 88-89, 264, 286-87。

[208] Henry Parker, Lord Morley, *Forty-Six Lives Translated from Boccaccio's De Claris Mulieribus*, ed. Herbert G. Wright (EETS, 1943), 22-24. 也许值得注意的是，薄伽丘这部作品的一个15世纪中期的诗歌译本有意省略了谷神星发明所带来的令人遗憾的后果。*On Famous Women*: *The Middle English Translation of Boccaccio's De Mulieribus Claris*, ed. Janet Cowen (Heidelberg, 2015), 69.

[209] 'Discours contre fortune', in *Oeuvres complètes de Ronsard*, ed. Hugues Vaganay (Paris, 1923), vol. 4, 53-54; Lescarbot, *Nova Francia*, 285 (also 280).

[210] Morris Palmer Tilley, *A Dictionary of the Proverbs in England* (Ann Arbor, MI, 1950), 459; Pufendorf, *Law of Nature and Nations*, 2nd pagination, 151-52 (IV. iv. 7), 216 (IV. xii. 5).

[211] Lahontan, *New Voyages to North-America*, vol. 1, sig. A4^v.

[212] Mandeville, *Fable of the Bees*, vol. 2, 309; Henry Home, Lord Kames, *Sketches of the History of Man* (Edinburgh, 1774), vol. 1, 242; Gilbert Stuart, *A View of Society in Europe* (Edinburgh, 1778), 2, 75-76; 'The Task' (v. 11. 220-29), in *The Poems of William Cowper*, ed. John D. Baird and Charles Ryskamp (Oxford, 1980-95), vol. 2, 216; Rousseau, *Oeuvres*, vol. 3, 164-76.

[213] 'A Short Discourse on the preceeding Comedy', in *The World's Idol*: *Plutus*, trans. H. H. B. (1659), 33-46. 大英图书馆将这部作品归于爱尔兰（古英格兰天主教徒）剧作家亨利·博内尔（Henry Burnell）。但这种归属不可采信，而且在《牛津国家人物传记大辞典》（ODNB）中关于博内尔的词条里，没有证据能证明这一点。目前尚不清楚提交人的姓名首字母是否为 H. H. B. 或者只是 H. H.，因为 *H. H.* 是斜体，而 B. 则不是，所以这个 B 可能是其他类型的描述符。

[214] 有关现代的讨论，见 Rosie Wyles, ‘Publication as Intervention’, in *Aristophanes in Performance 421 BC–AD 2007*, ed. Edith Hall and Amanda Wrigley (Leeds, 2007)。

[215] Greg Woolf, *Becoming Roman* (Cambridge, 1998), 60. 关于双方（*in utramque partem*）争论的修辞技巧，假设每个问题都有两面性，见 Quintilian, *Institutio Oratoria*, xii. i. 35, and Quentin Skinner, *Reason and Rhetoric in the Philosophy of Hobbes* (Cambridge, 1996), 9–10, 27–30, 97–99, 172–73。

[216] J. G. A. Pocock, *Barbarism and Religion* (Cambridge, 1999 – 2015), vol. 4, 238.

[217] Françis Guizot, *The History of Civilization*, trans. William Hazlitt, ed. Larry Siedentop (1997), xviii–xix.

[218] 关于该变化，见 Pitts, *A Turn to Empire*。

[219] Kathleen Wilson, *The Island Race* (2003), 82.

[220] ‘On Liberty’ (1859), in *Collected Works of John Stuart Mill*, vol. 18, 224. 然而，在同一本书中，密尔宣称，“我真不知道一个社会还有权去逼迫另一个社会变得文明开化”（第 291 页）。

第七章　文明模式的变化

[1] John Crowther, ‘Musae Faciles or an Easy Ascent to Parnassus’, ed. Nicholas Tyacke, in *History of Universities* 27 (2013), 12.

[2] Lucy Hutchinson, *Memoirs of the Life of Colonel Hutchinson*, ed. James Sutherland (1973), 11.

[3] Keith Thomas, *The Ends of Life* (Oxford, 2009), chap. 2.

[4] George Buchanan, *The History of Scotland* (Eng. trans., 1690), 23–24.

[5] Sir Clement Edmondes, *Observations upon Caesar's Commentaries* (1604), vol. 2, 31 (bk 6, chap. 9).

[6] *The Negotiations of Sir Thomas Roe, in his Embassy to the Ottoman Porte from the year 1621 to 1628* (1740), 16.

[7] Nathanael Carpenter, *Geographie Delineated* (1635), vol. 2, 283.

[8] [Richard Allestree], *The Ladies Calling* ([1673]; 1720), 13; Jean Gailhard, *The Compleat Gentleman* (1678), vol. 2, 49; S. C., *The Art of Complaisance* (1673), 121; *HMC*, *Salisbury*, vol. 20, vii; Anna Bryson, *From Courtesy to Civility* (Oxford, 1998), 229–30; Michèle Cohen, *Fashioning Masculinity* (1996), 9, 42–43, 61–62; Philip Carter, *Men and the Emergence of Polite Society, Britain 1660 – 1800* (Harlow, 2001), esp. chap. 4; Emma Major, *Madam Britannia* (Oxford, 2012), 197–98.

[9] [Thomas Gainsford], *The Rich Cabinet* (1646), fol. 38v; Adam Smith, *The Theory of Moral Sentiments*, ed. D. D. Raphael and A. L. Macfie (Oxford, 1976), 209 (V. 2. 13).

[10] *The Political Works of James I*, ed. Charles Howard McIlwain (Cambridge, MA, 1918), 44; Bryson, *Courtesy to Civility*, 229.

[11] *Tatler* 244 (31 Oct. 1710), ed. Donald F. Bond (Oxford, 1987), vol. 3, 251.

[12] *Negotiations of Sir Thomas Roe*, 16; *Spectator* 236 (30 Nov. 1711), ed. Donald F.

Bond (Oxford, 1965), vol. 2, 418.

[13] David Hume, *Essays Moral, Political, and Literary*, ed. T. H. Green and T. H. Grose (1875), vol. 1, 304-5.

[14] Jennifer Richards, ' "A Wanton Trade of Living" ', *Criticism* 42 (2000); Michèle Cohen, ' "Manners" Make the Man', *JBS* 44 (2005); Sheldon Rothblatt, review of Martha Vicinus, *A Widening Sphere*, in *Journ. of Interdisciplinary History* 10 (1979), 175.

[15] *Diary of John Manningham*, ed. John Bruce (Camden Soc., 1868), 110.

[16] *The Works of … William Laud*, ed. William Scott and James Bliss (Oxford, 1847-60), vi (ii), 377.

[17] *The Works of Thomas Nashe*, ed. Ronald B. McKerrow (Oxford, 1966), vol. 1, 361; T [homas] J [ones], *Of the Heart and Its Right Soveraign* (1678), 11.

[18] John Earle, *Micro-cosmographie* (1628), sig. G5; [John Leslie], *A Treatise of Treasons against Q. Elizabeth* ([Louvain], 1572), 144; Anthony Stafford, *Meditations, and Resolutions, Moral, Divine, Politicall* (1612), 60; John Smyth, *The Lives of the Berkeleys*, in *The Berkeley Manuscripts*, ed. Sir John Maclean (Gloucester, 1883-85), vol. 2, 386; William Cole, *A Journal of My Journey to Paris in the Year 1765*, ed. Francis Griffin Stokes (1931), 300.

[19] [Barnabe Rich], *A Souldiers Wishe to Britons Welfare* (1604), 56.

[20] Sir Thomas Palmer, *An Essay of the Meanes how to Make our Travailes* (1606), 42.

[21] *Parochial Collections… by Anthony à Wood and Richard Rawlinson*, ed. F. N. Davis (Oxon. Rec. Soc., 1920-29), 226, and *The Poems of Edmund Waller*, ed. G. Thorn Drury (1893), vol. 2, 109.

[22] Peter Chamberlen, *The Poore Mans Advocate* (1649), 7; Susan Whyman, *Sociability and Power in Late-Stuart England* (Oxford, 1999), 106-7; 'A lover of his country' [William Sprigge], *A Modest Plea for an Equal Common-wealth* (1659), 68-69.

[23] Fynes Moryson, *An Itinerary* (Glasgow, 1907-8), vol. 3, 396-97, 421-22.

[24] *Letters of John Holles 1587-1637*, ed. P. R. Seddon (Thoroton Soc., 1975-86), vol. 1, 52.

[25] William Harrison, *The Description of England*, ed. Georges Edelen (Ithaca, NY, 1968), 131; William Shakespeare, *King Henry V* (1600), act 5, scene 2; *Parochial Collections by Wood and Rawlinson*, vol. 1, 81; Timothy Nourse, *Campania Foelix* (1700), 15; Sir Thomas Pope Blount, *Essays on Several Subjects* (3rd edn, 1697), 78.

[26] *Gentleman's Magazine* 1 (1731), 384. 作为一个詹姆斯二世党人，他大概想到了那些跟随汉诺威君主而来的德国人。

[27] [Béat Louis de Muralt], *Letters describing the Character and Customs of the English and French Nations* (1726), 6; David H. Solkin, *Painting for Money* (New Haven, CT, 1993), 99-102; Herbert M. Atherton, *Political Prints in the Age of Hogarth* (Oxford, 1974), 267-70; Vic Gatrell, *City of Laughter* (2006), esp. 110-29.

[28] *Gentleman's Journal* (Apr. 1692), 18, 引自 Lawrence E. Klein, 'The Figure of France', *Yale French Studies* 92 (1997), 43。

[29] Philomusus [John Gough?], *The Academy of Complements* (4th edn, 1641), sigs. A8^{v-9}; Whyman, *Sociability and Power*, 106; Nicholas Breton, *The Court and Country* (1618), sig. B1.

[30] *The Plays and Poems of Robert Greene*, ed. J. Churton Collins (Oxford, 1905), vol. 2, 214. For a fine account of this enduring Yorkshire tradition of 'sour rudeness', see Elizabeth C. Gaskell, *The Life of Charlotte Bronte* (1857; World's Classics, 1919), 9-13. See also John Crawshey, *The Country Mans Instructor* (1636), sig. A3; Joseph Hunter, *The Rise of the Old Dissent, Exemplified in the Life of Oliver Heywood* (1842), 75; *OED*, s. v. 'Yorkshire, 2'.

[31] See, e. g., J [ohn] Ray, *A Collection of English Proverbs* (2nd edn, 1678), 68-69; *The English Dialect Dictionary*, ed. Joseph Wright (Oxford, 1870), s. v. 'fine', 'Marry! Come up', 'knack', 'skyome'; Samuel Bamford, *Dialect of South Lancashire* (Manchester, 1850), 196-97; B. Lowsley, *A Glossary of Berkshire Words and Phrases* (Eng. Dialect Soc., 1888), 177.

[32] *The Correspondence of John Locke*, ed. E. S. de Beer (Oxford, 1976-), vol. 1, 119.

[33] Robert B. Shoemaker, *The London Mob* (2004), 294-95; John Tosh, 'Gentlemanly Politeness and Manly Simplicity in Victorian England', *TRHS*, 6th ser., 12 (2002), 468; John Styles, *The Dress of the People* (New Haven, CT, 2007), chap. 12.

[34] Smyth, 'The Lives of the Berkeleys', in *The Berkeley Manuscripts*, vol. 2, 386; Ulpian Fulwell, *The First Parte of the Eyghth Liberal Science: Entituled Ars Adulandi* (1579); *Cyuile and Uncyuile Life* (1579), sig. Miv^{v}.

[35] R. H. Sweet, 'Topographies of Politeness', *TRHS*, 6th ser., 12 (2012), 371.

[36] Paul Langford, *Englishness Identified* (Oxford, 2000), 17; Philomusus [John Gough?], 'To the Reader', *Academy of Complements* (1640), sigs. A8^{v-9}; Joseph Hall, *The Great Impostor* (1623), 34-35; Hume, *Essays*, vol. 1, 191.

[37] J [ohn] Saltmarsh, *The Practice of Policie in a Christian Life* (1639), 29-30.

[38] *Spectator* 557 (21 June 1714), ed. Donald F. Bond (Oxford, 1965), vol. 4, 504.

[39] Daniel Javitch, *Poetry and Courtliness in Renaissance England* (Princeton, NJ, 1978), chap. 4; Sydney Anglo, *The Courtier's Art* (Swansea, 1983); Bryson, *Courtesy to Civility*, 203-5; Susan Brigden, *Thomas Wyatt* (2012), 200, 260-61; Andrew Hadfield, *Lying in Early Modern English Culture* (Oxford, 2017), chap. 5.

[40] *The Works of Sir Walter Ralegh* (Oxford, 1829), vol. 6, 459; Sir Henry Wotton, *A Philosophical Survey of Education* (1938), 27; [William Cavendish?], *A Discourse against Flatterie* (1611), 4.

[41] A. D. B. [Ambrosius de Bruyn], *The Court of the Most Illustrious and Most Magnificent James, the First* (1619), 163.

[42] Edward Waterhous [e], *The Gentlemans Monitor* (1665), 241; *Works of George Savile, Marquis of Halifax*, ed. Mark N. Brown (Oxford, 1989), vol. 3, 328; Bernard Mandeville, *The Fable of the Bees*, ed. F. B. Kaye (Oxford, 1924), vol. 1, 77, 79; 另见 Markku Peltonen, *The Duel in Early Modern England* (Cambridge, 2003), 30-31, 279-85。

[43] A Gentleman, *The Baboon A-la-Mode* (1704), 11.

[44] *The Workes of M (aster) W (illiam) Perkins* (Cambridge, 1608-31), vol. 2, 339; Daniel Defoe, *The Complete English Tradesman* (2nd edn, 1727), vol. 1, 235; *New Letters of David Hume*, ed. Raymond Klibansky and Ernest C. Mossner (Oxford, 1954), 83.

[45] Henry Stubbe, *A Light Shining out of Darkness* (rev. edn, 1659), 163-65; [Meric Casaubon], *A Treatise of Use and Custom* (1638), 160. 关于信件末尾处不再那么恭敬的转变，见 Keith Thomas, 'Yours', in *The State of the Language*, ed. Christopher Ricks and Leonard Michaels (Berkeley, CA, 1990)。

[46] Hannah More, *Thoughts on the Manners of the Great* (1798), in *The Works of Hannah More* (Philadelphia, PA, 1853), vol. 2, 255-56.

[47] Bryson, *Courtesy to Civility*, 197-99, 220, 225, 229-30.

[48] [John Wilford], *Memorials and Characters* (1741), 9.

[49] *Works of William Laud*, vol. 4, 247; J. C. Davis, 'Against Formality', *TRHS*, 6th ser., 3 (1993); Bryson, *Courtesy to Civility*, 209-10.

[50] [John Taylor], *Religions Enemies* (1641), 6.

[51] *Workes of Perkins*, vol. 2, 339.

[52] Jer [emiah] Dyke, *Good Conscience* (1624), 102-3.

[53] *The Complete English Works of Thomas Brooks*, ed. Alexander Balloch Grosart (Edinburgh, 1866-67), vol. 4, 88; *Christ A Compleat Saviour*, ed. W. R. Owens, in *The Miscellaneous Works of John Bunyan* (Oxford, 1976-94), vol. 13, 278; John Bunyan, *The Pilgrim's Progress*, ed. W. R. Owens (Oxford, 2003), 24.

[54] 'The Plain-Dealer' (published 1677), in *The Plays of William Wycherley*, ed. Arthur Friedman (Oxford, 1979), 378-79 (I. i).

[55] William Gouge, *Of Domesticall Duties* (3rd edn, 1634), 539; Mandeville, *Fable of the Bees*, vol. 2, 281.

[56] Gouge, *Domesticall Duties*, 539.

[57] *Workes of Perkins*, vol. 1, 277 ('275'); Thomas Manton, *A Practical Commentary …on the Epistle of Jude* (1657), 40-42; George Downame, *The Christians Freedome* (1635), 119; James Janeway, *Invisibles, Realities* (1674), 53-54.

[58] John White, *Two Sermons* (1615), 81; James Hart, Κλινικὴ, *the Diet of the Diseased* (1633), 220; Richard Rogers, *Seven Treatises* (1603), 63.

[59] *Oliver Heywood's Life of John Angier of Denton*, ed. Ernest Axon (Chetham Soc., 1937), 149-50; Hutchinson, *Memoirs of Colonel Hutchinson*, 28; *Works of George Savile*, vol. 3, 181.

[60] Samuel Clarke, *The Lives of Sundry Eminent Persons in this Later Age (1683)*, vol. 1, 165; Nehemiah Rogers, *Christian Curtesie* (1621), 32.

[61] Richard Baxter, 'To the Reader', in *Mr Thomas Wadsworth's Last Warning to Sinners* (1677), sig. C4.

[62] Richard Younge, *The Drunkard's Character* (1638), 744; Samuel Torshell, *The Hypocrite Discovered and Cured* (1644), 13.

[63] G. H. Turnbull, *Hartlib, Drury and Comenius* (Farnborough, 1968), 120; R [obert] B [oyle], *Occasional Reflections upon Several Subjects* (1665), 2nd

pagination, 130–31.

[64] Ephraim Pagitt, *Heresiography* (1662), 194; *The Lives of Dr Edward Pocock* [et al.], ed. A[lexander] C[halmers] (1816), vol. 1, 93; Caroline Francis Richardson, *English Preachers and Preaching 1640–1670* (1928), 58–65; Arnold Hunt, *The Art of Hearing* (Cambridge, 2010), 86–88; Michael J. Braddick, 'Introduction', in *The Politics of Gesture*, ed. Braddick (*P&P*, supp., 2009), 22–23.

[65] *Heywood's Life of John Angier*, 50.

[66] Thomas Wilson, *Davids Zeal for Zion* (1641), 17.

[67] Samuel Parker, *A Discourse of Ecclesiastical Politie* (1670), viii, xiii; [John Gill], *An Essay on the Original of Funeral Sermons* (1729), 24, 37.

[68] Geraint H. Jenkins, *The Foundations of Modern Wales* (Oxford, 1987), 383.

[69] [Strickland Gough], *An Enquiry into the Causes of the Decay of the Dissenting Interest* (1730), 43.

[70] Thomas, *Ends of Life*, 135, 221–22.

[71] *The Works of George Herbert*, ed. F. E. Hutchinson (Oxford, 1941), 277; [Edward Reynolds], *Imitation and Caution for Christian Woman* (1659), 6.

[72] Richard Strange, *The Life and Gests of S. Thomas Cantilupe* (1674), 185.

[73] *The Practical Works of the Late Reverend and Pious Mr Richard Baxter* (1707), vol. 1, 294, 308; George Gascoigne, 'A Delicate Diet for Daintiemouthed Droonkards' (1571), in *The Glasse of Government*, ed. John W. Cunliffe (Cambridge, 1910), 467.

[74] Nath[aniel] Parkhurst, *The Faithful and Diligent Christian* (1684), 155–56.

[75] *Workes of Perkins*, vol. 2, 113; vol. 1, 446; Thomas, *Ends of Life*, 221–22.

[76] See, e. g., *Workes of Perkins*, vol. 1, 456, 479, 636.

[77] Ibid., 634.

[78] [Theodosia Alleine], *The Life and Death of Mr Joseph Alleine* (1672), 35; Clarke, *Lives of Sundry Eminent Persons*, vol. 1, 96, 119, 144; vol. 2, 148, 172, 193, 198, 211; Anthony Walker, *The Holy Life of Elizabeth Walker* (1690), 68.

[79] 关于早期贵格会演讲、举止和身体行为的精彩描述，见 Adrian Davies, *The Quakers in English Society, 1655–1725* (Oxford, 2000), chap. 3。有关贵格会原则的权威性陈述，见罗伯特·巴克利的《为基督教神性道歉》(*An Apology for the Christian Divinity*)（拉丁语版，1676 年出版；英语第五版，1703 年出版），主要在第 512~571 页。

[80] W[illiam] C[ovell], *Polimanteia* (1595), sig. Bb3; Nathaniel Homes, *Daemonologie, and Theologie* (1650), 196; [Bruno Ryves], *Mercurius Rusticus* (1685), 31; John Strype, *Collections of the Life and Acts of … John Aylmer* (1821), 176; William C. Braithwaite, *The Beginnings of Quakerism* (1912), 23; Claus-Peter Clasen, *Anabaptism* (Ithaca, NY, 1972), 146; Christopher Hill, *The World Turned Upside Down* (1972), 198; *The Collected Essays of Christopher Hill* (Brighton, 1986), vol. 2, 99; Penelope Corfield, 'Dress for Deference and Dissent', *Costume* 23 (1989).

[81] Arthur O. Lovejoy and George Boas, *Primitivism and Related Ideas in Antiquity* ([1935]; New York, 1965), chap. 4; *The Cynics*, ed. R. Bracht Branham and

Marie-Odile Goulet-Cazé (Berkeley, CA, 1996).

[82] George Fox et al., *A Battle-Door for Teachers & Professors to Learn Singular and Plural* (1660); *The Journal of George Fox*, ed. Norman Penney (Cambridge, 1914), vol. 2, 7.

[83] Samuel Fisher, *Rusticus ad Academicos* (1660), vol. 1, 43-46; B[enjamin] F[urly], *The Worlds Honour Detected* (1663), 7; John Whitehead, *A Manifestation of Truth* (1662), 13-16.

[84] Francis Higginson, *A Brief Relation of the Irreligion of the Northern Quakers* (1653), 29.

[85] Barclay, *Apology for the Christian Divinity*, 515, 519, 524, 367, 369, 372, 376; Whitehead, *Manifestation of Truth*, 13-16; Furly, *Worlds Honour Detected*, 7; Richard Bauman, *Let Your Words Be Few* (Cambridge, 1983), chap. 4.

[86] *A Shield of the Truth* (1655), in *A Collection of the Several Writings [of] James Parnel* (1675), 91; Oz Almog, *The Sabra*, trans. Haim Watzmann (Berkeley, CA, 2000), xv (and 145-46, 245-46); Tamar Katriel, *Talking Straight* (Cambridge, 1986).

[87] Furly, *Worlds Honour Detected*, 8; Thomas Clarkson, *A Portraiture of Quakerism* (3rd edn, 1807), vol. 1, 361.

[88] Clarkson, *Portraiture of Quakerism*, vol. 1, 359; Bunyan, *Christ a Compleat Saviour*, 278.

[89] John Gauden, *The Case of Ministers Maintenance by Tithes* (1653), 3.

[90] Whitehead, *Manifestation of Truth*, 14; *The Life, Diary, and Correspondence of Sir William Dugdale*, ed. William Hamper (1827), 85n.

[91] R. H., *The Character of a Quaker* (1671), 2.

[92] [John Parry], *A Resolution of a Seasonable Case of Conscience* (Oxford, 1660), 2; R[oger] W[illiams], *George Fox Digg'd out of his Burrowes* (Boston, MA, 1676), 5.

[93] Jonathan Clapham, *A Full Discovery and Confutation of the Wicked and Damnable Doctrines of the Quakers* (1656), 66-71.

[94] Thomas Fuller, *The Church History of Britain* (new edn, 1837), vol. 2, 364.

[95] *A Shield of the Truth* (1655), 27, in *A Collection of the Writings of James Parnel.*

[96] Furly, *Worlds Honour Detected*, 12-13.

[97] George Keith, *The Magick of Quakerism* (1707), 11.

[98] Stubbe, *Light Shining out of Darkness*, 89.

[99] *The Written Gospel-Labours of … John Whitehead* (1709), 144-45.

[100] Parnel, *Shield of the Truth*, 91.

[101] *The Theological Works of the Most Reverend John Sharp* (Oxford, 1829), vol. 3, 310; vol. 4, 207-12.

[102] Edward Fowler, *The Design of Christianity* (1671), 39; Lawrence E. Klein, *Shaftesbury and the Culture of Politeness* (Cambridge, 1994), 158-60, 163-65.

[103] [Thomas Gordon], *The Independent Whig* (1721), 116.

[104] Clarkson, *Portraiture of Quakerism*, vol. 1, 356; vol. 3, 225-27; Keith Thomas, 'Cleanliness and Godliness in Early Modern England', in *Religion, Culture and*

Society in Early Modern England, ed. Anthony Fletcher and Peter Roberts (Cambridge, 1994), 64; Leslie Hannah, 'The Moral Economy of Business', in *Civil Histories*, ed. Peter Burke et al. (Oxford, 2000), 292.

[105] Thomas Hobbes, *Leviathan* (1651), ed. Noel Malcolm (Oxford, 2012), vol. 2, 232 (chap. 15). 106. Richard Rogers, *A Commentary upon the Whole Booke of Judges* (1615), 628.

[107] 'Of sincerity towards God and Man' (1694), in *The Works of … Dr John Tillotson*, ed. Ralph Barker (4th edn, 1728), vol. 2, 6-8.

[108] Gerald Newman, *The Rise of English Nationalism* (Basingstoke, 1997), chap. 6; Langford, *Englishness Identified*, 87-88.

[109] Fenela Childs, 'Prescriptions for Manners in English Courtesy Literature, 1690-1760, and their Social Implications' (Oxford University, DPhil thesis, 1984), 123-30.

[110] Messieurs du Port Royal, *Moral Essays*, trans. A Person of Quality (2nd edn, 1696), vol. 2, 149; Jean Pungier, *La Civilité de Jean-Baptiste de La Salle* (Rome, 1996-2000).

[111] Mandeville, *Fable of the Bees*, vol. 1, 349.

[112] *Misery's Virtues Whetstone: Reliquiae Gethinianae* (1699), 52; *New Letters of David Hume*, vol. 2, 83. 还可见, William Paley, *Principles of Moral and Political Philosophy* ([1785]; 13th edn, 1801), vol. 1, 185-86; Bryson, *Courtesy to Civility*, 221-22。关于这个主题，见 Jenny Davidson, *Hypocrisy and the Politics of Politeness* (Cambridge, 2004)。

[113] Immanuel Kant, *The Metaphysics of Morals*, trans. Mary Gregor (Cambridge, 1991), 227, and *Anthropology from a Pragmatic Point of View*, in id., *Anthropology, History, and Education*, ed. Günter Zöller and Robert B. Louden (Cambridge, 2007), 263-64; émile Durkheim, *Cours de philosophie fait au Lycée de Sens (1883-4), sections C, D, and E*, 149 (可查阅魁北克大学网站上的"社会科学经典")。'Good Manners and Hypocrisy', in Bertrand Russell, *Mortals and Others*, ed. Harry Ruja (1975-98), ii.

[114] N [athaniel] Waker, *The Refin'd Courtier* (1663), 65; Davidson, *Hypocrisy and the Politics of Politeness*, 13. 关于维多利亚时代学者詹姆斯·斯佩丁对这一主题的一些有趣思考，见 *The Letters and the Life of Francis Bacon* (1861-74), vol. 4, 31-32。

[115] Jean Baptiste Poquelin de Molière, *The Misanthrope*, trans. Richard Wilbur (1958), 9.

[116] William Godwin, *The Enquirer* ([1797]; New York, 1965), pt 2, essay 10; *Analytical Rev.* 27 (Jan.-June 1798), 489.

[117] Jean-Jacques Rousseau, 'Julie, ou la nouvelle Héloïse', pt 2, ltr. 14, and *émile*, bk 4, in *Oeuvres complètes*, ed. Bernard Gagnebin and Marcel Raymond (Paris, 1964-69), vol. 2, 231-35; vol. 4, 665-69. 还见 Marshall Berman, *The Politics of Authenticity* (1971)。孟德斯鸠在其未发表的《对真诚的赞美》('Éloge de la sincérité') 一文中攻击了"虚假礼貌"，孟德斯鸠男爵编，1892 年于波尔多出版，第 18 页。

[118] *The Journals of Captain James Cook on His Voyages of Discovery*, ed. J. C. Beaglehole (Hakluyt Soc., 1955–74), iii (2). 1406; Mary Wollstonecraft, *Letters Written during a Short Residence in Sweden, Norway and Denmark* ([1796]; Fontwell, 1970), 40.

[119] Tacitus, *Agricola*, para. 21.

[120] *Complete Prose Works of John Milton*, ed. Don M. Wolfe et al. (New Haven, CT, 1953–82), vol. 5, pt 1, line 85.

[121] *Reliquiae Wottonianae* (2nd edn, 1654), 150.

[122] Paul Langford, 'Manners and the Eighteenth-Century State', in *Rethinking Leviathan*, ed. John Brewer and Eckhart Hellmuth (Oxford, 1999), 297.

[123] Blount, *Essays on Several Subjects*, 78; Joseph Marshall, *Travels . . . in the years 1768, 1769, and 1770* (1772), vol. 2, 297.

[124] Roger Crab, *The English Hermite* (1655), 7; Robert Coster, *A Mite Cast into the Common Treasury* (1649), 3–4. See also K. D. M. Snell, 'Deferential Bitterness', in *Social Orders and Social Classes in Europe since 1500*, ed. M. L. Bush (Harlow, 1992).

[125] *Records of Early English Drama, Norwich, 1540–1642*, ed. David Galloway (Toronto, 1984), 294.

[126] Phil Withington, *The Politics of Commonwealth* (Cambridge, 2005), 148; Sir Henry Spelman, *The History and Fate of Sacrilege*, 4th edn by C. F. S. Warren (1895), 126; 更宽泛的文献，见 Lawrence Stone, *The Crisis of the Aristocracy 1558–1641* (Oxford, 1979), 747–50。

[127] Andy Wood, '"Poore men woll speke one daye"', in *The Politics of the Excluded, c. 1500–1850*, ed. Tim Harris (Basingstoke, 2001), chap. 3; Paul Griffiths, *Lost Londons* (Cambridge, 2008), 42–47; Mark Hailwood, *Alehouses and Good Fellowship in Early Modern England* (Woodbridge, 2014), 64–73; David Cressy, *Charles I and the People of England* (Oxford, 2015), 42–45, 119–22, 240–42, 283–85, 290–91, 300–1.

[128] 关于对该主题近期工作的讨论，见 Andy Wood, *Riot, Rebellion and Popular Politics in Early Modern England* (Basingstoke, 2002); Adrian Randall, *Riotous Assemblies* (Oxford, 2010); Keith Thomas, 'John Walter and the Social History of Early Modern England', in *Popular Culture and Political Agency in Early Modern England and Ireland*, ed. Michael J. Braddick and Phil Withington (Woodbridge, 2017)。

[129] John Walter, 'Gesturing at Authority', in *Politics of Gesture*, ed. Braddick, 114–16.

[130] J. S. Morrill, *The Revolt of the Provinces* (1976), 36; John Walter, *Understanding Popular Violence in the English Revolution* (Cambridge, 1999); id., *Covenanting Citizens* (Oxford, 2017), 70; David Cressy, *England on Edge* (Oxford, 2006), esp. chap. 16; Braddick, 'Introduction', *Politics of Gesture*, ed. Braddick, 21–26.

[131] Edward, Earl of Clarendon, *The History of the Rebellion and Civil Wars in England*, ed. W. Dunn Macray (Oxford, 1888), vol. 2, 318.

[132] 'The Shepheards Oracles' (1646), in *The Complete Works in Prose and Verse of Francis Quarles*, ed. Alexander B. Grosart (1880–81), vol. 3, 236.

[133] Frank Grace, ' "Schismaticall and Factious Humours" ', in *Religious Dissent in East Anglia*, ed. David Chadd (Norwich, 1996), 99; *HMC*, vol. 5, 163.

[134] Hutchinson, *Memoirs of Colonel Hutchinson*, 89 – 90, 关于这点，见 David Norbrook, ' "Words more than civil" ', in *Early Modern Civil Discourses*, ed. Jennifer Richards (Basingstoke, 2003)。

[135] Thomas Edwards, *Gangraena* (1646), pt 2, 154.

[136] Frances Parthenope Verney, *Memoirs of the Verney Family during the Civil War* ([1892]; 1971), vol. 2, 312.

[137] *Complete Prose Works of Milton*, vol. 7 (rev. edn), 426, 428.

[138] *Original Letters and Papers of State Addressed to Oliver Cromwell*, ed. John Nickolls (1743), 102; *Middlesex County Records*, ed. John Cordy Jeaffreson (Mddx County Records Soc., 1886–92), vol. 3, 231.

[139] *The Life and Times of Anthony Wood*, ed. Andrew Clark (Oxford Hist. Soc., 1891–1900), vol. 1, 299; John Evelyn, *A Character of England* (1659), in *The Writings of John Evelyn*, ed. Guy de la Bédoyère (Woodbridge, 1995), 73.

[140] Parry, *Resolution of a Seasonable Case of Conscience*, 2–3.

[141] *The Life of Edward Earl of Clarendon by Himself* (Oxford, 1857), vol. 1, 305.

[142] TNA, *SP* 29/69/21 (3 Mar. 1662–63).

[143] Paul Griffiths, *Youth and Authority* (Oxford, 1996), 26–27.

[144] (William Aglionby), *Painting Illustrated in Three Diallogues* (1686), sig. b3; Klein, *Shaftesbury and the Culture of Politeness*, 164 – 65; Samuel Parker, *A Demonstration of the Divine Authority of the Law of Nature and of the Christian Religion* (1681), iii–iv.

[145] Brian Weiser, *Charles II and the Politics of Access* (Woodbridge, 2003), 36 – 37, 55.

[146] Nicholas Breton, *The Court and the Country* (1618), sig. B1^v; Richard Braithwaite, *The English Gentleman* (1630), epistle dedicatory; Thomas Heywood, *Machiavels Ghost* (1641), sig. B3^v; Daniel Price, *Lamentations for the Death of the Late Illustrious Prince Henry* (1613), 18.

[147] Logan Pearsall Smith, *The Life and Letters of Sir Henry Wotton* (Oxford, 1907), vol. 2, 335; *The Works of Isaac Barrow* (Edinburgh, 1842), vol. 1, 491; Bryson, *Courtesy to Civility*, 208–12; Peltonen, *Duel in England*, 227–31.

[148] Hutchinson, *Memoirs of Colonel Hutchinson*, 4; Jonathan Swift, *A Proposal for Correcting the English Tongue*, ed. Herbert Davis and Louis Landa (Oxford, 1957), 213, 215–16, 221; *The Letters of the Earl of Chesterfield to His Son*, ed. Charles Strachey (1901), vol. 2, 165.

[149] Anthony Ashley Cooper, 3rd Earl of Shaftesbury, *Second Characters or the Language of Forms*, ed. Benjamin Rand (Cambridge, 1914), 128–29; William Enfield, *The Speaker* (1774), xxix; Childs, 'Prescriptions for Manners', 175–76; *Galateo of Manners* (Eng. trans., 1703), sig. a2^v.

[150] Sir Thomas Browne, *Religio Medici and Other Works*, ed. L. C. Martin (Oxford,

1964), 85; *Correspondence of John Locke*, vol. 8, 7, 177–78; *John Locke: Selected Correspondence*, ed. Mark Goldie (Oxford, 2002), xxii. 151. Thomas Sprat, *History of the Royal Society*, ed. Jackson I. Cope and Harold Whitmore Jones (St Louis, MO, 1959), 406–7. Cf. Harrison, *Description of England*, 132.

[152] F. J. M. Korsten, *Roger North (1651–1734)* (Amsterdam, 1981), 119(日期不详)。

[153] *Life of Edward Earl of Clarendon*, vol. 1, 305.

[154] Seneca, *De Beneficiis*, bk 1, chap. 10, sect. 1; *Works of Sir Walter Ralegh*, vol. 2, 349. 晚些时候的例子见 Elizabeth More, 'Some Remarks on the Change of Manners in My Own Time', in *Selections from Family Papers Preserved at Caldwell*, pt 1 (New [Maitland] Club ser., Paisley, 1883); Algernon West, 'Some Changes in Social Life during the Queen's Reign', *Nineteenth Century* 242 (April 1897), 649。

[155] [John Dod and Robert Cleaver], *A Plaine and Familiar Exposition of the Ten Commandements* (1618), 249.

[156] *The Works of Robert Sanderson*, ed. William Jacobson (Oxford, 1854), vol. 2, xxxv; Giles Firmin, *The Real Character* (1670), 268; Gabriel Towerson, *An Explication of the Decalogue* (1676), 239–40; John Shower, *Family Religion* (1694), 105.

[157] George Estie, *A Most Sweete and Comfortable Exposition, upon the Tenne Commaund-ments* (1602), sig. P5; Gouge, *Domesticall Duties*, 443–45; Edward Elton, *Gods Holy Minde touching Matters Morall* (1648), 130; Thomas Fuller, *A Comment on the Eleven First Verses of the Fourth Chapter of S. Matthew's Gospel concerning Christ's Temptations* (1652), 158; Laur[ence] Claxton [Clarkson], *The Lost Sheep Found* (1660), 5; Moryson, *Itinerary*, vol. 3, 352.

[158] *Winthrop's Journal*, ed. James Kendall Hosmer (New York, 1908), vol. 2, 324; Deodat Lawson, *The Duty and Property of a Religious Housholder* (Boston, MA, 1693), 51; *The Correspondence of John Cotton*, ed. Sargent Bush (Chapel Hill, NC, 2001), 343–44.

[159] Roger North, *Notes of Me*, ed. Peter Millard (Toronto, 2000), 84; César de Saussure, *A Foreign View of England in the Reigns of George I and George II*, trans. and ed. Mme Van Muyden (1902), 296.

[160] [John Garretson], *The School of Manners* (4th edn, 1706; repr. 1983), 29. 类似的建议见[Eleazer Moody], *The School of Good Manners* (5th edn, Boston, MA, 1769), 9。

[161] Gilly Lehmann, 'Représentations du comportement à table dans les manuels de civilité anglais de 1660 à 1880', in *Convivialité et politesse*, [ed. Alain Montandon] (Clermont-Ferrand, 1993); Korsten, *Roger North*, 120.

[162] Hesther Lynch Piozzi, *Anecdotes of Samuel Johnson*, ed. S. C. Roberts (Cambridge, 1932), 72.

[163] *Spectator* 119 (17 July 1711), ed. Bond, vol. 1, 486–87.

[164] *Collectanea*, 2nd ser., ed. Montagu Burrows (Oxford Hist. Soc., 1890), 391[之前的文献见 John Locke, *Some Thoughts concerning Education*, ed. John W. and

Jean S. Yolton (Oxford, 1989), 203 (para. 144)]。关于乔治一世对简洁的偏爱，见 John M. Beattie, *The English Court in the Reign of George I* (Cambridge, 1967), 257–58。

[165] *M. Misson's Memoirs and Observations in his Travels over England*, trans. [John] Ozell (1719), 7; Penelope Corfield, 'Dress for Deference and Dissent', *Costume* 23 (1989); Langford, *Englishness Identified*, 275–79; Louis Simond, *Journal of a Tour and Residence in Great Britain during the Years 1810 and 1811* (Edinburgh, 1817), vol. 1, 26.

[166] Anne Buck, *Dress in Eighteenth–Century England* (1979), 55–59, 138, 204; Paul Langford, 'Politics and Manners from Sir Robert Walpole to Sir Robert Peel', *Procs. Brit. Acad.*, 94 (1997), 109–10; id., 'The Uses of Eighteenth–Century Politeness', *TRHS*, 6th ser., 12 (2002), 329–30; Styles, *Dress of the People*, 189–93.

[167] *Rambler* 200 (15 Feb. 1752), in *The British Essayists*, ed. Robert Lynam (1827), vol. 12, 406; also *Rambler* 172 (9 Nov. 1751), in *The British Essayists*, ed. Lynam, vol. 13, 301.

[168] *The New Bath Directory*, *for the year*, *1792* (Bath, 1792), 5.

[169] Alexis de Tocqueville, *Democracy in America*, trans. Henry Reeve and Francis Bowen, ed. Phillips Bradley (New York, 1954), vol. 2, 179 (II. 3. 2); Paul Langford, 'British Politeness and the Progress of Western Manners', *TRHS*, 6th ser., 7 (1997). 值得注意的是，在这篇优秀的文章中，几乎所有关于英国人拘谨矜持的证据都与 18 世纪末和 19 世纪初的情况有关。

[170] Jane Austen, *Pride and Prejudice* (1813), 190–93 (chap. 4, last para.).

[171] Francis Hawkins, *Youths Behaviour*, *or Decency in Conversation amongst Men* (4th edn, 1646), 19; Charles Barber, *Early Modern English* (1976), 208–13.

[172] Barber, *Early Modern English*, 150–52; *OED*, s. v. 'Mr, 1a'; Paul Langford, *A Polite and Commercial People* (Oxford, 1989), 66; David A. Postles, *Social Proprieties* (Washington, DC, 2006), 133; Amy Louise Erickson, 'Mistresses and Marriage', *HWJ* 78 (2014). 乔瓦尼·德拉·卡萨曾建议，陌生人应该暂且得到信任。*Galateo of Maister John Della Casa*, trans. Robert Peterson (1576), 43.

[173] Edward Chamberlayne, *Angliae Notitia* (3rd edn, 1669), 60–61; Muralt, *Letters Describing the English and French Nations* (1726), 2–3.

[174] R. T. [Sir Peter Pett], *A Discourse concerning Liberty of Conscience* (1661), 33; Sprat, *History of the Royal Society*, 407.

[175] Thorstein Veblen, *The Theory of the Leisure Class* ([1899]; New York, 1912), 46.

[176] Henry Fielding, *The Covent–Garden Journal*, ed. Bertrand A. Goldgar (Oxford, 1988), 270; Penelope Corfield, 'Walking the City Streets', *Journ. of Urban History* 16 (1990), 156, and 'Dress for Deference and Dissent', 72–74.

[177] *Elizabeth Ham by Herself 1783–1820*, ed. Eric Gillett (1945), 27; *The Torrington Diaries*, ed. C. Bruyn Andrews ([1935]; 1970), vol. 2, 149.

[178] Richard Price, *Political Writings*, ed. D. O. Thomas (Cambridge, 1991), 164.

[179] Hume, *Essays*, vol. 1, 187–88.

[180] 'Spirit of the Laws', in *The Complete Works of Montesquieu* (1777), vol. 1, 37-39 (bk 4, chap. 2), 417-18 (bk 19, chap. 17); Godwin, *Enquirer*, 335-36.

[181] Henry Home, Lord Kames, *Sketches of the History of Man* (2nd edn, Edinburgh, 1778), vol. 1, 332-33.

[182] Joseph Priestley, *Lectures on History, and General Policy* (1793), vol. 2, 281-82.

[183] *Boswell on the Grand Tour: Germany and Switzerland 1764*, ed. Frederick A. Pottle (1953), 271, 298.

[184] *Reflections on the Revolution in France*, in *The Writings and Speeches of Edmund Burke*, ed. Paul Langford et al. (Oxford, 1981-2015), vol. 8, 120-21; Alfred Soboul, *Les Sansculottes parisiens en l'an II* (Paris, 1958), 655-57. 法国大革命的一些支持者试图发展一种基于平等和尊重他人的"共和文明"(republican civility)理论，有关这点见 Roger Chartier, *Lectures et lecteurs dans la France d'Ancien Régime* (Paris, 1987), 75-79。

[185] Thomas Paine, *The Rights of Man*, in *The Life and Major Writings of Thomas Paine*, ed. Philip S. Foner (Secausus, NJ, 1974), 267.

[186] Godwin, *Enquirer*, 326; *The Works of Mary Wollstonecraft*, ed. Janet Todd and Marilyn Butler (1989), vol. 5, 237.

[187] Stephen Conway, *Britain, Ireland and Continental Europe in the Eighteenth Century* (Oxford, 2011), 131-32; Mrs Henry Sandford, *Thomas Poole and His Friends* (1888), vol. 2, 312.

[188] Herbert Spencer, *An Autobiography* (1904), vol. 1, 47.

[189] Thomas Hobbes, *Behemoth or the Long Parliament*, ed. Paul Seaward (Oxford, 2010), 274.

[190] See, e. g., Iris Marion Young, *Justice and the Politics of Difference* (Princeton, NJ, 1990), 136-38; Randall Kennedy, 'The Case against "Civility"', *American Prospect* 41 (Nov.-Dec. 1998); James Schmidt, 'Is Civility a Virtue?' in *Civility*, ed. Leroy S. Rouner (Notre Dame, IN, 2000), 36-37; Linda M. G. Zerilli, 'Against Civility', in *Civility, Legality and Justice in America*, ed. Austin Sarat (Cambridge, 2014).

[191] P. F. Clarke, *Liberals and Democrats* (Cambridge, 1978), 34.

[192] John Osborne, 'They Call It Cricket', in Lindsay Anderson et al., *Declaration*, ed. Tom Maschler (1957), 83.

[193] 有一种观念，即"正规礼仪社会"的主要目的是创造和保持阶级差别。著名的以色列哲学家阿维沙伊·马加利特(Avishai Margalit)则坚持认为，这种阶级差别已没有必要。*The Decent Society*, trans. Naomi Goldblum (Cambridge, MA, 1996), 192-94.

[194] Nicola Lacey, *A Life of H. L. A. Hart* (Oxford, 2004), 266. 关于以色列的礼仪反映了对真诚和真实重要性的信念，见 Shoshana Blum-Kulka, 'The Metapragmatics of Politeness in Israeli Society', in *Politeness in Language*, ed. Richard J. Watts et al. (Berlin, 1992)。

[195] *Correspondence of the Family of Hatton*, ed. Edward Maunde Thompson (Camden Soc., 1878), vol. 1, 47.

[196] Archibald Alison, *Essays on the Nature and Principles of Taste* (4th edn,

Edinburgh, 1815), vol. 2, 292.

[197] Clarkson, *Portraiture of Quakerism*, vol. 1, 398-400; Dan Cruickshank and Neil Burton, *Life in the Georgian City* (1990), 40-43; William Stafford, 'The Gender of the Place', *TRHS*, 6th ser., 13 (2003), 309; Mme [Germaine] de Staël, *Corinne, or Italy*, trans. and ed. Sylvia Raphael (Oxford, 1998), 244.

[198] *Works of Mary Wollstonecraft*, ed. Todd and Butler, vol. 5, 114, 129-30.

[199] Arthur M. Schlesinger, *Learning How to Behave* ([1946]; New York, 1968), vii-viii; Michael Zuckerman, 'Tocqueville, Turner, and Turds', *Journ. of Amer. History* 85 (1998); C. Dallett Hemphill, *Bowing to Necessities* (New York, 1999), 136, 212.

[200] James Fenimore Cooper, *The American Democrat* (1838), ed. George Dekker and Larry Johnston (Harmondsworth, 1969), 202-5; Jack Larkin, *The Reshaping of Everyday Life 1790-1840* (New York, 1988), 155-57; Kenneth Cmiel, *Democratic Eloquence* (New York, 1990), 67-70, 127-28; Matthew McCormack, *The Independent Man* (Manchester, 2005), 109; Dallett Hemphill, 'Manners and Class in the Revolutionary Era', *WMQ*, 3rd ser., 63 (2006).

[201] *A Journal by Thos. Hughes*, with an introduction by E. A. Benians (Cambridge, 1947), 25; Frances Trollope, *Domestic Manners of the Americans* (5th edn, 1839), ed. Richard Mullen (Oxford, 1984), 15, 37-40, 190, 197; Charles Dickens, *American Notes and Pictures from Italy* (Everyman's Lib., 1907), 111-12, 121, 147 (though cf. 23-24); John F. Kasson, *Rudeness and Civility* (New York, 1990), 58-59, 186-87; Cooper, *American Democrat*, 205.

[202] Tocqueville, *Democracy in America*, vol. 2, 179-80 (II. 3. 2), 228-31 (II. 3. 14); Cooper, *American Democrat*, 201-2; Hemphill, *Bowing to Necessities*. For a balanced assessment, see Stephen Mennell, *The American Civilizing Process* (Cambridge, 2007).

[203] Margaret Cavendish, Marchioness of Newcastle, *CCXVI Sociable Letters* (1664), 137; Michael Farrelly and Elena Seoane, 'Democratization', in *The Oxford Handbook of the History of English*, ed. Terttu Nevalainen and Elizabeth Closs Traugott (Oxford, 2012).

[204] 'Dipsychus', scene 3, in *The Poems of Arthur H. Clough*, ed. H. F. Lowry et al. (Oxford, 1951), 237.

[205] Jose Harris, 'Tradition and Transformation', in *The British Isles since 1945*, ed. Kathleen Burk (Oxford, 2003), 123.

[206] Norbert Elias, *On the Process of Civilization*, trans. Edmund Jephcott, ed. Stephen Mennell, in *Collected Works of Norbert Elias* (Dublin, 2006-14), vol. 13, 139; id., *Studies on the Germans*, trans. Eric Dunning and Stephen Mennell, in *Collected Works*, vol. 9, 33-35, 41-43, 84-85; Cas Wouters, *Informalization* (2007), 141; Stephen Mennell, *Norbert Elias* (1989), 241-46（解释了诺伯特・埃利亚斯的论点，即在一个不拘小节的世界里，甚至需要更多的自制力）。

[207] For the much higher homicide rate in the Middle Ages, see James Sharpe, *A Fiery & Furious People* (2016), chap. 1 and p. 622.

[208] 'The Spirit of Laws', xix, 6, 14, 16, in *Complete Works of Montesquieu*, vol. 1,

390-91, 396, 398.

[209] John C. Lassiter, 'Defamation of Peers', *Amer. Journ. of Legal History* 22 (1978).

[210] Teresa M. Bejan, *Mere Civility* (Cambridge, MA, 2017), 43-47; Hobbes, *Leviathan*, vol. 2, 276 (chap. 18). 211. John Locke, 'First Tract of Government' (1660), in *Locke: Political Essays*, ed. Mark Goldie (Cambridge, 1990), 22-24; id., *A Letter concerning Toleration and Other Writings*, ed. Mark Goldie (Indianapolis, IN, 2010), 182; Bejan, *Mere Civility*, 46, 125-26, 170-71.

[212] Martin Ingram, 'Ridings, Rough Music, and the "Reform of Popular Culture" in Early Modern England', *P&P* 105 (1984); id., 'Ridings, Rough Music and Mocking Rhymes in Early Modern England', in *Popular Culture in Seventeenth-Century England*, ed. Barry Reay (1985); E. P. Thompson, 'Rough Music', in *Customs in Common* (1991), chap. 8; Bernard Capp, *When Gossips Meet* (Oxford, 2003), 268-81.

[213] Peter King, *Crime and Law in England, 1750-1840* (Cambridge, 2006), 17. 214. William Blackstone, *Commentaries on the Laws of England*, ed. Wilfrid Prest et al. (Oxford, 2016), vol. 4, 106-15. 215. Robert B. Shoemaker, 'The Decline of Public Insult in London, 1600-1800', *P&P* 169 (2000). 216. Hume, *Essays*, vol. 1, 192-93; 'First Letter on a Regicide Peace' (1796), in *Writings and Speeches of Burke*, vol. 9, 242. Also 'Reflections on the Revolution in France', in vol. 8, 129-31, and Montesquieu, *Complete Works*, vol. 1, 406-8 ('The Spirit of Laws', bk 19, chaps. 23-26), and vol. 3, 57-58 ('Considerations of the Causes of the Grandeur and Decline of the Roman Empire', chap. 8).

[217] *William Lambarde and Local Government*, ed. Conyers Read (Ithaca, NY, 1962), 68-69 (echoing Horace, *Odes*, bk 3, no. 24, lines 35-36).

[218] [Henry Home, Lord Kames], *Elements of Criticism* (Edinburgh, 1762), vi; Adam Ferguson, *An Essay on the History of Civil Society*, ed. Duncan Forbes (Edinburgh, 1966), 237; Smith, *Theory of Moral Sentiments*, 163 (III. 5. 2-3), 85-86 (II. 3. 2-4); id., *An Inquiry into the Nature and Causes of the Wealth of Nations*, ed. R. H. Campbell and A. S. Skinner (Oxford, 1976), vol. 1, 26-27 (I. 11. 12).

[219] 尤其是德国的侮辱法，正如詹姆斯·Q. 惠特曼（James Q. Whitman）描述的，见 James Q. Whitman, 'Enforcing Civility and Respect', *Yale Law Journ.*, 109 (2000)。

[220] 具体观察见 Michael Power, *The Audit Society* (Oxford, 1991); Onora O'Neill, *A Question of Trust* (Cambridge, 2002); and Lord [Jonathan] Sumption, 'The Limits of Law', *27th Sultan Azlan Shah Lecture, Kuala Lumpur*, 3, https://www.supremecourt.uk/docs/speech-131120.pdf。

[221] W. Michael Reisman, *Law in Brief Encounters* (New Haven, CT, 1999).

[222] Chartier, *Lectures*, 73; Cooper, *American Democrat*, 200-201.

[223] R. G. Collingwood, *The New Leviathan* (Oxford, 1947), 291 (para. 35, 4). 具体见 Peter Johnson, 'R. G. Collingwood on Civility and Economic Licentiousness', *International Journ. of Social Economics*, 37 (2010). 关于礼仪在

道德和政治上的重要性的其他思考，见 Edward Shils, Charles R. Kessler and Clifford Orwin to *Civility and Citizenship in Liberal Democratic Societies*, ed. Edward C. Banfield (New York, 1992); and Sarah Buss, 'Appearing Respectful', *Ethics*, 109 (1999)。

[224] 有力的论证见 Camille Pernot, *La Politesse et sa philosophie* (Paris, 1996)。

[225] John Darwin, 'Civility and Empire', in *Civil Histories*, ed. Burke et al., 323.

[226] John Rawls, *A Theory of Justice* (Cambridge, 1971), 355.

[227] 'Civility and Civic Virtue in Contemporary America', *Social Research* 41 (1974), 598. 每个公民都能认真计算和支付个人应缴纳的税费，美国的所得税制度才能运行稳定。所以，迈克尔·沃尔泽盛赞这种现象为"文明的胜利"，是不无道理的。

[228] Joan Scott, letter in *New York Rev. of Books* (11 Feb. 2016), 45-46. 结合 17 世纪和 21 世纪语境，比赞（Bejan）在《纯粹的文明》（*Mere Civility*）一书中对这些问题进行了出色讨论。另见 *Extreme Speech and Democracy*, ed. Ivan Hare and James Weinstein (Oxford, 2009)。

[229] Mark Kingswell, *A Civil Tongue* (University Park, PA, 1995), 26; Bejan, *Mere Civility*, 1-4, 209n. 另见 Kenneth Cmiel, 'The Politics of Civility', in *The Sixties*, ed. David Farber (Chapel Hill, NC, 1994), and *Civility, Legality, and Justice in America*, ed. Sarat。

[230] Jeremy Waldron, *The Harm in Hate Speech* (Cambridge, MA, 2012).

[231] Ronald Dworkin, 'Foreword', *Extreme Speech and Democracy*; Timothy Garton Ash, *Free Speech* (2016), esp. 211-12; John A. Hall, *The Importance of Being Civil* (Princeton, NJ, 2013), 32.

[232] 有关这些问题的代表性讨论，见 John Rawls, *Political Liberalism* (New York, 1996), 217, 219-20, 226, 236, 242; id., *The Law of Peoples* (Cambridge, MA, 1999), 55-56, 59, 62, 67, 135-36; id., *Justice as Fairness*, ed. Erin Kelly (Cambridge, MA, 2001), 90, 92, 117; Janet Holmes, *Women, Men and Politeness* (1995), 4-5; Richard Boyd, *Uncivil Society* (Lanham, MD, 2004), 26-28, 38-39, 248-49; Jacob T. Ley, 'Multicultural Manners', in *The Plural States of Recognition*, ed. Michel Seymour (Basingstoke, 2010); Dieter Rucht, 'Civil Society and Civility in Twentieth-Century Theorizing', *European Rev. of History* 18 (2011)。

[233] Keith J. Bybee, *How Civility Works* (Stanford, CA, 2016), 68-69.

[234] *The Early Essays and Ethics of Robert Boyle*, ed. John T. Harwood (Carbondale, IL, 1991), 240; Williams, *George Fox Digg'd out of his Burrowes*, 308.

[235] Godwin, *Enquirer*, 336.

[236] Chesterfield, in *The World*, 148 (30 Oct. 1755), in *British Essayists*, ed. Lynam, vol. 17, 182.

[237] B. H. Liddell Hart, *The Revolution in Warfare* (1946), 93; F[rancis] R[eginald] Scott (1899-1985), 'Degeneration', in *Selected Poems* (1966), 98.

[238] 有关诺博特·伊里亚思的反思，见 Norbert Elias, *Studies on the Germans*, trans. Eric Dunning and Stephen Mennell, in *Collected Works of Norbert Elias*, vol. 11,

190, 206, 213, and chap. 5; Georg Schwarzenberger, 'The Standard of Civilisation in International Law', *Current Legal Problems* 8 (1955), 229 – 30; and Eric Hobsbawm, 'Barbarism: A User's Guide', in *On History* (1997)。

[239] 民主德国认为，建立在平等和相互尊重而非社会等级制度基础上的礼仪和礼貌，是社会主义文明不可或缺的组成部分。Paul Betts, *Within Walls* (Oxford, 2010), 136–41, 168.

索 引

（索引页码为原著页码，即本书边码）

英格兰的地名与 1974 年前一样，都列在其对应的县名下。
苏格兰的地名在“Scotland”下方，非洲国家名在“Africa”下方。

附　录

人名汉译对照表*

A	
Abraham Tucker	亚伯拉罕·塔克
Adam Ferguson	亚当·弗格森
Adam Smith	亚当·斯密
Aeschylus	埃斯库罗斯
A. H. Clough	A. H. 克拉夫
Alberico Gentili	阿尔贝里科·真蒂利
Alexander Hamilton	亚历山大·汉密尔顿
Alexander Pope	亚历山大·蒲柏
Alexis de Tocqueville	阿历克西·德·托克维尔
Algernon Sidney	阿尔杰农·西德尼
Alonso de Zorita	阿隆索·德·佐里塔
Ambrose Philips	安布罗斯·菲利普斯
Andrew Boorde	安德鲁·布尔德
Anna Bryson	安娜·布赖森
Anne Boleyn	安妮·博林
Anne Lea	安妮·利亚
Anne Lewis	安妮·刘易斯
Anne-Robert-Jacques Turgot	安-罗伯特-雅克·杜尔哥
Anthony Ashley Cooper	安东尼·阿什利·库珀
Anthony Collins	安东尼·柯林斯
Anthony Pagden	安东尼·帕格登

* 该表列出了文中大部分人名，但未包含所有人名。——编者注

Anthony Sherley	安东尼·雪莉
Anthony Wood	安东尼·伍德
Antoine de Courtin	安托万·德·考廷
Antonio Gramsci	安东尼奥·葛兰西
Apochancana	阿波查卡纳
Archibald Alison	阿奇博尔德·艾利森
Aristotle	亚里士多德
Austin Nuttall	奥斯汀·纳托尔
Aylett Sammes	艾利特·萨默斯

B

Baldassare Castiglione	巴尔达萨尔·卡斯蒂廖内
Barnabe Rich	巴纳比·里奇
Bartolomé de Las Casas	巴托洛姆·德拉斯·卡萨斯
Basil Kennett	巴兹尔·肯尼特
Bathsua Makin	芭莎·马金
Ben Jonson	本·琼森
Benjamin Furly	本杰明·弗利
Benjamin Rush	本杰明·拉什
Benjamin Whichcote	本杰明·惠奇科特
Bernard Gilpin	伯纳德·吉尔平
Bernard Mandeville	伯纳德·曼德维尔
B. H. Liddell Hart	B. H. 利德尔·哈特
Brian Harrison	布莱恩·哈里森
Bulstrode Whitelocke	布尔斯特罗德·怀特洛克

C

Cadwallader Colden	卡德瓦莱德·科尔登
Caesar	恺撒
Cécile Fabre	塞西尔·法布
Ceres	刻瑞斯
Cesare Beccaria	塞萨尔·贝卡里亚
Charles Hall	查尔斯·霍尔
Charles Strachey	查尔斯·斯特拉奇
Christian Thomasius	克里斯蒂安·托马修斯
Christopher Guise	克里斯托弗·盖斯
Christopher Wren	克里斯托弗·雷恩
Cicero	西塞罗

Claude Lévi-Strauss	克劳德·列维-斯特劳斯
Claude Saumaise	克劳德·索梅斯
Clement Edmondes	克莱门特·埃德蒙兹

D

Dalby Thomas	达尔比·托马斯
Daniel Defoe	丹尼尔·笛福
Daniel Doig	丹尼尔·多伊格
Daniel of Beccles	贝克尔斯的丹尼尔
David Armitage	大卫·阿米蒂奇
David Fordyce	大卫·福代斯
David Hartley	大卫·哈特利
David Hume	大卫·休谟
David Rothe	大卫·罗思
Denis Diderot	丹尼斯·狄德罗
Desiderius Erasmus	德西德里乌斯·伊拉斯谟
Dugald Stewart	杜格尔德·斯图尔特

E

Edmund Bohun	埃德蒙·博恩
Edmund Bolton	埃德蒙·博尔顿
Edmund Burke	埃德蒙·伯克
Edmund Ludlow	埃德蒙·勒德洛
Edmund Spenser	埃德蒙·斯宾塞
Edmund Thomas	埃德蒙·托马斯
Edward Barlow	爱德华·巴洛
Edward Billing	爱德华·比林
Edward Chamberlayne	爱德华·张伯伦
Edward Coke	爱德华·科克
Edward Gibbon	爱德华·吉本
Edward Lhwyd	爱德华·勒怀德
Edward Long	爱德华·朗
Edward Longueville	爱德华·朗格威尔
Edward Martin	爱德华·马丁
Elizabeth Carter	伊丽莎白·卡特
Elizabeth Ham	伊丽莎白·哈姆
Elizabeth Walker	伊丽莎白·沃克
Elizabeth Willoughby	伊丽莎白·威洛比
Elliott Horowitz	埃利奥特·霍罗威茨

E. B. Tylor	E. B. 泰勒
Edward Morgan Foster	爱德华·摩根·福斯特
Emily Gowers	埃米莉·高尔斯
Emmerich de Vattel	埃默里赫·德瓦特尔
Erasmus Jones	伊拉斯谟·琼斯

F

Fenela Childs	费内拉·蔡尔兹
Ferdinando Gorges	费迪南多·戈杰斯
Francis Bacon	弗朗西斯·培根
Francis Meres	弗朗西斯·米尔斯
Francis Verney	弗朗西斯·弗尼
Francisco de Vitoria	弗朗西斯科·德·维多利亚
Francisco Suárez	弗朗西斯科·苏亚雷斯
Francis Grose	弗朗西斯·格罗斯
Francis Lodwick	弗朗西斯·洛德威克
Francis Osborne	弗朗西斯·奥斯本
Francis Place	弗朗西斯·普拉斯
Francis Windebanke	弗朗西斯·温德班克
François Bernier	弗朗索瓦·伯尼尔
Frederic Morton Eden	弗雷德里克·莫顿·伊登
Friedrich Nietzsche	弗里德里希·尼采
Fynes Moryson	法因斯·莫里森

G

Gaye Morgan	盖伊·摩根
Geoffrey Chaucer	杰弗雷·乔叟
George Abbot	乔治·阿博特
George Berkeley	乔治·贝克莱
George Best	乔治·贝斯特
George Bishop	乔治·毕晓普
George Buchanan	乔治·布坎南
George Calvert	乔治·卡尔弗特
George Chapman	乔治·查普曼
George Dobson	乔治·多布森
George Eliot	乔治·艾略特
George Gascoigne	乔治·盖斯科因
George Hakewill	乔治·哈克威尔
George Herbert	乔治·赫伯特

George Keith	乔治·基思
George Macaulay Trevelyan	乔治·麦考利·特里维廉
George Peckham	乔治·佩卡姆
George Puttenham	乔治·帕特纳姆
George Saltern	乔治·索尔滕
George Sandys	乔治·桑迪斯
George Savile	乔治·萨维尔
Gerard de Malynes	杰勒德·德·马利纳
Gerrard Winstanley	杰拉德·温斯坦利
Gervase Markham	杰维斯·马卡姆
Giacomo Casanova	贾科莫·卡萨诺瓦
Gilbert Burnet	吉尔伯特·伯内特
Giles Mandelbrote	吉尔斯·曼德尔布罗特
Giordano Bruno	乔达诺·布鲁诺
Giovanni Botero	乔瓦尼·博特罗
Giovanni della Casa	乔瓦尼·德拉·卡萨
Giraldi Cinthio	吉拉尔迪·钦齐奥
Godfrey Goodman	戈弗雷·古德曼
Graham Wallas	格雷厄姆·沃拉斯
Granville Sharp	格兰维尔·夏普
G. W. F. Hegel G. W. F.	黑格尔

H

Haly Heron	哈利·赫伦
Hannah More	汉纳·莫尔
Heather McCallum	希瑟·麦卡勒姆
Henrietta Maria	亨丽埃塔·玛丽亚
Henry Bagenal	亨利·巴格纳尔
Henry Blount	亨利·布朗特
Henry Dunch	亨利·邓奇
Henry Fielding	亨利·菲尔丁
Henry Jessey	亨利·杰西
Henry More	亨利·莫尔
Henry Peacham	亨利·皮查姆
Henry Pelham	亨利·佩勒姆
Henry Rowlands	亨利·罗兰兹
Henry Sacheverell	亨利·萨谢弗雷尔
Henry Sidney	亨利·西德尼
Henry Slingsby	亨利·斯林斯比

Henry Spelman	亨利·斯佩尔曼
Henry St John	亨利·圣约翰
Henry Stubbe	亨利·斯塔布
Henry Widdrington	亨利·威德林顿
Henry Wotton	亨利·沃顿
Herbert Spencer	赫伯特·斯宾塞
Hercules	赫拉克勒斯
Herman Roodenburg	赫尔曼·鲁登堡
Herodotus	希罗多德
H. L. A Hart	H. L. A. 哈特
Horace Walpole	霍勒斯·沃波尔
Hostiensis	霍斯蒂恩西斯
Hugh Blair	休·布莱尔
Hugo Grotius	胡果·格劳秀斯
Humphrey Brooke	汉弗莱·布鲁克
Humphrey Gilbert	汉弗莱·吉尔伯特
Humphrey Llwyd	汉弗莱·利维德

I

Ibn Khaldûn	伊本·赫勒敦
Immanuel Kant	伊曼纽尔·康德
Inigo Jones	伊尼戈·琼斯
Isaac Barrow	艾萨克·巴罗
Isaac Newton	艾萨克·牛顿
Isaiah Berlin	以赛亚·伯林

J

James Adair	詹姆斯·阿代尔
James Beattie	詹姆斯·比蒂
James Boswell	詹姆斯·博斯韦尔
James Cook	詹姆斯·库克
James Dunbar	詹姆斯·邓巴
James Fenimore Cooper	詹姆斯·费尼莫尔·库珀
James Glen	詹姆斯·格伦
James Harrington	詹姆斯·哈林顿
James King	詹姆斯·金
James Mackintosh	詹姆斯·麦金托什
James Macpherson	詹姆斯·麦克弗森
James Parnel	詹姆斯·帕内尔

James Perrott	詹姆斯・佩罗特
James Thomson	詹姆斯・汤姆森
James Tyrrell	詹姆斯・泰瑞尔
James Ware	詹姆斯・韦尔
James Woodforde	詹姆斯・伍德福德
Jan Amos Komensk	简・阿莫斯・科曼斯克
Jane Austen	简・奥斯汀
Jean-Baptist de La Salle	让-巴普蒂斯特・德拉萨尔
Jean Barbeyrac	让・巴贝拉克
Jean-Jacques Rousseau	让-雅克・卢梭
Jeremiah Dyke	杰里迈亚・戴克
Jeremy Bentham	杰里米・边沁
Jeremy Coote	杰里米・库特
Jeremy Taylor	杰里米・泰勒
J. G. A. Pocock	J. G. A. 波克
Jim Sharpe	吉姆・夏普
Joachim du Bellay	约阿希姆・杜・贝莱
Johannes Böhm	约翰尼斯・玻姆
Johann Gottfried von Herder	约翰・戈特弗里德・冯・赫德
John Ash	约翰・阿什
John Aubrey	约翰・奥布里
John Barrow	约翰・巴罗
John Barston	约翰・巴斯顿
John Bellers	约翰・贝尔斯
John Bramhall	约翰・布拉姆霍尔
John Bridges	约翰・布里奇斯
John Brown	约翰・布朗
John Bulwer	约翰・布勒
John Bunyan	约翰・班扬
John Byng	约翰・拜恩
John Case	约翰・凯斯
John Chardin	约翰・查尔丁
John Churchill	约翰・丘吉尔
John Colet	约翰・科尔特
John Cook	约翰・库克
John Dalrymple	约翰・达尔林普
John Davies	约翰・戴维斯
John Digby	约翰・迪格比
John Donne	约翰・多恩

John Dryden	约翰·德莱顿
John Earle	约翰·厄尔
John Elliott	约翰·埃利奥特
John Evelyn	约翰·伊夫林
John Florio	约翰·弗洛里奥
John Fortescue	约翰·福蒂斯丘
John Hough	约翰·霍夫
John Gay	约翰·盖伊
John Gillingham	约翰·吉林厄姆
John Gauden	约翰·高登
John Gregory	约翰·格雷戈里
John Hacket	约翰·哈克特
John Hotham	约翰·霍瑟姆
John Hutchinson	约翰·哈钦森
John Lawrence	约翰·劳伦斯
John Lawson	约翰·劳森
John Ledyard	约翰·莱迪亚德
John Leland	约翰·勒兰
John Locke	约翰·洛克
John Lynch	约翰·林奇
John Millar	约翰·米勒
John Milton	约翰·弥尔顿
John Nicholl	约翰·尼科尔
John Norden	约翰·诺登
John Ogilby	约翰·奥格尔比
John Oglander	约翰·奥格兰德
John Oldmixon	约翰·奥尔德米克森
John Osborne	约翰·奥斯本
John Pory	约翰·波里
John Price	约翰·普赖斯
John Rawls	约翰·罗尔斯
John Ray	约翰·雷
John Rolfe	约翰·罗尔夫
John Selden	约翰·塞尔登
John Smith	约翰·史密斯
John Stanbridge	约翰·斯坦布里奇
John Streater	约翰·斯特里瑟
John Stuart Mill	约翰·斯图尔特·密尔
John Taylor	约翰·泰勒

John Temple	约翰・坦普尔
John Vanbrugh	约翰・范布勒
John White	约翰・怀特
John Whitehead	约翰・怀特黑德
John Wilkes	约翰・威尔克斯
John Winthrop	约翰・温思罗普
Jonathan Richardson	乔纳森・理查森
Jonathan Swift	乔纳森・斯威夫特
José de Acosta	何塞・德・阿科斯塔
Joseph Addison	约瑟夫・艾迪生
Joseph Alleine	约瑟夫・阿林
Joseph Fawcett	约瑟夫・福西特
Joseph-François Lafitau	约瑟夫-弗朗索瓦・拉菲托
Joseph Hall	约瑟夫・霍尔
Joseph Priestley	约瑟夫・普里斯特利
Joshua Reynolds	乔舒亚・雷诺兹
Joshua Sprigg	乔舒亚・斯普里格
Josiah Pullen	乔赛亚・普伦
John Robert Seeley	约翰・罗伯特・西利

L

Lactantius	拉克坦提乌斯
Lancelot Addison	兰斯洛特・艾迪生
Lancelot Andrewes	兰斯洛特・安德鲁斯
Lodowick Bryskett	洛多威克・布里斯基特
Louis Le Roy	路易・勒罗伊
Luis de Molina	路易斯・德莫利纳
Lucretius	卢克莱修
Lucy Hutchinson	露西・哈钦森

M

Malachy Postlethwayt	马拉奇・波斯勒特瓦伊
Marc Lescarbot	马克・莱斯卡伯特
Marcel Mauss	马塞尔・莫斯
Margaret Cavendish	玛格丽特・卡文迪什
Margaret McMillan	玛格丽特・麦克米兰
Margaret T. Hodgen	玛格丽特・T. 霍金
Markku Peltonen	马克库・佩尔顿
Martin Frobisher	马丁・弗罗比舍

Mary Dewar	玛丽·迪尤尔
Mary Jolife	玛丽·乔利夫
Mary Tudor	玛丽·都铎
Mary Wollstonecraft	玛丽·沃斯通克拉夫特
Mary Wortley Montagu	玛丽·沃特利·蒙塔古
Matthew Hale	马修·黑尔
Matthew Parker	马修·帕克
Matthew Sutcliffe	马修·萨克利夫
Michael Drayton	迈克尔·德雷顿
Michael Heyd	迈克尔·海德
Michael Walzer	迈克尔·沃尔泽
Michel de Montaigne	米歇尔·德·蒙田
Michel Foucault	米歇尔·福柯
Morgan Godwyn	摩根·戈德温
Morgan Llwyd	摩根·利维德

N

Nancy Mitford	南希·米特福德
Nathanael Carpenter	纳撒尼尔·卡彭特
Neil Kenny	尼尔·肯尼
Nicholas Canny	尼古拉斯·坎尼
Nicolas Favet	尼古拉斯·法雷特
Nicholas Ferrar	尼古拉斯·费拉尔
Nicholas Hawksmoor	尼古拉斯·霍克斯莫尔
Norbert Elias	诺伯特·埃利亚斯
Norma Aubertin Potter	诺玛·奥伯丁·波特

O

Obadiah Walker	奥巴迪亚·沃克
Oliver Cromwell	奥利弗·克伦威尔
Orpheus	俄耳甫斯
Ottobah Cugoano	奥托巴·库戈阿诺
Ovid	奥维德

P

Parker Shipton	帕克·希普顿
Patrick Finglass	帕特里克·芬格拉斯
Paul Rycaut	保罗·赖考
Paul Slack	保罗·斯莱克

Peter Burke	彼得·伯克
Peter Chamberlen	彼得·张伯伦
Peter du Moulin	彼得·杜·穆林
Peter Paxton	彼得·帕克斯顿
Peter Pett	彼得·佩特
Philip Kinder	菲利普·金德
Philip Sidney	菲利普·西德尼
Pierre Bourdieu	皮埃尔·布迪厄
Pierre Charron	皮埃尔·查伦
Pierre d'Avity	皮埃尔·达维蒂
Pierre de La Primaudaye	皮埃尔·德拉·普利茅德亚
Pierre Nicole	皮埃尔·尼科尔
Pitman Jones	皮特曼·琼斯
Plutarch	普鲁塔克
Polydore Vergil	波利多尔·维吉尔
Protagoras	普罗泰戈拉
Q	
Quentin Skinner	昆廷·斯金纳
R	
Rachael Lonsdale	雷切尔·朗斯代尔
Rachael Stephenson	雷切尔·斯蒂芬森
Ralph Robinson	拉尔夫·罗宾逊
Rees Davies	里斯·戴维斯
Reginald Heber	雷金纳德·海伯
Reginald Scot	雷金纳德·斯科特
R. G. Collingwood	R. G. 科林伍德
Richard Henry Tawney	理查德·亨利·托尼
Richard Baxter	理查德·巴克斯特
Richard Brathwait	理查德·布拉特维特
Richard Carew	理查德·卡鲁
Richard Cobden	理查德·科布登
Richard Cumberland	理查德·坎伯兰
Richard Eden	理查德·伊登
Richard Fisher	理查德·费舍尔
Richard Fox	理查德·福克斯
Richard Jobson	理查德·乔布森
Richard Gough	理查德·高夫

Richard Graves	理查德·格雷夫斯
Richard Hakluyt	理查德·哈克卢特
Richard Hooker	理查德·胡克
Richard Morison	理查德·莫里森
Richard Mulcaster	理查德·穆卡斯特
Richard Overton	理查德·奥弗顿
Richard Pace	理查德·佩斯
Richard Payne Knight	理查德·佩恩·奈特
Richard Pococke	理查德·波科克
Richard Pult	理查德·普尔特
Richard Rolle	理查德·罗尔
Richard Rorty	理查德·罗里
Richard Savage	理查德·萨维奇
Richard Sibbes	理查德·西贝斯
Richard Stanihurst	理查德·斯坦尼赫斯特
Richard Steele	理查德·斯蒂尔
Richard Strange	理查德·斯特兰奇
Richard Tuck	理查德·塔克
Richard Whately	理查德·惠特利
Richard Zouche	理查德·朱什
Robert Ashley	罗伯特·阿什利
Robert Barclay	罗伯特·巴克利
Robert Bartlett	罗伯特·巴特利特
Robert Bolton	罗伯特·博尔顿
Robert Boyle	罗伯特·博伊尔
Robert Brooke	罗伯特·布鲁克
Robert Clive	罗伯特·克莱夫
Robert Dover	罗伯特·多佛
Robert Gray	罗伯特·格雷
Robert Henry	罗伯特·亨利
Robert Malthus	罗伯特·马尔萨斯
Robert Persons	罗伯特·珀森斯
Robert Roberts	罗伯特·罗伯茨
Robert Sanderson	罗伯特·桑德森
Robert Shelford	罗伯特·谢尔福德
Robert Southwell	罗伯特·索思韦尔
Robert Ward	罗伯特·沃德
Robert Wedderburn	罗伯特·韦德伯恩
Roger North	罗杰·诺斯

Roger Williams	罗杰・威廉姆斯
Ronald Dworkin	罗纳德・德沃金
Rowland Lee	罗兰・李

S

Samuel Clarke	塞缪尔・克拉克
Samuel Collins	塞缪尔・柯林斯
Samuel Daniel	塞缪尔・丹尼尔
Samuel Johnson	塞缪尔・约翰逊
Samuel Parker	塞缪尔・帕克
Samuel Pepys	塞缪尔・佩皮斯
Samuel Pufendorf	塞缪尔・普芬道夫
Samuel Purchas	塞缪尔・珀查斯
Samuel Richardson	塞缪尔・理查森
Samuel Taylor Coleridge	塞缪尔・泰勒・科尔里奇
Sankar Muthu	桑卡尔・穆图
Sarah Churchill	莎拉・丘吉尔
Sextus Empiricus	塞克斯都・恩披里柯
Sidney Webb	西德尼・韦布
Simon Ockley	西蒙・奥克利
Simon Patrick	西蒙・帕特里克
Simon Robson	西蒙・罗布森
Stefano Guazzo	史蒂芬诺・瓜佐
St Thomas Cantilupe	圣托马斯・坎蒂卢佩
Susan Sontag	苏珊・桑塔格
Susanna Perwich	苏珊娜・佩里奇
Sydney Smith	西德尼・史密斯

T

Tacitus	塔西佗
Terttu Nevalainen	泰尔图・内瓦莱宁
Theophrastus	泰奥弗拉斯托斯
Thomas Aquinas	托马斯・阿奎那
Thomas Babington Macaulay	托马斯・巴宾顿・麦考利
Thomas Bastard	托马斯・巴斯德
Thomas Betterton	托马斯・贝特顿
Thomas Bewick	托马斯・比尤伊克
Thomas Brooks	托马斯・布鲁克斯
Thomas Browne	托马斯・布朗

Thomas Burnet	托马斯·伯内特
Thomas Charles-Edwards	托马斯·查尔斯-爱德华兹
Thomas Clement	托马斯·克莱门特
Thomas Coryat	托马斯·科里亚特
Thomas Cromwell	托马斯·克伦威尔
Thomas Digges	托马斯·迪格斯
Thomas Elyot	托马斯·埃利奥特
Thomas Fuller	托马斯·富勒
Thomas Gainsford	托马斯·盖恩斯福德
Thomas Gray	托马斯·格雷
Thomas Greaves	托马斯·格里夫斯
Thomas Hacket	托马斯·哈克特
Thomas Hall	托马斯·霍尔
Thomas Hariot	托马斯·哈里奥特
Thomas Herbert	托马斯·赫伯特
Thomas Heywood	托马斯·海伍德
Thomas Hobbes	托马斯·霍布斯
Thomas Hoby	托马斯·霍比
Thomas Howard	托马斯·霍华德
Thomas Langton	托马斯·兰顿
Thomas Lushington	托马斯·卢辛顿
Thomas More	托马斯·莫尔
Thomas Morton	托马斯·莫顿
Thomas Palmer	托马斯·帕尔默
Thomas Parker	托马斯·帕克
Thomas Pennant	托马斯·彭南特
Thomas Pope Blount	托马斯·波普·布朗特
Thomas Rainsborough	托马斯·雷恩巴勒
Thomas Reid	托马斯·里德
Thomas Roe	托马斯·罗
Thomas Rutherforth	托马斯·拉瑟福德
Thomas Sheridan	托马斯·谢里登
Thomas Sherley	托马斯·谢利
Thomas Smith	托马斯·史密斯
Thomas Sprat	托马斯·斯普拉特
Thomas Starkey	托马斯·斯塔基
Thomas Traherne	托马斯·特拉赫恩
Thomas Warton	托马斯·沃顿
Thomas Wright	托马斯·赖特

Thorstein Veblen	托尔斯坦·凡勃伦
Thucydides	修昔底德
Titus Oates	提图斯·奥茨

V

Varro	瓦罗
Vicesimus Knox	维切西姆斯·诺克斯
Victor Riqueti	维克托·里克蒂

W

Walter Devereux	沃尔特·德弗罗
Walter Ralegh	沃尔特·罗利
Walter Scott	沃尔特·斯科特
Warren Hastings	沃伦·黑斯廷斯
William Anderson	威廉·安德森
William Alexander	威廉·亚历山大
William Beckford	威廉·贝克福德
William Blake	威廉·布莱克
William Blackstone	威廉·布莱克斯通
William Browne	威廉·布朗
William Buchan	威廉·布肯
William Bullein	威廉·布伦
William Camden	威廉·卡姆登
William Cavendish	威廉·卡文迪什
William Caxton	威廉·卡克斯顿
William Cecil	威廉·塞西尔
William Cole	威廉·科尔
William Cowper	威廉·考伯
William Dampier	威廉·丹皮尔
William D'Avenant	威廉·戴夫南特
William Finch	威廉·芬奇
William Fulbecke	威廉·富尔贝克
William George Spencer	威廉·乔治·斯宾塞
William Godwin	威廉·戈德温
William Gouge	威廉·古奇
William Harrison	威廉·哈里森
William Horman	威廉·霍尔曼
William Hutton	威廉·赫顿
William Jones	威廉·琼斯

William Julius Mickle	威廉·朱利叶斯·米克尔
William Lambarde	威廉·兰巴德
William MacIntosh	威廉·麦金托什
William Marsden	威廉·马斯登
William Martyn	威廉·马丁
William Methwold	威廉·麦斯沃德
William Springett	威廉·斯普林格特
William Parry	威廉·帕里
William Paterson	威廉·帕特森
William Penn	威廉·佩恩
William Perkins	威廉·珀金斯
William Petty	威廉·佩蒂
William Pitt	威廉·皮特
William Prynne	威廉·普林
William Robertson	威廉·罗伯逊
William Roscoe	威廉·罗斯科
William Scott	威廉·斯科特
William Smellie	威廉·斯梅利
William Temple	威廉·坦普尔
William Thomas	威廉·托马斯
William Vaughan	威廉·沃恩
William Waller	威廉·沃勒
William Walwyn	威廉·沃尔温
William Warburton	威廉·沃伯顿
William Watreman	威廉·瓦特里曼
William Wentworth	威廉·温特沃思
William Whiston	威廉·惠斯顿
William Wilberforce	威廉·威尔伯福斯
William Wycherley	威廉·怀切利

Y

Yosef Kaplan	约瑟夫·卡普兰

图书在版编目（CIP）数据

文明的追求：现代英国的礼仪与文化探源 /（英）基思·托马斯（Keith Thomas）著；戴雷译. -- 北京：社会科学文献出版社，2025.1

（思想会）

书名原文：In Pursuit of Civility：Manners and Civilization in Early Modern England

ISBN 978-7-5228-2660-8

Ⅰ.①文… Ⅱ.①基… ②戴… Ⅲ.①文化史-研究-英国 Ⅳ.①K561.03

中国国家版本馆 CIP 数据核字（2023）第 203767 号

思想会

文明的追求：现代英国的礼仪与文化探源

著　　者 / ［英］基思·托马斯（Keith Thomas）
译　　者 / 戴　雷

出 版 人 / 冀祥德
责任编辑 / 吕　剑
责任印制 / 王京美

出　　版 / 社会科学文献出版社·文化传媒分社（010）59367004
　　　　　地址：北京市北三环中路甲 29 号院华龙大厦　邮编：100029
　　　　　网址：www.ssap.com.cn
发　　行 / 社会科学文献出版社（010）59367028
印　　装 / 北京联兴盛业印刷股份有限公司

规　　格 / 开　本：889mm×1194mm　1/32
　　　　　印　张：15.75　插页：0.25　字　数：509 千字
版　　次 / 2025 年 1 月第 1 版　2025 年 1 月第 1 次印刷
书　　号 / ISBN 978-7-5228-2660-8
著作权合同登记号 / 图字 01-2020-3901 号
定　　价 / 99.00 元

读者服务电话：4008918866